高等学校"十四五"医学规划新形态教材

内科护理学

Neike Hulixue

主　　编　崔莉萍　吴芳琴
副主编　张　慧　李　锦　姚素玉　林　琳　朱庆云　龚桂平　唐　芳
编　　委（按姓氏拼音排序）

陈佩玲	安徽医科大学第一附属医院	程光敏	安徽医科大学第一附属医院
程秀梅	安徽医科大学第一附属医院	崔莉萍	安徽医科大学第一附属医院
邓　颖	首都医科大学	冯新玮	首都医科大学
龚桂平	安徽医科大学第一附属医院	谷　静	安徽医科大学第一附属医院
郝　敏	安徽医科大学第一附属医院	姬晓艳	新疆医科大学第一附属医院
计海霞	安徽医科大学第一附属医院	李　锦	安徽医科大学第一附属医院
李　敏	中国医科大学附属第一医院	李中清	安徽医科大学第一附属医院
林　琳	首都医科大学附属北京朝阳医院	刘金婵	安徽医科大学
罗　静	重庆医科大学附属大学城医院	吕冶芳	安徽医科大学第一附属医院
孟桂平	安徽医科大学第一附属医院	钱朝翠	安徽医科大学第一附属医院
钱红梅	安徽医科大学第一附属医院	邱艳琴	安徽医科大学第一附属医院
施艳群	安徽医科大学第一附属医院	苏建萍	新疆医科大学
孙小红	安徽医科大学第一附属医院	唐　芳	安徽医科大学第一附属医院
王　丽	蚌埠医科大学第一附属医院	王　霞	安徽医科大学第一附属医院
王晓霞	安徽医科大学第一附属医院	王小燕	安徽医科大学第一附属医院
王秀玲	中国医科大学附属第一医院	吴芳琴	首都医科大学
吴赞芳	皖南医学院第一附属医院	严　丽	安徽医科大学第一附属医院
杨桂芳	安徽医科大学第一附属医院	杨世梅	贵州中医药大学第一附属医院
姚素玉	安徽医科大学第一附属医院	张　慧	安徽医科大学第一附属医院
张　婷	安徽医科大学第一附属医院	张承菊	安徽医科大学第一附属医院
张志红	安徽医科大学第一附属医院	赵　斌	中国医科大学附属盛京医院
郑红英	安徽医科大学第一附属医院	朱庆云	安徽医科大学第一附属医院

编写秘书　施艳群

中国教育出版传媒集团

高等教育出版社·北京

内容提要

本教材是"高等学历继续教育护理学专业系列教材"之一，根据内科护理学教学大纲的基本要求和课程特点编写而成。内容共10章，包括绪论、呼吸系统疾病病人的护理、循环系统疾病病人的护理、消化系统疾病病人的护理、血液系统疾病病人的护理、泌尿系统疾病病人的护理、内分泌和代谢性疾病病人的护理、风湿性疾病病人的护理、神经系统疾病病人的护理及传染病病人的护理。

通过本课程学习，学生能够全面、系统地掌握内科护理学的基础理论、专业知识和专科技能。本教材为纸质教材与数字化资源的有机融合，数字化资源包括教学PPT、视频、拓展阅读、疾病护理流程及疾病急救护理流程、自测题等，使教材内容立体化、生动化，便教易学。

本教材主要供专升本护理专业学生学习使用，同时也可作为临床护理人员继续教育参考用书。

图书在版编目（CIP）数据

内科护理学 / 崔莉萍，吴芳琴主编 . -- 北京：高等教育出版社，2025.1

ISBN 978-7-04-060218-0

Ⅰ. ①内… Ⅱ. ①崔… ②吴… Ⅲ. ①内科学 - 护理学 - 成人高等教育 - 教材 Ⅳ. ①R473.5

中国国家版本馆CIP数据核字（2023）第044985号

策划编辑	瞿德竑 崔 萌	责任编辑	瞿德竑	封面设计	张雨微	责任印制	刁 毅

出版发行	高等教育出版社	网　　址	http://www.hep.edu.cn
社　　址	北京市西城区德外大街4号		http://www.hep.com.cn
邮政编码	100120	网上订购	http://www.hepmall.com.cn
印　　刷	河北鹏远艺兴科技有限公司		http://www.hepmall.com
开　　本	889mm×1194mm 1/16		http://www.hepmall.cn
印　　张	33.25		
字　　数	830千字	版　　次	2025年 1 月第1版
购书热线	010-58581118	印　　次	2025年 1 月第1次印刷
咨询电话	400-810-0598	定　　价	79.80元

本书如有缺页、倒页、脱页等质量问题，请到所购图书销售部门联系调换

版权所有　侵权必究

物料号　60218-00

新形态教材·数字课程（基础版）

内科护理学

主编　崔莉萍　吴芳琴

登录方法：

1. 电脑访问 http://abooks.hep.com.cn/60218，或微信扫描下方二维码，打开新形态教材小程序。
2. 注册并登录，进入"个人中心"。
3. 刮开封底数字课程账号涂层，手动输入20位密码或通过小程序扫描二维码，完成防伪码绑定。
4. 绑定成功后，即可开始本数字课程的学习。

如有使用问题，请点击页面下方的"答疑"按钮。

内科护理学数字课程与纸质教材一体化设计，紧密配合。数字课程包括教学PPT、视频、拓展阅读、疾病护理流程及疾病急救护理流程、自测题等，在提升课程教学效果的同时，为学生学习提供思维与探索的空间。

http://abooks.hep.com.cn/60218

高等学历继续教育护理学专业系列教材建设委员会

主 任 委 员 曹建明（温州医科大学）

副主任委员 王世泽（温州医科大学）

　　　　　　　周晓磊（安徽医科大学）

　　　　　　　路孝勤（首都医科大学）

委　　　员 李永红（新疆医科大学）

　　　　　　　徐　晨（重庆医科大学）

　　　　　　　欧凤荣（中国医科大学）

　　　　　　　张　华（北京协和医学院）

　　　　　　　吴　斌（中南大学）

　　　　　　　吴宝嘉（延边大学）

　　　　　　　罗庆东（齐齐哈尔医学院）

▶▶▶ 序　言

以南丁格尔灯光为信，以希波克拉底誓言为约。百余年来，"提灯女神"的特有灯光不断汇聚，驱散了伤者的阴云，燃起了患者对生命的炽烈渴望。为更好继承与发扬南丁格尔精神，培养出更多高质量的护理人才，充分发挥教材建设在人才培养中的基础性作用，促进护理学专业的教育教学改革，温州医科大学牵头多所医学院校的护理同仁，共同打造以临床护理岗位需求为导向、以提升岗位胜任力为核心、符合现代护理教育发展趋势、信息技术与教育教学深度融合的针对护理学专业的新形态系列教材。

当前护理学专业系列教材缺乏针对提升学生自主学习和理论联系实际解决临床问题能力的内容，教材案例往往缺乏临床真实情境，部分内容拘泥于临床典型症状，限制学生思维的发展，难以满足高等护理教育与医院临床实践的需求。本系列教材结合护理工作程序，在保持注重教材基本理论知识、基本思维方法和基本实践技能的基础上，突出教学内容的精炼、易学、实用等特色，着力于学生职业能力和素质培养训练。

本系列教材紧扣国家护士执业资格考试要求及护理人员培训要求，以临床情境贯穿教材，采用"纸质教材＋数字课程"的形式，突出医学理论与护理实践相结合、护理能力与人文精神相结合、职业素质与医德素养相结合，以启发学生理解和分析问题为本，培养学生的创造性思维，以及发现和解决问题的能力。系列教材涵盖《护理学基础》《健康评估》《内科护理学》《外科护理学》《妇产科护理学》《儿科护理学》《精神科护理学》《急危重症护理学》《急救护理学》《社区护理学》《老年护理学》《康复护理学》《护理心理学》《护理人际沟通与礼仪》《护理科研与论文写作》共15种，数字课程内容丰富，包括教学PPT、彩图、自测题、动画、微视频、微课、基础与临床链接、典型案例及拓展学习内容等，充分满足学生泛在学习。

在此，特别鸣谢北京协和医学院、中南大学、延边大学、首都医科大学、中国医科大学、重庆医科大学、安徽医科大学、新疆医科大学、齐齐哈尔医学院等院校同仁对本系列教材编写工作的大力支持。

高等学历继续教育护理学专业
系列教材建设委员会
2022 年 11 月

前 言

健康是人生幸福的基石，预防疾病、维护健康，是医学的终极目标。为了增进人民健康，《中共中央关于制定国民经济和社会发展第十四个五年规划和二〇三五年远景目标的建议》中提出了"全面推进健康中国建设"的战略构想，要求"把保障人民健康放在优先发展的战略位置"。护理工作是卫生健康事业的重要组成部分，健康中国战略对医学教育提出了更高的定位和要求。促进医学从传统"以治病为中心"向"以人民健康为中心"的转变，是新时代医学教育的使命。高等学历继续教育模式应紧跟时代的步伐，教材更新迫在眉睫。

《内科护理学》是由高等教育出版社组织出版的高等学历继续教育护理学专业系列教材之一。在安徽医科大学、首都医科大学、中国医科大学、新疆医科大学、重庆医科大学等十余所医学院校及附属医院专家的倾力协作下，共同完成了此套符合时代要求、体现临床特点和专业特色的护理教材，也可作为临床护士的学习读本。

内科护理学是临床护理学一门主干课。本教材共分十章，第一章为绪论，其余九章叙述各专科疾病的护理。后九章中，每章第一节概述该系统或专科疾病；第二节阐述该系统疾病常见症状、相关护理知识和技能；第三节及后面章节阐述各专科具体疾病的护理要点，包括护理诊断、护理措施、健康教育等。

本教材紧扣继续教育的特点，注重"临床应用性、实践性和创新性"，强调以应用和解决临床实际护理问题为目的，努力体现继续教育的职业性、实用性、学历需要性等特点，注重对学生应用能力、创新能力的培养。

本教材有两大创新点。一是理论内容的编写力求科学、系统、精炼、实用，在此基础上，通过知识拓展链接，开拓学生视野，增加教材可读性；通过疾病护理流程及疾病急救护理流程，引导学生利用所学知识学会观察问题、分析问题及解决临床实际问题。二是本教材在纸质教材的基础上增加了丰富的数字教学资源，包括教学PPT、操作视频、微课、重要知识点、自测题等，其与纸质教材相辅相成，大大拓展了教材内容，利于优化教学方式与效果。同时亦可作为课堂教学的重要补充，满足学生自学的个性化需求。

在教材编写过程中，全体编者秉承科学创新、严谨务实的态度，倾注了大量心血和智慧，但因各专科护理发展日新月异，加之教材篇幅的限制及编者水平所限，教材中难免存在不足之处，恳请使用本教材的师生及专家读者多提宝贵意见，以便再版时改进和完善。

崔莉萍　吴芳琴

2024 年 7 月

目 录

第一章　绪论 ………………………… 001
　第一节　内科护理学概述 ………………… 002
　　一、内科护理学的内容结构 ……………… 002
　　二、内科护理学与相关学科的发展 …… 002
　　三、内科护理人员的角色及作用 ………… 004
　第二节　成年人的主要健康问题 ………… 005
　　一、健康的有关概念 ……………………… 006
　　二、成年人各发展阶段的主要健康
　　　　问题 ………………………………… 006
　第三节　内科护理学学习思路 …………… 008
　　一、学习目的 ……………………………… 008
　　二、学习要求 ……………………………… 008
　　三、学习方法 ……………………………… 008

第二章　呼吸系统疾病病人的护理 …… 009
　第一节　概述 ……………………………… 010
　　一、呼吸系统的解剖生理 ………………… 010
　　二、护理评估 ……………………………… 010
　第二节　呼吸系统疾病常见症状体征的
　　　　　评估和护理 ……………………… 011
　　一、咳嗽与咳痰 …………………………… 011
　　二、肺源性呼吸困难 ……………………… 013
　　三、咯血 …………………………………… 015
　第三节　肺部感染性疾病病人的护理 …… 016
　　一、概述 …………………………………… 017
　　二、肺炎链球菌肺炎病人的护理 ………… 017
　　三、葡萄球菌肺炎病人的护理 …………… 020
　　四、新型冠状病毒感染病人的护理 ……… 021
　第四节　支气管扩张病人的护理 ………… 024

　第五节　慢性阻塞性肺疾病病人的护理 … 028
　第六节　支气管哮喘病人的护理 ………… 034
　第七节　呼吸衰竭病人的护理 …………… 044
　第八节　原发性支气管肺癌病人的护理 … 050
　第九节　肺结核病人的护理 ……………… 057
　第十节　肺康复策略及实施 ……………… 066
　　一、肺康复目标 …………………………… 066
　　二、肺康复适用人群和禁忌证 …………… 067
　　三、肺康复实施前的评估 ………………… 067
　　四、常用肺康复治疗技术 ………………… 067
　　五、肺康复教育 …………………………… 070
　第十一节　呼吸系统常见诊疗技术及
　　　　　　护理 …………………………… 070
　　一、支气管镜检查的护理 ………………… 070
　　二、胸膜腔穿刺术 ………………………… 072
　　三、经鼻高流量湿化氧疗 ………………… 074

第三章　循环系统疾病病人的护理 …… 076
　第一节　概述 ……………………………… 077
　　一、循环系统的结构与功能 ……………… 077
　　二、护理评估 ……………………………… 079
　第二节　循环系统疾病常见症状体征的
　　　　　评估和护理 ……………………… 080
　　一、心源性呼吸困难 ……………………… 080
　　二、心源性水肿 …………………………… 081
　　三、胸痛 …………………………………… 081
　　四、心源性晕厥 …………………………… 081
　　五、心悸 …………………………………… 082
　第三节　心力衰竭病人的护理 …………… 083

一、慢性心力衰竭……083
　　二、急性心力衰竭……093
　第四节　心律失常病人的护理……094
　　一、心律失常的分类……095
　　二、心律失常发生机制……095
　　三、心律失常的诊断……096
　　四、窦性心律失常……096
　　五、期前收缩……098
　　六、心动过速……100
　　七、扑动与颤动……102
　　八、房室传导阻滞……104
　　九、预激综合征……106
　　十、心律失常病人的护理措施……107
　第五节　原发性高血压病人的护理……108
　第六节　冠状动脉粥样硬化性心脏病
　　　　　病人的护理……118
　　一、概述……118
　　二、稳定型心绞痛……119
　　三、不稳定型心绞痛……122
　　四、急性ST段抬高型心肌梗死……125
　第七节　心律失常介入治疗病人的护理……133
　　一、心脏电复律护理……133
　　二、临时人工心脏起搏器植入术护理……134
　　三、永久性人工心脏起搏器植入术护理……137
　　四、心搏骤停与心脏性猝死病人的护理……141
　第八节　循环系统常见的诊疗技术……146
　　一、冠状动脉造影术……146
　　二、经皮冠状动脉介入治疗及护理……147
　　三、心包穿刺技术及护理……151

第四章　消化系统疾病病人的护理……154
　第一节　概述……155
　　一、消化系统的结构与功能……155
　　二、护理评估……157
　第二节　消化系统疾病常见症状体征的
　　　　　评估和护理……159
　　一、腹痛……159
　　二、恶心与呕吐……160
　　三、腹泻……161
　　四、呕血与黑便……162

　　五、黄疸……162
　　六、便秘……162
　第三节　胃炎病人的护理……163
　　一、急性胃炎病人的护理……163
　　二、慢性胃炎病人的护理……166
　第四节　消化性溃疡病人的护理……169
　第五节　炎症性肠病病人的护理……176
　　一、概述……176
　　二、溃疡性结肠炎……177
　　三、克罗恩病……180
　第六节　肝硬化病人的护理……182
　第七节　肝性脑病病人的护理……188
　第八节　急性胰腺炎病人的护理……193
　第九节　上消化道出血病人的护理……198
　第十节　消化系统常见诊疗技术及护理……204
　　一、上消化道内镜检查及护理……204
　　二、上消化道异物内镜取出术及护理……206
　　三、经口内镜下肌切开及护理……208
　　四、食管胃底曲张静脉内镜治疗及护理……210
　　五、小肠镜检查及护理……211
　　六、结肠镜检查及护理……213
　　七、内镜黏膜下剥离及护理……215
　　八、腹腔穿刺及护理……216
　　九、肝穿刺活组织检查及护理……218

第五章　血液系统疾病病人的护理……220
　第一节　概述……221
　　一、血液系统的结构、功能与疾病的关系……221
　　二、护理评估……223
　第二节　血液系统疾病常见症状体征的
　　　　　评估和护理……225
　　一、出血或出血倾向……225
　　二、发热……227
　　三、骨、关节疼痛……228
　　四、贫血……228
　第三节　贫血病人的护理……228
　　一、概述……229
　　二、缺铁性贫血病人的护理……232
　　三、再生障碍性贫血病人的护理……236
　第四节　出血性疾病病人的护理……240

一、概述 240
　　二、特发性血小板减少性紫癜病人的护理 242
第五节　白血病病人的护理 245
　　一、概述 246
　　二、急性白血病 246
　　三、慢性白血病 250
　　四、白血病病人的护理措施 253
第六节　淋巴瘤病人的护理 254
第七节　多发性骨髓瘤病人的护理 260
第八节　血液系统常见诊疗技术及护理 266
　　一、造血干细胞移植的护理 266
　　二、骨髓穿刺术 270

第六章　泌尿系统疾病病人的护理 272
第一节　概述 273
　　一、泌尿系统的结构与功能 273
　　二、护理评估 274
第二节　泌尿系统疾病常见症状体征的评估和护理 275
　　一、肾源性水肿 275
　　二、尿路刺激征 276
　　三、肾性高血压 277
　　四、尿异常 277
　　五、肾区痛 278
第三节　原发性肾小球疾病病人的护理 278
　　一、急性肾小球肾炎病人的护理 278
　　二、慢性肾小球肾炎病人的护理 280
　　三、IgA肾病病人的护理 283
　　四、肾病综合征病人的护理 286
第四节　继发性肾病病人的护理 290
　　一、狼疮肾炎病人的护理 290
　　二、糖尿病肾病病人的护理 294
第五节　尿路感染病人的护理 298
第六节　急性肾损伤病人的护理 302
第七节　慢性肾衰竭病人的护理 308
第八节　泌尿系统常见诊疗技术及护理 314
　　一、血液透析护理 315
　　二、腹膜透析护理 320
　　三、肾穿刺活检护理 323

第七章　内分泌和代谢性疾病病人的护理 327
第一节　概述 328
　　一、内分泌系统 328
　　二、营养和代谢 330
　　三、护理评估 330
第二节　内分泌和代谢性疾病常见症状体征的评估和护理 331
　　一、身体外形的改变 331
　　二、性生活型态改变 333
　　三、进食或营养异常 334
　　四、疲乏 334
　　五、排泄功能异常 334
　　六、骨痛与自发性骨折 334
第三节　甲状腺疾病病人的护理 335
　　一、弥漫性非毒性甲状腺肿病人的护理 335
　　二、甲状腺功能亢进症病人的护理 337
　　三、甲状腺功能减退症病人的护理 345
第四节　皮质醇增多症病人的护理 348
第五节　糖尿病病人的护理 352
第六节　痛风病人的护理 367
第七节　内分泌和代谢性疾病常见诊疗技术及护理 372
　　一、胰岛素笔注射治疗技术及护理 372
　　二、胰岛素泵持续皮下治疗技术及护理 375

第八章　风湿性疾病病人的护理 379
第一节　概述 380
　　一、风湿病分类 380
　　二、风湿病共同临床特征 381
　　三、护理评估 381
第二节　风湿性疾病常见症状体征的评估和护理 382
　　一、关节疼痛与肿胀 382
　　二、关节僵硬与活动受限 383
　　三、皮肤损害 384
　　四、雷诺现象 384
第三节　类风湿关节炎病人的护理 385
第四节　系统性红斑狼疮病人的护理 392
第五节　特发性炎性肌病病人的护理 398
第六节　强直性脊柱炎病人的护理 402

第七节 生物制剂的应用与护理……………406
　一、英夫利昔单抗……………………406
　二、注射用Ⅱ型肿瘤坏死因子受体－抗体融合蛋白（益赛普）……………407

第九章　神经系统疾病病人的护理…………409
第一节 概述……………………………410
　一、神经系统的结构与功能……………410
　二、护理评估…………………………413
第二节 神经系统疾病常见症状体征的评估和护理………………………415
　一、头痛………………………………415
　二、意识障碍…………………………416
　三、言语障碍…………………………417
　四、感觉障碍…………………………418
　五、运动障碍…………………………419
第三节 急性炎症性脱髓鞘性多发性神经病病人的护理……………………421
第四节 脑血管疾病病人的护理…………424
　一、概述………………………………424
　二、短暂性脑缺血发作病人的护理……427
　三、脑梗死病人的护理………………430
　四、脑出血病人的护理………………438
　五、蛛网膜下腔出血病人的护理………443
第五节 帕金森病病人的护理……………448
第六节 重症肌无力病人的护理…………454

第七节 癫痫病人的护理…………………458
第八节 神经系统常见诊疗技术及护理…466
　一、腰椎穿刺术及护理………………466
　二、数字减影脑血管造影术及护理……468
　三、脑血管介入治疗术及护理…………470

第十章　传染病病人的护理…………473
第一节 概述……………………………474
　一、感染与免疫………………………475
　二、传染病的基本特征和临床特点……476
　三、传染病的流行过程和影响因素……477
　四、传染病的预防……………………478
　五、标准预防…………………………479
　六、隔离和消毒………………………480
第二节 传染病常见症状体征的护理……482
　一、发热………………………………482
　二、发疹………………………………484
　三、中毒症状…………………………485
第三节 病毒性肝炎病人的护理…………485
第四节 肾综合征出血热病人的护理……491
第五节 艾滋病病人的护理………………498
第六节 细菌性痢疾病人的护理…………503
第七节 非生物型人工肝治疗及护理……507

参考文献……………………………514

第一章
绪　论

【学习目标】

知识：

1. 掌握内科护理工作中护士的角色作用。
2. 掌握成年人存在的主要健康问题。
3. 熟悉内科护理学的结构。
4. 熟悉健康相关的概念。
5. 了解内科护理学与相关学科的发展。
6. 了解学习内科护理学的目的和要求。

技能：

1. 护士能将优质护理、延伸护理、"互联网+"服务、全民大健康理念运用到内科护理中。
2. 护士能充分展示自己在内科护理工作中的角色。
3. 运用护理程序方法、对病人进行护理评估、确定护理诊断或问题、制定护理计划、实施正确的护理措施，达到护理目标。

素质：

1. 护士要具备良好的心理品质、端庄的仪表、良好的修养。
2. 护士要有扎实的理论基础、过硬的专业技术操作。
3. 护士要有高度的责任心、同情心、善于沟通和团队协作精神。

内科护理学（medical nursing）是临床护理学中的一门主干课，是临床护理学中的奠基课，是建立在基础医学、临床医学和人文社会学的基础上，关于认识疾病、预防疾病及其治疗、护理、促进康复、增进健康的科学。它既是临床各科护理学的基础，又与它们有着密切联系。内科护理学所阐述的内容整体性强，涉及领域广，服务对象跨度大，在临床护理学的理论和实践中具有普遍意义，是护理专业的学生从理论走向实践、从课堂走向临床应该掌握的专业课程。随着社会经济的发展，护理模式的改变，护理实践范畴不断扩宽，如何在新形势下从理论走向实践，对护士专业水平、素质及能力提出了更新、更高的要求。

第一节　内科护理学概述

拓展阅读 1-1-1
内科护理学概述重要知识点

一、内科护理学的内容结构

内科护理学涉及范围广、内容丰富、整体性强。主要内容包括绪论、呼吸系统疾病、循环系统疾病、消化系统疾病、血液系统疾病、泌尿系统疾病、内分泌及代谢疾病、风湿性疾病、神经系统疾病和传染病病人的护理。

本教材的基本编写结构为：每个系统或专科疾病病人的护理各成一章。各章第一节均为概述，简要地复习与本系统相关的基础知识，如该系统专科疾病的共同特点、解剖及生理知识、病人的护理评估重点；第二节为该系统专科疾病共性的常见症状体征，并阐述相关的护理；第三节是对具体疾病的阐述。每种疾病的编写内容主要包括概述、病因与发病机制、病理、临床表现、实验室及其他检查、诊断要点、治疗要点、护理评估、护理诊断、护理目标、护理措施及其评价、健康教育；部分章节最后一节是该系统或专科常用诊疗技术及护理。

本教材在编写时，紧扣成人教育的特点，注重"应用性、实践型和创新型人才"的培养目标，突出临床护理，突出"重能力、求创新"的思路，强调以应用为目的，以必需、够用为度，注重学科知识的整合及前沿新进展的知识拓展，积极体现护理本科教育的实用性、职业性、学历需要性等特点，注重学生应用能力、创新能力的培养。

二、内科护理学与相关学科的发展

（一）相关学科的发展

近年来，随着分子生物学技术的发展，科学技术与医学的交叉应用，精准医学应运而生，许多疾病的病因和发病机制获得进一步阐明，从而为探索预防、治疗及护理开辟了新路径。

随着分子生物学技术的应用，基因克隆、基因探针、多形态分析等，人们对诸如先天性QT综合征、家族性肥厚型心肌病等疾病的致病基因与疾病关系有了更为深入的认识。在遗传学方面，通过对胎儿绒毛膜或羊水细胞基因中DNA的分析，可得到胎儿地中海贫血遗传类型和血友病的产前诊断。在免疫学方面，揭示了免疫紊乱在恶性肿瘤、部分慢性活动性肝炎、肾小球疾病、Graves病、类风湿关节炎等疾病中的作用，免疫治疗使器官移植、白血病等疾病的疗效显著提高。在检查和诊断技术方面，心、肺、脑的电子监护系统持续的病情监测，提高了危重病人的抢救成功率；内镜技术（纤维支气管镜、胃镜、肠镜、腹腔镜等）通过直接观察、摄影摄像、采集脱落细胞和活组织检查等方法，有效地提高了呼吸道、消化道、泌尿道、腹腔内一些疾病的早期诊断和确诊率，现在已广泛用于临床止血、息肉切除、结石和异物取出、肿瘤拆除等方面的治疗。在治疗技术方面，机械通气辅助技术（如俯卧位通气、血氧内氧合技术）可改善病人的通气和氧合；血液净化（高通量透析、家庭腹膜透析、佩戴式人工肾的研发和应用）明显提高慢性肾衰竭病人的生存率和生存质量；血液病治疗（诱导分化、基因靶向治疗、造血干细胞移植、免疫调节剂及单克隆抗体和细胞因子等）提高了部分血液系统恶性肿瘤的治愈率；埋藏式人工心脏起搏器、心脏介入诊疗技术的进展，部分心脏疾病由传统开胸手术方式转变为经导管心脏介入治疗技术已日益成熟。

国家卫生健康委员会根据我国居民疾病谱、广大群众看病就医情况，统筹考虑不同地区、不同层级医疗机构和不同专业的发展，制定了"十四五"国家临床专科能力建设规划，建设重点从以下几个方面开展。一是提升医疗、护理技术的应用能力，推动技术创新成果的转化。支持相关的临床专科不断拓展诊疗、护理新方法，提升医疗、护理技术能力和诊疗效果，形成技术优势。将大力扶持包括传统内镜治疗、腹腔镜和宫腔镜治疗、介入治疗、穿刺治疗、局部微创治疗及改良外科手术方式在内的微创技术发展，逐步实现内镜和介入诊疗技术县域全覆盖。同时坚持技术创新的发展思路，加强临床诊疗、护理技术的创新、应用研究和成果的转化。二是优化医疗、护理服务模式，积极推动智慧医疗、护理体系的建设，推广"互联网+"护理服务的新模式，远程护理等方面取得积极进展。三是提高医疗、护理质量安全水平。将医疗、护理质量安全管理工作融入专科建设工作中，采用护理质量管理工具进行科学管理，加强质控指标的应用和护理质量安全数据的收集、分析、反馈，以护理质量安全情况为循证依据，开展针对性改进。四是加强专科护理人才队伍建设。重点发展特色护理亚专科。

随着诊疗技术的不断提高，对内科护理学的发展有着深远的影响，内科护理学与临床诊疗技术在发展上是相互促进的关系，内科护理学的发展也促进了临床诊疗技术的发展。例如，ICU的建立及抢救技术的快速发展，促进了重症监护护理学的发展；血液净化治疗中护士积累的大量临床资料，为血液净化技术的改进提供了重要依据。

智慧医疗体系的建设，"互联网+"医疗、护理服务新模式的建立，医学交叉领域，特色亚专科的发展都需要护理人员的配合。因此，护理人员应该不断学习、钻研，更新理念，更新知识，才能适应学科和时代发展步伐。

（二）内科护理学的发展趋势

社会在进步，人民的文化生活水平日益提高。有研究显示：人类约50%的疾病与生活方式和不良行为有关，20%与社会环境有关，20%与衰老、遗传有关，10%与卫生服务的缺陷有关。现代医学模式是"生物-心理-社会医学模式"，"以治病为中心"向"以人民健康为中心"是新时代医学教育的使命。内科护理的任务也将以促进健康、预防疾病、协助康复、减轻痛苦为目的，内科护理着眼于满足人作为一个整体的生理、心理、文化、精神和环境需求。因此，内科护理学的主要任务是使学生掌握内科常见疾病的病情评估、发病原因、诱发因素、临床表现、诊断要点、治疗原则、护理措施、急救处理、健康教育、预防保健等，同时按照护理服务对象的需求，向个人、家庭及社区提供健康服务，开展健康宣教。内科护理学的教育理念也随着医学模式的转变而更新，将培育临床护理人员的人文关怀思想，尊重病人的权利、情感、人格和隐私，树立病人正确的人生观和价值观、理解生命的意义等作为心理护理的内容。在今后的临床护理工作中满足病人的个性化需求，真诚关爱病人并实施人文关怀，为病人提供体贴入微、细致耐心、技术娴熟的人性化服务，以满足广大人民群众对健康的需求。这些将是内科护理未来发展的趋势和要求。

三、内科护理人员的角色及作用

（一）内科护理人员的角色作用

内科护士的服务对象年龄跨度大，从青少年（14岁以上）、中年、老年到高龄老人，现代护士应承担以下角色及作用，才能适应人类对健康的需求和护理事业的发展。

1. 护理者　不仅应具备丰富的基础医学知识、护理专业知识，还应掌握丰富的人文知识及其他相关的计算机和外语技能；既精准完成各项护理及治疗，又能从整体观念出发，全面评估病人和家属，发现并诊断人对健康的反应，满足服务对象在生理、心理、社会、精神、文化和环境等方面的需求，制定切实可行的护理计划并实施。

2. 协作者　临床工作中需要医护、医技等多学科专业人员的通力合作，护士既要独立评估病人，制定计划及实施，又要与其他学科人员有效沟通及合作，参与决策，为达到共同目标而努力。

3. 教育者　随着健康观念改变，人们对增进健康、预防疾病的需求不断增加，内科疾病多为慢性病，指导病人及家属如何在出院后继续治疗、定期随访、自我管理、自我识别病情变化等方面都需要护士作为教育者来承担。

4. 代言者　护士应尊重和维护病人的知情权，帮助病人了解其合法权益，必要时协助病人与其他专业人员进行沟通，参与治疗方案的决策。为提高医疗护理服务质量，护理人员应积极提出建设性意见和建议。

5. 管理者　护士在管理方面不仅包括护理工作还涉及时间、资源、环境、人员的管理。位于管理岗位的护士应学习管理学的理论及技巧，营造利于护理实践的工作环境，维护护士身心健康，提高护士自我成就感及满意度，进而提高护理服务的质量及病人满意度。

6. 研究者　护理学是一门实践性和科学性很强的学科，通过专业教育进行人才培养，通过科学研究进行知识创新。护士应注重对经验的总结和归纳，增强科研意识，用科研成果指导和改进临床实践。

7. 沟通者　护士应具有良好的人际沟通能力，运用良好的沟通技巧为病人提供高质量的护理，并与其他健康保健人员有效合作，应用教与学的知识和原理进行健康教育，使病人转变观念，采取促进、维持和恢复健康的有效行为。

8. 共情者　既能够站在病人的角度看问题，分享病人的情感，又能客观理解分析病人的情感，并作出情感、认知、行为等形式的适当反应。

9. 评价者　护士应对自己有正确的评价，了解自身的长处和潜力，以及弱项和缺点，在工作中扬长避短、不断发展，同时要能够对病人及其病情进行及时、正确、全面、动态的评价。

（二）内科护理人员的要求

随着护理学科的发展、护士专业角色的扩展，服务对象的严格要求。护士需具备以下基本素质，才能适应护理发展的需要及人类对健康的需求。

1. 具备丰富的专业知识　护士要有扎实的理论基础，广泛的人文知识、外语及计算机技能，还应不断更新专业知识和技术。

2. 具有娴熟的专业技能　护士要熟练掌握基础护理和专科护理的操作技能，具备敏锐的观察能力和综合、分析、判断能力，做好心理护理和健康教育。

3. 具有高度的责任心和良好的职业道德　护理工作的特殊性要求护士热爱护理工作，尊重病人、关心病人、做事认真细致、忠于职守、遵守护理的职业道德规范和伦理原则。

4. 具有端庄的仪表、良好的修养　护理工作繁重，各种班次交替。健康的体魄是做好护理工作的首要保障。护士应保持良好的职业形象，举止端庄大方，对病人亲切真诚，有健康的心理、饱满的精神状态。

5. 具有良好的人际沟通能力　护士能运用良好的沟通技巧为服务对象提供高质量的护理，并与其他健康促进人员有效合作，开展健康教育，使人们转变观念，采取促进、维持和恢复健康的有效行为。

6. 具有高度的同情心　护士应理解病人及家属的情绪，真诚地为病人服务。

第二节　成年人的主要健康问题

人的生命周期是一个生物、心理、社会诸方面的动态变化过程。成年人的发展可以划分为青年、中年和老年三个阶段。对于这三个阶段的年龄划分，各国有不同的标准，世界卫生组织（WHO）的划分标准为：18～44岁为青年期，45～59岁为中年期，60～74岁为老年前期，75～89岁为老年期，90岁以上为长寿老年期。我国的划分标准为：45～59岁为老年前期，60～89岁为老年期，90岁以上为长寿老人。

拓展阅读 1-2-1
成年人的主要健康问题重要知识点

"空巢老人"是指子女离家后的中老年夫妇。随着社会老龄化的加剧，越来越多的空巢老人的心理、养老问题，已经成为不容忽视的社会问题。2012年首届全国智能化养老战略研讨会介绍，空巢老人比例很大，到2050年左右，我国临终无子女的老年人将达到约7 900万，独居和空巢老年人将占54%以上。根据调查显示，空巢老人中存在心理问题的比例达到60%。而达到疾病程度，需要医学关注、心理干预的空巢老人，比例达到10%～20%。针对老年人的电视节目少、健身娱乐设施不足，导致老年人的精神生活贫乏。老年人社会活动减少，子女关怀不够，很容易引发精神疾病。心理学家指出："老年空巢问题主要还是社会支持系统不够健全完善"。

经全国老龄工作委员会办公室（以下简称老龄办）批准，老龄办信息中心在全国开展全国"智能化养老"实验基地建设，目的是探索、总结经验、逐步推广。智能化养老是利用先进的科技手段，研发面向居家老人、社区服务等需求的物联网系统与信息平台，应用于居家养老、社区养老、机构养老、养生养老、健康养老、异地养老等任何一种养老方式，可改善各种养老方式的能力和质量。了解健康、亚健康、疾病与患病等基本概念及成年人各发展阶段，尤其是老年人的主要健康问题、相关因素及健康指导，有助于护理学生从整体观念出发，初步了解这些问题，再通过理论与护理实践相结合，加深理解，从而为病人提供更高质量的护理服务。

"十四五"规划提出的大健康产业包括以市场需求为导向、由市场机制发挥主导作用的健康、养老等产业，也包括公共服务为导向、由政府发挥主导作用的公共健康与医疗卫生事业、福利事业等。中国国际亚健康学术成果研讨会统计资料显示：我国总人口中健康者占5%，非健康者占20%，亚健康者占75%。为解决现状，伴随政府政策的支持，人口老年化的加剧，互联网的时代背景，迫切需要建立大健康理念，因此高科技化、精准化、智能化、标准化和专业化、融合化、国际化将是大健康产业未来的发展趋势。

成人发展理论认为，成人各发展阶段的表现形式是可以预测的，各有其表现特征，依照一定的顺序，并有其特定的任务需要完成。人生的任何阶段都可能面对和经历生活中的重大变化，这种变化时刻称为关键期，人们需要根据情况进行适度调整。人在经历重大健康问题时也是人生的关键期，这一时期与护理工作密切相关，护士应当充分考虑可能给病人的生活工作和学习带来的重要变化，尽可能地满足其合理需求，提供细致的护理服务。健康的有关概念和成人各阶段的主要健康问题分述如下。

一、健康的有关概念

（一）健康

WHO 对健康（health）的定义为："健康是身体上、心理上和社会适应的完好状态，而不仅是没有疾病和虚弱。"

（二）亚健康

亚健康（subhealth）状态指人的健康状态处于健康与疾病之间的质量状态及人对这种状态的体验。有的学者将这些体验归纳为一多、三退，即疲劳多、活力减退、反应能力和适应能力减退。亚健康状态有以下特点：一是其普遍性，据国内外调查，其发生率约占总人口的75%，以中年群体居多；二是其隐匿性，不易被个人所觉察或重视、不被社会所承认，不为医学所确认；三是其双向性，既可向疾病状态发展，又可向健康状态逆转。改变不良生活方式，建立健康行为是逆转亚健康的主要手段。

（三）疾病与患病

疾病指人的身心结构和功能上的改变，如糖尿病、消化性溃疡、肝硬化等。患病是指人对疾病的反应，这种反应的个体差异是很大的。

二、成年人各发展阶段的主要健康问题

（一）青年期

青年人的机体常是处于健康和功能状态的最佳时期。

1. **影响青年期的心理社会因素** 如就业压力、经济困难、恋爱情感问题、人际关系不适等。除了上述压力，青年学生群体还要面对学业的压力。

2. **主要健康问题** 多与心理社会因素和不良生活方式有关，如意外伤害、睡眠剥夺、缺少运动、肥胖、酒、接触环境或职业毒物、与持续性心理失调有关的健康问题，青年学生常见问题如注意力不集中、记忆减退、缺乏自信、情绪不稳定、学习紧张心理、人际关系失谐等。

3. **健康指导** 引导青年人认识自身的身心特点、社会角色、责任和义务，保持乐观、积极向上的心态，培养完整和谐的人格，提高自身适应能力，具备良好的心理素质，应对人生挑战与机遇。

（二）中年期

进入中年期后，机体结构和功能上的老化表现趋于明显，但有明显的个体差异，由于机体的调试和代偿，这些变化一般未引起重视。

1. 主要健康问题　多种慢性病的发病率在中年期上升，除了在青年期已发病的疾病外，其主要的健康问题有：

（1）亚健康状态：多见于中年人群。

（2）六高一低倾向：即高血压、高血脂、高血糖、高血黏度、高体重、接近疾病水平的体力和心理高负荷、免疫功能偏低。

（3）心脑血管疾病：冠心病和脑卒中。

（4）其他：如肝硬化、恶性肿瘤等。

2. 健康指导　坚持锻炼（偶尔进行运动或者突然剧烈的运动容易受伤）、控制体重、正确应对压力源。

（三）老年期

我国根据国人的身体评估、退休年龄、平均寿命及社会经济发展水平等多方面因素，规定在60岁以上者为老年人。我国老年人口增长速度快，社会保障体系未充分完善，养老服务业日益加重，因而，重视老年护理已迫在眉睫。

1. 主要健康问题　除了从青年期，中年期延续而来的慢性疾病，如肥胖、心血管疾病、癌症等，还包括退行性骨关节病变、视力或听力减退、神经精神疾患、营养不良、急慢性呼吸系统疾病等。老年人的健康问题还与老化过程有关，虽然不可逆转，但可以通过良好的生活方式、乐观心态、均衡营养、适宜的运动及休息等来减轻老化。

2. 心理特征　主要有以自我为中心、对外界事物不感兴趣、近事记忆减退，固执保守、猜疑、抑郁、孤独、空虚、难以接受新事物等。原因主要与老化及老人在精神、心理、社会等方面对老化的体验有关。

3. 健康指导

（1）意外伤害：如跌倒致伤是危及老年人健康的一个严重问题，其中跌倒所致的股骨颈骨折是导致老年人长期卧床不起和死亡的重要原因。与受伤有关的危险因素包括老化带来的功能减退，患病引起的不适，生活环境中的不安全因素。指导老年人要养成良好的生活方式和习惯，防止意外伤害如跌倒致伤。

（2）慢性病：老年人常患有一种以上的慢性病，往往长期同时使用多种药物，药物之间可能存在相互作用，加上老年期生理功能改变，导致药物的体内过程和机体对药物的耐受性改变，故老年人用药易发生药物不良反应。在老年人的用药护理中，应仔细评估老人准确服药的能力，告诉病人坚持遵医嘱服药的重要性，提高其服药依从性，并给予用药指导；准确服药有困难的老人，应为其分装每次需服用的药物，并检查服用情况；不能自行服药者应协助其按时服用。用药后注意观察疗效和不良反应。

（3）长期照护：WHO定义为由非专业照料者和专业人员进行的阶梯式照料活动。通常包括：卫生服务、生活照料及家庭劳务服务、精神慰藉、娱乐、社会活动、评估、协调等。

第三节　内科护理学学习思路

一、学习目的

通过对内科护理学的学习，学生可形成整体护理观，能运用内科护理学的基本理论、基本知识和技能，以护理程序为导向，为服务对象实施整体护理，准确理解每个护理诊断定义及主要诊断依据，以解决服务对象的现存或潜在的护理问题，为护理对象提供减轻痛苦、促进康复、增进健康的护理服务。

二、学习要求

1. 简述内科常见病的病因、发病机制、常用实验室及其他检查及治疗措施，描述内科病人的身心状况。
2. 运用护理程序方法，对内科病人进行资料收集，进行护理评估，确定护理诊断或问题，制定护理计划，实施正确的护理措施，达到护理目标。
3. 按操作规程，进行内科常见护理技术操作。
4. 能够配合医生，对内科常见急危重病人进行抢救护理。
5. 贯彻预防为主的原则，运用人际沟通技巧对内科病人及其家属进行健康教育。
6. 以刻苦勤奋、严谨求实的态度学习本课程，在护理实践中，表现出关心、爱护、尊重病人和认真负责的态度。
7. 配合课堂教学进行的临床见习、小组讨论、护理病例分析、临床情景模拟训练。

三、学习方法

首先要树立全心全意为人民服务的思想，坚持理论联系实际，运用批判性、辩证性思维，刻苦学习医学护理学各门课程，内科护理学与医学及其他学科一样，在不断地变化更新及发展中。要做好临床护理工作，就要不断阅读和学习有关医学书籍和文献，参加相关学术会议，了解护理新理论、新知识、新技术的进展，并在工作中注重资料的收集和总结开展护理科研工作。随着循证医学的发展，循证护理应运而生，它是指护士在计划其护理活动中，慎重、准确、明智地将研究证据与临床经验及病人愿望相结合，作为临床护理决策的依据。应用循证护理理念，促进临床护理科研开展，从而提高临床专科护理技术水平和护理质量，顺应新形势下护理模式的转变。

数字课程学习

 教学 PPT　　　　自测题

第二章
呼吸系统疾病病人的护理

【学习目标】

知识：

1. 掌握呼吸系统常见疾病的定义和诊断要点。
2. 掌握呼吸系统常见疾病的临床表现和护理要点。
3. 掌握呼吸系统常见疾病的治疗原则和要点。
4. 掌握呼吸系统疾病常用药物的作用、副作用、不良反应和注意事项。
5. 掌握呼吸系统常见疾病肺康复策略和实施。
6. 熟悉呼吸系统疾病的基本病因、促发因素和诱发因素。
7. 熟悉呼吸系统常见疾病的健康指导。
8. 熟悉呼吸系统疾病常见诊疗技术及护理。
9. 了解呼吸系统疾病的发病机制。
10. 了解呼吸系统疾病主要辅助检查及意义。

技能：

1. 正确应用护理程序对呼吸系统疾病病人进行护理评估、提出护理诊断/问题、实施有效护理及评价。
2. 能够结合呼吸系统疾病特点，针对病人病情变化，分析问题、解决问题，开展个性化护理。
3. 正确运用所学知识对呼吸系统疾病病人进行个性化的健康教育。

素质：

1. 能够与病人、医务人员进行高效沟通，具备高度的责任感、同情心和团结协作精神。
2. 培养具有慎独意识、临床思维、创新性思维、预见性护理及自我防护的能力。

> **情景导入**
>
> 张某，男性，78岁，主因反复咳痰喘10余年，加重伴胸闷2天入院。神志清楚，面色潮红，呼吸稍促。查体：T 39.2℃，P 106次/min，R 28次/min，BP 150/90 mmHg。胸部CT示双肺纹理增粗紊乱。

第一节 概 述

> **情境一：**
> 张某刚入院。你作为他的责任护士。
> **请思考：**
> 你需从哪些方面对张某进行护理评估？

拓展阅读2-1-1 呼吸系统疾病概述的重要知识点

呼吸系统与外界环境相通，随空气进入呼吸道的病原微生物和有害物质均可能引发呼吸系统损伤和感染。作为护理人员，应熟悉呼吸系统解剖结构与生理功能，掌握护理评估方法，全面、准确地收集病人资料为后续护理措施的正确实施提供科学依据。

一、呼吸系统的解剖生理

呼吸系统主要包括呼吸道和肺。呼吸道以环状软骨下缘为界，分为上、下呼吸道。上呼吸道由鼻、咽、喉构成，下呼吸道由气管及各级支气管构成。气管在第4胸椎下缘分叉为左、右主支气管。右主支气管较左主支气管粗、短而陡直，异物及吸入性病变（如肺脓肿）多发生在右侧。肺泡是进行气体交换的场所。外呼吸包括肺通气与肺换气，是呼吸系统最基本和最重要的功能。呼吸系统具备的防御功能主要有物理防御功能、吞噬细胞防御功能、免疫防御功能。机体主要通过呼吸中枢、神经反射和化学反射完成对呼吸的调节，以达到为机体提供O_2、排出CO_2及稳定内环境酸碱平衡的目的。

二、护理评估

在全面收集病人主、客观资料的基础上，呼吸系统疾病病人主要进行以下方面的护理评估。

（一）健康史

1. **患病及诊疗经过** 了解病人患病的起始时间，有无诱因，既往检查、治疗及用药情况。
2. **目前病情** 评估病人的生命体征、目前主要的症状、体征及疾病变化。
3. **既往史、家族史及个人史** 评估病人的疾病史及其直系亲属有无罹患相同的疾病或传染病。个人史，重点了解病人饮食习惯、性格、排便、休息、运动、不良生活方式等。吸烟与呼吸系统疾病关系密切，应询问吸烟史、吸烟量等，吸烟量以"包年"（pack year）为单位，计算方法为每天吸烟包数×年数。

（二）身体状况

1. 一般状态　评估病人营养、精神意识、皮肤黏膜、淋巴结等。营养状况可根据病人的体重、体质指数、皮肤、毛发、肌肉、皮下脂肪等进行评估。
2. 头、颈部　评估病人有无鼻翼扇动、鼻旁窦压痛；牙龈、扁桃体、咽部有无充血、红肿及疼痛；颈静脉充盈状况；气管有无移位。
3. 胸部　视诊胸廓外形、呼吸运动、呼吸频率、深度及节律是否正常；触诊胸部有无语音震颤、胸膜摩擦感及胸廓扩张度异常；叩诊胸部有无异常叩诊音；听诊有无异常呼吸音、胸膜摩擦音、啰音及其分布。
4. 腹部及四肢　如有无肝脾大、肝颈静脉回流征阳性，评估有无杵状指（趾）等。

（三）心理社会状况

1. 对疾病的认知　病人对疾病的病因、病程、预后及健康保健是否了解。
2. 心理状况　了解病人有无睡眠障碍及焦虑、自卑等不良情绪反应。
3. 社会支持系统　了解病人的经济状况、家庭组成及病人的主要照顾者对其疾病的认知情况及关怀支持程度；明确医疗负担水平、医疗费用来源等。

（四）实验室及其他检查

1. 实验室检查　主要包括血液、痰液检查及动脉血气分析。痰液检查是呼吸系统疾病常见的检查项目，对疾病诊断、疗效及预后有一定价值。
2. 影像学检查　包括胸部 X 线、计算机体层摄影（CT）检查及磁共振显像（MRI）等。
3. 其他检查　主要包括支气管镜和胸腔镜检查、肺功能检查等。

拓展阅读 2-1-2
呼吸系统疾病研究现状及展望

第二节　呼吸系统疾病常见症状体征的评估和护理

> **情境二：**
> 张某刚入院，你作为他的责任护士，已完成初步护理评估。
> **请思考：**
> 1. 该病人有哪些症状、体征？
> 2. 你应该采取哪些护理措施？

一、咳嗽与咳痰

咳嗽（cough）是因咳嗽感受器受到刺激后引起的突然剧烈的呼气运动，是一种反射性防御动作，具有清除呼吸道分泌物和气道内异物的作用。急性发作的刺激性干咳伴有发热、声嘶，常为急性喉、气管、支气管炎。常年咳嗽，秋冬季加重提示慢性阻塞性肺疾病。急性发作的咳嗽伴胸痛，可能是肺炎。发作期干咳，且夜间多发者，可能是咳嗽变异性哮喘。高亢的干咳伴

拓展阅读 2-2-1
呼吸系统疾病病人常见症状体征的评估和护理的重要知识点

呼吸困难可能是支气管肺癌累及气管或主支气管。持续而逐渐加重的刺激性干咳伴气促则考虑特发性肺纤维化等。

咳痰（expectoration）是借助支气管黏膜上皮的纤毛运动、支气管平滑肌的收缩及咳嗽反射，将呼吸道分泌物经口腔排出体外的动作。

引起咳嗽和咳痰的病因很多，常见致病因素为：①感染因素，如上呼吸道感染、支气管炎、支气管扩张症、肺炎、肺结核等；②理化因素，肺癌生长压迫支气管，误吸，各种刺激性气体、粉尘的刺激；③过敏因素，过敏体质者吸入致敏物，如过敏性鼻炎、支气管哮喘等；④其他，如胃食管反流病导致咳嗽，服用β受体阻断药或血管紧张素转化酶抑制药后咳嗽，习惯性及心理性咳嗽等。

（一）护理评估

1. 病史　询问有无呼吸道感染、刺激性气体或粉尘吸入；是否服用血管紧张素转化酶抑制药等药物；咳嗽发生与持续的时间、规律、性质、程度、音色、伴随症状，咳嗽与体位、气候变化的关系，有无咳嗽无效或不能咳嗽；痰液的颜色、性质、量、气味和有无肉眼可见的异物等。

2. 身体评估　重点检查以下内容：①生命体征及意识状态，尤其是体温、呼吸型态；②营养状态及体位，有无消瘦及营养不良，是否存在强迫体位，如端坐呼吸；③皮肤、黏膜，有无脱水、多汗及发绀；④胸部，两肺呼吸运动的一致性，是否有异常呼吸音，有无干、湿啰音等。

3. 实验室及其他检查　痰液检查、血气分析、胸部影像学、支气管镜检查、肺功能测定有无异常。

4. 心理社会状况　频繁、剧烈的咳嗽，尤其夜间咳嗽或大量咳痰病人是否存在疲乏、失眠、烦躁不安、抑郁、焦虑、注意力不集中等。

（二）常见护理诊断/问题

清理呼吸道无效　与呼吸道分泌物过多、痰液黏稠或病人疲乏、胸痛、意识障碍导致咳嗽无效、不能或不敢咳嗽有关。

（三）护理目标

1. 病人痰液变稀，易于咳出。
2. 在护士的指导下能正确运用胸部物理治疗方法排出痰液。
3. 病人痰液得到及时清除。

（四）护理措施

1. 环境与休息　提供整洁、舒适的病室环境，保持适宜的温度（18~20℃）和湿度（50%~60%）。

2. 饮食　给予高蛋白、高热量、高维生素、清淡饮食。不宜摄入油腻、辛辣刺激食物，以免刺激呼吸道加重咳嗽。应给予充足的水分，使每天饮水量达到1.5~2L，有利于呼吸道黏膜的湿润和病变黏膜的修复，同时有利于痰液稀释和排出。

3. 促进有效排痰　包括深呼吸、有效咳嗽、胸部叩击、体位引流和机械吸痰等胸部物理治疗措施。

（1）深呼吸和有效咳嗽：深呼吸指胸、腹式呼吸联合进行，以排出肺内残气及其代谢产物、增加有效通气的一种呼吸方式。有效咳嗽是在咳嗽时通过加大呼气压力，增强呼气流速以提高咳嗽的效率，适用于神志清醒、一般状况良好、能够配合的病人。实施：首先应指导病人掌握深呼吸和有效咳嗽的正确方法，病人尽可能采用坐位，先进行深而慢的腹式呼吸5~6次，然后深吸气至膈肌完全下降，屏气3~5 s，继而缩唇，缓慢地经口将肺内气体呼出，再深吸一口气屏气3~5 s，身体前倾，从胸腔进行2~3次短促有力的咳嗽，咳嗽时同时收缩腹肌，或用手按压上腹部，帮助痰液咳出。也可让病人取俯卧屈膝位，借助膈肌、腹肌收缩，增加腹压，咳出痰液。

拓展阅读2-2-2
深呼吸和有效咳痰注意事项

（2）湿化气道：适用于痰液黏稠难以咳出者。包括湿化治疗和雾化治疗两种方法，通过上述方法达到湿润气道黏膜、稀释痰液的目的。

拓展阅读2-2-3
气道湿化注意事项

（3）体位引流：适用于肺脓肿、支气管扩张症等有大量痰液排出不畅时。体位引流是利用重力作用使肺、支气管内分泌物排出体外的胸部物理疗法之一，又称重力引流。参见本章第四节支气管扩张病人的护理。

拓展阅读2-2-4
胸部叩击

（4）机械吸痰：适用于痰液黏稠无力咳出、意识不清、排痰困难或建立人工气道者。

4. 用药护理　遵医嘱给予抗生素、止咳及祛痰药物，用药期间注意观察药物的疗效及不良反应。向湿性咳嗽及排痰困难病人解释并说明可待因等强镇咳药会抑制咳嗽反射，加重痰液的积聚，切勿自行服用。

5. 病情观察　密切观察咳嗽、咳痰情况，详细记录痰液颜色、性状和量。

（五）评价

1. 病人自述痰液变稀、易咳出，痰量减少。
2. 在护士的指导下能正确运用胸部物理治疗方法排出痰液。
3. 病人痰液得到及时清除。

二、肺源性呼吸困难

呼吸困难（dyspnea）指病人主观上感到空气不足、呼吸费力，客观上表现为呼吸频率、节律与深度的异常。凡由呼吸系统疾病引起的呼吸困难统称为肺源性呼吸困难。呼吸困难根据其临床特点分为3种类型：①吸气性呼吸困难：吸气时呼吸困难显著，其发生与大气道的狭窄和梗阻有关，多见于喉头水肿、肿瘤或异物引起的大气道机械性梗阻。发生时常伴干咳及高调吸气性哮鸣音，重症病人可出现胸骨上窝、锁骨上窝和肋间隙明显凹陷，形成"三凹征"。②呼气性呼吸困难：表现为呼气费力、缓慢及呼气时间延长，常伴有呼气期哮鸣音，其发生与支气管痉挛、狭窄和肺组织弹性减弱，影响了肺通气功能有关。多见于支气管哮喘和慢性阻塞性肺疾病。③混合性呼吸困难：是由于肺部病变广泛使呼吸面积减少，影响了换气功能所致。表现为吸气与呼气均感费力，呼吸频率增快、深度变浅，常伴有呼吸音减弱或消失。临床常见于重症肺炎、重症肺结核、广泛性肺纤维化、大量胸腔积液和气胸等。

（一）护理评估

1. 病史　①起病的缓急：突发性呼吸困难多见于呼吸道异物、张力性气胸等，起病较急者应考虑支气管哮喘、气胸、肺炎、肺不张等，起病缓慢者多为慢性阻塞性肺疾病、肺结核、支气管扩张症等。②诱因：支气管哮喘发作可有过敏物质的接触史；与活动有关的呼吸困难可因劳累或活动量过大等因素诱发，如慢性肺源性心脏病和间质性肺疾病；自发性气胸发病前多有过度用力或屏气用力史。③伴随症状：有无咳嗽、咳痰、胸痛、发热、神志改变等。④严重程度：呼吸困难按其严重程度分为轻、中、重度呼吸困难。轻度呼吸困难由中度及中度以上体力活动引起；中度呼吸困难由轻度体力活动引起；重度呼吸困难可由洗脸、穿衣等日常活动引起，甚至休息时也有发作。⑤心理反应：有无紧张、注意力不集中、失眠、抑郁、焦虑或恐惧等。

2. 身体评估　①神志：有无烦躁不安、神志恍惚、谵妄或昏迷；②面容与表情：是否存在口唇发绀、表情痛苦、鼻翼扇动、张口或点头呼吸及肺气肿病人表现出的缩唇吹气；③呼吸的频率、深度和节律：轻度呼吸衰竭时呼吸可深而快，严重时则呼吸浅而慢，甚至出现潮式呼吸；④胸部：观察是否有桶状胸和辅助呼吸肌参与呼吸，听诊双肺有无肺泡呼吸音减弱或消失及干、湿啰音等。

3. 实验室及其他检查　动脉血气分析有助于判定缺氧和二氧化碳潴留的程度。肺功能测定可了解肺功能的基本状态，明确肺功能障碍的程度和类型。

4. 心理社会状况　有无紧张、注意力不集中、失眠、抑郁、焦虑或恐惧等。

（二）常见护理诊断/问题

1. 气体交换障碍　与呼吸道痉挛、呼吸面积减少、换气功能障碍有关。
2. 活动无耐力　与呼吸功能受损导致的机体缺氧状态有关。

（三）护理目标

1. 病人自述呼吸困难减轻。
2. 能得到适宜的休息且活动耐力逐渐提高。

（四）护理措施

1. 环境与休息　保持病室环境安静舒适、空气洁净和温湿度适宜。对于因呼吸困难而不能平卧者可采取半卧位或坐位身体前倾，并使用枕头、靠背架或床边桌等支撑物增加病人的舒适度。指导病人穿着宽松的衣服并避免盖被过厚而造成胸部压迫等加重不适。哮喘病人室内避免湿度过高及存在过敏原，如尘螨、刺激性气体、花粉等。

2. 保持呼吸道通畅　协助病人清除呼吸道分泌物及异物，指导病人正确使用支气管舒张药以及时缓解支气管痉挛造成的呼吸困难，必要时需建立人工气道以保证气道通畅。

3. 氧疗和机械通气的护理　根据呼吸困难类型、严重程度不同，进行合理氧疗或机械通气，以缓解呼吸困难症状。密切观察氧疗的效果及不良反应，记录吸氧方式、浓度及时间，若吸入高浓度氧或纯氧要严格控制吸氧时间，一般连续给氧不超过 24 h；对接受机械通气治疗的病人应注意做好相应的护理。

4. 病情观察　动态评估病人呼吸困难的严重程度，监测血氧饱和度变化。病情严重者应住重症监护病房（ICU），以便于及时观察并处理病情变化。

5. 用药护理　遵医嘱应用支气管舒张药、呼吸兴奋药等，观察药物疗效和不良反应。

6. 康复训练　与病人共同制订活动计划，在保证充足睡眠的基础上，以不感觉疲乏为宜。如病情允许，可有计划地逐步增加每天活动量并鼓励病人尝试一些适宜的有氧运动，如室内走动、慢跑、快走、太极拳、体操等，以逐步提高肺活量和活动耐力。指导病人做腹式呼吸和缩唇呼气训练，以提高呼气相支气管内压力，防止小气道过早陷闭，利于肺内气体的排出。参见本章第五节慢性阻塞性肺疾病病人的护理。

7. 心理护理　呼吸困难会使病人产生烦躁不安、焦虑甚至恐惧等不良情绪反应，从而进一步加重呼吸困难。医护人员应给予病人心理支持以增强其安全感，保持其情绪稳定。

（五）评价

1. 病人无发绀，呼吸频率、深度趋于正常或呼吸平稳。
2. 日常活动量增加且不感疲乏。

三、咯血

咯血（hemoptysis）指喉及喉以下呼吸道及肺组织的血管破裂导致的出血并经咳嗽动作从口腔排出。需与口腔、鼻、咽部出血或呕血鉴别，并排除心血管、全身疾病所致的咯血。大咯血易导致窒息和休克，必须及时抢救才能挽救病人生命。

痰中经常带血是肺结核、肺癌的常见症状。咯鲜血多见于支气管扩张，也可见于肺结核、急性支气管炎、肺炎和肺血栓栓塞症，二尖瓣狭窄可引起不同程度的咯血。临床根据咯血量，将咯血分为痰中带血、小量咯血（＜100 mL/d）、中等量咯血（100～500 mL/d）和大量咯血（＞500 mL/d，或＞300 mL/次）。

咯血的并发症有窒息、肺不张、肺部感染等。临床上具有下列情形的咯血病人易发生窒息：①极度衰竭，无力咳嗽；②急性大咯血；③情绪高度紧张，因极度紧张可导致声门紧闭或支气管平滑肌痉挛；④应用镇静药或镇咳药使咳嗽反射受到严重抑制。窒息是咯血直接致死的主要原因，护士对咯血量较大的病人应保持高度警惕，及时识别与抢救。窒息发生时病人可表现为：咯血突然减少或中止，表情紧张或惊恐，大汗淋漓，两手乱动或手指喉头（示意空气吸不进来），继而出现发绀、呼吸音减弱、全身抽搐，甚至心跳、呼吸停止而死亡。

（一）护理评估

1. 病史　①诱因：我国引起咯血的前三位病因是肺结核、支气管扩张症和支气管肺癌。突发胸痛及呼吸困难，而后出现咯血者应警惕肺血栓栓塞。②严重程度：严格评估咯血的量，有无窒息发生风险。③伴随症状：呼吸急促，氧饱和度下降，心率增快，血压正常或稍低。
2. 身体评估　①咯血先兆：评估有无情绪紧张、烦躁不安、咽喉发痒或刺激感、胸闷气促等症状；②评估有无窒息发生。
3. 实验室及其他检查　血常规、出凝血时间及血小板计数、免疫学检查、胸部X线检查、CT检查等。
4. 心理社会状况　初次咯血往往比较紧张。若反复咯血或大咯血易出现恐惧心理。

（二）常见护理诊断/问题

1. 清理呼吸道无效　与大咯血造成气道阻塞有关。
2. 潜在并发症　窒息。

（三）护理目标

病人呼吸道通畅，自诉无呼吸困难症状。

（四）护理措施

1. **休息与卧位** 小量咯血者以静卧休息为主，大量咯血应绝对卧床休息，尽量避免搬动。取患侧卧位，可减少患侧胸部的活动度，防止病灶向健侧扩散，有利于健侧肺的通气功能。

2. **饮食护理** 大量咯血者应禁食；小量咯血者宜进少量温、凉流质饮食，因过冷或过热食物均易诱发或加重咯血。多饮水，多食富含纤维素食物，以保持排便通畅，避免排便时腹压增加而引起再度咯血。

3. **对症护理** 安排专人护理并安慰病人。保持口腔清洁，咯血后为病人漱口，擦净血迹，防止因口咽部异物刺激引起剧烈咳嗽而诱发咯血。及时清理病人咯出的血块及污染的衣物、被褥，有助于稳定情绪，增加安全感，避免因精神过度紧张而加重病情。对精神极度紧张、咳嗽剧烈的病人，可建议给予小剂量镇静药或镇咳药。

4. **保持呼吸道通畅** 指导并协助病人将气管内积血轻轻咳出，保持气道通畅。咯血时轻轻拍击健侧背部，嘱病人不要屏气，以免诱发喉头痉挛，使血液引流不畅导致窒息。

5. **病情观察** 密切观察病人咯血的量、颜色、性质及出血的速度，观察生命体征及意识状态的变化，有无胸闷、气促、呼吸困难、发绀、面色苍白、出冷汗、烦躁不安等窒息征象；有无阻塞性肺不张、肺部感染及休克等并发症的表现。

6. **用药护理** ①垂体后叶素可收缩小动脉，减少肺血流量，从而减轻咯血。但也能引起子宫、肠道平滑肌和冠状动脉收缩，故冠心病、高血压病人及孕妇忌用。静脉滴注时速度勿过快，以免引起恶心、便意、心悸、面色苍白等不良反应。②年老体弱、肺功能不全者在应用镇静药和镇咳药后，应注意观察呼吸中枢和咳嗽反射受抑制情况，以早期发现因呼吸抑制导致的呼吸衰竭和不能咯出血块而发生窒息。

7. **窒息的抢救** 对大咯血及意识不清的病人，应在病床旁备好急救设备，一旦病人出现窒息征象，应立即取头低脚高45°俯卧位，面向一侧，轻拍背部，迅速排出在气道和口咽部的血块，或直接刺激咽部以咳出血块；必要时用吸痰管进行负压吸引；给予高浓度吸氧；做好气管插管或气管切开的准备与配合工作，以解除呼吸道阻塞。

（五）评价

病人呼吸道通畅，未发生咯血窒息。

第三节 肺部感染性疾病病人的护理

> **情景导入**
>
> 杨某，男性，45岁，入院时神志清楚，面色潮红，呼吸稍促，T 39.2℃，主诉右侧胸部疼痛，咳嗽或深呼吸时加剧，口角和唇周有疱疹，口唇稍发绀。
>
> 请思考：
> 1. 杨某可能的诊断是什么？
> 2. 作为杨某的责任护士，应如何为其提供正确护理？

一、概述

肺炎（pneumonia）指终末气道、肺泡和肺间质的炎症，可由感染、理化因素、免疫损伤、过敏及药物等所致。肺炎是呼吸系统常见病，男女均可发病，病死率最高的为5岁以下儿童和75岁以上老年人群。以细菌性肺炎最常见。

拓展阅读 2-3-1
肺部感染性疾病重要知识点

（一）病因

感染是最常见的病因。病原体可经空气吸入、血行播散、邻近感染部位蔓延及上呼吸道、胃肠道定植菌的误吸、经人工气道吸入致病菌等途径引起肺炎。

（二）分类

1. 按病因学分类　病因学分类对肺炎的治疗有决定性意义。

（1）细菌性肺炎：较常见。常见致病菌如肺炎链球菌、金黄色葡萄球菌、肺炎克雷伯菌、铜绿假单胞菌等。近年来，多重耐药菌（MDR）引起的肺炎比例在逐年上升。

（2）病毒性肺炎：主要由冠状病毒、腺病毒、呼吸道合胞病毒、流感病毒等引起。

（3）非典型病原体所致肺炎：由支原体、衣原体和军团菌等引起。

（4）真菌性肺炎：由念珠菌、曲菌、毛菌、隐球菌等引起。

（5）其他病原体所致肺炎：由立克次体、弓形虫、原虫、寄生虫等引起。

（6）理化因素所致肺炎：放射性损伤可引起放射性肺炎，胃酸吸入或吸入刺激性气体、液体等可引起化学性肺炎。

2. 按解剖分类

（1）大叶性肺炎：又称肺泡性肺炎，致病菌以肺炎链球菌最为常见。病原体先在肺泡引起炎症，经肺泡间孔向其他肺泡扩散，最终导致部分肺段或整个肺段、肺叶发生炎症。

（2）小叶性肺炎：又称支气管性肺炎。病原体经支气管入侵，最终导致细支气管、终末细支气管及肺泡炎症。常继发于支气管炎、支气管扩张及长期卧床的危重病人。

（3）间质性肺炎：以肺间质为主的炎症，由于病变仅在肺间质，故呼吸道症状较轻，异常体征较少，若病变广泛则可出现明显呼吸困难。

3. 按患病环境分类

（1）社区获得性肺炎（community acquired pneumonia，CAP）：指在医院外罹患的肺实质感染性炎症，包括具有明确潜伏期的病原体感染而在入院后平均潜伏期内发病的肺炎。

（2）医院获得性肺炎（hospital acquired pneumonia，HAP）：又称医院内肺炎，指病人入院时不存在，也不处于潜伏期，而在入院48 h后在医院内发生的肺炎，包括在出院后48 h内发生的肺炎。其中以呼吸机相关肺炎（ventilator-associated pneumonia，VAP）最为多见，治疗和预防较困难。

拓展阅读 2-3-2
关注老年病人 HAP

二、肺炎链球菌肺炎病人的护理

肺炎链球菌肺炎是由肺炎链球菌（*Streptococcus pneumoniae*，SP）引起的肺炎，是引发CAP的主要致病菌。本病多为散发，可借助飞沫传播，冬季与初春多见，常与呼吸道病毒感染并行。

(一)病因及发病机制

SP 是寄居在口腔及鼻咽部的一种正常菌群,为革兰染色阳性球菌,有荚膜,其毒力大小与荚膜中的多糖结构及含量有关。当机体免疫功能受损时,有毒力的 SP 入侵人体下呼吸道而致病。SP 导致的大叶性肺炎典型病理改变可分为四个阶段:充血水肿期、红色肝变期、灰色肝变期和溶解消散期。因早期应用抗生素治疗,典型的病理分期已很少见。

(二)临床表现

一般年轻人症状明显,老年人症状不典型。

1. 症状 病人常有淋雨、受凉、疲劳、醉酒、病毒感染史,多数病人有上呼吸道感染的前驱症状。起病急骤,主要有高热(多呈稽留热)、寒战、咳嗽、血痰(铁锈色痰)、胸痛(多为一侧胸痛,患侧胸痛)等特征。患侧胸部疼痛可放射到肩部或腹部,咳嗽或深呼吸时加剧。胃纳锐减,偶有恶心、呕吐、腹痛或腹泻,易被误诊为急腹症。

2. 体征 病人呈急性热病面容,口角和鼻周有单纯疱疹;病变广泛时可出现发绀、心动过速、心律失常。有脓毒症者,可出现皮肤黏膜出血点,巩膜黄染。早期肺部体征无明显异常,肺实变时叩诊浊音,触诊语颤增强,可闻及支气管呼吸音。消散期可闻及湿啰音。

(三)实验室及其他检查

1. 血常规检查 白细胞和中性粒细胞计数升高,严重时可有核左移,细胞内可见中毒颗粒。年老体弱、酗酒、免疫功能低下者可仅有中性粒细胞比例增高。

2. 细菌学检查 痰涂片作革兰染色及荚膜染色镜检,可初步作出病原学诊断。痰培养 24~48 h 可以确定病原体。聚合酶链反应(PCR)及荧光标记抗体检测可提高病原学诊断率。合并菌血症时,应做血培养。

3. X 线检查 X 线表现呈多样性。早期仅见肺纹理增粗,或受累的肺段、肺叶稍模糊。随着病情进展,可呈大片炎症浸润阴影或实变影,在实变阴影中可见支气管充气征,肋膈角可有少量胸腔积液。消散期,因炎症浸润逐渐吸收,可有片状区域吸收较快而呈现"假空洞"征,一般起病 3~4 周后才完全消散。

(四)诊断要点

根据典型症状和肺实变体征,结合胸部 X 线检查,可作出初步诊断。病原菌检测是确诊本病的主要依据。

(五)治疗要点

1. 抗感染治疗 是决定预后的关键。根据病人年龄、有无基础疾病、病情严重程度及微生物检查结果针对性使用抗生素。首选青霉素 G,对青霉素过敏或感染耐青霉素菌株者,可用喹诺酮类、头孢类等,感染 MDR 菌株者可用万古霉素、替考拉宁或利奈唑胺等。抗感染治疗后 48~72 h 应对病情和诊断进行评价。

2. 对症及支持疗法 嘱病人卧床休息,给予高蛋白、高热量、高维生素饮食。鼓励病人大量饮水,失水者应补液。剧烈胸痛者,酌情使用镇痛药。中等或重症($PaO_2 < 60$ mmHg 或有发绀)者应给予吸氧。

3. 并发症的处理 经抗生素治疗后，若体温降而复升或3天后仍不降者，应考虑SP的肺外感染或存在其他疾病，如脓胸、心包炎或关节炎等。密切监测病情变化，防止感染性休克的发生。

（六）护理评估

1. 病史 询问病人是否有受寒、淋雨、疲劳、醉酒等诱因，是否有上呼吸道感染史，有无基础疾病，有无吸烟史，家族史等。
2. 身体评估 评估病人的生命体征、意识状态等；评估病人咳嗽的性质及影响因素，咳痰的性状、量及气味，胸痛的部位、持续时间及影响因素，呼吸运动、频率、深度及节律等是否正常；评估有无异常呼吸音、胸膜摩擦音和干、湿啰音等。
3. 实验室及其他检查 行血常规、胸部CT、痰培养和动脉血气分析检查，必要时行支气管镜检查。
4. 心理-社会状况 评估病人的心理活动特点、个性特征、教育背景、经济收入等，评估家属对病人的关心和支持程度等。

（七）常见护理诊断/问题

1. 气体交换受损 与肺部病变广泛致有效呼吸面积减少有关。
2. 清理呼吸道无效 与气道分泌物过多、痰液黏稠、胸痛、咳痰无力等有关。
3. 体温过高 与肺部感染有关。
4. 疼痛：胸痛 与炎症累及壁层胸膜有关。
5. 潜在并发症 感染性休克。

（八）护理目标

1. 病人能进行有效咳嗽，自诉呼吸困难减轻。
2. 病人体温下降，自诉舒适度增加。
3. 病人自诉疼痛症状减轻。

（九）护理措施

1. 一般护理
（1）休息与卧位：发热时应卧床休息，减少机体耗氧量，呼吸困难时可采取半坐卧位。
（2）饮食与营养：应给予高热量、高蛋白质、高维生素、易消化饮食，少量多餐。鼓励病人多饮水，利于稀释痰液。
（3）口腔护理：注意病人口腔卫生状况，做好口腔护理，尤其是昏迷或气管插管病人。口唇疱疹者局部外涂抗病毒软膏，防止继发感染。
2. 病情观察 监测病人生命体征变化，尤其是老年、儿童及久病体弱者，观察其神志、皮肤黏膜的颜色和温湿度、出入量等变化，警惕感染性休克的发生。
3. 对症护理
（1）高热护理：高热病人首选物理降温，谨慎使用阿司匹林等解热药，防止体温骤降大量出汗致虚脱。
（2）疼痛护理：胸痛病人一般取患侧卧位，以减少胸壁与肺的活动。做好疼痛评估，对于胸痛剧烈者，可遵医嘱酌情使用镇痛药或镇静药。

（3）其他：发绀者，遵医嘱给予氧疗；明显腹胀者，给予腹部热敷或肛管排气；畏寒、寒战时注意病人保暖，适当增加被褥等。

4. 感染性休克的护理　如发现病人出现神志模糊、烦躁、发绀、四肢湿冷、面色苍白等休克早期表现，应立即报告医生，备好用物，积极配合医生抢救。

（1）卧位：立即予以休克卧位，增加回心血量。

（2）吸氧：予以中、高流量吸氧，改善缺氧状况。

（3）补充血容量：迅速建立两条以上静脉通路，遵医嘱进行抗休克治疗。输液速度应先快后慢，输液量宜先多后少。随时观察病人生命体征、意识状态、血压尿量、尿比重、血细胞比容等变化。必要时监测中心静脉压，指导补液的量和速度。若血容量已补足而 24 h 尿量仍 < 400 mL，尿比重 < 1.018，应及时报告医师，警惕急性肾衰竭的发生。

（4）用药护理：①纠正酸中毒：纠正原发病后一般酸中毒可改善。明显酸中毒时常用 5% 碳酸氢钠溶液静脉滴注，原则是"宁酸勿碱"。碱性药物配伍禁忌较多，需单独输液。②遵医嘱给予血管活性药物，如多巴胺、酚妥拉明等，由单独一路静脉输入，并随时根据血压变化调整滴速。③联合、足量应用抗生素进行抗感染治疗，解除病因。注意药物疗效和不良反应。

5. 心理护理　主动询问、关心病人，耐心讲解疾病相关知识，消除其不良情绪及心理。

（十）护理评价

经过治疗和护理，病人的呼吸困难、发热、胸痛等症状得到改善，无严重并发症的发生，病人能够复述出肺炎的诱因、病因和相关预防知识。

（十一）健康指导

1. 疾病预防指导　指导病人避免淋雨受凉、过度劳累、酗酒等诱因。告知病人平时注意锻炼身体，增加营养摄取，保证充足的睡眠和休息，以增强机体抵抗力。易感人群可进行预防接种。

2. 疾病知识指导　向病人及其家属介绍有关肺炎的知识，了解肺炎的病因和诱因。告知病人药物的相关知识，指导病人遵医嘱按时按量服药。定期复查，出现高热、咳嗽、咳痰、胸痛等症状及时就诊。

（十二）预后

大多数情况下，肺部炎症和渗出可完全吸收，肺组织恢复正常结构，但老年人肺炎病灶消散较慢，容易吸收不完全而形成机化性肺炎。

三、葡萄球菌肺炎病人的护理

葡萄球菌肺炎（staphylococcal pneumonia）指由葡萄球菌引起的肺部急性化脓性炎症。病情较重，细菌耐药率高，常发生于有基础疾病或免疫功能受损的病人。HAP 中葡萄球菌感染所占比例较高，由耐甲氧西林金黄色葡萄球菌（MRSA）引起的肺炎在治疗上较为困难。

（一）病因和发病机制

葡萄球菌为革兰染色阳性球菌，可分为凝固酶阳性的葡萄球菌（主要为金黄色葡萄球菌，简称金葡菌）和凝固酶阴性的葡萄球菌（如表皮葡萄球菌等）。其致病物质主要是毒素与酶，致病力可用血浆凝固酶来测定，阳性者致病力较强。感染多由致病力强的金葡菌引起。

（二）临床表现

1. 症状　多起病急骤，但不少病人因基础疾病掩盖或因免疫功能差、机体反应削弱致使起病隐匿。主要症状有寒战、高热，体温高达 39~40℃，胸痛、咳嗽、咳痰，痰液量多，呈黄色脓性或脓血性痰。通常毒血症状突出。重症病人胸痛和呼吸困难进行性加重，早期可出现周围循环衰竭。

2. 体征　早期可无肺部体征，严重的中毒症状常与呼吸道症状不平行。典型的肺实变征少见，病变较大或融合时可有肺实变体征。气胸或脓气胸者有相应体征。

（三）实验室及其他检查

应用抗生素之前采集血和痰培养可明确诊断。胸部 X 线表现为多发性的浸润病灶，甚至实变，早期可形成空洞，或呈小叶状浸润。X 线影像另一特点是阴影存在易变性，表现为一处炎性浸润消失而在另一处出现新的病灶，或很小的单一病灶发展为大片阴影。

（四）治疗

1. 抗感染治疗　强调早期清除和引流原发病灶，选用敏感的抗生素治疗。近年来，金葡菌对青霉素的耐药率已高达 90% 左右，选用耐青霉素酶的半合成青霉素或头孢菌素，联合氨基糖苷类用药，有较好疗效。对于 MRSA，则应选用万古霉素、替考拉宁和利奈唑胺等。临床选择抗生素时可参考细菌培养的药物敏感试验。

2. 对症及支持治疗　卧床休息，饮食应富含高热量及高蛋白质，多饮水。有发绀者予以吸氧，胸痛剧烈者酌情使用镇痛药。

（五）护理评估、常见护理诊断/问题、护理措施

同本节肺炎链球菌肺炎病人的护理。

（六）预后

本病发展迅猛，病死率较高，预后与是否治疗及时、有无并发症相关。痊愈者中少数可遗留支气管扩张症。

拓展阅读 2-3-3　重症肺炎的诊断标准

四、新型冠状病毒感染病人的护理

新型冠状病毒感染（简称"新冠感染"）是由新型冠状病毒（2019-nCoV）引起的急性呼吸道传染病。2020 年 2 月 11 日，WHO 将其英文名称定义为 Corona Virus Disease 2019（COVID-19）。国际病毒命名委员会（ICTV）将其命名为"严重急性呼吸系统综合征冠状病毒 2"（SARS-CoV-2）。

（一）流行病学特点

1. 传染源　主要是新冠病毒感染者，潜伏期即有传染性。
2. 传播途径　主要的传播途径是经呼吸道飞沫和密切接触传播，在相对封闭的环境中经气

溶胶传播，接触被病毒污染的物品后也可造成感染。

3. **易感人群** 人群普遍易感，感染后或接种新冠病毒疫苗后可获得一定的免疫力。

（二）临床表现

潜伏期 1~14 天，多为 3~7 天。以发热、干咳、乏力为主要表现。部分病人以鼻塞、流涕、咽痛、嗅觉、味觉减退或丧失、结膜炎、肌痛和腹泻等为主要表现。重症病人多在发病一周后出现呼吸困难和（或）低氧血症，严重者可快速进展为急性呼吸窘迫综合征（ARDS）、脓毒症休克、难以纠正的代谢性酸中毒和出凝血功能障碍及多器官功能衰竭等。极少数病人可有中枢神经系统受累及肢端缺血性坏死等表现。

（三）实验室和其他检查

1. **一般检查** 发病早期外周血白细胞总数正常或减少，可见淋巴细胞计数减少，部分病人可出现肝酶、乳酸脱氢酶、肌红蛋白等增高。多数病人 C 反应蛋白（CRP）和红细胞沉降率升高。重型、危重型病人可见 D- 二聚体升高、外周血淋巴细胞进行性减少。

2. **病原学及血清学检查** ①核酸检测：早期确诊新冠病毒感染与否的"金标准"。为提高检测阳性率，应规范采集标本，标本采集后尽快送检。②抗体检测：感染者新冠病毒特异性 IgM 抗体、IgG 抗体呈阳性。抗体检测可能会出现假阳性，一般不单独作为诊断依据。

3. **胸部影像学** 早期呈现多发小斑片影及间质改变，以肺外带明显。进而发展为双肺多发磨玻璃影、浸润影，严重者可出现肺实变。

（四）诊断要点

结合流行病学史、临床表现、实验室检查结果可确定疑似病例和确诊病例。

（五）治疗要点

以隔离、对症支持治疗为主，危重病例尽早收入 ICU。

1. **对症支持治疗** 卧床休息，加强支持治疗，保证充分能量摄入；注意水、电解质平衡，维持内环境稳定；密切监测生命体征、血氧饱和度等。根据血氧饱和度的变化，及时给予有效氧疗措施。保护性通气和俯卧位通气效果不佳者，如条件允许，应尽快考虑体外膜肺氧合（ECMO）。

2. **药物治疗** 目前尚无有效的抗病毒药。药物治疗时注意观察药物的不良反应、禁忌证及有无药物配伍禁忌等问题。继发细菌感染时，根据药敏试验结果选用抗生素。根据病人病情酌情短期内使用糖皮质激素，一般建议 3~5 日，不超过 10 日。危重病人合并休克时，应在充分液体复苏的基础上，合理使用血管活性药物。

3. **其他治疗** 如免疫治疗、抗凝治疗、血液净化治疗、中医辨证治疗等。

（六）护理评估

1. **病史** 询问发病前 14 天有无病例报告社区旅居史、有无与新冠病毒感染病例接触史、有无与来自病例报告社区的发热或呼吸道症状的病人接触史，有无聚集性发病（14 天内在小范围如家庭、办公室、班级等场所，出现 2 例及以上发热和/或呼吸道症状的病例）等；有无基础疾病。

2. 身体评估　评估病人的一般状况及有无发热；有无咳嗽及咳嗽的性质、影响因素；呼吸频率、深度及节律等是否正常；有无消化道症状，如恶心、呕吐、腹泻等，并注意呕吐物及排泄物的量及性状；是否有伴随症状，如乏力、味嗅觉异常、肌肉酸痛等。

3. 实验室及其他检查　血常规、病原学、血清学及胸部影像学检查。

4. 心理-社会状况　评估病人的心理活动特点，评估病人对疾病的认知及其家属对病人的关心和支持程度等。

（七）常见护理诊断/问题

同本节肺炎链球菌肺炎病人的护理。

（八）护理措施

1. 休息与活动　病室保持空气清新，每日通风 2~3 次，每次 ≥30 min。疑似病例与确诊病例分区域安置，限制病人仅在病室内活动，原则上谢绝探视、不设陪护。

2. 饮食与营养　轻症或恢复期病人，给予高蛋白、高维生素、高热量、易消化饮食，每日保证充足的饮水量；重症病人根据医嘱给予肠内或肠外营养支持。

3. 病情观察　严密监测病人的生命体征、意识状态，观察病人咳嗽、咳痰、呼吸困难及发绀情况；重症病人 24 h 持续心电监护，密切监测其血氧饱和度、血压等变化。预防并及时发现并发症，遵医嘱实施护理措施。

4. 对症护理

（1）高热护理：遵医嘱给予退热处理，使用退热药物后应密切监测体温变化和出汗情况，做好皮肤和口腔护理。

（2）气道护理：重症病人常伴有咳痰，应保持病人呼吸道通畅，指导其有效排痰。遵医嘱给予氧疗，监测氧疗效果。使用无创呼吸机辅助通气者，遵医嘱调节吸气压力、呼气压力和吸氧浓度等参数；建立人工气道的病人，护理人员需在实施三级防护的措施下，采用密闭式吸痰，做好人工气道管理。

5. 用药护理　遵医嘱正确给药，注意观察药物不良反应。

6. 心理护理　病情重、隔离及医护人员的三级防护等因素易造成病人产生悲观、恐惧、孤独、抑郁等问题，需正确评估病人的心理状态与需求，针对性给予干预措施。尊重、关心病人，鼓励其树立战胜疾病的信心。提供连续的信息支持，消除其不确定感和焦虑。

（九）健康指导

提高个人防护意识，做到常通风、戴口罩、勤洗手，避免人群聚集，注意咳嗽礼仪。多开窗通风。出现呼吸道症状时应及时到发热门诊就医，就诊时注意佩戴口罩。近期去过高风险地区或与确诊、疑似病例有接触史的，应主动上报并进行新冠病毒核酸检测。

（十）预后

多数病人预后良好，老年人、有慢性基础疾病者、晚期妊娠和围产期女性、肥胖人群等病情较重。

拓展阅读 2-3-4　肺部感染性疾病病人的护理流程

第四节 支气管扩张病人的护理

> **情景导入**
>
> 赵某，男性，73岁，反复咳嗽、咳痰、咯血15年。近2天因受凉后出现发热，咳嗽加剧，痰液增多，恶臭味。查体：T 39.5℃，P 112次/min，R 32次/min，BP 105/72 mmHg。血常规：WBC：12×10^9/L，N：89%。胸部X线检查：左下肺纹理紊乱呈蜂窝状改变，可见小液平面。
>
> 请思考：
> 1. 该病人的疾病诊断可能是什么？
> 2. 该病人的护理要点是什么？

拓展阅读 2-4-1
支气管扩张重要知识点

支气管扩张（bronchiectasis）是由于急、慢性呼吸道感染和支气管阻塞后，反复发生支气管炎症，致使支气管壁结构破坏，引起的支气管异常和持久性扩张。临床表现为慢性咳嗽、大量咳痰和（或）间断咯血、伴或不伴气促和呼吸衰竭等轻重不等的症状。支气管扩张常发生于段或亚段支气管壁的破坏和炎症改变，受累管壁结构破坏后被纤维组织替代，形成柱状、囊状和不规则扩张三种类型。多见于儿童和青年。

（一）病因与发病机制

支气管扩张是由多种疾病导致气道结构破坏的共同终点，其原因多种多样。主要已知病因包括：

1. **下呼吸道感染** 既往下呼吸道感染，尤其是婴幼儿和儿童时期下呼吸道感染是支气管扩张最常见的病因，如麻疹、百日咳、肺结核、肺炎（包括细菌、病毒和支原体），部分病人会在感染后出现支气管扩张症状。

2. **免疫功能缺陷** 在欧美等地区，免疫功能缺陷是支气管扩张较常见的病因。免疫缺陷分为原发性和继发性，常见的原发性免疫缺陷有低免疫球蛋白血症，如免疫球蛋白G亚群缺陷（IgG2，IgG4）、免疫球蛋白A缺乏症等；常见的继发性免疫缺陷有长期服用免疫抑制药、人类免疫缺陷病毒感染等。

3. **遗传因素** 一些先天性疾病，如α_1抗胰蛋白酶缺乏、纤毛功能缺陷、巨大气管支气管症、软骨缺陷等也会导致支气管扩张。

4. **气道阻塞和反复误吸** 儿童最常见的气道阻塞的原因是气道异物吸入，成人也可因吸入异物或气道内肿瘤阻塞导致支气管扩张，但相对少见。

5. **其他** 变应性支气管肺曲霉病因反复痰栓阻塞而形成中心性支气管扩张，是支气管扩张的一种特殊病因。类风湿关节炎病人胸部高分辨CT检查发现支气管扩张，因此类风湿关节炎被认为是支气管扩张的可能病因之一，弥漫性泛细支气管炎后期多合并有支气管扩张的影像学表现。

支气管扩张本质是一种慢性气道炎症性疾病，具有气道重塑和气道扩张的共同特征。其发病初始阶段表现为各种原因导致的支气管阻塞或牵拉、气道清除机制和防御功能损害、气道分泌物潴留，反复发生肺部慢性炎症，导致气道结构破坏和管壁重塑，进一步影响气道分泌物排出，如此循环往复，最终导致支气管永久地病理性扩张。由于支气管周围炎症导致邻近肺泡破坏，扩张支气管周围肺组织常伴有不同程度的萎陷、纤维化、肺气肿和肺大疱的表现。

（二）临床表现

1. 症状

（1）持续或反复咳嗽、咳（脓）痰：为主要症状，痰液为黏液性、黏液脓性或脓性，可呈黄绿色，收集后分层：上层为泡沫，中间为浑浊黏液，下层为脓性成分，最下层为坏死组织。无明显诱因者常隐匿发病，无或有轻微症状。

（2）呼吸困难和喘息：提示广泛的支气管扩张或潜在的慢性阻塞性肺气肿。

（3）咯血：50%～70%的病人可发生咯血，大出血常为小动脉被侵蚀或增生的血管被破坏所致。部分病人以反复咯血为唯一症状，称为"干性支气管扩张"。

2. 体征　早期可无异常肺部体征，病变重或继发感染时在下胸部、背部闻及固定而持久的局限性湿啰音（支气管扩张典型体征），有时可闻及哮鸣音，病变严重尤其是伴有慢性缺氧、肺源性心脏病和右心衰竭的病人可出现杵状指及右心衰竭体征。

（三）实验室及其他检查

1. 影像学检查　①胸部X线检查：囊状支气管扩张的气道表现为显著的囊腔，腔内可存在气液平面，纵切面可显示"双轨征"，横切面显示"环形阴影"，并可见气道壁增厚；②胸部CT检查：高分辨CT（HRCT）可在横断面上清楚地显示扩张的支气管，由于无创、易重复和易接受的特点，已成为支气管扩张的主要诊断方法。

2. 支气管镜检查　当支气管扩张呈局灶性且位于段支气管以上时，可发现弹坑样改变，可通过支气管采样用于病原学诊断及病理诊断。

3. 痰液检查　常显示丰富的中性粒细胞和定植或感染的多种微生物。

4. 肺功能测定　可证实由弥漫性支气管扩张或相关阻塞性肺疾病导致的气流受限及指导临床使用支气管舒张药。

（四）诊断要点

根据反复咳脓痰、咯血和既往有诱发支气管扩张的呼吸道感染病史，胸部HRCT显示支气管扩张的异常影像学改变，即可明确诊断。

（五）治疗

支气管扩张的治疗目的包括控制感染、对症治疗及潜在病因治疗，以延缓疾病进展和减少急性加重，改善症状，维持或改善肺功能，改善病人的生活质量。

1. 稳定期治疗

（1）气道廓清治疗：目的在于帮助病人有效排痰，改善气道阻塞，控制咳痰症状，提高通气效率，保持或提高运动耐量。常见的气道廓清技术包括主动循环呼吸技术、体位引流、胸部叩击振动等。

（2）祛痰治疗：在支气管扩张的治疗中地位相当重要。祛痰药包括黏液活性药和吸入高渗制剂等。吸入支气管舒张药后，再吸入祛痰药，能显著增加祛痰药在小气道的沉积，改善黏液纤毛清除功能和排痰作用。

（3）长期抗菌药物治疗：长期口服阿奇霉素或红霉素、克拉霉素可减少支气管扩张病人痰量和急性加重的次数。

（4）病原体清除治疗：对于明确病原体如铜绿假单胞菌、非结核分枝杆菌肺病的病人，建议行病原体清除治疗。

（5）手术治疗：局限性的支气管扩张，经充分内科治疗后仍反复发作者可考虑外科手术治疗，肺移植是内科治疗无效的终末期支气管扩张病人的有效办法。

（6）其他治疗：对于肺功能有阻塞性通气功能障碍的支气管扩张病人，推荐吸入支气管舒张药；反复出现支气管扩张急性感染的病人，推荐行流感疫苗或肺炎链球菌疫苗接种。

2. 急性加重期治疗　支气管扩张急性加重的治疗需要综合处理，抗菌药物治疗是关键。对于出现急性加重的病人，经验性抗菌治疗前应送检痰培养加药敏试验，并根据病原体检测及药敏试验结果和治疗反应及时调整抗菌药物治疗方案，疗程一般为14天。

3. 并发症治疗　咯血是支气管扩张（尤其是结核性支气管扩张）最常见的并发症。小量咯血的病人，可适当口服止血及抗菌药物治疗；大咯血时药物治疗首选垂体后叶素，在垂体后叶素禁忌或无效时，可使用酚妥拉明；如果大咯血反复发作，建议首选支气管动脉栓塞治疗，有介入禁忌的病人，可行支气管镜下止血或外科手术治疗。如合并慢性呼吸衰竭、肺动脉高压则按照相应的疾病进行对症治疗。

（六）护理评估

1. 病史　询问病人有无幼儿时期麻疹、百日咳、支气管肺炎、呼吸道感染反复发作等病史；详细了解病人起病时间、主要症状及特点，有无诱因、加重或缓解的相关因素，评估病人咳嗽能力及痰液的量、性质、颜色、黏稠度、气味等，有无咯血现象。

2. 身体评估　监测生命体征，评估病人精神状态、呼吸型态、营养状况，判断病人的呼吸频率、深度及节律，异常呼吸音的部位、性质、音调及强度的改变；有无肺不张及胸腔积液相关体征等。

3. 实验室及其他检查　了解血常规、胸部HRCT、痰培养结果，必要时行支气管镜检查。

4. 心理社会状况　了解疾病对病人学习、工作和日常生活的影响情况。了解病人对疾病知识的认知程度，询问病人家属对病人病情的了解及关心、支持程度等。

（七）常见护理诊断/问题

1. 清理呼吸道无效　与痰液黏稠和无效咳嗽有关。
2. 有窒息的危险　与痰多、痰液黏稠或大咯血造成气道阻塞有关。
3. 营养失调　与反复感染导致机体消耗增加有关。
4. 焦虑/恐惧　与反复咯血、疾病迁延、个体健康受到威胁有关。
5. 活动无耐力　与营养不良、贫血等有关。

（八）护理目标

病人能摄入足够的液体，痰液稀薄，容易咳出；生命体征在正常范围，无窒息发生；食欲增加，营养状况逐渐改善；病人情绪平稳，能正确描述疾病的病因、诱因，知道药物的疗效、不良反应和正确的服药方法。

(九) 护理措施

1. 休息和活动　急性感染或病情严重者应卧床休息，保持室内空气流通，维持适宜的温、湿度，注意保暖。小量咯血者以静卧为主，大量咯血病人应绝对卧床休息，尽量避免搬动病人。取患侧卧位，可减少患侧胸部的活动度，既防止病灶向健侧扩散，又有利于健侧肺的通气功能。

2. 饮食护理　提供高热量、高蛋白质、富含维生素饮食，避免冰冷食物诱发咳嗽，少食多餐。指导病人在咳痰后及进食前后漱口，保持口腔清洁，促进食欲。鼓励多饮水，每天1 500 mL以上，以提供充足的水分，使痰液稀释，利于排痰。如有小量咯血者宜进少量温凉流质饮食，大量咯血者应禁食。

3. 用药护理　按医嘱使用抗生素、祛痰药、止血药和支气管舒张药，密切观察药物的作用与副作用，指导病人掌握药物的疗效、剂量、用法和不良反应。

4. 体位引流　是利用重力作用促使呼吸道分泌物流入气管、支气管排出体外的方法，其效果与需引流部位所对应的体位有关。体位引流的方法如下：

(1) 引流前准备：做好心理护理，向病人解释体位引流的目的、方法和注意事项，消除病人疑虑；测量生命体征，听诊肺部，明确病变部位。引流前15 min遵医嘱给予支气管舒张药。

(2) 引流体位：原则上抬高病变部位的位置，使引流支气管开口向下，有利于潴留的分泌物随重力作用流入支气管和气管排出。首先引流上叶，然后引流下叶后基底段。如果病人不能耐受，应及时调整姿势。头部外伤、胸部创伤、咯血、严重心血管疾病和病人状况不稳定者，不宜采用头低位进行体位引流。

(3) 引流频率和时间：根据病人自身情况调整，一般每天2~4次，晨起或饭前，每次10~30 min，避免饭后1 h内体位引流以免引起病人恶心、呕吐等不适。

(4) 引流时观察：引流时应有护士或家人协助，观察病人反应及痰液的颜色、量、性质等，评估病人对体位引流的耐受程度，如病人出现心率＞120次/min、心律失常、血压异常、眩晕或发绀，应立即停止引流并通知医生。

(5) 引流时配合：在体位引流过程中，鼓励并指导病人作腹式深呼吸，辅以胸部叩击或震荡等措施。协助病人在保持引流体位时进行咳嗽，也可取坐位以产生足够的气流促进排痰，提高引流效果。

(6) 引流后护理：体位引流结束后，给予病人清水或漱口液漱口，采取舒适体位，听诊肺部呼吸音的变化，评价体位引流的效果，并记录。

5. 病情观察　观察痰液的量、颜色、性质、气味和与体位的关系，痰液静置后是否有分层现象，记录24 h痰量，观察生命体征及意识状态的变化，有无胸闷、气促、呼吸困难、发绀、面色苍白、出冷汗、烦躁不安等窒息征象；有无阻塞性肺不张、肺部感染及休克等并发症的表现。病情严重者需观察病人缺氧情况，是否有发绀、气促等表现。注意病人有无发热、消瘦、贫血等全身症状。

6. 支气管镜　如咳嗽无效，必要时可行支气管镜吸痰、肺泡灌洗，并经支气管镜滴入祛痰药及抗生素，消除黏膜水肿、减轻支气管阻塞。

7. 潜在并发症护理　按照相应症状或疾病护理常规进行护理。

(十)健康指导

1. **疾病预防** 积极防治百日咳、麻疹、支气管肺炎、肺结核等呼吸道感染,及时治疗上呼吸道慢性病灶,如扁桃体炎、鼻窦炎等。避免受凉、预防感冒和减少刺激性气体吸入,告诉病人戒烟、避免烟雾和灰尘刺激有助于避免疾病的复发,防止病情恶化。

2. **疾病知识指导** 指导病人和家属共同了解疾病的进程,制定防治计划。重视营养摄入,主动摄取必需的营养素,以增加机体抗病能力。鼓励病人参加体育锻炼,建立良好的生活习惯,劳逸结合,以维护心肺功能。

3. **康复指导** 强调清除痰液对减轻症状、预防感染的重要性,指导病人及家属学习和掌握胸部物理治疗的方法,长期坚持,以促进病情恢复。

4. **病情监测指导** 指导病人自我监测病情,学会识别病情变化的征象,一旦发现症状加重,应及时就诊。

(十一)护理评价

病人情绪稳定,饮食合理,营养正常,感染/咯血得到控制,咳嗽咳痰减少,无咯血窒息等并发症发生。能正确描述疾病的病因、诱因,饮食结构合理,知道药物的疗效、不良反应和正确的服药方法。

拓展阅读 2-4-2
支气管扩张伴大咯血病人急救护理流程

(十二)预后

预后取决于支气管扩张的范围和有无并发症。支气管扩张范围局限者,积极治疗很少影响生活质量和寿命,范围广泛或出现大咯血均可严重影响预后。

第五节 慢性阻塞性肺疾病病人的护理

> **情景导入**
>
> 郑某,男性,82岁,诊断为慢性阻塞性肺疾病急性加重期。住院期间,郑某如厕后出现呼吸困难,血氧饱和度急剧下降。
>
> **请思考:**
> 1. 该病人应如何护理?
> 2. 使用氧疗时应注意什么?

拓展阅读 2-5-1
慢性阻塞性肺疾病病人护理重要知识点

拓展阅读 2-5-2
COPD 流行病学相关知识

拓展阅读 2-5-3
哮喘-慢阻肺重叠综合征

慢性阻塞性肺疾病(chronic obstructive pulmonary disease,COPD)简称慢阻肺,是一种常见的、可以预防和治疗的疾病,其特征是持续存在的呼吸系统症状和气流受限,通常与显著暴露于有害颗粒或气体引起的气道和(或)肺泡异常有关。肺功能检查对确定气流受限有重要意义,在吸入支气管扩张药后,第一秒用力呼气容积(FEV_1)占用力肺活量(FVC)之比值(FEV_1/FVC)<70% 表明存在持续气流受限。

(一)病因

本病的病因与慢性支气管炎相似,可能是多种环境因素与机体自身因素长期相互作用的结果。

(二)发病机制

本病的发病机制包括以下几个方面:

1. 吸烟 为重要的发病因素,吸烟者慢性支气管炎的患病率比不吸烟者高 2~8 倍,吸烟时间越长,吸烟量越大,COPD 患病率越高。

2. 职业粉尘和化学物质 接触职业粉尘及化学物质,如烟雾、变应原、工业废气及室内空气污染等,浓度过高或时间过长时,均可导致 COPD 的发生。

3. 空气污染 大气中的二氧化硫、二氧化氮、氯气等有害气体及微小颗粒物可损伤气道黏膜上皮,使纤毛清除功能下降,黏液分泌增加,并为细菌感染创造条件。

4. 感染因素 与慢性支气管炎类似,感染亦是 COPD 发生的重要因素之一。

5. 蛋白酶-抗蛋白酶失衡 蛋白水解酶对组织有损伤和破坏作用;抗蛋白酶对弹性蛋白酶等多种蛋白酶有抑制功能,其中 α_1-抗胰蛋白酶(α_1-AT)是活性最强的一种。蛋白酶增多或抗蛋白酶不足均可导致组织结构破坏,引起肺气肿。吸入有害气体、有害物质可以导致蛋白酶产生增多或活性增强,而抗蛋白酶产生减少或灭活加快;同时氧化应激、吸烟等危险因素也可以降低抗蛋白酶的活性。先天性 α_1-抗胰蛋白酶缺乏多见于北欧血统的个体,我国尚未见正式报道。

6. 氧化应激 有许多研究表明,COPD 病人的氧化应激增加。氧化物可直接作用并破坏许多生化大分子如蛋白质、脂质和核酸等,导致细胞功能障碍或细胞死亡,还可以破坏细胞外基质,引起蛋白酶-抗蛋白酶失衡,促进炎症反应。

7. 炎症机制 气道、肺实质及肺血管的慢性炎症是 COPD 的特征性改变,中性粒细胞、巨噬细胞、T 淋巴细胞等均参与 COPD 的发病过程。

8. 其他机制 自主神经功能失调、营养不良、气温变化等都有可能参与 COPD 的发生、发展。COPD 发病机制见图 2-5-1。

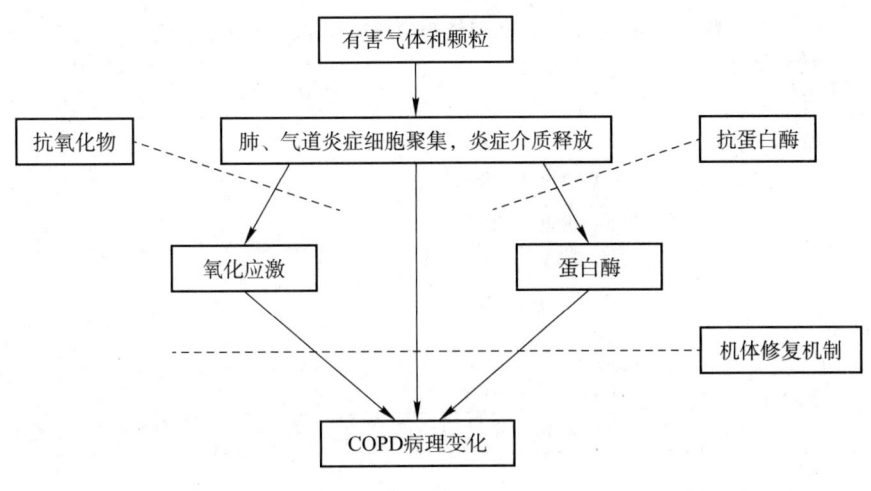

图 2-5-1 COPD 发病机制

（三）临床表现

1. 症状　起病缓慢，病程较长。包括以下主要症状：

（1）慢性咳嗽：常晨间咳嗽明显，夜间有阵咳或伴有排痰，随病程发展可终身不愈。

（2）咳痰：一般为白色黏液或浆液性泡沫痰，偶可带血丝，清晨排痰较多。急性发作期痰量增多，可有脓性痰。

（3）气短或呼吸困难：早期在较剧烈活动时出现，逐渐加重，以致在日常活动甚至休息时也感到气短，是COPD的标志性症状。

（4）喘息和胸闷：部分病人特别是重度病人或急性加重时可出现喘息。

（5）其他：晚期病人有体重下降、食欲减退等。

2. 体征　早期可无异常，随疾病进展出现以下体征：视诊有桶状胸，有些病人呼吸变浅、频率增快，严重者可有缩唇呼吸等。触诊语颤减弱。叩诊呈过清音，心浊音界缩小，肺下界和肝浊音界下降。听诊两肺呼吸音减弱、呼气期延长，部分病人可闻及湿啰音和（或）干啰音。

3. COPD的病情严重程度评估

（1）症状评估：可采用改良版英国医学研究委员会呼吸困难问卷（mMRC问卷）评估（表2-5-1）。

表2-5-1　mMRC呼吸困难评分

评分	呼吸困难严重程度
0	仅在用力运动时出现呼吸困难
1	平地快步行走或步行爬小坡时出现气短
2	由于气短，平地行走时比同龄人慢或者需要停下来休息
3	在平地行走100 m左右或数分钟后需要停下来喘气
4	因严重呼吸困难以至于不能离开家，或在穿衣服、脱衣服时出现呼吸困难

（2）肺功能评估：可使用GOLD分级：COPD病人吸入支气管舒张药后$FEV_1/FVC < 0.7$，再根据FEV_1下降程度进行气流受限的严重程度分级（表2-5-2）。

表2-5-2　COPD病人气流受限严重程度的GOLD分级

分级	分级标准
Ⅰ级：轻度	$FEV_1/FVC < 70\%$ $FEV_1 \geq 80\%$ 预计值
Ⅱ级：中度	$FEV_1/FVC < 70\%$ $50\% \leq FEV_1 < 80\%$ 预计值
Ⅲ级：重度	$FEV_1/FVC < 70\%$ $30\% \leq FEV_1 < 50\%$ 预计值
Ⅳ级：极重度	$FEV_1/FVC < 70\%$ $FEV_1 < 30\%$ 预计值，或$FEV_1 < 50\%$ 预计值，伴慢性呼吸衰竭

（3）急性加重风险评估：上一年发生2次或以上急性加重或$FEV_1 < 50\%$预计值，均提示今后急性加重的风险增加。

4. COPD 病程分期　COPD 的病程可以根据病人症状和体征变化分为：①急性加重期：指在疾病发展过程中，短期内出现咳嗽、咳痰、气短和（或）喘息加重、痰量增多，呈脓性或黏液脓性痰，可伴发热等症状；②稳定期：指病人咳嗽、咳痰、气短等症状稳定或较轻。

（四）实验室及其他检查

1. 肺功能检查　是判断持续气流受限的主要客观指标，吸入支气管舒张药后 FEV_1/FVC < 70% 可确定为持续气流受限。肺总量（TLC）、功能残气量（FRC）和残气量（RV）增高，肺活量（VC）减低，表明肺过度充气。

2. 影像学检查　COPD 早期胸片可无异常变化，以后可出现肺纹理增粗、紊乱等非特异性改变，X 线胸片改变对 COPD 诊断特异性不高，但作为与其他肺疾病的鉴别具有重要价值，明确自发性气胸、肺炎等并发症也十分有用。胸部 CT 检查可见 COPD 小气道病变、肺气肿及并发症的表现，其主要作用在于排除具有相似症状的其他呼吸系统疾病。

3. 动脉血气分析　对确定发生低氧血症、高碳酸血症、酸碱平衡失调及判断呼吸衰竭的类型有重要价值。

4. 其他　COPD 合并细菌感染时，外周血白细胞增高，核左移。痰培养可能检出病原菌。

（五）COPD 并发症

慢性呼吸衰竭、自发性气胸和慢性肺源性心脏病等。

（六）诊断要点

主要根据存在吸烟等高危因素、临床症状、体征及肺功能检查等，并排除可以引起类似症状和肺功能改变的其他疾病，综合分析确定。持续气流受限是 COPD 诊断的必要条件。吸入支气管舒张药后 FEV_1/FVC < 70% 为确定存在持续气流受限的界限。

（七）治疗

1. 稳定期治疗　主要目的是减轻症状，阻止 COPD 病情发展，缓解或阻止肺功能下降，改善 COPD 病人的活动能力，提高其生活质量，降低死亡率。

（1）避免诱发因素：教育与劝导病人戒烟，因职业或环境粉尘、刺激性气体所致者，应脱离污染环境。

（2）支气管舒张药：是控制症状的主要措施，依据症状、肺功能和急性加重风险等综合评估稳定期 COPD 病人的病情严重程度，并依据评估结果选择主要治疗药物（表 2-5-3）。

1）β_2 肾上腺素受体激动药：短效制剂如沙丁胺醇气雾剂，每次 100～200 μg（1～2 喷），定量吸入，疗效持续 4～5 h，每 24 h≤12 喷。长效制剂如沙美特罗和福莫特罗等，每天仅需吸入 2 次。

2）抗胆碱能药：短效制剂如异丙托溴铵气雾剂，定量吸入，疗效持续 6～8 h，每次 40～80 μg（2～4 喷），3～4 次 / 天。长效制剂有噻托溴铵，每次吸入 1 喷，1 次 / 天。

3）茶碱类药：茶碱缓（控）释片 0.2 g，q12h；氨茶碱 0.1 g，3 次 / 天。

（3）糖皮质激素：研究显示对高风险病人长期吸入糖皮质激素与长效肾上腺素受体激动药的联合制剂可增加运动耐量、减少急性加重发作频率、提高生活质量。常用剂型有沙美特罗 / 氟替卡松、福莫特罗 / 布地奈德，可依据病情严重程度选用。

表 2-5-3　稳定期 COPD 病人病情严重程度的综合性评估及其主要治疗药物

病人综合评估分组	特征	上一年急性加重次数	mMRC 分级或 CAT 评分	首选治疗药物
A	低风险，症状少	≤1 次	0～1 级或 <10	SAMA 或 SABA，必要时
B	低风险，症状多	≤1 次	≥2 级或 ≥10	LAMA 或（和）LABA
C	高风险，症状少	≥2 次	0～1 级或 <10	LAMA，或 LAMA 加 LABA 或 ICS 加 LABA
D	高风险，症状多	≥2 次	≥2 级或 ≥10	LAMA 加 LABA，或加 ICS

注：SABA：短效 β_2 受体激动药；SAMA：短效抗胆碱药；LABA：长效 β_2 受体激动药；LAMA：长效抗胆碱药；ICS：吸入糖皮质激素。

（4）祛痰药：对痰不易咳出者可选用盐酸氨溴索 30 mg，3 次/天；N-乙酰半胱氨酸 0.2 g，3 次/天，或羧甲司坦 0.5 g，3 次/天。

（5）长期家庭氧疗（LTOT）：对 COPD 伴有慢性呼吸衰竭的病人可提高生活质量和生存率，对血流动力学、运动能力、精神状态产生有益影响。具体指征：① PaO_2 < 55 mmHg 或 SaO_2 > 88%，有或没有高碳酸血症；② PaO_2 55～60 mmHg 或 SaO_2 < 89%，并有肺动脉高压、心力衰竭所致水肿或红细胞增多症。一般用鼻导管吸氧，氧流量为 1～2 L/min，吸氧时间 10～15 h/d。目的是使病人在静息状态下，达到 PaO_2 ≥ 60 mmHg 和（或）使 SaO_2 升至 90% 以上。

2. 急性加重期治疗

（1）确定病因：首先确定导致急性加重的原因，最常见的是细菌或病毒感染，并根据病情严重程度决定门诊或住院治疗。

（2）支气管舒张药：同稳定期，有严重喘息症状者可给予较大剂量雾化吸入治疗，如沙丁胺醇 500 μg，或异丙托溴铵 500 μg，或沙丁胺醇 1 000 μg 加异丙托溴铵 250～500 μg，通过小型雾化器给病人吸入治疗以缓解症状。

（3）低流量吸氧：发生低氧血症者可用鼻导管吸氧，或通过文丘里面罩吸氧。鼻导管给氧时，吸入的氧浓度与给氧流量有关，估算公式为吸入氧浓度 FiO_2（%）= 21+4×氧流量（L/min）。一般吸入氧浓度为 28%～30%，应避免吸入氧浓度过高而引起 CO_2 潴留。

（4）抗生素：当病人呼吸困难加重、痰量增加和咳脓性痰时，根据病原菌种类及药物敏感情况选用抗生素。病情较轻者可用青霉素类、大环内酯类、喹诺酮类、头孢类，一般可口服给药。病情较重者可用 β-内酰胺类/酶抑制剂、头孢类和喹诺酮类，一般多静脉给药。

（5）糖皮质激素：对需住院治疗的急性期病人可口服泼尼松龙 30～40 mg/d，或静脉给予甲泼尼龙 40～80 mg/d，连续 5～7 天。

（6）祛痰药：溴己新 8～16 mg，3 次/天；或盐酸氨溴索 30 mg，3 次/天，酌情选用。

（八）常见护理诊断/问题

1. 气体交换障碍　与气道阻塞、通气不足、呼吸肌疲劳、分泌物过多和肺泡呼吸面积减少有关。

2. 清理呼吸道无效　与分泌物增多而黏稠、气道湿度减低和无效咳嗽有关。

3. 焦虑　与健康状况的改变、病情危重、经济状况有关。

4. 活动无耐力　与疲劳、呼吸困难、氧供与氧耗失衡有关。

5. 营养失调：低于机体需要量　与食欲降低、摄入减少、腹胀、呼吸困难、痰液增多有关。

(九) 护理措施

1. 休息与活动　中度以上COPD急性加重期病人宜卧床休息，协助病人采取舒适体位，极重度者，宜采取坐位、身体前倾，使辅助呼吸肌参与呼吸。疾病稳定期，视病情安排适当的活动，以不感到疲劳、不加重症状为宜。

2. 氧疗护理　呼吸困难伴低氧血症者，遵医嘱给予氧疗。一般采用鼻导管持续低流量（1~2L/min）吸氧，应避免吸入氧浓度过高而引起CO_2潴留。提倡LTOT，氧疗有效的指标：病人呼吸困难减轻、呼吸频率减慢、发绀减轻、心率减慢、活动耐力增加。

3. 呼吸功能锻炼　在疾病缓解期，应指导病人进行呼吸功能训练，如缩唇呼吸、膈式或腹式呼吸，以及使用吸气阻力器等呼吸训练，以加强胸、膈呼吸肌的肌力和耐力，改善呼吸功能。

(1) 缩唇呼吸：是通过缩唇形成的微弱阻力来延长呼气时间，增加气道压力，延缓气道塌陷。病人闭嘴经鼻吸气，然后通过缩唇（吹口哨样）缓慢呼气，同时收缩腹部。吸气与呼气时间比为1:2或1:3。缩唇的程度与呼气流量以能使距口唇15~20 cm处、与口唇等高水平的蜡烛火焰随气流倾斜又不至于熄灭为宜（图2-5-2）。

(2) 膈式或腹式呼吸：病人可取立位、平卧位或半卧位，两手分别放于前胸部和上腹部。用鼻缓慢吸气时，膈肌最大程度下降，腹肌松弛，腹部凸出，手感到腹部向上抬起。呼气时经口呼出，腹肌收缩，膈肌松弛，膈肌随腹腔内压增加而上抬，推动肺部气体排出，手感到腹部下降（图2-5-3）。

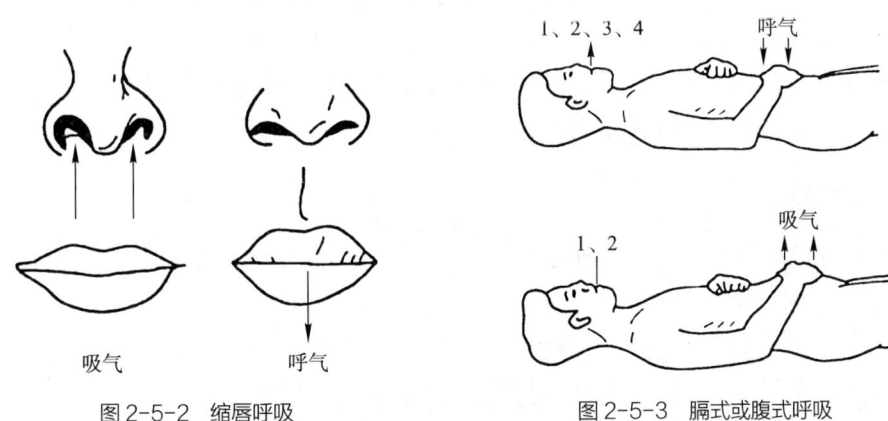

图2-5-2　缩唇呼吸　　　　　图2-5-3　膈式或腹式呼吸

另外，可以在腹部放置小枕头、杂志等帮助训练腹式呼吸。如果吸气时，物体上升，证明是腹式呼吸。缩唇呼吸和腹式呼吸每天训练3~4次，每次重复8~10次。腹式呼吸需要增加能量消耗，因此只能在疾病恢复期或出院前进行训练。

4. 保持呼吸道通畅　①湿化气道：痰多黏稠、难以咳出的病人需多饮水，以达到稀释痰液的目的。也可遵医嘱每天进行雾化吸入。②有效咳痰：如晨起时咳嗽，排出夜间聚积在肺内的痰液，就寝前咳嗽排痰有利于病人的睡眠。咳嗽时，病人取坐位，头略前倾，双肩放松，屈膝，前臂垫枕，如有可能应使双足着地，有利于胸腔的扩展，增加咳痰的有效性。咳痰后恢复坐位，进行放松性深呼吸。③协助排痰：护士或家属给予胸部叩击或体位引流，有利于分泌物的排出。也可用特制的按摩器协助排痰。

5. 用药护理　遵医嘱应用抗生素、支气管舒张药和祛痰药，注意观察药物疗效和不良反应。

①止咳药：喷托维林是非麻醉性中枢镇咳药，不良反应有口干、恶心、腹胀、头痛等。②祛痰药：溴己新偶见恶心、转氨酶增高，消化性溃疡者慎用。盐酸氨溴索是润滑性祛痰药，不良反应较轻。

6. **病情观察** 密切观察咳嗽、咳痰的情况，包括痰液的颜色、量及性状，以及咳痰是否顺畅。监测动脉血气分析和水、电解质、酸碱平衡情况。

7. **饮食护理** 安排舒适的就餐环境及合理的饮食计划。给予高热量、高蛋白、高维生素饮食，为减少呼吸困难，饭前休息30 min。餐后避免平卧，有利于消化。腹胀者给予软食，少食多餐，避免进食产气食物，如汽水、啤酒、豆类、马铃薯和胡萝卜等；避免易引起便秘的食物，如油煎食物、干果、坚果等。必要时遵医嘱给予鼻饲饮食或全胃肠外营养。

8. **心理护理** 详细了解病人对疾病的态度，关心体贴病人，与病人及家属共同制定和实施康复计划，消除诱因，进行呼吸功能锻炼，合理用药，减轻症状，帮助其树立信心。教会病人采取缓解焦虑的放松方法，如听轻音乐、下棋等娱乐活动，以分散注意力，减轻焦虑。

（十）健康指导

1. **自我管理教育** 指导病人学会自我管理，内容包括：①了解COPD知识、诱发因素及预防要点；②了解家庭氧疗、无创呼吸机使用相关知识；③掌握正确的吸入药物使用技术、使用方法和注意事项；④学会COPD急性发作时简单的紧急自我处理方法，知道什么情况下应去医院就诊等；⑤了解稳定期肺康复相关知识，合理运动，改善呼吸功能。

2. **物联网及人工智能技术的应用** 随着物联网和人工智能技术的不断成熟，其应用可提高健康教育的效果，有助于COPD病人的自我病情监测、用药管理、运动改善、饮食等，从而有效改善COPD病人的症状控制水平和预后。

3. **定期随访** 设立个性化随访档案，定期随访并根据病人的病情变化及时修订防治计划、修正病人不正确的行为，解决目前存在的问题等。

拓展阅读2-5-4
COPD急性加重期病人急救护理流程

（十一）预后

COPD预后和病情轻重与是否合理治疗有关。积极治疗可延缓病情进展。

第六节　支气管哮喘病人的护理

> **情景导入**
>
> 周某，女性，27岁，主因1天前大扫除时突发呼吸困难、喘息、胸闷气促，无咳嗽、发热，夜间无法入睡，由急诊入院。既往反复发作性呼吸困难2年。
> 请思考：
> 1. 该病人的诊断可能是什么？
> 2. 该疾病最主要的临床特点及护理要点分别是什么？

拓展阅读2-6-1
支气管哮喘病人护理的重点知识

支气管哮喘（bronchial asthma）简称哮喘，是一种以慢性气道炎症和气道高反应性为特征的异质性疾病。其主要特征包括气道慢性炎症，气道对多种刺激因素呈现的高反应性，多变的可逆性气流受限及随病程延长而导致的一系列气道结构的改变，即气道重构。临床表现为反复发作的喘息、气急、胸闷或咳嗽等症状，常在夜间及凌晨发作或加重，多数病人可自行缓解或经治疗后缓解。全球及我国哮喘防治指南中的资料显示，经长期规范化治疗和管理，80%以上的病人可以达到哮喘的临床控制。

（一）病因

1. **遗传因素** 哮喘是一种复杂的具有多基因遗传倾向的疾病，其发病具有家族集聚现象。近年来，全基因组关联研究（GWAS）的发展，给哮喘的易感基因研究带来了革命性的突破。具有哮喘易感基因的人群发病与否受环境因素的影响较大。

2. **环境因素** 包括变应原性因素，如室内变应原（宠物、尘螨）、室外变应原（草粉、花粉）、职业性变应原（油漆、活性染料）、食物（鱼、虾）、药物（阿司匹林、抗生素）和非变应原性因素（如肥胖、运动等）。

（二）发病机制

支气管哮喘的发病机制尚未完全明确，目前可概括为气道免疫-炎症机制、神经调节机制及其相互作用（图2-6-1）。

1. **气道免疫-炎症机制** 气道慢性炎症反应是由多种炎症细胞、炎症介质和细胞因子共同参与及相互作用的结果。

当外源性变应原进入机体后，被嗜酸粒细胞等内吞并激活T细胞。活化的辅助性Th2细胞产生白介素（IL）等细胞因子的刺激反应主要有两条途径：①激活B淋巴细胞，使之合成特异性IgE，后者结合于肥大细胞和嗜碱粒细胞等表面的IgE受体。若变应原再次进入体内，可与结合在细胞表面的IgE交联，使该细胞合成并释放多种活性介质导致气道平滑肌收缩、黏液分泌增加和炎症细胞浸润，产生哮喘的临床症状，这是一个典型的变态反应过程。②直接激活嗜酸粒细胞、肥大细胞等，并使之聚集在气道。这些细胞进一步分泌多种炎症因子如组胺、白三烯等，构成一个炎症细胞相互作用的复杂网络，导致气道慢性炎症。近年来认识到嗜酸粒细胞在哮喘发病中不仅发挥着终末效应细胞的作用，还具有免疫调节作用。

气道高反应性（AHR）：指气道对各种刺激因子呈现的高敏状态，表现为病人接触这些刺激

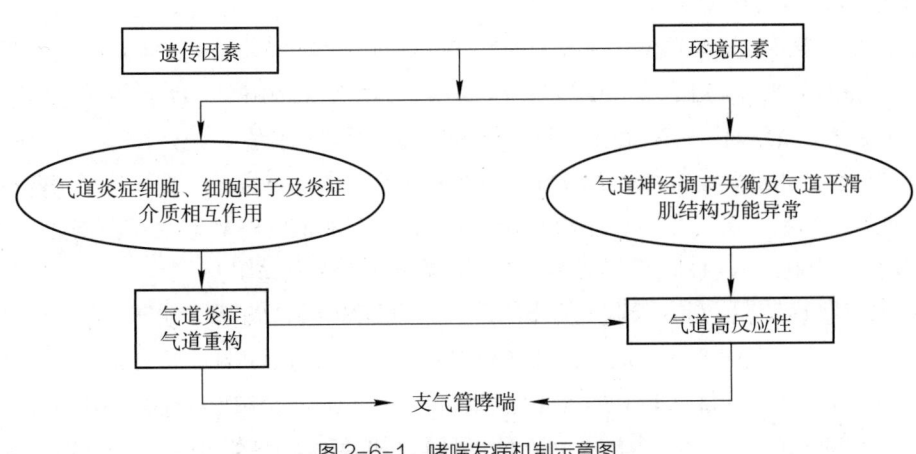

图2-6-1 哮喘发病机制示意图

因子时，气道出现过强的收缩反应。AHR是哮喘的基本特征。

2. 神经调节机制　支气管除了受肾上腺素能神经、胆碱能神经支配外，还受非肾上腺素能非胆碱能（NANC）神经系统的支配。当NANC释放的舒张及收缩支气管平滑肌的神经递质平衡失调时，则可引起支气管平滑肌收缩。此外，神经源性炎症能通过局部轴突反射释放感觉神经肽而引起哮喘发作。

（三）病理生理

气道慢性炎症表现为气道上皮下肥大细胞、嗜酸粒细胞和淋巴细胞等的浸润及气道黏膜下组织水肿、支气管平滑肌痉挛、气道分泌物增加等病理改变。哮喘长期反复发作，可见支气管平滑肌肥大/增生、上皮下胶原沉积和纤维化、血管增生及基底膜增厚等气道重构表现。

（四）临床表现

1. 症状　支气管哮喘的典型症状为发作性伴有哮鸣音的呼气性呼吸困难，可伴有气促、胸闷或咳嗽。症状可在数分钟内发作，并持续数小时至数天，可经治疗缓解或自行缓解。夜间、凌晨发作或加重是哮喘的重要临床特征。有些病人尤其是青少年，其哮喘症状在运动时出现，称为运动性哮喘。此外，临床上还存在没有喘息症状的不典型哮喘，病人可表现为发作性咳嗽、胸闷或其他症状。以咳嗽为唯一症状的及以胸闷为唯一症状的不典型哮喘，分别称为咳嗽变异性哮喘和胸闷变异性哮喘。

2. 体征　支气管哮喘发作时典型的体征为双肺可闻及广泛的哮鸣音，呼气音延长。但非常严重的哮喘发作，哮鸣音反而减弱，甚至完全消失，表现为"沉默肺"。非发作期体检可无异常发现，故未闻及哮鸣音，不能排除哮喘。

（五）实验室及其他检查

1. 痰嗜酸性粒细胞计数　大多数哮喘病人痰液中嗜酸性粒细胞计数增高（>2.5%），且与哮喘症状相关。

2. 肺功能检查

（1）通气功能检测：用力肺活量（FVC）正常或下降，第一秒用力呼气容积（FEV_1）、1秒率（$FEV_1/FVC\%$）及最高呼气流量（PEF）均下降，残气量及残气量与肺总量比值增加。其中以$FEV_1/FVC\% < 70\%$或FEV_1低于正常预计值的80%为判断气流受限的最重要指标。缓解期，上述通气功能指标可逐渐恢复。病变迁延反复发作者通气功能可逐渐下降。

（2）支气管激发试验（BPT）：用于测定气道反应性。常用吸入激发剂为乙酰甲胆碱和组胺。观察指标包括FEV_1、PEF等。FEV_1下降≥20%，判断结果为阳性，提示存在气道高反应性。BPT适用于非哮喘发作期、FEV_1在正常预计值70%以上病人的检查。

（3）支气管舒张试验（BDT）：用于测定气道的可逆性改变。常用的支气管舒张药有沙丁胺醇、特布他林。当吸入支气管舒张药20 min后重复测定肺功能，FEV_1较用药前增加≥12%，且其绝对值增加≥200 mL，判断结果为阳性，提示存在可逆性的气道阻塞。

（4）呼吸流量峰值（PEF）及其变异率测定：哮喘发作时PEF下降。由于哮喘通气功能有时间节律变化的特点，监测PEF日间、周间变异率有助于哮喘的诊断和病情评估。PEF平均每日昼夜变异率（连续7天，每日PEF昼夜变异率之和/7）>10%，或PEF周变异率｛（2周内最高PEF值 - 最低PEF值）/［（2周内最高PEF值 + 最低PEF值）× 1/2］× 100%｝>20%，提示存在气道可逆性的改变。

3. 胸部影像学检查 哮喘急性发作期的患者胸部 X 线可见两肺透亮度增加，呈过度通气状态，缓解期多无明显异常。胸部 CT 部分病人可见支气管壁增厚等。

4. 特异性变应原检测 外周血变应原特异性 IgE 增高，结合病史有助于病因诊断；血清总 IgE 测定对诊断价值不大，但其增高的程度，可作为重症哮喘使用抗 IgE 抗体治疗及调整剂量的依据。体内变应原试验有皮肤变应原试验和吸入变应原试验。

5. 动脉血气分析 哮喘发作时严重者可出现缺氧，PaO_2 降低，由于过度通气可使 $PaCO_2$ 下降，pH 上升，若病情进一步恶化，可同时出现缺 O_2 和 CO_2 滞留，表现为呼吸性酸中毒。

（六）诊断要点

1. 诊断标准

（1）典型哮喘的临床症状和体征

1）反复发作喘息、气急，伴或不伴胸闷、咳嗽，夜间及晨间多发，常与接触变应原、化学性刺激及运动等有关。

2）发作时双肺可闻及散在或弥漫性以呼气相为主的哮鸣音，呼气相延长。

3）上述症状和体征可经治疗缓解或自行缓解。

（2）可变气流受限的客观检查

1）支气管激发试验阳性。

2）支气管舒张试验阳性。

3）PEF 平均每日昼夜变异率 > 10% 或周变异率 > 20%。

符合上述症状和体征，同时具备气流受限检查中的任意一条，并排除其他疾病所引起的喘息、气促、胸闷及咳嗽，可以诊断为哮喘。

2. 哮喘的分期及控制水平分级 哮喘可分为急性发作期、慢性持续期和临床缓解期。

（1）急性发作期：指喘息、气促、胸闷或咳嗽等症状突然发生或原有症状加重，伴有呼气流量降低，常因接触变应原等刺激物诱发。哮喘急性发作程度轻重不一，病情加重可在数小时或数天内出现，偶尔可在数分钟内危及生命，故应对病情作出正确评估并及时治疗。其严重程度可分为轻度、中度、重度和危重 4 级（表 2-6-1）。

表 2-6-1 哮喘急性发作时病情严重程度分级

临床特点	轻度	中度	重度	危重
气短	步行、上楼时	稍事活动	休息时	休息时，明显
体位	可平卧	喜坐位	端坐呼吸	端坐呼吸或平卧
讲话方式	连续成句	单句	单词	不能讲话
精神状态	可有焦虑，尚安静	时有焦虑或烦躁	常有焦虑、烦躁	嗜睡或意识模糊
出汗	无	有	大汗淋漓	大汗淋漓
呼吸频率	轻度增加	增加	常 > 30 次/min	常 > 30 次/min
辅助呼吸肌活动及三凹征	常无	可有	常有	胸腹矛盾呼吸
哮鸣音	散在，呼吸末期	响亮、弥散	响亮、弥散	减弱，乃至无
脉率（次/min）	< 100	100 ~ 120	> 120	脉率变慢或不规则

续表

临床特点	轻度	中度	重度	危重
奇脉	无，<10 mmHg	可有，10~25 mmHg	常有，10~25 mmHg	无，提示呼吸肌疲惫
最初支气管舒张药治疗后PEF占预计值%或个人最佳值%	>80%	60%~80%	<60%	无法完成检测
PaO_2（吸空气，mmHg）	正常	≥60	<60	<60
$PaCO_2$（mmHg）	<45	≤45	>45	>45
SaO_2（吸空气，%）	>95	91~95	≤90	≤90
pH	正常	正常	正常或降低	降低

注：只要符合某一严重程度的指标≥4项，即可提示为该级别的急性发作。

（2）慢性持续期：指病人虽无哮喘急性发作，但长时间内仍有不同频度和（或）不同程度的喘息、胸闷、咳嗽等症状，可伴有肺通气功能下降。慢性持续期的分级，目前临床应用最广泛的方法为：根据哮喘病人目前的症状、用药情况、肺功能检查结果和未来风险评估等复合指标，将其分为良好控制、部分控制和未控制3个等级（表2-6-2）。

表2-6-2 慢性持续期哮喘控制水平分级

指标	哮喘控制水平		
	良好控制	部分控制	未控制
A：哮喘症状控制			
过去4周，病人存在：			
日间哮喘症状>2次/周　是□　否□	无	存在1~2项	存在3~4项
夜间因哮喘憋醒　　　　是□　否□			
使用缓解药次数>2次/周　是□　否□			
哮喘引起的活动受限　　是□　否□			
B：未来风险评估（急性发作风险，病情不稳定，肺功能迅速下降，药物不良反应）			
与未来不良事件风险增加的相关因素包括：			
临床控制不佳，过去一年频繁急性发作，曾因严重哮喘而住院治疗，FEV_1低，烟草暴露，高剂量药物治疗			

（3）临床缓解期：指病人无喘息、气促、胸闷、咳嗽等症状，并维持1年以上。

3. 鉴别诊断　哮喘应注意与左心衰竭、COPD、变应性支气管肺曲菌病等疾病相鉴别，以上疾病都可以有哮喘样症状。

（七）并发症

严重发作时可并发气胸、纵隔气肿、肺不张等；长期反复发作可致慢性并发症，如COPD和肺源性心脏病等。

（八）治疗要点

目前哮喘仍不能根治，但长期规范化的治疗和有效的自我管理可使大多数病人达到良好或完全的临床控制。

1. 哮喘治疗目标与一般原则

（1）治疗目标：是长期控制症状、预防未来风险的发生，即能使病人维持正常的活动水平，与正常人一样生活、工作和学习，同时尽可能预防或减少急性发作和死亡、肺功能的不可逆损害和药物相关不良反应的风险等。

（2）治疗原则：是以病人病情严重程度和控制水平为基础，选择相应的治疗方案。应为每例初诊病人制订书面的哮喘防治计划，定期随访、监测，并根据病人控制水平及时调整治疗以达到并维持哮喘控制（图2-6-2）。

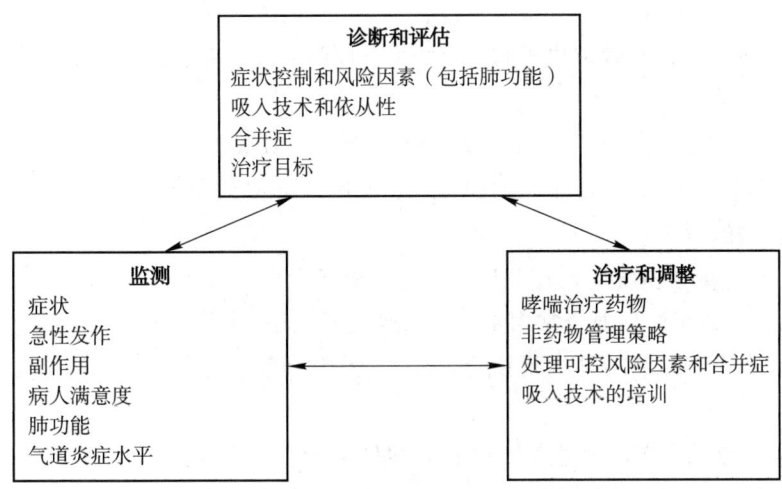

图2-6-2 基于控制水平的哮喘治疗和管理策略

2. 确定并减少危险因素接触 已明确引起哮喘发作的变应原或其他非特异刺激因素的病人，使其脱离并长期避免接触这些危险因素是防治哮喘最有效的方法。

3. 药物治疗 治疗哮喘的药物可分为控制性药物和缓解性药物。前者主要通过抗炎作用使哮喘维持临床控制，亦称抗炎药，这些药物需长期使用。后者亦称急救药物，主要通过迅速解除支气管痉挛从而缓解哮喘症状，亦称解痉平喘药，这些药物是在有症状时按需使用。药物分类介绍如下（表2-6-3）。

（1）糖皮质激素：简称激素，是目前控制哮喘最有效的药物，其主要作用是有效抑制气道炎症。有吸入、口服及静脉3种剂型，其中吸入为首选。

1）吸入：吸入型糖皮质激素（ICS）局部抗炎作用强，药物直接作用于呼吸道，所需剂量较小，全身性不良反应较少，已成为目前哮喘长期治疗的首选药。常用药物有布地奈德、氟替卡松等。通常需规律吸入1~2周或以上方可起效。根据哮喘病情选择吸入不同剂量的ICS。虽吸入ICS全身不良反应较少，但少数病人可出现口咽念珠菌感染、声音嘶哑等，吸入药后立即用清水充分含漱口咽部，可减轻局部反应和胃肠吸收，减少或避免上述情况的发生。长期吸入较大剂量ICS（>1 000 μg/d）者，应注意预防全身性不良反应。为减少吸入大剂量激素的不良反应，可采用低、中剂量ICS与长效 β_2 受体激动药、白三烯调节剂或缓释茶碱联合使用。布地奈德等混悬液制剂，雾化吸入起效快，在应用短效支气管舒张药的基础上，可用于轻、中度哮喘急性

表 2-6-3 哮喘治疗药物分类

控制性药物	缓解性药物
吸入型糖皮质激素（ICS）	吸入型糖皮质激素（ICS）
白三烯调节剂	白三烯调节剂
长效 β_2 受体激动药（LABA，不单独使用）	长效 β_2 受体激动药（LABA，不单独使用）
缓释茶碱	缓释茶碱
色甘酸钠	
抗 IgE 抗体	
抗 IL-5 抗体	
联合药物（如 ICS/LABA）	

发作的治疗。吸入药物的疗效取决于肺内沉积率，而肺内沉积率受药物剂型、给药装置、吸入技术等多种因素影响。

2）口服：常用泼尼松和泼尼松龙。用于吸入激素无效或需要短期加强治疗的病人。起始 30～60 mg/d，症状缓解后逐渐减量至 ≤10 mg/d，然后停用或改用吸入剂。不主张长期口服激素用于维持哮喘控制的治疗。

3）静脉：重度或严重哮喘发作时应及早静脉给予激素。可选用琥珀酸氢化可的松，常用量 100～400 mg/d，或甲泼尼龙，常用量 80～160 mg/d。无激素依赖倾向者可在短期（3～5 天）内停药；有激素依赖倾向者应适当延长给药时间，症状缓解后逐渐减量，然后改口服和吸入剂维持。

（2）β_2 受体激动药：作用为舒张支气管，缓解哮喘症状。此类药可分为短效（维持 4～6 h）、长效（维持 10～12 h）及超长效（维持 24 h）。LABA 又分为快速起效（数分钟起效）和缓慢起效（≥30 min 起效）两种。

1）短效 β_2 受体激动药（SABA）：为治疗哮喘急性发作的首选药。有吸入、口服及静脉 3 种制剂，其中吸入给药为首选途径。常用药物有沙丁胺醇和特布他林等。可供吸入的 SABA 包括气雾剂、干粉剂和雾化溶液等。这类药物可迅速缓解支气管痉挛，通常在数分钟内起效，疗效可维持数小时，是缓解轻至中度哮喘急性症状的首选药。SABA 应按需间歇使用，不宜长期、单一、过量应用。主要不良反应包括骨骼肌震颤、低血钾、心律失常等。

2）长效 β_2 受体激动药（LABA）：与 ICS 联合是目前最常用的哮喘控制性药物。目前临床使用的吸入型 LABA 主要有沙美特罗和福莫特罗及超长效的茚达特罗等。福莫特罗起效快速，也可按需用于哮喘急性发作的治疗。不推荐长期单独使用 LABA 治疗。

（3）ICS+LABA 复合制剂：具有协同抗炎和平喘作用，可获得相当于或优于加倍剂量 ICS 的疗效，并可增加病人的依从性、减少大剂量 ICS 的不良反应。目前临床上常用的 ICS+LABA 复合制剂有布地奈德/福莫特罗吸入干粉剂等。

（4）白三烯调节剂：具有抗炎作用（抗炎作用不如 ICS），同时可以舒张支气管平滑肌，是 ICS 之外可单独应用的哮喘控制性药物，可作为轻度哮喘 ICS 的替代治疗药物和中、重度哮喘的联合治疗用药，尤适用于药物性、运动性哮喘和伴有过敏性鼻炎哮喘病人的治疗。常用药物有孟鲁司特等。不良反应通常较轻，主要是胃肠道症状，少数有皮疹、转氨酶升高，停药后可恢复正常。

（5）茶碱：具有舒张支气管平滑肌及强心、利尿、兴奋呼吸中枢和呼吸肌等作用，低浓度茶碱具有一定的抗炎作用。小剂量茶碱联合激素治疗哮喘的作用与较高剂量激素疗法具有同等疗效，对吸入 ICS 或 ICS+LABA 仍未控制的哮喘病人，可加用缓释茶碱维持治疗。茶碱的不良反应有恶心呕吐、心律失常、血压下降及多尿等。

（6）抗胆碱药：吸入性抗胆碱药，如短效抗胆碱药（SAMA）异丙托溴铵和长效抗胆碱药（LAMA）噻托溴铵，有一定的支气管舒张作用，但较 β_2 受体激动药弱，起效也较慢。抗胆碱药物剂型有气雾剂、干粉剂和雾化溶液。SAMA 主要用于哮喘急性发作的治疗，多与 β_2 受体激动剂联合应用，SAMA 异丙托溴铵与 SABA 沙丁胺醇复合制剂是目前治疗哮喘急性发作的常用药物。LAMA 主要用于哮喘合并 COPD 及 COPD 病人的长期治疗。

（7）甲磺司特：是一种选择性 Th2 细胞因子抑制剂，可抑制 IL-4、IL-5 的产生和 IgE 的合成，减少嗜酸粒细胞浸润，减轻气道高反应性。适用于过敏性哮喘病人的治疗。

（8）生物靶向药物：治疗哮喘的生物靶向药物包括抗 IgE 单克隆抗体、抗 IL-5 单克隆抗体等，这些药物主要用于重度哮喘病人的治疗。

4. 急性发作期的治疗 哮喘发作的治疗取决于哮喘发作的严重程度及对治疗的反应。治疗的目的是尽快缓解症状、解除气流受限和改善低氧血症，预防进一步恶化或再次发作，防治并发症。此外，对所有急性发作的病人都要制订个体化的长期治疗方案。

（1）轻度：用定量气雾剂（MDI）吸入 SABA，在第 1 h 内每 20 min 吸入 1~2 喷。随后轻度急性发作可调整为每 3~4 h 吸入 1~2 喷。效果不佳时可加缓释茶碱片，或加用短效抗胆碱药气雾剂吸入。

（2）中度：吸入 SABA（常用雾化吸入），第 1 h 内可持续雾化吸入。联合应用雾化吸入短效抗胆碱药、激素混悬液，也可联合静脉应用茶碱类。若治疗效果欠佳，尤其是在控制性药物治疗的基础上发生的急性发作，应尽早口服激素，同时吸氧。

（3）重度和危重：持续雾化吸入 SABA，联合雾化吸入短效抗胆碱药、激素混悬液及静脉使用茶碱类药物，并吸氧。尽早静脉应用激素，待病情得到控制和缓解后改为口服给药。注意维持水、电解质平衡，纠正酸碱失衡，当 pH < 7.2 且合并代谢性酸中毒时，应适当补碱。经过上述治疗，临床症状和肺功能无改善甚至继续恶化，应及时给予机械通气治疗，其中部分病人可使用经鼻高流量氧疗、经鼻（面）罩无创机械通气治疗，若无改善则尽早行有创机械通气。其指征主要包括：呼吸肌疲劳，$PaCO_2 \geq 45$ mmHg，意识改变等。

5. 慢性持续期的治疗

（1）非药物治疗：对哮喘病人进行健康教育、有效控制环境、避免诱发因素要贯穿于整个哮喘治疗过程中。

（2）长期治疗方案：慢性持续期的治疗应在评估和监测病人哮喘控制水平的基础上，定期根据长期治疗分级方案作出调整，以维持病人的控制水平。哮喘长期治疗方案分 5 级（表 2-6-4）。与此同时还需兼顾病人以下个体因素：哮喘的临床表型、喜好、吸入技术、依从性、经济能力和医疗资源等实际状况。

对大多数未经治疗的持续性哮喘病人，初始治疗应从第 2 级方案开始，如果初始评估提示哮喘处于严重未控制，治疗应从第 3 级方案开始。从第 2 级到第 5 级的治疗方案中都有不同的哮喘控制药物可供选择，而在每一级中缓解药物都应按需使用，以迅速缓解哮喘症状。

若使用该级治疗方案哮喘仍不能控制，其方案应升级直至达到哮喘控制为止。当达到哮喘控制后并能够维持至少 3 个月，且肺功能恢复并维持平稳状态，可考虑降级治疗。若病人使用

表 2-6-4 哮喘长期治疗方案

药物	1级	2级	3级	4级	5级
推荐选择控制药物	不需使用药物	低剂量ICS	低剂量ICS+LABA	中/高剂量ICS+LABA	加其他治疗，如口服糖皮质激素等
其他选择控制药物	低剂量ICS	白三烯受体拮抗剂（LTRA）低剂量茶碱	中/高剂量ICS 低剂量ICS加LTRA 或加茶碱	中/高剂量ICS加LAMA加LABA 高剂量ICS加LTRA 或加茶碱	加LAMA 加IgE单克隆抗体 加IL-5单克隆抗体
缓解药物	按需使用SABA	按需使用SABA	按需使用SABA或低剂量布地奈德/福莫特罗或倍氯米松/福莫特罗		

注：低剂量ICS指每日吸入布地奈德（或等效其他ICS）200~400 μg，中等剂量为400~800 μg，高剂量为800~1 600 μg。

拓展阅读2-6-2
2021 GINA哮喘治疗的方案

最低剂量控制药物达到哮喘控制1年，并且哮喘症状不再发作，可考虑停用药物治疗。以上方案为基本原则，必须个体化，以最小量、最简单的联合，不良反应最少，达到最佳哮喘控制为原则。

（九）哮喘的教育与管理

拓展阅读2-6-3
哮喘病人自我管理知识与技能

哮喘病人的教育与管理是提高疗效、减少复发、提高病人生活质量的重要措施。医护患之间良好的合作关系是实现有效哮喘管理的首要措施，医生要为每个初诊哮喘病人制订长期防治计划，而病人要在医生和专科护士教育与指导下学会自我管理，并和医护一起共同制订防止复发、保持长期稳定的个体化书面计划。

（十）护理评估

1. 病史　既往病史、家族史、过敏史，工作、生活环境、发病时主要表现，是否了解过敏原、诱发因素等。

2. 身体状况　年龄、体重、营养状况、神志和精神状态、胸部体征、皮肤黏膜情况等。

3. 心理和社会支持状况　了解病人的性格特征，有无紧张、恐惧等负面情绪，对疾病的认知程度，家庭、社会的支持力度等。

4. 专科评估

（1）呼吸：呼吸困难程度、缺氧的症状与体征、呼吸型态与呼吸节律。

（2）咳嗽咳痰情况：痰液的颜色、性状和量。

（3）哮喘发作先兆：如呼吸不畅、喉痒、喷嚏、流涕、眼痒、干咳等。

（4）药物使用情况：包括病人对速效支气管舒张药的使用量、各种吸入剂使用方法掌握情况、长期用药的依从性及药物的不良反应等均应全面评估。

（5）仪器、实验室检查：肺功能、血气分析、特异性过敏原的检测等。

（6）评估病人是否有合并症：如变应性鼻炎、胃食管反流、肥胖、抑郁和焦虑等。

(十一)常见护理诊断/问题

1. 气体交换受损　与支气管痉挛、气道阻力增加有关。
2. 清理呼吸道无效　与支气管分泌物增多、痰液黏稠、无效咳嗽有关。
3. 知识缺乏　与受教育不够有关,缺乏正确用药等方面的知识。
4. 睡眠型态紊乱　与夜间或凌晨哮喘发作或加剧有关。
5. 活动无耐力　与缺氧、呼吸困难有关。
6. 焦虑/恐惧　与哮喘反复急性发作、疾病迁延有关。

(十二)护理目标

通过规范的治疗、有效的护理及健康教育,病人呼吸困难等症状缓解;能有效地咳嗽排痰,掌握正确吸入技术、用药注意事项及其不良反应等相关知识;哮喘达到良好的症状控制并维持正常活动水平,精神状态良好,最大程度降低急性发作、肺功能不可逆损害和药物不良反应等风险。

(十三)护理措施

首先进行护理评估,制定个性化护理计划和措施,并实行责任制整体-优质护理。

1. 病房环境　保持病房温湿度适宜,环境安静整洁,空气流通,以利于病人的睡眠和休息。病房内避免摆放花草,脱离已知过敏原。

2. 病情观察　①识别哮喘发作的前驱症状,如鼻咽痒、喷嚏、流涕等黏膜过敏症状。哮喘急性发作时,观察病人的意识状态、呼吸频率、节律、深度等,监测呼吸音哮鸣音变化,监测动脉血气分析和肺功能情况等。②注意观察病人有无呼吸衰竭、气胸、纵隔气肿、电解质紊乱等并发症的发生。③加强对急性期病人的监护,针对哮喘易在夜间、凌晨发作或加重的特点,加强夜间巡视。④氧疗护理:重症哮喘病人伴低氧血症时应及时遵医嘱给予氧疗,氧流量:鼻导管吸氧 2~4 L/min,面罩吸氧 4~6 L/min。吸氧时加强巡视,密切观察氧疗的疗效,并做好用氧安全宣教。⑤若哮喘严重发作,经一般药物治疗无效,出现神志改变,$PaO_2 < 60$ mmHg,$PaCO_2 > 50$ mmHg 时,应积极做好机械通气的准备。⑥用药的观察:指导病人遵医嘱按时按量用药,观察药物疗效和不良反应。指导病人正确使用吸入剂,嘱病人吸入 ICS 后,应立即用清水充分含漱口咽部。

3. 保持呼吸道通畅　指导病人有效咳嗽,协助叩背,促进痰液排出。痰液黏稠者嘱其多饮水,可给予雾化吸入,必要时使用吸痰装置。重症昏迷病人应密切观察有无痰堵所致的呼吸困难,必要时行气管插管。

4. 饮食指导　哮喘发作时病人能量和水分消耗多,应注意补充水分。宜清淡、易消化、高热量的饮食,避免食用诱发哮喘的食物,如蛋类、鱼、虾等及刺激强的食物。督促病人戒烟酒。增加富含维生素和纤维素的蔬菜、水果摄入。

5. 心理支持　哮喘急性发作和重症的病人易出现紧张、焦虑、恐惧等不良情绪,护士应及时了解、评估病人的心理状态,并给予适时的心理疏导和相应的心理支持,缓解其不良情绪;可列举成功案例安慰、鼓励病人,增强其治疗信心。

（十四）健康指导

通过教育活动，可提高病人对哮喘的认识和治疗的依从性，使其掌握正确的吸药技术，增强自我监测和管理能力，减少急性发作、住院率及病死率，提高生活质量。

1. **自我管理教育**　病人在医生和护士的指导下学会自我管理，其内容包括：①了解哮喘的激发因素及避免诱因的方法；②识别哮喘发作先兆及相应的处理方法；③学会自我监测病情并评定；④掌握正确的吸入技术、峰流速仪和哮喘控制评估工具的使用方法；⑤坚持记哮喘日记；⑥和医护人员一起制订书面哮喘行动计划；⑦学会哮喘发作时简单的紧急自我处理方法；⑧知道什么情况下应去医院就诊等。

2. **物联网及人工智能技术的应用**　可提高教育的效果，有助于哮喘病人的自我病情监测和用药管理，从而有效改善哮喘病人的症状控制水平和预后。

3. **医护人员应定期随访**　定期随访并根据病人的病情变化及时修订防治计划、修正病人不正确的行为，帮助解决目前存在的问题等。

拓展阅读 2-6-4
医务人员在支气管哮喘病人自我管理相关健康教育中的作用

（十五）护理评价

病人经过规范的治疗和优质护理，哮喘得到控制，无护理并发症发生；病人能正确掌握各种吸入技术，知晓哮喘发病的诱发因素、哮喘疾病的本质及自我管理的相关知识，能达到良好的症状控制并维持正常活动水平；最大程度降低急性发作和药物不良反应等未来风险。

（十六）预后和转归

通过长期规范的治疗和有效的自我管理，儿童哮喘临床控制率可达95%，成人可达80%，部分可达到临床治愈；若哮喘反复发作，病情会逐渐加重，可并发肺源性心脏病等。

拓展阅读 2-6-5
支气管哮喘病人急救护理流程

第七节　呼吸衰竭病人的护理

> **情景导入**
>
> 张某，男性，72岁，昨日因天气突然转凉，出现咳嗽、咳痰，今日出现呼吸困难、口唇发绀、烦躁不安。查体：T 38.6℃，P 104次/min，R 25次/min，BP 130/70 mmHg。血常规：WBC 11×10^9/L。血气分析：pH 7.25，PaO_2 50 mmHg，$PaCO_2$ 60 mmHg。
>
> 请思考：
> 1. 该病人的疾病诊断可能是什么？
> 2. 该病人的护理要点是什么？

拓展阅读 2-7-1
呼吸衰竭病人的护理重要知识点

呼吸衰竭（respiratory failure）简称呼衰，指各种原因引起的肺通气和（或）换气功能严重障碍，以致在静息状态下亦不能维持足够的气体交换，导致低氧血症伴（或不伴）高碳酸血症，进而引起一系列病理生理改变和相应临床表现的综合征。由于临床表现缺乏特异性，明确诊断需依据动脉血气分析，若在海平面、静息状态、呼吸空气条件下，动脉血氧分压（PaO_2

<60 mmHg，伴或不伴二氧化碳分压（$PaCO_2$）>50 mmHg，即可诊断为呼吸衰竭。

（一）病因与发病机制

完整的呼吸过程由相互衔接且同时进行的外呼吸、气体运输和内呼吸三个环节组成。参与外呼吸（即肺通气和肺换气）任何一个环节的严重病变均可导致呼吸衰竭。

1. 气道阻塞性病变　气管-支气管的炎症、痉挛、肿瘤、异物、纤维化瘢痕等均可引起气道阻塞。如COPD、哮喘急性加重时可引起气道痉挛、炎性水肿、分泌物阻塞气道等，导致肺通气不足或通气/血流比例失调，发生缺氧和（或）CO_2潴留，甚至呼吸衰竭。

2. 肺组织病变　各种累及肺泡和（或）肺间质的病变，如肺炎、肺气肿、严重肺结核、弥漫性肺纤维化、肺水肿、硅沉着病等，均可使有效弥散面积减少、肺顺应性降低、通气/血流比例失调，导致缺氧或合并CO_2潴留。

3. 肺血管疾病　肺栓塞、肺血管炎等可引起通气/血流比例失调，或部分静脉血未经氧合直接流入肺静脉，导致呼吸衰竭。

4. 心脏疾病　各种缺血性心脏疾病、严重心瓣膜疾病、心肌病、心包疾病、严重心律失常等均可导致通气和换气功能障碍，从而引起缺氧和（或）CO_2潴留。

5. 胸廓与胸膜病变　胸部外伤所致的连枷胸、严重的自发性或外伤性气胸、严重的脊柱畸形、大量胸腔积液、胸膜肥厚与粘连、强直性脊柱炎等，均可限制胸廓活动和肺扩张，导致通气不足及吸入气体分布不均，从而发生呼吸衰竭。

6. 神经肌肉疾病　脑血管疾病、颅脑外伤、脑炎及镇静催眠药中毒可直接或间接抑制呼吸中枢。脊髓颈段或高位胸段损伤（肿瘤或外伤）、脊髓灰质炎、多发性神经炎、重症肌无力、有机磷中毒、破伤风及严重的钾代谢紊乱等均可累及呼吸肌，造成呼吸肌无力、疲劳、麻痹，因呼吸动力下降而发生肺通气不足。

（二）临床表现

除呼吸衰竭原发疾病的症状、体征外，主要为缺氧和CO_2潴留所致的呼吸困难和多脏器功能障碍。

1. 呼吸困难　多数病人有明显的呼吸困难，急性呼吸衰竭早期表现为呼吸频率增加，病情严重时出现呼吸困难，辅助呼吸肌活动增加，可出现三凹征。慢性呼吸衰竭表现为呼吸费力伴呼气延长，严重时呼吸浅快，并发CO_2麻醉时，出现浅慢呼吸或潮式呼吸。

2. 发绀　是缺氧的典型表现。当SaO_2低于90%时，出现口唇、指甲和舌发绀。

3. 精神-神经症状　急性呼吸衰竭可迅速出现精神紊乱、躁狂、昏迷、抽搐等症状。慢性呼吸衰竭随着$PaCO_2$升高，出现先兴奋后抑制症状。兴奋症状包括烦躁不安、昼夜颠倒，甚至谵妄。CO_2潴留加重时导致肺性脑病，出现抑制症状，表现为表情淡漠、肌束震颤、间歇抽搐、嗜睡，甚至昏迷等。

4. 循环系统表现　多数病人出现心动过速，严重缺氧和酸中毒时，可引起周围循环衰竭、血压下降、心肌损害、心律失常甚至心搏骤停。CO_2潴留者出现体表静脉充盈、皮肤潮红、温暖多汗、血压升高。慢性呼吸衰竭并发肺心病时可出现体循环淤血等右心衰竭表现。因脑血管扩张，病人常有搏动性头痛。

5. 消化和泌尿系统表现　表现肝细胞缺氧发生变性坏死或肝淤血，可见血清丙氨酸转氨酶增高。严重缺氧和CO_2潴留常有消化道出血，其原因可能是胃肠道黏膜充血、水肿、糜烂，或形成应激性溃疡。部分病人发生肾功能障碍,出现少尿、蛋白尿、管型尿及氮质血症。

(三) 呼吸衰竭的分类

1. 按动脉血气分析结果分　①Ⅰ型呼吸衰竭:缺氧而无 CO_2 潴留($PaO_2 < 60$ mmHg,$PaCO_2$ 降低或正常);②Ⅱ型呼吸衰竭:缺氧伴 CO_2 潴留($PaO_2 < 60$ mmHg,$PaCO_2 > 50$ mmHg)。

2. 按发病急缓分类　①急性呼吸衰竭:多种突发致病因素使肺通气或换气功能迅速出现严重障碍,在短时间内发展为呼吸衰竭;②慢性呼吸衰竭:一些慢性疾病可使呼吸功能的损害逐渐加重,经过较长时间发展为呼吸衰竭,如COPD、肺结核、间质性肺疾病、神经肌肉病变等,其中以COPD最常见;③慢性呼吸衰竭急性加重:在慢性呼吸衰竭的基础上合并呼吸系统感染、气道痉挛或并发气胸等情况,病情急性加重,在短时间内出现 PaO_2 显著下降和(或)$PaCO_2$ 显著升高,称为慢性呼吸衰竭急性加重。

3. 按发病机制分类　可分为泵衰竭和肺衰竭。

(四) 实验室及其他检查

1. 动脉血气分析　$PaO_2 < 60$ mmHg,伴或不伴 $PaCO_2 > 50$ mmHg,pH可正常或降低。

2. 影像学检查　X线胸片、胸部CT和放射性核素肺通气/灌注扫描等可协助分析呼吸衰竭的原因。

3. 其他检查　肺功能的检测能判断通气功能障碍的性质及是否合并换气功能障碍,并对通气和换气功能障碍的严重程度进行判断。支气管镜检查可以明确大气道情况和取得病理学证据。

(五) 诊断要点

有导致呼吸衰竭的病因或诱因;有低氧血症或伴高碳酸血症的临床表现;血气分析可判断呼吸衰竭的严重程度,胸部影像学、肺功能和支气管镜检查可明确呼吸衰竭的原因。

(六) 治疗要点

呼吸衰竭的处理原则是保持呼吸道通畅,迅速纠正缺氧、改善通气、积极治疗原发病、消除诱因、加强一般支持治疗和对其他重要脏器功能的监测与支持、预防和治疗并发症。

1. 保持呼吸道通畅　气道不通畅可加重呼吸肌疲劳,气道分泌物积聚时可加重感染,并可导致肺不张,呼吸面积减少,加重呼吸衰竭,因此,保持气道通畅是纠正缺氧和 CO_2 潴留的最重要措施。

(1) 清除呼吸道分泌物及异物。

(2) 昏迷病人采用仰头抬颏法打开气道并将口打开。

(3) 缓解支气管痉挛:用支气管舒张药如肾上腺素受体激动药、糖皮质激素等缓解支气管痉挛。急性呼吸衰竭病人需静脉给药。

(4) 建立人工气道:如上述方法不能有效地保持气道通畅,可采用简易人工气道或气管内导管(气管插管和气管切开)建立人工气道,简易人工气道主要有口咽通气道、鼻咽通气道和喉罩,是气管内导管的临时替代方式。

2. 氧疗　任何类型的呼吸衰竭都存在低氧血症,故氧疗是呼吸衰竭病人的重要治疗措施,但不同类型的呼吸衰竭其氧疗的指征和给氧方法不同。原则是Ⅱ型呼吸衰竭应给予低浓度(<35%)持续吸氧,Ⅰ型呼吸衰竭则可给予较高浓度(>35%)吸氧。急性呼吸衰竭的给氧原则：在保证 PaO_2 迅速提高到 60 mmHg 或 SaO_2 达 90% 以上的前提下，尽量降低吸氧浓度。

3. 增加通气量、减少 CO_2 潴留

（1）呼吸兴奋剂：肺性脑病或Ⅱ型呼吸衰竭 $PaCO_2 > 75$ mmHg 时，即使无意识障碍也可酌情使用呼吸兴奋剂。呼吸兴奋剂可刺激呼吸中枢或主动脉体、颈动脉窦化学感受器，在气道通畅的前提下提高通气量，从而纠正缺氧并促进二氧化碳排出。此外，尚能使病人清醒，有利于咳嗽、排痰。呼吸兴奋剂需与氧疗、抗感染、解痉和排痰等措施配合应用，方能更好地发挥作用，常用洛贝林或尼可刹米静脉滴注。也可服用阿米三嗪 50～100 mg，2 次/日，该药作用于颈动脉化学感受器，兴奋呼吸，从而加强肺泡-毛细血管的气体交换，增加动脉氧分压和血氧饱和度。

（2）机械通气：借助人工辅助通气置（呼吸机）改善通气和（或）换气功能，即为机械通气。呼吸衰竭应用机械通气能维持必要的肺泡通气量，降低 $PaCO_2$，改善肺的气体交换效能，使呼吸肌得以休息，有利于恢复呼吸肌功能。根据病情选用无创或有创机械通气，在 COPD 急性加重期，早期给予无创机械通气可以防止呼吸功能不全加重，缓解呼吸肌疲劳，减少后期气管插管率，改善预后。

4. 控制感染　在解决呼吸衰竭本身造成危害的前提下，针对不同病因采取适当的治疗措施是治疗呼吸衰竭的根本所在。感染是慢性呼吸衰竭急性加重的常见诱因，且呼吸衰竭常继发感染，有条件者应尽快行痰培养及药物敏感试验，以便选用敏感有效的抗生素。

5. 一般支持疗法　包括纠正酸碱平衡失调和电解质紊乱、加强液体管理、维持血细胞比容、保证充足的营养及能量供给等。如果呼吸性酸中毒的发生发展过程缓慢，机体常以增加碱储备来代偿，当呼吸性酸中毒纠正后，原已增加的碱储备会使 pH 升高，对机体造成严重危害，因此，在纠正呼吸性酸中毒的同时需给予盐酸精氨酸和氯化钾，以防止代谢性碱中毒的发生。

6. 重要脏器功能的监测与支持　重症病人需转入 ICU 进行积极抢救和监测，预防和治疗肺动脉高压、肺源性心脏病、肺性脑病、肾功能不全和消化道功能障碍，尤其要注意预防多器官功能障碍综合征（multiple organ dysfunction syndrome，MODS）的发生。

（七）护理评估

1. 病史　了解有无慢性阻塞性肺疾病、肺结核、肺尘埃沉着病、肺间质纤维化、胸廓畸形等引起慢性呼吸衰竭的疾病，有无呼吸道感染、气道痉挛、劳累等引起加重的诱发因素。

2. 身体评估　呼吸困难程度，是否发绀，有无精神神经症状，有无心动过速、心律失常，有无消化道出血等，有无异常呼吸音等。

3. 实验室及其他检查　血气分析、血电解质、肝肾功能检查结果等。

4. 心理社会状况　有无因呼吸困难产生焦虑或恐惧；有无因气管插管或气管切开，进行机械通气治疗，而加重焦虑情绪；有无因各种监测及治疗仪器加重病人的心理负担；病人及其家属对治疗的信心和对疾病的认知程度等。

（八）常见护理诊断/问题

1. 气体交换受损　与通气不足、肺内分流增加、通气/血流失调和弥散障碍等有关。
2. 清理呼吸道无效　与分泌物增加、意识障碍、人工气道等有关。
3. 潜在并发症　心力衰竭、休克、消化道出血等。
4. 有受伤的危险　与意识障碍、人工气道和机械通气等有关。

5. 营养失调：低于机体需要量　与消耗增多、食欲下降有关。

6. 焦虑/恐惧　与呼吸困难、人工气道、病情严重、失去个人控制感有关。

（九）护理目标

病人的呼吸困难、发绀、精神神经症状逐渐减轻或消失；病人能有效的排痰，呼吸道通畅；病人能逐渐完成日常生活自理；病人的营养状况得到改善。

（十）护理措施

1. 一般护理

（1）休息与活动：活动会增加耗氧量，故对明显低氧血症的病人，应限制活动量，以活动后不出现呼吸困难、心率增快为宜。协助病人取舒适体位，如半卧位或坐位；对呼吸困难明显的病人，嘱其绝对卧床休息。

（2）饮食护理：呼吸衰竭由于呼吸功能增加、发热等因素，导致能量消耗增加、机体代谢处于负平衡。营养支持对于提高呼吸衰竭的抢救成功率及病人生活质量均有重要意义，抢救时应常规鼻饲高蛋白、高脂肪、低碳水化合物及适量维生素和微量元素的流质饮食，必要时给予静脉高营养。如果可以经口进食，应少食多餐，以提供足够的能量，降低因进食增加的氧消耗。进食时应持续给氧，防止气短和进餐时血氧降低。肠外营养时应注意监测二氧化碳的变化，因为碳水化合物可能会加重高碳酸血症病人的二氧化碳潴留。

2. 病情观察　观察病人的呼吸频率、节律和深度，使用辅助呼吸肌的情况，呼吸困难的程度。重症病人需 24 h 监测血压、心率和呼吸等情况，注意 SaO_2 的变化及有无肺性脑病的表现。观察缺氧及二氧化碳潴留的症状和体征，如有无发绀、球结膜水肿、肺部呼吸音及啰音变化；有无心律失常及腹部膨隆，肠鸣音情况；有无心力衰竭的症状和体征，尿量及水肿情况。及时了解血气分析、尿常规、由电解质等检查结果。在病情观察过程中，有异常情况应及时通知医生。

3. 预防受伤　许多因素会导致呼吸衰竭的病人受伤。缺氧和二氧化碳潴留会导致病人意识障碍；气管插管和机械通气可能造成病人气道或肺部的损伤；长期卧床和营养不良出现受压部位皮肤的损伤；应用肌肉松弛药的病人，由于无法自主呼吸、说话和移动也增加了受伤的危险。护理人员应注意观察病人，防止上述危险因素导致受伤。

4. 用药护理

（1）茶碱类、β受体激动药：这些药物能松弛支气管平滑肌，减少气道阻力，改善通气功能，缓解呼吸困难。

（2）呼吸兴奋剂：静脉滴注时速度不宜过快，注意观察呼吸频率、节律、睫毛反应、神志变化及动脉血气的变化，以便调节剂量。如出现恶心、呕吐、烦躁、面色潮红、皮肤瘙痒等现象，需要减慢滴速。

（3）禁用镇静催眠药：Ⅱ型呼吸衰竭的病人常因咳嗽、咳痰、呼吸困难而影响睡眠，缺氧及 CO_2 潴留引起烦躁不安，护理人员在执行医嘱时注意加以判断，禁用对呼吸有抑制作用的镇静催眠药。

5. 氧疗的护理

（1）氧疗的意义和原则：氧疗能提高肺泡内氧分压，提高 PaO_2 和 SaO_2；减轻组织损伤，恢复脏器功能，提高机体运动的耐受性；降低缺氧性肺动脉高压，减轻右心负荷。临床上根据病人病情和血气分析结果采取不同的给氧方法和氧浓度。原则是保证迅速提高 PaO_2 到 60 mmHg 或 SaO_2 达 90% 以上的前提下，尽量降低吸氧浓度。Ⅰ型呼吸衰竭者可短时间内间歇高浓度（>50%）或高流量（4~6 L/min）吸氧。Ⅱ型呼吸衰竭病人，往往需要低流量（1~2 L/min）、低浓度（<35%）给氧，以免引起 CO_2 潴留。

（2）氧疗的方法：有鼻导管、鼻塞、面罩、气管内和呼吸机给氧。鼻导管或鼻塞吸氧，优点为简单、方便，不影响病人进食、咳痰；缺点为氧浓度不恒定，易受病人的呼吸影响，高流量时对局部黏膜有刺激，氧流量≤7 L/min。面罩主要包括简单面罩、带储气囊无重复呼吸面罩和文丘里面罩，其优点为吸氧浓度相对稳定，可按需要调节，对鼻黏膜刺激小；缺点为在一定程度上影响病人进食及咳嗽，部分病人不能耐受。经鼻高流量湿化氧疗（HFNC）给病人提供相对恒定的吸氧浓度（21%~100%）、温度（31~37℃）和湿度的高流量（8~80 L/min）气体，并通过鼻塞进行氧疗，具有很好的舒适性。

（3）氧疗的观察：由于病人对氧疗反应不同，氧疗过程中，应密切观察氧疗效果，如吸氧后呼吸困难缓解、发绀减轻、心率减慢，表示氧疗有效；临床上必须根据病人血气结果及时调节吸氧流量，以防发生氧中毒和 CO_2 麻醉；注意保持吸入氧气的湿化，以免干燥的氧气对呼吸道黏膜的刺激及气道黏液栓形成；输送氧气的面罩、导管、气管导管应定期更换消毒，防止交叉感染。

6. **机械通气的护理** 密切监测病情变化，如病人的意识状况、生命体征，准确记录出入量等；掌握呼吸机的参数，及时分析并解除呼吸机报警的原因；加强气道的护理工作，保持呼吸道通畅；预防并及时发现、处理可能的并发症等。

7. **心理护理** 由于对病情和预后的顾虑，病人往往会产生恐惧、抑郁心理，极易对治疗失去信心；尤其气管插管或气管切开行机械通气的病人，语言表达及沟通障碍，情绪烦躁痛苦悲观，甚至产生绝望的心理反应，表现为拒绝治疗或对呼吸机产生依赖心理。多与病人交流，评估病人的焦虑程度；鼓励病人说出或写出引起或加剧焦虑的因素，教会病人自我放松等各种缓解焦虑的办法。对于机械通气的病人，要让病人学会应用手势、写字等非语言沟通方式表达需求，以缓解焦虑、恐惧等心理反应，起到增强病人战胜疾病的信心和改善通气效果的作用。

（十一）健康指导

1. **疾病知识指导** 向病人及家属讲解疾病的发生、发展和转归。可借助简易图片进行讲解，使病人理解康复保健的意义与目的。与病人一起回顾日常生活中所从事的各项活动，根据病人的具体情况指导病人制订合理的活动与休息计划，教会病人避免氧耗量较大的活动，并在活动过程中增加休息。指导病人合理安排膳食，加强营养，改善体质。避免劳累、情绪激动等不良因素刺激。

2. **康复指导** 教会病人有效呼吸和咳嗽咳痰技术，如缩唇呼吸、腹式呼吸、体位引流、叩背等方法，提高病人的自我护理能力，延缓肺功能恶化。指导并教会病人及家属合理的家庭氧疗方法及注意事项。鼓励病人进行耐寒锻炼和呼吸功能锻炼，如用冷水洗脸等，以提高呼吸道抗感染的能力。避免吸入刺激性气体，劝告吸烟病人戒烟并避免二手烟。告诉病人尽量少去人群拥挤的地方，避免与呼吸道感染者接触，减少感染的机会。

3. **用药指导与病情监测** 出院时应将病人使用的药物、剂量、用法和注意事项告诉病人，并写在纸上交给病人以便需要时使用。若有气急、发绀加重等变化，应尽早就医。

（十二）护理评价

病人呼吸平稳，动脉血气分析在正常范围内；掌握有效的咳嗽、咳痰技术，呼吸道通畅；焦虑缓解，无明显体重减轻；没有并发症发生。

（十三）预后

呼吸衰竭的预后不仅取决于其严重程度，是否发生并发症和抢救是否恰当，还取决于原发病或病因能否被去除。急性呼吸衰竭如处理及时，病人可完全康复；慢性呼吸衰竭病人重点预防和及时控制呼吸道感染等诱因，以减少急性发作，尽可能延缓肺功能恶化的进程，使病人能在较长时间内保持生活自理能力，提高生活质量。

拓展阅读 2-7-2 呼吸衰竭病人的急救流程

第八节　原发性支气管肺癌病人的护理

情景导入

顾某，男性，65岁，主因咳嗽、咳痰伴右侧胸痛1月余，痰中带少量血入院。既往吸烟30余年。胸部CT示右肺中叶占位，右侧胸腔积液。诊断为：右肺中叶腺癌（T2N0M1a，IVA期，PS1分）。

请思考：
1. 原发性支气管肺癌的病因有哪些？
2. 原发性支气管肺癌的临床表现有哪些？
3. 原发性支气管肺癌的常见护理诊断/问题是什么？

拓展阅读 2-8-1 原发性支气管肺癌病人护理的重要知识点

原发性支气管肺癌（primary bronchogenic carcinoma）简称肺癌（lung cancer），是起源于支气管黏膜或腺体的肺部原发性恶性肿瘤，常伴有区域性淋巴结和血行转移，早期常有刺激性干咳和痰中带血等呼吸道症状，病情进展速度与细胞的生物特性有关。

（一）病因及发病机制

肺癌的病因和发病机制尚未明确，一般认为与下列因素有关。

1. 吸烟　主动吸烟是肺癌最常见的原因，二手烟或被动吸烟也是肺癌的病因之一。开始吸烟的年龄越小、量越大，吸烟时间越长，肺癌的发病率和死亡率越高。已戒烟者随着戒烟时间的延长，发生肺癌的危险性逐步降低。

2. 职业致癌因子　已被确认的致癌物质包括石棉、砷、铬、芥子气、镍、多环芳香烃类，以及铀、镭等放射性物质衰变时产生的氡和氡气，电离、微波辐射等。这些因素可使肺癌发生危险性增加3~30倍，因肺癌的形成时间漫长，不少病人在停止接触致癌物质很长时间后才发生肺癌。

3. 空气污染　包括室内小环境和室外大环境污染。室内被动吸烟、燃料燃烧和烹调过程中均能产生致癌物；室内接触煤烟或其不完全燃烧物为肺癌的危险因素，特别对女性腺癌的影响较大。室外大环境污染包括汽车尾气、工业废气、沥青、粉尘等都含有致癌物质。有资料显示，城市肺癌发病率明显高于农村。

4. **电离辐射** 大剂量电离辐射可引起肺癌，不同射线辐射产生的效应不同。据美国报道，一般人群中电离辐射49.6%来源于自然界，44.6%为医疗照射，其中X线诊断占36.7%。

5. **饮食与营养** 有研究显示，成年期蔬菜和水果的摄入量低，肺癌发生的危险性升高。血清中β胡萝卜素水平低的人，肺癌发生的危险性高。

6. **遗传和基因改变** 肺癌可能是外因通过内因而发病的，是一个多阶段逐步演变的过程，涉及一系列基因改变，多种基因变化的积累才会使细胞生长失控而发生癌变。

7. **其他** 结核病人罹患肺癌的危险是正常人群的10倍，多为腺癌。某些慢性肺部疾病如慢性阻塞性肺疾病、结节病、特发性肺纤维化、病毒感染、真菌毒素（黄曲霉）等，与肺癌的发生可能有一定关系。

（二）病理及分类

1. **按解剖学部位分类**
（1）中央型肺癌：发生在段及以上支气管的肺癌，以鳞癌和小细胞肺癌较多见。
（2）周围型肺癌：发生在段支气管以下的肺癌，以腺癌较多见。

2. **按组织病理学分类** 肺癌分为非小细胞肺癌和小细胞肺癌两大类，其中非小细胞肺癌最为常见。

（1）非小细胞肺癌（non-small cell lung cancer，NSCLC）
1）腺癌：占肺癌的40%~50%，是肺癌的最常见类型。女性多见，主要起源于支气管黏液腺，多为周围型。由于腺癌富含血管，局部浸润和血行转移较早，易累及胸膜引起胸腔积液。
2）鳞癌：发病率呈下降趋势，占肺癌的30%~40%，主要来源于段或亚段的支气管上皮鳞状化生，早期常引起支气管狭窄，导致肺不张或阻塞性肺炎，还可形成空洞或癌性肺脓肿。老年男性多见，淋巴道和血行转移，生长较慢。
3）大细胞癌：一种未分化癌，占肺癌的9%，转移较晚，手术切除机会较大。
4）其他：腺鳞癌、肉瘤样癌、淋巴上皮瘤样癌、唾液腺型癌等。

（2）小细胞肺癌（small cell lung cancer，SCLC）：多为中央型，以增殖快速和早期广泛转移为特征，初次确诊时60%~88%已有远处转移。对化疗和放疗较敏感。

> 拓展阅读2-8-2
> AJCC第8版肺癌分期系统中对TNM分期的定义
> 拓展阅读2-8-3
> TNM与临床分期关系

（三）临床表现

肺癌的临床表现与肿瘤大小、类型、发展阶段、所在部位、有无并发症或转移有密切关系。5%~15%的病人无症状，仅在常规体检胸部影像学检查时发现。其余病人就诊时已有症状和体征。

1. **原发肿瘤引起的症状和体征**
（1）咳嗽：为早期症状，表现为无痰或少痰的刺激性干咳。当肿瘤引起支气管狭窄时，咳嗽加重，多为持续性，呈高调金属音性咳嗽或刺激性呛咳。伴继发感染时，痰液量增加，呈黏液脓性。
（2）咯血：多见于中央型肺癌，表现为痰中带血。肿瘤侵蚀大血管时，可引起大咯血，少见。
（3）喘鸣或气短：因肿瘤引起支气管部分阻塞，可出现局限性喘鸣音。肿瘤向支气管内生长或转移到肺门淋巴结，导致肿大的淋巴结压迫主支气管或隆突；转移至胸膜及心包，引起大量胸腔积液和心包积液；发生上腔静脉阻塞、膈肌麻痹及肺部广泛受累时，均可有呼吸困难、气短、喘息，偶表现为喘鸣。

（4）发热：多数是肿瘤引起的阻塞性肺炎所致，肿瘤组织坏死也可引起。

（5）消瘦：为恶性肿瘤的常见症状之一。晚期病人由于肿瘤毒素、消耗及感染、疼痛所致食欲减退，均可引起消瘦或恶病质。

2. 肺外胸内扩展引起的症状和体征

（1）胸痛：肿瘤侵犯胸膜或胸壁时，产生不规则的疼痛，呼吸、咳嗽时加重。侵犯肋骨和脊柱时，则有压痛点，与呼吸、咳嗽无关。肿瘤压迫肋间神经时，胸痛可累及分布区。

（2）声音嘶哑：肿瘤直接压迫或转移至纵隔淋巴结压迫喉返神经（多见左侧）使声带麻痹引起声音嘶哑。

（3）吞咽困难：癌肿侵犯或压迫食管，可引起吞咽困难，亦可引起气管-食管瘘，导致肺部感染。

（4）胸腔积液：肿瘤转移累及胸膜或淋巴回流受阻，可引起胸腔积液。

（5）上腔静脉阻塞综合征：肿瘤侵犯纵隔，或转移的肿大淋巴结压迫上腔静脉，或腔静脉内癌栓阻塞，均可引起上腔静脉回流受阻，引起头面部、颈部、上肢水肿及胸前部静脉曲张，严重者皮肤呈暗紫色，眼结膜充血，视物模糊，头痛、眩晕。

（6）霍纳综合征（Horner syndrome）：肺尖部的肺癌又称肺上沟瘤（pulmonary sulcus tumor），可压迫颈部交感神经，引起病侧睑下垂、瞳孔缩小、眼球内陷、同侧额部与胸壁少汗或无汗。

3. 胸外转移引起的症状和体征　3%~10%的病人有胸腔外转移引起的症状和体征，小细胞癌居多，其次为腺癌、大细胞癌、鳞癌。

（1）中枢神经系统转移：可表现头痛、恶心、呕吐等颅内压增高的症状，也可表现眩晕、共济失调、复视、癫痫发作，或一侧肢体无力甚至偏瘫等症状。脊髓束受压迫，出现背痛、下肢无力、感觉异常，膀胱或肠道功能失控。

（2）骨骼转移：表现为局部疼痛、压痛，出现病理性骨折。常见部位为肋骨、脊椎、骨盆和四肢长骨。多为溶骨性病变。

（3）腹部转移：可转移至肝、胰腺、胃肠道、肾上腺，表现为食欲减退、肝区疼痛或腹痛、黄疸、肝大、腹腔积液及胰腺炎症状。

（4）淋巴结转移：常见于锁骨上淋巴结，其次腹膜后淋巴结。可单个、多个，固定质硬，逐渐增大，增多，可以融合，多无疼痛及压痛。

4. 胸外表现　指肺癌非转移性的胸外表现，称为副肿瘤综合征（paraneoplastic syndrome）。常见有：原发性肥大性骨关节病，以SCLC多见，引起杵状指（趾）及肥大性骨关节病，受累骨骼可发生骨膜炎，表现疼痛、压痛、肿胀。异位促性腺激素引起的男性乳房发育和增生性骨关节病，多见于大细胞癌。因5-羟色胺等分泌过多引起的类癌综合征，表现为喘息、皮肤潮红、水样腹泻、阵发性心动过速等，多见于SCLC和腺癌。神经肌肉综合征导致小脑病变、周围神经病变、重症肌无力等。另还可出现促肾上腺皮质激素增高、低钠、低渗透压及高钙血症。

（四）影像学及其他检查

拓展阅读2-8-4
CT检查在肺结节中的优势

1. **胸部X线**　是最基本的影像学检查方法之一，但分辨率较低，对早期肺癌的诊断价值有限。

2. **胸部CT**　可有效地检出早期周围型肺癌、明确病变所在的部位和累及范围，是目前肺癌诊断、分期、疗效评价及随诊中最重要和最常用的影像学检查。

3. MRI　可以判断胸壁或纵隔受侵情况，用于判定脑、椎体有无转移。

4. 骨扫描　是筛查骨转移的常规检查及首选方式。

5. PET-CT　是肺癌诊断、分期与再分期、放疗靶区勾画、评估疗效和预后的最佳方法之一。但对脑和脑膜转移敏感性相对较差。

6. 超声检查　常用于检查腹部器官及浅表淋巴结有无转移，可超声引导下穿刺活组织检查，并可行B超定位抽取积液。

7. 痰液细胞学检查　特异性高，是目前诊断中央型肺癌最简便的方法之一。要提高阳性率必须获得气道深部的痰液，及时送检，且至少送检3次。

8. 针吸活检　包括浅表淋巴结活检及经胸壁穿刺肺活检，目的是获取组织，行病理学诊断。

9. 其他　呼吸内镜（支气管镜、胸腔镜、纵隔镜）检查、肿瘤标志物的检测、肺癌的基因诊断等。

（五）诊断

肺癌诊断可按下列步骤进行。

1. CT确定部位　有临床症状或放射学征象、怀疑肺癌的病人先行胸部CT检查，发现肿瘤的原发部位和其他解剖部位的播散情况。

2. 组织病理学诊断　怀疑肺癌的病人必须获得组织学诊断，以明确病变性质。

3. 分子诊断　在病理学确诊的同时检测肿瘤组织的基因突变情况，NSCLC也可考虑检测PD-1/PD-L1的表达水平，以利于制订个体化的治疗方案。

（六）治疗

1. 治疗方案　应当根据病人的机体状况、病理学类型、临床分期，采取个体化的多学科综合治疗策略，有计划、合理地应用手术、化疗、生物靶向、免疫和放射治疗等手段，以期最大程度控制肿瘤，延长病人生存时间、提高生活质量。

2. 药物治疗　包括化疗、分子靶向治疗及免疫治疗。

（1）NSCLC：对化疗反应较差，对于晚期和复发NSCLC病人联合化疗方案可缓解症状及提高生存率。目前一线化疗方案最常见是含铂两药联合化疗，如长春瑞滨、吉西他滨、紫杉烷类、培美曲塞联合铂类药物，21天为1个治疗周期，共4~6个周期。一线治疗疾病控制者，可选择维持治疗。一线治疗失败者可选择多西他赛、吉西他滨、培美曲塞（非鳞癌）二线治疗。肺癌驱动基因阳性的Ⅳ期病人如EGFR基因突变可选择吉非替尼、厄洛替尼等药作为一线治疗，如发生耐药且伴T790M基因突变的病人，首选奥希替尼或阿美替尼；对于间变性淋巴瘤激酶（ALK）融合基因或ROS原癌基因1酪氨酸激酶（ROS1）基因阳性的病人可选择克唑替尼等。帕博利珠单抗等用于驱动基因阴性Ⅳ期的一线、二线治疗。

（2）SCLC：对化疗敏感，一线化疗包括依托泊苷或伊立替康联合铂类药物两药联合方案，21天为1个治疗周期，共4~6个周期。免疫抑制药阿替利珠单抗等联合卡铂、依托泊苷用于广泛SCLC病人的一线治疗。二线治疗包括伊立替康、紫杉烷类等单药治疗；对于6个月后复发进展，建议采取原一线方案治疗。既往至少接受过2种化疗方案治疗后进展或复发，选择纳武利尤单抗及帕博利珠单抗单药治疗。

3. 手术治疗

（1）NSCLC：手术治疗主要适用于耐受手术的Ⅰ、Ⅱ期病人，ⅢA期病人若其年龄、心肺功能和解剖位置合适，也可考虑手术。术前化疗（新辅助化疗）可使不能手术者降级而能够手术。手术治疗分为根治性与姑息性，应当力争根治性切除，以期达到切除肿瘤、减少肿瘤转移和复发的目的，并可进行 TNM 分期，指导术后综合治疗。

（2）SCLC：通常发现时已转移，一般不推荐手术治疗。经系统的分期检查提示无纵隔淋巴结转移的局限期病人，可肺叶切除和淋巴结清扫，术后需化疗 4~6 个周期。

4. **放射治疗**　SCLC 对放疗的敏感性最高，其次为鳞癌和腺癌。通常联合化疗，根据病人分期、治疗目的和一般情况可选择同步放化疗或序贯放化疗。由于放化疗的潜在毒副作用大，应注意对肺、心脏、食管和脊髓的保护；注意防治白细胞减少、放射性肺炎和放射性食管炎等放疗反应。对全身情况太差，有严重心、肺、肝、肾功能不全者应列为禁忌。治疗过程中可合理使用更安全、先进的技术，尽可能避免因毒副作用导致放疗非计划性中断。

5. **支持和姑息治疗**　目的是缓解症状、减轻痛苦、改善生活质量、提高抗肿瘤治疗的耐受性并延长生存期。包括对病人机体、精神、心理和社会需求的处理，根据病人的需求不断调整。

（七）护理评估

1. **病史**　询问职业及致癌物质接触史，工作环境、居住地空气污染情况，吸烟及被动吸烟史，饮食情况，肺结核、慢性阻塞性肺疾病等慢性病病史，家族史等。

2. **身体评估**　评估病人有无阵发性、刺激性呛咳，反复痰中带血、胸痛、呼吸困难，有无声音嘶哑、胸腔积液、局限性哮鸣音、颈胸部静脉充盈、头面部及上肢水肿、右锁骨上及腋下淋巴结肿大、杵状指（趾）等。

3. **实验室及其他检查**　胸部影像学检查、组织病理学检查及免疫组化检查等。

4. **心理社会状况**　了解病人对疾病的认知程度、个性特征、生活方式、病人及家庭成员的文化、信仰、经济收入及之间关系等。

（八）常见护理诊断/问题

1. **疼痛**　与癌细胞浸润、肿瘤压迫或转移有关。
2. **恐惧**　与肺癌的确诊、不了解治疗计划及预感到治疗对机体功能的影响和死亡威胁有关。
3. **营养失调：低于机体需要量**　与肿瘤致机体过度消耗、压迫食管致吞咽困难、化疗反应致食欲下降、摄入量不足有关。
4. **有皮肤完整性受损的危险**　与接受化疗、放疗损伤皮肤组织或长期卧床导致局部循环障碍有关。
5. **潜在并发症**　肺部感染、呼吸衰竭、放射性食管炎、放射性肺炎。

（九）护理目标

通过标准化方案的治疗、护理，病人疼痛缓解；焦虑或恐惧减轻或消失；营养满足机体需要；皮肤完整，没有损伤；无并发症发生。

（十）护理措施

首先进行评估，根据病情及自理能力建立自理能力评估表、防坠床/跌倒风险评估表、数字评分量表（NRS）/改良面部表情疼痛评估工具（FPS-R）等评估，制定个性化护理计划和措施，并实行全程优质护理。

1. 疼痛护理

（1）避免加重疼痛因素：①预防上呼吸道感染，尽量避免咳嗽，必要时予止咳药；②对于活动困难者，变换病人体位时避免推、拉动作，防止用力不当引起病变部位疼痛；③指导和协助胸痛病人用手或枕头护住胸部，以减轻深呼吸、咳嗽或变换体位所引起的疼痛。

（2）缓解疼痛

1）评估病人疼痛的部位、性质、程度和持续时间，疼痛加重或减轻的因素，对其睡眠、进食、活动等日常生活的影响程度。

2）采取音乐疗法、针灸、按摩等非药物治疗方法缓解病人疼痛。

3）用药护理：①疼痛者使用有效的镇痛药物，尽量口服给，且应按时给药，即 3~6 h 给药 1 次，而不是在疼痛发作时再给药。②镇痛药剂量应当根据病人的需要由小到大直至病人疼痛缓解为止。应遵循 WTO 推荐的阶梯给药方案用药（表 2-8-1）。③注意观察用药的效果，了解疼痛缓解程度和镇痛作用持续时间，对生活质量的改善情况。当所制定的用药方案已不能有效止痛时，应及时通知医生重新调整镇痛方案。注意预防药物的不良反应，如阿片类药物有便秘、恶心、呕吐、镇静和精神紊乱等不良反应，应嘱病人多进富含纤维素的蔬菜和水果，或服番泻叶冲剂等措施，以缓解和预防便秘。④自控镇痛，是用计算机化的注射泵，经由静脉、皮下或椎管内连续性输注镇痛药，病人可自行间歇性给药。病人疼痛严重且持续，应用常规给药方法不能有效控制疼痛时，可采用病人自控镇痛，并指导病人掌握操作方法。

表 2-8-1 疼痛三阶梯疗法

阶梯	治疗药物
轻度疼痛	非阿片类镇痛药 ± 辅助药物
中度疼痛	弱阿片类 ± 非阿片类镇痛药 ± 辅助药物
重度疼痛	强阿片类 ± 非阿片类镇痛药 ± 辅助药物

2. 心理护理

（1）心理支持：当病人得知自己患肺癌时，会面临巨大的身心应激，产生消极情绪，癌症晚期病人尤为强烈。护理人员平时要注意主动热情地与病人沟通，倾听主诉，严密观察病人细微的情绪变化，防止他们走向极端。同时，运用叙事护理等鼓励病人及家属积极参与治疗和护理计划的制订，使其了解疾病相关知识及治疗措施并积极配合治疗，增强病人的治疗信心；通过多种途径给病人提供心理与社会支持，减少心理上的孤独感和凄凉感。

（2）死亡教育：对不同文化背景、年龄、性别、病程的病人施以个体化的宣教方式和宣教内容，帮助病人及家属正确认识生老病死这一自然规律，认识到生命的真正价值在于质量和经历的过程，最终帮助病人接受死亡也是人生的一部分，从而摆脱对死亡的恐惧和不安，平静面对即将到来的死亡。

3. 饮食护理　首先评估病人的身高、体重、饮食习惯，营养状态和饮食摄入情况，有无影响进食因素如口腔溃疡。与病人和家属共同制定科学的饮食计划，原则上给予高蛋白、高热量、高维生素、易消化饮食，动、植物蛋白应合理搭配，如蛋、鸡肉、大豆等，避免产气食物，如地瓜。餐前注意口腔护理，给予清洁、舒适、愉快的进餐环境，与他人共同进餐，以增加食欲。有吞咽困难者给予流质饮食，进食宜慢，取半卧位以免发生误吸或呛咳。如病人易疲劳或食欲不佳，应少量多餐，进餐前休息片刻。病情危重者应采取喂食、鼻饲，或静脉输入脂肪乳剂、白蛋白等以增强机体抗病能力。

4. 化疗护理　注意保护和合理使用静脉：首选中心静脉置管，如外周穿刺中心静脉导管、植入式静脉输液港；若应用外周浅表静脉，尽量选择粗直的静脉；联合化疗时注意药物的先后顺序；输注刺激性药物，需证实针头在血管内，用药前后用生理盐水冲管，以减轻药物对局部血管的刺激。注意观察化疗药物的不良反应，如骨髓抑制和消化道反应，给予预见性护理及针对性处理。

5. 皮肤护理

（1）化疗后皮肤的护理：由于化疗药物的毒性作用使皮肤干燥、色素沉着、脱发和甲床变形者，应做好解释和安慰，向病人说明停药后毛发可再生，以消除其思想顾虑。

（2）放疗照射部位皮肤的护理：放疗时协助病人取舒适体位，嘱其不要随便移动，以免损伤其他部位皮肤。放疗后照射部位皮肤应注意：①保持照射部位的干燥，切勿擦去照射部位的标记；②照射部位可用温水轻柔擦拭，不可用肥皂、酒精等刺激性化学物品；③在治疗过程中或治疗后，照射部位不可冷热敷，避免直接阳光照射或吹冷风；④皮肤出现发红、痒时，尽早涂油膏保护，但禁涂凡士林等难以清洗的软膏、红汞、碘酊等，忌贴胶布；⑤病人宜穿宽松柔软的衣服，避免摩擦或擦伤皮肤。

（3）受压部位皮肤的护理：长期卧床者采取有效措施，防止压疮形成。

6. 休息与活动　呼吸困难、咯血、发热时卧床休息，保持病室安静；病情许可，适当活动。

（十一）健康指导

1. 疾病预防指导　提倡健康的生活方式，劝导戒烟，避免被动吸烟。改善工作和生活环境，减少或避免吸入致癌物质污染的空气和粉尘。对肺癌高危人群定期进行体检，以早期发现，早期治疗。

2. 饮食指导　多食高蛋白、高热量、高维生素、高纤维、易消化的饮食，尽可能改善病人的食欲，以加强营养支持。

3. 休息　合理安排休息和活动，劳逸结合，避免疲劳。

4. 用药指导　督促病人遵医嘱坚持治疗，指导观察药物作用及副作用。

5. 心理指导　指导病人保持良好的精神状态，增强治疗疾病的信心。解释治疗中可能出现的反应，使病人做好必要的准备，消除恐惧心理，完成治疗方案。可采取分散注意力的方式，如看书、听音乐等，以减轻痛苦。对肺癌晚期病人，给予临终关怀，告知病人及家属对症处理的措施，使病人平静地走完人生最后旅途。

6. 定期复查　定期门诊随访，出现呼吸困难、疼痛等症状加重或不缓解时应及时就诊。

（十二）护理评价

病人疼痛是否缓解；焦虑或恐惧是否减轻或消失；是否无并发症发生；皮肤是否保持完整性；是否能正确认识疾病，保持良好的精神状态。

（十三）预后

肺癌的预后取决于早发现、早诊断、早治疗。由于早期诊断不足致使肺癌的预后差，一般认为鳞癌预后较好，腺癌次之，小细胞未分化癌最差。

第九节 肺结核病人的护理

> **情景导入**
>
> 钱某,女性,25 岁,间断咳嗽、咳中带血 2 周,伴反复午后低热、盗汗、食欲减退,近 3 月体重下降 5 kg,月经量少。胸片示:左上肺片状、絮状阴影,边缘模糊。PPD 试验硬结直径 18 mm,部分伴水疱,痰找抗酸杆菌(+)。初步诊断:继发性肺结核,左上涂阳(+),初治。
>
> **请思考:**
> 1. 肺结核的临床表现有哪些?
> 2. 肺结核的治疗原则是什么?
> 3. 如何给予针对性护理措施及健康教育?

结核病(tuberculosis)是由结核菌感染引起的一种慢性传染性疾病,其中肺结核是结核病最主要的类型。肺结核(pulmonary tuberculosis)指发生在肺组织、气管、支气管及胸膜病变的慢性传染病,包含肺实质的结核、气管支气管结核和结核性胸膜炎,占各器官结核病总数的 80%~90%。

拓展阅读 2-9-1
肺结核病人的护理重要知识点

(一)病因及发病机制

1. **结核菌** 肺结核病的病原菌为结核分枝杆菌复合群,包括结核分枝杆菌、牛分枝杆菌、非洲分枝杆菌及鼠分枝杆菌。人肺结核的致病菌 90% 以上为结核分枝杆菌。此菌的生物学特性是生长缓慢,可抵抗盐酸酒精的脱色作用,亦称抗酸杆菌,对酸、碱、干燥抵抗力较强,对湿热、酒精和紫外线敏感,对抗结核药物易产生耐药性。

拓展阅读 2-9-2
痰结核分枝杆菌抵抗力

2. **感染途径** 飞沫传播是主要传播途径。传染源主要是痰菌阳性的肺结核病人,尤其是未经治疗者。病人通过咳嗽、喷嚏、大笑、大声说话等方式把含有结核菌的微粒排到空气中而传播。

3. **结核菌的免疫反应及肺结核发生发展**

(1)原发感染:机体首次吸入含结核菌的气溶胶微滴后,若结核菌能躲过机体免疫监控,在肺泡巨噬细胞内外生长繁殖,这部分肺组织即出现炎性病变,称为原发病灶。原发病灶中的结核菌沿着淋巴管到达肺门淋巴结,引起淋巴结肿大。原发病灶和肿大的气管支气管淋巴结合称为原发复合征。原发病灶直接或经血流播散到邻近组织器官,发生相应部位结核感染。结核菌在人体繁殖后,人体产生特异性免疫,使结核菌停止繁殖,原发病灶炎症迅速吸收或留下少量钙化灶,这是原发感染最常见的良性过程。但仍有少量结核菌不能被消灭,成为继发性结核的潜在来源。

(2)结核病免疫和迟发性变态反应:结核菌是胞内感染菌,主要为细胞免疫。结核菌感染机体后,淋巴细胞和单核细胞首先聚集到结核菌入侵部位,形成肉芽肿,限制结核菌扩散并杀灭之。初感染机体是由结核菌素诱导的迟发性变态反应,表现为局部溃烂不愈,附近淋巴结肿大，易播散；再感染时局部溃疡浅、易愈合、不播散，是免疫力的反映；变态反应不等于免疫力。

（3）继发感染：继发性结核病的发病有两种方式：①内源性复发，由原发性结核潜在病灶中的结核菌重新活动而发病。②外源性重染，由结核菌再感染而发病。继发性结核病有明显的临床症状，容易出现空洞和排菌，有传染性。

4. 结核病的基本病理变化　主要包括炎性渗出、增生和干酪样坏死。在疾病的发展过程中，受结核菌毒力、感染菌量及机体自身免疫力不同等因素的影响，上述3种病理变化常混杂存在，在不同阶段，多以某种病理改变为主并相互转化。

（二）临床表现

各型肺结核的临床表现不尽相同，但有共同之处。

1. 症状

（1）呼吸系统症状：咳嗽、咳痰2周以上或痰中带血是肺结核的常见可疑症状。

1）咳嗽、咳痰：是肺结核最常见的症状，多为干咳或咳少量黏液痰。有空洞形成时，合并其他细菌感染，痰可呈脓性且量增多。支气管结核为刺激性咳嗽。

2）咯血：1/3~1/2的病人有不同程度咯血，小量咯血多见。病人常有胸闷、喉痒、咳嗽等先兆症状。

3）胸痛：炎症累及壁层胸膜时可表现胸痛，随呼吸运动和咳嗽加重。

4）呼吸困难：多见于干酪样肺炎和大量胸腔积液病人。

（2）全身症状：发热最常见，多为长期午后低热。部分病人有疲倦、乏力、盗汗、食欲减退和体重减轻等症状。育龄女性病人可有月经不调或闭经。少数可伴有结核性超敏感症候群，如结节性红斑、疱疹性结膜炎/角膜炎等。

2. 体征　病变范围较小时，可无体征；渗出性病变范围较大或干酪样坏死时可有肺实变体征，如触觉语颤增强、叩诊浊音、听诊闻及支气管呼吸音和细湿啰音。较大的空洞性病变听诊可闻及支气管呼吸音。大范围的纤维条索形成时，气管向患侧移位，患侧胸廓塌陷、叩诊浊音、听诊呼吸音减弱并可闻及湿啰音。结核性胸膜炎时可有胸腔积液体征：气管向健侧移位，患侧胸廓饱满、触觉语颤减弱、叩诊实音、听诊呼吸音消失。气管支气管结核可有局限性干啰音。气管狭窄严重者可出现三凹征。

（三）实验室及其他检查

> 拓展阅读2-9-3
> 痰液标本采集注意事项

1. 细菌学检查　是确诊肺结核的主要方法，也是制订化疗方案和评估治疗效果的主要依据。①痰涂片：简单、快速、可靠，但欠敏感；②痰培养：是结核病诊断的"金标准"，但时间长。

2. 影像学检查　胸部X线是诊断肺结核的常规首选方法。胸部CT能发现隐匿的病变和微小的病变，常用于肺结核的诊断及鉴别诊断，也可用于引导穿刺、引流和介入性治疗等。胸部MRI无辐射性，为育龄妇女、孕妇等特殊人群的首选检查方法。

3. 免疫学检查

> 拓展阅读2-9-4
> 结核菌素皮肤试验及判断

（1）结核菌素皮肤试验：判断是否存在结核菌感染。皮内注射结核菌素纯蛋白衍生物（PPD）0.1 mL（5 IU），48~96 h观察皮肤硬结直径大小，判断结果见表2-9-1。

（2）γ-干扰素释放试验阳性：特异性明显高于PPD试验，作为潜伏性结核感染的首选检测方法。

表 2-9-1　结核菌素试验结果判断标准

前臂局部红肿硬结直径	反应	符号
< 5 mm	阴性	−
5 ~ 9 mm	弱阳性	+
10 ~ 15 mm	阳性	++
≥ 15 mm	强阳性	+++
局部双圈、水疱或坏死	强阳性	++++

4. 其他检查

（1）支气管镜检查：常用于气管支气管结核的诊断。也可获取肺内病灶进行组织病理学检查，提供病理学诊断。

（2）胸水检查：抽取胸水进行常规、生化、结核菌等相关检查。结核性胸水为渗出液，单核细胞为主，胸水腺苷脱氨酶（ADA）常明显升高，≥ 40 U/L。

（四）诊断要点

1. 诊断方法　根据结核病的症状、体征、肺结核接触史、影像学及痰结核菌检查结果多可做出诊断。

2. 诊断

（1）可疑症状病人的筛选：咳嗽、咳痰持续 ≥ 2 周和（或）午后低热、乏力、盗汗、月经不调或闭经，有肺结核接触史或肺外结核等情况者，要进行痰抗酸杆菌和胸部 X 线检查。

（2）是否肺结核：凡 X 线检查发现肺部有异常阴影者，必须通过系统检查，确定病变是结核性或其他性质。若难以确定，可经 2 周左右观察后复查，肺结核变化不大，而大部分炎症病变会有改变。

（3）有无活动性：如果诊断为肺结核，应进一步明确有无活动性。病原学阳性的肺结核病人可直接判断为活动性；病原学阴性的病人，在进行抗结核药治疗前，需要综合影像学、临床和实验室等方面进行活动性评价。活动性病变在胸片上通常表现为边缘模糊不清的斑片状阴影，可有中心溶解和空洞，或出现播散病灶；无活动性肺结核通常表现为胸片上钙化、硬结或纤维化，痰检查阴性，无任何症状。

（4）是否排菌：确定活动性后还要明确是否排菌，是确定传染源的唯一方法。

（5）明确初、复治：病史询问确定。

（6）是否耐药：需要通过药物敏感性试验确定。

3. 分类和诊断要点　根据病变部位及胸部影像学表现，肺结核分为以下 5 类。

（1）原发性肺结核：多见于儿童，初次感染无症状或症状轻微，多有结核病密切接触史，结核菌素试验多为强阳性，包括原发复合征及胸内淋巴结结核。典型 X 线胸片表现为哑铃型阴影，即原发病灶、引流淋巴管炎和肿大的肺门淋巴结，形成原发复合征。原发病灶一般吸收较快，可不留任何痕迹（图 2-9-1）。

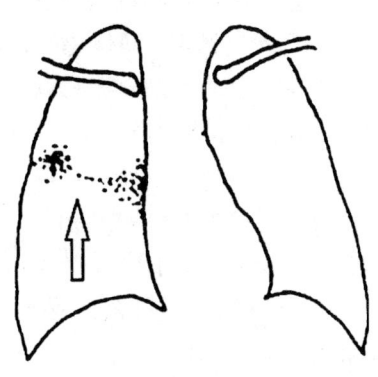

图 2-9-1　原发复合征

（2）血行播散性肺结核：为结核分枝杆菌侵入肺血管广泛播散所致，多由原发性肺结核发展所致，包括急性、亚急性、慢性三种类型。急性多见于婴幼儿和青少年，特别是营养不良、患传染病和长期应用免疫抑制剂导致抵抗力明显下降的小儿，成人也可发生；起病急骤，持续高热，中毒症状严重，一半以上的小儿和成人合并结核性脑膜炎；可出现浅表淋巴结、肝和脾大，皮肤淡红色粟粒疹，脑膜刺激征，脉络膜结核结节等症状；部分病人结核菌素试验阴性，随病情好转可转为阳性；胸部影像学表现为双肺均匀分布的大小、密度一致的粟粒状阴影（图2-9-2）。亚急性、慢性血行播散性肺结核：起病较缓，症状较轻，胸部影像学为两肺上中部为主，大小不等、密度不同和分布不均的弥漫病灶，可有融合，多无明显中毒症状。

（3）继发性肺结核：是成人肺结核最常见的类型。多由于初次感染后体内潜伏病灶中的结核菌复燃增殖引起，少数为外源性再感染，病程长，易反复。根据病理特点和影像学表现，可分为5个亚型。

1）浸润性肺结核：渗出性病灶和纤维干酪增殖病灶多发生在肺尖和锁骨下，影像学检查表现为小片状或斑点状阴影，可融合和形成空洞（图2-9-3）。

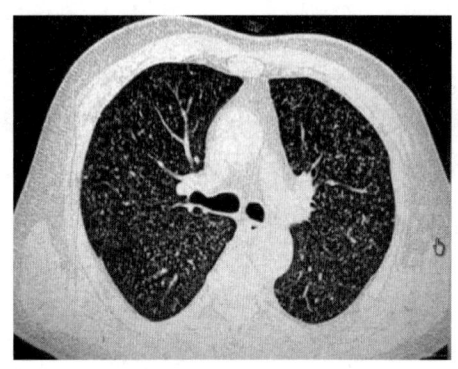
图2-9-2　急性粟粒性肺结核

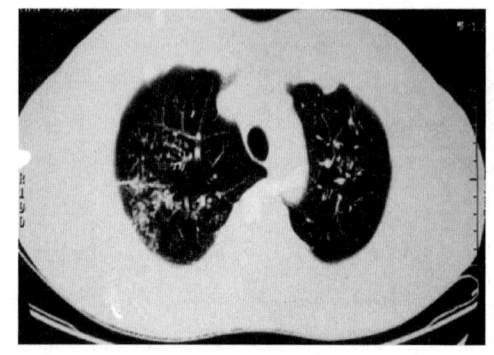
图2-9-3　浸润性肺结核

2）空洞性肺结核：空洞大小、形态不一。多由干酪渗出病变溶解形成洞壁不明显的、多个空腔的虫蚀样空洞；伴有周围浸润病变的薄壁空洞，当引流支气管壁出现炎症半堵塞时，可形成张力性空洞，以及肺结核球干酪样坏死物质排出后形成的干酪溶解性空洞（图2-9-4）。空洞性肺结核多有支气管播散病变，出现发热、咳嗽、咳痰和咯血等临床症状。此类病人经常痰中排菌。

3）结核球：多由干酪样病变吸收和周边纤维包裹或干酪空洞阻塞性愈合而形成。常有钙化，周边有小结节的卫星灶（图2-9-5）。

4）干酪样肺炎：机体免疫力减退和体质衰弱者受到大量结核分枝杆菌感染，或淋巴结中的大量干酪样物质经支气管进入肺内而发生。胸部影像学表现为大叶性密度均匀磨玻璃影，逐渐出现溶解区，呈虫蚀样空洞，可出现播散病灶（图2-9-6）。痰中能查出结核分枝杆菌。

5）纤维空洞性肺结核：特点是病程长，反复进展恶化，肺组织破坏、肺功能受损均严重，双侧或单侧出现纤维厚壁空洞和广泛的纤维增生，造成肺门抬高和肺纹理呈垂柳样，患侧肺组织收缩，纵隔向患侧移位，常见胸膜粘连和代偿性肺气肿（图2-9-7）。

（4）气管支气管结核：是结核病的特殊临床类型，指发生在气管支气管的黏膜、黏膜下层、平滑肌、软骨及外膜的结核病。支气管镜检查对确诊气管支气管结核有决定性作用（图2-9-8）。

（5）结核性胸膜炎：包括干性胸膜炎、渗出性胸膜炎、结核性脓胸。干性胸膜炎为胸膜的

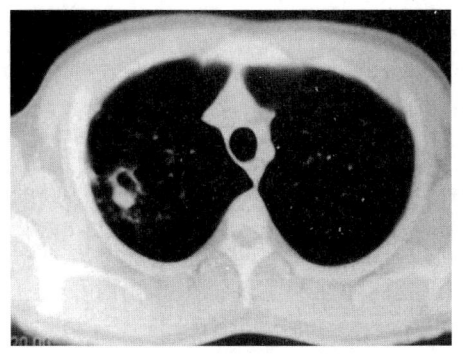

图2-9-4 空洞性肺结核

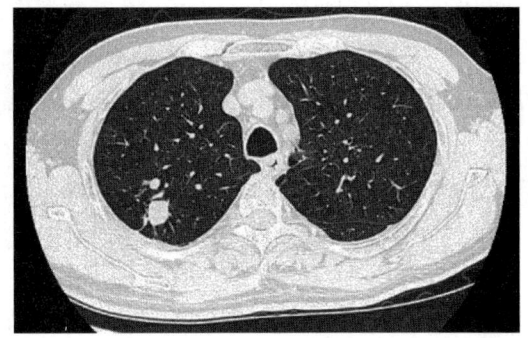

图2-9-5 结核球

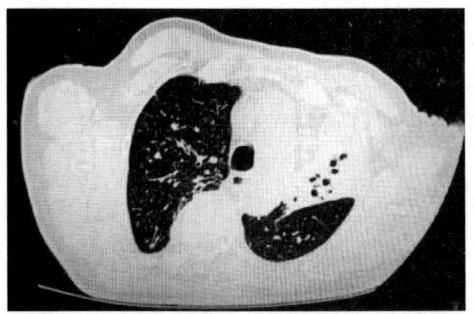

图2-9-6 干酪样肺炎

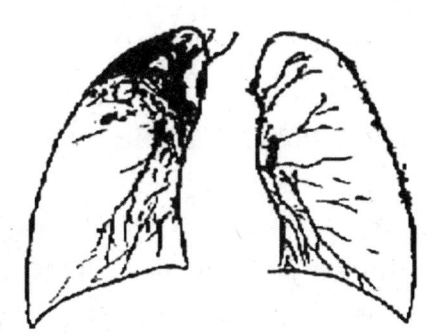

图2-9-7 纤维空洞性肺结核

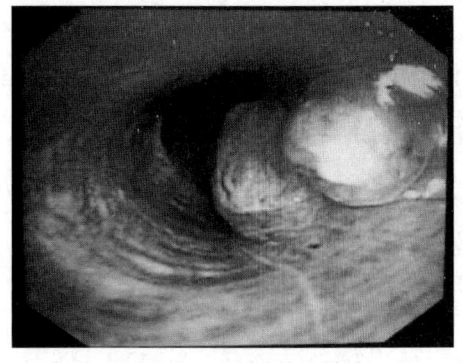

图2-9-8 淋巴结瘘型支气管结核

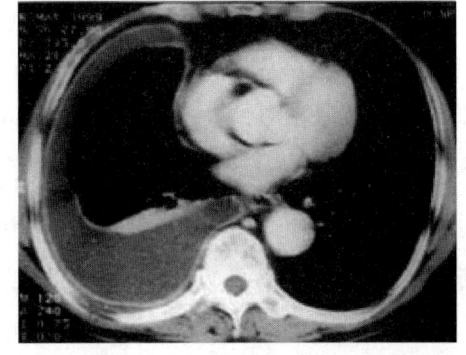

图2-9-9 右侧结核性胸膜炎

早期炎性反应，通常无明显的影像学表现；渗出性胸膜炎主要表现为胸腔积液，可表现为少量或中大量的游离积液，或为局限积液、包裹性积液，吸收缓慢者常合并胸膜增厚粘连，发展成胸膜结核瘤及脓胸等（图2-9-9）。

（五）治疗

1. **化学治疗的原则** 化学治疗的原则为早期、规律、全程、适量、联合。整个治疗方案分强化和巩固两个阶段。

（1）早期：对所有检出和确诊病人均应立即给予化学治疗。

（2）规律：严格遵照医嘱要求规律用药，不漏服，不停药，以避免耐药性的产生。

（3）全程：按标准化疗方案，坚持完成规定疗程，是提高治愈率和减少复发率的重要措施。

（4）适量：严格遵照适当的药物剂量用药，药物剂量过低不能达到有效的血浓度，影响疗效和易产生耐药性，剂量过大易发生药物毒副作用。

（5）联合：指根据病情及药物的作用特点，联合两种及以上的药物杀死病灶中不同生长速度的菌群，提高疗效，还可减少和预防耐药菌的产生，增加药物协同作用。

2. 化学治疗的生物学机制

（1）药物对不同代谢状态和不同部位的结核分枝杆菌群的作用：结核菌根据其代谢状态分为 A、B、C、D 4 个菌群。A 菌群：快速繁殖，多位于巨噬细胞外和肺空洞干酪液化部分，易产生耐药变异菌。B 菌群：处于半静止状态，多位于巨噬细胞内酸性环境和空洞壁坏死组织中。C 菌群：处于半静止状态，可有突然间歇性短暂的生长繁殖。D 菌群：处于休眠状态，不繁殖，数量很少。随着药物治疗作用的发挥和病变变化，各菌群之间也互相变化。异烟肼和利福平具有早期杀菌作用，即在治疗的 48 h 内迅速杀菌，对防止获得性耐药的产生有重要作用。B 和 C 菌群又称"顽固菌"，抗结核药的作用相对较差，将之杀灭可以防止复发。抗结核药对 D 菌群无作用。

（2）耐药性：分为先天耐药和继发耐药。①先天耐药：为结核菌在自然繁殖中，由于染色体基因突变而出现的天然耐药菌；②继发耐药：是药物与结核菌接触后，部分细菌发生诱导变异，逐渐能适应在含药环境中继续生存。

3. 常用抗结核药及不良反应　抗结核药依据其抗菌能力分为杀菌药与抑菌药。异烟肼（INH，H）和利福平（RP，R）在巨噬细胞内外均能达到杀菌浓度，称全杀菌药。异烟肼是单一抗结核药中早期杀菌力最强者，尤其对 A 菌群作用最强。利福平对 A、B、C 菌群均有作用。吡嗪酰胺（PZA，Z）和链霉素（SM，S）为半杀菌药。吡嗪酰胺能杀灭巨噬细胞内酸性环境中的结核菌，是目前 B 菌群最佳的半杀菌药。链霉素主要杀灭巨噬细胞外碱性环境中的结核菌。乙胺丁醇（EMB，E）为抑菌药，与其他抗结核药联用可延缓其他药物耐药性的发生。为了防止病人漏服某一药品，提高病人治疗依从性，由多种抗结核药按照一定的剂量比例组成的抗结核药品固定剂量复合制剂（fixed-dose combination，FDC）已应用于临床，取得很好效果。常用抗结核药的成人剂量、不良反应及注意事项见表 2-9-2。

表 2-9-2　常用抗结核药的成人剂量、不良反应及注意事项

药名（缩写）	抗菌特点	剂量（g/d）	不良反应	注意事项
异烟肼（H，INH）	全杀菌药	0.3	周围神经炎、消化道反应，偶有肝功能损害	注意肢体远端感觉及精神状态，注意消化道反应，避免与抗酸药同时服用，监测肝功能
利福平（R，RFP）	全杀菌药	0.45~0.6*	过敏反应、肝损害	服药后体液及分泌物呈橘黄色，与对氨基水杨酸钠、乙胺丁醇合用可加重肝毒性和视力损害，监测肝功能
链霉素（S，SM）	半杀菌药	0.75~1.0**	听力障碍、眩晕、口周麻木、肾损害、过敏反应	用药前和用药后每 1~2 个月进行听力检查，注意有无平衡失调，监测尿常规
吡嗪酰胺（Z，PZA）	半杀菌药	1.5~2.0	胃肠道不适、肝损害、高尿酸血症、关节痛	警惕肝毒性，监测肝功能；注意关节疼痛，监测血清尿酸，孕妇禁用
乙胺丁醇（E，EMB）	抑菌药	0.75~1.0***	球后视神经炎、胃肠道反应，偶有肝损害	用药后 1~2 个月进行 1 次视力和辨色力检查，幼儿禁用
对氨基水杨酸	抑菌药	8~12****	胃肠道不适、过敏反应、肝功能损害	与利福平合用可加重肝毒性

续表

药名（缩写）	抗菌特点	剂量（g/d）	不良反应	注意事项
固定复合剂				
卫非特	—	4~5片/顿服	同H、R、Z	同H、R、Z
卫非宁	—	3片/顿服	同H、R	同H、R

注：* 体重 < 50 kg 用 0.45 g，> 50 kg 用 0.6 g；S、Z 也按体重调节；** 老年人每天 0.75 g；*** 前 2 个月 25 mg/kg；**** 每日 2 次。

4. **标准化学治疗方案** 化学治疗的主要作用为杀菌、防止耐药菌产生、减少结核菌的传播，从而提高病人治愈率。治疗方案分强化期和巩固期两个阶段。总疗程 6~8 个月，初治为强化期 2 个月/巩固期 4 个月，复治为强化期 2 个月/巩固期 4~6 个月。

（1）初治活动性肺结核（含涂阳和涂阴）

1）每日用药方案：①强化期：异烟肼、利福平、吡嗪酰胺和乙胺丁醇，1 次/日，2 个月；若第 2 个月末痰涂片仍阳性，可延长 1 个月，总疗程 6 个月不变。②巩固期：异烟肼、利福平，1 次/日，4 个月。简写为：2HRZE/4HR。

2）间歇用药方案：①强化期：异烟肼、利福平、吡嗪酰胺和乙胺丁醇，1 次/隔日或 3 次/周，2 个月；②巩固期：异烟肼、利福平，1 次/隔日或 3 次/周，4 个月。简写为：$2H_3R_3Z_3E_3/4H_3R_3$。

（2）复治活动性肺结核（含涂阳和涂阴）

1）每日用药方案：①强化期：异烟肼、利福平、吡嗪酰胺、链霉素和乙胺丁醇，1 次/日，2 个月；②巩固期：异烟肼、利福平和乙胺丁醇，1 次/日，4~6 个月。巩固期治疗 4 个月时，痰菌未转阴，可继续延长治疗期 2 个月。简写为：2HRZSE/4~6HRE。

2）间歇用药方案：①强化期：异烟肼、利福平、吡嗪酰胺、链霉素和乙胺丁醇，1 次/隔日或 3 次/周，2 个月；②巩固期：异烟肼、利福平和乙胺丁醇，1 次/隔日或 3 次/周，6~10 个月。简写为：$2H_3R_3Z_3S_3E_3/6~10H_3R_3E_3$。

（3）耐药结核和耐多药结核：对至少包括异烟肼和利福平在内的 2 种药物产生耐药的结核为耐多药结核。WHO 根据药物的有效性和安全性将治疗耐药结核的药物分为 A、B、C、D 4 组，其中 A、B、C 组为核心二线药物，D 组为非核心的附加药物。

A 组：氟喹诺酮类，包括高剂量左氧氟沙星（≥750 mg/d）、莫西沙星及加替沙星。

B 组：二线注射类药物，包括阿米卡星、卷曲霉素、卡那霉素、链霉素。

C 组：其他二线核心药物，包括乙硫/丙硫异烟胺、环丝氨酸（或特立齐酮）、利奈唑胺。

D 组：可以添加的药物，但不能作为耐多药结核治疗的核心药物。分为 3 个亚组，D1 组包括吡嗪酰胺、乙胺丁醇和高剂量异烟肼，D2 组包括贝达喹啉和德拉马尼，D3 组包括对氨基水杨酸、亚胺培南西司他丁、美罗培南、阿莫西林克拉维酸、氨硫脲。

耐药结核治疗的强化期应包含至少 5 种有效抗结核药，包括吡嗪酰胺及 4 个核心二线抗结核药：A 组 1 个、B 组 1 个、C 组 2 个。如果以上的选择仍不能组成有效方案，可以加入 1 种 D2 组药物，再从 D3 组选择其他有效药物，从而组成含 5 种有效抗结核药的方案。

5. **手术治疗** 对于药物治疗失败、多重耐药菌的厚壁空洞、结核性脓胸、支气管胸膜瘘和大咯血治疗无效者，可考虑手术治疗。

6. 对症治疗

（1）发热：有效抗结核治疗后发热大多在1周内消退，少数发热不退者可应用小剂量非类固醇类退热剂，如布洛芬。急性血行播散性肺结核或伴有高热等严重毒性症状者，可在标准化学治疗基础上使用糖皮质激素，一般每日20~30 mg泼尼松。糖皮质激素可能有助于改善症状，但必须在充分有效抗结核药的前提下使用。

（2）咯血：小量咯血时安慰病人，消除紧张情绪，嘱患侧卧位休息为主，可使用酚磺乙胺等止血药治疗。大咯血时要注意保持呼吸道通畅，预防因咯血所致的窒息；给予垂体后叶素或酚妥拉明缓慢滴入或泵入止血；严密观察病情变化，备好吸引器等急救器材及药品。若支气管动脉破裂所致咯血可行支气管动脉栓塞术。

（3）气道狭窄：气管支气管结核导致支气管狭窄时常影响呼吸功能，严重者有呼吸衰竭，需在全身抗结核化学治疗基础上，同时给予冷冻、球囊扩张等气道介入治疗。

（六）护理评估

1. 病史　了解病人有无肺结核密切接触及结核病病史、有无疫苗接种史、有无慢性疾病史、有无糖皮质激素及免疫抑制剂用药史。

2. 身体评估　有无呼吸系统症状，如咳嗽、咯血、胸痛、呼吸困难等；有无全身症状，如低热、盗汗、乏力、消瘦；有无结核性超敏感症候群，如结节性红斑、疱疹性结膜炎；有无语颤增强，叩诊是否为浊音等，肺部有无湿啰音等；有无自发性气胸、脓气胸、支气管扩张、肺源性心脏病和迁徙病灶等。

3. 实验室及其他检查　结核菌检查、影像学检查、支气管镜检查的结果，结核菌素试验结果。

4. 心理社会状况　了解病人对疾病的认知程度、个性特征、生活方式、病人及家庭成员的文化、信仰、经济收入及之间关系等。有无焦虑、抑郁、自卑、孤独感等。

（七）常见护理诊断/问题

1. 知识缺乏　缺乏结核病治疗、预防知识。
2. 营养失调：低于机体需要量　与机体消耗增加、食欲减退有关。
3. 体温过高　与结核菌感染有关。
4. 疲乏　与结核毒性症状有关。
5. 潜在并发症　大咯血、窒息。

（八）护理目标

病人能获得有关结核病防治知识，按医嘱正规用药；食欲改善，合理摄取营养；疲乏等不适减轻；未出现大咯血、窒息等病情变化。

（九）护理措施

1. 合理休息与活动　可以使机体耗氧量减低，呼吸次数和深度亦降低，使肺获得相对休息，有利于病灶愈合。结核毒性症状明显，特别是肺结核活动期、咯血、高热、大量胸腔积液者，应卧床休息。待中毒症状消失、咯血停止等可循序渐进适当进行活动及体育锻炼，以增强机体免疫功能。有效抗结核治疗4周以上且痰涂片证实无传染性或传染性极低的病人，应恢复正常的家庭和社会生活。

2. 饮食护理　应综合考虑疾病的严重程度、机体代谢及营养状态等，合理调配饮食、增加病人营养摄入，以补充机体消耗及增强机体细胞生成和免疫反应，对受损和病变组织进行修复，减轻抗结核药的不良反应。遵循个体化原则，给予高热量、高蛋白、富含维生素和易消化的饮食，忌烟酒及辛辣刺激食物。能量摄入应达 35~50 kcal/（kg·d）；蛋白质摄入 1.2~2.0 g/（kg·d），增加肉、蛋、牛奶等优质蛋白的摄入；另每天应摄入一定量的新鲜蔬菜和水果，以补充维生素及矿物质；于正餐前后适当添加具有促进消化、增进食欲作用的食物，如藕粉、山楂。若病人有大量盗汗，应保持体内水、电解质平衡，鼓励病人多饮水，每日不少于 1.5 L，促进机体代谢和体内毒素的排泄。当病人营养摄入不能满足机体消耗时，给予肠内、外营养支持。每周测量、记录体重 1 次，观察病人营养改善的情况。

3. 监测病情　监测病人生命体征、意识、瞳孔的变化。观察病人临床症状的动态变化，如咳嗽有无加重，痰量有无增多、是否为脓性，有无高热及并发症的发生，观察咯血的量、色、性质及出血速度。正确留取痰标本，观察排菌和治疗效果。

4. 咯血的护理　见本章第二节呼吸系统疾病常见症状体征的评估和护理。

5. 用药护理　标准化学治疗对控制结核病起决定性作用，护士应向病人及家属反复强调化学治疗的重要性及意义，督促病人按医嘱服药，坚持完成规则、全程化疗，以提高治愈率、减少复发；说明药物的用法、疗程，可能出现的不良反应，督促病人定期检查胸片、肝和肾功能等。出现不良反应后应及时就医，不可自行停药。

6. 心理护理　肺结核病病人多有恐惧、焦虑、抑郁、自卑等的心理障碍，护士在疾病治疗和康复过程中通过医院、家庭、社会各方面给予个性化的心理疏导。护士要认真解释、安慰病人，做好耐心细致的思想工作，使病人对疾病有正确的认识，能够顺利地接受和配合治疗，树立战胜疾病的信心。

（十）健康指导

1. 结核病预防指导

（1）控制传染源：关键是早发现、早诊断、早隔离、规范化治疗病人，减少或避免结核菌在人群中传播。由于肺结核病程长、易复发、具有传染性，必须开展全方位健康管理和关怀服务。

（2）切断传播途径：①开窗通风，保持空气新鲜，可有效降低结核病传播。涂阳肺结核病人住院治疗时需进行呼吸道隔离，独居一室，每日紫外线消毒。②结核菌主要通过呼吸道传播，病人注意个人卫生，外出时戴口罩，严禁随地吐痰。注意咳嗽礼仪，痰液须经灭菌处理再弃去。③餐具煮沸或消毒液浸泡消毒，同桌共餐时使用公筷，以防传染。④衣物、寝具、书籍等被污染在烈日下暴晒灭菌。

（3）保护易感人群：①卡介苗接种：卡介苗（BCG）是一种无毒的牛型结核菌活菌疫苗，接种后可使未受过结核菌感染者获得对结核病的特异免疫力，其接种对象为未受过结核分枝杆菌感染的新生儿、儿童、青少年。②化学药物预防：密切接触者及对结核菌感染易发病的高危人群如硅肺、糖尿病、HIV 感染者、长期使用糖皮质激素及免疫抑制剂者、与涂阳肺结核病人密切接触且结核菌素试验强阳性者、营养不良者等，可以服用异烟肼和（或）利福平以防发病，并定期检查。

2. 疾病知识指导　嘱病人增加营养，戒烟酒；合理安排休息，恢复期加强体育锻炼，避免劳累，以增加机体的抗病能力；保持情绪稳定，避免呼吸道感染。指导病人及家属经常开窗通风，按要求对痰液及污染物进行消毒处理。

3. 用药指导与病情监测　强调遵循标准化学治疗方案的重要性，规律服药；指导病人密切监测药物不良反应，定期复查胸片和肝肾功能等，定期随访。出现病情变化或药物不良反应，及时就诊。

（十一）护理评价

病人能否获得结核病防治的有关知识，坚持全程化疗；营养摄取是否合理；活动耐力是否提高；是否能正确认识结核病的危害、治疗效果和预后，情绪是否稳定。

（十二）预后

肺结核是可治愈、可控制的疾病，严格执行规范化与个体化抗结核治疗，大部分病人可获临床治愈或痊愈，人群的发病率也会得到有效控制。

> 拓展阅读 2-9-5
> 肺结核病人的护理流程

第十节　肺康复策略及实施

> **情景导入**
>
> 钱某，男性，63岁，诊断慢性阻塞性肺疾病急性发作期后住院治疗。现主诉咳嗽、咳痰，为黄白色Ⅲ度黏痰，不易咳出，能自主床边活动，持续低流量氧疗中，上下楼梯可见明显气喘。为促进病人康复，拟为其开展肺康复训练。
>
> 请思考：
> 1. 肺康复的适用人群有哪些？
> 2. 常用的肺康复治疗技术有哪些？

> 拓展阅读 2-10-1
> 肺康复重要知识点

肺康复（pulmonary rehabilitation）是以循证医学为基础，对慢性呼吸系统疾病病人的多学科、综合性、全面的干预，是为了通过稳定或扭转系统性疾病的临床表现，从而达到减少症状，优化功能状态，增加社会参与度，减少卫生保健费用支出的目的。

一、肺康复目标

肺康复被认为是临床治疗的延续，是有效治疗慢性严重肺疾病不可缺少的一部分。同时，肺康复不仅是治疗，也是对肺疾病的积极主动预防。

肺康复的主要目标：①缓解或控制呼吸系统疾病的急性症状及并发症。②消除疾病遗留的功能障碍和心理影响，开展积极的呼吸和运动锻炼，挖掘呼吸功能潜力。③教育患者如何争取日常生活中的最大活动量，并提高其运动和活动耐力，增加日常生活自理能力，减少住院风险。

二、肺康复适用人群和禁忌证

(一)适用人群

1. 阻塞性疾病　COPD、哮喘、细支气管炎、囊性纤维化、闭塞性细支气管炎等。
2. 限制性疾病　间质性疾病(肺间质纤维化、结节病)、胸廓疾病(脊柱后侧凸、强直脊柱炎)等。
3. 神经肌肉疾病　帕金森综合征、脊髓灰质炎后综合征、膈肌功能障碍、多发性硬化、结核后综合征等。
4. 其他　肺癌、原发性肺动脉高压、胸腹部手术前后、肺移植术及肺减容术前后、呼吸机依赖、肥胖相关的呼吸系统疾病等。

(二)禁忌证

进行肺康复前,纠正或稳定病人的合并症、可能影响康复过程或过程中存在巨大风险的不稳定疾病状态。肺康复禁忌证包括但不限于:

1. 缺血性心脏病　缺血性心脏病患者不适合进行肺康复。
2. 心包填塞　心肌活动增加的患者,肺康复会增加心脏负担。
3. 肝功能异常　如肝癌、肝功能低下等,肺康复治疗会增加患者肝的负担。
4. 冠心病急性期　建议患者病情稳定后进行肺康复。如有不适症状,建议患者及时到医院进行相关检查及治疗。

三、肺康复实施前的评估

肺康复评估由医生、康复治疗师、呼吸治疗师、营养师、专科护士等多学科团队协作完成,通过采集病史、体格检查、诊断性测试、评估症状、肌肉骨骼和运动能力、自理能力、营养状态、受教育程度、社会心理状态等,为病人设计个体化康复计划及预期目标。

评估内容应包含:①病史和体格检查:了解疾病的类型、严重程度、合并症、吸烟史、发作和住院的次数及目前的身体情况;②诊断性测试:了解疾病状态,确定临床基线值;③症状评估:通过运用通用测评工具如 Borg 测量、mMRC 量表等对病人的呼吸困难和疲劳等指标进行测评;④运动评估:评估其活动受限因素(如骨骼受限情况、日常自理能力、步态和平衡能力及缺氧程度)、运动能力等;⑤疼痛评估:可通过数值评分或者面部表情图来进行评估,评估过程中需注意疼痛部位、性质、强度、持续时间、加重和减轻因素等;⑥日常生活活动评估:包括呼吸型态、体力消耗、肢体力量和关节活动度、辅助设备的使用及基本运动的完成情况;⑦营养评估:通过营养风险筛查量表,以及体重指数、近期体重下降情况、实验室检查等指标进行评估;⑧教育和社会心理评估:融洽的病人、家属及医务工作者之间的关系并共同合作能提高病人依从性,因此对病人的教育情况和社会心理情况进行评估是必要的。

全面、成功的初步评估往往能增进医患关系,并达成一致的治疗计划。在评估过程中初步确定可量化的、针对病人个体化的长短期康复目标,治疗计划必须包含、体现这些目标。

拓展阅读 2-10-2
常用肺康复评估工具和评估量表
拓展阅读 2-10-3
6 分钟步行试验相关知识

四、常用肺康复治疗技术

常用的肺康复治疗技术包括呼吸训练技术、排痰技术及运动训练技术等。

(一)呼吸训练技术

目的是帮助慢性肺部疾病、肌无力和术后疼痛病人增加呼吸肌力、减少呼吸做功、改善咳嗽的有效性、预防肺不张的发生和改善通气功能。常用呼吸训练技术包括：

1. 缩唇呼吸法　见本章第五节慢性阻塞性肺疾病病人的护理。

2. 暗示呼吸法　包括双手置上腹法、双手分置胸腹法、抬臀呼气法。

（1）双手置上腹法：取舒适坐位或仰卧位，双腿屈膝，放松腹部、胸部和肩部，双手分别置于左右上腹部，吸气时胸部不动，腹部缓缓隆起，双手加压做对抗练习；缩唇呼气时收紧腹部肌肉，腹部下陷，两手随之下沉，在呼气末稍用力加压，以增加腹内压，使横膈进一步抬高，每次训练 5~10 min，每天 2~3 次，以不感疲劳、呼吸困难加重为宜。

（2）双手分置胸腹法：取舒适坐位或仰卧位，放松上胸部、腹部、肩部，一手置于胸部（两乳间），一手置于上腹部，胸部保持不动，经鼻吸气，腹部膨出，右手加压，收紧腹部肌肉，缩唇呼气，感受腹部下沉，每次休息 2 min，重复 2 次为一组。

（3）抬臀呼气法：背部着地平躺，双手平放于身体两侧，脚掌放在地面上与肩同宽。大腿、小腿的夹角约 90°，把注意力集中在腰腹，呼气时脚跟用力，抬起臀部离开地面，同时保持背部挺直，到达顶部保持 2~3 s 停顿，吸气，慢慢回到起始的位置，重复以上动作，完成目标次数。

3. 缓慢呼吸法　可减少解剖无效腔，提高肺泡通气量。取舒适体位（坐位或卧位），思想集中，肩背放松，先呼后吸，吸鼓呼瘪，呼时经口，吸时经鼻，细呼深吸，一手放于胸骨底部感觉横膈活动，另一手置于上胸部感觉胸部和呼吸肌的活动，通过嘴唇慢慢呼气，上腹部向内回缩，通过鼻缓慢地吸气，上腹部逐渐向外扩张，放松呼吸，重复，每次练习次数不宜过多，每天练习 3~4 次，休息片刻再练习，呼吸频率控制在 10 次/min 左右。

4. 吹气法　包括匀速吹气法、快速吹气法和平静吹气法。通过主动控制各个呼吸肌群的收缩与舒张运动，改善呼吸的协调性，借助腹肌的收缩力和膈肌的推动力，获得更大的吹气驱动力，尽可能排除多余残气，改善患者肺通气。

（1）匀速吹气法：取舒适坐位，放松上胸部、腹部、肩部，将一支点燃的蜡烛或一张 A4 纸放置于病人面前 15~20 cm 处，蜡烛火焰或 A4 纸下缘与病人嘴平行，吸气，胸部保持不动，腹部鼓起，缓慢呼气，使蜡烛火焰偏 40°~45°，A4 纸偏离纵轴线 40°~45°，并持续 10~20 s，或是用吸管吹水，使水泡均匀冒出。

（2）快速吹气法：取端坐位，放松胸部及腹部，快速深吸气，然后快速且具有爆发力地吹气，持续 6 s 及以上，休息 1 min 后再次进行。

（3）平静吹气法：根据病情采取卧位、坐位或站立位，正常吸气，腹部上抬，然后憋气 1~3 s，再缓慢吹气 6~9 s，整个过程可反复进行 15~20 min。

(二)排痰技术

已被证明能增加痰液清除量，提高运动耐量，减少肺功能下降。每种技术的作用原理和适应证不相同，但都能帮助清洁呼吸道，改善呼吸功能。常用技术包括：

1. 雾化吸入　指利用雾化装置将药物分散成细小的微粒呈气雾状喷出，经鼻或口进入呼吸道而产生疗效的方法，包括超声雾化吸入、氧气雾化吸入、手压式雾化器雾化吸入。目的是预防、治疗呼吸道感染，解除支气管痉挛，改善通气功能、气道湿化。

2. 有效咳嗽　见本章第二节呼吸系统疾病常见症状体征的评估和护理。

3. 主动循环呼吸技术（ACBT） 将呼吸控制（BC）、胸廓扩张运动（TEE）、用力呼气技术（FET）排列成不同组合，有效清除支气管分泌物，改善肺功能而不加重低氧血症和气流阻塞；ACBT实施从呼吸控制开始，到呼吸控制结束，可根据病人痰量、气道阻塞和肺扩张等情况，以不同的ACBT循环组合来进行。

（1）呼吸控制：取舒适坐位，放松上胸部和肩部，一手放置于胸骨柄限制胸部运动，另一手置于肚脐以感受腹部起伏，吸气，胸部保持不动，腹部鼓起，缓慢呼气，呼出所有气体。

（2）胸廓扩张运动：一只手放于胸部，深吸气，在吸气末屏气3 s，然后缓慢呼气。

（3）用力呼气技术：1~2次呼气动作开放声门，然后以中等肺活量持续呼气至低肺活量，正常吸气，然后憋气1~3 s，随后胸腔和腹肌收缩，同时声门和嘴打开，用力、快速将气体呼出。

4. 胸部叩击 又称胸部叩拍，见拓展阅读2-2-4。

5. 自主引流（AD） 通过训练病人有意识地控制呼吸肌的活动，并调节呼吸节律和型态来促进呼吸道分泌物的排出；引流分3个时相进行，第1时相用于松动气道分泌物，第2时相使分泌物聚集，第3时相使分泌物排出。

6. 辅助器具排痰法 包括振动排痰仪、呼气正压治疗仪等（图2-10-1至图2-10-3）。

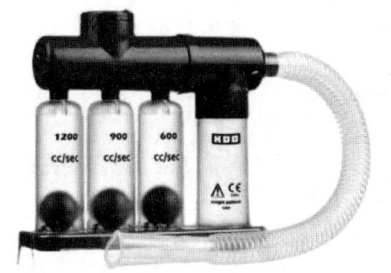
图2-10-1 诱导式肺量计

图2-10-2 Acapella

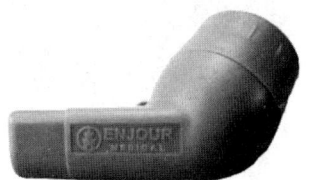
图2-10-3 Flutter

（三）运动训练技术

1. 呼吸肌训练 改善呼吸肌的肌力、耐力及协调能力，保持或改善胸廓的活动范围，建立有效呼吸方式，促进放松，增强患者整体的功能。包括横膈肌阻力训练、吸气阻力训练及诱发呼吸训练三种训练形式。

（1）横膈肌阻力训练：取仰卧位，头稍抬高，上腹部放置1~2 kg的沙袋（不妨碍膈肌活动及上腹部鼓起为宜），深吸气同时保持上胸廓平静，逐渐延长阻力呼吸时间，当患者可以保持横膈肌呼吸模式且吸气不会使用到辅助肌约15 min时，则可增加沙袋重量。

（2）吸气阻力训练：调节阻力训练至合适阻力，经训练器吸气，训练时间逐渐增加到每次20~30 min，当病人的吸气肌力/耐力有改善时，逐渐将训练器的阻力上调。

（3）诱发呼吸训练：仰卧或半卧位，放松舒适姿势，先做4次缓慢、轻松的呼吸，在第四次呼吸时做最大呼气，然后将呼吸器放入口中，经由呼吸器做最大吸气并且持续吸气数秒钟，每天重复数次，每次练习5~10下。

2. 肌肉放松训练 直接目的是使肌肉放松，进而使患者机体活动水平降低，达到心理上的松弛，从而使机体保持内环境平衡与稳定。

3. 上下肢主动活动训练 一般要求肌力达到3级或以上的病人可以进行。通过主动训练可以减轻病人长时间卧床可能带来的并发症,增强病人心肺功能,改善耐力、身心状态或体能,促进疾病恢复并提升预后。

4. **平板运动训练** 是一种主动运动,通过改变运动时的速度和坡度逐渐增加运动负荷量,进行有氧耐力训练,从而增加心肌的耗氧量,提高患者心肺功能。

5. **柔韧性训练** 是一种很好的热身和放松运动,可促进身体健康和形体完美,减少受伤的危险性。

五、肺康复教育

健康教育是综合性肺康复的重要组成部分,贯穿于肺康复整个环节,通过疾病相关知识、有效自我管理、正确的康复训练、日常活动宣教、营养干预等方面给病人实施全方位的健康教育,有助于肺康复的更好开展。

第十一节 呼吸系统常见诊疗技术及护理

一、支气管镜检查的护理

> **情景导入**
>
> 洪某,女性,62岁,主因刺激性干咳半年,痰中带血3天入院。胸部CT示右下肺块影,入院后生命体征平稳。辅助检查:心电图及凝血常规正常。
> 请思考:
> 1. 首先考虑该病人为何诊断?
> 2. 为明确诊断,该病人需做哪项检查?该检查的常见并发症有哪些?

支气管镜经口腔或鼻腔插入段、亚段甚至更细的支气管,可在直视下钳取异物、进行活检或刷检,并可行灌洗细胞学或液性成分检查,注入药物,作介入治疗等,是诊断、治疗呼吸系统疾病的重要手段。

(一)支气管镜的适应证和禁忌证

1. **适应证** ①胸部CT提示占位、肺不张、阻塞性肺炎、疑为肿瘤的病人;②支气管腔内病变需活检或刷检;③原因不明的膈神经麻痹、喉返神经麻痹或上腔静脉阻塞;④原因不明的干咳、咯血、胸腔积液;⑤清除呼吸道分泌物、黏液栓;⑥行支气管肺泡灌洗、取异物、局部用药;⑦球囊扩张、冷冻、高频电刀、微波、支架等介入治疗。

2. **禁忌证** ①对麻醉药品过敏者;②有精神症状,不能有效配合者;③重度低氧血症,对检查不能耐受者;④严重心功能不全、心律失常、高血压、频发的心绞痛者;⑤严重出凝血功能障碍者;⑥哮喘发作、大咯血、高热者;⑦有主动脉瘤破裂风险者。

(二)评估

1. 评估病人生命体征、意识、配合程度、过敏史、心理状态等。

2. 检查胸部 CT、止凝血时间、血小板计数及心电图检查报告。

（三）术前准备

1. 病人准备

（1）介绍检查目的、方法及配合要点，消除病人紧张情绪，取得合作。

（2）签署知情同意书。

（3）术前禁食禁水 4~6h，如行无痛支气管镜应禁食禁水 8h。

（4）如有活动性义齿应取出。

（5）局部麻醉用 2% 利多卡因溶液咽喉喷雾。

（6）如行无痛支气管镜应先去麻醉科评估，无麻醉风险后备用 22 号留置针予注射麻醉药使用。

（7）术前半小时遵医嘱予阿托品和地西泮肌内注射，以减少呼吸道分泌物并镇静。

2. 物品准备

（1）支气管镜一套、内镜活体取样钳、细胞刷、痰液收集器、无菌手套、玻片。

（2）心电监护、吸引器、氧气和复苏设备。

（3）利多卡因、生理盐水、肾上腺素、止血药、消毒用品。

（四）术中配合

1. 病人取平卧位，不能平卧取坐位或半坐卧。

2. 支气管镜经鼻或口插入，观察支气管黏膜光滑度、色泽、水肿、渗出、充血、溃疡、糜烂、增生、结节与新生物情况及管壁受压、管腔狭窄等改变。

3. 对可见的病变先活检，再刷检取标本，或取灌洗液作检查。

4. 根据需要做好麻醉、吸引、治疗、氧疗等工作。

5. 给予心电监护，监测生命体征、血氧饱和度变化。

6. 鼓励、安抚病人。

7. 分类处理用物。

（五）术后护理

1. 返回病房，卧床休息。密切观察病人生命体征，以及有无咯血、胸痛、呼吸困难。

2. 术后禁食水 3h，3h 后试饮温水，无呛咳后逐渐进食温凉流质、半流质、普食。如行无痛支气管镜术后禁食禁水 6h，6h 后试饮温水，无呛咳后逐渐进食温凉流质、半流质、普食。

3. 术后半日避免大声说话和用力咳嗽，防止咽喉部疼痛及声音嘶哑。

（六）并发症

1. 出血　少量出血可自行停止，大出血时及时处理。

2. 气胸　卧床休息、氧气吸入，严密观察；必要时行胸腔闭式引流。

3. 发热　继发肺部细菌感染，予对症治疗。

4. 低氧血症　与操作时间长有关，可给予氧气吸入。

5. 麻醉药反应　出现喉痉挛，甚至抽搐、呼吸抑制、心搏骤停。术前应详细询问药物过敏史，并给予积极处理。

拓展阅读 2-11-2
支气管镜检查术中大出血急救流程

二、胸膜腔穿刺术

> **情景导入**
> 吴某，男性，69岁，确诊肺癌4个月。一周前出现胸闷、气短、呼吸困难且进行性加重。饮食、睡眠差，胸片示左侧胸腔积液。
> 请思考：
> 1. 该病人目前首要的治疗措施是什么？
> 2. 该病人的治疗中，有哪些注意事项？

拓展阅读2-11-3
胸腔穿刺术的重要知识点

胸腔穿刺术（thoracentesis）指自胸膜腔内抽取积液或积气以减轻对心肺、血管的压迫，抽取积液检查其性质，以及胸膜腔内给药、冲洗的一种检查治疗手段。

（一）胸腔穿刺术适应证和禁忌证

1. 适应证　①抽取积液检查其性质，协助诊断；②抽出胸腔积液、积气，减轻肺组织压缩，促使肺组织复张，缓解呼吸困难症状；③治疗脓胸，抽取脓液并进行冲洗；④胸腔内注入药物。

2. 禁忌证　①麻醉药过敏者；②有严重出血倾向者；③病情危重难以耐受者；④有精神症状或不配合者；⑤胸腔棘球蚴病病人，防止感染扩散；⑥穿刺部位有感染者。

（二）评估

1. 评估病人病情、过敏史、凝血功能、心肺功能。
2. 评估病人一般情况，包括生命体征、意识、穿刺部位皮肤、配合程度等。

（三）术前准备

1. 病人准备

（1）向病人及家属介绍检查目的、方法及配合要点，嘱操作过程中不要随意活动，避免咳嗽或深呼吸。

（2）签署知情同意书。

（3）过度紧张者予地西泮肌内注射，进行镇静。

2. 物品准备

（1）胸穿包、无菌手套、血管钳、胸水收集瓶、注射器、敷贴、消毒用品，必要时准备胸腔引流装置。

（2）利多卡因、肾上腺素、氧气。

（四）术中配合

1. 抽取积液时病人面向椅背反坐，两前臂置于椅背上，前额伏于前臂上，充分暴露背部；不能起床病人可取半坐位，前臂上举抱于枕部，充分暴露胸部。

2. 穿刺点　①抽取胸腔积液可结合超声定位选择肩胛线或腋后线第7、8肋间隙，也可选腋中线第6、7肋间隙或腋前线第5肋间隙，在胸部叩诊实音（或鼓音）最明显部位进行穿刺；②抽取胸腔积气时多选择锁骨中线第2肋间隙或腋前线第4、5肋间隙进针。

3. 以穿刺点为中心消毒 2 次，直径 15 cm 左右。
4. 打开胸腔穿刺包，戴无菌手套，铺洞巾。
5. 进行局部浸润麻醉。
6. 固定好穿刺处皮肤，穿刺针在麻醉处沿下一肋骨上缘缓慢刺入胸壁直达胸膜腔，连接注射器，抽取胸腔积液或气体。
7. 结束后拔出穿刺针，根据需要连接胸腔引流装置。
8. 消毒穿刺点局部皮肤并予无菌敷贴覆盖。
9. 分类处理用物。

（五）术后护理

1. 嘱病人卧位休息半小时，鼓励深呼吸促进肺膨胀。
2. 观察血压、呼吸、体温等变化。
3. 记录穿刺时间、积液颜色、积液量或气体量，以及病人在术中的状态。
4. 观察穿刺处有无红、肿、热、痛及渗出情况。
5. 保持穿刺部位皮肤清洁、敷贴干燥。
6. 观察有无并发症的发生。

（六）注意事项

1. 每次抽液、抽气不宜过快、过多，防止胸腔内压骤降，发生复张后肺水肿、循环障碍、纵隔移位等意外。减压抽液首次不超过 600 mL，以后每次不超过 1 000 mL，抽气量不超过 1 000 mL；脓胸者每次尽量抽尽；明确胸水性质，抽取 50～100 mL 送检即可。如治疗需要，抽液后可注入药物。
2. 操作过程中防止空气进入胸膜腔。
3. 胸膜反应：操作中如有头晕、面色苍白、恶心、出冷汗、心悸、气短、胸部压迫感等，立即停止穿刺抽液，病人平卧、吸氧，必要时皮下注射 0.1% 肾上腺素 0.5 mL，观察血压变化。
4. 如注射硬化剂、抗肿瘤药等，嘱病人卧床 2～4 h，多变换体位，使药物与胸腔均匀接触。如药物刺激性强导致胸痛，可给镇痛药。

（七）并发症

1. 气胸 卧床休息、氧气吸入，严密观察；必要时行胸腔闭式引流。
2. 出血 胸壁皮下少量出血，无须处理；损伤肋间动脉可引起胸膜腔大量积血，需立即抽出积血并进行止血处理；损伤肺部可引起咯血，小量咯血可以自行停止，严重咯血按咯血常规处理。
3. 胸膜反应 多见于精神过度紧张病人，如有发生停止穿刺，嘱病人平卧、吸氧，必要时皮下注射 0.1% 肾上腺素 0.5 mL。
4. 胸腔内感染 无菌操作观念不强及反复多次胸腔穿刺所致。一旦发生应立即使用抗感染治疗，对胸腔局部进行处理，已形成脓胸者行胸腔闭式引流术，必要时外科处理。
5. 复张性肺水肿 由于抽气或抽液过多过快导致，表现为呼吸困难、胸痛、剧烈咳嗽、烦躁、心悸、咳粉红色泡沫痰、休克及昏迷等。立即对症处理，必要时机械通气。
6. 膈肌及腹腔脏器损伤 穿刺部位过低导致。

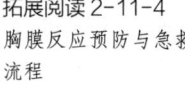

拓展阅读 2-11-4 胸膜反应预防与急救流程

三、经鼻高流量湿化氧疗

> **情景导入**
>
> 王某，女性，73岁，诊断为慢性阻塞性肺疾病。患者咳嗽咳痰，呼吸困难，气喘。血气分析示：SpO_2 86%，PaO_2 56 mmHg，$PaCO_2$ 51 mmHg，给予鼻塞吸氧后效果不佳。
>
> **请思考：**
> 1. 如何改善该病人的缺氧症状？
> 2. 该病人的治疗中有哪些注意事项？

拓展阅读 2-11-5
经鼻高流量湿化氧疗的重要知识点

经鼻高流量湿化氧疗（HFNC）是通过无须密封的鼻塞导管，直接经鼻输入经过加温、湿化、高于病人吸气峰流速的、氧浓度精确可控的混合气体。高流量温湿气体可产生一定水平的呼气末正压，有效冲刷生理无效腔，维持黏液纤毛清除系统功能，降低病人上气道阻力和呼吸功，改善病人换气和通气功能。其恒定氧浓度可以在 21%～100% 之间调节，流量最高可达 60 L/min，气道温度可在 31℃、34℃、37℃ 三档温度之间调节，是一种安全、有效、舒适、无创的新呼吸支持技术。

（一）经鼻高流量湿化氧疗适应证和禁忌证

1. **适应证** ①轻中度低氧性呼吸衰竭，100 mmHg≤PaO_2/FiO_2＜300 mmHg；②部分轻中度低氧合并轻度高碳酸血症，pH≥7.3；③轻度呼吸窘迫，呼吸频率≥24 次/min；④有创通气撤机；⑤外科手术撤机序贯治疗。

2. **相对禁忌证** ①重度Ⅰ型呼吸衰竭，PaO_2/FiO_2＜100 mmHg；②通气功能障碍，pH＜7.3；③矛盾呼吸；④有误吸高风险；⑤血流动力学不稳定，需要应用血管活性药物；⑥上气道严重梗阻，鼻面部创伤不能使用鼻塞；⑦HFNC 不耐受。

3. **绝对禁忌证** ①呼吸心跳停止，需紧急插管有创通气；②自主呼吸微弱；③重度低氧性呼吸衰竭，PaO_2/FiO_2＜60 mmHg；④通气功能严重障碍，pH＜7.25。

（二）评估

1. 评估病人呼吸、心率、血压、神志，有无自主呼吸。
2. 观察动脉血气检查中 PaO_2、$PaCO_2$ 数值。
3. 检查上气道有无梗阻，鼻面部有无创伤。
4. 评估病人心理状态，了解配合程度。

（三）参数设置

1. **Ⅰ型呼吸衰竭** 气体流量初始设置为 30～40 L/min，调整 FiO_2 维持 SpO_2 在 92%～96%；根据血气分析动态调整，若氧合没有达到理想的目标值，可逐渐增加流量和提高 FiO_2；依据病人痰液黏稠度、舒适性、耐受度，适当调节温度为 31～37℃。

2. **Ⅱ型呼吸衰竭** 气体流量初始设置 20～30 L/min，如果病人二氧化碳潴留明显，流量可调到病人能耐受的最大值，维持 SpO_2 在 88%～92%，根据血气分析进行动态调整；依据病人痰液黏稠度、舒适性、耐受度，适当调节温度为 31～37℃。

(四)撤机标准

病情控制后逐渐降低 HFNC 参数,当吸气流量 < 20 L/min 且 FiO_2 < 30% 时,即可考虑停用。

(五)注意事项

1. 加强沟通,指导病人使用中可正常饮食、说话及睡眠。
2. 病人取半卧位或头高位(>20°),防止管路冷凝水误入气道引起呛咳和误吸。
3. 鼻导管型号合适,小于鼻孔内径 50%。
4. 闭口呼吸。
5. 保证湿化,及时添加或更换湿化液。观察分泌物性状变化,防止湿化过度或不足,按需吸痰。
6. 温度适宜,防止气道灼伤。
7. 鼻塞固定带松紧适宜,防止面部皮肤损伤。
8. 监测病人的生命体征及血气分析。
9. 如机器报警要及时处理。

(六)感染控制

每个病人用毕后均要使用其自带的消毒回路进行消毒处置;机器表面使用 75% 乙醇擦拭消毒,鼻塞导管及加热呼吸管路按医疗垃圾处理;空气过滤纸片 1 000 h 更换一次。

(刘金蝉　罗　静　张　慧　钱朝翠　谷　静　施艳群　严　丽)

数字课程学习

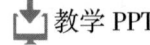

教学 PPT　　　　自测题

第三章
循环系统疾病病人的护理

【学习目标】

知识：

1. 掌握循环系统常见疾病的定义、疾病诊断要点。
2. 掌握循环系统疾病病人的常见症状、体征和护理要点。
3. 掌握循环系统疾病专科药物的作用、副作用、不良反应及注意事项。
4. 掌握应用护理程序正确评估病人、提出护理诊断、实施有效护理及评价效果。
5. 掌握循环系统疾病的促发因素和诱发因素。
6. 熟悉循环系统疾病的基本病因。
7. 熟悉循环系统常见疾病的治疗原则和要点。
8. 熟悉循环系统常见疾病的健康指导。
9. 熟悉循环系统常用诊疗技术及护理。
10. 了解循环系统疾病的发病机制。
11. 了解循环系统疾病主要辅助检查的内容和意义。
12. 了解循环系统疾病概述及常见症状体征的评估和护理。

技能：

1. 能应用护理程序对循环系统疾病病人进行正确的护理评估、提出护理诊断/问题、实施有效护理及效果评价。
2. 能正确运用所学知识对循环系统常见疾病病人进行个性化的健康教育。
3. 有无菌观念、爱伤观念、创新理念及熟练的护理技术操作技能。

素质：

1. 应具备扎实的专业理论、丰富的临床经验及相关人文学科知识，具有发现问题、分析问题和解决问题的能力。
2. 在实施临床护理过程中，要有慎独精神、判断性思维和预见性护理能力。
3. 要有主动服务意识、善于沟通、高度的责任感、同情心和团队协作精神。

> **情景导入**
>
> 朱某,男性,60岁,主因心前区疼痛、呼吸急促,伴恶心、呕吐、出虚汗急诊入院。病人既往有冠心病、高血压病史,门诊心电图提示:窦性心律,ST-T变化。查体:BP 150/90 mmHg,P 86次/min,R 23次/min,T 36.8℃。

第一节 概 述

> **情境一:**
> 朱某刚入院,你作为他的责任护士。
> **请思考:**
> 1. 如何对朱某进行护理评估?
> 2. 你应对朱某采取什么护理措施?同时需要注意哪些护理问题?

拓展阅读 3-1-1
循环系统概述的重要知识点

随着生活方式的改变,社会竞争压力的增加,循环系统疾病已经成为危害人民健康的头号杀手。近年来,随着医疗科学技术的发展,在疾病的发病机制、防治方法、诊疗技术等方面都取得了很大的进展,对心血管病专科护理也提出了更高的要求。因此,如何让病人建立良好的生活方式,树立自我管理的健康理念,提高其生活质量,从而实现全民大健康的战略方针,做好病人入院评估和动态评估、病情观察、基础护理、专科护理、预见性护理、急救处理、个性化健康宣教及慢病管理等方面的工作尤为重要。

一、循环系统的结构与功能

循环系统由心脏、血管和调节血液循环的神经、体液组成,主要生理功能是为全身组织器官运输血液,通过血液将营养物质和氧气等供给组织,并将组织代谢废物运走,以保证人体正常新陈代谢的需要。

(一)心脏

心脏由左心房、左心室、右心房和右心室四个心腔组成。左心房和左心室之间有二尖瓣,右心房和右心室之间有三尖瓣,左心室与主动脉之间有主动脉瓣,右心室与肺动脉之间有肺动脉瓣。它们有使血液呈单向流动,防止血液反流的作用。心脏的传导系统使心脏有节律地收缩和舒张,一方面把经过肺氧合的血液输送到全身动脉系统,同时接收全身静脉回流的血液(图3-1-1)。

心壁由内到外,可分为心内膜、肌层和心外膜三层。心瓣膜和心内膜都是风湿性疾病易患的部位,心外膜紧贴于心脏表面,与心包壁层之间形成一个间隙称心包腔,心包腔内有少量浆液,在心脏收缩与舒张时起到润滑作用。

供应心脏血液的动脉是左、右冠状动脉。其中左冠状动脉一般较右冠状动脉粗,左冠状动脉由起始部的左主干分成两支,即前降支和回旋支。前降支主要供养心脏左室前壁、右室前壁

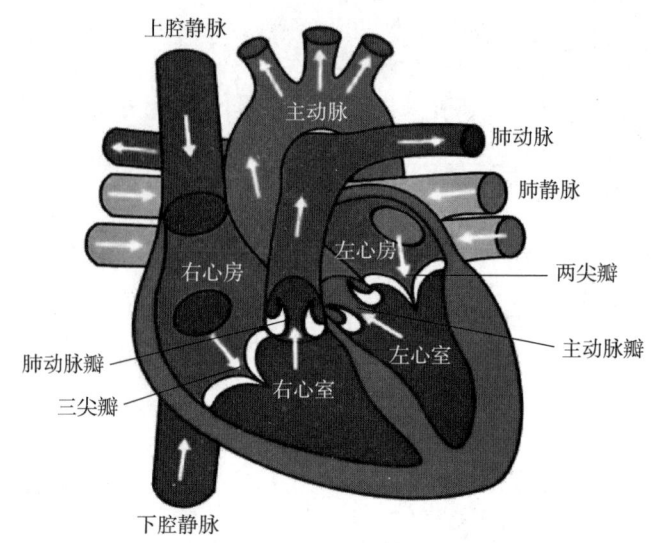

图 3-1-1　心脏解剖结构及血液循环示意图

的一小部分及室间隔前 2/3 心肌，回旋支主要供养左室侧壁、左室后壁及高侧壁心肌；右冠状动脉主要供应右心房、右心室和室间隔的后 1/3 及左室后壁。

心脏的传导系统由一些特殊的心肌细胞组成，包括窦房结、结间束、房室结、房室束、左右束支及其分支和浦肯野纤维，其主要功能是产生并传导激动，维持心脏的正常节律。心脏传导系统的细胞均有自律性，但以窦房结的自律性最高，是正常人心脏的起搏点（图 3-1-2）。

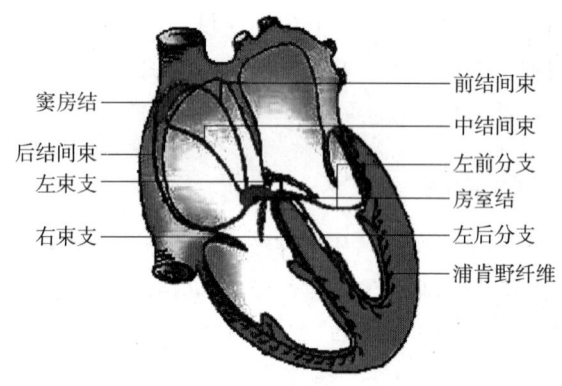

图 3-1-2　心脏传导系统示意图

（二）血管

血管可分为动脉、静脉和毛细血管三种。动脉也称"阻力血管"，主要输送血液；静脉也称"容量血管"，将从毛细血管来的血液运送回心脏；毛细血管是血液和组织液交换营养物质和代谢产物的场所，也称"功能血管"。

（三）调节血液循环的神经、体液

调节血液循环的神经有两组，即交感神经和副交感神经。交感神经兴奋时可使心率增快、心肌收缩力增强、周围血管收缩及血压增高，副交感神经兴奋时，上述表现则相反。

调节血液循环的体液因素主要有肾素 - 血管紧张素 - 醛固酮系统（RAAS）、血管内皮因子、电解质、一些代谢产物和某些激素如心钠素等。RAAS 是调节钠钾平衡、血压和血容量的重要系统。血管内皮因子如前列环素、内皮素等具有扩张或收缩血管的作用。电解质如钙离子、钠离子等是人体体液调节的兴奋因素，可加速心率、增加心肌收缩力，钾离子、镁离子等则作用相反。

二、护理评估

在全面收集病人的主、客观资料的基础上，循环系统疾病病人的护理评估重点内容归纳如下。

（一）病史

1. **患病及治疗经过** 了解病人患病情况及治疗经过，明确病因和诱因，主要症状及其特点，既往检查、治疗及用药情况。
2. **目前病情与一般状况** 病人目前的主要不适主诉及临床表现，包括心率、心律、血压、呼吸、头痛、心前区疼痛、呼吸困难等。
3. **既往史、家族史及个人史** ①既往史：了解病人有无糖尿病、高血压、高血脂、脑卒中等疾病；②家族史：家族中有无冠心病、高血压、糖尿病等相关病史；③个人史：重点了解病人饮食习惯、性格、排便、休息、运动、不良生活方式等，如是否喜食高盐、高脂、高糖、高胆固醇饮食，是否容易情绪激动或易怒，是否时常便秘、过度劳累、不喜欢运动、体重超标或肥胖、长期熬夜、有烟酒嗜好等。

（二）身体评估

1. **一般状态** 病人的心率、心律、血压、呼吸、血氧饱和度、精神意识状况。病人入院时的状况，如步行或平车；是否主诉心前区疼痛，有无急性痛苦面容、呼吸困难、端坐呼吸等。
2. **皮肤黏膜** 有无面色苍白、皮肤湿冷、出虚汗、水肿等。

（三）心理社会状况

病人对疾病知识的认知情况、性格、精神状态，有无焦虑、恐惧、抑郁等负面情绪等。评估病人的家庭成员组成、家庭经济状况、文化、教育背景，家庭成员对病人疾病的了解情况，对病人的关怀和支持度，医疗费用来源或支付方式等。

（四）实验室及其他检查

1. **实验室检查** 常规检查有血液、粪便、尿液检查等。
（1）血常规和电解质：了解出凝血时间，有无高钾、低钾、低钙等。
（2）血清心肌酶谱、全套血脂、凝血酶原及凝血酶原活动度：用于急性冠脉综合征、高脂血症的诊断及抗凝药疗效或出血风险的判断。
2. **心电图检查** 观察急性心肌梗死心电图的动态演变、各种心律失常的鉴别等。
3. **放射检查**
（1）X 线检查：可显示心影是否增大，有无肺淤血、肺水肿表现等。
（2）放射性核素检查：利用放射性核素显像所灌注的心肌有缺损，提示心肌供血不足或血供消失，对心肌缺血诊断有价值。

（3）冠状动脉造影：选择性冠状动脉造影，可使冠状动脉及主要分支得到清楚的显影，具有判断病变位置、狭窄程度的作用，为进一步治疗提供依据。

4. 超声检查　二维超声心动图可探测到缺血区域心室壁的运动异常，多排螺旋 CT 对诊断具有重要价值。

第二节　循环系统疾病常见症状体征的评估和护理

> **情境二：**
> 朱某刚入院，你作为他的责任护士，已完成初步护理评估。
> **请思考：**
> 1. 该病人有哪些症状、体征？
> 2. 你应该采取哪些护理措施？

一、心源性呼吸困难

拓展阅读 3-2-1
循环系统疾病常见症状体征重要知识点

心源性呼吸困难（cardiac dyspnea）指各种心血管疾病引起的呼吸困难。最常见的病因是左心衰竭引起的肺淤血，亦见于右心衰竭、心包积液、心脏压塞时。病人自觉吸气不足，呼吸费力，出现发绀，端坐呼吸，并可有呼吸频率、节律和深度的异常。

（一）护理评估

1. 病史　详细询问病人心源性呼吸困难的首发时间、发病特点、发展过程、与活动的关系；能否平卧，夜间有无憋醒；是否有咳嗽、咳痰、乏力等伴随症状，痰液的性状和量。采取何种方法能减轻呼吸困难；大小便是否正常，病人是否有精神紧张、焦虑不安甚至恐惧心理。

2. 身体评估　包括呼吸频率、节律及深度，血压、脉搏，意识状况，面容表情，营养状况，体位，皮肤黏膜有无发绀、水肿，双肺是否闻及哮鸣音或湿啰音。心脏有无扩大，心率、心律、心音的改变，有无奔马律等。

3. 实验室及其他检查　评估血氧饱和度和血气分析结果，判断病人缺氧的程度及酸碱平衡状况。胸部 X 线检查有助于判断肺水肿和肺淤血的严重程度。

4. 心理社会状况　病人是否有精神紧张、焦虑不安甚至恐惧心理，家属能否给予有效的支持。

（二）常见护理诊断/问题

1. 气体交换受损　与肺水肿、肺淤血或伴肺部感染有关。
2. 活动无耐力　与呼吸困难所致的能量消耗增加及机体缺氧状态有关。

（三）护理措施

1. 休息与环境　对劳力性呼吸困难病人，减轻体力劳动，以不引起症状为度。对夜间阵发性呼吸困难者,应给予高枕卧位或半卧位,加强夜间巡视。对端坐呼吸者,可使用床上小桌,让病人扶桌休息,必要时双腿下垂。注意病人体位的舒适与安全。当呼吸困难加重时,需加强生活护理。应保持病室安静、整洁,适当开窗通风,每次 15～30 min,但注意不要让风直接对着病人;病人衣服宽松,盖被轻软,以减轻憋闷感。

2. 饮食护理　宜低盐、低脂、低糖、适量蛋白质、富含维生素和纤维素的食物,指导病人养成良好的饮食习惯。

3. 病情观察　观察呼吸困难发生的时间、程度、特点及是否伴有阵咳、咳泡沫痰、皮肤发绀、血氧饱和度下降等情况,尤其要加强夜间巡视和床旁监护。心源性呼吸困难常表现为:①劳力性呼吸困难,常为左心衰竭最早出现的症状。其特点是在体力活动时发生或加重,休息后缓解或消失。引起呼吸困难的体力活动有爬楼梯、跑步、洗衣、拖地、田间劳作等。呼吸困难的程度常随活动强度的加大而加重。②夜间阵发性呼吸困难,即病人在夜间入睡后突然憋醒,被迫坐起,呼吸深快,大多于端坐休息后自行缓解。重者有哮鸣音,称之为"心源性哮喘"。③端坐呼吸,为严重肺淤血的表现,病人静息状态下仍有呼吸困难,不能平卧,依病情轻重依次可表现为被迫采取高枕卧位、半坐卧位、端坐位,甚至双下肢下垂。

4. 用药护理　遵医嘱用药,注意观察药物的疗效和不良反应。静脉给药时应严格控制输液速度和总量,一般为 20～30 滴/min。

5. 控制液体入量　病人 24 h 内液体入量控制在 1 500 mL 内为宜。

6. 氧疗　根据呼吸困难的程度和血气分析结果,合理给氧。急性肺水肿病人应采取端坐位,必要时双腿下垂,给予高氧流量(6～8 L/min)吸氧,并用 30%～50% 乙醇湿化。一般给氧流量为 2～4 L/min,肺心病病人则吸入 1～2 L/min 氧气,必要时面罩给氧。

7. 加强原发病的护理　遵医嘱给予抗感染、抗心衰等治疗,以改善肺泡通气功能等。

8. 心理护理　多巡视和关心病人,了解病人的心理情况,给予相应安慰和疏导,以稳定病人的情绪。

二、心源性水肿

心源性水肿(cardiac edema)指心血管病引起的水肿,最常见的病因是右心衰竭。由于心血管病发生心功能不全时,体循环静脉淤血,使机体组织间隙有过多的液体积聚。心源性水肿的护理详见本章第三节"慢性心力衰竭"的有关护理措施。

三、胸痛

多种循环系统疾病可导致胸痛(chest pain),常见病因包括各种类型的心绞痛、急性心肌梗死、梗阻性肥厚型心肌病、急性主动脉夹层、急性心包炎、心血管神经症等,其特点见表 3-2-1。胸痛的护理见心绞痛、心肌梗死等有关章节。

四、心源性晕厥

晕厥是一时性广泛脑组织缺血、缺氧所引起的短暂、突发的可逆性意识丧失。心源性晕厥(cardiogenic syncope)系因心排血量骤减、中断或严重低血压而引起脑供血骤然减少或停止而出现的短暂意识丧失,常伴有肌张力丧失而跌倒的临床征象。心源性晕厥的常见病因包括严重心律失常和器质性心脏病。大部分晕厥病人预后良好,反复发作的晕厥系病情严重和危险的征兆。心源性晕厥的护理详见本章第四节心律失常病人的护理的有关护理措施。

表 3-2-1　几种常见胸痛特点比较

病因	特点
稳定型心绞痛	多位于胸骨后，呈发作性压榨样痛，在体力活动或情绪激动时诱发，休息或含服硝酸甘油后可缓解
急性心肌梗死	疼痛多无明显诱因，程度较重，持续时间较长，可伴心率、心律、血压改变，休息或含服硝酸甘油多不能缓解
梗阻性肥厚型心肌病	含服硝酸甘油无效甚至加重
急性主动脉夹层	可出现胸骨后或心前区撕裂样剧痛或烧灼痛，疼痛沿撕裂血管走向，发病早期伴有血压升高
急性心包炎	疼痛可因呼吸或咳嗽而加剧，呈锐痛，持续时间较长
心血管神经症	可出现心前区针刺样疼痛，但部位常不固定，与体力活动无关，且多在休息时发生，伴神经衰弱症状

五、心悸

心悸（palpitation）是指病人自觉心跳或心慌，伴心前区不适感，常见于心律失常的病人。

（一）护理评估

1. 病史　应注意了解病人有无循环系统疾病、甲状腺功能亢进、贫血等病史；发作有无明显诱因，如劳累、吸烟、饮酒、情绪激动等；既往发作情况，缓解方式，对日常生活、工作的影响；有无其他伴随症状，如发热、胸痛、呼吸困难、晕厥、抽搐等。

2. 身体评估　心动过速或过缓发生时，因心排血量减少可以出现心悸症状，症状的轻重取决于发作时心室率快慢程度及持续时间。同时要特别注意评估心脏的体征，如心前区有无隆起、心尖冲动位置和范围；注意心率、心律、心音的变化，有无心脏杂音和心包摩擦音等。

3. 实验室及其他检查　常规做心电图、24 h 动态心电图等了解有无心律失常，其次是心脏超声心动图、甲状腺功能和肺功能检查等。

4. 心理社会状况　病人是否有担心病情加重、治疗效果不佳而感到焦虑、忧郁或恐惧等不良心理反应，了解病人经济状况及家庭支持功能等。

（二）常见护理诊断/问题

舒适的改变　与心悸发作时心前区不适、胸闷有关。

（三）护理措施

1. 休息与环境　心悸发作时应卧床休息，减少心肌耗氧量和对交感神经的刺激。待心悸缓解后逐渐增加活动量。为病人创造良好的休息环境，一般以室温 18~22℃，湿度以 50%~60% 为宜，保持空气清新，每日通风 2 次，每次 15~30 min，应保持环境安静，避免不良因素的刺激。

2. 饮食护理　嘱病人避免摄入辣椒、浓茶、咖啡等刺激性的饮料或食物，戒烟、限酒，根据引起心悸的原因，给予合理的饮食。

3. 病情观察　观察病人心率、心律、血氧饱和度的变化，注意伴随症状，必要时进行心电、血压监护，一旦发现严重的心律失常或心悸伴有胸痛，立即向医生报告并给予处理。

4. 用药护理　嘱病人遵医嘱服药，观察药物不良反应，原有症状加重或有不适症状，应及时向告知医生。

5. 对症护理　合理给氧，一般可中等流量给氧。吸氧可增加机体的供氧，缓解心悸、胸闷、呼吸困难等症状。

6. 心理护理　建立良好的护患关系，对病人态度和蔼，热情解答病人的疑虑。鼓励家属关心、体贴病人，尽可能地为病人解决后顾之忧。

第三节　心力衰竭病人的护理

情景导入

沈某，男性，60岁，高血压病史10余年。昨天凌晨2点突然发生呼吸困难，被迫端坐，伴面色苍白，口唇发绀，出虚汗，咳嗽，咳粉红色泡沫样痰，急诊入院。查体：BP 210/120 mmHg，心界向左下明显扩大，P 120次/min，律齐，两肺布满湿啰音及哮鸣音。

请思考：
1. 该病人最可能的诊断是什么？
2. 沈某的主要护理诊断、相应护理目标及护理措施有哪些？

心力衰竭（heart failure，HF）是各种心脏结构或功能性疾病导致心室充盈和（或）射血功能受损，心排血量不能满足机体组织代谢需要，以肺循环和（或）体循环淤血，器官、组织血液灌注不足为临床表现的一组综合征，主要表现为呼吸困难、体力活动受限和体液潴留。心功能不全（cardiac insufficiency）或心功能障碍理论上是一个更广泛的概念，伴有临床症状的心功能不全称之为心力衰竭（简称心衰）。

拓展阅读3-3-1
心力衰竭的重要知识点

根据左心室射血分数（left ventricle ejection fraction，LVEF），分为射血分数降低性心衰（heart failure with reduced ejection fraction，HFrEF）、射血分数保留性心衰（heart failure with preserved ejection fraction，HFpEF）和中间范围射血分数心衰（heart failure with mid-range ejection fraction，HFmrEF）。根据发生的部位可分为左心衰竭、右心衰竭和全心衰竭，根据心衰发生的时间、速度、严重程度分为慢性心衰和急性心衰。

拓展阅读3-3-2
心力衰竭的分类和诊断标准

一、慢性心力衰竭

（一）病因及诱发因素

1. 病因
（1）心肌损害
1）原发性心肌损害：冠状动脉疾病导致缺血性心肌损害，如心肌梗死、慢性心肌缺血；炎症和免疫性心肌损害，如心肌炎、扩张型心肌病；遗传性心肌病，如家族性扩张型心肌病、肥厚型心肌病等。
2）继发性心肌损害：内分泌代谢性疾病（如糖尿病、甲状腺疾病）、系统性浸润性疾病

（如心肌淀粉样变性）、结缔组织病、心脏毒性药物等并发的心肌损害。

（2）心脏负荷过重

1）压力负荷（后负荷）过重：见于高血压、主动脉瓣狭窄、肺动脉高压等。心肌代偿性肥厚以克服增高的阻力，保证射血量，最终致心肌结构和功能发生改变。

2）容量负荷（前负荷）过重：见于心脏瓣膜关闭不全及左、右心或动、静脉分流性先天性心血管病。此外，伴有全身循环血量增多的疾病如慢性贫血、甲状腺功能亢进等，使心脏的容量负荷增加。早期心室腔代偿性扩大，心肌收缩功能尚能代偿，但超过一定限度后即出现失代偿。

3）心室前负荷不足：二尖瓣狭窄、心脏压塞、缩窄性心包炎等，引起心室充盈受限，体、肺循环淤血。

2. 诱发因素

（1）感染：呼吸道感染是最常见、最重要的诱因，感染性心内膜炎也不少见。

（2）心律失常：心房颤动是诱发心力衰竭最重要的因素。快速型及严重缓慢型心律失常均可诱发心力衰竭。

（3）血容量增加：如静脉液体输入过多、过快等。

（4）过度体力消耗或情绪激动：如妊娠后期及分娩过程、暴怒等。

（5）治疗不当：如不恰当地停用利尿药或降压药等。

（6）原有心脏病变加重或并发其他疾病：如冠心病发生心肌梗死，风湿性心瓣膜病出现风湿活动，合并甲状腺功能亢进或贫血等。

（二）病理生理

心力衰竭始于心肌损伤，导致病理性重塑，从而出现左心室扩大和（或）肥大，起初机体发生多种代偿机制，促使心功能在短时间内维持在相对正常的水平，但最终引起心肌纤维化，致心律失常及泵衰竭。

1. 代偿机制

（1）Frank-Starling 机制：即增加心脏前负荷使回心血量增多，心室舒张末期容积增加，从而增加心排血量及心脏做功量。但同时也导致心室舒张末期压力增高，心房压、静脉压随之升高，达到一定程度时可以出现肺循环和（或）体循环静脉淤血。

（2）神经体液机制

1）交感神经兴奋性增强：心力衰竭病人血中去甲肾上腺素（NE）水平升高，作用于心肌 β_1 肾上腺素受体，增强心肌收缩力并提高心率，从而提高心排血量。但同时周围血管收缩，心脏后负荷增加及心率加快，均使心肌耗氧量增加。NE 还对心肌细胞有直接毒性作用，促使心肌细胞凋亡，参与心室重塑。此外，交感神经兴奋可使心肌应激性增强产生促心律失常作用。

2）肾素-血管紧张素-醛固酮系统（renin-angiotensin-aldosterone system，RAAS）激活：心排血量降低致肾血流量减低，RAAS 激活，心肌收缩力增强，周围血管收缩维持血压，调节血液再分配，保证心、脑等重要脏器的血供，并促进醛固酮分泌，水、钠潴留，增加体液量及心脏前负荷，起到代偿作用。但同时 RAAS 激活促进心脏和血管重塑，加重心肌损伤和心功能恶化。

2. 心室重塑　在心脏功能受损，心腔扩大、心肌肥厚的代偿过程中，心肌细胞、胞外基质等均发生相应变化，即心室重塑的过程，是心力衰竭的基本病理生理机制。除因代偿能力有限、代偿机制的负面影响外，心肌细胞的能量供应不足及利用障碍导致心肌细胞坏死纤维化也是发生失代偿的一个重要因素。心肌细胞减少使心肌整体收缩力下降，纤维化的增加又使心室顺应性下降，重塑更趋明显，心肌收缩力不能发挥其应有的射血效应，形成恶性循环，最终导致不可逆转的终末阶段。

3. 舒张功能不全　心脏舒张功能不全的机制可分为两大类：一是能量供应不足时钙离子回摄入肌质网及泵出胞外的耗能过程受损，导致主动舒张功能障碍。如冠心病明显缺血时，在出现收缩功能障碍前即可出现舒张功能障碍。二是心室肌顺应性减退及充盈障碍，主要见于心室肥厚如高血压，心室充盈压明显增高，当左心室舒张末压过高时，肺循环出现高压和淤血，即舒张性心功能不全，此时心肌的收缩功能尚可保持，心脏射血分数正常，故又称射血分数保留性心衰。

4. 其他体液因子的改变　另有众多体液调节因子参与心血管系统调节，并在心肌和血管重塑中起重要作用。

（1）精氨酸加压素（arginine vasopressin，AVP）：具有抗利尿和促周围血管收缩作用。其释放受心房牵张感受器调控，心衰时心房牵张感受器敏感性下降，不能抑制 AVP 释放而使血浆 AVP 水平升高。AVP 通过 V_1 受体引起全身血管收缩，通过 V_2 受体减少游离水清除，致水潴留增加，增加心脏前、后负荷。心衰早期，AVP 的效应有代偿作用，但长期的 AVP 增加将使心衰进一步恶化。

（2）利钠肽类：包括心钠肽（atrial natriuretic peptide，ANP）、脑钠肽（brain natriuretic peptide，BNP）和 C- 型利钠肽（C-type natriuretic peptide，CNP），ANP 主要由心房分泌，心室肌有少量表达，心房压力增高时释放，其生理作用为扩张血管和利尿排钠，对抗肾上腺素、肾素 - 血管紧张素和 AVP 系统的水钠潴留效应。BNP 主要由心室肌细胞分泌，其水平随心室壁张力而变化并对心室充盈压有负反馈调节作用。CNP 主要位于血管系统内，作用尚不明确，可能参与或协同 RAAS 的调节作用。心衰时心房和心室壁张力增加，ANP 及 BNP 分泌明显增加，其增高的程度与心衰的严重程度呈正相关，可作为评定心衰进程和判断预后的指标。另外，内皮素、一氧化氮、缓激肽及一些细胞因子、炎症介质等均参与慢性心衰的病理生理过程。

（三）临床表现

临床上左心衰竭较为常见，尤其是左心衰竭后继发右心衰竭而致的全心衰竭。由于严重广泛的心肌疾病同时波及左、右心而发生全心衰竭者在住院病人中更为多见。

1. 左心衰竭　以肺淤血及心排血量降低为主要表现。

（1）症状

1）不同程度的呼吸困难：是左心衰竭最主要的症状。可表现为劳力性呼吸困难、端坐呼吸、夜间阵发性呼吸困难。

2）咳嗽、咳痰、咯血：咳嗽、咳痰是肺泡和支气管黏膜淤血所致，开始常于夜间发生，坐位或立位时咳嗽可减轻，白色浆液性泡沫状痰为其特点，偶可见痰中带血丝。长期慢性肺淤血肺静脉压力升高，导致肺循环和支气管血液循环之间在支气管黏膜下形成侧支，一旦破裂可引起大咯血。

3）乏力、疲倦、运动耐量减低、头晕、心慌等器官、组织灌注不足及代偿性心率加快所致的症状。

4）少尿及肾功能损害症状：严重的左心衰竭致肾血流量减少，可出现少尿。长期慢性的肾血流量减少可出现血尿素氮、肌酐升高并可有肾功能不全的症状。

(2)体征

1)肺部湿啰音：由于肺毛细血管压增高，液体渗出到肺泡而出现湿啰音。随着病情的加重，肺部啰音可从局限于肺底部扩散至全肺。

2)心脏体征：除基础心脏病的固有体征外，一般有心脏扩大及相对性二尖瓣关闭不全的反流性杂音、肺动脉瓣区第二心音亢进及第三心音或第四心音奔马律。

2. 右心衰竭　以体静脉淤血的表现为主。

(1)症状

1)消化道症状：胃肠道及肝淤血引起腹胀、食欲缺乏、恶心、呕吐等，是右心衰竭最常见的症状。

2)劳力性呼吸困难：继发于左心衰竭的右心衰竭呼吸困难业已存在。单纯性右心衰竭为分流性先天性心脏病或肺部疾病所致，也均有明显的呼吸困难。

(2)体征

1)水肿：体静脉压力升高使软组织出现水肿，表现为始于身体低垂部位的对称性凹陷性水肿。也可表现为胸腔积液，以双侧多见，单侧者常以右侧多见。

2)颈静脉征：颈静脉搏动增强、充盈、怒张是右心衰竭时的主要体征，肝颈静脉反流征阳性则更具特征性。

3)肝大：肝淤血肿大常伴压痛，持续慢性右心衰竭可致心源性肝硬化。

4)心脏体征：除基础心脏病的相应体征之外，可因右心室显著扩大而出现三尖瓣关闭不全的反流性杂音。

3. 全心衰竭　左心衰竭继发右心衰竭而形成的全心衰竭，因右心衰竭时右心排血量减少，因此以往的阵发性呼吸困难等肺淤血症状反而有所减轻。扩张型心肌病等同时存在左、右心衰竭者，肺淤血症状往往不严重，主要表现为左心衰竭心排血量减少的相关症状和体征。

(四)心功能的评估

1. 心力衰竭分级　心力衰竭的严重程度常用美国纽约心脏病学会（New York Heart Association，NYHA）的心功能分级方法评估。该分级方案简便易行，但仅凭病人的主观感受和（或）医生的主观评价，短时间内变化的可能性较大，病人个体间的差异也较大（表3-3-1）。

表3-3-1　NYHA心功能分级

心功能分级	依据及特点
Ⅰ级	心脏病病人日常活动量不受限制，一般活动不引起乏力、呼吸困难等心衰症状
Ⅱ级	心脏病病人体力活动轻度受限，休息时无自觉症状，一般活动下可出现心衰症状
Ⅲ级	心脏病病人体力活动明显受限，低于平时一般活动即引起心衰症状
Ⅳ级	心脏病病人不能从事任何体力活动，休息状态下也存在心衰症状，活动后加重。如无须静脉给药，可在室内或床边活动者为Ⅳa级，不能下床并需静脉给药支持者为Ⅳb级

2. 心力衰竭分期　由美国心脏病学会及美国心脏协会（ACC/AHA）提出，是以心衰相关的危险因素、心脏的器质性及功能性改变、心衰的症状等为依据的，旨在强调心衰重在预防（表3-3-2）。

表 3-3-2　心力衰竭分期

心衰分期	依据及特点
A 期（前心衰阶段）	病人存在心衰高危因素，但目前尚无心脏结构或功能异常，也无心衰的症状和（或）体征。包括高血压、冠心病、糖尿病和肥胖、代谢综合征等可累及心脏的疾病，以及应用心脏毒性药物史、酗酒史、风湿热史或心肌病家族史等
B 期（前临床心衰阶段）	病人无心衰的症状和（或）体征，但已出现心脏结构改变，如左心室肥厚无症状瓣膜性心脏病、既往心肌梗死史等
C 期（临床心衰阶段）	病人已有心脏结构改变，既往或目前有心衰的症状和（或）体征
D 期（难治性终末期心衰阶段）	病人虽经严格优化内科治疗，但休息时仍有症状，常伴心源性恶病质，须反复长期住院

3. 6 min 步行试验　该方法简单易行、安全方便，通过评定慢性心衰病人的运动耐力评价心衰严重程度和疗效。要求病人在平直走廊里快速行走，测定 6 min 步行距离：< 150 m、150～450 m 和 > 450 m 分别提示重度、中度及轻度心衰。

（五）实验室及其他检查

1. 血液检查　BNP 和氨基末端 B- 型利钠肽前体（NT-proBNP）是心衰诊断、临床事件风险评估的重要指标。未经治疗的病人若 BNP 水平正常可基本排除心衰诊断，已接受治疗者 BNP 水平高则提示预后差。但很多疾病均可致 BNP 升高，因此特异性不高。其他包括血常规、肝肾功能等亦很重要。

2. X 线检查　心影大小及外形可为病因诊断提供重要依据，心脏扩大的程度和动态改变也可间接反映心功能状态。肺淤血的有无及其程度直接反映左心功能状态。

3. 超声心动图　可准确地评价各心腔大小变化及瓣膜结构和功能，方便快捷地评价心功能和判断病因，是诊断心衰最主要的仪器检查。以收缩末及舒张末的容量差计算左室射血分数（left ventricular ejection fraction，LVEF）作为心衰的诊断指标。超声多普勒是临床上最实用的判断舒张功能的方法，可显示心动周期中舒张早期与舒张晚期（心房收缩）心室充盈速度最大值之比（E/A），正常人 E/A 值不应小于 1.2，舒张功能不全时 E/A 值降低。

4. 放射性核素检查　放射性核素心血池显影能相对准确地判断心室腔大小和 LVEF，计算左心室最大充盈速率以反映心脏收缩及舒张功能。常同时行心肌灌注显像评价存活 / 缺血心肌。

5. 心 - 肺运动试验　在运动状态下测定病人对运动的耐受量，仅适用于慢性稳定性心衰病人。可测定最大耗氧量，即运动量虽继续增加，耗氧量已达峰值不再增加时的值，表明此时心排血量已不能按需要继续增加。心功能正常时此值应 > 20 mL/（min·kg）。无氧阈值即病人呼气中 CO_2 的增长超过了氧耗量的增长，标志着无氧代谢的出现，此值越低说明心功能越差。

6. 有创性血流动力学检查　对急性重症心衰病人必要时采用床旁右心漂浮导管（Swan-Ganz 导管）检查，经静脉插管直至肺小动脉，测定各部位的压力及血液含氧量，计算心脏指数（CI）及肺毛细血管楔压（PCWP），直接反映左心功能，正常时 CI > 2.5 L/（min·m^2），PCWP < 12 mmHg。危重病人也可以采用脉搏指示剂连续心排血量监测（PiCCO）动态监测，经外周动、静脉置管，应用指示剂热稀释法估测血容量、外周血管阻力、全心排血量等指标，更好地指导容量管理。

(六)诊断要点

心衰的诊断要依据病因、病史、症状、体征、实验室及其他检查指标。其中有明确的器质性心脏病是诊断的基础,特异的症状和体征,如左心衰竭、肺循环淤血引起不同程度的呼吸困难,右心衰竭体循环淤血引起颈静脉怒张、肝大、水肿等是诊断心衰的重要依据。

> 拓展阅读3-3-3
> 慢性心力衰竭的诊断流程

(七)治疗原则

心衰的治疗目标为防止和延缓心衰的发生发展、缓解临床症状、提高运动耐量和生活质量、降低再住院率与病死率。治疗原则:采取综合治疗措施,包括对各种可致心功能受损的疾病进行早期管理,调节心衰代偿机制,减少其负面效应,如拮抗神经体液因子的过度激活,阻止或延缓心室重塑的进展。

1. 病因治疗

(1)治疗病因相关疾病:对所有可能导致心脏功能受损的常见疾病如高血压、冠心病等在尚未造成心脏器质性改变前即应早期进行治疗。对于病因未明的疾病如原发性扩张型心肌病等亦应早期积极干预,延缓疾病进展。

(2)消除诱因:常见的诱因为感染特别是呼吸道感染,应积极选用适当的抗感染治疗。快速心房颤动应尽快控制心室率,如有可能及时复律。应注意排查及纠正甲状腺功能亢进、贫血等。

2. 药物治疗

(1)利尿药:是心力衰竭治疗中改善症状的基石,是心衰治疗中唯一能够控制体液潴留的药物。原则上在慢性心衰急性发作和明显体液潴留时应用。利尿药包括排钾和保钾利尿药两大类。排钾利尿药主要有氢氯噻嗪、呋塞米等,保钾利尿药包括螺内酯、氨苯蝶啶等。一般口服给药,重度心衰病人可用呋塞米静脉注射。新型利尿药托伐普坦具有排水不利钠的作用,可用于治疗伴有低钠血症的心力衰竭。

(2)RAAS抑制剂

1)血管紧张素转换酶抑制剂(ACEI):其主要作用包括抑制ACE减少血管紧张素Ⅱ的生成,发挥扩血管作用,改善血流动力学;降低心力衰竭病人神经-体液代偿机制的不利影响,改善心室重塑。临床研究证实ACEI早期足量应用除可缓解症状,还能延缓心衰进展,降低心力衰竭病人及伴或不伴冠心病病人的死亡率。ACEI的副作用主要包括低血压、肾功能一过性恶化、高血钾、干咳和血管性水肿等。ACEI目前种类很多,如卡托普利、贝那普利等。

2)血管紧张素受体拮抗剂(ARB):当ACEI引起干咳、血管性水肿时,不能耐受者可改用ARB。常用药物有缬沙坦、氯沙坦、厄贝沙坦等。

3)血管紧张素受体脑啡肽酶抑制剂(ARNI):主要作用是抑制血管收缩,改善心肌重构,能够显著降低心衰住院和心血管死亡风险,改善心衰症状和生活质量。代表药是沙库巴曲缬沙坦钠。

4)醛固酮受体拮抗剂:螺内酯作为保钾利尿剂,能阻断醛固酮效应,抑制心血管重塑,改善心衰的远期预后。

5)肾素抑制剂:阿利吉仑(aliskiren)为直接肾素抑制剂,有效降压且对心率无明显影响。但有待进一步研究以获得更广泛的循证依据,目前不推荐用于ACEI/ARB的替代治疗。

(3)β受体拮抗剂:可抑制交感神经激活对心力衰竭代偿的不利作用。心力衰竭病人长期应用β受体拮抗剂能减轻症状、改善预后、降低死亡率和住院率，与 ACEI 联合应用具有叠加效应。常用药物有琥珀酸美托洛尔、比索洛尔等。

(4) 正性肌力药

1) 洋地黄类药物：地高辛可明显减轻轻、中度心衰病人的临床症状，改善生活质量，提高运动耐量，减少住院率，但对生存率无明显改变。洋地黄类药物通过抑制 Na^+-K^+-ATP 酶发挥药理作用，包括正性肌力作用、电生理作用、迷走神经兴奋作用及作用于肾小管细胞，减少钠的重吸收并抑制肾素分泌。地高辛常以每日 0.125 mg 剂量起始并维持，70 岁以上、肾功能损害或体重低的病人应予更小剂量起始。毛花苷 C、毒毛花苷 K 为快速起效的静脉注射用制剂，适用于急性心力衰竭或慢性心衰加重时。

2) 非洋地黄类正性肌力药：包括 β 受体兴奋剂和磷酸二酯酶抑制剂，β 受体兴奋剂如多巴胺与多巴酚丁胺，多巴胺较小剂量可降低外周阻力，扩张肾血管、冠脉和脑血管。多巴酚丁胺是多巴胺的衍生物，扩血管作用不如多巴胺明显，但加快心率的效应也比多巴胺小。两者只能短期静脉应用，连续用药超过 72 h 可能出现耐药，长期使用将增加死亡率。磷酸二酯酶抑制剂（如米力农等）具有增强心肌收缩力的作用。因长期应用米力农治疗重症慢性心力衰竭，死亡率增加，所以仅对心脏术后急性收缩性心力衰竭、难治性心力衰竭及心脏移植前的终末期心力衰竭的病人短期应用。

3) 左西孟旦：是一种钙增敏剂，其正性肌力作用独立于 β 肾上腺素能刺激，可用于正接受 β 受体拮抗剂治疗的病人。该药在缓解症状和改善预后等方面有作用，且使 BNP 水平明显下降。

(5) 伊伐布雷定：选择性特异性窦房结起搏电流（I_f）抑制剂，减慢窦性心律，延长舒张期，改善左心室功能及生活质量，对心脏内传导、心肌收缩或心室复极化无影响且无 β 受体拮抗剂的不良反应或反跳现象。

(6) 扩血管药：慢性心衰的治疗并不推荐血管扩张药物的应用，仅在伴有心绞痛或高血压的病人可考虑联合治疗，对存在心脏流出道或瓣膜狭窄的病人禁用。

3. 非药物治疗

(1) 心脏再同步化治疗（CRT）：部分心力衰竭病人存在房室、室间和（或）室内收缩不同步，进一步导致心肌收缩力降低。CRT 通过改善房室、室间和（或）室内收缩同步性增加心排量，可改善心衰症状、运动耐量，减少住院率并明显降低死亡率。

(2) 植入型心律转复除颤器（ICD）：中、重度心衰病人逾半数死于恶性室性心律失常所致的心脏性猝死，而 ICD 可用于 LVEF≤35%，优化药物治疗 3 个月以上 NYHA 仍为 Ⅱ 级或 Ⅲ 级病人的一级预防，也可用于 HFrEF 心脏停搏幸存者或伴血流动力学不稳定持续性室性心律失常病人的二级预防。

(3) 左室辅助装置（LVAD）：适用于严重心脏事件后或准备行心脏移植术病人的短期过渡治疗和急性心衰的辅助性治疗。

(4) 心脏移植：是治疗顽固性心力衰竭的最终治疗方法。但因其供体来源及排斥反应而难以广泛开展。

拓展阅读 3-3-4
慢性 HFrEF 病人的治疗流程

(八) 护理评估

1. 病史

(1) 患病与诊治经过：有无冠心病、心肌病等基础心脏疾病病史，有无呼吸道感染、劳累等诱发因素。询问病程经过，如首次发病的时间，呼吸困难的特点，有无咳嗽、咳痰或痰中带血，有无乏力、头晕、失眠等，以上症状常是左心衰竭病人的主诉。还应了解病人是否有恶心、呕吐、腹胀、体重增加及身体低垂部位水肿等右心衰竭表现。了解相关检查结果、用药情况及效果。

（2）目前病情与一般情况：询问此次发病情况，病情是否有加重趋势。询问病人食欲、饮水量、睡眠状况、尿量，有无便秘，日常生活是否能自理等。

（3）心理社会状况：心力衰竭往往是心血管病发展至晚期的表现，因体力活动和自理能力受到限制，病人常感焦虑、抑郁甚至对死亡的恐惧。家属因长期照顾病人而产生沉重的身心负担或忽视病人的心理感受。

2. 身体评估

（1）一般状态：①生命体征：如心率、心律、血压、呼吸等；②意识与精神状况；③体位：半卧位或端坐位。

（2）心肺：①两肺有无湿啰音或哮鸣音，啰音的部位和范围；②心脏是否扩大，心尖冲动的位置和范围，心率是否加快，有无心尖部舒张期奔马律、病理性杂音等。

（3）其他：有无皮肤黏膜发绀；有无颈静脉怒张、肝颈静脉反流征阳性；肝的大小、质地；水肿的部位及程度，有无胸腔积液征、腹水征。

3. 实验室及其他检查　重点了解胸部 X 线检查、超声心动图、BNP 等，以判断有无心力衰竭及其严重程度。查看血常规、电解质、肝肾功能、血气分析结果等。

（九）常见护理诊断 / 问题

1. 气体交换障碍　与左心衰竭致肺循环淤血有关。
2. 体液过多　与右心衰竭致体循环淤血、水钠潴留、低蛋白血症有关。
3. 活动无耐力　与心排血量下降有关。
4. 潜在并发症　洋地黄中毒。

（十）护理目标

1. 病人呼吸困难明显改善，发绀消失，肺部啰音减少或消失，血气分析指标恢复正常。
2. 能叙述并执行低盐饮食计划，水肿、腹水减轻或消失。皮肤完整，无压疮。
3. 能说出限制最大活动量的指征，遵循活动计划，主诉活动耐力增加。
4. 能叙述洋地黄中毒的表现，一旦发生中毒，能够及时发现和控制。

（十一）护理措施

1. 气体交换障碍的护理

（1）休息与体位：病人有明显呼吸困难时应卧床休息，以减轻心脏负荷，利于心功能恢复。劳力性呼吸困难者，应减少活动量，以不引起症状为度。对夜间阵发性呼吸困难者，应给予高枕卧位或半卧位，加强夜间巡视。对端坐呼吸者，可使用床上小桌，让病人扶在桌上休息，必要时双腿下垂。注意病人体位的舒适与安全，可用枕头或软垫支托肩、臂、骶、膝部，以避免局部受压，必要时加用床栏防止坠床。病室应保持安静、整洁，每次通风 15~30 min，2~3 次 / 天。病人应衣着宽松，盖被轻软，以减轻憋闷感。

（2）氧疗：仅用于存在低氧血症时，根据缺氧程度调节氧流量，使病人 $SaO_2 \geq 95\%$。

（3）用药护理

1）血管紧张素转化酶抑制药：主要不良反应包括干咳、低血压、头晕、肾损害、高钾血症、血管神经性水肿等。在用药期间需监测血压，避免体位的突然改变，监测血钾和肾功能。若病人出现不能耐受的咳嗽或血管神经性水肿应停止用药。

2）β受体拮抗药：主要不良反应有液体潴留（可表现为体重增加）、心衰恶化、心动过缓和低血压等，应注意监测心率和血压，当病人心率低于50次/min或低血压时，应停止用药并及时报告医生。

（4）心理护理：焦虑抑郁和孤独感在心衰病人病情恶化中发挥重要作用，心理疏导可改善心功能，必要时请精神科会诊，酌情应用抗焦虑或抗抑郁药物。

2. 体液过多的护理

（1）体位：有明显呼吸困难者给予高枕卧位或半卧位，伴胸腔积液或腹水者宜采取半卧位。下肢水肿者如无明显呼吸困难，可抬高下肢以利于静脉回流，增加回心血量，从而增加肾血流量，提高肾小球滤过率，促进水钠排出。注意病人体位的舒适与安全，必要时加用床栏防止坠床。

（2）饮食护理：给予低盐、低脂、低糖、富含蛋白质、维生素、纤维素且易消化的饮食，少量多餐，钠摄入量 < 2 g/d。

（3）控制液体入量：严重心衰病人液体入量限制在 1.5~2.0 L/d，避免输注氯化钠溶液，有利于减轻心脏容量负荷，改善病人呼吸困难、水肿等现象。

（4）使用利尿药的护理：遵医嘱正确使用利尿药，注意药物不良反应的观察和预防。袢利尿药和噻嗪类利尿药最主要的不良反应是低钾血症，常表现为乏力、腹胀、肠鸣音减弱、心律失常或洋地黄中毒，故应监测血钾。注意多补充含钾丰富的食物，如鲜橙汁、番茄汁、柑橘等，必要时遵医嘱补充钾盐。口服补钾宜在饭后，以减轻胃肠道不适，外周静脉补钾时每 500 mL 液体中 KCl 含量不宜超过 1.5 g。噻嗪类的其他不良反应有胃部不适、呕吐、腹泻、高血糖、高尿酸血症等。氨苯蝶啶的不良反应有胃肠道反应、嗜睡、乏力、皮疹，长期用药可产生高钾血症，尤其是伴肾功能减退时，少尿或无尿者应慎用。螺内酯的不良反应有嗜睡、运动失调、男性乳房发育等，肾功能不全及高钾血症者禁用。利尿药的应用时间选择早晨或日间，避免夜间排尿过频而影响病人的休息。

（5）病情监测：每天在同一时间、着同类服装、用同一体重计测量体重，时间安排在病人晨起排尿后、早餐前最适宜。准确记录 24 h 液体出入量，若病人尿量 < 30 mL/h，应报告医生。有腹水者应每天测量腹围。

（6）保护皮肤：保持床单位清洁干燥，严重水肿者可使用气垫床。定时协助或指导病人变换体位，嘱病人穿柔软、宽松的衣服。心衰病人常因呼吸困难而被迫采取半卧位或端坐位，骶尾部可用减压敷料保护局部皮肤，并保持会阴部清洁干燥。

3. 活动无耐力的护理

（1）制订活动计划：告诉病人运动训练的治疗作用，注意动静结合，根据心功能分级、循序渐进地增加活动量。①心功能Ⅳ级：Ⅳb级病人卧床休息，日常生活由他人照顾，病人卧床期间应进行被动或主动运动，如四肢的屈伸运动、翻身、踝泵运动，每天温水泡脚，以促进血液循环；Ⅳa级的病人可下床站立或室内缓步行走，在协助下生活自理，以不引起症状加重为度。②心功能Ⅲ级：严格限制一般的体力活动，鼓励病人日常生活自理，每天下床行走。③心功能Ⅱ级：适当限制体力活动，增加午睡时间，不影响轻体力劳动或家务劳动，鼓励适当运动。

④心功能Ⅰ级：不限制一般体力活动，建议参加体育锻炼，但应避免剧烈运动。6 min 步行试验也可以作为制订个体运动量的重要依据。

（2）活动过程中监测：若病人活动中有呼吸困难、胸痛、心悸、头晕、大汗、面色苍白、低血压等情况时应停止活动。如病人经休息后症状仍持续不缓解，应及时通知医生。

4. 潜在并发症　洋地黄中毒。

（1）预防洋地黄中毒：①洋地黄用量个体差异很大，老年人、心肌缺血缺氧、低钾低镁血症等情况对洋地黄较敏感，使用时应严密观察病人用药后反应；②洋地黄与奎尼丁、胺碘酮、维拉帕米、阿司匹林等药合用，可增加其中毒机会，在给药前应评估病人是否使用了以上药物；③必要时监测血清地高辛浓度；④严格按医嘱给药，用毛花苷C或毒毛花苷K时务必稀释后缓慢（10~15 min）静脉注射，并同时监测心率、心律及心电图变化。

（2）观察洋地黄中毒表现：洋地黄中毒最重要的表现是各类心律失常，室性期前收缩最常见，多呈二联律或三联律，其他如房性期前收缩、心房颤动、房室传导阻滞等。胃肠道反应如食欲下降、恶心、呕吐和神经系统症状如头痛、倦息、视力模糊、黄视、绿视等在用维持量给药时已相对少见。

（3）洋地黄中毒的处理：①立即停用洋地黄。②低血钾者可口服或静脉补钾，停用排钾利尿药。③纠正心律失常。快速性心律失常可用利多卡因或苯妥英钠，一般禁用电复律，因易致心室颤动；有传导阻滞及缓慢性心律失常者，可用阿托品静脉注射或安置临时心脏起搏器。

（十二）护理评价

1. 病人呼吸困难减轻或消失，发绀消失，肺部啰音减少或消失，血气分析指标恢复正常。
2. 病人知道低盐饮食的重要性和服用利尿药的注意事项；水肿、腹水减轻或消失；皮肤无破损，未发生压疮。
3. 病人疲乏、气急、虚弱感消失，活动时无不适感，活动耐力增加。
4. 未发生洋地黄中毒。

（十三）健康指导

1. 疾病预防指导　对心衰高危阶段A期病人，强调积极干预各种高危因素，包括控制血压、血糖、血脂，积极治疗原发病；避免增加心衰的各种危险因素，如吸烟、饮酒等。避免各种诱发因素，如呼吸道感染、情绪激动、输液过快过多等；育龄期妇女应在医师指导下决定是否可以妊娠与自然分娩。

2. 疾病知识指导　饮食宜低盐、低脂、易消化，每餐六七成饱。控制体重，消瘦者应增强营养支持。运动锻炼可以减少神经激素系统的激活和延缓心室重塑的进程，是一种能改善病人临床状态的辅助治疗手段，所有稳定性慢性心力衰竭并能够参加体力适应计划者，运动前应进行医学与运动评估，制订个体化运动处方，运动方式以有氧运动为主，运动过程中应做好监测。

3. 用药指导　坚持遵医嘱服药，告知病人药物的名称、剂量、用法、作用、不良反应及注意事项。每天测量体重，若3天内体重增加2 kg以上，应考虑已有水钠潴留（隐性水肿），遵医嘱调整利尿药剂量；根据心率和血压调整β受体拮抗药、ACEI或ARB的剂量。病人一般1~2个月随访1次，病情加重时（如疲乏加重、水肿再现或加重、静息心率增加≥15~20次/min、活动后气急加重等）应及时就诊。

4. 照顾者指导　教育家属或陪护给予病人积极的支持，帮助树立战胜疾病的信心，保持情绪稳定，积极配合治疗。必要时教会主要照顾者掌握急性左心衰竭的急救技术。

（十四）预后

以下参数有助于判断心衰预后：LVEF、NYHA 分级恶化、低钠血症、运动峰耗氧量减少、心电图 QRS 波增宽、慢性低血压、静息心动过速、肾功能不全、不能耐受常规治疗、难治性容量超负荷、BNP 显著升高或居高不下等，均预示再住院和死亡风险增加。

二、急性心力衰竭

急性心力衰竭（acute heart failure，AHF）指心力衰竭急性发作和（或）加重的一种临床综合征，可表现为急性新发或慢性心衰急性失代偿。

（一）病因与发病机制

1. 病因　慢性心衰急性加重、急性心肌坏死和（或）损伤，如广泛心肌梗死、重症心肌炎。其诱发因素包括快速性心律失常或严重心动过缓、急性冠状动脉综合征伴机械性并发症，如室间隔穿孔、二尖瓣腱索断裂；高血压危象；心脏压塞；围生期心肌病；感染等。

2. 发病机制　心脏收缩力突然严重减弱，或左室瓣膜急性反流，心排血量急剧减少，左室舒张末压迅速升高，肺静脉回流不畅，导致肺静脉压快速升高，肺毛细血管压随之升高，使血管内液体渗入肺间质和肺泡内，形成急性肺水肿。肺水肿早期可因交感神经激活，使血压升高，但随病情持续进展，血压将逐步下降。

> 拓展阅读 3-3-5
> 急性左心衰竭严重程度分类

（二）临床表现

病人突发严重呼吸困难，呼吸频率常达 30~50 次/min，强迫坐位、面色灰白、发绀、大汗、烦躁、皮肤湿冷，尿量明显减少，同时频繁咳嗽，咳粉红色泡沫状痰。极重者可因脑缺氧而致神志模糊。发病伊始可有一过性血压升高，病情如未缓解，血压可持续下降直至休克。听诊时两肺满布湿性啰音和哮鸣音，心尖部第一心音减弱，心率快，同时有舒张早期第三心音奔马律，肺动脉瓣第二心音亢进。

（三）诊断要点

根据典型症状与体征一般不难作出诊断。临床评估时应尽快明确容量状态、循环灌注状态、急性心衰诱因及合并症情况。疑似病人可行 BNP/NT-proBNP 检测鉴别，阴性者几乎可排除急性心力衰竭的诊断。

（四）抢救配合与护理

1. 体位　立即协助病人取坐位，双腿下垂，以减少静脉回流，减轻心脏负荷。谨防跌倒受伤。

2. 氧疗　适用于有低氧血症的病人，通过氧疗将血氧饱和度维持在≥95%。首先应保证有开放的气道，立即给予鼻导管吸氧，根据血气分析结果调整氧流量；面罩吸氧适用于伴呼吸性碱中毒者。病情严重者应采用面罩呼吸机持续加压（CPAP）或双水平气道正压（BiPAP）给氧。

3. 迅速开放两条静脉通道，遵医嘱正确使用药物，观察疗效与不良反应。

（1）吗啡：吗啡 3~5 mg 静注可使病人镇静，同时扩张小血管而减轻心脏负荷。必要时每间隔 15 min 重复应用 1 次，共 2~3 次。老年病人可减量或改为肌注。观察病人有无呼吸抑制或心动过缓、血压下降等不良反应。呼吸衰竭、昏迷、严重休克者禁用。

（2）利尿药：呋塞米 20~40 mg 静注，4 h 后可重复 1 次。可迅速利尿，有效降低心脏前负荷；除利尿作用外，还有静脉扩张的作用，有利于肺水肿消退。

（3）血管扩张药：可选用硝普钠、硝酸甘油静滴，严格按医嘱定时监测血压，用输液泵控制滴速，根据血压调整剂量维持收缩压在 90~100 mmHg。

1）硝普钠：为动、静脉血管扩张药。起始剂量 0.3 μg/(kg·min) 静滴，根据血压逐步加量。硝普钠见光易分解，应现配、现用，避光滴注，因代谢产物含氰化物，药物保存和连续使用一般不宜超过 24 h。

2）硝酸酯类：扩张小静脉，降低回心血量。常用药物有硝酸甘油、双硝酸异山梨醇酯。

3）α受体拮抗剂：扩张血管，降低外周阻力，减轻心脏后负荷，并降低肺毛细血管压，减轻肺水肿，也有利于改善冠状动脉供血。常用药物乌拉地尔。

4）重组人脑钠肽（rhBNP）：新活素或奈西立肽扩张动静脉，降低前、后负荷，并具有排钠利尿、抑制 RAAS 和交感神经系统、扩张血管等作用，适用于急性失代偿性心衰。

（4）正性肌力药

1）洋地黄类药物：毛花苷 C 静脉给药最适用于有快速心房颤动合并心室扩大伴左心室收缩功能不全者，首剂 0.4~0.8 mg，2 h 后可酌情续用 0.2~0.4 mg。

2）非洋地黄类：多巴胺、多巴酚丁胺、米力农、左西孟旦等，适用于低心排血量综合征，可缓解组织低灌注所致的症状，保证重要脏器血液供应。

（5）氨茶碱：适用于伴支气管痉挛的病人。

4. 非药物治疗　主动脉内球囊反搏（IABP）可用于冠心病急性左心衰竭病人，可有效改善心肌灌注，降低心肌耗氧量和增加心排血量。其他包括机械通气、连续性肾脏替代治疗、体外膜式氧合、可植入式电动左心室辅助泵 Impella 等。

拓展阅读 3-3-6
急性左心衰竭治疗流程
拓展阅读 3-3-7
急性左心衰竭急救护理流程

（五）健康指导

向病人及家属介绍急性心力衰竭的病因及诱因，指导其继续针对基本病因进行治疗，避免诱发因素。在静脉输液时病人或陪护不能自行调节输液速度。

第四节　心律失常病人的护理

情景导入

刘某，男性，48 岁，主因"急性广泛前壁心肌梗死"入院。心电监护示：宽大畸形的 QRS 波，时限 >0.12 s，其前无相关的 P 波。

请思考：
1. 该病人出现了哪种类型的心律失常？
2. 应对该病人采取哪些护理措施？

心律失常（cardiac arrhythmia）指心脏冲动的频率、节律、起源部位、传导速度或激动次序的异常。

一、心律失常的分类

（一）冲动形成异常

1. 窦性心律失常　包括窦性心动过速、窦性心动过缓、窦性心律不齐和窦性停搏。
2. 异位心律失常
（1）被动性异位心律：①逸搏（房性、房室交界性和室性）。②逸搏心律（房性、房室交界性和室性）。
（2）主动性异位心律：①期前收缩（房性、房室交界性和室性）。②阵发性心动过速（房性、房室交界性和室性）。③心房扑动和心房颤动。④心室扑动和心室颤动。

（二）冲动传导异常

1. 生理性　干扰及干扰性房室分离。
2. 病理性
（1）心脏传导阻滞：①窦房传导阻滞。②房内传导阻滞。③房室传导阻滞。④束支或分支阻滞（左、右束支及左束支分支传导阻滞）或室内阻滞。
（2）折返性心律：阵发性心动过速（房室结折返、房室折返及心室内折返）。
3. 房室间传导途径异常　预激综合征。

二、心律失常发生机制

（一）冲动形成异常

1. 自律性异常　因自主神经系统兴奋性改变或其内在病变，导致不适当冲动的发放；或无自律性的心肌细胞，如心房、心室肌细胞，在病理状态下出现异常自律性，如心肌缺血、药物、电解质紊乱、儿茶酚胺增多等均可导致。自律性异常分两类，一类为被动型异位心律（逸搏或逸搏心律），另一类是主动性异位心律（期前收缩或自主性心动过速）。
2. 触发活动　指心房、心室与希氏束-浦肯野组织在动作电位后产生除极活动，称后除极。若后除极的振幅增高并达到阈值，便可引起一次激动，持续的反复激动即形成快速型心律失常。其可见于局部儿茶酚胺浓度增高、心肌缺血-再灌注、低血钾、高血钙及洋地黄中毒时。

（二）冲动传导异常

折返是快速性心律失常最常见的发病机制。产生折返需要以下基本条件：①心脏两个或多个部位的传导性与不应期各不相同，包括传导速度快而不应期长的快径路和传导速度慢而不应期短的慢径路，相互连结形成一个闭合环；②其中一条通道发生单向传导阻滞；③另一通道传导缓慢，使原先发生阻滞的通道有足够时间恢复兴奋性；④原先阻滞的通道恢复激动，从而完成一次折返激动。冲动在环内反复循环，产生持续而快速的心律失常（图3-4-1）。

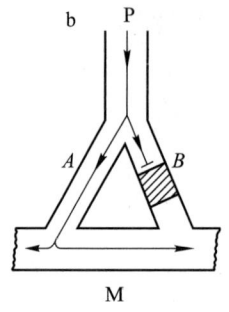
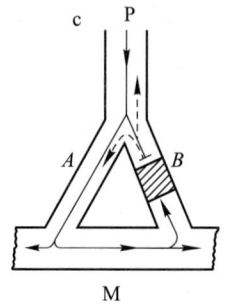

图 3-4-1　房室结内折返示意图

三、心律失常的诊断

心律失常的类型多样，病因多数是病理性的，但亦可见生理性的。因此心律失常的诊断必须是综合分析的结果。

（一）病史

详细的病史对病因诊断意义更大。详细追问病人发作时有无低血压、晕厥、抽搐、心绞痛、心力衰竭等表现，发作时心率、心律，发作起止与持续时间，以及既往发作的诱因、频率和治疗经过，有助于判断心律失常的性质。

（二）体格检查

除监测心率、心律外，还应判断心律失常对血流动力学的影响。部分心律失常依靠心脏的物理诊断检查手段亦能基本确诊，如心房颤动等。

（三）辅助检查

心电图是诊断心律失常最重要的一项无创性检查技术。其他辅助诊断的检查还有动态心电图（Holter monitoring electrocardiogram）、运动试验、食管心电图等。有创性的心腔内电生理检查对心律失常的诊断、治疗、判断预后均有很大作用。三维心脏电生理指标监测技术可提高消融治疗成功率，用于室上性心动过速、预激综合征、心房扑动、心房颤动、特发性室性心动过速等导管消融治疗。基因检测可应用于明确是否因存在离子通道病而反复出现恶性心律失常甚至猝死。

四、窦性心律失常

正常心脏起搏点位于窦房结，由窦房结冲动引起的心律称为窦性心律。正常窦性心律的频率为 60~100 次/min。心电图显示窦性 P 波在 Ⅰ、Ⅱ、aVF 导联直立，aVR 导联倒置，P-R 间期 0.12~0.20 s。窦性心律失常是窦房结冲动发放频率异常或者窦性冲动向心房传导异常所导致的心律失常。

（一）窦性心动过速

成人窦性心律的频率超过 100 次/分时即称为窦性心动过速。

1. 病因　常见于健康人吸烟，饮茶或咖啡、饮酒，剧烈运动或情绪激动等情况；某些病理状态如发热、甲状腺功能亢进、贫血、休克、心力衰竭及应用肾上腺素、阿托品等药物亦可出现窦性心动过速。

2. 临床表现　是人体生理性或病理性应激反应的表现，常逐渐开始与终止，刺激迷走神经可使其频率逐渐减慢。

3. 心电图特点　窦性P波，频率大于100次/min（图3-4-2）。

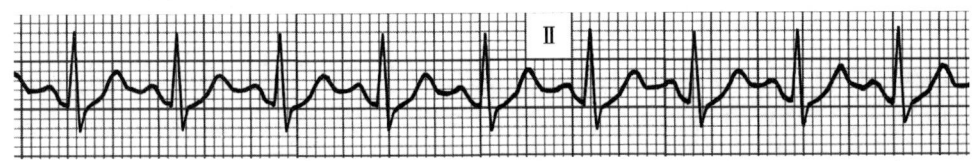

图3-4-2　窦性心动过速

4. 治疗要点　窦性心动过速应对病治疗和去除诱发因素，如纠正心力衰竭、控制甲状腺功能亢进等。必要时可应用β受体阻滞剂（如普萘洛尔、美托洛尔等）或非二氢吡啶类钙通道阻滞剂（如地尔硫䓬）减慢心率。

（二）窦性心动过缓

当成人窦性心律的心率低于60次/min，称为窦性心动过缓。

1. 病因　常见于健康的青年人、运动员、睡眠状态。亦可见于颅内疾病、甲状腺功能减退、阻塞性黄疸、服用洋地黄及抗心律失常，如β受体阻滞剂、胺碘酮、钙拮抗剂等。器质性心脏病中常见于冠心病、心肌炎、心肌病。

2. 临床表现　窦性心动过缓多无自觉症状，当心率过慢，出现心排血量不足时，病人可有胸闷、头晕甚至晕厥等症状。

3. 心电图特点　窦性P波，频率<60次/min，P-P间期>1.0 s，常同时伴有窦性心律不齐（不同P-P间期的差异大于0.12 s）（图3-4-3）。

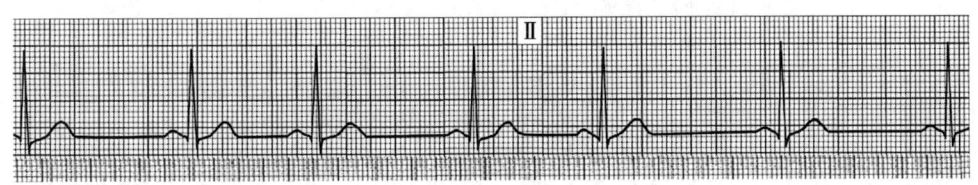

图3-4-3　窦性心动过缓伴窦性心律不齐

4. 治疗要点　无症状的窦性心动过缓通常无须治疗。如因心率过慢，使心排血量下降，病人出现胸闷、晕厥、心悸等症状，可用阿托品、麻黄碱或异丙基肾上腺素等药物，但长期应用往往效果不佳，且易发生严重的不良反应，必要时植入永久性人工心脏起搏器。

（三）窦性停搏

窦性停搏指窦房结不能产生冲动。

1. 病因　窦性停搏多见于窦房结变性或纤维化、急性下壁心肌梗死、脑血管意外、迷走神经张力过高或颈动脉窦过敏，还可见于洋地黄类、乙酰胆碱、奎尼丁、β受体阻滞剂等药物。

2. 临床表现　窦性停搏时间过长（>3 s）且无逸搏发生时，病人可出现黑矇、短暂意识障碍或晕厥，严重者可发生阿-斯综合征（Adams-Stokes综合征），甚至死亡。

3. 心电图特点　心电图表现为较正常P-P间期显著延长的间期内无P波（或同时无QRS波）出现，长的P-P间期与正常窦性P-P间期无倍数关系。低位的潜在起搏点（如房室结或心室）可发出单个逸搏或出现逸搏心律控制心室（图3-4-4）。

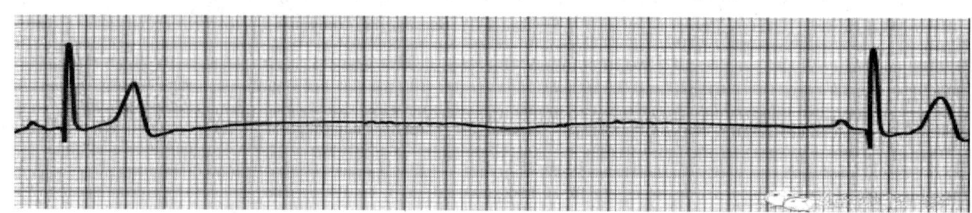

图3-4-4　窦性停搏

4. 治疗要点　窦性停搏的治疗可参照病态窦房结综合征。

（四）病态窦房结综合征

病态窦房结综合征（sick sinus syndrome，SSS）简称病窦综合征或病窦，是由窦房结病变导致功能减退，从而产生多种心律失常的综合表现。

1. 病因　常见为急性下壁心肌梗死累及窦房结动脉供血减少、心肌病、风湿性心脏病、先天性心脏病、颈动脉窦过敏、脑血管意外、高血钾、乙酰胆碱、甲状腺功能减退、伤寒、使用洋地黄类药物等。

2. 临床表现　轻者有头晕、头痛、乏力、晕厥、心绞痛等心脑供血不足的症状；重者可出现阿-斯综合征，甚至猝死。

3. 心电图特点　非药物引起的持续窦性心动过缓（<50次/min），伴有窦性停搏或窦性静止与窦房阻滞、房室传导阻滞等。心动过缓-心动过速综合征简称慢-快综合征，指心动过缓与房性快速心律失常（如房性心动过速、心房扑动、心房颤动）交替发作，心房颤动时心室率缓慢。还可发生房室交界性逸搏心律等（图3-4-5）。

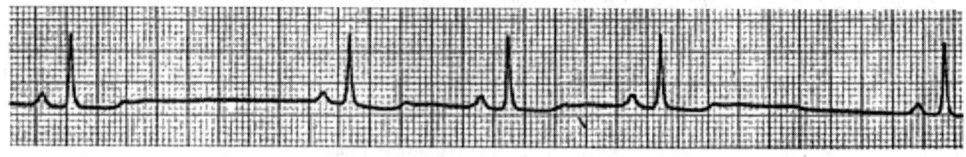

图3-4-5　病态窦房结综合征

4. 治疗要点　病窦综合征的治疗原则为：无症状者不必治疗，仅定期随诊观察；有症状者应植入永久性人工心脏起搏器。植入起搏器后，病人仍有心动过速发作，则可同时应用各种抗心律失常药。

五、期前收缩

期前收缩又称过早搏动或早搏，是临床上最常见的心律失常。期前收缩是由于窦房结以外的异位起搏点过早发出冲动控制心脏收缩所致。按照异位起搏点的部位不同，可分为房性、房室交界性和室性三类，其中以室性期前收缩最为常见。

（一）病因

1. 生理情况　期前收缩可发生于健康人，常在精神或体力过分疲劳、情绪紧张、过量吸烟、饮酒或饮茶时出现，属生理性早搏。

2. 器质性疾病　各种器质性心脏病，如冠心病、高血压心脏病、风湿性心脏病、心肌炎、心肌病、二尖瓣脱垂常易发生期前收缩。此外，甲状腺功能亢进、败血症等非心源性疾病亦可引起各种类型的期前收缩。

3. 药物中毒　洋地黄类药物、氯仿、酒石酸锑钾、普鲁卡因胺、奎尼丁、三环类抗抑郁药等。

4. 电、化学及机械刺激　炎症、缺血、缺氧、麻醉、心导管检查、外科手术和左室假腱索等。

5. 电解质紊乱　常可诱发期前收缩，尤其是低血钾、低血镁、酸中毒等。

（二）临床表现

偶发的期前收缩一般无特殊症状，部分病人可有漏跳或心悸的感觉。当期前收缩频发或连续出现时可出现心悸、乏力、心绞痛、胸闷、气短等症状。临床听诊呈心律不齐，早搏的第一心音常增强，第二心音相对减弱甚至消失。

（三）心电图特点

1. 房性期前收缩　起源于心房并提前出现的期前收缩。心电图表现为：①提前发生的异位 P′ 波，其形态与窦性 P 波稍有差别。②提前发生 P′ 波的 P′-R 间期大于 0.12 s。③提前的 P′ 波后继以形态正常的 QRS 波，有时也可出现宽阔畸形的 QRS 波群，称为室内差异性传导。有时 P′ 波发生过早，P′ 波后无 QRS 波，称房早未下传。④早搏后常可见一不完全代偿间歇（图 3-4-6）。

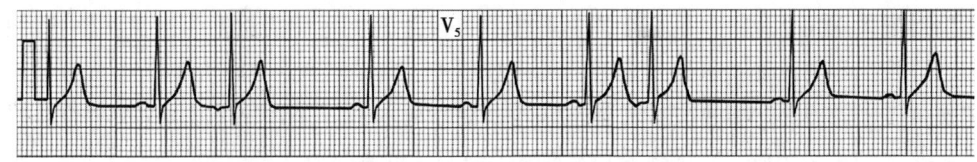

图 3-4-6　房性期前收缩

2. 房室交界性期前收缩　起源于房室交界区并提前出现的期前收缩。心电图表现为：①提前出现的 QRS 波，其前无 P 波，该 QRS 波形态与正常窦性激动的 QRS 波基本相同；②逆行 P′ 波可位于 QRS 波之前（P-R 间期 < 0.12 s）、之中或之后（P-R 间期 > 0.20 s）；③早搏后多见一完全代偿间歇（图 3-4-7）。

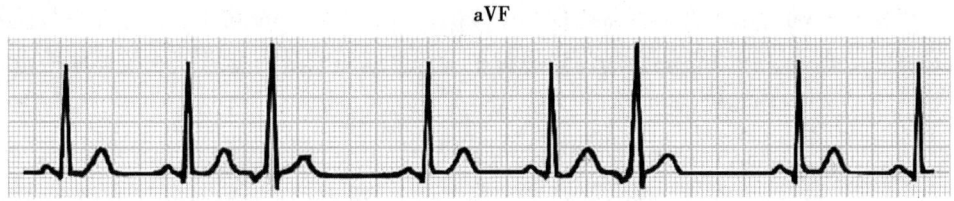

图 3-4-7　房室交界性期前收缩

3. 室性期前收缩　由希氏束分叉以下的异位起搏点提前使心肌除极的心搏。心电图表现为：①提前出现一宽大畸形的 QRS 波，前无 P 波；② QRS 波时限＞0.12 s；③ ST 段与 T 波方向多与 QRS 主波方向相反；④早搏后可出现完全代偿间歇（图 3-4-8）。

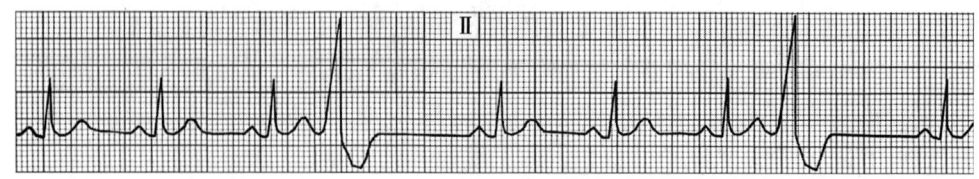

图 3-4-8　室性期前收缩

（四）治疗要点

1. 病因治疗　应针对期前收缩的病因积极治疗原发病，解除诱因，如缓解过分紧张或疲劳过度、改善心肌供血、控制心肌炎症、纠正电解质紊乱等。

2. 抗心律失常药治疗　不同类型的早搏可选用不同的药物。房性早搏、交界性早搏可选用维拉帕米（异搏定）、普罗帕酮（心律平）、胺碘酮等药物。室性早搏常选用美西律、普罗帕酮（心律平）、胺碘酮等。对于急性心肌梗死并发室性早搏者，目前不主张预防性应用利多卡因等抗心律失常药，若病人发生窦性心动过速与室性早搏，早期应用 β 受体阻滞剂可能减少心室颤动的发生。心肌梗死后或心肌病病人常伴室性早搏，应避免使用 I 类抗心律失常药，因其本身有致心律失常作用，虽能有效减少室性早搏，但总死亡率和猝死的风险反而增加。目前认为用胺碘酮治疗有效，其致心律失常作用甚低。β 受体阻滞剂对室性早搏的疗效不显著，但能降低心肌梗死后猝死发生率、再梗和总死亡率。

3. 其他　洋地黄中毒所致的室性早搏可选用苯妥英钠或利多卡因，及时补充钾盐。

六、心动过速

当早搏连续发生达到 3 个或 3 个以上时形成心动过速，具有突然发生、突然停止的特点，因此称为阵发性心动过速，每次发作时间可持续数秒、数分、数小时甚至数天。根据异位起搏点的部位，可分为房性、房室交界性和室性阵发性心动过速。由于房性与房室交界性阵发性心动过速常因 P′ 波不易辨认，故统称为阵发性室上性心动过速。

（一）病因

阵发性室上性心动过速（简称室上速）可发生于无明显器质性心脏病的病人，也可见于冠心病、风湿性心脏病、甲状腺功能亢进、洋地黄中毒等病人，患有预激综合征的病人常伴发阵发性室上性心动过速。大部分室上速由折返机制引起，其中房室结折返性心动过速与利用隐匿性房室旁路通道的房室折返性心动过速占全部室上速病例的 90% 以上。

阵发性室性心动过速多见于有器质性心脏病的病人，最常见的为冠心病急性心肌梗死，其他如心肌病、心肌炎、风湿性心脏病、洋地黄中毒、电解质紊乱、奎尼丁或胺碘酮中毒，亦有个别为病因不明的室性心动过速。

（二）临床表现

阵发性室上性心动过速的临床特点为：突然发作、突然终止，大多心律绝对均齐，心室率可达150~250次/min，持续数秒、数小时甚至数日，发作时病人可感心悸、头晕、胸闷、心绞痛，甚至发生心功能不全、休克，症状轻重取决于发作时的心率及持续时间。听诊心尖部第一心音强度恒定，心律绝对规整。刺激迷走神经或按摩颈动脉窦可使发作突然中止。

阵发性室性心动过速发作时的临床症状轻重可因发作时心室率、发作持续时间、原有心脏病变而各有不同。由于室性心动过速可严重影响心室排血量，使心、脑、肾血流供应骤然减少，临床上可出现严重心绞痛、呼吸困难、低血压、晕厥、休克甚至猝死。听诊心率多在140~220次/min，心律稍不规则，第一心音强度不一致，病人可出现发绀、意识障碍、休克等表现。

（三）心电图特点

1. 阵发性室上性心动过速 ①心率150~250次/min，节律规则；②QRS波形态及时限正常（伴有室内差异性传导或原有束支传导阻滞者除外）；③往往不易辨认出P波（因P波小、P波与T波重叠、埋于QRS波内或根本无P波）；④起始突然，通常由一个早搏触发（图3-4-9）。

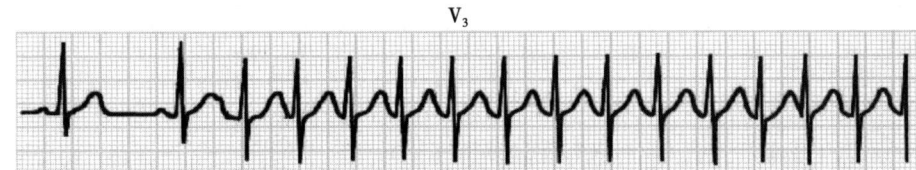

图3-4-9　阵发性室上性心动过速

2. 室性心动过速 ①3个或3个以上连续而迅速出现的室性早搏；②QRS波形态畸形，时限大于0.12 s，有继发ST-T改变，T波方向常与QRS波主波方向相反；③心室率一般为140~220次/min，心律不规则；④如能发现P波，则P波与QRS波无关，且频率比QRS波慢，即有房室分离现象；⑤常可见到心室夺获或室性融合波（图3-4-10）。

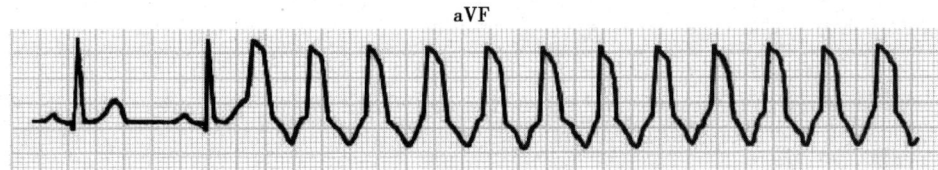

图3-4-10　室性心动过速

（四）治疗要点

1. 阵发性室上性心动过速 急性期治疗原则为：①刺激迷走神经，如病人心功能与血压正常，可先尝试刺激迷走神经，具有减慢心率和终止发作的作用。方法包括刺激悬雍垂诱发恶心呕吐、压迫眼球、按摩颈动脉窦（病人取仰卧位，先行右侧，每次5~10 s，切勿双侧同时按摩）、将面部浸于冰水内等。②升压药，如苯肾上腺素、甲氧胺等，但临床上现已很少应用。对冠心病、高血压、老年人等禁用。③洋地黄类，如毛花苷C（西地兰）首次静脉注射0.4 mg，2 h后不缓解可再静脉注射0.2~0.4 mg，总量不超过1.2 mg/d。目前除伴有心功能不全者可作首选外，其他病人已较少应用。④抗心律失常药：维拉帕米（异搏定），5 mg经稀释后静脉缓注，无效时隔10 min后可重复5 mg；普罗帕酮（心律平），70 mg经稀释后静脉缓注；其他可选用艾司洛尔、胺碘酮等药物。三磷酸腺苷（adenosine triphosphate，ATP）5~20 mg静脉注射也能取得一定疗效，但 ATP 用后偶可引起短阵室性心动过速。⑤如出现血流动力学改变症状，应该立即采用同步直流电复律术，不适宜电复律的病人，可用心房或心室起搏恢复窦性心律，或尝试食管调搏方法。

特别强调，在应用抗心律失常药转复心律时，必须在严密的心电监护下进行，以免发生心室颤动或心搏骤停等意外。

对于长期频繁发作，且症状较重，口服药物预防效果不佳者，建议行射频消融术可根治。

2. 室性心动过速　因极容易发展成心室颤动，故必须给予紧急处理。药物首选胺碘酮，20~50 mg/min 静脉滴注，直到转复窦性心律，如病人在治疗过程中出现低血压、休克、心绞痛、脑血流灌注不足等危重表现，或胺碘酮达到最大剂量（17 mg/kg）时仍不能转复为窦性心律，应立即给予同步直流电复律。对尖端扭转型室性心动过速，应努力寻找和去除导致 Q-T 间期延长的病变和停用有关药物，治疗可试用镁盐、异丙肾上腺素，也可使用临时心房或心室起搏，ⅠA 或Ⅲ类抗心律失常药（如普鲁卡因胺、胺碘酮、索他洛尔）可使 QT 间期更加延长，应禁用。针对室性心动过速持续发作者，可经静脉插入电极导管至右室，应用超速起搏终止心动过速。

七、扑动与颤动

当自发性异位搏动的频率超过阵发性心动过速的范围时，形成扑动或颤动。根据异位搏动起源的部位不同，可分为心房扑动与颤动、心室扑动与颤动。心房颤动是仅次于期前收缩的常见心律失常，远比心房扑动多见。心室扑动与颤动是致命性心律失常，一旦发生，应立刻抢救。

（一）病因

心房扑动与颤动的病因基本相同，绝大多数见于器质性心脏病，最常见于风湿性心脏病二尖瓣狭窄、冠心病、心肌病，还常见于甲状腺功能亢进、洋地黄中毒。心室扑动与颤动常为器质性心脏病及其他疾病临终前发生的心律失常，临床多见于急性心肌梗死、心肌病、严重低血钾、洋地黄中毒及胺碘酮、奎尼丁中毒等。

（二）临床表现

1. 心房扑动与颤动

（1）心房扑动（简称房扑）：临床上往往具有不稳定趋向，可恢复窦性心律，亦可进展呈心房颤动，亦可持续数月或数年。其临床症状取决于心室率的快慢，如心室率不快可无任何症状，心室率快者则可有心悸、胸闷，诱发心绞痛及心功能不全。听诊时心律可规则亦可不规则。

（2）心房颤动（简称房颤）：其症状亦取决于心室率的快慢，心室率大于 150 次/min 时，病人可发生心绞痛、左心功能不全的表现；当心室率不快时，病人可无症状。但由于心房颤动时心房有效收缩消失，心排血量比窦性心律时减少达 25% 或更多，故病人可有易疲劳、乏力、头晕等症状。

心房颤动是左心功能不全最常见的诱因之一。此外，心房颤动发生后还易引起心房内血栓形成，部分血栓脱落可引起体循环动脉栓塞，常见脑栓塞、肢体动脉栓塞、视网膜动脉栓塞等。心房颤动病人的典型体征为第一心音强弱不等，心室律绝对不整，脉搏短绌。

2. 心室扑动与颤动　其临床表现无差别。一旦发生，病人迅速出现意识丧失、抽搐，继之呼吸停顿，听诊心音消失、脉搏触不到、血压无法测到，即为临床死亡。

（三）心电图特点

1. 心房扑动 ①P 波消失，代之以每分钟 250～350 次间隔均匀、形状相似的 F 波；②QRS 波与 F 波成某种固定的比例，最常见的比例为 2∶1，有时比例关系不固定，则引起心室律不规则；③QRS 波形态正常（图 3-4-11）。

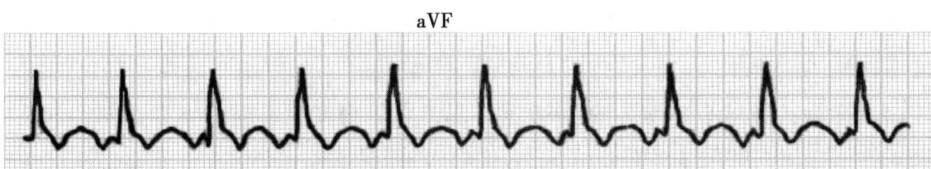

图 3-4-11 心房扑动

2. 心房颤动 ①P 波消失，代之以频率为 350～600 次/min、形状大小不同，间隔不均匀的 f 波；②QRS 波间隔绝对不规则，心室率通常可在 100～160 次/min；③QRS 波形态正常（图 3-4-12）。

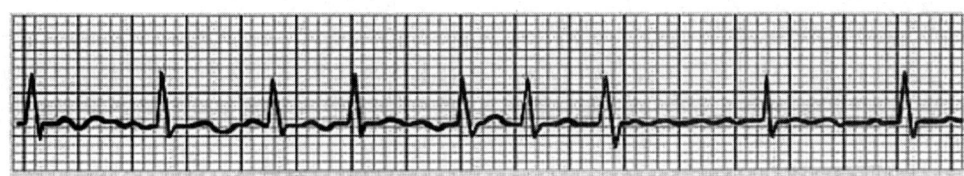

图 3-4-12 心房颤动

3. 心室扑动 心电图呈匀齐的、连续大幅度的正弦波图形，其频率为 150～300 次/min，难以区分 QRS-T 波群（图 3-4-13）。

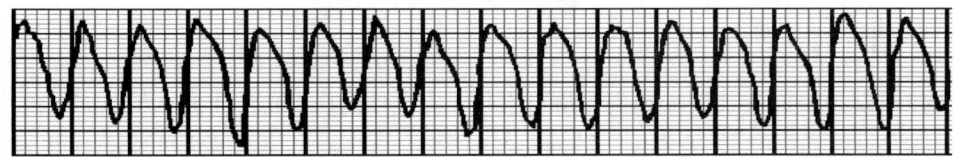

图 3-4-13 心室扑动

4. 心室颤动 心电图表现为形态、频率及振幅均完全不规则的波动，其频率在 150～500 次/min，QRS-T 波群完全消失（图 3-4-14）。

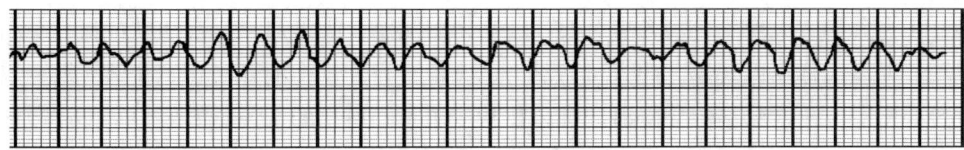

图 3-4-14 心室颤动

(四)治疗要点

1. **心房扑动** 应针对原发病治疗。转复心房扑动最有效的方法为同步直流电复律术。普罗帕酮、胺碘酮对复律及预防房扑复发有一定的疗效。钙拮抗剂如维拉帕米对控制房扑心室率亦有效,但目前对单纯控制房扑的心室率仍首选洋地黄类制剂。

2. **心房颤动** 除积极治疗原发病外,对阵发性心房颤动,如持续时间短、发作频度小、自觉症状不明显者无须特殊治疗,对发作时间长、频繁,发作时症状明显者可给予洋地黄、维拉帕米、普罗帕酮、胺碘酮等药物治疗。对持续心房颤动者,可应用洋地黄类药物控制心室率。心室率控制目标为:静息心室率为60~80次/min,中等程度运动时心室率为90~115次/min。由于胺碘酮导致心律失常发生率最低,是目前常用的维持窦性心律药物,特别适用于合并器质性心脏病的病人。药物复律无效时,可采用同步直流电复律术。如病人发作开始时已呈现急性心力衰竭或血压下降明显,宜紧急实施电复律。近年来采用射频消融术对心房颤动进行根治已取得明显疗效,并已逐步在临床推广应用。所有房颤病人均应进行抗凝治疗。许多房颤病人未来会发生严重的致残性脑卒中或血栓栓塞,应根据病人的危险分层来确定抗凝策略。对于低危病人,常用药物有阿司匹林100 mg,每天口服1次。对于高危病人,宜选择华法林治疗,应将凝血时间国际标准化比值(INR)维持在2~3之间。对于房颤的管理2020年ESC指南建议采用多学科团队合作的综合管理。

3. **心室扑动及颤动** 应争分夺秒进行抢救,尽快恢复有效心脏收缩,包括胸外心脏按压、人工呼吸、立即实施非同步直流电除颤,具体参阅本章第七节中"心搏骤停与心脏性猝死病人的护理"。

八、房室传导阻滞

房室传导阻滞指冲动从心房传入心室过程中受到不同程度的阻滞,阻滞部位可在心房、房室交界区、房室束、束支等。发生在心房与心室之间的阻滞称房室传导阻滞,依据阻滞的程度又可分为三度,一度、二度又称为不完全性房室传导阻滞,三度则为完全性房室传导阻滞。

(一)病因

虽然正常人在迷走神经张力增高时也可出现不完全性的房室传导阻滞,但临床上最常见的病因仍为器质性心脏病,如冠心病(急性心肌梗死)、心肌炎(病毒性或风湿性)、心内膜炎、心肌病、先天性心脏病、高血压等,其他亦可见于药物中毒(洋地黄)、电解质紊乱、甲状腺功能低下等全身性疾病。

(二)临床表现

一度房室传导阻滞病人除可有原发病症状外,无其他症状。二度房室传导阻滞可分为Ⅰ型与Ⅱ型,Ⅰ型又称文氏现象,病人可有心悸与心搏脱漏感,听诊第一心音强度可随心率间期改变而改变。Ⅱ型又称莫氏现象,病人可有乏力、头晕、心悸、胸闷等症状。Ⅱ型易发展成完全性房室传导阻滞。三度房室传导阻滞的临床症状取决于心室率的快慢,如因心室率过慢导致脑缺血,可发生意识丧失,甚至抽搐,称为阿-斯综合征。另外亦可因组织器官灌注不足而出现疲乏、晕厥、心绞痛、心功能不全等症状。听诊第一心音强度不等,可闻及心房音,心率通常在20~40次/min,血压偏低。

(三)心电图特点

1. 一度房室传导阻滞　P-R 间期大于 0.20 s，无 QRS 波脱落（图 3-4-15）。

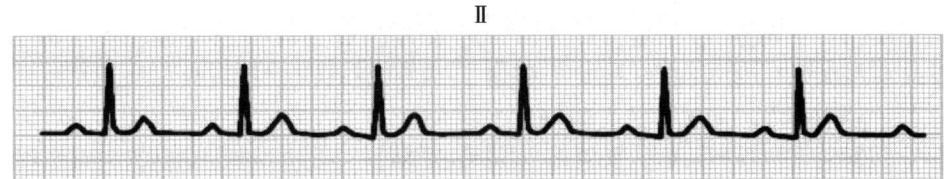

图 3-4-15　一度房室传导阻滞

2. 二度房室传导阻滞

（1）Ⅰ型：①P-R 间期逐渐延长，直至 QRS 波脱落；②相邻的 R-R 间期逐渐缩短，直至 P 波后 QRS 波脱落；③包含 QRS 波脱落的 R-R 间期比两倍 P-P 间期短；④最常见的房室传导比例为 3∶2 或 5∶4（图 3-4-16）。

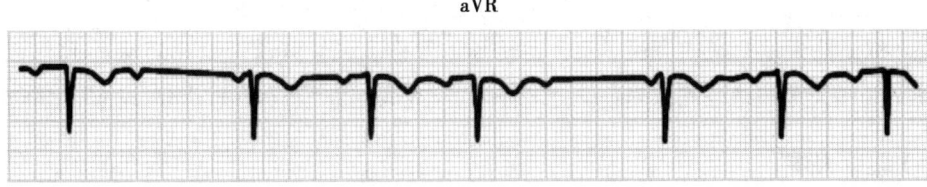

图 3-4-16　二度Ⅰ型房室传导阻滞

（2）Ⅱ型：①在传导的心动周期中，P-R 间期固定，可正常亦可延长；②有间歇性的 P 波与 QRS 波脱落，其常呈 2∶1、3∶1；③QRS 波形态一般正常，亦可有形态异常。（图 3-4-17）

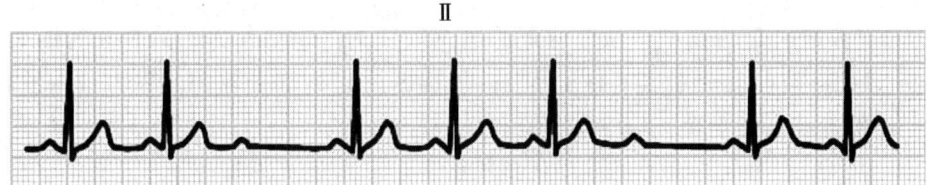

图 3-4-17　二度Ⅱ型房室传导阻滞

3. 三度房室传导阻滞　①P-P 间隔相等，R-R 间隔相等，P 与 QRS 波间无关；②P 波频率大于 QRS 波频率；③QRS 波形态取决于阻滞部位，如阻滞在房室束分支以上，则 QRS 波形态正常，如阻滞在双束支部位或以下，则 QRS 波增宽、畸形（图 3-4-18）。

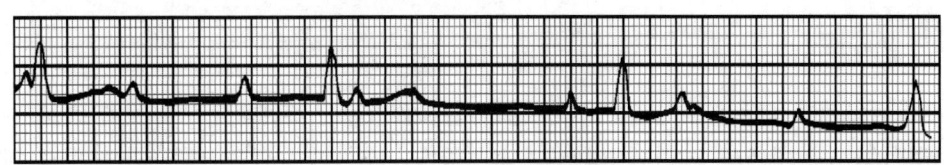

图 3-4-18　三度房室传导阻滞

(四)治疗要点

应针对不同病因进行治疗。一度或二度Ⅰ型房室须传导阻滞,无心室率过慢且无临床症状者,除必要的对原发病进行的治疗外,就心律失常本身无须进行治疗。

二度Ⅱ型或三度房室传导阻滞,当心室率慢并影响血流动力学时,应及时提高心室率以改善症状,防止发生阿-斯综合征。常用药物有:①阿托品,每次 0.5~2 mg,静脉注射,适用于阻滞位于房室结的病人。②异丙肾上腺素,5~10 mg,舌下含服,每 4~6 h 一次。病情重者可静脉滴注,但对急性心肌梗死病人要慎用。③糖皮质激素,适用于心肌炎病人,常选用地塞米松 10~20 mg/d,静脉注射;亦可口服泼尼松,20~60 mg/d。对心室率低于 40 次/min、症状严重者,特别是曾有阿-斯综合征发作者,应首选临时性或永久性心脏起搏治疗。

九、预激综合征

预激综合征(pre-excitation syndrome)指心房部分激动由房室传导系统以外的先天性旁道下传,使心室某一部分心肌预先激动(预激),导致以异常心电生理和(或)伴发多种快速型心律失常为特征的一种综合征。常见的是房-室旁道,又称 Kent 束。较少见的旁道有心房-希氏束、房室结-心室纤维及分支室纤维。向前旁道(房-室传导),心电图可显示心室预激(δ波),则称显性旁道;逆向旁道(室-房传导)者称隐匿性旁道。由 Kent 束引起心室预激并伴有快速型心律失常称典型预激综合征,又称为 WPW 综合征(Wolf-Parkinson-White 综合征)。

(一)临床表现

预激综合征本身无任何症状,但常引起快速室上性心律失常,与一般阵发性室上性心动过速相似,亦可并发快速心房颤动,从而诱发心悸、胸闷、心绞痛、休克及心功能不全,甚至发生猝死。

(二)心电图特点

由房-室旁道引起的典型预激综合征心电图表现为:①窦性搏动的 P-R 间期缩短,小于 0.12 s;② QRS 波时间延长至 0.11 s 以上;③ QRS 波起始部分粗钝,称为预激波或 δ 波;④可见继发 ST-T 波改变(图 3-4-19)。

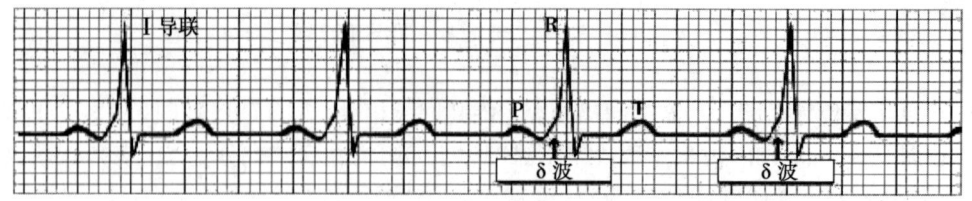

图 3-4-19 预激综合征

(三)治疗要点

预激综合征病人如无心动过速发作,或偶有轻微发作者,无须治疗。如发作频繁,症状明显则应积极治疗,目前应首选射频消融术。如无条件,亦可试用药物治疗,方法可参照阵发性室上性心动过速处理,首选药为维拉帕米或腺苷类静脉注射,其他可选用普罗帕酮或胺碘酮。

一般禁用洋地黄类。当预激伴快速房颤时，应首先普罗帕酮或胺碘酮，如无效应及早采用同步直流电复律。应当注意，维拉帕米静脉注射会加速预激综合征合并心房颤动病人的心室率，甚至还会诱发心室颤动，故应禁用。

十、心律失常病人的护理措施

（一）普通护理

1. 询问病人有哪些不适　如心悸、乏力、胸闷、头晕、晕厥等，并了解症状持续时间及严重程度，发病前有无诱因，如过度紧张、劳累，或生气着急等，发病时及发病后对日常生活是否有影响。
2. 定期测量心率和心律　观察病人神志、心率、心律、血压、呼吸等。房颤病人需由两位护士同时分别测量 1 min 的心率和脉率，以判断其有无脉搏短绌现象。
3. 心电图检查　是判断心律失常类型及观察心电动态变化的简便方法之一。
4. 持续心电监护　密切观察是否出现心律失常及其类型、发生时间、持续时间、治疗效果等。当病人出现频发、多源性室性早搏伴 R on T 现象、短阵室速、严重窦性心动过缓、SSS 伴长间隙、二度Ⅱ型及三度房室传导阻滞时，应及时通知医生并积极参与急救处理。局部皮肤有发红、发痒、水泡等电极过敏现象，应及时更换部位，同时电极要避开电除颤处。

（二）病人发生较严重心律失常时的护理

1. 休息　嘱病人卧床休息，保持心情平静，以减少心肌耗氧及对交感神经的刺激。
2. 给氧　4~6 L/min 持续吸氧，可改善因心律失常引起的机体缺氧。
3. 迅速开放两路静脉通道　为抢救用药做好准备。
4. 准备用药及仪器设备　如抗心律失常药、心三联、呼三联等，简易呼吸囊，临时起搏器、除颤仪。病人突然发生室扑或室颤，应立即给予非同步直流电除颤，同时呼叫医生。
5. 用药护理　严格遵医嘱给予抗心律失常药，注意给药途径、剂量，静脉滴注药物应注意点滴速度，观察药物作用及副作用。用药期间严密监测心电图和血压变化，发现问题及时向医生报告。

（1）胺碘酮：可用于治疗房性和室性快速型心律失常。不良反应：心动过缓、窦性停搏、转氨酶升高、静脉炎，过量或滴速过快可致严重低血压或循环衰竭。使用时应严密监测心率、心率、血压、肝功能、局部皮肤等，防止不良反应的发生。

（2）普鲁卡因胺：为钠通道阻断剂，可用于治疗室上性和室性心律失常，常与奎尼丁交替使用，毒性反应较重，可引起低血压，如血压低于 90/60 mmHg，心率 < 60 次/min，或心律不规则时需告知医生。

（3）利多卡因：剂量过大可引起震颤、抽搐，甚至呼吸抑制和心脏停搏等，应注意给药的剂量和速度。

（4）奎尼丁：有胃肠道反应，心脏毒性如过速或过缓、室颤、心室停搏、晕厥等，过敏反应及金鸡纳反应。需密切观察病情变化，发现异常及时通知医生并积极处理。

（5）普罗帕酮：口干、眩晕、舌唇麻木，个别引起 Q-T、P-R 间期延长。心动过缓、明显低血压、肝肾功能不全者慎用。

（6）β受体阻滞剂：常用美托洛尔和普萘洛尔，对于有支气管哮喘、COPD 病人可使用选择

性强的 β_1 受体阻滞剂如阿替洛尔。如出现低血压、显著心动过缓（心率低于 45 次/min）、重度或急性心力衰竭等应停药。

（7）钙通道阻滞剂：非二氢吡啶类钙通道阻滞剂有抗心律失常作用，如维拉帕米（异搏定）、地尔硫䓬（硫氮䓬酮），使用时注意体位性低血压、心动过缓、房室阻滞、心脏停搏等不良反应。严重心力衰竭，二、三度房室传导阻滞，室速，心源性休克，窦房结病变等病人禁用。

（8）洋地黄：慢性充血性心力衰竭合并快速房扑或房颤的病人，常用药物为地高辛、毛花苷 C，护理参阅本章第三节"心力衰竭病人的护理"。

（三）健康教育

1. **疾病知识指导** 向病人及家属讲解心律失常的常见病因、诱因及防治知识，提高病人自我管理、共同控制疾病的能力。

2. **日常生活的指导** 注意劳逸结合，生活规律，保持情绪稳定，戒烟，避免刺激性食物，如烈酒、浓茶、咖啡、可乐等；保持大便通畅，避免用力憋气排便使迷走神经兴奋而加重心动过缓。

3. **用药指导** 嘱病人遵医嘱服药，不可随意增减剂量，以防药物中毒或剂量不足。教会病人观察药物的疗效和不良反应，推送疾病和用药相关知识，一旦发现异常应及时就医。

4. **监测病情** 教会病人及家属测量脉搏方法，必要时做记录，门诊复查时可供医生参考。

5. **指导家属了解心肺复苏技术** 对发生致命性心律失常的高危者，应教家属学会心肺复苏技术，以备紧急需要时应用。

> 拓展阅读 3-4-3
> 严重心律失常急救护理流程

第五节　原发性高血压病人的护理

> **情景导入**
>
> 蒋某，男性，62 岁，主诉头痛、头晕 2 天，拟"高血压 2 级，很高危"入院。病人既往有高血压病史 10 余年。住院期间因情绪激动，血压急剧升高，出现高血压急症。BP 210/120 mmHg。
>
> **请思考：**
> 1. 控制性降压时，对降压的要求有哪些？
> 2. 使用硝普钠降压时，注意事项有哪些？

> 拓展阅读 3-5-1
> 原发性高血压重要知识点

高血压（hypertension）是以体循环动脉压升高为主要临床表现的心血管综合征，可分为原发性高血压（essential hypertension）和继发性高血压（secondary hypertension）。原发性高血压病因未明，是心脑血管疾病最重要的危险因素。继发性高血压指某些确定的疾病或原因引起的血压升高，约占所有高血压的 5%。

（一）病因

高血压是一种遗传因素和环境因素相互作用所致的疾病。

1. **遗传因素** 高血压具有明显的家族聚集性。父母均有高血压，子女发病概率高达46%，约60%的高血压病人有高血压家族史。

2. **环境因素** ①饮食：高血压与钠盐平均摄入呈正相关，主要见于对盐敏感的人群；钾盐摄入量与血压呈负相关；高蛋白摄入属于升压因素；饮食中饱和脂肪酸较高也属于升压因素。饮酒量与血压水平线性相关，尤其与收缩压相关性更强。②精神应激：从事精神紧张度高的职业和脑力劳动者，高血压患病率相对较高。③吸烟：可使交感神经末梢释放去甲肾上腺素增加而使血压增高，同时可以通过氧化应激损害一氧化氮（NO）介导的血管舒张，引起血压升高。④体重：体重增加是血压升高的重要危险因素。肥胖的类型与高血压发生关系密切，腹型肥胖者更容易发生高血压。

（二）发病机制

影响血压的因素很多，从血流动力学角度，主要取决于心排血量及体循环的外周阻力。平均动脉压（MBP）＝心排血量（CO）×总外周阻力（PR）。高血压的发病机制有如下几个环节（图3-5-1）。

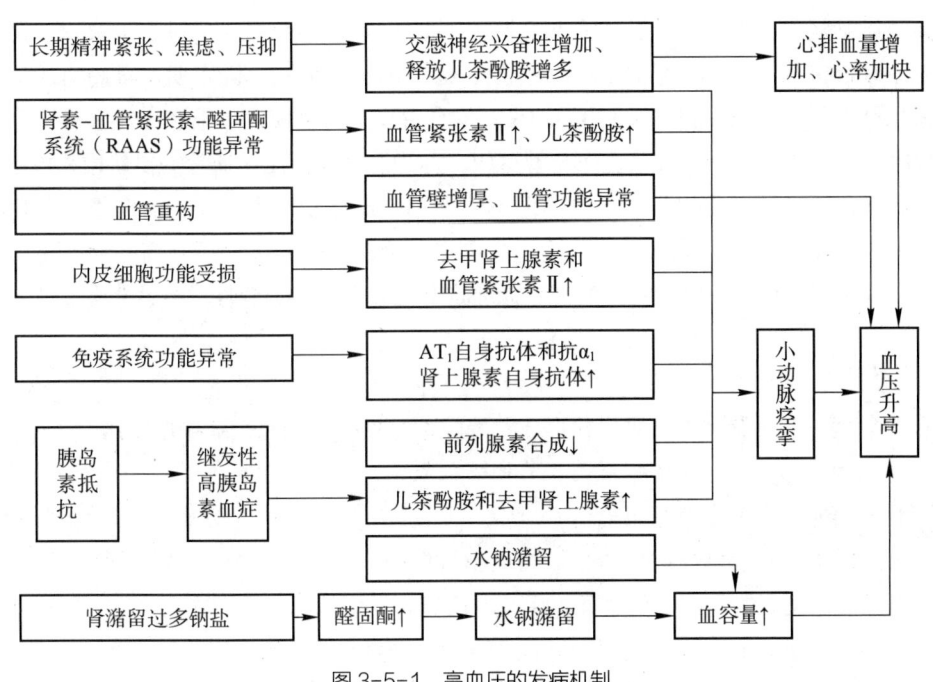

图3-5-1 高血压的发病机制

（三）病理生理

1. **心脏** 高血压主要引起左心室肥厚、扩张和冠状动脉粥样硬化。因长期压力负荷增高，儿茶酚胺与AT Ⅱ等都可刺激心肌细胞肥大和间质纤维化引起左心室肥厚和扩张，称为高血压心脏病。高血压造成冠状动脉弹性纤维散裂和断裂，脂质沉着于血管壁，是形成冠状动脉粥样硬化的重要因素。随斑块的扩大和管腔狭窄加重，可造成心肌缺血，甚至引起急性心肌梗死。

2. **脑** 脑中、小动脉粥样硬化，可造成脑缺血和脑出血。

3. **肾** 长期持续高血压使肾小球内囊压力升高，肾小球纤维化、萎缩，肾动脉硬化，导致肾实质缺血和肾单位不断减少，尤其在合并糖尿病时。恶性高血压时，入球小动脉及小叶间动脉发生增殖性内膜炎及纤维素样坏死，可在短期内出现肾衰竭。

4. 视网膜　视网膜小动脉早期发生痉挛，随着病程进展出现硬化。血压急骤升高可引起视网膜渗出和出血。眼底检查有助于对高血压严重程度的了解，目前采用 Keith-Wagener 眼底分级法：Ⅰ级：视网膜动脉变细、反光增强；Ⅱ级：视网膜动脉狭窄、动静脉交叉压迫；Ⅲ级：在上述病变基础上有眼底出血及棉絮状渗出；Ⅳ级：上述基础上又出现视盘水肿。

（四）临床表现

1. 症状　多数起病慢，缺乏特殊临床表现。常见症状有头痛、头晕、乏力、失眠、心悸、颈项板紧、视物模糊、鼻出血等，靶器官受累的症状，如胸闷、气短、心绞痛、多尿等。如果突然出现严重头痛、呕吐、眩晕等，要警惕可能发生脑血管疾病。

2. 体征　周围血管搏动、血管和心脏杂音等，听诊可闻及主动脉瓣区第二心音亢进、收缩期杂音或收缩早期喀喇音。

3. 高血压急症和亚急症

（1）高血压急症：指原发性或继发性高血压病人，在某些诱因作用下，血压突然和明显升高（一般超过 180/120 mmHg），伴有进行性心、脑、肾等重要靶器官功能不全的表现。高血压急症包括高血压脑病、颅内出血（脑出血和蛛网膜下腔出血）、脑梗死、急性心力衰竭、急性冠脉综合征、主动脉夹层、子痫、急性肾小球肾炎、嗜铬细胞瘤危象、围术期严重高血压等。少数病人病情急骤发展，舒张压持续≥130 mmHg，并有头痛、视物模糊、眼底出血、渗出和视盘水肿；肾损害突然出现持续蛋白尿、血尿与管型尿，称为恶性高血压。通常需要使用静脉降压药。

（2）高血压亚急症：指血压明显升高但不伴严重临床症状和进行性靶器官损害。病人可有血压明显升高造成的症状，如头痛、胸闷、鼻出血、烦躁不安等。血压升高的程度不是区别高血压急症与亚急症的标准，区别两者的唯一标准是有无新近发生的急性进行性靶器官损害。

（五）并发症

1. 脑血管病　包括脑出血、脑血栓形成、腔隙性脑梗死、短暂性脑缺血发作。
2. 心力衰竭和冠心病　参阅本章第三节和第六节。
3. 慢性肾衰竭　参阅第六章第七节。
4. 主动脉夹层　主动脉内膜撕裂后，血液通过内膜破口进入主动脉壁中层形成夹层血肿，并沿着血管壁延伸剥离的一种严重血管急症，也是病人发生猝死的原因之一。
5. 眼　累及眼底血管，可出现视力进行性减退，视盘水肿、眼底出血等。

（六）实验室及其他检查

1. 尿液检查　肾功能受损者，尿常规检查可见红细胞、尿蛋白、尿糖、尿比重降低（<1.010）等表现。
2. 血生化检查　血钾、血钠、尿素氮、肌酐、尿酸、空腹血糖、全套血脂等出现异常。
3. X 线胸片　心胸比率>0.5 提示心脏受累，多由于左心室肥厚和扩大。主动脉夹层可以在 X 线胸片上表现。
4. 心电图　高血压病人可出现左心室肥厚、左心房负荷过重、心律失常等。
5. 超声心动图　是诊断左心室肥厚较准确的指标，还可评价高血压病人的心功能和左心室射血分数。

6. 眼底检查　可发现眼底的血管病变和视网膜病变。血管病变包括动脉变细、扭曲、反光增强、交叉压迫及动-静脉比例降低。视网膜病变可出现出血、渗出、视盘水肿等。

（七）高血压的诊断标准与分类

高血压的标准是根据临床及流行病学资料界定的。目前，我国采用的血压分类见表3-5-1。高血压定义为未使用降压药的情况下，诊室病人收缩压≥140 mmHg 和（或）舒张压≥90 mmHg，根据血压升高水平，进一步将高血压分为3级。

表3-5-1　血压的定义和分类

类别	收缩压（mmHg）		舒张压（mmHg）
正常血压	<120	和	<80
正常高值血压	120~139	和（或）	80~89
高血压	≥140	和（或）	≥90
1级高血压（轻度）	140~159	和（或）	90~99
2级高血压（中度）	160~179	和（或）	100~109
3级高血压（重度）	≥180	和（或）	≥110
单纯收缩期高血压	≥140	和	<90

注：当收缩压和舒张压分属不同分级时，以较高级别为标准。以上标准适合任何年龄的成年男性、女性。

（八）原发性高血压的分级与分层

高血压病人的预后不但与血压水平有关，而且与是否合并其他心血管危险因素及靶器官损害程度有关。因此，从指导治疗和判断预后的角度，应对高血压病人进行分级与分层。根据血压升高程度分1、2、3级；根据其他心血管危险因素、糖尿病、靶器官损害及并发症情况，分为低危、中危、高危和很高危（表3-5-2）。

表3-5-2　高血压病人的分级与分层标准

其他危险因素和病史	高血压（mmHg）		
	1级	2级	3级
无危险因素	低危	中危	高危
1~2个危险因素	中危	中危	很高危
≥3个危险因素或靶器官损害	高危	高危	很高危
临床并发症或合并糖尿病	很高危	很高危	很高危

（九）诊断要点

高血压的诊断主要依据测量的血压值，测量安静休息坐位时上臂肱动脉部位的血压。一般需非同日测量3次的血压值，收缩压均≥140 mmHg 和（或）舒张压≥90 mmHg，可诊断为高血压。有高血压病史，正在服用降压药，即使血压正常，也诊断为高血压。同时应排除其他疾病导致的继发性高血压，如原发性醛固酮增多症、嗜铬细胞瘤、肾血管性高血压等。

（十）治疗

1. 降压达标的意义、目标血压及降压药治疗对象

（1）降压治疗的益处：临床试验结果表明，收缩压下降 10~20 mmHg 或舒张压下降 5~6 mmHg，3~5 年内脑卒中、冠心病与心脑血管病死亡事件发病风险分别减少 38%、16% 和 20%，心力衰竭减少 50% 以上。降压达标的目的是能长期、有效地控制血压，预防（逆转）心、脑、肾等靶器官的损害，减少心脑血管病的发病和死亡。

（2）目标血压：一般要求血压控制目标值应 <140/90 mmHg；糖尿病、慢性肾病、心力衰竭或病情稳定的冠心病合并高血压病人，血压控制目标值 <130/80 mmHg；对于老年收缩期高血压病人，收缩压控制在 150 mmHg 甚至 140 mmHg 以下。年轻、病程短的高血压病人，可较快达标。但老年人、病程长或有靶器官损害或并发症的病人，降压速度宜相对缓慢。

（3）高血压病人按心血管危险因素的分层治疗：①低危病人：以改变生活方式为主，监测血压和其他危险因素 3~12 个月，若多次测血压≥140/90 mmHg，遵医嘱加用药物治疗；②中危病人：以改变生活方式为主，监测血压和其他危险因素 3~6 个月，若多次测血压≥140/90 mmHg，遵医嘱加用药物治疗；③高危及很高危病人：立即进行药物治疗。

（4）降压药治疗对象：①高血压 2 级或以上病人（≥160/100 mmHg）；②高血压合并糖尿病，或者已经有心、脑、肾靶器官损害和并发症病人；③凡血压持续升高，改善不良生活方式后血压仍未获得有效控制的病人，从心血管危险分层的角度，高危和很高危病人必须使用降压药强化治疗。

（5）多重心血管危险因素协同控制：治疗高血压的主要目的是最大限度地降低心脑血管病的发病率及死亡风险。因此，在治疗高血压时，应同时干预病人存在的各种危险因素（如吸烟、糖尿病、高胆固醇血症等）。

拓展阅读 3-5-2 重视中青年高血压的早期预防和治疗

2. 非药物治疗要点　改善不良生活方式适用于各级高血压病人，包括：①减轻体重，将体重指数（BMI）控制在 24 kg/m² 以下；②补充钙和钾盐，多吃新鲜蔬菜、水果，多喝牛奶；③减少食物中饱和脂肪酸的含量和脂肪含量，控制总热量在 25% 以下；④戒烟、限酒；⑤减轻精神压力，保持心理平衡，避免情绪激动，保持充足睡眠；⑥限制钠盐摄入，每日不超过 6 g；⑦适当进行有氧运动，注意循序渐进。

3. 药物治疗

（1）用药主要原则：降压药的治疗方案选择应个体化。①及时、及早治疗。②长期、持续治疗，保持平稳降压。③从小剂量开始，逐渐增减剂量，不可突然停药，达到满意的血压水平所需药物的种类与剂量后继续进行长期降压治疗。④开始选用 1 种药物治疗，逐渐增加至最大剂量，若血压仍不能达标，加用第 2 种药物；使用 2 种降压药血压仍未达标，选用第 3 种降压药联合治疗，除有禁忌证外，必须包括利尿药。⑤推荐应用长效制剂减少血压波动，降低心血管事件发生的概率和防止靶器官损害，并提高服药的依从性，其中，控释片要好于缓释片。⑥也要考虑靶器官，如心、脑、肾、眼等脏器的损害情况。⑦2 级高血压（≥160/100 mmHg）病人在开始时就应采用联合治疗，联合治疗方案是利尿药与 β 受体阻滞剂，利尿药与 ACEI 或 ARB，二氢吡啶类钙通道阻滞剂（CCB）与 β 受体阻滞剂、CCB 与 ACEI 或 ARB，一般 3~6 个月达到目标血压。

拓展阅读 3-5-3 高血压治疗几大误区

（2）降压药的种类：目前常用降压药有五大类，即利尿药、β 受体阻滞剂、CCB、ACEI、ARB（表 3-5-3）。

表 3-5-3 常用降压药的分类、名称、剂量及用法

药物分类	适应证	药物名称	剂量（mg）	用（次/日）	副作用
利尿药： 噻嗪类 袢利尿药 醛固酮受体拮抗剂 保钾利尿药	轻中度高血压，尤伴心力衰竭、老年病人	氢氯噻嗪	12.5	1~2	低钾、低钠、低氯及高尿酸血症
		氯噻酮	25~50	1	
		呋塞米	20~40	1~2	
		螺内酯	20~40	1~2	高血钾
		氨苯蝶啶	50	1~2	
		阿米洛利	5~10	1	
		吲达帕胺	12.5~2.5	1	
β受体阻滞剂	各种不同程度的高血压，尤心绞痛、心肌梗死后发生快速心律失常	普萘洛尔	10~20	2~3	引起支气管痉挛，对心肌收缩力、房室传导及窦性心律均有抑制
		美托洛尔	25~50	2	
		阿替洛尔	50~100	1	
		倍他洛尔	10~20	1	
		比索洛尔	5~10	1	
		卡维地洛	12.5~25	1~2	
		拉贝洛尔	100	2~3	
钙通道阻滞剂： 二氢吡啶类 非二氢吡啶类	心绞痛、老年病人，收缩期高血压，合并糖尿病、冠心病、肥胖或外周血管病病人，有保护血管内皮和防治动脉粥样硬化的功能	硝苯地平	5~10	3	头痛、颜面部潮红和踝部水肿
		硝苯地平控释剂	30~60	2	
		尼卡地平	40	2	
		尼群地平	10	2	
		非洛地平缓释剂	5~10	1	
		氨氯地平	5~10	1	
		拉西地平	4~6	1	
		乐卡地平	10~20	1	
		维拉帕米缓释剂	240	1	抑制心肌收缩、自律性和传导性，引起便秘
		地尔硫䓬缓释剂	90~180	1	
血管紧张素转换酶抑制剂	伴有心力衰竭、心肌梗死后、糖耐量减退或糖尿病肾病的高血压病人	卡托普利	12.5~50	2~3	持续性干咳、低血压、高钾血症、血管神经性水肿、皮疹、有致畸危险及味觉障碍
		依那普利	10~20	2	
		贝那普利	10~20	1	
		赖诺普利	10~20	1	
		雷米普利	2.5~10	1	
		福辛普利	10~20	1	
		西拉普利	2.5~5	1	
		培哚普利	4~8	1	

续表

药物分类	适应证	药物名称	剂量（mg）	用（次/日）	副作用
血管紧张素Ⅱ受体阻滞剂	ACEI不能耐受者	氯沙坦	50~100	1	头晕、偏头痛、肌痛、与剂量有关的直立性低血压、皮疹、腹泻、血管神经性水肿、肝功能异常
		缬沙坦	80~160	1	
		厄贝沙坦	150~300	1	
		替米沙坦	40~80	1	
		坎地沙坦	8~16	1	
		奥美沙坦	20~40	1	

4. 高血压急症的治疗（常用静脉治疗药物见表3-5-4）

（1）及时降低血压：心电监护，监测血压、心率、心律、呼吸、血氧饱和度等变化。使用有效的降压药，首选静脉给药，如果没有条件，要及早口服降压药。合并高血压脑病、脑卒中、急性左心衰竭、主动脉夹层等，1 h内平均动脉压降低幅度不超过治疗前水平的25%，2~6 h内使血压下降到160/100 mmHg左右，24~48 h逐渐降至正常水平。

（2）降压药的选择

1）硝普钠（sodium nitroprusside）：首选，因其同时直接扩张静脉和动脉，降低前、后负荷。开始10 μg/min静脉滴注，逐渐增加剂量，最大剂量为200 μg/min。使用硝普钠时必须密切监测血压，根据血压水平调节滴速，注意避光。其不良反应有恶心、呕吐、肌束颤动，因产生氰化物，易发生硫氰酸中毒，一般使用24~48 h。

2）硝酸甘油（nitroglycerin）：扩张静脉和选择性扩张冠状动脉与大动脉。开始时以5~10 μg/min静脉滴注。降压起效迅速，停药后数分钟作用消失，可用100~200 μg/min。硝酸甘油主要用于高血压急症伴急性心力衰竭或急性冠脉综合征。不良反应有心动过速、面部潮红、头痛和呕吐等。

3）尼卡地平（nicardipine）：二氢吡啶类钙通道阻滞剂，作用迅速，持续时间较短，降压同时改善脑血流量。开始时0.5 μg/(kg·min)静脉滴注，逐步增加剂量到10 μg/(kg·min)，主要用于高血压急症合并急性脑血管病或其他高血压急症。不良反应有心动过速、面部潮红等。

4）拉贝洛尔（labetalol）：兼有α受体拮抗作用的β受体拮抗剂，起效迅速（5~10 min），持续时间较长（3~6 h）。开始时缓慢静脉注射20~100 mg，以0.5~2 mg/min的速率静脉滴注，总量不超过300 mg。拉贝洛尔主要用于高血压急症合并妊娠或肾功能不全病人。不良反应有低血压、心脏传导阻滞等。

（十一）护理评估

1. **病史** 询问病人有无头痛、头晕、耳鸣、视物模糊、坠床/跌倒等表现；有无导致高血压的危险因素，如高血压家族史、肥胖或超重、高盐饮食、长期精神紧张、饮酒、吸烟等；有无高血压的并发症，如心肌梗死、心力衰竭、肾衰竭、脑缺血和脑出血、视网膜渗出和出血等。

2. **身体评估** 评估病人有无头痛、头晕、目眩、恶心、呕吐、心悸、气促、耳鸣、视物模糊等；有无左心室肥厚、视盘水肿、周围血管搏动、心脏杂音、主动脉狭窄等。

3. **实验室及其他检查** 血糖、血脂、电解质、肾功能、心电图、超声心动图、眼底检查等

表 3-5-4 高血压急症常用的静脉治疗药物

降压药	剂量/方法	起效时间	持续时间	不良反应	适应证	禁忌证
1. 血管扩张剂						
硝普钠	0.25~10 mg/(kg·min)静滴	立即	1~2 min	恶心、呕吐、肌束震动、出汗、心动过速、硫氰化物中毒	大多数高血压急症合并心力衰竭者	颅内压增高或肾功能不全慎用
硝酸甘油	5~100 mg/min,静滴	2~5 min	5~10 min	心悸、轻度头痛、心动过速、呕吐	大多数高血压急症	颅内压高压、青光眼
2. α受体抑制剂						
酚妥拉明	2~10 mg 缓慢静注后 0.1~0.3 mg/min 静滴	1~2 min 5~10 min	10~30 min	心动过速、头痛、潮红	嗜铬细胞瘤、儿茶酚胺过剩	
乌拉地尔	12.5 mg 静注可重复1次或0.1~0.4 mg/min 静滴	3~15 min	2~8 h	头痛、头晕、恶心、疲倦	大多数高血压急症围术期高血压	
3. 钙通道阻滞剂						
地尔硫䓬	5~10 mg 静注或5~15 μg/(kg·min)静滴	<5 min	30 min	低血压、心动过速、房室传导阻滞、窦性停搏	大多数高血压急症	心力衰竭、窦房结功能低下、房室传导阻滞或外周血管病病人
尼莫地平	15~45 ng/(kg·min)静滴			低血压、头痛、潮红、心率加快		
尼卡地平	0.5~6.0 mg/(kg·min)静滴,最大剂量 15 mg/h	立即	60 min	心动过速、头痛、潮红、局部静脉炎	大多数高血压急症	主动脉瓣狭窄、ACS、颅内压高压、严重心力衰竭
4. β受体阻滞剂						
艾司洛尔	0.125~0.25 mg/kg 静注,再以0.05~0.10 mg/(kg·min)静滴,最大剂量 0.3 mg/(kg·min)	2~5 min	10~30 min	恶心、呕吐、房室传导阻滞、直立性低血压	高血压伴主动脉夹层围术期高血压	
拉贝洛尔	25~75 mg 静注后0.5~2.0 mg/min 静滴,累积量 <300 mg	5~10 min	3~6 h	呕吐、房室传导阻滞、直立性低血压	大多数高血压急症妊娠高血压	急性左心衰竭、严重支气管哮喘、肝功能异常

是否符合高血压的改变。

4. 心理社会状况　了解病人对疾病的认知程度、个性特征、生活方式、病人及家庭成员的文化、信仰、经济收入、关系等。

（十二）常见护理诊断/问题

1. 舒适的改变　如头痛，与血压升高或用扩血管药有关。
2. 有受伤的危险　与头晕、视力模糊或发生直立性低血压有关。
3. 活动无耐力　与长期高血压导致心功能不全有关。
4. 焦虑或抑郁　与病人本身性格、降压效果不好或外界刺激因素有关。
5. 营养失调：高于机体需要量　与病人进食过多、缺乏运动有关。
6. 潜在并发症　高血压急症。

（十三）护理目标

通过正规的药物治疗、改变不良的生活方式、调整饮食结构、适当运动、降低体重、放松心情等，病人的高血压得到控制。

（十四）护理措施

首先进行评估，制定个性化护理计划和措施，并实行全程责任制整体优质护理。根据病情及自理能力建立自理能力评估表、防坠床/跌倒风险评估表、防管道滑脱风险评估表、压力性损伤风险评估表、危重病人风险评估表、深静脉血栓评估表等。

1. 头痛的护理

（1）减少引起或加重头痛的因素：为病人提供安静、舒适的环境，减少探视，和病人交流时语气要温和，告诉病人避免情绪激动，保持心态平和。

（2）解释头痛原因：告知病人在血压突然升高或使用某些扩血管药时会出现头痛，等血压降低、减量或停用此种降压药后，头痛症状会很快缓解或消失。

2. 避免病人受伤的护理

（1）防范措施：建立预防跌倒/坠床风险评估表，床头放置安全标识，责任护士要加强巡视，告诉病人和家属防范措施。

（2）避免受伤：年老体弱、头晕、目眩、视力模糊等症状者，嘱病人卧床休息，下床时动作要慢，专人陪护。

（3）直立性低血压的预防和处理：告诉病人直立性低血压表现为头晕、心悸、出汗、恶心、呕吐等。嘱病人不要迅速改变体位，做到起床三部曲：从卧位到床上坐起 30 s，床边静坐 30 s，床边站立 30 s。服降压药后可在床上休息一会再下床活动。如睡前服药，夜间排便时更应注意避免跌倒，最好床上或床边小便。

3. 休息与活动　头痛、眩晕、视力模糊的病人应卧床休息，抬高床头，保持病室安静，减少声、光刺激，限制探视，避免熬夜，保证充足的睡眠。如病情许可，可适当活动。

4. 心理护理　降压是系统工程和终身治疗。加强心理疏导及疾病相关知识的宣教，消除病人紧张、焦虑或抑郁心理，保持情绪稳定和心情愉悦。

5. 饮食护理　减少碳水化合物、脂肪和钠盐的摄入，每天食盐量小于 6 g，适当增加蛋白质，多食富含钾、镁、钙的水果、蔬菜等。

6. 高血压急症的护理

（1）避免诱因：改变不良生活方式，如戒烟、限酒等；避免情绪激动，保持心态平和；同时避免劳累、熬夜或寒冷刺激。遵医嘱服用降压药，不能自行增、减药量，更不能突然停药，以免血压突然急剧升高。

（2）病情监测：定期监测血压，一旦发现病人血压急剧升高，伴有剧烈头痛、呕吐、大汗、视力模糊、面色及神志改变、肢体运动障碍等症状，要立即通知医生，积极参与救治。

（3）高血压急症的护理：①病人绝对卧床休息，抬高床头，避免一切不良刺激和不必要的活动，协助生活护理；②迅速建立静脉通路，遵医嘱尽早应用降压药，避免血压骤降；③保持呼吸道通畅，必要时吸氧 4~6 L/min；④心电监护，监测血压、心率、心律、呼吸等变化；⑤做好心理护理，必要时用镇静药；⑥病人发生意识障碍时，应用床栏防坠床，用口咽通气道防舌咬伤。

（十五）健康指导

1. 血压监测的指导　让病人或家属学会正确测量血压并记录，发现病情变化，要及时就医。

2. 应急常识指导　病人突然发生剧烈的心前区疼痛时，要立即停止一切活动，保持镇静，舌下含硝酸甘油，有条件者可吸氧 4~6 L/min，同时电话 120 呼救，立即送往条件好的附近医院。

3. 饮食护理　低盐、低糖、低脂、低胆固醇的饮食。每日钠盐摄入≤6 g，减少动物脂肪及内脏的摄入，补充适量蛋白质，多吃新鲜蔬菜、水果及含钾丰富的食物，如番茄、胡萝卜、西兰花、香蕉、谷类、橘子等。早晨空腹时，可饮一杯蜂蜜、果汁或牛奶等饮料，起到稀释血液的作用。晚间适当饮温水、牛奶，可避免夜间因血液流动慢、血液黏稠而发生血栓。

4. 洗漱　过热、过凉的水都会刺激皮肤感受器，引起周围血管的舒缩，进而影响血压。用 30~35℃的温水漱口、洗脸、洗澡较合适。洗澡时间不可过长，洗澡水不可热，以免因血管扩张，血压下降，病人发生晕厥而跌倒。

5. 运动　做有氧运动，以不感到心慌、气促和疲劳为宜，不可做剧烈运动，如跑步、登山等。可散步、打太极拳。对于上班需要久坐的人来说，每天应该从桌旁站起来数次活动身体，每次 3~5 min，可缓解精神紧张、促进全身血液循环，防止静脉血栓的发生。

（1）高血压病人运动的四大误区：①清晨运动。②运动强度越大效果越好。③身体不胖就不用锻炼。④运动后饮用冷水或冷水浴。

（2）高血压病人运动的四大不宜：①生病或身体不适时，不宜运动；②饥饿时或饭后 1 h 内，不宜运动；③运动要循序渐进，不宜立刻停止；④运动中发生任何不适，应立刻停止活动，不宜继续坚持运动。

6. 休息　尽量遵守每天的作息制度，一天睡眠不应少于 6 h。最好午睡 0.5~1 h。晚上看电视、下棋、打扑克、打麻将等娱乐活动要限制时间，勿过度兴奋或疲劳，否则会影响睡眠。上床前用温水洗脚，按摩双足及双下肢，可促进睡眠。

7. 心理护理　病人有紧张、焦虑时，不要在房间里踱来踱去，这样更加烦躁，最好是静下心来闭目养神一会儿，或听听音乐、看看书等。平时病人要学会遇事豁达、放松心情，自我调节心理压力，家属不要和病人发生正面冲突。

8. 防止便秘　因便秘病人在用力排便时腹压增高、血管收缩，心脑负荷加重，容易诱发脑出血或急性心肌梗死等高血压急症。所以病人要养成定时排便的习惯，多食富含纤维素的食物，必要时使用缓泻剂。

9. 高血压病人"年轻化"的预防　年轻的高血压病人,更要改变不良生活方式,生活要规律,保持乐观情绪,戒烟、限酒,减少夜生活,避免暴饮暴食,劳逸结合,保证充足的睡眠。

10. 用药指导　应根据病人病情、血压严重程度、并发症、合并症等进行个体化治疗。要坚持长期、正规用药治疗,把血压控制在目标血压范围,不要相信偏方;不可随意增减药量或突然撤换药物,选用长效制剂;有并发症时应选用对相应靶器官损害较小的药物。

11. 积极干预高血压的各种危险因素　如高血压合并糖尿病,要控制血糖在正常范围;高血压合并高脂血症,要进行降脂治疗等。

12. 定期复查　要求病人定期随诊,一般1~3个月复诊一次,如有任何不适,应及时就医。

(十六) 护理评价

病人经过正规的治疗和责任制整体优质护理,血压得到控制,无并发症发生;病人能够知道高血压发病病因、危险因素、诱发因素及疾病预防的相关知识。

(十七) 预后

原发性高血压属慢性病,病情发展缓慢,坚持有效的综合治疗,一般预后良好;相反则容易发生靶器官损害,增加中风、冠心病、心力衰竭、肾衰竭的风险。

第六节　冠状动脉粥样硬化性心脏病病人的护理

> **情景导入**
> 陈某,男性,65岁,主因"活动后胸闷、气短、心前区不适3年余,加重2天"入院。门诊拟"冠心病"收住我院。
> **请思考:**
> 冠心病病人的护理要点是什么?

一、概述

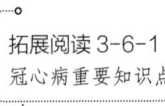

冠状动脉粥样硬化性心脏病(coronary atherosclerotic heart disease)指冠状动脉发生粥样硬化引起管腔狭窄或闭塞,导致心肌缺血缺氧或坏死而引起的心脏病,简称冠心病(coronary heart disease, CHD),也称缺血性心脏病(ischemic heart disease)。我国近30年来冠心病患病率有明显上升趋势,成为危害人民健康的常见病之一。

(一) 病因

本病病因尚未完全明确,目前认为是多种因素作用于不同环节引起冠状动脉粥样硬化,这些因素亦称为危险因素。

1. 年龄、性别　本病多见于40岁以上人群,49岁以后进展较快,近年来发病年龄有年轻化趋势。女性发病率较低,因雌激素有抗动脉粥样硬化作用,故女性在绝经期后发病率迅速增加。

2. 血脂异常　脂质代谢异常是动脉粥样硬化最重要的危险因素。总胆固醇(TC)、甘油三酯(TG)、低密度脂蛋白胆固醇(LDL-C)或极低密度脂蛋白胆固醇(VLDL-C)增高,相应的载脂蛋白(apoB)增高,高密度脂蛋白胆固醇(HDL-C)降低,载脂蛋白A(apoA)降低,都被认为是危险因素。此外,脂蛋白(a)[Lp(a)]增高有可能是独立的危险因素。临床上以TC及LDL-C增高最受关注。

3. 高血压　临床及尸检资料均表明,高血压病人动脉粥样硬化发病率明显增高,60%~70%的冠状动脉粥样硬化病人患有高血压。

4. 吸烟　与不吸烟者相比,吸烟者的发病率和病死率增高2~6倍,且与每天吸烟的支数呈正比。被动吸烟也是危险因素,因吸烟者前列环素释放减少,血小板易在动脉壁黏附聚集。吸烟还可使血中HDL-C降低、TC增高以致易患动脉粥样硬化。另外,烟草内含有尼古丁,可直接作用于冠状动脉和心肌,引起动脉痉挛和心肌受损。

5. 糖尿病和糖耐量异常　糖尿病病人发病率较非糖尿病者高出数倍,且病变发展迅速。糖尿病者多伴有高甘油三酯血症或高胆固醇血症,如再伴有高血压,则动脉粥样硬化发病率显著增加;糖尿病病人还常有凝血第Ⅷ因子增高及血小板功能增强,加速动脉粥样硬化血栓形成和引起动脉管腔的闭塞。

6. 肥胖　也是动脉粥样硬化的危险因素。肥胖可致血浆TC及TG水平增高,并常伴发高血压或糖尿病。研究表明,肥胖者常有胰岛素抵抗,导致动脉粥样硬化的发病率显著增加。

7. 家族史　一级亲属男性<55岁,女性<65岁发病,考虑存在早发冠心病家族史。常染色体显性遗传所致的血脂异常是这些家族成员易患本病的因素。

8. 其他危险因素　①A型性格和精神过度紧张者:患病率较高,可能与体内儿茶酚胺类物质浓度长期过高有关;②口服避孕药:长期口服避孕药可使血压升高,血脂异常,糖耐量异常,同时改变凝血机制,增加血栓形成的概率;③饮食习惯:高热量、高动物脂肪、高胆固醇、高糖饮食易患冠心病。

(二) 临床分型

根据病理解剖和病理生理变化的不同,本病有不同的临床表现。1979年世界卫生组织曾将之分为5型:隐匿型或无症状性冠心病、心绞痛、心肌梗死、缺血性心肌病和猝死。近年趋向于根据发病特点和治疗原则不同分为两大类:①慢性冠脉疾病(chronic coronary artery disease,CAD),也称慢性心肌缺血综合征(chronic ischemic syndrome,CIS),包括稳定型心绞痛、缺血性心肌病和隐匿性冠心病等;②急性冠脉综合征(acute coronary syndrome,ACS),包括不稳定型心绞痛、非ST段抬高型心肌梗死(non-ST-segment elevation myocardial infarction,NSTEMI)和ST段抬高型心肌梗死(ST-segment elevation myocardial infarction,STEMI),也有将冠心病猝死包括在内。本节重点介绍稳定型心绞痛、不稳定型心绞痛和"急性ST段抬高型心肌梗死"。

二、稳定型心绞痛

稳定型心绞痛(stable angina pectoris)亦称劳力性心绞痛。其特点为阵发性前胸压榨性疼痛或憋闷感,主要位于胸骨后部,可放射至心前区和左上肢尺侧,常发生于劳力负荷增加时,持续数分钟,休息或用硝酸酯制剂后疼痛缓解或消失。疼痛发作的程度、频度、持续时间、性质

拓展阅读3-6-2
心绞痛重要知识点

及诱发因素等在数个月内无明显变化。

(一) 发病机制

当冠状动脉狭窄或部分闭塞时,其血流量减少,对心肌的供血量相对比较固定,在休息时尚能维持供需平衡可无症状。在劳力、情绪激动、饱食、受寒等情况下,心脏负荷突然增加,使心率增快、心肌张力和心肌收缩力增加等而致心肌氧耗量增加,而狭窄的冠状动脉供血却不能相应增加以满足心肌对血液的需求时,即可引起心绞痛。

(二) 临床表现

1. **症状** 心绞痛以发作性胸痛为主要临床表现,疼痛的特点为:
 (1) 诱因:体力劳动、情绪激动、饱餐、寒冷、吸烟、心动过速、休克等均可诱发冠心病的发生。疼痛多发生于体力劳动或激动时,而不是在其之后。
 (2) 部位:主要在胸骨体后,可波及心前区,手掌大小范围,也可横贯前胸,界限不清。常放射至左肩、左臂内侧达无名指和小指,或至颈、咽和下颌部。
 (3) 性质:常为压迫、发闷或紧缩性,或有烧灼感,无针刺或刀割样疼痛,偶伴濒死感。
 (4) 持续时间:一般是 3~5 min,不超过半小时。
 (5) 缓解方式:消除诱因,休息或舌下含服硝酸甘油等硝酸酯类药物可在几分钟内缓解。

2. **体征** 心绞痛发作时,病人面色苍白、心率增快、血压升高、表情焦虑、皮肤湿冷或出汗,有时出现第四或第三心音奔马律。可有暂时性心尖部收缩期杂音,是因乳头肌缺血以致功能失调引起二尖瓣关闭不全。

(三) 实验室及其他检查

1. **心电图** 约半数病人静息时心电图在正常范围,也可有陈旧性心肌梗死的改变或非特异性 ST 段和 T 波异常。心绞痛发作时,多数病人可出现心内膜下心肌缺血引起的 ST 段压低 (≥0.1 mV)(图 3-6-1),有时出现 T 波倒置。平时有 T 波持续倒置的病人,发作时可变为直立("假性正常化")。另外,也可作心电图负荷试验和心电图连续动态监测。

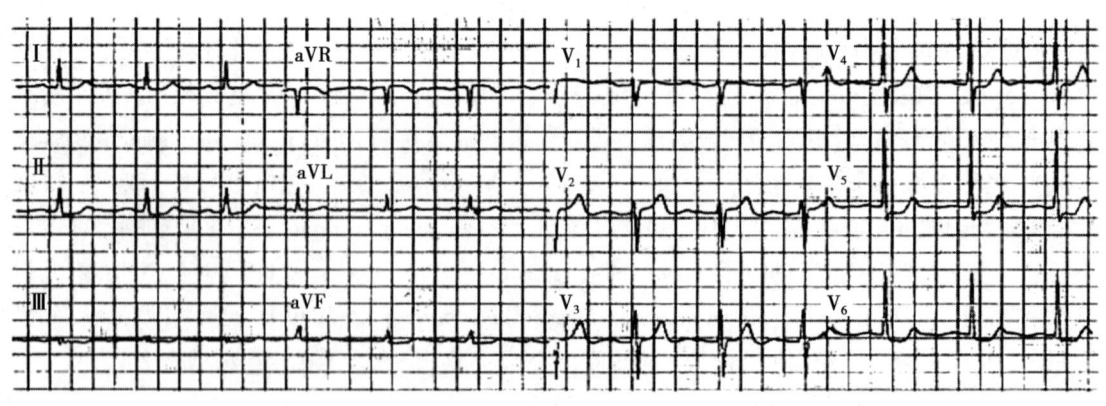

图 3-6-1 稳定型心绞痛发作时的心电图

2. **多层螺旋 CT 冠状动脉成像 (CTA)** 用于判断冠脉管腔狭窄程度和管壁钙化情况,对判断管壁内斑块分布范围和性质也有一定意义。

3. **超声心动图** 多数稳定型心绞痛病人静息时超声心动图检查无异常。

4. 放射性核素检查　通过心肌显像可判断心肌血流灌注、心肌代谢、左室射血分数及缺血室壁运动情况。

5. 冠状动脉造影　为有创性检查，可清晰地显现冠状动脉各主干及分支狭窄性病变的部位并估计其程度，是诊断冠心病的"金标准"。

6. 胸部 X 线检查　一般正常，但有助于了解其他心肺疾病，如有无心脏增大、充血性心力衰竭等。

（四）诊断与鉴别诊断

1. 诊断要点　根据典型心绞痛的发作特点，结合年龄和存在冠心病的危险因素，除外其他原因所致的心绞痛，一般可以诊断。诊断仍有困难者，可考虑做心电图、CTA 或冠状动脉造影等。加拿大心血管病学会（CCS）把稳定型心绞痛严重程度分为 4 级（表 3-6-1）。

表 3-6-1　稳定型心绞痛严重程度分级

分级	分级标准
Ⅰ级	一般体力活动（如步行和登楼）不受限，仅在强、快或持续用力时发生心绞痛
Ⅱ级	一般体力活动轻度受限。快步、饭后、寒冷或刮风中、精神应激或醒后数小时内发作心绞痛。一般情况下平地步行 200 m 以上或登楼一层以上受限
Ⅲ级	一般体力活动明显受限，一般情况下平地步行 200 m，或登楼一层引起心绞痛
Ⅳ级	轻微活动或休息时即可发生心绞痛

2. 鉴别诊断

（1）急性冠脉综合征：常在休息或轻微活动下诱发，疼痛程度更剧烈，持续时间 > 30 min，含服硝酸甘油不易缓解，可伴有心力衰竭、低血压状态、心源性休克、心律失常等，心电图有典型异常动态演变，心肌酶异常升高。

（2）其他疾病引起的心绞痛：如严重主动脉瓣狭窄或关闭不全引起的心绞痛。

（3）肋间神经痛和肋软骨炎：持续性刺痛或灼痛，与体位变化、咳嗽等有关。

（4）心脏神经症：疼痛短暂或持续几小时的隐痛，多在疲劳后出现，病人有叹息样呼吸、心悸、头晕、失眠等神经症状。

（五）治疗要点

稳定型心绞痛的治疗原则是改善冠脉血供和降低心肌耗氧量以改善病人症状，提高生活质量，同时治疗动脉粥样硬化，预防心肌梗死和死亡，延长病人生存期。

1. 发作时的治疗

（1）休息：发作时应立即休息，一般病人在停止活动后症状逐渐消失。

（2）药物治疗：宜选用作用较快的硝酸酯制剂，如硝酸甘油、硝酸异山梨酯等舌下含服，起效快。

2. 缓解期的治疗

（1）生活方式的调整：宜尽量避免各种诱发因素，如保持情绪稳定、避免进食过饱、戒烟限酒、避免重体力活动等。

(2)药物治疗

1)改善心肌缺血、减轻症状的药物:①β受体阻滞剂:能抑制心脏β肾上腺素受体,减慢心率,减弱心肌收缩力,降低血压,从而降低心肌耗氧量,以减少心绞痛发作和增加运动耐量。②硝酸酯类:为非内皮依赖性血管扩张剂,能减少心肌需氧,改善心肌灌注,从而减低心绞痛发作频率和程度。③钙通道阻滞剂:抑制钙离子进入细胞内,也抑制心肌细胞兴奋-收缩耦联中钙离子的作用,降低心肌收缩力,减少心肌氧耗;扩张冠脉,解除冠脉痉挛,改善心内膜下心肌的供血;扩张周围血管,降低动脉压,减轻心脏后负荷;改善心肌微循环。④其他药物:如曲美他嗪,通过抑制脂肪酸氧化和增加葡萄糖代谢,提高氧利用率而改善心肌缺血。

2)预防心肌梗死、改善预后的药物:①抗血小板药、抗凝药:阿司匹林 75~150 mg, qd;双嘧达莫(潘生丁)25~50 mg, tid;噻氯匹定 0.25 g, bid;氯吡格雷,首次剂量 300 mg,以后 75 mg, qd;替格瑞洛,首次剂量 180 mg,以后 90 mg, qd。②β受体拮抗剂:减少心血管事件的发生。③他汀类药物:能有效降低 TC 和 LDL-C,延缓斑块进展和稳定斑块。如(普)辛伐他汀 20~40 mg, qn;阿托伐他汀 10~80 mg, qd。④ACEI 或 ARB:可降低心血管死亡等主要终点事件的危险性。如卡托普利 12.5~50 mg, tid;依那普利 5~10 mg, bid;缬沙坦 80~160 mg, qd。

(3)血管重建治疗:经皮冠状动脉介入治疗(PCI),冠状动脉旁路移植术(coronary artery bypass grafting, CABG)。

三、不稳定型心绞痛

目前临床上已趋向将除稳定型心绞痛以外的缺血性胸痛统称为不稳定型心绞痛(unstable angina pectoris, UA),介于稳定型心绞痛与急性心肌梗死之间。

(一)病因和发病机制

由于动脉粥样硬化斑块破裂或糜烂,伴有不同程度的血栓形成、冠脉痉挛及远端血管血栓、微血管栓塞,导致急性或亚急性心肌供氧减少和缺血加重。虽然也可因劳力负荷诱发,但劳力负荷终止后,胸痛并不能缓解。

(二)临床分型

UA 根据临床表现,可以分为以下三种(表 3-6-2)。

表 3-6-2 不稳定型心绞痛的三种临床类型

类型	临床表现
静息型心绞痛	发作于休息时,持续时间通常 > 20 min
初发型心绞痛	通常在首发症状 1~2 个月以内,很轻的体力活动可诱发,一般体力活动受限
恶化型心绞痛	在相对稳定的劳力性心绞痛基础上心绞痛逐渐增强(疼痛更剧烈、时间更长或更频繁)

(三)临床表现

1. 症状 UA 病人胸部不适的性质与稳定型心绞痛相似,通常程度更重,持续时间更长,可达十余分钟,胸痛在休息时也可发生。如有以下临床表现有助于判断 UA:①诱发心绞痛的体力活动阈值突然或持久降低;②心绞痛发生频率、严重程度和持续时间增加;③出现静息或夜间心绞痛；④胸痛放射至新的部位；⑤发作时伴有新的相关症状，如出汗、恶心、呕吐或呼吸困难；⑥常规休息或舌下含服硝酸甘油只能暂时甚至不能完全缓解症状；⑦老年女性和糖尿病病人症状多不典型。

2. 体征　体检可发现一过性第三心音或第四心音，以及由于二尖瓣反流引起的一过性收缩期杂音，不具有特异性。

（四）诊断与鉴别诊断

综合临床表现、缺血性心电图改变及心肌坏死标志物测定，可作出诊断。鉴别诊断同本节"稳定型心绞痛"部分。

由于 UA 病人的严重程度不同，其处理和预后也有很大的差别。临床诊断分为低危组、中危组和高危组（表 3-6-3）。

表 3-6-3　UA 危险度短期危险分层

组别	诊断依据		
	临床表现	心电图特征	心肌坏死标志物
低危组	过去 2 周内新发 CCS Ⅲ级或Ⅳ级心绞痛，持续时间 < 20 min	胸痛间期心电图正常或无变化	正常
中危组	长时间（> 20 min）静息胸痛目前缓解，静息胸痛（< 20 min）或因休息或含服硝酸甘油缓解，年龄 > 70 岁	T 波倒置 > 0.2 mV，有病理性 Q 波	轻度增高，即 cTnT > 0.01 μg/L 但 < 0.1 μg/L
高危组	缺血性症状 48 h 内恶化，静息心绞痛时间 > 20 min，有肺水肿、低血压、窦性心动过缓或窦性心动过速，年龄 > 75 岁	伴一过性 ST 段改变（> 0.05 mV），新出现束支传导阻滞或新出现的持续性心动过速	轻度增高，即 cTnT > 0.1 μg/L

（五）治疗要点

不稳定型心绞痛病情发展常难以预料，应密切观察病情变化，疼痛发作频繁或持续不缓解及高危组的病人应立即住院治疗。

1. 一般治疗　疼痛发作时应卧床休息，吸氧 3～4 L/min，持续心电监护，严密观察心率、心律、血压、呼吸及血氧饱和度的变化，注意心电图及心肌坏死标志物的动态变化。

2. 缓解疼痛　烦躁不安、疼痛剧烈者，可考虑应用镇静剂，如杜冷丁 5～10 mg 肌内注射；硝酸甘油 0.25～0.5 mg 舌下含服，或硝酸甘油 5～10 μg/min 持续静滴或微量泵输注，直至症状缓解或出现明显副作用时停用。此外，可酌情选用 β 受体阻滞剂或钙通道阻滞剂等，其中血管痉挛性心绞痛以钙通道阻滞剂为首选。

3. 抗血小板、抗凝、调脂治疗　是治疗 UA 至关重要的措施，应尽早应用阿司匹林、氯吡格雷、替格瑞洛、普通肝素或低分子肝素等，防止血栓形成，阻止病情进展为心肌梗死。

4. 冠状动脉血管重建治疗　行 PCI 和 CABG。对于病情严重，保守治疗效果不佳，心绞痛发作持续时间 > 20 min，或血清肌钙蛋白升高者（尤其是血清高敏肌钙蛋白），可在有条件的医院行急诊 PCI。

(六)常见护理诊断/问题

1. 胸痛　与心肌缺血、缺氧有关。
2. 活动无耐力　与心肌氧的供需失调有关。
3. 知识缺乏　缺乏疾病及配合治疗的相关知识。

(七)护理措施

1. 胸痛的护理　①心绞痛发作时应立即停止正在进行的活动,就地休息;②给予氧气3~4 L/min 吸入;③安慰病人,消除其紧张不安心理,以减少心肌耗氧量。
2. 休息与活动

(1)休息:①心绞痛发作时:立即停止活动,卧床休息;②缓解期病人:一般不需要卧床休息,鼓励病人适当活动,最大活动量以不发生心绞痛症状为宜,避免竞技类运动、用力排便或憋气,也要避免精神过度紧张和疲劳作业。

(2)运动:适量进行有氧运动为主,注意运动的强度和时间因病情和个体差异而不同,必要时在心电监测下进行运动。

3. 病情观察　评估病人疼痛的部位、性质、程度、持续时间;心电监护,严密监测心率、心律、血压及血氧饱和度的变化,同时观察病人有无面色苍白、大汗、恶心、呕吐等表现。
4. 饮食指导　①合理膳食:宜进低盐、低脂、低胆固醇,富含蛋白质、维生素和纤维素的食物,吃六七成饱;②戒烟、限酒。
5. 用药护理　指导病人出院后遵医嘱服药,不要擅自增减药量或停药,注意观察药物的不良反应。①心绞痛发作时给予硝酸甘油 0.25~0.5 mg 舌下含服,必要时用 5% 葡萄糖溶液(或 0.9% 氯化钠溶液)100 mL+ 硝酸甘油 5~10 mg,每分钟 10~15 滴静脉滴注或 1~5 mL/h 微量注射泵维持,告知病人及陪护不可擅自调节滴速,以防发生低血压。还要告知病人此药可能出现面部潮红、头部胀痛、头晕、心动过速、心悸等不适,是药物扩血管作用导致,以消除病人的顾虑。②应用他汀类药物时,注意肝损害和肌酶升高。
6. PCI 护理　详见本章第八节中"经皮冠状动脉介入治疗及护理"。
7. 心理护理　调整心态,避免急躁、易怒,保持心态平和。
8. 病人自我救护的指导　告诉病人及陪护心绞痛发作时的缓解方法:立即停止活动、舌下含服硝酸甘油,如连续含服硝酸甘油 3 次仍不缓解,或心绞痛发作比以往频繁、程度加重、疼痛时间延长,要及时就医,应警惕急性心肌梗死的发生。
9. 避免诱发因素　避免过度劳累、情绪激动、饱餐、用力排便、寒冷刺激等诱因。

(八)预后

一般预后较好,病人出院后要坚持药物治疗,严格控制危险因素,减少诱发因素,以降低心肌梗死和猝死的发生率。

四、急性 ST 段抬高型心肌梗死

> **情景导入**
>
> 程某,女性,72 岁,4 h 前无明显诱因下突然出现心前区压榨样疼痛,向左肩背部放射,伴恶心、呕吐、全身大汗,自服速效救心丸后症状不能缓解而急诊入院。心电图提示急性 ST 段抬高型心肌梗死。
>
> **请思考:**
> 急性 ST 段抬高型心肌梗死的急救处理措施有哪些?

STEMI 指急性心肌缺血性坏死,大多是在冠脉病变的基础上,发生冠脉血供急剧减少或中断,使相应的心肌严重而持久地急性缺血所致。根据中国心血管病报告数据,急性心肌梗死(acute myocardial infarction, AMI)发病率在不断增高,死亡率呈上升趋势,属于 ACS 的严重类型。

拓展阅读 3-6-3
心肌梗死重要知识点

(一) 病因及发病机制

本病的发生是在冠状动脉粥样硬化基础上一支或多支血管发生急性闭塞,若持续时间 ≥30 min,即可发生 STEMI。大量研究表明,大多数 STEMI 是由于不稳定的粥样斑块溃破,继而出血和管腔内血栓形成,使管腔闭塞。饱餐或进食大量脂肪餐后(血液黏稠度增高)、重体力活动、情绪激动、血压剧升或用力排便(左心室后负荷明显加重)、休克、脱水、出血、外科手术或严重心律失常(冠状动脉灌注量锐减)等,常是 AMI 的诱发因素。

(二) 临床表现

STEMI 的临床表现与梗死的面积大小、部位、冠脉侧支循环是否建立密切相关。

1. 先兆 50%~81.2% 的病人在发病前数天有乏力、胸部不适、活动时心悸、气急、烦躁、心绞痛等前驱症状,其中以新发生心绞痛或原有心绞痛加重最为突出。心绞痛发作较以往频繁、程度较剧、持续较久、硝酸甘油疗效差、诱发因素不明显。同时心电图示 ST 段一过性明显抬高或压低,T 波倒置或增高。

2. 症状

(1) 疼痛:为最早出现的症状,多发生于清晨,尤其是晨起运动和排便时。疼痛的性质和部位与心绞痛相似,但程度更剧烈,持续时间可达数小时或数天,病人多伴有烦躁不安、大汗、恐惧及濒死感,休息和含服硝酸甘油不易缓解。

(2) 全身症状:一般在疼痛发生后 24~48 h 出现,表现为发热、心动过速、白细胞计数增高和红细胞沉降率增快等,由坏死物质吸收所引起。

(3) 胃肠道症状:疼痛剧烈时常伴恶心、呕吐、上腹胀痛,与迷走神经受坏死心肌刺激和心排血量降低、组织灌注不足等有关。

(4) 心律失常:见于 75%~95% 的病人,多发生在起病 1~2 天,24 h 内最多见,以室性心律失常最多。心室颤动是 STEMI 早期,特别是病人入院前主要的死因。下壁心肌梗死易发生房室传导阻滞及窦性心动过缓,前壁心肌梗死易发生室性心律失常,如发生房室传导阻滞表明梗死范围广泛,病情严重。

(5）低血压和休克：疼痛发作期血压下降较常见，但未必是休克。如疼痛缓解而收缩压仍低于 80 mmHg，且病人表现为烦躁不安、面色苍白、皮肤湿冷、脉细速、大汗淋漓、少尿、神志迟钝甚至晕厥，则为休克。休克多在起病后数小时至数日内发生，约有 20% 的病人，主要为心源性休克，因心肌广泛坏死，心排血量急剧下降所致。

（6）心力衰竭：发生率为 32%～48%，主要为急性左心衰竭，可在起病最初几天内发生，或在疼痛、休克好转阶段出现，为梗死后心脏收缩力显著减弱或不协调所致。表现为呼吸困难、咳嗽、发绀、烦躁等症状，重者可发生肺水肿，随后可有颈静脉怒张、肝大、水肿等右心衰竭表现。右心室心肌梗死者可一开始就出现右心衰竭表现，伴血压下降。

3. 体征

（1）心脏：心率多增快，也可减慢，心律不齐；心尖部第一心音减弱，可闻及"奔马律"；10%～20% 病人在起病第 2～3 天出现心包摩擦音；心尖区可闻及粗糙的收缩期杂音或伴收缩中晚期喀喇音，室间隔穿孔时可在胸骨左缘 3～4 肋间新出现粗糙的收缩期杂音伴有震颤。可有各种心律失常。

（2）血压：除极早期血压可增高外，几乎所有病人都有血压下降。

（3）其他：可有与心律失常、休克或心力衰竭相关的其他体征。

4. 并发症　乳头肌功能失调或断裂、心脏破裂、栓塞、心室壁瘤、心肌梗死后综合征。

（三）实验室及其他检查

1. 心电图

（1）特征性改变：①ST 段抬高呈弓背向上型，在面向坏死区周围心肌损伤区导联上出现；②宽而深的病理性 Q 波，在面向透壁心肌坏死区的导联上出现；③T 波倒置，在面向损伤区周围心肌缺血区导联上出现。

在背向心肌梗死区的导联则出现相反的改变，即 R 波增高、ST 段压低和 T 波直立并增高。

（2）动态性改变：STEMI 的心电图演变过程为：①起病数小时内，可无异常或出现异常高大两肢不对称的 T 波，为超急性期改变。②数小时后，ST 段明显抬高，弓背向上，与直立的 T 波连接，形成单相曲线；数小时至 2 天内出现病理性 Q 波，同时 R 波减低，为急性期改变（图 3-6-2）。Q 波在 3～4 天内稳定不变，以后 70%～80% 永久存在。③早期如不进行治疗干预，ST 段抬高持续数日至 2 周左右，逐渐回到基线水平，T 波则变为平坦或倒置，为亚急性期改变。④数周至数月后，T 波呈 V 形倒置，两肢对称，波谷尖锐，为慢性期改变。T 波倒置可永久存在，也可在数月至数年内逐渐恢复。

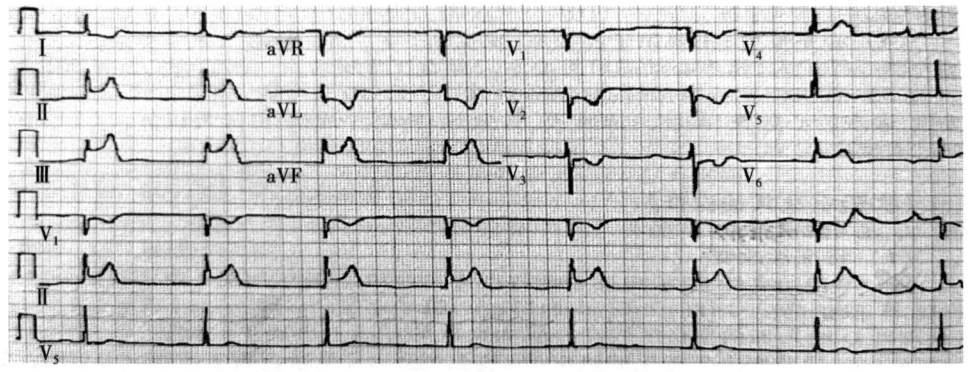

图 3-6-2　急性下壁心肌梗死

（3）定位和定范围：可根据出现特征性改变的导联数来判断。

2. 放射性核素检查　正电子发射计算机断层扫描（PET）可观察心肌的代谢变化，判断心肌存活性；单光子发射计算机断层显像（SPECT）可用于评估室壁的运动、厚度和整体功能。

3. 超声心动图　二维和M型超声心动图有助于了解心室壁的运动和左心室功能，诊断室壁瘤和乳头肌功能失调等。

4. 实验室检查

（1）血液检查：起病 24~48 h 后白细胞可增至（10~20）×10^9/L，中性粒细胞增多、嗜酸性粒细胞减少或消失，红细胞沉降率增快，C反应蛋白增高，均可持续 1~3 周。

（2）血清心肌坏死标志物：①肌红蛋白在起病后 2 h 内升高，12 h 内达高峰，24~48 h 内恢复正常，但特异性不强；②肌钙蛋白 I（cTnI）或肌钙蛋白 T（cTnT）起病 3~4 h 后升高，cTnI 于 11~24 h 达高峰，7~10 天降至正常，cTnT 于 24~48 h 达高峰，10~14 天降至正常，是诊断心肌梗死的敏感指标；③肌酸激酶同工酶（CK-MB）升高，在起病后 4 h 内增高，16~24 h 达高峰，3~4 天恢复正常，其增高的程度能较准确地反映梗死的范围，其高峰出现时间是否提前有助于判断溶栓治疗是否成功。虽不如 cTnT、cTnI 敏感，但对早期（<4 h）AMI 的诊断仍有参考价值。

（四）诊断要点

根据典型的临床表现、特征性的心电图改变及实验室检查（特别是血清心肌坏死标志物）诊断。对老年病人突发严重心律失常、休克、心力衰竭而原因未明，或突然发生严重而持久的胸闷、胸痛，都应先考虑本病可能，先按 AMI 处理。

> 拓展阅读 3-6-4
> 心绞痛与心肌梗死鉴别诊断

（五）治疗要点

对 STEMI，强调早发现、早诊断、早治疗，加强院前的就地处理。尽早恢复缺血心肌的血液灌注（到达医院后 30 min 内开始溶栓或 90 min 内开始 PCI）以挽救濒死的心肌，防止梗死面积扩大或缩小心肌缺血范围，保护和维持心脏功能，及时处理严重心律失常、泵衰竭和各种并发症，防止猝死，同时注重二级预防。

> 拓展阅读 3-6-5
> 冠心病二级预防的 ABCDE 原则

1. 一般治疗

（1）休息：急性期卧床休息，保持环境安静。减少探视，防止不良刺激，解除焦虑。

（2）生命体征的监测：急性期病人住冠心病监护室，心电监护，密切观察心率、心律、血压和血氧饱和度的变化，床旁备除颤仪。

（3）吸氧：急性期应给予持续高流量吸氧 4~6 L/min，缓解期予低流量给氧 2~3 L/min。

2. 解除疼痛　选择以下药物尽快解除疼痛：①哌替啶 50~100 mg 肌内注射或吗啡 2~4 mg 皮下注射，必要时 5~10 min 后重复一次，注意其对呼吸的抑制和低血压；②硝酸甘油 0.25~0.5 mg 或硝酸异山梨酯 5~10 mg 舌下含服，1~5 min 起效，如果症状不改善，5 min 后再次含服，一般含服 3 次，注意其会引起头痛不适症状；③β受体拮抗剂：发病 24 h 内尽早常规口服应用，如美托洛尔等。

3. 抗血小板治疗　无禁忌证者给予肠溶性阿司匹林首次剂量 300 mg 嚼服，之后口服 100 mg/d，替格瑞洛首次剂量 180 mg 嚼服，之后口服 90 mg/d，注意出血现象。

4. 抗凝治疗　除有禁忌，所有病人均应在抗血小板治疗基础上常规联合抗凝治疗，可建立和维持梗死相关血管的通畅，并预防深静脉血栓、肺动脉栓塞和心室内血栓形成。非手术病人用磺达肝癸钠 2.5 mg 静脉注射，随后 2.5 mg 皮下注射，每日 1 次，共 8 天。直接行 PCI 需联合用普通肝素或低分子肝素，尤其出血风险高时推荐先用比伐卢定 0.75 mg/kg 静推，再用 1.75 mg/(kg·h) 静滴维持至术后 3~4 h。合并心室内血栓或房颤者联合华法林治疗，要严密监测 INR，并注意出血风险。

5. 再灌注心肌治疗　血管开通时间越早，挽救的心肌越多。起病 3~6 h，最多 12 h 内，开通闭塞的冠状动脉，使得心肌得到再灌注，挽救濒临坏死的心肌或缩小心肌梗死的范围，减轻梗死后心肌重塑，是 STEMI 最重要的治疗原则和目的。

（1）经皮冠状动脉介入治疗（PCI）：有条件的医院对具备适应证的病人应尽快实施直接 PCI，可获得更好的治疗效果。

（2）溶栓疗法：无条件行 PCI 或延误再灌注时机且无禁忌证者，可用尿激酶 150 万~200 万 U，30 min 内静脉注射；链激酶 150 万 U，60 min 内静脉注射；重组组织型纤溶酶原合物（rt-PA）100 mg 90 min 内静脉给予。

（3）紧急冠状动脉旁路移植术：介入治疗失败或溶栓治疗无效有手术指征者，争取 6~8 h 内施行 GABG。

6. 血管紧张素转换酶抑制剂或血管紧张素受体拮抗剂（ACEI 或 ARB）　ACEI 中的卡托普利、依那普利等有助于改善恢复期心肌的重构，减少 AMI 的病死率和充血性心力衰竭的发生。一般从小剂量口服开始，防止首次应用时发生低血压。在 24~48 h 逐渐增加到目标剂量。如病人不能耐受 ACEI，可考虑给予 ARB，不推荐常规联合应用或 ARB 替代 ACEI。

7. 调脂治疗　使用他汀类调脂药，见本节稳定型心绞痛治疗内容。

8. 抗心律失常治疗　密切观察心电变化，发现严重心律失常时，要及时采取积极有效的处理措施。

（1）发生室颤或持续多形性室性心动过速时：尽快采用直流非同步电除颤或同步电复律；单形性室性心动过速药物疗效不好时，也应及早采取同步直流电复律。

（2）出现室性期前收缩或室性心动过速时：立即用利多卡因 50~100 mg 静注，必要时可重复使用，至期前收缩消失或总量达 300 mg，继以 5% 葡萄糖溶液（或 0.9% 氯化钠溶液）100 mL + 利多卡因 100 mg（1~3 mL/min）静滴维持。如室性心律失常反复发作可用胺碘酮治疗。

（3）缓慢型心律失常：可用阿托品 0.5~1 mg 肌注或静注。

（4）二度或三度房室传导阻滞：伴有血流动力学障碍者，宜植入临时人工心脏起搏器。

（5）室上性快速心律失常：选用维拉帕米、地尔硫䓬、美托洛尔、胺碘酮等；药物治疗不能控制时，可考虑同步直流电复律。

9. 控制休克　STEMI 病人发生心源性休克，需根据血容量不足、外周血管舒缩障碍等不同情况分别处理。

（1）补充血容量：估计有血容量不足，或中心静脉压和肺动脉楔压（PCWP）低者，用右旋糖酐 40 或 5%~10% 葡萄糖溶液静滴，输液后如中心静脉压上升 > 18 cmH$_2$O，PCWP > 15 mmHg，则应停止。右心室梗死时，中心静脉压的升高未必是补充血容量的禁忌。

（2）应用升压药：补充血容量后血压仍不升，而 PCWP 和心排血量（CI）正常时，提示周围血管张力不足，可用多巴胺 [起始剂量 3~5 μg/(kg·min)] 或去甲肾上腺素 2~8 μg/min，也可用多巴酚丁胺 [起始剂量 3~10 μg/(kg·min)] 静脉滴注。

（3）应用血管扩张剂：经上述处理血压仍不升，而 PCWP 增高，CI 低或周围血管显著收缩以致四肢厥冷并有发绀时，硝普钠 15 μg/min 开始静脉滴注，每 5 min 逐渐增量至 PCWP 降至

15～18 mmHg；硝酸甘油 10～20 μg/min 开始静脉滴注，每 5～10 min 增加 5～10 μg/min 直至左心室充盈压下降。

（4）其他：治疗休克的其他措施包括纠正酸中毒、避免脑缺血、保护肾功能，必要时应用洋地黄制剂等。

10. **治疗心力衰竭** 主要是治疗急性左心衰竭，以应用吗啡（或哌替啶）和利尿药为主，也可选用血管扩张剂减轻左心室的前负荷，或用多巴酚丁胺静脉滴注或用短效 ACEI 从小剂量开始。洋地黄制剂可引起室性心律失常，宜慎用，心梗发生后 24 h 内也不宜用。有右心室梗死者引起右心衰竭和低血压而无左心衰竭表现时，宜扩充血容量，如低血压未纠正，优选多巴酚丁胺，但应慎用利尿药。

11. **其他治疗**

（1）钙通道阻滞剂：美托洛尔、阿替洛尔等如无禁忌应尽早使用。有 β 受体拮抗剂禁忌者可用地尔硫䓬，但不推荐常规使用。

（2）极化液疗法：氯化钾 1.5 g、普通胰岛素 10 U 加入 10% 葡萄糖溶液 500 mL 中，每天 1～2 次，7～14 天为一疗程。可促进心肌摄取和代谢葡萄糖，促使钾离子进入细胞内，恢复心肌细胞膜极化状态，利于心肌收缩，减少心律失常。

12. **康复和出院后治疗** 提倡 AMI 恢复后逐步作适当的体育锻炼，有利于体力和工作能力的增进。经 2～4 个月的体力活动锻炼后，酌情恢复部分或轻工作，以后部分病人可恢复全天工作，但应避免过重体力劳动或精神过度紧张。

（六）护理评估

AMI 是最常见的心血管急症，护士应在最快时间内描记心电图，进行心电、血压监测，给氧，建立静脉通道，抽血送检等。同时进行护理评估，但不能延误抢救时间。

1. **病史**

（1）本次发病特点与目前病情：评估病人此次发病有无明显的诱因，胸痛发作的特征，尤其是起病时间、疼痛剧烈程度、是否进行性加重，有无大量出汗、虚脱、恶心、呕吐、乏力、头晕、呼吸困难等伴随症状，是否有心律失常、心源性休克和急性左心力衰竭的表现。

（2）患病及治疗经过：评估病人有无心绞痛发作史，患病起始时间，患病后的诊治过程，是否遵从医嘱治疗、用药及定期复查等。

（3）危险因素评估：包括年龄、性别、职业，有无家族史，有无肥胖、血脂异常、高血压、糖尿病等危险因素，有无摄入高脂饮食、吸烟等不良生活习惯，睡眠是否充足，有无锻炼身体的习惯，排便情况，了解工作与生活压力情况及性格特征等。

（4）心理社会状况：发生 AMI 时因剧烈胸痛，病人有濒死感，急诊入院后需绝对卧床休息、吸氧、溶栓或心脏介入治疗等，加上其对预后的担心，病人易产生焦虑、恐惧心理。

2. **身体评估**

（1）一般状态：观察病人的精神、意识状态，尤其注意有无面色苍白、表情痛苦、大汗或神志模糊、反应迟钝甚至晕厥等表现。

（2）生命体征：观察体温、呼吸、心率、血压、血氧饱和度等有无异常及其程度。

（3）心脏听诊：注意心率、心律、心音的变化，有无奔马律、心脏杂音及肺部啰音等。

3. **实验室及其他检查**

（1）血液检查：定时抽血检测血清心肌坏死标志物，评估血常规检查有无白细胞计数增高及血清电解质、血糖、血脂等异常。

（2）心电图：是否有特征性、动态性变化，对下壁心肌梗死者应加做右胸导联，判断有无右心室梗死。连续心电监测有无心律失常等。

（七）常见护理诊断/问题

1. 胸痛　与心肌缺血坏死有关。
2. 活动无耐力　与心肌氧的供需失调有关。
3. 有便秘的危险　与进食少、活动少、不习惯床上排便有关。
4. 恐惧　与剧烈疼痛伴濒死感有关。
5. 猝死　与恶性心律失常和大面积心肌梗死有关。
6. 心力衰竭　与大面积心肌梗死，心肌收缩力下降有关。
7. 心源性休克　与大面积心肌梗死，心肌收缩力下降，心排血量减少有关。
8. 心律失常　与心肌细胞坏死，心肌传导系统受损、心肌细胞内外钾离子变化造成心肌电活动紊乱及交感神经兴奋性增加有关。

（八）护理目标

1. 病人主诉疼痛程度减轻或消失。
2. 能主动参与制订活动计划并按要求进行活动。主诉活动耐力增强，活动后无不适反应。
3. 能描述预防便秘的措施，不发生便秘。
4. 通过心理护理，病人未发生焦虑、恐惧心理。
5. 致命性心律失常能被及时发现和处理，未发生猝死。
6. 避免心力衰竭、心源性休克及心律失常的发生，如果发生能积极治疗，有效控制。

（九）护理措施

1. 胸痛的护理　卧床休息、高流量吸氧 4~6 L/min，病情稳定或疼痛减轻后可间歇低流量给氧 2~3 L/min。遵医嘱给予吗啡或哌替啶止痛，注意有无呼吸抑制等不良反应。给予硝酸酯类药物时注意低血压的发生，维持收缩压在 100 mmHg 以上。

2. 休息与运动

（1）休息：发病 12 h 内应绝对卧床休息，保持环境安静，限制探视，并告知病人和家属休息可以降低心肌耗氧量和交感神经兴奋性，有利于缓解疼痛，以取得合作。

（2）运动：目前主张早期运动，早期康复，有利于心功能的恢复。病情稳定后应逐渐增加活动量，可促进侧支循环的形成，提高活动耐力。①住院期间开始康复的指征：包括过去 8 h 内没有新发或再发胸痛，没有新的明显的心律失常或心电图动态改变；肌钙蛋白水平无进一步升高；没有出现新的心衰失代偿先兆（静息呼吸困难伴湿啰音）；静息心率 50~100 次/min；静息血压 90~150/60~100 mmHg；血氧饱和度>95%。②制定个体化运动处方：推荐住院期间 4 步早期运动和日常生活指导计划：A 级，上午取仰卧位，双腿分别坐直腿抬高运动，抬腿高度为 30°，双臂向头侧抬高、深呼气，放下、慢呼气，5 组/次；下床取床旁坐位或站立 5 min。B 级，上午床旁站立 5 min，下午床旁行走 5 min。C 级，床旁行走 10 min/次，2 次/天。D 级，病室内活动，10 min/次，2 次/天。③活动中监测：住院病人运动康复和日常活动指导必须在心电、血压监护下进行。避免或停止运动的指征：运动时心率增加>20 次/min，舒张压≥110 mmHg；

与静息时比较收缩压升高 > 40 mmHg 以上，或收缩压下降 > 10 mmHg；明显的室性或房性心动过速；二或三度房室传导阻滞；有 ST 段动态改变；存在不耐受的症状，如胸痛、心悸、气短、头晕等。

3. 溶栓治疗的护理　询问病人是否有溶栓禁忌证。协助医生做好溶栓前血常规、出凝血时间和血型等检查。

（1）注意观察溶栓药的不良反应：①过敏反应表现为寒战、发热、皮疹等；②低血压；③出血包括皮肤黏膜出血、血尿、便血、咯血、颅内出血等，一旦出血，应紧急处理。

（2）溶栓疗效的观察：可根据下列指标间接判断溶栓是否成功：①胸痛 2 h 内基本消失；②心电图 ST 段于 2 h 内回降 > 50%；③ 2 h 内出现再灌注性心律失常，如窦性心动过缓、加速性室性自主心律、房室传导阻滞或束支传导阻滞突然改变或消失；④血清 CK-MB 峰值提前出现（14 h 以内）。也可根据冠状动脉造影直接判断溶栓是否成功。

4. PCI 护理　详见本章第八节"经皮冠状动脉介入治疗及护理"。

5. 病情观察

（1）预防猝死的护理：急性期严密观察心率、心律、血压、血氧饱和度等病情变化。在 STEMI 溶栓治疗后 24 h 内易发生再灌注性心律失常，特别是在溶栓治疗即刻至溶栓后 2 h 内应设专人床旁心电监测。警惕心室颤动或心搏骤停、心源性猝死的发生。因电解质紊乱或酸碱平衡失调更容易诱发心律失常，尤其注意监测血钾变化。准备好急救药物和抢救设备如除颤仪、临时起搏器等，随时准备抢救。

（2）心力衰竭护理：密切观察病人病情变化，观察有无呼吸困难、咳嗽、咳痰、少尿、颈静脉怒张、低血压、心率加快等表现。病人要充分休息，避免情绪波动、饱餐、用力排便等加重心脏负荷的因素。一旦发生急性左心力衰竭，则按心力衰竭进行护理。

（3）心源性休克的护理：动态监测血压、心率、心律变化，注意补液总量和速度，记录 24 h 出入量。绝对卧床休息，保持呼吸道通畅。同时注意保暖。

（4）心律失常的护理：心电监护，严密监测心率、心律、血压、呼吸及血氧饱和度的变化。准备好急救药物和抢救设备，如除颤仪、临时人工心脏起搏器等，随时准备抢救。

6. 饮食护理　起病后 12 h 内给予流质饮食，以减轻胃扩张。随后过渡到低盐、低脂、低胆固醇的清淡饮食，提倡少量多餐。

7. 预防便秘　合理饮食，多吃富含纤维素的食物如水果、蔬菜；无糖尿病者每天清晨给予蜂蜜 20 mL 加温开水同饮；适当按顺时针方向进行腹部按摩以促进肠蠕动。一般病人无腹泻时常规应用缓泻剂，以防止便秘时用力排便导致病情加重。可协助病人床边使用坐便器，排便时应注意隐私，如用隔帘或屏风遮挡。一旦出现排便困难，应立即告知医护人员，必要时用开塞露纳肛、麻油口服或低压盐水灌肠。

8. 心理护理　介绍疾病相关知识，树立病人战胜疾病的信心，劝导病人正确对待自己的病情，保持乐观、平和的心态，保持病房安静，营造良好的休息环境。

（十）护理评价

1. 病人主诉疼痛症状消失。
2. 能叙述限制最大活动量的指征，参与制订并遵循活动计划，活动过程中无并发症，主诉活动耐力增强。
3. 陈述预防便秘的措施，排便通畅，未发生便秘。

4. 未发生猝死，或及时发现致命性心律失常并予以处理。

5. 能避免诱发心力衰竭的因素，未发生心力衰竭或心力衰竭得到了及时发现和处理。

6. 未出现心源性休克表现，或及时发现并有效纠正心源性休克。

（十一）健康指导

指导病人积极做好冠心病的二级和三级预防，防止心肌再梗和其他心血管事件的发生。遵循心脏康复五大处方：药物、饮食、运动、心理及戒烟。牢记5项基本措施，即：A. 坚持长期服用抗血小板药如阿司匹林，应用β-受体阻滞剂；调节血脂、控制血糖和血压。B. 合理饮食：低盐、低脂、低胆固醇、低糖、富含蛋白质、维生素和纤维素的饮食。C. 适当的体育锻炼。D. 保持乐观、平和的心态。E. 戒烟。

1. 用药指导与病情监测　告知病人药物用法、用量、作用、不良反应及注意事项，遵医嘱服药，列举不遵医行为导致严重后果的病例，让病人认识到遵医嘱用药的重要性。并教会病人定时自测脉搏、血压，发放护嘱卡或用药手册，使病人"知、信、行"统一，提高服药依从性。若胸痛发作频繁、程度较重、时间较长，服用硝酸酯制剂疗效较差，应高度警惕其可能发生急性心血管事件，及时就医。

2. 饮食　同心绞痛部分内容。

3. 运动　注意病人住院期间的Ⅰ期康复，与病人一起制定个体化运动处方，指导病人出院后的Ⅱ期和Ⅲ期运动康复训练。进行日常个人卫生活动、家务劳动、娱乐活动等也有益。

4. 心理指导　STEMI后病人焦虑情绪多来自对今后工作能力和生活质量的担心，应予以充分理解并指导病人保持乐观、平和的心情，正确对待自己的病情。告诉家属要积极配合和支持，为病人创造一个良好的身心休养环境。当病人出现紧张、焦虑或烦躁等不良情绪时，应予以理解并进行疏导，必要时争取病人工作单位领导和同事的支持。

5. 戒烟　病人要积极戒烟，家属要加强督导，病人每次复查时医护人员要再三强调戒烟的重要性。

6. 对照顾者指导　STEMI是心脏性猝死的高危因素，应教会家属心肺复苏的基本技术，以备急用。

（十二）预后

拓展阅读3-6-6 急性心肌梗死护理流程

预后与梗死范围的大小、侧支循环建立情况及治疗是否及时恰当等有关。急性期病死率过去为30%左右，随着诊疗技术发展，采用监护治疗后降至15%左右，采用溶栓治疗后进一步降至8%，住院90 min内实施心脏介入治疗后降至4%。死亡多发生在发病第一周，尤其在数小时内，发生严重心律失常、心源性休克或心力衰竭者，病死率更高。

第七节　心律失常介入治疗病人的护理

一、心脏电复律护理

> **情景导入**
> 孙某，男性，42岁，主因"胸前区疼痛2h"急诊入院。在做心电图时突发意识丧失，心电图示"心室颤动"心律。医嘱：立即电除颤。
> 请思考：
> 1. 电除颤的机制是什么？
> 2. 电除颤的适应证有哪些？如何操作？

（一）心脏电复律的机制

心脏电除颤和电复律的机制是将一定强度的电流通过心脏，使全部或大部分心肌在瞬间除极，心脏自律性最高的起搏点重新主导心脏节律。

拓展阅读 3-7-1
心脏电复律重要知识点

（二）心脏电复律的种类

根据电复律时是否识别R波，分为同步电复律和非同步电除颤。

1. 同步电复律　放电时电流正好与R同步，即电流刺激落在心室肌的绝对不应期，从而避免在心室的易损期放电导致室性心动过速或心室颤动。

2. 非同步电除颤　临床上用于心室颤动。此时已无心动周期，也无QRS波，应立即于任何时间放电。

（三）电复律的适应证和禁忌证

1. 适应证

（1）同步电复律适应证：心房颤动、心房扑动伴血流动力学障碍者，药物及其他方法治疗无效或有严重血流动力学障碍的室上性心动过速、室性心动过速、预激综合征伴心房颤动者。

（2）非同步电除颤适应证：属于紧急适应证，适用于心室颤动、心室扑动和无脉性室性心动过速及无法同步的室性心动过速。

2. 同步电复律禁忌证

（1）病史＞1年，心脏（尤其是左心房）明显增大及心房内有新鲜血栓形成或近3个月有栓塞史。

（2）病情危急且不稳定，如严重心功能不全或风湿活动，严重电解质紊乱和酸碱失衡。

（3）伴高度或完全性房室传导阻滞的心房颤动或扑动。

（4）伴病态窦房结综合征的异位性快速心律失常。

（5）洋地黄中毒时，暂不宜电复律。

（四）同步电复律的护理

1. 术前护理

（1）向病人介绍电复律的目的、必要性和过程，取得其合作。

（2）完善术前检查：心电图、血电解质等。

（3）遵医嘱术前停用洋地黄类药物1~2日，给予改善心功能、纠正低钾血症和酸中毒的药物。

（4）电复律术前禁食6h，排空膀胱。

（5）物品准备：除颤仪、导电糊、吸氧装置、心电监护仪、生理盐水、地西泮及心肺复苏所需的抢救设备和药品。

（6）建立静脉通路。

2. 术中配合

（1）病人平卧于硬板床上，取下活动义齿，开放静脉通路，给予吸氧。

（2）给予心电监护，电极片位置注意避开电极板放置部位。

（3）连接除颤仪电源，打开除颤仪，选择一个R波高耸的导联进行示波观察。选择"同步"模式。

（4）遵医嘱予地西泮0.3~0.5 mg/kg缓慢静注，至病人睫毛反射开始消失，严密观察病人呼吸及血氧情况。

拓展阅读 3-7-2
单项波电复律与电除颤的能量选择

（5）充分暴露病人前胸，配合医生将两电极板均匀涂满导电糊进行电复律。

（6）观察病人心律是否转为窦性，根据情况决定是否需要再次电复律。

3. 术后护理

（1）病人卧床休息，清醒后2h内避免进食，以免恶心、呕吐。

（2）持续心电监测24h，注意心律、心率变化。

（3）密切观察病情变化，如神志、瞳孔、呼吸、血压、皮肤及肢体活动情况，及时发现病人栓塞征象，有无因电击而致的各种心律失常及局部皮肤灼伤、肺水肿等并发症，并协助医生给予处理。

微课 3-7-1
心脏电复律和电除颤操作技术

（4）遵医嘱继续服用抗心律失常药以维持窦性心律，术前用抗凝治疗者，术后继续用药2周。

二、临时人工心脏起搏器植入术护理

情景导入

汪某，男性，72岁，主因"无诱因下出现黑矇数次"入院。入院后汪某再次突发晕厥，意识不清，二便失禁，持续约5s后意识自行恢复。心电图示：三度房室传导阻滞、室性逸搏，心率36次/min，考虑三度房室传导阻滞引起的"阿-斯综合征"。医嘱：紧急行临时人工心脏起搏器植入术。

请思考：

1. 临时起搏器植入术的作用机制是什么？如何进行术前准备及指导？
2. 如何对该病人进行术后护理和健康指导？
3. 该病人术后可能会出现哪些并发症？如何防护？

（一）作用机制

心脏起搏器是通过发放一定形式的电脉冲刺激心脏，模拟正常心脏的冲动形成和传导，以治疗由于某些心律失常所致的心脏功能障碍。

临时心脏起搏器系统包括起搏电极导线和临时起搏脉冲发生器。脉冲发生器放置在体外，电极放置时间常规为7天，一般不超过4周，以免发生感染。

拓展阅读 3-7-3
临时人工心脏起搏器植入术护理重要知识点

（二）适应证

1. 治疗性起搏
（1）阿-斯综合征发作。
（2）急性心肌梗死、导管消融术或心脏直视手术引起的房室传导阻滞、严重窦性心动过缓。
（3）异位快速心律失常的超速抑制治疗。
2. 预防性或保护性起搏
（1）预防性应用于某些特殊治疗与检查过程中可能出现明显心动过缓的病人。
（2）植入或更换永久起搏器时的临时保驾。
3. 电生理检查的辅助手段。

（三）植入方法

临时心脏起搏器植入术包括经静脉心内膜、心外膜起搏，经食管心脏和经胸心脏起搏。临床常用经静脉心内膜起搏，其方法是局麻下经外周静脉（常用股静脉、锁骨下静脉或颈内静脉）送入导丝和鞘管，沿鞘管送电极至右心室心尖部，电极接触到心内膜，确定接触满意后，测定起搏阈值和感知，确认参数，将导线尾端与临时起搏器脉冲发生器连接，起搏器置于体外。

（四）参数设置

1. 起搏频率（bpm）　起搏器连续发放脉冲的频率，基本频率为 60~80 次/min。
2. 起搏阈值/输出电流（mA）　引起心脏有效收缩最低电脉冲强度，心室起搏要求电流 3~5 mA。
3. 感知灵敏度（mV）　起搏器感知 P 波或 R 波的能力，一般为 1~3 mV。

（五）护理

1. 术前护理
（1）向病人及家属阐述手术目的、流程及安全性，尽可能消除病人紧张和焦虑。
（2）完善相关实验室检查及辅助检查：血常规、血型、凝血功能、尿常规、心电图等。
（3）皮肤准备：注意局部皮肤清洁、完整。
（4）术前训练病人床上排尿，以免术后排尿困难。
2. 术中配合
（1）核对病人床号、姓名等信息，协助病人采取正确的体位。
（2）给予心电监护，建立静脉通路。
（3）配合医生消毒、铺巾，传递手术器械、物品。
（4）密切观察病人意识状态、面色、呼吸、血压及心电示波的变化，发现异常及时报告手术医生。

（5）保证除颤仪备用状态，当电极跨过三尖瓣时，可能会出现频发室性期前收缩或短阵室性心动过速，密切观察病人心律变化。

（6）配合术者进行起搏测试，准确报告测试参数。

（7）观察病人起搏后反应，配合固定导线及起搏器。

3. 术后护理

（1）监测：术后描记12导联心电图，持续心电监护，观察心率、心律、起搏和感知功能，及时发现电极微脱位、移位或起搏器起搏感知功能障碍，如有异常立即报告医生，并协助处理。

（2）切口护理：保持切口清洁干燥，观察有无渗血、红、肿、热、痛，如有渗血应及时更换敷料。

（3）临时起搏器外置部分的固定与观察：起搏器妥善固定，防止起搏器滑脱或牵拉导线致电极移位；检查脉冲发生器与电极导线连接是否紧密；检查起搏器电池电量，配备匹配电池，及时处理低电压报警。

（4）休息与活动：经股静脉植入者需平卧位，术肢保持伸直状态，指导病人术肢踝关节运动，预防深静脉血栓的发生；经锁骨下静脉植入者，术侧肢体避免过度外展或用力过度，以免电极脱位。

（5）加强基础护理：卧床期间协助病人做好生活护理、皮肤护理等。

（六）并发症

1. 穿刺并发症　锁骨下静脉穿刺时主要有气胸、血胸、皮下血肿，股动脉穿刺时出现股动脉瘤、股动-静脉瘘等。

2. 电极移位　为临时起搏最常见并发症。心电图表现为不起搏或间歇性起搏。需密切观察病人的心率、心律，心电监护显示不起搏或间歇性起搏，应立即通知医生。床旁胸片可证实是否移位，处理方法是配合医生重新调整电极位置。

3. 下肢静脉血栓形成　股静脉穿刺后由于患肢制动，加上电极对血管的堵塞和刺激作用，容易形成下肢静脉栓塞。应协助病人术肢被动和主动运动，促进血液循环，预防血栓形成。

4. 心律失常　心腔内放置任何导管均可诱发心律失常，最常见的是室性异位心律，发现异常及时报告医生。

5. 感染　穿刺局部处理不妥或电极导线放置时间过长，可引起局部或全身感染。监测病人体温，遵医嘱应用抗生素；密切观察伤口敷料情况，有渗出及时更换。

6. 膈肌刺激　电极插入位置过深，电极靠近膈神经所致。通知医生并协助调整导管位置。

7. 心肌穿孔　临时起搏器导线较硬或病人心脏大、心肌薄，植入过程中张力大，容易导致右室游离壁穿孔，术后常规拍摄胸部X线片以明确电极位置，如病人出现胸痛等症状应高度警惕。

（七）健康指导

1. 饮食指导　指导病人进食高蛋白、高维生素饮食，清淡、易消化食物，避免进食刺激、辛辣食物。

2. 活动指导　临时起搏期间，病人需卧床休息，术肢制动。经股静脉植入的病人避免屈髋运动，减少幅度较大的翻身，术肢踝关节及健侧肢体可适当活动，避免发生电极脱位和下肢静脉血栓。

3. 心理指导 做好耐心解释及宣教,消除病人及家属的紧张焦虑心理,更好地配合治疗与护理,促进快速康复。

三、永久性人工心脏起搏器植入术护理

> **情景导入**
>
> 高某,男性,69岁,主因反复发作晕厥2年余,加重1周入院。心电图示:窦性心动过缓,心率50次/min,心率快慢不一,心脏停搏高达5.8 s。入院诊断:病态窦房结综合征。医嘱:积极完善相关检查,择期行永久性人工心脏起搏器植入术。
>
> **请思考:**
> 1. 永久性人工心脏起搏器植入术的适应证有哪些?如何进行术前准备及指导?
> 2. 如何对该病人进行术后护理和健康指导?
> 3. 该病人术后可能会出现哪些并发症?如何防护?

(一)作用机制

永久性人工心脏起搏器(permanent artificial pacemaker)是一种植入于体内的医用电子仪器,由脉冲发生器和起搏电极导线组成,通过发放一定形式的电脉冲刺激心脏,使之激动和收缩,即模拟正常心脏的冲动形成和传导,以治疗由于某些心律失常所致的心脏功能障碍。

> 拓展阅读 3-7-4
> 永久性人工心脏起搏器植入术护理重要知识点

(二)起搏器的功能及类型

1. 起搏器命名代码 目前多采用 2002 年由北美心脏起搏电生理学会与英国心脏起搏和电生理学组专家委员会制定的 NASPE/BPEG 起搏器代码,即 NBG 编码,命名不同类型的起搏产品(表3-7-1)。另外,起搏器制造厂家用S代表单心腔(心房或心室)。

表 3-7-1 NBG 编码(北美心脏起搏电生理学会与英国心脏起搏和电生理学组,2002)

I	II	III	IV	V
起搏心腔	感知心腔	感知后的反应	程控功能/频率应答	抗心动过速功能
V= 心室	V= 心室	T= 触发	P= 程控频率及(或)输出	P= 抗心动过速起搏
A= 心房	A= 心房	I= 抑制	M= 多项参数程控	S= 电击
D= 双腔	D= 双腔	D=T+I	C= 通讯	D=P+S
O= 无	O= 无	O= 无	R= 频率应答	O= 无
			O= 无	

2. 起搏器的功能类型

(1)心室按需(VVI)型起搏器:电极置于心室。起搏器按规定的周长或频率发放脉冲起搏心室,起搏器如感知到病人自身的QRS波,则起抑制反应,并重整脉冲发放周期,避免心律竞争。但此型起搏器只保证心室起搏节律,而不能保持房室顺序收缩,因而是非生理性的。

(2)心房按需(AAI)型起搏器:电极置于心房。起搏器按规定的周长或频率发放脉冲起搏

心房,并下传激动心室,以保持心房和心室按顺序收缩。如有自身的心房搏动,起搏器能感知自身的 P 波,起抑制反应,并重整脉冲发放周期,避免心房节律竞争。

(3) 双腔 (DDD) 起搏器:心房和心室均放置电极。①心房率>起搏器低限频率,但存在房室传导功能障碍时,则起搏器感知 P 波触发心室起搏;②窦房结病变造成心房率过慢,而房室传导功能是良好的状态下,则起搏器只起搏心房,心房感知并下传冲动至心室;③窦房结和房室结都发生病变时,起搏器是心房起搏和心房感知,冲动再下传,则引起心室起搏和心室感知。此种起搏器能保持心房和心室的顺序收缩。

(4) 频率自适应 (R) 起搏器:起搏器的起搏频率能根据机体对心排血量的要求而自动调节适应,起搏频率加快,则心排血量相应增加,满足机体生理需要。具有频率自适应的 VVI 起搏器,称为 VVIR 型;具有频率自适应的 AAI 起搏器,称为 AAIR 型;具有频率自适应的 DDD 起搏器,称为 DDDR 型。

以上心房按需型起搏器、双腔起搏器、频率自适应起搏器均属于生理性起搏器。

目前在临床中已开始使用体内植入型心律转复除颤器 (implantable cardioverter defibrillator, ICD) 和心脏再同步治疗起搏器 (cardiac resynchronization therapy, CRT),以及可提供除颤治疗及心脏再同步治疗的起搏器 CRTD (CRT+ICD)。ICD 具备除颤、复律、抗心动过速起搏及抗心动过缓起搏等功能。CRT 目前主要用于纠正由于双室收缩不同步引发的心力衰竭。

拓展阅读 3-7-5
前沿科技——生物起搏和基因治疗

(三) 适应证

1. 有明确症状的心动过缓,临床症状可能与心动过缓相关。
2. 二度 Ⅱ 型及三度房室传导阻滞;二度 Ⅰ 型房室阻滞病人有明确的临床症状,明确传导阻滞部位位于房室束及其以下水平。
3. 病态窦房结综合征出现窦性停搏或窦房阻滞导致有症状性心动过缓。
4. 出现反复发作的无征兆的晕厥病人,年龄≥40 岁,并且记录到发生症状时心脏停搏和(或)房室阻滞。
5. 既往有晕厥病史,记录到无症状的心脏停搏>6 s (心脏停搏是窦性停搏、窦房阻滞或房室传导阻滞引起的)。
6. 药物治疗效果不满意的顽固性心力衰竭。
7. 其他如预防和治疗心房颤动、长 Q-T 间期综合征,辅助治疗梗阻性肥厚型心肌病等。

(四) 不同起搏器的植入方法

1. 单腔起搏器 将电极导线从头静脉、锁骨下静脉或颈内静脉跨越三尖瓣送入右心室内嵌入肌小梁中,脉冲发生器多埋藏在胸壁胸大肌表面,而非皮下组织中。
2. 双腔起搏器 一般将心房起搏电极导线顶端置于右心房心耳处,心室起搏电极置于右心室心尖部或流出道。
3. 三腔起搏器 如行双房起搏,则左心房电极放置在冠状窦内;如行心脏再同步治疗(双心室),左心室电极经过冠状窦放置在左心室侧壁冠状静脉处。

拓展阅读 3-7-6
微型无导线起搏器的发展

(五) 护理

1. 术前护理

(1) 心理护理:向病人及家属介绍手术目的、方法和注意事项,取得其手术配合;必要时术前应用镇静药,以消除病人紧张心理,保证充足的睡眠。

(2)协助检查:如尿常规、血常规、出凝血时间、电解质、肝肾功能、胸部X线、心电图、动态心电图、超声心动图等。

(3)皮肤准备:评估手术部位皮肤的完整性,保持皮肤的清洁。

(4)抗生素应用:术前30 min静脉输注一次抗生素预防切口感染。

(5)术前适应性训练:训练病人平卧位床上排便,避免术后尿潴留或便秘。

(6)饮食指导:术前当日无须禁食,应避免进食牛奶、豆浆等流质,最好吃一些固体食物,避免术后腹胀或术中需要解小便。

(7)术前停用抗凝药:一般术前3~5天停药,不能停药者,术中应备止血药。

2. 术中配合

(1)常规准备:协助病人摆好体位,暴露手术区,开放静脉通路,给予胸闷、气短病人吸氧。

(2)心电监护:严密监测病人神志、心率、心律、血压、呼吸、血氧饱和度等变化,如有异常及时报告手术医生。血压袖带置健侧上肢。电极插入跨过三尖瓣环时,易发生频发性室性期前收缩或短阵性心动过速,甚至诱发室颤,应严密注意心电变化,除颤器处于备用状态。

(3)严格执行无菌操作:协助医生穿无菌手术衣,消毒皮肤,铺无菌单,罩无菌机套等。

(4)协助医生测试并记录起搏参数:待电极送至心室或心房满意位置后,将无菌测试导线与台下起搏器测试分析仪连接,一端与台上起搏电极尾端连接,另一端与起搏器分析仪正负极连接。协助医生进行各项参数测试,包括起搏频率、起搏电压(阈值)、阻抗、感知灵敏度。操作过程中注意不要污染无菌操作区。

(5)检测电极稳定性:嘱病人深呼吸或咳嗽,严密监测心电图,检查是否有无效起搏及膈肌刺激现象。必要时重新调整电极位置,直到各项监测参数符合要求为止。

(7)做好术中护理记录:包括生命体征及术中各项参数,并将起搏器及电极条形码粘贴于记录单上。

3. 术后护理

(1)休息与活动:将病人平移至床上,取平卧位或略向左侧卧位,平卧时腰下垫软枕或抬高床头30°~60°。术侧肩关节制动,勿用力咳嗽,以防电极脱位,如有咳嗽症状,尽早应用镇咳药。卧床期间应指导病人床上活动,做好生活护理。术后第1次下床活动应动作缓慢,防止跌倒。

(2)监测:术后描记12导联心电图,进行心电监护,严密监测心率、心律、呼吸、血压变化,及时发现有无电极导线移位或起搏器起搏、感知障碍。术后监测体温,观察有无腹壁肌肉抽动、心肌穿孔等表现,及时报告医生并协助处理。出院前常规行胸部X线检查和起搏器功能测试。

(3)伤口护理与观察:术后伤口局部予盐袋加压6~12 h,保持切口处皮肤清洁干燥,术后24 h换药1次,伤口无异常可2~3天换药1次。观察起搏器囊袋有无肿胀,观察伤口有无渗血、红、肿,病人有无局部疼痛、皮肤变暗发紫、波动感等,及时发现出血、感染等并发症。如切口愈合良好,一般术后第7天拆线(采用微乔缝线者多不用拆线)。

(4)饮食护理:嘱病人进食营养丰富、清淡、易消化饮食,避免牛奶、海鲜和油腻性食物,以免出现腹胀。

(5)用药注意事项:遵医嘱使用抗生素预防感染;禁用活血药,防止皮下淤血。

(六)术后并发症的预防与护理

1. **电极移位** 包括电极导线明显的移位和X线影像下不能识别的微脱位,继而出现心电图上起搏与感知功能障碍。主要原因有:①植入部位测试参数不理想,电极没有真正精准到位;②电极导线预留过少。术后严密心电监护,观察起搏器起搏、感知功能是否正常。术后1周术侧肢体不宜过度活动,出院后术肢避免负重、过度牵拉、上举、外展、爬山或游泳等活动。

2. **囊袋血肿** 常因术前应用抗凝药、术中小血管结扎不紧等引起。应于术前3~5天停用抗凝药,或监测凝血酶原时间至接近正常(INR 1.5~1.7)再实施手术。术后伤口予盐袋加压6~12h,密切观察伤口有无出血、皮下淤血及局部皮肤张力增高等情况,如有异常,通知医生及时处理。

3. **囊袋感染** 是起搏器植入术后严重的并发症,表现为囊袋局部红肿、疼痛、有脓血样物质流出。原因有:①可能是术中无菌操作不严格;②囊袋内有异物;③脂肪液化;④起搏器囊袋过小,造成皮肤张力过大,使局部血液循环差,导致皮肤坏死、破溃。术中严格无菌操作;术后保持切口处皮肤清洁干燥,避免切口潮湿或污染;严格按照无菌操作原则进行换药;严密监测体温变化;定期观察伤口有无囊袋局部红肿、疼痛等,一旦发生应立即进行抗生素治疗,以避免导致全身感染。

4. **起搏器综合征** 植入VVI型起搏器病人有时会出现疲乏、气短、眩晕等症状。其原因是心室起搏出现室房逆传,心房对着关闭的二尖瓣收缩,使心房的血液反流入肺静脉并激活心房压力感受器,反射性地引起血压降低。告诉病人平时注意休息,避免劳累。可以通过体外程控的方法降低起搏频率,必要时更换成双腔起搏器。

(七)健康指导

1. **起搏器知识指导** 告知病人起搏器的设置频率及使用年限。指导其妥善保管好起搏器卡(有起搏器型号、有关参数、安装日期、品牌等),外出时随身携带,便于出现意外时为诊治提供信息。告知病人应避免强磁场和高电压的场所(如核磁、激光、变电站等),但家庭生活用电一般不影响起搏器工作。嘱病人一旦接触某种环境或电器后出现胸闷、头晕等不适,应立即离开现场或不再使用该种电器。随着技术的不断更新,目前移动电话对起搏器的干扰作用很小,推荐平时将移动电话放置在远离起搏器至少15cm的口袋内,拨打或接听电话时采用对侧。

2. **病情监测指导** 教会病人每天自测脉搏2次,出现脉率比设置频率低10%或再次出现安装起搏器前的症状应及时就医。不要随意抚弄起搏器植入部位。保持囊袋处皮肤清洁、干燥,穿宽松衣服,防止摩擦。自行检查植入部位有无红、肿、热、痛等炎症反应或出血现象,出现不适立即就医。

3. **活动指导** 术后早期靠近心脏起搏器的手臂只能进行轻微活动,应避免进行伸展、提举和突然的提拉活动,逐渐增加手臂的活动,6周后可进行正常的运动。但应避免做用力过度或幅度过大的动作(如打网球、举重物等),以免影响起搏器功能或使电极脱落。

4. **定期随访** 植入起搏器后的随访时间与病人临床情况变化、植入的起搏器类型有关,一般要求植入后1个月、3个月、6个月各随访1次,以后每3个月至半年随访1次。接近起搏器使用年限时,应缩短随访间隔时间,改为每月1次或更短一些,在电池耗尽之前及时更换起搏器。

四、心搏骤停与心脏性猝死病人的护理

> **情景导人**
>
> 何某,男性,65岁,拟"急性心肌梗死"收住院。住院期间,病人排便后突发意识丧失,心电监护提示心室颤动。
>
> 请思考:
> 1. 病人发生此种情况时,应该如何处理?
> 2. 在行心肺复苏过程中,需要注意些什么?

心肺骤停(cardiac arrest,CA)指心脏射血功能突然终止,造成全身血液循环中断、呼吸停止和意识丧失。心肺骤停常是心脏性猝死的直接原因。

心脏性猝死(sudden cardiac death,SCD)指急性症状发作后 1 h 内发生的以意识突然丧失为特征的、由心脏原因引起的自然死亡。

拓展阅读 3-7-7
心肺骤停与心脏性猝死的重要知识点

(一)病因及发病机制

绝大多数心脏性猝死发生在有器质性心脏病的病人,其中以冠心病最常见,尤其是心肌梗死。心肌梗死后左室射血分数降低是心脏性猝死的主要预测因素;频发性与复杂性室性期前收缩的存在,亦可预示心肌梗死存活者发生猝死的危险。各种心肌病引起的心脏性猝死占 5%~15%,是冠心病易患年龄前(<35岁)心脏性猝死的主要原因。另外,极度情绪变化、精神刺激即可通过兴奋交感神经、抑制迷走神经导致原发性心搏骤停。还有是因其他疾病或因素影响到心脏所致,如各种原因所导致的呼吸停止、严重的电解质与酸碱平衡失调影响到心脏的自律性和心肌的收缩性等。

心脏性猝死主要为致命性快速型心律失常,如心室扑动、室性心动过速和心室颤动;其次为缓慢型心律失常或心脏停搏;较少见的为无脉性电活动,可见于急性心肌梗死时心室破裂、大面积肺梗死时;非心律失常性心脏性猝死所占比例较少,常由心脏破裂、心脏流入和流出道的急性阻塞、急性心脏压塞等导致。

(二)临床表现

心脏性猝死的临床经过可分为 4 个时期,即前驱期、终末事件期、心搏骤停与生物学死亡。不同病人各期表现有明显差异。

1. **前驱期** 在猝死前数天至数月,有些病人可出现胸痛、气促、疲乏、心悸等非特异性症状。但亦可无前驱表现,瞬间发生心搏骤停。

2. **终末事件期** 指心血管状态出现急剧变化到心搏骤停发生前的一段时间,自瞬间至持续 1 h 不等。典型的表现包括严重胸痛、急性呼吸困难、突发心悸或眩晕等。因心室颤动猝死的病人,常先有室性心动过速。

3. **心搏骤停** 意识丧失为该期的特征。临床表现为:①意识突然丧失或伴有短阵抽搐;②呼吸断续,喘息,随后呼吸停止;③颈、股动脉搏动消失;④皮肤苍白或明显发绀,瞳孔散大,大小便失禁;⑤心音消失。

4. **生物学死亡** 从心搏骤停至发生生物学死亡时间的长短取决于原发病的性质及心搏骤停

至复苏开始的时间。心搏骤停发生后，大部分病人将在 4~6 min 内开始发生不可逆脑损害，随后经数分钟过渡到生物学死亡。

（三）诊断要点

1. 临床表现　意识突然丧失或伴有短阵抽搐；呼吸断续，喘息，随后呼吸停止；颈、股动脉搏动消失，血压测不出；皮肤苍白或明显发绀，瞳孔散大，大小便失禁；听诊心音消失。其中意识突然丧失伴大动脉搏动消失是早期而且可靠的临床表现。

2. 心电图表现　心搏骤停时，心脏泵血功能丧失，但心电活动并没有完全停止，常见的心电图表现类型有：心室颤动、心室停搏、心电-机械分离。

> 拓展阅读 3-7-8
> 基础生命支持的关键步骤
> 拓展阅读 3-7-9
> 基础生命支持流程图

（四）心搏骤停的预防

关键是识别出高危人群、积极治疗原发病、尽早急救处理等。

1. 加强高危人群的监测　有心脏性猝死的高危人群包括：①有致命性快速型心律失常，如心室扑动、室性心动过速和心室颤动的病人；②有缓慢型心律失常，如高度房室传导阻滞、三度房室传导阻滞或心脏停搏病人；③急性心肌梗死病人；④各种心肌病引起心脏扩大的病人；⑤有严重的电解质与酸碱平衡失调病人等。心电监护，观察心率、心律、血压等动态变化；加强巡视，注意病人呼吸、神志、意识状态等，必要时床旁备除颤仪等抢救设备，监测电解质、心肌酶的变化。

2. 保证急救药品、物品及仪器的完好率100%　急救物品做到"五定"，即定数量、定点放置、定专人管理、定期消毒灭菌、定期检查维修；班班清点，除颤仪及时充电。

3. 加强医护人员急救技能的培训与考核　病区定期开展专科急救应急演练、相关知识培训和考核，医护人员应熟练掌握心肺复苏流程，熟悉常用急救仪器性能、使用方法及注意事项。

4. 积极治疗原发病　β受体拮抗剂能明显减少急性心肌梗死、心梗后及充血性心力衰竭病人心脏性猝死的发生。植入型心律转复除颤器（ICD）作为预防心脏性猝死的重要治疗措施，正越来越多地在临床上得到应用，ICD 能在十几秒内自动识别心室颤动、室性心动过速，并自动进行电除颤，成功率极高，是目前防治心脏性猝死最有效的方法。

（五）心搏骤停的急救护理

心搏骤停在临床上属于危急重症，需要紧急处理，其处理方式主要有胸外心脏按压、开放气道、人工呼吸等，抢救成功的关键是快速识别和启动急救系统，尽早进行心肺复苏（cardiopulmonary resuscitation，CPR）和复律治疗。

发现病人在病房内猝死，应迅速做出准确判断，第一发现者不能离开病人，立即进行胸外心脏按压、人工呼吸等急救措施，同时请其他病人或家属帮助呼叫其他医务人员。发现病人在走廊、厕所等病房以外的环境发生猝死，迅速做出正确评估，立即就地抢救（将病人搬运至病床过程中不可间断抢救）。增援人员携抢救车到达病人身边后，立即根据病人情况配合抢救。参加抢救的医护人员要互相密切配合，有条不紊，严格查对，及时做好各项抢救记录，同时做好与家属的沟通和安慰工作。

心肺复苏可按照以下顺序进行：

1. 判断病人意识　当发现无反应或突然倒地的病人时，轻拍病人双肩，俯身分别对病人左、右耳高声呼叫："喂，你怎么啦"，判断呼吸运动、大动脉有无搏动。

2. 判断环境　环境安静、安全，并便于抢救，请无关人员避开。

3. 呼叫　高声呼救，请求他人帮助。若病人发生在院内，应立即通知医生准备抢救用物，如抢救车、除颤仪等；若病人发生在院外，高声呼救，请旁人帮忙拨打"120"电话。启动急救系统，使用自动体外除颤仪（automated external defibrillator，AED）。

4. 判断呼吸和大动脉搏动　触摸颈动脉，右手食指中指并拢，触及男性病人喉结内侧（女性病人触寻甲状软骨）滑移1～2 cm，检查颈动脉搏动，同时俯身耳听、面感、眼视病人胸廓，判断呼吸，施救者脸颊贴近病人鼻尖距离应小于5 cm，判断时间不超过10 s但不能小于5 s。

5. 体位　解开衣领腰带，让病人平卧于硬板床或坚硬平坦地面，使其头颈、躯干在一条直线上，注意保暖。

6. 初级心肺复苏　即基础生命支持（basic life support，BLS），主要措施包括胸外心脏按压、开放气道、人工呼吸、电除颤等，前三者被简称为CAB三部曲。其中人工胸外心脏按压最为重要。

（1）胸外心脏按压（compression，C）：是建立人工循环的主要方法。胸外心脏按压的正确部位是两乳头连线的中点或胸骨中下1/3交界处，按压手法是左手掌根部放在胸骨的下半部，右手手掌重叠放在这只手背上，手掌根部横轴与胸骨长轴确保方向一致，以手掌根部为着力点，按压姿势是两手掌根重叠，十指相扣，指端翘起，双手按压，双臂肘关节绷直，重心垂直向下用力（图3-7-1）。按压深度，成人使胸骨下陷至少5 cm，但应避免超过6 cm，按压频率控制在100～120次/min，按压与放松时间比1∶1，每次按压后使胸廓充分回弹，不可在每次按压后倚靠在病人胸壁上，注意观察病人面色及四肢循环改变。胸外心脏按压过程中应尽量减少中断，若因急救需求不得不中断，则应把中断时间控制在10 s以内。胸外心脏按压的并发症主要有肋骨骨折、心包积血或心脏压塞、气胸、血胸、肺挫伤等，应遵循正确的操作方法，尽量避免并发症的发生。

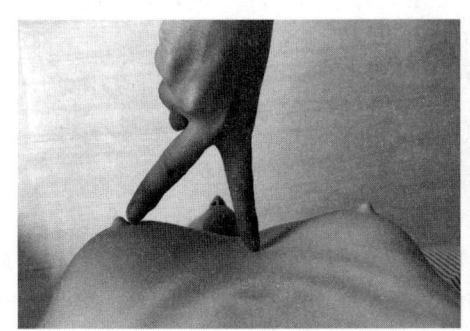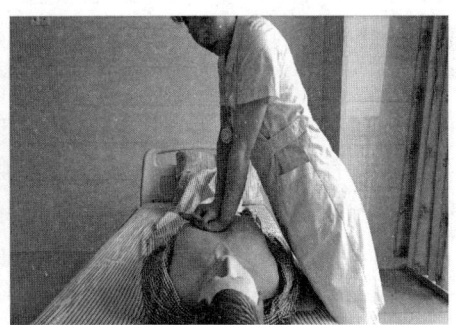

图3-7-1　胸外心脏按压

（2）开通气道（airway，A）：检查确定有无颈椎骨折，双手轻转头部（疑有颈椎骨折的除外），检查口腔，去除异物或义齿，清理呼吸道。采用仰头抬颏法：左手掌外缘置病人前额，向后下方施力，使其头部后仰，同时右手食指、中指指端放在病人下颌骨下方，旁开中点2 cm，将颏部向前抬起使头部充分后仰，下颌角与耳垂连接和身体水平面呈90°（疑有颈椎骨折采用托颌法）。

（3）人工呼吸（breathing，B）：准备氧气（8～10 L/min）连接呼吸气囊辅助通气，呼吸气囊未到达之前可实施口对口人工呼吸（图3-7-2）。并通知麻醉科，尽早行气管插管术。无论是单人还是双人进行心肺复苏，按压和通气的比例为30∶2交替进行。上述通气方式只是临时性

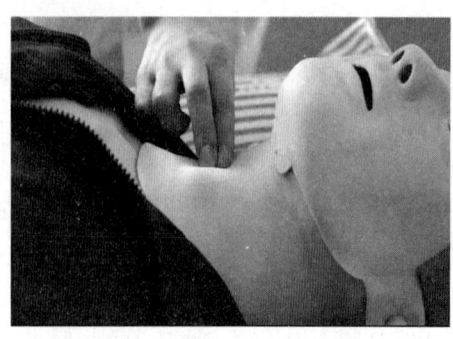
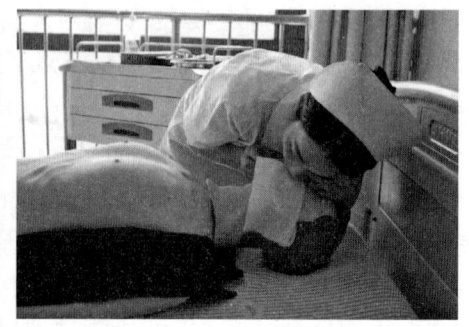

图 3-7-2 口对口人工呼吸

抢救措施，应争取马上气管内插管，以人工气囊挤压或人工呼吸机进行辅助呼吸与输氧，纠正低氧血症，但同时应避免过度通气。

（4）电除颤（defibrillation）：抢救物品到位，若病人发生恶性心律失常，如心室颤动，应立即行电除颤，除颤1次后继续行5个循环（或2 min）CPR。

（5）再次评估：完成上述5个循环后，再次评估呼吸、循环征象，如复苏有效，进行进一步生命支持；如复苏无效，继续抢救治疗30 min以上，直到医嘱宣布临床死亡。

7. 高级心肺复苏 即高级生命支持（advanced life support，ALS），是在基础生命支持的基础上，应用辅助设备、特殊技术等建立更为有效的通气和血运循环。在复苏过程中必须持续监测心电图、血压、血氧饱和度等。

（1）通气与氧供：如果病人自主呼吸没有恢复，应尽早行气管插管，后继续予球囊辅助通气，有条件的可应用呼吸机辅助通气，开始予100%浓度的氧气，然后根据血气分析结果随时进行调整。保持呼吸道通畅，密切观察氧疗效果。

（2）电除颤、电复律与人工心脏起搏治疗：心电监护，密切观察有无室性心动过速、心室颤动等恶性心律失常的发生，床边备除颤仪。如病人再次出现室性心动过速、心室颤动等严重恶性心律失常，应立即予电除颤，必要时植入人工心脏起搏器。电除颤、电复律的护理详见本节中"心脏电复律护理"。人工心脏起搏器治疗的护理详见本节"人工心脏起搏器植入术护理"。

（3）药物治疗：尽早开放静脉通道，遵医嘱及时准确给予急救药物治疗。做好药物治疗护理，观察药物疗效及不良反应，做好管路护理，避免药液外渗。

1）升压药：首选肾上腺素，严重低血压可以给予去甲肾上腺素、多巴胺、多巴酚丁胺。

2）抗心律失常药：遵医嘱使用抗心律失常药，如胺碘酮，2~3次使用肾上腺素后仍存在无脉性室性心动过速或心室颤动，在继续CPR的过程中可静脉给予抗心律失常药胺碘酮；阿托品适用于缓慢性心律失常、心室停搏、无脉性电活动。

3）代谢性酸中毒药：5%碳酸氢钠适用于心搏骤停或复苏时间过长者，或早已存在代谢性酸中毒、高钾血症者。

（六）复苏后处理

心肺复苏后的处理原则和措施包括维持有效的循环和呼吸功能，特别是脑灌注，预防再次心搏骤停，维持水、电解质和酸碱平衡，防治脑水肿、急性肾衰竭和继发感染等，同时做好心理护理，减轻病人恐惧，更好地配合治疗。

1. 维持有效的循环 遵医嘱继续使用升压药、抗心律失常药治疗。做好输液管路管理。

2. 维持呼吸功能　保持呼吸道通畅，氧气吸入，呼吸机辅助通气。做好气道管理。

3. 脑复苏　是心肺复苏最后成功的关键。主要治疗护理措施包括：①降温，注意脑部降温，自主循环恢复后几分钟至几小时将体温降至32~34℃为宜，持续12~24 h。②脱水，可选用渗透性利尿药20%甘露醇或25%山梨醇快速静滴，以减轻脑水肿；亦可联合使用呋塞米、25%白蛋白或地塞米松。③防治抽搐，应用冬眠药物，如双氢麦角碱、异丙嗪或地西泮。④高压氧治疗，有条件者应尽早应用，改善脑缺氧。⑤促进早期脑血流灌注，如抗凝以疏通微循环，钙通道阻滞药解除脑血管痉挛。

4. 病情观察　密切观察病人意识恢复情况，持续心电监护监测血压、心率、心律、呼吸、血氧饱和度，及时关注血气分析、电解质结果等，预防再次心搏骤停的发生。密切关注病人尿量的变化，预防急性肾衰竭。

5. 预防继发感染　严格执行消毒隔离制度，按预防医院感染要求处理抢救后物品。遵医嘱使用抗生素。

6. 心理护理　安慰病人和家属，做好耐心解释及宣教，消除病人及家属的紧张焦虑心理，更好地配合治疗与护理，促进康复。在抢救过程中及抢救结束后，要注意对同室病人进行安慰。

7. 转运　抢救成功后，如有必要，待病情允许，在心电监护状态下，携带急救转运箱，由主管医师和责任护士护送病人至ICU，严格交接治疗、用药、抢救过程等。抢救无效死亡，再次做好与家属的沟通安慰工作；向医务处或总值班汇报抢救过程及结果；联系太平间，做好床单位终末消毒及病室空气消毒通风。

（七）健康宣教

1. 疾病知识指导　向病人及家属讲解积极治疗原发病的重要性，告知家属高危人群及因素的识别，预防心血管事件的发生，有晕厥病史或猝死家族史者应避免独自外出，以免发作时无人在场而发生意外。

2. 日常生活指导　养成科学合理的饮食习惯，以低盐、低脂、低糖、低胆固醇，富含蛋白质、维生素、纤维素的饮食为主，均衡营养，忌食刺激性食物，避免暴饮暴食，保持大便通畅，勿用力排便。

3. 病情监测　嘱病人遵医嘱服药，不可随意增减剂量或停药，教会病人观察药物的疗效及不良反应，嘱病人定时复诊，一旦出现不适应立即就医。

4. 心理护理　保持心态平和、乐观，避免紧张、焦虑的心理，遇事不可大喜大悲，指导家属提供充分的情感支持。

5. 急救指导　教会家属心肺复苏技术，以备紧急需要时应用。告知家属若病人在院外突然出现意识丧失，应立即就地进行徒手胸外心脏按压，施救的同时，立即请旁人拨打120，并转至就近的医院救治。

（八）心搏骤停病人的预后

心搏骤停复苏成功的病人，及时地评估左心室的功能非常重要。和左心室功能正常的病人相比，左心室功能减退的病人心搏骤停复发的可能性较大，对抗心律失常药的反应较差，死亡率较高。

第八节 循环系统常见的诊疗技术

拓展阅读 3-8-1
循环系统常见诊疗技术及护理重要知识点

循环系统常见的诊疗技术包括冠状动脉介入诊断及治疗、心脏起搏治疗、心脏电复律、心导管射频消融术、主动脉内球囊反搏术、经皮穿刺球囊二尖瓣成形术、经皮穿刺球囊肺动脉瓣成形术、心包穿刺术、先天性心脏病介入治疗等。本节重点介绍冠状动脉造影术、经皮冠状动脉介入治疗和心包穿刺技术及护理。

一、冠状动脉造影术

冠状动脉造影术（coronary arterial angiography，CAG）可以确诊冠脉病变的部位、性质、程度、范围、侧支循环状况等情况，有助于选择最佳治疗方案和判断预后，是临床诊断冠心病的"金标准"。评定冠状动脉狭窄程度的依据：①冠状动脉造影术后冠脉狭窄程度分级（表3-8-1）；②心肌梗死溶栓治疗后TIMI血流分级标准（表3-8-2）。

表3-8-1 冠状动脉狭窄严重程度分级

分级	狭窄严重程度
Ⅰ级	<25%
Ⅱ级	26%~50%
Ⅲ级	50%~75%
Ⅵ级	≥75%

表3-8-2 心肌梗死溶栓治疗后TIMI血流分级标准

分级	有无血流
0级	闭塞血管远端无血流
Ⅰ级	造影剂部分通过，冠状动脉狭窄远端不能完全充盈
Ⅱ级	冠状动脉狭窄远端可完全充盈，但显影慢，造影剂消除也慢
Ⅲ级	冠状动脉远端造影剂完全且迅速充盈和消除，同正常冠状动脉血流

1. 方法　用特形的心导管经桡动脉、股动脉或肱动脉送到主动脉根部（临床上常选用桡动脉途径），分别插入左、右冠状动脉口，注入造影剂使冠状动脉及其主要分支显影。

2. 适应证

（1）药物治疗效果不好，估计要做血运重建的心绞痛病人；病人的心绞痛症状不严重，但其他检查提示多支血管病变、左主干病变。

（2）不稳定型心绞痛，如新发生的心绞痛、梗死后心绞痛、变异型心绞痛、急性心肌梗死病人等。

（3）冠心病的诊断不明确，需要做冠状动脉造影明确诊断，如不典型的胸痛，无创检查的结果模棱两可。

（4）难以解释的心力衰竭或室性心律失常。

（5）拟进行其他较大手术而疑诊冠心病的病人，包括：①心电图异常，如有病理性Q波和ST-T改变等；②不典型心绞痛和年龄>65岁的病人；③拟行心脏手术的病人，如年龄>50岁应常规行冠状动脉造影。

二、经皮冠状动脉介入治疗及护理

> **情景导入**
>
> 谢某,男性,62 岁,主因"突发胸口疼痛 1 h"急诊入院。病人既往有高血压病史,心电图检查示:电轴左偏,$V_2 \sim V_4$ 导联 ST 段抬高 ≥ 0.2 mV,$V_5 \sim V_6$ 导联 T 波倒置;心肌酶结果:肌酸激酶同工酶(CK-MB):23.02 ng/mL、肌红蛋白(Myo)>400 ng/mL、肌钙蛋白(cTnI):1.00 ng/mL;查体:T 36.5℃,P 80 次/min,R 20 次/min,BP 163/102 mmHg。初步诊断为:1. 急性前壁心肌梗死;2. 高血压 2 级(极高危)。现拟急诊行经皮冠状动脉介入治疗(PCI)。
>
> 请思考:
> 1. PCI 手术方法是什么?
> 2. PCI 围术期如何护理?

经皮冠状动脉介入治疗(percutaneous coronary intervention,PCI)是用心导管技术疏通狭窄甚至闭塞的冠状动脉管腔,从而改善心肌血流灌注的方法,包括经皮冠状动脉腔内成形术(percutaneous transluminal coronary angioplasty,PTCA)、经皮冠状动脉内支架置入术(percutaneous intracoronary stent implantation)、冠状动脉内旋切术、旋磨术和激光成形术。

(一)方法

1. **经皮冠状动脉腔内成形术(PTCA)** 是在冠状动脉造影确定狭窄病变部位后,将带球囊的导管送入冠状动脉到达狭窄节段,扩张球囊使狭窄管腔扩大,是冠状动脉介入治疗最基本的手段(图 3-8-1)。

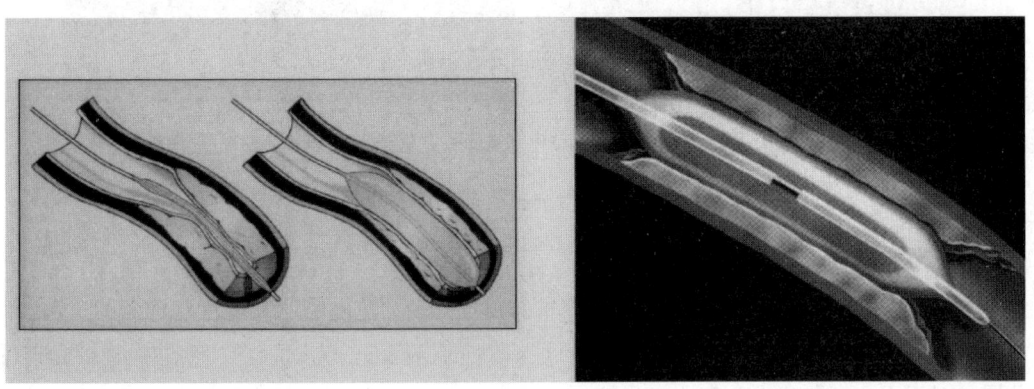

图 3-8-1 经皮冠状动脉腔内成形术(PTCA)示意图
经皮股(肱或桡)动脉穿刺法,将球囊导管沿主动脉逆行送至冠状动脉病变部位,利用加压充盈球囊的机械作用,直接扩张狭窄病变

2. **冠状动脉内支架置入术** 是将不锈钢或合金材料制成的支架植入病变的冠状动脉内,支撑其管壁,以保持管腔内血流通畅(图 3-8-2 至图 3-8-4)。是在 PTCA 基础上发展而来的,目的是防止和减少 PTCA 后急性冠状动脉闭塞和后期再狭窄,以保证血流通畅。

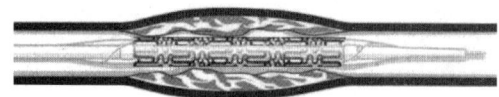

将支架放入血管病变处

通过球囊将支架扩开　　　　　　　　　　　撤出球囊，支架永久留在血管病变处

图 3-8-2　冠状动脉内支架置入术示意图

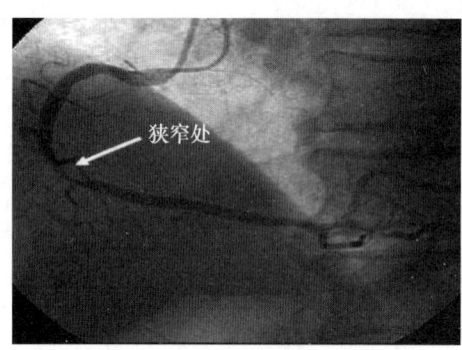 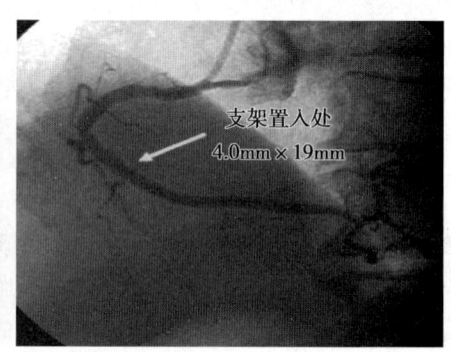

图 3-8-3　冠状动脉内支架置入术（右冠状动脉）

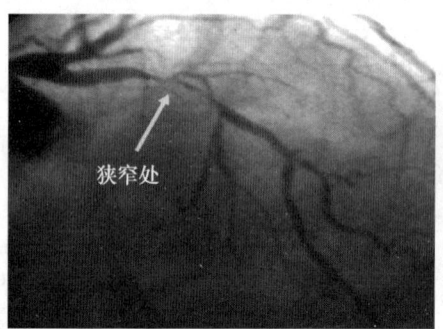 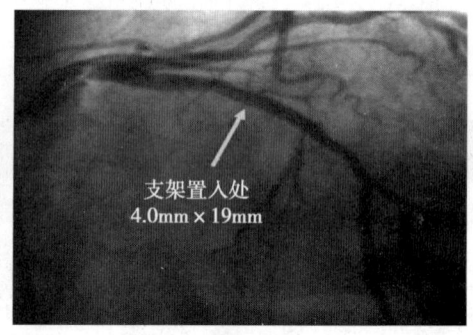

图 3-8-4　冠状动脉内支架置入术（左冠状动脉）

（二）适应证

1. 稳定型心绞痛　经药物治疗后仍有症状，以及有较大范围心肌缺血客观证据的病人。

2. 不稳定型心绞痛、非 ST 段抬高型心肌梗死　根据病人的临床表现和辅助检查指标进行危险分层，对于中、高危病人，应积极早期介入治疗。

3. 介入治疗后心绞痛复发，血管再狭窄的病人。

4. 急性 ST 段抬高型心肌梗死。

（1）直接 PCI：①症状发作 12 h 以内并且有持续新发的 ST 段抬高或新发左束支传导阻滞的病人；② 12~48 h 若病人仍有心肌缺血证据（仍有胸痛和 ECG 变化），亦可尽早接受介入治疗。

（2）补救性 PCI：溶栓治疗后仍有明显胸痛，抬高的 ST 段无明显降低，应尽快进行冠状动脉造影，如显示 TIMI 0~Ⅱ级血流，说明相关动脉未再通，宜立即行补救性 PCI。

（3）溶栓治疗再通者的 PCI：溶栓治疗成功后有指征实施急诊血管造影，必要时进行梗死相关动脉血运重建治疗，可降低再梗死的发生；溶栓成功后稳定的病人，实施血管造影的最佳时机是 2~24 h。

（4）冠状动脉旁路移植术后复发心绞痛的病人。

（三）护理

1. 术前护理

（1）术前评估：①一般情况：病人的生命体征和精神、意识状态，尤其注意病人有无与心绞痛或心肌梗死相关的临床表现，如胸闷、胸痛、面色苍白、表情痛苦或神志模糊等。②健康史和相关因素：有无高血压、高血脂、糖尿病病史，近期有无脑卒中病史，是否吸烟、酗酒等。③心理和社会支持状况：有无恐惧或焦虑，程度如何；是否了解手术的相关知识；了解病人及家庭成员的文化、经济收入、成员之间的关系；对病人的心理支持情况等。

（2）心理护理：向病人说明介入治疗的必要性、手术过程及手术成功后的获益等，帮助病人保持稳定的情绪，增强信心。

（3）进行呼吸、屏气、咳嗽训练：便于病人顺利配合手术。

（4）术前遵医嘱口服抗血小板药及抗凝药：①择期 PCI 者术前口服阿司匹林和替格瑞洛或氯吡格雷；②对于急诊 PCI 者，遵医嘱服用负荷剂量的阿司匹林和替格瑞洛或氯吡格雷。

（5）完善相关检查：如胸片、心电图、超声心动图等，查血常规、出凝血时间、肝肾功能、电解质等。

（6）拟行桡动脉穿刺者，术前行 Allen 试验：即同时按压桡、尺动脉，嘱病人连续伸屈五指至掌面苍白时松开尺侧，如 10 s 内掌面颜色恢复正常，提示尺动脉功能好，可行桡动脉介入治疗。避免在术侧上肢植入静脉留置针。

2. 术中配合

（1）心电监护：严密监测生命体征的变化。

（2）心理护理：告知病人术中如有心悸、胸闷等不适，应立即告知医生。球囊扩张时，病人可有胸闷、心绞痛发作的症状，做好安慰解释工作，并给予相应处置。

（3）重点监测：导管定位、造影、球囊扩张时，有可能出现再灌注心律失常时的心电及血压的变化，发现异常，及时报告医生，并采取有效措施。

（4）抗凝治疗：遵医嘱根据病人体重给予肝素化治疗。

3. 术后护理

（1）与导管室护士进行交接：妥善安置病人至床上，查看静脉输液、穿刺处、末梢循环状况等，填写交接记录单，了解病人术中情况，如病变血管情况、植入支架的个数、病变是否全部得到处理、术中有无异常、抗凝药的用量等。

（2）严密观察生命体征：对于复杂病变或病情严重的病人行心电、血压监护，观察有无心律失常、心肌缺血、心肌梗死等急性期并发症。对血压不稳定病人应每 15~30 min 测量血压 1 次，直至血压稳定后改为每 1 h 测量 1 次。

（3）不同穿刺部位的观察与护理

1）经桡动脉穿刺者：术后可立即拔除鞘管，穿刺点局部压迫 4~6 h 后，可去除加压弹力绷带。目前国内开始使用专门的桡动脉压迫装置进行止血，有气囊充气式的，也有螺旋式的，使用此种止血方法时，保持腕部制动即可。术后使用压迫器压迫 2~4 h 后开始减压，气囊充气式压迫器每 2 h 缓慢抽气 1~2 mL，螺旋式压迫器每 2 h 旋转按钮放松一圈。注意边减压、边观察，若发现渗血，及时适当还原压力，直至止血，必要时报告手术医生，给予重新压迫。腕部制动期间适当活动术侧手指，促进静脉回流。病情严重者需卧床休息，密切观察病情变化。

2）经股动脉穿刺进行冠状动脉造影术后：可即刻拔除鞘管。接受 PCI 治疗的病人因在术中追加肝素，需在拔除鞘管之前常规监测活化部分凝血激酶时间（APTT），APTT 降低到正常值的 1.5~2.0 倍范围内，可拔除鞘管。常规压迫穿刺点 15~20 min 后，若穿刺点无活动性出血，可进行加压包扎并制动，1 kg 沙袋压迫 6~8 min，穿刺侧肢体限制屈曲活动 12~24 h，制动期间适当活动术侧踝关节、足趾，按摩下肢，防止血栓形成。

（4）鼓励病人多饮水：术后 2 h 内每小时各饮水 1 000 mL，以后尽量多饮水，以加速造影剂的排出，同时记录尿量，但心、肾功能差者应适量饮水；指导病人合理饮食，避免过饱；保持大便通畅；卧床期间协助生活护理。

（5）植入支架的病人遵医嘱口服抗血小板药及抗凝药：如替格瑞洛或氯吡格雷和阿司匹林；依据病情需要给予抗凝治疗，如低分子肝素皮下注射、替罗非班静脉泵入，以预防血栓形成和栓塞而致血管闭塞和急性心肌梗死等并发症。定期监测血小板、出凝血时间。严密观察有无出血倾向，如伤口渗血、牙龈出血、鼻出血、血尿、血便、呕血等。指导病人出院后根据医嘱继续服用药物，定期门诊随访。

（6）穿刺血管并发症的观察及处理

1）桡动脉闭塞：术前常规行 Allen 试验，术中充分抗凝，术后及时解除包扎，可预防桡动脉血栓闭塞和 PCI 术后手部缺血的发生。

2）桡动脉痉挛：女性、糖尿病、吸烟者容易发生，严重桡动脉痉挛时，切忌强行拔除导管，而应经动脉鞘内注射硝酸甘油，直至痉挛解除。

3）骨筋膜室综合征：为严重并发症，但较少发生。当前壁血肿快速进展引起骨筋膜室内压力增高至一定程度时，常会导致桡、尺动脉受压，进而引发手部缺血、坏死。出现此种情况时，应尽快外科手术治疗。

4）前臂血肿：桡动脉穿刺者应观察穿刺点局部和术侧手臂有无肿胀不适，一旦发生血肿，用弹力绷带或血压计袖带进行压迫止血，抬高患肢，防止血肿扩大。

5）股动脉穿刺处出血和血肿：嘱病人术侧下肢保持伸直位，咳嗽及用力排便时用手按压穿刺点，观察穿刺处出血、渗血或血肿；少量出血或小血肿且无症状时，暂不处理；血肿大、出血多时应重新加压包扎并适当延长肢体制动时间，必要时补液或输血。

6）腹膜后出血或血肿：PCI 后短时间内发生低血压，并且腹股沟区疼痛、腹痛、腰痛等应警惕腹膜后出血，必要时行超声或 CT 检查，一旦确诊应及时补充血容量。

7）假性动脉瘤和动 - 静脉瘘：多在鞘管拔除后 1~3 天内形成，前者表现为穿刺局部出现搏动性肿块和收缩期杂音，后者表现为局部连续性杂音，超声检查可明确诊断，一旦确诊应立即局部加压包扎，减少下肢活动，如不能愈合可行外科修补术。

8）血栓形成或栓塞：术后止血压迫或包扎过紧，可使动、静脉血流严重受阻而形成血栓，若引起动脉闭塞可导致肢体缺血。术后应注意观察双下肢足背动脉搏动情况、皮肤颜色、温度、感觉改变、下床活动后肢体有无疼痛或跛行等。静脉血栓形成或栓塞可引起肺栓塞，注意观察病人有无突然咳嗽、呼吸困难、咯血或胸痛等表现，发现异常及时告知医生并配合给予抗凝或溶栓治疗。

（7）术后负性效应的观察与护理

1）尿潴留：因病人不习惯床上排尿所致。护理措施：①术前训练床上排尿；②做好心理疏导,解除床上排尿时的紧张心理;③诱导排尿:听流水声、吹口哨、温水冲洗会阴部等;④以上措施无效时可行导尿术。

2)低血压:多为拔除鞘管时伤口局部加压后引发血管迷走神经反射所致。必要时协助医生在拔除鞘管前给予局部麻醉,减轻病人疼痛感。备齐阿托品、多巴胺等抢救药品,除颤仪床旁备用,心电监护,密切观察心率、心律、呼吸、血压变化。迷走反射性低血压常表现为血压下降伴心率减慢、恶心、呕吐、出冷汗,严重时出现心跳停止。一旦发生应立即报告医生,并积极配合处理。

3)造影剂不良反应:少数病人注入造影剂后出现皮疹、畏寒或寒战等,使用地塞米松后可缓解。肾损害及严重过敏反应罕见。术后经静脉或口服补液可以起到清除造影剂、保护肾和补充容量的作用。

(8)术后并发症的观察及处理

1)急性冠状动脉闭塞或心肌梗死:多由病变处急性血栓形成所致。病人表现为胸闷、胸痛、血压下降、心率减慢或增快,甚至室速或室颤而危及生命。应注意观察有无心肌缺血心电图的动态变化。如有异常立即报告手术医生,尽快恢复冠脉血流。

2)心脏压塞:介入操作可造成冠状动脉穿孔而发生心包积血,迅速或大量心包积血可导致心脏压塞,病人表现为突发呼吸困难、窦性心动过速、血压下降、脉压变小和静脉压升高,烦躁、意识模糊或丧失等。一旦发生,应立即行心包穿刺引流,必要时紧急外科手术。

(四)健康指导

1. PCI 术后病人应定期门诊随访,按医嘱规范服药,不得随意停药。服用阿司匹林、替格瑞洛或氯吡格雷等抗血小板药及抗凝药,要观察有无牙龈出血、皮肤瘀斑、鼻出血、尿血、便血等,一旦发生及时就医。术后抗凝治疗期间尽量不做外科手术,必须手术时需向医生说明用药情况。

2. 戒烟、限酒、低盐低脂、清淡易消化饮食,保持大便通畅。

3. 适量运动,运动的强度和时间因病情和个体差异而不同,以适当强度的有氧运动为宜(如快走、慢跑、游泳、骑自行车等),避免重体力劳动,保证充足的睡眠。

随身备用硝酸甘油等急救药品,如有心前区不适或疼痛,立即舌下含服1片,可重复使用2次,并及时就医。硝酸甘油见光易分解,应放在棕色瓶内存放于干燥处。

拓展阅读 3-8-2
中、高危及低危 PCI 病人术后一周康复程序

三、心包穿刺技术及护理

情景导入

冯某,男性,53岁,因确诊"心房颤动"行射频消融术(RFCA),于10:00返回病房。11:25护士巡视病房时发现病人烦躁不安,主诉胸闷、呼吸困难。心电监护示:窦性心动过速;生命体征:T 37.0℃,P 116次/min,R 20次/min,BP 83/52 mmHg。急诊心脏彩超提示:大量心包积液。

请思考:
1. 假如你是当班护士,你应如何协助医生进行紧急处理?
2. 紧急处理后,应如何护理?

心包穿刺技术（pericardiocentesis）是经皮肤将穿刺针和（或）留置导管置入心包腔，将心包内异常积液抽吸或引流出，或向心包腔内注入药物用于诊断和治疗的方法。

（一）适应证

1. 诊断性穿刺　对抽出的液体进行常规、生化、细菌学和病理细胞学检查，有助于病因的诊断。
2. 治疗性穿刺
（1）减压性穿刺：发生急性心脏压塞时，穿刺抽取积液以缓解临床症状。
（2）向心包腔内注入药物辅助治疗。

（二）禁忌证

1. 病人烦躁不安或身体衰弱，不能配合穿刺操作。
2. 出血性疾病、严重血小板减少症及正在接受抗凝治疗者为相对禁忌证。
3. 少量心包积液或局限于心室后壁的心包积液。
4. 拟穿刺部位有感染或合并菌血症或败血症者。

（三）护理要点

1. 术前护理
（1）环境准备：应在无菌室内进行，紧急穿刺可在病床边进行，提供屏风或隐蔽的空间以保护病人隐私。
（2）备齐物品：主要包括常规的消毒治疗盘、无菌心包穿刺包、利多卡因、无菌手套、量杯、试管、心电监护仪、抢救药品及器械。
（3）心理护理：向病人说明手术意义和必要性，解除思想顾虑，必要时应用少量镇静药。
（4）询问病人是否有咳嗽：必要时给予可待因镇咳治疗。
（5）术前常规行心脏超声或X线检查：以确定积液量和穿刺部位，并对最佳穿刺点做好标记。
（6）术前排尿、排便。
（7）开放静脉通路，准备抢救药品如阿托品等，以备急需。

2. 术中配合
（1）体位：病人一般取半卧位或坐位，暴露前胸、上腹部，并注意保暖。
（2）持续进行心电、血压监测：密切观察病人生命体征的变化。
（3）病人术中配合：嘱病人勿剧烈咳嗽或深呼吸，穿刺过程中有任何不适应立即告知医护人员。
（4）密切配合手术医生做好心包抽液及心包内注入药物治疗等：①严格无菌操作，抽液过程中随时夹闭胶管，防止空气进入心包腔；②抽液要缓慢，每次抽液量不超过1 000 mL，以防急性右心室扩张，一般第1次抽液量不宜超过300 mL；③若抽出新鲜血液，应立即停止抽吸；④密切观察有无心脏压塞症状，观察穿刺点及抽吸液的出血情况。
（5）术中密切观察病人的反应和主诉：如面色、呼吸、血压、脉搏、心电等变化，如有心跳加快、出冷汗、头晕、气短等异常，立即停止操作，及时协助医生处理。

3. 术后护理
（1）穿刺点妥善固定：拔除穿刺针后，穿刺部位覆盖无菌纱布并固定。

（2）心电、血压监测：嘱病人休息，密切观察生命体征变化并记录。

（3）心包引流管的护理：观察穿刺部位有无渗血、渗液、红肿及皮下气肿，记录抽液量、颜色、性质，按要求及时送检，待每天心包抽液量 < 25 mL 时拔除导管，嘱病人拔管后 48 h 内禁止淋浴。

拓展阅读 3-8-3 心包穿刺部位
拓展阅读 3-8-4 心脏压塞急救流程

（4）并发症的观察：如肺损伤、肝损伤，心律失常、心肌损伤及冠状动脉损伤引起出血等。

（5）酌情应用抗生素：用于持续心包引流的病人，以免穿刺部位及心包发生感染。

（崔莉萍　孟桂平　李中清　邓　颖　吴赞芳　王秀玲　王小燕　吕冶芳）

数字课程学习

教学 PPT　　　自测题

第四章
消化系统疾病病人的护理

【学习目标】

知识：

1. 掌握消化系统常见疾病的定义、诊断要点。
2. 掌握消化系统疾病病人的常见临床表现和护理要点。
3. 掌握消化系统常见疾病的治疗原则和要点。
4. 掌握消化系统疾病常用药物的作用、副作用/不良反应及注意事项。
5. 掌握消化内镜及介入治疗的术前、术中和术后护理。
6. 熟悉消化系统疾病的基本病因。
7. 熟悉消化系统疾病的促发因素和诱发因素。
8. 熟悉消化系统常见疾病的健康指导。
9. 熟悉消化系统常用诊疗技术及护理。
10. 了解消化系统疾病的发病机制。
11. 了解消化系统疾病主要辅助检查的内容和意义。

技能：

1. 应用护理程序对消化系统常见病病人进行正确护理评估、提出护理诊断/问题、实施有效护理及评价效果。
2. 正确运用所学知识对消化系统常见疾病病人进行个性化的健康教育。
3. 学习过程中培养慎独意识、临床思维、创新性思维及预见性护理的能力。

素质：

1. 结合消化系统疾病特点，能够根据病人病情变化，开展个性化的护理，提高分析问题、解决问题的临床护理思维能力。
2. 能够与病人、医务人员进行高效沟通，具备高度的责任感、同情心、慎独精神和团结协作精神。

> **情景导入**
> 金某，男性，52岁，主因胃部不适，食欲差，体感无力入院。检查：生命体征平稳。

第一节 概 述

> **情境一：**
> 金某刚入院。你作为他的责任护士。
> **请思考：**
> 1. 你应如何对金某进行护理评估？
> 2. 你需要注意哪些护理问题？

消化系统疾病主要包括食管、胃、小肠、大肠、肝、胆和胰腺等器官的器质性或功能性疾病，病变可局限于消化系统，可也累及其他系统，甚至导致全身性疾病。其他系统或全身性疾病也可引起消化系统疾病或症状。消化系统的重要生理功能是将人体所摄取的食物进行消化、吸收，以供全身组织利用。

> 拓展阅读 4-1-1
> 消化系统概述的重要知识点

一、消化系统的结构与功能

消化系统由消化管、消化腺、腹膜、肠系膜和网膜等器官组成。消化管是消化的管道，包括口腔、咽、食管、胃、小肠和大肠。消化腺分为大消化腺和小消化腺，大消化腺为单独的腺器官，通过导管与消化管相连，如肝、胰等。小消化腺散在分布在消化管管腔中，如贲门腺、小肠腺等（图4-1-1）。

（一）胃肠道

1. **食管** 是继口腔之后，从咽喉至胃部之间的一条肌性管道，全长 25~30 cm。食管壁由黏膜、黏膜下层、肌层组成，食管没有浆膜层，故食管病变易扩散至纵隔。食管没有分泌和消化功能，其主要功能是通过蠕动把食团输送到胃内。食管下括约肌（lower esophageal sphincter，LES）可阻止胃内容物反流入食管，其功能失调可引起反流性食管炎和贲门失弛缓症。门静脉高压时，食管下段可有静脉曲张，静脉破裂可引起上消化道大出血。

2. **胃** 位于腹腔左上方，上与食管相连接，可分为贲门部、胃底、胃体、胃窦和幽门部，下连接十二指肠。幽门括约肌的功能是控

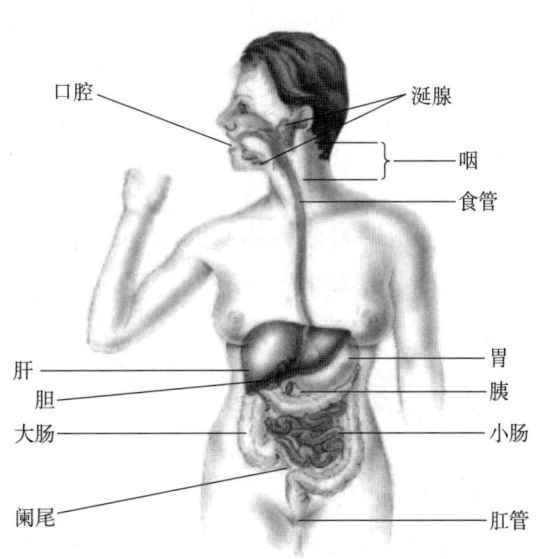

图 4-1-1 消化系统解剖图

制胃内容物进入十二指肠的速度,同时能阻止十二指肠内容物反流入胃。胃壁有4层,即黏膜层、黏膜下层、肌层和浆膜层。胃的外分泌腺主要有贲门腺、胃底腺和幽门腺,其中胃底腺分布在胃底和胃体部,主要由3种细胞组成:①壁细胞,分泌盐酸和内因子,盐酸分泌过多对胃、十二指肠黏膜有侵袭作用,是消化性溃疡发病的决定性因素之一。内因子是胃黏膜壁细胞分泌的糖蛋白,与维生素 B_{12} 结合,在回肠末端被吸收,是维生素 B_{12} 肠道吸收的必需因子。内因子缺乏而导致维生素 B_{12} 吸收减少,可发生巨幼细胞贫血。②主细胞,分泌胃蛋白酶原。胃蛋白酶原被盐酸或已活化的胃蛋白酶激活,参加蛋白质的消化。③颈黏液细胞,分泌碱性黏液,可中和过多的盐酸和保护胃黏膜。

3. 小肠 起于幽门括约肌,止于回盲瓣,由十二指肠、空肠和回肠组成,全长约6m,是食物消化吸收的主要场所。十二指肠分为球部、降部、水平部和升部,其中球部为消化性溃疡的好发部位。胆总管和胰总管分别或汇合开口于降部内后壁上的十二指肠乳头,胆汁和胰液由此处进入十二指肠。升部与空肠相连,连接处被屈氏韧带所固定,此处是上、下消化道的分界线。

4. 大肠 包括盲肠及阑尾、结肠、直肠,成人大肠全长约1.5 m。回肠末端与盲肠交界处的环行肌显著增厚,形成回盲括约肌。回盲括约肌的主要功能在于使回肠内容物间歇进入结肠,延长其在小肠内停留的时间,有利于充分消化和吸收。此外,回盲括约肌还具有活瓣样作用,可阻止结肠内容物倒流向回肠。大肠的主要功能是吸收水分和电解质,并能吸收肠内细菌产生的维生素,最后使食物残渣形成粪便排出体外。

(二) 肝胆

肝是人体最大的实质性腺体器官,是维持生命的重要器官。有肝动脉和门静脉双重血液供血,血流量约为1 500 mL/min,占心排血量的1/4。其中,25%血供来自肝动脉,血流中含氧丰富,是肝耗氧的主要来源;75%血供来自门静脉,收集腹腔脏器的血液,血中含有从胃肠道吸收的营养物质和有毒物质,它们在肝被代谢或被解毒。肝的生理功能主要有:①物质代谢。食物中的各种营养成分被消化、吸收后,糖、蛋白质、脂质、维生素等合成代谢,都需要肝的参与。肝是合成清蛋白和某些凝血因子的唯一场所,肝功能减退时可出现低清蛋白血症和凝血酶原时间延长。②解毒作用。肝是人体主要的解毒器官,由肠道吸收或机体代谢过程中产生的有毒物质在肝内经氧化、还原、水解、结合等过程转变为无毒或毒性较小的物质,最后随胆汁或尿排出体外。③生成胆汁。肝的分泌物是一种黄褐色的苦涩液体,即胆汁。消化期胆汁直接从胆管流入十二指肠,非消化期胆汁则流入胆囊中贮存,胆汁中的胆盐对脂肪的消化吸收具有重要作用。各种原因引起胆汁的合成、转运、分泌、排泄障碍时,可引起胆汁淤积性肝病和脂溶性维生素缺乏。④激素调节。肝参与体内多种激素代谢,如性激素、肾上腺皮质激素等在肝灭活,平衡体内激素的含量以适应生理需求。

胆道系统由胆囊和与之连接的胆管组成。胆道系统开始于肝细胞间的毛细胆管,毛细胆管集合成小叶间胆管,然后汇合成左右肝管自肝门出肝。肝外胆管包括肝管、胆囊管、胆总管及胆囊。胆汁经由胆道系统运输和排泄至十二指肠,胆囊的主要功能有贮存、浓缩胆汁和调节胆流,胆管的作用是运输和排泄胆汁。

(三) 胰腺

胰腺是腹膜后器官,分为头、颈、体、尾4个部分,各部分间无明显界限。胰腺既是内分泌腺又是外分泌腺。胰腺的内分泌功能主要由散在于胰腺中心的胰岛完成,其中A细胞分泌胰高血糖素，促进糖原分解和糖异生，使血糖升高；B细胞分泌胰岛素，促进全身各种组织对葡萄糖的摄取、分解和利用，促进糖原的合成，抑制糖异生，使血糖降低。胰腺外分泌功能主要是分泌胰液，胰液含有无机物和有机物，无机物主要是碳酸氢盐和多种无机离子，中和十二指肠中的胃酸，以使肠黏膜免受酸的侵袭，同时也给小肠内多种消化酶活动提供最适宜的环境（pH 7~8）。胰液的消化酶主要有胰淀粉酶、胰脂肪酶、胰蛋白酶和糜蛋白酶，分别水解淀粉、脂肪和蛋白质。

二、护理评估

在全面收集病人的主、客观资料的基础上，消化系统疾病病人的护理评估重点内容归纳如下。

（一）病史

1. **患病及治疗经过**　了解病人患病的起始情况和时间，有无起因或诱因，主要症状及其特点。既往检查、治疗及用药情况，是否遵从医嘱进行治疗，治疗效果。
2. **目前病情与一般状况**　目前的主要不适及病情变化，包括体重、营养状况、食欲状况、睡眠、排便习惯等有无改变。
3. **生活史及家族史**　了解病人的生活方式及饮食习惯，如日常生活是否规律，包括学习或工作、活动、休息与睡眠；平日饮食习惯及食欲，是否规律进食，每天餐次，有无偏食，有无特殊食物喜好或禁忌，有无烟酒嗜好；评估家庭中有无相关疾病史。

（二）身体评估

1. **一般状态**　病人的生命体征、精神、意识、营养状况。通过病人的体重、皮下脂肪厚度、皮肤色泽和弹性、毛发光泽度等综合判断其营养状况。
2. **皮肤和黏膜**　有无色素沉着、瘀点、瘀斑、黄染、蜘蛛痣、肝掌等肝胆疾病的表现。频繁呕吐或腹泻病人应注意有无皮肤干燥、弹性减退等失水表现。
3. **腹部检查**　腹部外形，有无膨隆或凹陷；有无胃型、肠型及蠕动波；有无腹壁静脉曲张；肠鸣音是否正常；腹壁紧张度，有无腹肌紧张、压痛、反跳痛；有无腹部包块，确定其部位和性状。肝脾有无肿大，触摸到肿大判断其肿大程度、边缘情况、硬度等；有无振水音、移动性浊音。

（三）心理-社会状况

病人对疾病知识的认识情况。病人的性格、精神状态，有无焦虑、恐惧、抑郁等负面情绪。评估病人的家庭成员组成，家庭经济情况、文化、教育背景，了解家庭成员对病人疾病的认识情况，对病人的关怀和支持程度，医疗费用来源或支付方式等。

（四）实验室及其他检查

1. **化验检查**　常用的检查有粪便、血液、尿液检查等。
（1）粪便检查：包括粪便外观的肉眼和显微镜观察、细菌学检查、寄生虫检查和隐血试验等。采集粪便标本应新鲜，不可混入尿液。做隐血试验者应在素食3天后留取标本。
（2）血液、尿液检查
1）肝功能检查：如血清酶学，血清总蛋白、清蛋白和球蛋白及其比值，凝血酶原及凝血酶原活动度等,用于肝胆疾病的诊断。

2)血、尿胆红素检查:可提示黄疸的性质。

3)血清、尿液淀粉酶测定:用于急性胰腺炎的诊断。

4)各型肝炎病毒的血清标志物的测定:用于确定肝炎的病原分型。

5)红细胞沉降率可反映炎症性肠病、肠结核或腹膜结核的活动性。

6)肿瘤标志物的检测:如甲胎蛋白(AFP)用于原发性肝癌的诊断,癌胚抗原(CEA)、糖链抗原19-9(carbohydrate antigen 19-9,CA19-9)等用于胃癌、结肠直肠癌和胰腺癌的诊断和疗效评估。

(3)十二指肠引流:对引流出的十二指肠液及胆汁进行显微镜和细菌性检查。用于胆道、肝、胰等疾病的诊断。

(4)腹水检查:腹水常规检查可初步诊断是渗出液还是漏出液,腹水的生化、细菌学及细胞学检查对于鉴别肝硬化、腹腔细菌性感染、腹膜结核、腹内肿瘤等有重要意义。

2. 内镜检查 常用的消化道内镜检查包括胃镜、十二指肠镜、胆道镜、胰管镜、小肠镜、结肠镜、胶囊内镜、经内镜逆行胰胆管造影(ERCP)、超声内镜和腹腔镜等。其中最常用的是胃镜和结肠镜,可检出大部分的常见胃肠道疾病。近年来广泛使用的电子内镜,可摄录并在荧光屏上显示图像,不仅成像清晰细致,且与计算机系统结合,便于资料的储存、分析与交流。应用内镜不仅可以直接观察消化道管腔和腹膜腔的情况,还可以在直视下有针对性地采取活组织进行病理分析并可同时进行治疗。

3. 器官功能试验

(1)胃液分析:常用于促胃液素瘤和常见消化性溃疡的鉴别。胃酸分泌减少见于胃癌、慢性胃炎特别是A型胃炎。

(2)测定小肠吸收功能试验:D-木糖吸收试验、维生素B_{12}吸收试验、脂肪平衡试验、氢呼吸试验等用于测定小肠吸收功能。

(3)胃肠运动功能检查:包括食管、胃、胆道、直肠等处的压力测定,食管下端和胃内pH测定或24h持续监测,胃排空测定等,用以诊断胃肠道动力障碍性疾病。

4. 活组织检查和脱落细胞检查 临床上可用以下方法取活体组织进行病理检查:

(1)组织活检:在消化道内镜直视下,用活检针或活检钳,采取食管、胃、结肠、直肠黏膜的病变组织,或通过腹腔镜取肝、腹膜等组织。

(2)各种经皮穿刺:包括超声或CT引导下穿刺,对肝、胰腺或腹腔肿块取材。

(3)外科手术时取材:脱落细胞检查是在内镜直视下冲洗或擦刷消化管腔黏膜,收集脱落细胞做病理检查或收集腹水查找癌细胞等,以上检查多用于消化系统肿瘤的诊断。

5. 影像学检查

(1)超声检查:腹部B超检查可观察肝、脾、胰、胆囊等器官,发现这些器官的肿瘤、脓肿、囊肿、结石等病变,以及腹腔内肿块、腹腔积液。彩色多普勒超声可显示门静脉、肝静脉及下腔静脉,协助门静脉高压的诊断。

(2)X线检查:腹部平片可观察腹腔内游离气体,肝、脾、胃等器官的轮廓,钙化的结石或组织,以及肠曲内气体和液体。消化道钡餐造影不但能看到消化道的轮廓,而且能发现食管、胃、小肠或结肠的静脉曲张,炎症、溃疡、肿瘤、结构畸形、运动异常等。胆囊及胆道碘剂造影可显示结石、肿瘤、胆囊浓缩和排空功能障碍及其他胆囊、胆道病变。

(3)CT和MRI:因其敏感性和分辨率高,可显示轻微的密度改变而发现病变。可帮助消化系统疾病诊断。

（4）PET：PET可根据示踪剂的摄取水平将生理过程形象化和数量化，故其反映的是生理功能而不是解剖结构，与CT和MRI互补，PET可提高消化系统肿瘤诊断的准确性。

第二节 消化系统疾病常见症状体征的评估和护理

> **情境二：**
> 金某刚入院，你作为他的责任护士，已完成初步护理评估。
> **请思考：**
> 1. 该病人有哪些症状、体征？
> 2. 应该采取哪些护理措施？

一、腹痛

腹痛（abdominal pain）是腹腔内器官病变或功能紊乱的主要症状，表现为不同性质的疼痛和不适感。临床上一般根据腹痛起病的急缓、病程的长短分为急性腹痛与慢性腹痛。急性腹痛多由腹腔器官的急性炎症、扭转或破裂，空腔器官梗阻或扩张，腹腔内血管阻塞引起；慢性腹痛常由腹腔器官的慢性炎症、空腔脏器的张力变化、消化性溃疡及脏器包膜的牵张引起。此外，全身性疾病、内分泌系统疾病、心血管系统疾病都能引起腹痛。

拓展阅读 4-2-1
消化系统疾病常见症状与体征的评估与护理的重要知识点

（一）护理评估

1. **病史** 询问病人腹痛起病急缓、诱因，疼痛的部位、性质、有无放射或转移疼痛，腹痛持续时间，加重或缓解因素，有无伴随恶心、呕吐、发热、腹泻等症状，既往是否有类似发作。对慢性腹痛病人应了解有无规律性。

2. **身体评估** 评估病人的神志、生命体征、面部表情、体位、营养状况；腹部检查应注意有无胃型、肠型，疼痛的部位，有无压痛、反跳痛、肌紧张，腹部能否触及肿大的脏器或包块，有无移动性浊音及肠鸣音情况。

3. **有关检查** 根据不同病种进行相应的实验室检查，如血、尿、便常规，便隐血试验，血、尿淀粉酶测定。必要时行X线、CT、B超和内镜检查等。

4. **心理社会状况** 急性腹痛发作时，特别是剧烈腹痛时，病人感觉到生命受到威胁而容易产生恐惧感；长期反复发作的腹痛，病人的生活、工作受到影响及疾病的迁延不愈而使病人产生焦虑、失望、悲观等情绪反应。评估家属对病人所患疾病的认知、关心和支持程度等。

（二）常见护理诊断/问题

1. **疼痛：腹痛** 与腹腔器官或腹外器官的炎症、缺血、梗阻、溃疡、肿瘤或功能性疾病等有关。

2. **焦虑** 与剧烈腹痛、腹痛反复发作或持续腹痛不易缓解有关。

(三) 护理措施

1. **一般护理** 急性腹痛病人应卧床休息，以减少疲劳感和体力消耗。协助病人采取合适体位减轻疼痛。对烦躁不安者应采取防护措施，以防坠床等意外发生。急性腹痛诊断未明者，最好予以禁食，必要时进行胃肠减压。

2. **病情观察** ①严密观察病人腹痛的变化情况，通过对病人的神志、面容、生命体征等的观察判断腹痛的严重程度；②观察并记录病人腹痛的部位、性质及程度，发作时间、频率，持续时间及伴随症状；③观察非药物性和（或）药物镇痛治疗的效果。

3. **非药物性缓解疼痛的方法** 通过分散病人的注意力，降低病人的焦虑、紧张情绪，提高其疼痛阈值和对疼痛的控制感。具体方法：①行为疗法：指导式想象（利用一个人对某特定事物的想象而达到特定的正向效果，如回忆一些美好有趣的往事可转移病人对疼痛的注意）、深呼吸、音乐疗法、冥想、生物反馈等；②局部热敷法：除急腹症外，对疼痛局部可应用热水袋进行热敷，从而缓解肌肉痉挛，达到镇痛效果；③针灸镇痛：根据不同疾病和疼痛部位选择相应穴位进行针灸。

4. **用物护理** 遵医嘱准确给予止痛药，注意观察药物的不良反应。未明确诊断的剧烈腹痛者，不应随意使用止痛药，以免掩盖病情。

5. **心理护理** 护士应对病人和家属进行细致全面的心理评估，有针对性地进行心理疏导，以减轻紧张恐惧心理，稳定情绪，增强其对疼痛的耐受性。

二、恶心与呕吐

恶心（nausea）是一种欲将胃内容物经口吐出的特殊不适感。呕吐（vomiting）是胃或部分小肠内容物不自主地经贲门、食管逆流出口腔的病理生理反射动作。恶心、呕吐可单独或先后发生，但多数人先有恶心，继而呕吐。引起恶心与呕吐的病因很多，其中消化系统的常见病因有：①胃炎、消化性溃疡并发幽门梗阻、胃癌等；②肝、胆囊、胆管、胰腺、腹膜的急性炎症；③胃肠功能紊乱引起的神经性呕吐。呕吐的时间、呕吐与进食的关系、呕吐物的量与性状因病种而异。幽门梗阻时呕吐严重且呕吐量大，并含有隔夜食物及腐臭味；低位肠梗阻通常伴有粪臭味；急性胰腺炎可出现频繁而剧烈的呕吐，吐出胃内容物甚至胆汁；上消化道出血时呕吐物呈棕褐色、咖啡色甚至鲜红色。呕吐频繁且量大者可引起水、电解质紊乱，代谢性碱中毒；长期呕吐易造成营养不良；昏迷病人呕吐时易发生误吸，引起肺部感染、窒息等。

（一）护理评估

1. **病史** 询问恶心与呕吐发生时间、持续时间、次数、原因或诱因，呕吐物的性状、量，呕吐是否与进食、服药、饮酒及情绪激动等有关，是否存在腹痛、腹泻、发热等伴随症状，每日进食、进液情况。

2. **身体评估** 评估病人的全身情况、神志、生命体征、体重变化、营养状况、腹部检查情况。

3. **有关检查** 根据病情作呕吐物的毒物分析或细菌培养检查，呕吐量大者注意有无水、电解质及其酸碱平衡失调。

4. **心理社会状况** 评估病人有无紧张、焦虑、恐惧等不良心理反应。

（二）常见护理诊断/问题

1. 体液不足或有体液不足的危险　与大量呕吐导致机体缺水有关。
2. 活动无耐力　与频繁呕吐导致失水、电解质有关。
3. 焦虑　与频繁呕吐、不能进食有关。

（三）护理措施

1. 一般护理　病人呕吐时应协助其坐起（动作缓慢，防止直立性低血压的发生）或侧卧，头偏向一侧，以免误吸。吐后给予漱口，更换污染被褥衣物，开窗通风以去除异味。
2. 病情观察　观察病人的生命体征变化，呕吐的特点，记录呕吐的次数，呕吐物的性质和量、颜色、气味。准确测量和记录病人每天的出入量、尿比重等动态实验室检查结果。遵医嘱应用镇吐药及其他治疗，观察其治疗效果和不良反应。
3. 非药物性缓解呕吐的方法　常用深呼吸方法，即反复用鼻吸气，然后张口慢慢呼气，也可能听音乐、交谈、阅读等方法转移病人的注意力，从而减少呕吐的发生。
4. 心理护理　对病人和家属进行细致全面的心理评估，针对性地进行心理疏导，耐心解答病人及其家属提出的问题，消除其紧张、焦虑情绪，特别是呕吐与精神因素有关的病人。

三、腹泻

腹泻（diarrhea）指排便次数较平时习惯增多，粪质稀薄，水分增加，常伴有排便急迫感及腹部不适或失禁等症状。腹泻多由肠道疾病引起，也可由药物、全身性疾病、过敏或心理因素引起。急性腹泻多见于病毒、细菌、真菌等感染引起的肠炎、急性中毒、过敏性紫癜等。慢性腹泻多见于肠结核、炎性肠病、结核性腹膜炎、吸收不良综合征、结肠恶性肿瘤等。

（一）护理评估

1. 病史　询问病人腹泻发生的时间、可能的原因或诱因、病程长短，每日排便次数和量，粪便的性状；有无腹痛、发热、里急后重感、口渴、精神萎靡等伴随症状；既往是否有类似症状发生，有无溃疡性结肠炎、胃大部切除、慢性胰腺炎、胆囊炎等疾病史。
2. 身体评估　急性腹泻者注意评估病人的全身情况、神志、生命体征、皮肤弹性等。慢性腹泻者注意其营养状况，有无消瘦、贫血的体征。
3. 有关检查　粪便常规、培养，X线钡餐造影、B超、内镜检查等有助于明确腹泻的病因。急性腹泻者注意检测血清电解质、酸碱平衡状况。
4. 心理社会状况　慢性腹泻病人治疗效果不理想时，往往对预后感到担忧，容易产生焦虑、忧郁情绪，要及时评估病人对病情的认知和心理反应，家属对病人的关心程度等。

（二）常见护理诊断/问题

1. 腹泻　与胃肠道病变有关。
2. 有体液不足的危险　与大量腹泻引起失水有关。
3. 焦虑　与腹泻长期不愈有关。

（三）护理措施

1. 一般护理　急性起病、全身症状明显的病人应卧床休息，注意腹部保暖。可用热水袋热敷腹部，以减弱肠道运动，减少排便次数，并有利于腹痛等症状的减轻。排便频繁者，应注意保护肛周皮肤，嘱病人便后使用软纸擦拭，用温水清洗肛门，并涂凡士林油保护皮肤。必要时，为病人提供床旁便器。保持床单位的清洁、整齐，保证病人舒适。

2. 饮食护理　饮食以清淡、少渣、低脂、易消化食物为主，避免生冷、多纤维、味道浓烈的刺激性食物。急性腹泻者应根据病情和医嘱，给予禁食、流质、半流质或软食。

3. 病情观察　观察并记录排便的次数、性状、颜色、量、气味及伴随症状如腹胀、腹痛等，监测病人的神志、生命体征、皮肤黏膜湿润程度、尿量的变化。有无口渴、口唇干燥、皮肤弹性下降、尿量减少、神志淡漠等脱水表现，有无肌无力、腹胀、肠鸣音减弱、心律失常等低钾血症的表现。

4. 用药护理　遵医嘱予以抗感染、止泻及补液支持治疗，纠正水、电解质、酸碱平衡紊乱，注意观察药物的作用与副作用。

5. 心理护理　对病人和家属进行细致全面的心理评估，有针对性地进行心理疏导，耐心解答病人及其家属提出的问题，消除其紧张、焦虑情绪。

四、呕血与黑便

呕血（hematemesis）指屈氏韧带以上的消化器官，包括食管、胃、十二指肠、肝、胆和胰腺出血，或全身性疾病所致急性上消化道出血时，胃内或反流入胃内的血液经口腔呕出。血液经过肠道时，在肠道细菌作用下，血液中的铁变成硫化铁而呈黑色，即黑便（melena）。

上消化道出血者均有黑便，但不一定有呕血。出血量少而速度慢的幽门以上部位病变可仅出现黑便，而出血量大、速度快的幽门以下病变可因血液反流入胃，引起恶心、呕吐而出现呕血。

呕血与黑便的颜色、性状与出血量和速度有关。呕出鲜红色血液或血块者提示出血量大且速度快，血液在胃内停留时间短。而呕血呈咖啡渣样，则提示血液在胃内停留时间长，经胃酸作用形成酸性血红蛋白。黑便的色泽主要取决于血液在肠道停留时间的长短，其次是出血位置的高低。上消化道出血时，肠道积血中血红蛋白的铁与肠内硫化物结合成为硫化铁粪便呈柏油样黑色。如出血量大，肠蠕动过快则出现暗红色甚至鲜红色血便。

五、黄疸

黄疸（jaundice）是由于血清中胆红素升高，致使皮肤、黏膜和巩膜发黄的体征。正常胆红素最高为 17.1 μmol/L，当血清总胆红素在 17.1～34.2 μmol/L，而肉眼看不出黄疸时，称隐性黄疸或亚临床黄疸。当血清总胆红素浓度超过 34.2 μmol/L 时，临床上即可发现黄疸，也称为显性黄疸。黄疸按照病因，可分为肝细胞性黄疸、溶血性黄疸和梗阻性黄疸。肝细胞性黄疸和梗阻性黄疸主要见于消化系统疾病，如肝炎、肝硬化、胆道阻塞；溶血性黄疸见于各种原因引起的溶血，如溶血性疾病、不同血型输血导致的溶血等。

六、便秘

便秘（constipation）指排便次数减少、1周内排便次数少于3次、粪便干结、排便费力等。不能仅以每天排便1次作为正常排便的标准，必须结合粪便的性状、平时排便习惯和排便有无困难作出有无便秘的判断，如超过6个月即为慢性便秘。引起便秘的常见因素有：①进食量过少或食物缺乏纤维素、水分，不足以刺激肠道的正常蠕动；②结肠平滑肌张力减低和蠕动减弱；③各种原因的肠梗阻；④排便反射减弱或消失，腹肌、膈肌及盆腔肌张力减低；⑤结肠痉挛缺乏驱动性蠕动等。便秘见于全身性疾病、身体虚弱、不良排便习惯、功能性便秘等情况，以及结肠、直肠、肛门疾病。

第三节 胃炎病人的护理

> **情景导入**
>
> 肖某，男性，23岁，上腹疼痛伴呕吐2天。病人2天前有饮大量白酒史，出现阵发性上腹部绞痛，无放射痛，伴恶心，呕吐6~8次，为胃内容物及水样物，无呕血及黑便。查体：T 37.1℃，P 80次/min，R 20次/min，BP 130/70 mmHg。
>
> **请思考：**
> 1. 该病人的诊断可能是什么？
> 2. 该病人的护理要点是什么？

胃炎（gastritis）指任何病因引起的胃黏膜炎症，常伴有上皮损伤和细胞再生，是最常见的消化系统疾病之一。按临床发病缓急和病程长短，一般将胃炎分为急性胃炎与慢性胃炎两大类。

> 拓展阅读 4-3-1
> 胃炎病人护理重要知识

一、急性胃炎病人的护理

急性胃炎（acute gastritis）指多种病因引起的胃黏膜急性炎症。临床分为3种类型。

1. **急性糜烂出血性胃炎** 临床最常见，是各种病因引起的、以胃黏膜多发性糜烂为特征的急性胃黏膜病变，常伴有胃黏膜出血、一过性浅表溃疡形成等。急性胃炎内镜检查可见胃黏膜充血、水肿、糜烂和出血等一过性病变，病理学为胃黏膜有大量中性粒细胞浸润。

2. **急性幽门螺杆菌胃炎** 为幽门螺杆菌感染所致，临床表现、内镜所见及胃黏膜活检病理组织学均显示急性胃炎的特征。此种类型临床很难诊断，如不及时给予抗菌治疗，易发展为慢性胃炎。

3. **幽门螺杆菌之外的急性感染性胃炎** 机体抵抗力下降时，可发生各种细菌、真菌、病毒感染而引起的急性胃炎。

（一）病因与发病机制

1. **药物** 最常引起胃黏膜炎症的药物是非甾体抗炎药（non-steroid anti-inflammatory drug，NSAID），如阿司匹林、吲哚美辛，以及某些抗肿瘤药、口服铁剂或氯化钾等。这些药物可直接损伤胃黏膜上皮层，其中非甾体抗炎药可通过抑制胃黏膜生理性前列腺素的合成，削弱胃黏膜的屏障作用。

2. **急性应激** 各种严重创伤、大手术、多器官功能衰竭、大面积烧伤、败血症、颅脑病变、休克和精神紧张等，可致胃黏膜微循环障碍、缺氧，黏液分泌减少，局部前列腺素合成不足，屏障功能损坏；也可增加胃酸分泌，大量氢离子反渗，损伤血管和黏膜，引起糜烂、出血甚至溃疡，严重者发生急性溃疡并大量出血，如烧伤所致者称柯林溃疡（Curling ulcer），中枢神经系统病变所致者称库欣溃疡（Cushing ulcer）。

3. 乙醇　具有亲脂性和溶脂性能，高浓度乙醇可直接破坏胃黏膜屏障，导致胃黏膜糜烂及出血，炎症细胞浸润多不明显。

4. 创伤和物理因素　大剂量放射线照射等均可导致胃黏膜糜烂甚至溃疡。

（二）临床表现

1. 症状　多数病人症状不明显，或症状被原发病掩盖，有症状者主要表现上腹不适或隐痛、胀满、恶心、呕吐和食欲不振等。上消化道出血是该病突出的临床表现，突发的呕血和（或）黑便为首发症状。据统计，所有上消化道出血的病例中，由急性糜烂出血性胃炎引起者占10%~30%，仅次于消化性溃疡。

2. 体征　大量出血可引起晕厥或休克，伴贫血，体检可有上腹不同程度的压痛。

（三）实验室及其他检查

1. 粪便检查　粪便隐血试验阳性。

2. 胃镜检查　因病变（特别是非甾体抗炎药或乙醇引起者）可在短期内消失，胃镜检查一般应在大出血后24~48 h内进行，镜下可见胃黏膜多发性糜烂、出血灶和浅表溃疡，表面附有黏液和炎性渗出物，一般应激所致的胃黏膜病损以胃体、胃底为主，而非甾体抗炎药或乙醇所致者则以胃窦为主。

（四）诊断要点

近期服用非甾体抗炎药等药物、严重疾病状态或大量饮酒者，如出现呕血和（或）黑便应考虑本病，确诊有赖于胃镜检查。

（五）治疗

针对病因和原发疾病采取防治措施。处于急性应激状态者在积极治疗原发病的同时，应使用抑制胃酸分泌或具有黏膜保护作用的药物，以预防急性胃黏膜损害的发生；药物引起者须立即停用。常用H_2受体阻断剂或质子泵抑制剂（proton pump inhibitor，PPI）抑制胃酸分泌，或硫糖铝和米索前列醇等保护胃黏膜。发生上消化道大出血时治疗参阅本章第九节"上消化道出血病人的护理"。

（六）护理评估

1. 病史　询问病人有无服用阿司匹林、吲哚美辛、糖皮质激素类药物、抗肿瘤药等，以及不良饮食习惯；有无应激因素，幽门螺杆菌感染史或进食污染食物史；有无机械性和物理性损伤；有无吸烟、酗酒史。评估家庭中有无相应疾病史。

2. 身体评估　评估病人有无上腹部饱胀、隐痛、食欲减退、反酸、嗳气、恶心、呕吐等胃肠道症状，有无面色苍白、乏力，上腹部烧灼感。部分病人可无明显症状。

3. 实验室及其他检查　粪便常规有无异常，胃镜检查能确诊。

4. 心理社会状况　急性胃炎病人容易被忽视。经胃镜确诊后，尤其对于呕血、便血，病人会更感茶饭无味、失眠,产生疑病症,怀疑得了胃癌。了解病人及家属对疾病的认识程度和心理反应。

(七)常见护理诊断/问题

1. 知识缺乏　缺乏有关本病的病因及防治知识。
2. 潜在并发症　上消化道出血。
3. 焦虑　与消化道出血及病情反复有关。

(八)护理目标

病人主诉腹痛减轻或消失;生命体征在正常范围;能正确描述疾病的病因、诱因,合理的饮食结构,药物的疗效、不良反应和正确的服药方法。

(九)护理措施

1. 休息与活动　病人应注意休息,减少活动,对急性应激造成者应卧床休息,同时应做好病人的心理疏导,解除其精神紧张,保证身、心两方面得以充分的休息。
2. 饮食护理　进食应定时、有规律,不可暴饮暴食,避免辛辣刺激食物。一般进少渣、温凉半流质饮食。如有少量出血可给牛奶、米汤等流质以中和胃酸,有利于黏膜的修复。急性大出血或呕吐频繁时应禁食。
3. 用药护理　遵医嘱给药,指导病人正确使用阿司匹林、吲哚美辛等对胃黏膜有刺激的药物,必要时应用制酸剂、胃黏膜保护剂预防疾病的发生。用药方法及护理参阅本章第四节"消化性溃疡病人的护理"。

(十)健康指导

1. 相关知识指导　向病人及家属介绍急性胃炎的有关知识、预防方法和自我护理措施。
2. 用药指导　根据病人的病因及具体情况进行指导,如避免使用对胃黏膜有刺激的药物,必须使用时应同时服用制酸剂。
3. 饮食与生活方式指导　进食要有规律,避免过冷、过热、辛辣等刺激性食物及浓茶、咖啡等饮料;嗜酒者应戒酒,防止乙醇损伤胃黏膜;注意饮食卫生,生活要有规律,保持轻松愉快的心情。

(十一)护理评价

病人腹痛改善或消失;病人口渴消失,生命体征在正常范围;病人了解疾病的病因、诱因,饮食合理,并能描述药物的疗效、不良反应及正确的服药时间和方法。

(十二)预后

病因如能去除,一般预后良好。个别由于大量出血或反复出血而危及生命。

二、慢性胃炎病人的护理

> **情景导入**
>
> 陈某,女性,55岁。主诉间断上腹痛2年,加重20余天入院。近20天上腹痛加重,以剑突下痛为著,呈持续性隐痛,无放射痛,有时伴腹胀,尤其是饭后1h及夜间明显,伴有烧灼感等。查体:T 36.4℃,P 80次/min,R 19次/min,BP 135/75 mmHg。
>
> 请思考:
> 1. 该病人的诊断可能是什么?诊断依据有哪些?
> 2. 该病人存在哪些主要的护理诊断/问题?
> 3. 作为陈某的责任护士,你应如何对其进行教育?

拓展阅读 4-3-2
慢性胃炎分类

慢性胃炎(chronic gastritis)指各种病因引起的胃黏膜慢性炎症,临床常见。其患病率一般随年龄增长而增加,特别是中年以上更为常见。幽门螺杆菌(*Helicobacter pylori*,Hp)感染是最常见的病因。目前,胃镜及活组织病理学检查是诊断慢性胃炎的主要手段。

(一)病因与发病机制

1. Hp感染 Hp是慢性胃炎最主要的病因,其机制是:Hp经口进入胃内,部分可被胃酸杀灭,部分则附着于胃窦部黏液层,依靠其鞭毛穿过黏液层,定居于黏液层与胃窦黏膜上皮细胞表面,一般不侵入胃腺和固有层内。

2. 饮食和环境因素 流行病学资料显示,饮食中高盐和缺乏新鲜蔬菜、水果与慢性胃炎的发生密切相关。

3. 自身免疫 自身免疫性胃炎胃体腺壁细胞除分泌盐酸外,还分泌一种黏蛋白,称为内因子。它能与食物中的维生素B_{12}(外因子)结合形成复合物,使之不被酶消化,到达回肠后,维生素B_{12}得以吸收。当体内出现针对壁细胞或内因子的自身抗体时,自身免疫性的炎症反应导致壁细胞总数减少、胃底腺萎缩、胃酸分泌降低。内因子减少可导致维生素B_{12}吸收不良,出现巨幼细胞贫血,称为恶性贫血。本病在北欧发病率较高。

4. 年龄及其他因素 老年人胃黏膜可出现退行性改变,加之Hp感染率较高,使胃黏膜修复再生功能降低,炎症慢性化,上皮增殖异常及胃腺体萎缩。长期饮浓茶、烈酒、咖啡,食用过热、过冷、过于粗糙的食物,可损伤胃黏膜;服用大量非甾体抗炎药可破坏黏膜屏障;各种原因引起十二指肠液反流入胃,因其中的胆汁和胰液等可削弱胃黏膜的屏障功能,使其易受胃酸-胃蛋白酶的损害。

拓展阅读 4-3-3
胃炎与幽门螺杆菌感染相关知识点

(二)病理

慢性胃炎的病理变化是胃黏膜损伤和修复这对矛盾作用的结果,主要组织病理学特征是炎症、萎缩和肠化生。炎症表现为黏膜层以淋巴细胞和浆细胞为主的慢性炎症细胞浸润。当有中性粒细胞浸润时,显示有活动性炎症,称为慢性活动性胃炎,多提示存在Hp感染,炎症部位也常见淋巴滤泡形成。慢性炎症过程出现胃黏膜固有腺体数量减少甚至消失,胃黏膜变薄,并常伴肠化生,即胃黏膜萎缩。慢性胃炎进一步发展,胃上皮或化生的肠上皮在再生过程中发育异常,可形成异型增生(dysplasia),又称不典型增生,是胃癌的癌前病变。

(三) 临床表现

1. 症状　慢性胃炎病程迁延，进展缓慢，缺乏特异性症状。70%~80%的病人无任何症状，部分表现为上腹痛或不适、食欲缺乏、饱胀、嗳气、反酸、恶心和呕吐等非特异性的消化不良症状，常与进食或食物种类有关。少数可有少量上消化道出血。自身免疫性胃炎病人可出现明显畏食、贫血和体重减轻。

2. 体征　多不明显，有时可有上腹轻压痛。

(四) 实验室及其他检查

1. 胃镜及胃黏膜活组织检查　是诊断慢性胃炎的最可靠方法。内镜下，慢性非萎缩性胃炎可见红斑（点、片状或条状）、黏膜粗糙不平、出血点/斑、黏膜水肿、渗出等基本表现，慢性萎缩性胃炎可见黏膜呈颗粒状、黏膜血管暴露、色泽灰暗、皱襞细小。两种胃炎皆可见伴有糜烂、出血、胆汁反流。在充分活组织检查基础上以组织病理学诊断为准，并可同时检测Hp。

2. Hp检测　可通过侵入性（如快速尿素酶测定、组织学检查等）和非侵入性（如 ^{13}C 或 ^{14}C 尿素呼气试验等）方法检测Hp。

3. 血清学检查　自身免疫性胃炎时，抗壁细胞抗体和抗内因子抗体可呈阳性，血清促胃液素水平明显升高。多灶萎缩性胃炎时，血清促胃液素水平正常或偏低。

4. 胃液分析　自身免疫性胃炎时，胃酸缺乏。多灶萎缩性胃炎时，胃酸分泌正常或偏低。

(五) 诊断要点

病程迁延，确诊必须依靠胃镜检查及胃黏膜活组织病理学检查。Hp检测有助于病因诊断。怀疑自身免疫性胃炎应检测相关自身抗体及血清促胃液素。

(六) 治疗

1. 根除Hp感染　目前倡导的联合方案为含有铋剂的四联方案，即1种质子泵抑制剂（PPI）+2种抗生素+1种铋剂，疗程10~14天。由于各地抗生素耐药情况不同，抗生素及疗程的选择应视当地耐药情况而定。单独药物均不能有效根除Hp。这些抗生素在酸性环境下不能正常发挥其抗菌作用，需要联合PPI抑制胃酸后，才能使其发挥作用。具有杀灭和抑制Hp作用的药物见表4-3-1。

表 4-3-1　具有杀灭和抑制Hp作用的药物

药物分类	药物名称
抗生素	克拉霉素、阿莫西林、甲硝唑、替硝唑、喹诺酮类抗生素、呋喃唑酮、四环素等
PPI	埃索美拉唑、奥美拉唑、兰索拉唑、泮托拉唑、雷贝拉唑、艾普拉唑等
铋剂	枸橼酸铋钾、果胶铋等

2. 对症处理　根据病因给予对症处理。如因非甾体抗炎药引起，应停药并给予抗酸药；如因胆汁反流，可用氢氧化铝凝胶来吸附，或予以硫糖铝及胃动力药以中和胆盐，防止反流；有胃动力学改变，可服用多潘立酮、西沙必利等。

3. 其他治疗 自身免疫性胃炎目前尚无特异治疗，有恶性贫血可肌注维生素 B_{12}。胃黏膜异型增生除给予上述积极治疗外，关键在于定期随访。对肯定的重度异型增生则宜予预防性手术，可在胃镜下行黏膜下剥离术。

（七）护理评估

1. 病史 病人有无消化不良症状、Hp 感染史，疾病发生时间、病程及诱发因素。是否有胆汁反流、急性胃炎未予治愈和长期贫血史，家属中有无恶性贫血和慢性胃炎者。生活是否有规律，饮食习惯如何，嗜酒和吸烟史情况，有无长期服用非甾体抗炎药史等。

2. 身体评估 大多数病人无明显症状。部分病人出现无规律性上腹部隐痛或不适、食欲缺乏、嗳气、反酸、恶心、呕吐，以及上腹饱胀感等功能性消化不良症状，常与进食有关。恶性贫血者常有全身衰弱、神经淡漠和周围神经系统改变等维生素 B_{12} 缺乏症状。轻者可无体征，有时可有上腹部轻压痛。慢性胃炎严重时可有舌炎、消瘦、贫血、营养不良和四肢感觉异常等周围神经病变。

3. 实验室及其他检查 胃镜及胃黏膜活组织检查、Hp 检测、血清学检查、胃液分析等检查符合上述慢性胃炎的改变。

4. 心理社会状况 慢性胃炎病程迁延，大多无明显症状，易被病人忽视。一旦症状明显而久治不愈，病人易出现急躁、疑惑、悲观、抑郁情绪。经胃镜确诊后，尤其对于胃黏膜萎缩或肠化生等病理报告，病人会更加茶饭无味、失眠，产生疑病症，怀疑得了胃癌。了解病人及家属对疾病的认识程度和心理反应。

（八）常见护理诊断/问题

1. 疼痛：腹痛 与胃酸刺激、Hp 感染、慢性炎症等有关。
2. 营养失调：低于机体需要量 与食欲下降，消化、吸收不良有关。
3. 焦虑 与病程迁延，怀疑癌变有关。

（九）护理目标

病人建立良好的饮食、生活习惯，食欲增加，营养改善；病人能运用有效的方法，缓解和克制焦虑情绪；能描述疾病的治疗和护理，保持良好情绪。

（十）护理措施

1. 休息与活动 指导病人急性发作时应卧床休息，并可用转移注意力、做深呼吸等方法来减轻焦虑，缓解疼痛。病情缓解时，进行适当的锻炼，以增强机体抗病力。

2. 饮食 指导病人养成良好的饮食习惯，定时进餐，少食多餐，以高热量、高蛋白、高维生素、易消化的饮食，避免摄入过咸、过甜、过辣等刺激性食物。胃酸过多者，应避免进酸性、多脂肪食物。胃酸低者食物应完全煮熟后食用，以利于消化吸收，并可给刺激胃酸分泌的食物，如肉汤、鸡汤等。

3. 病情观察 及时了解病人治疗的依从性、治疗效果、药物的不良反应，特别要关注慢性胃炎病人的症状和体征；定期检测 Hp、血清学检查等生化指标，有利于判断药物的疗效。

4. 用药护理

（1）清除 Hp 感染的护理：常用药物为胶体次枸橼酸铋（CBS）或 PPI 与对 Hp 敏感的抗菌

药联合治疗，如甲硝唑、阿莫西林、克拉霉素等。根除 Hp 后，多数病人的症状可明显好转，但要注意食欲缺乏、恶心、呕吐等药物不良反应，在服 CBS 过程中可使齿、舌变黑，部分病人服药后出现便秘和粪便变黑，停药后可自行消失。少数病人有恶心、一过性血清转氨酶升高等，极少出现急性肾衰竭。必要时遵医嘱减量。

（2）抑制胃酸分泌药物的护理：常用 H_2 受体阻断剂和 PPI，以减轻 H^+ 反弥散程度，利于胃黏膜的炎症修复。指导病人早餐和睡前各服一片 H_2 受体阻断剂或 PPI，反酸、嗳气等症状改善后改为睡前服一片。

（十）健康指导

1. **疾病知识指导** 向病人及家属介绍本病的有关病因，指导病人避免诱发因素。Hp 主要在家庭内传播，避免导致母婴传播的不良喂食习惯，并提倡分餐制减少感染 Hp 的机会。保持良好心理状态及充足睡眠。

2. **饮食指导** 食物应多样化，避免偏食，注意补充多种营养物质；不吃霉变食物；少吃熏制、腌制、富含硝酸盐和亚硝酸盐的食物，多吃新鲜食品；避免过于粗糙、浓烈、辛辣食物，浓茶、咖啡等饮料及大量长期饮酒、吸烟；养成有规律的饮食习惯，指导病人加强饮食卫生。

3. **用药指导** 根据病人的病因、具体情况进行指导，如避免使用对胃黏膜有刺激的药物，必须使用时同时服用制酸剂或胃黏膜保护剂；介绍药物的不良反应，如有异常及时复诊，定期门诊复查。

4. **保持良好的心理状态** 平时生活要有规律，合理安排工作和休息时间，注意劳逸结合，积极配合治疗。

（十一）护理评价

病人腹痛减轻或消失，食欲、体重增加，营养状况改善；病人能采取有效的应对措施，焦虑情绪减轻或消失并保持良好情绪；病人能了解疾病的治疗和护理过程。

（十二）预后

慢性胃炎长期持续存在，但多数病人无症状。少数慢性非萎缩性胃炎可演变为慢性多灶萎缩性胃炎，极少数慢性多灶萎缩性胃炎经长期演变可发展为胃癌。15%～20% Hp 感染引起的慢性胃炎会发生消化性溃疡。

拓展阅读 4-3-4
胃炎病人的护理流程

第四节 消化性溃疡病人的护理

情景导入

姜某，男性，38 岁。主因"反复的上腹部疼痛半年余"入院。病人近半年来常于餐后 2～3 h 出现上腹部烧灼样痛，伴反酸、嗳气，进食可缓解，口服雷尼替丁治疗，效果不佳。饮酒 10 余年，每天给 250 g，目前已戒酒 1 个月。查体：T 36.5℃，P 84 次/min，R 22 次/min，BP 120/72 mmHg。

> **请思考:**
> 1. 该病人的诊断可能是什么？诊断依据有哪些？
> 2. 该病人的护理诊断/问题有哪些？
> 3. 作为姜某的责任护士，你应该如何对其进行健康教育？

拓展阅读 4-4-1
消化性溃疡病人护理重要知识点

消化性溃疡（peptic ulcer, PU）指胃肠黏膜发生的炎性缺损，通常与胃液的胃酸和消化作用有关，病变穿透黏膜肌层或达更深层次。消化性溃疡常发生于胃、十二指肠，可发生于食管-胃吻合口、胃-空肠吻合口或附近，含有胃黏膜的梅克尔憩室等。

PU 是一种全球性常见病，男性多于女性，可发生于任何年龄段，约有 10% 的人在其一生中患过本病。十二指肠溃疡（duodenal ulcer, DU）多于胃溃疡（gastric ulcer, GU），两者之比约为 3:1。DU 多见于青壮年，GU 多见于中老年人。过去 30 年随着 H_2 受体拮抗剂、质子泵抑制剂等药物治疗的进展，PU 及其并发症发生率明显下降。近年来阿司匹林等非甾体抗炎药应用增多，老年消化性溃疡发病率有所增高。

（一）病因与发病机制

1. 病因

（1）胃酸与胃蛋白酶：正常人胃黏膜约有 10 亿壁细胞，每小时泌酸约 22 mmol。DU 病人壁细胞总数平均为 19 亿，每小时泌酸约 42 mmol，比正常人高 1 倍左右。但是，个体之间壁细胞数量存在很大差异，DU 病人和正常人之间的壁细胞数量也存在一定的重叠。

胃蛋白酶是 PU 发病的另一个重要因素，其活性依赖于胃液的 pH，pH 为 2~3 时，胃蛋白酶原易被激活；pH>4 时，胃蛋白酶失活。因此，抑制胃酸可同时抑制胃蛋白酶的活性。

（2）Hp 感染：是 PU 的重要致病因素。DU 病人的 Hp 感染率可高达 90% 以上，但有的 DU 人群 Hp 阳性率约为 50%，GU 的 Hp 阳性率为 60%~90%。另一方面，Hp 阳性率高的人群，PU 的患病率也较高。根除 Hp 有助于 PU 的愈合及显著降低溃疡复发。

（3）药物：长期服用非甾体抗炎药、糖皮质激素、氯吡格雷、双膦酸盐、西罗莫司等药物的病人易于发生 PU。其中，非甾体抗炎药是导致 PU 的最常见的药物，包括布洛芬、吲哚美辛、阿司匹林等，有 5%~30% 的病人可发生内镜下溃疡，其致病机制详见本章第三节胃炎病人的护理。

（4）黏膜防御与修复异常：胃黏膜的防御和修复功能对维持黏膜的完整性、促进溃疡愈合非常重要。胃黏膜活检是常见的临床操作，造成的医源性局灶溃疡不经药物治疗可迅速修复自愈，反映了胃黏膜强大的自我防御与修复能力。防御功能受损，修复能力下降，都对溃疡的发生和转归产生影响。

（5）遗传易感性：部分 PU 病人有明显的家族史，存在遗传易感性。

（6）其他：大量饮酒、长期吸烟、应激等是 PU 的常见诱因。胃石症病人因胃石的长期机械摩擦刺激而产生 GU。放疗可引起 PU。与其他疾病合并发生，如促胃液素瘤、克罗恩病、肝硬化、慢性阻塞性肺疾病、休克、全身严重感染、急性心肌梗死、脑卒中等。少见的感染性疾病，单纯疱疹病毒、结核杆菌、巨细胞病毒等感染累及胃或十二指肠可产生溃疡。

2. 发病机制　消化性溃疡的发生是由于对胃、十二指肠黏膜有损害作用的侵袭因素（aggressive factors）与黏膜自身防御/修复因素（defensive/repairing factors）之间失去平衡的结果。GU 主要是防御/修复因素减弱，DU 则主要是侵袭因素增强。PU 病因和发病机制是多因素的，损伤与防御修复不足是发病机制的两方面。

(二) 病理

消化性溃疡大多是单发，也可多个，呈圆形或椭圆形。DU 多发生在球部，前壁比较常见；GU 多在胃角和胃窦小弯。DU 直径多小于 15 mm，GU 一般小于 20 mm，但巨大溃疡（DU > 20 mm，GU > 30 mm）亦非罕见，需与恶性溃疡鉴别。胃与十二指肠同时发生溃疡称为复合性溃疡。溃疡浅者累及黏膜肌层，深者则可达肌层，甚至浆膜层，穿破浆膜层时可致穿孔，血管破溃可引起出血。溃疡愈合后产生瘢痕。

(三) 临床表现

临床表现不一，部分病人可无症状，或以出血、穿孔等并发症为首发症状。典型的 PU 可有以下临床特征：慢性过程，可达数年或 10 余年；反复或周期性发作，发作期可为数周或数个月，发作有季节性，典型者多在季节变化时发生，如秋冬和冬春之交发病；部分病人有与进餐相关的节律性上腹痛，餐后痛多见于 GU，饥饿痛或夜间痛、进餐缓解多见于 DU；腹痛可被抑酸或抗酸剂缓解。

1. 症状

（1）腹痛：上腹部疼痛是本病的主要症状，位于上腹中部、偏右或偏左，可为钝痛、胀痛、灼痛甚至剧痛，或呈饥饿样不适感。多数病人疼痛有典型的节律，与进食有关。DU 的疼痛常在餐后 3 ~ 4 h 开始，进餐或服用抑酸药后可缓解，即疼痛—进餐—缓解，故又称空腹痛。约半数病人于午夜出现疼痛，称夜间痛。GU 的疼痛多在餐后 0.5 ~ 1 h 出现，至下次餐前自行消失，即进餐—疼痛—缓解。夜间痛也可发生，但较 DU 少见。如果溃疡疼痛节律性消失，常预示发生了并发症。部分病人无上述典型疼痛，而仅表现为无规律性的上腹隐痛不适。

（2）其他：PU 除上腹疼痛外，尚有反酸、嗳气、恶心、呕吐、食欲减退等消化不良症状，也可有失眠、多汗、脉缓等自主神经功能失调表现。

2. 体征　溃疡活动期剑突下、上腹部或右上腹部可有局限性压痛，缓解后可无明显体征。

3. 特殊类型的消化性溃疡

（1）复合溃疡：指胃和十二指肠均有活动性溃疡。

（2）幽门管溃疡：较为少见，常伴胃酸分泌过高。

（3）球后溃疡：指发生在十二指肠降段、水平段的溃疡。

（4）巨大溃疡：指直径 > 2 cm 的溃疡，常见于有非甾体抗炎药服用史者及老年病人。

（5）老年人溃疡及儿童期溃疡：老年人溃疡临床表现多不典型，常无症状或症状不明显，疼痛多无规律，较易出现体重减轻和贫血。儿童期溃疡主要发生于学龄期儿童，发生率低于成人。

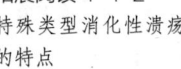
拓展阅读 4-4-2
特殊类型消化性溃疡的特点

（6）难治性溃疡：经正规抗溃疡治疗而溃疡仍未愈合。

(四) 并发症

1. 出血　是消化性溃疡最常见的并发症，也是上消化道出血最常见的病因。在我国，占非静脉曲张破裂出血病因的 50% ~ 70%，DU 较 GU 多见。当 PU 侵蚀周围或深处的血管，可产生不同程度的出血。出血引起的临床表现取决于出血的部位、速度和量。轻者表现为呕血、黑便，重者出现周围循环衰竭，甚至低血容量性休克，应积极抢救。

2. 穿孔　当溃疡穿透胃、十二指肠壁时，发生穿孔。1/3 ~ 1/2 的穿孔与服用非甾体抗炎药有关，多数是老年病人，穿孔前可以没有症状。溃疡穿孔临床上可分为急性、亚急性和慢性三种类型，以急性最为常见，呈突发剧烈腹痛，持续加剧，先出现于上腹，继之延及全腹。体征有腹壁板样僵直，压痛、反跳痛，肝浊音界消失，部分病人出现休克。亚急性穿孔为溃疡邻近后壁的穿孔或穿孔较小只引起局限性腹膜炎，症状较急性穿孔轻且体征较局限。慢性穿孔是溃疡穿透周围实质性脏器，如肝、胰、脾等（穿透性溃疡），穿孔时胃肠内容物不流入腹腔。表现为慢性病史，腹痛规律改变，变为顽固或持续。如穿透至胰腺，腹痛放射至背部，血淀粉酶可升高。

3. 幽门梗阻　主要由 DU 或幽门管溃疡引起。急性梗阻多因炎症水肿和幽门部痉挛所致，梗阻为暂时性，随炎症好转而缓解；慢性梗阻主要由于溃疡愈合后瘢痕收缩而呈持久性。幽门梗阻使胃排空延迟，病人可感上腹饱胀不适，疼痛于餐后加重，且有反复大量呕吐，呕吐物呈酸腐味的宿食，大量呕吐后疼痛可暂缓解。严重频繁呕吐可致失水和低氯低钾性碱中毒，常继发营养不良。上腹饱胀和逆蠕动的胃型，以及空腹时检查胃内有振水音、抽出胃液量 > 200 mL，是幽门梗阻的特征性表现。

4. 癌变　少数 GU 可发生癌变，DU 则一般不癌变。对长期 GU 病史，年龄在 45 岁以上，经严格内科治疗 4~6 周症状无好转，大便隐血试验持续阳性者，应怀疑癌变，胃镜结合活检有助于明确诊断。胃溃疡与十二指肠溃疡的鉴别见表 4-4-1。

表 4-4-1　胃溃疡与十二指肠溃疡的鉴别

鉴别点	胃溃疡（GU）	十二指肠溃疡（DU）
常见部位	胃角或胃窦、胃小弯	十二指肠球部
胃酸分泌	正常或降低	增多
发病机制	主要是防御/修复因素减弱	主要是侵袭因素增强
发病年龄	中老年	青壮年
Hp 检出率	80%~90%	90%~100%
疼痛特点	餐后 1 h 疼痛—餐前缓解—进餐后 1 h 再痛，午夜痛少见	餐前痛—进餐后缓解—餐后 2~4 h 再痛—进食后缓解，午夜痛多见

微课 4-4-1
消化性溃疡内镜下表现
拓展阅读 4-4-3
胃镜与 X 线钡餐检查在消化性溃疡诊断中的作用

（五）实验室及其他检查

1. 胃镜检查和胃黏膜活组织检查　可直接观察溃疡部位、病变大小、性质，并可在直视下取活组织做病理检查和 Hp 检测，是确诊消化性溃疡的首选检查方法。胃镜检查是 PU 诊断的首选方法和金标准。

2. X 线钡餐检查　适用于胃镜检查有禁忌或不愿接受胃镜检查者。

3. Hp 检测　是消化性溃疡的常规检测项目，检测方法主要包括侵入性（快速尿素酶测定、组织学检查和幽门螺杆菌培养等）和非侵入性（如 ^{13}C 或 ^{14}C 尿素呼气试验和粪便幽门螺杆菌抗原检测等）方法。其中 ^{13}C 或 ^{14}C 尿素呼气试验检测 Hp 感染的敏感性和特异性均较高，常作为根除治疗后复查的首选方法。

4. 粪便隐血试验　阳性提示溃疡有活动，如 GU 病人持续阳性，应怀疑有癌变的可能。

（六）诊断要点

慢性病程、周期性发作的节律性上腹部疼痛，且上腹部疼痛可通过进食或抗酸药缓解，可作初步诊断。但确诊有赖胃镜检查，X线钡餐检查见龛影对溃疡诊断也有确诊价值。

（七）治疗

PU治疗原则为：去除病因，控制症状，促进溃疡愈合，预防复发和避免并发症。

1. 药物治疗

（1）抑制胃酸分泌药物

1）H_2受体拮抗剂：是治疗PU的主要药物之一，疗效好，用药方便，价格适中，长期使用不良反应少。常用药物有法莫替丁40 mg/d、尼扎替丁300 mg/d、雷尼替丁300 mg/d，三者的一天量可分2次口服或睡前顿服。治疗GU和DU的6周愈合率分别为80%~95%和90%~95%。

2）PPI：是治疗PU的首选药。PPI入血，进入胃黏膜壁细胞酸分泌小管中，酸性环境下转化为活性结构，与质子泵即H^+-K^+-ATP酶结合，抑制该酶的活性、从而抑制胃酸的分泌。常用药物有奥美拉唑20 mg/d、兰索拉唑30 mg/d、泮托拉唑40 mg/d、雷贝拉唑20 mg/d、埃索美拉唑40 mg/d、艾普拉唑10 mg/d，PPI可在2~3天内控制溃疡症状，对一些难治性溃疡的疗效优于H_2受体拮抗剂，治疗典型的胃和十二指肠溃疡4周的愈合率分别为80%~96%和90%~100%。值得注意的是治疗GU时，应首先排除溃疡型胃癌的可能，因PPI治疗可减轻其症状，掩盖病情。PPI是酸依赖性的，酸性胃液中不稳定，口服时不宜破坏药物外裹的保护膜。PPI的肠衣保护膜在小肠pH≥6的情况下被溶解释放，吸收入血。PPI与抗生素的协同作用较H_2受体拮抗剂好，因此可作为根除Hp治疗方案的基础药物。

（2）根除Hp：PU不论活动与否，Hp阳性病人均应根除Hp，药物选用及疗程见本章第三节。根除Hp可显著降低溃疡的复发率。由于耐药菌株的出现、抗菌药不良反应、病人依从性差等因素，部分病人胃内的Hp难以根除，应因人而异制订多种根除Hp方案。对有并发症和经常复发的PU病人，应追踪抗Hp的疗效，一般应在治疗至少4周后复检Hp，避免在应用PPI或抗生素期间复检Hp出现假阴性结果。

（3）保护胃黏膜

1）铋剂：这类药物分子量较大，在酸性溶液中呈胶体状，与溃疡基底面的蛋白形成蛋白-铋复合物，覆于溃疡表面，阻隔胃酸、胃蛋白酶对黏膜的侵袭损害。由于PPI的性价比高和广泛使用，铋剂已不作为PU的单独治疗药物。但是，铋剂可通过包裹Hp菌体干扰Hp代谢，发挥杀菌作用，被推荐为根除Hp的四联药物治疗方案的主要组成之一。服药后常见舌苔和粪便变黑。短期应用本药后血铋浓度（5~14 μg/L）在安全阈值之内（50 μg/L）。由于肾为铋的主要排泄器官，故肾功能不全者应忌用铋剂。

2）弱碱性抗酸剂：常用铝碳酸镁、磷酸铝、硫糖铝、氢氧化铝凝胶等。这些药物可中和胃酸，起效较快，可短暂缓解疼痛，但很难治愈溃疡，已不作为治疗PU的主要或单独药物。这类药物能促进前列腺素合成，增加黏膜血流量，刺激胃黏膜分泌HCO_3^-和黏液，碱性抗酸剂目前更多被视为黏膜保护剂。

2. 内镜治疗及外科治疗

（1）内镜治疗：根据溃疡出血病灶的内镜下特点选择治疗策略。PU出血的内镜下治疗包括溃疡表面喷洒蛋白胶、出血部位注射1∶10 000肾上腺素、出血点钳夹和热凝固术等，有时采取2种以上内镜治疗方法联合应用。结合PPI持续静脉滴注对PU活动性出血止血成功率达95%以上。PU合并幽门变形或狭窄引起梗阻，可首先选择内镜下治疗，常用方法是内镜下可变气囊扩张术，有的需要反复多次扩张，解除梗阻。

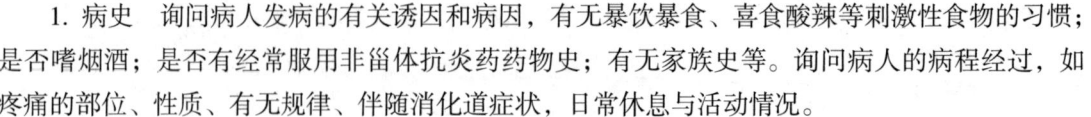

拓展阅读 4-4-4
消化性溃疡外科治疗适应证

（2）外科治疗：对于内科治疗无效的 PU 及其并发症需要选择外科治疗。

（八）护理评估

1. 病史　询问病人发病的有关诱因和病因，有无暴饮暴食、喜食酸辣等刺激性食物的习惯；是否嗜烟酒；是否有经常服用非甾体抗炎药药物史；有无家族史等。询问病人的病程经过，如疼痛的部位、性质、有无规律、伴随消化道症状，日常休息与活动情况。

2. 身体评估　评估病人有无痛苦表情，有无消瘦、贫血貌，生命体征是否正常；上腹部有无固定的压痛点，有无胃蠕动波，全腹有无压痛、反跳痛，有无腹肌紧张，有无空腹振水音，有无肠鸣音减弱或消失等。

3. 实验室及其他检查　血常规、粪便隐血试验、Hp 检测的结果，胃镜及黏膜活检、X 线钡餐造影检查结果是否符合消化性溃疡。

4. 心理社会状况　病人及家属对疾病的认识程度，病人有无焦虑或恐惧等心理，了解病人获得家庭及社会支持情况。

（九）常见护理诊断/问题

1. 疼痛：腹痛　与胃及十二指肠黏膜受侵袭有关。
2. 营养失调：低于机体需要量　与疾病所致长期摄入减少及消化吸收障碍有关。
3. 知识缺乏　缺乏有关消化性溃疡病因及防治知识。
4. 潜在并发症　上消化道大量出血、穿孔、幽门梗阻、癌变。

（十）护理目标

1. 病人能描述引起疼痛的因素。
2. 能运用缓解疼痛的方法和技巧，疼痛减轻或消失。
3. 能建立合理的饮食习惯和结构，营养状况有所改善。

（十一）护理措施

1. 休息与活动　溃疡活动期且症状较重者，应卧床休息。病情较轻者可适当活动，注意劳逸结合。

2. 饮食护理　指导病人建立合理的饮食习惯和结构。
（1）定时进餐，以维持正常消化活动的节律。
（2）在溃疡活动期，宜少食多餐，避免餐间零食和睡前进食，使胃酸分泌有规律。
（3）选择营养丰富、易于消化的食物。症状较重的病人以面食为主，不习惯面食则以软米饭或米粥替代。
（4）避免食用机械性和化学性刺激性强的食物，如生、冷、硬、粗纤维多的蔬菜、水果、浓肉汤、咖啡、浓茶和辣椒、酸醋等调味品。牛奶和豆浆可促进胃酸分泌，故不宜多饮。
（5）戒烟戒酒。

3. 病情观察　病人腹痛的部位、性质、规律、程度及疼痛特点是否发生改变等，粪便的性质和性状，面色及体重变化，情绪变化。

4. 腹痛的护理　向病人解释疼痛的原因，依据疼痛的规律，帮助病人采取缓解疼痛措施，如 DU 表现为空腹痛或夜间痛，指导病人在疼痛前或疼痛时进食碱性食物，或服用制酸剂。也可采用局部热敷或针灸。

5. **用药护理** 遵医嘱用药，并注意观察药物疗效及不良反应。

（1）抗酸药：如氢氧化铝凝胶，应在饭后1 h和睡前服用。服用片剂时应嚼服，乳剂给药前应充分摇匀。抗酸药应避免与奶制品同时服用，因两者相互作用可形成络合物。酸性的食物及饮料不宜与抗酸药同服。该药品能妨碍磷的吸收，引起磷缺乏症，表现为食欲不振、软弱无力等症状，甚至可导致骨质疏松。长期大量服用还引起严重便秘、代谢性碱中毒与钠潴留，甚至造成肾损害。若服用镁制剂易引起腹泻。

（2）H_2受体阻断剂：应在餐中或餐后立刻服用，也可将一日的剂量在睡前一次服用。如需同时服用抗酸药，则两药应间隔1 h以上。如静脉给药时，应注意控制速度，速度过快可引起低血压和心律失常。西咪替丁可产生男性乳腺发育、阳痿及性功能紊乱，且主要通过肾排泄，用药期间应监测肾功能。此外，少数病人还可出现一过性肝功能损害和粒细胞缺乏，可出现头痛、头晕、疲倦、腹泻、皮肤潮红及皮疹等反应，如出现上述反应，需及时通知医生进行处理。药物可从母乳排出，哺乳期应停止用药。

（3）质子泵抑制剂：奥美拉唑可引起头晕，特别是用药初期，应嘱病人用药期间避免开车，或做其他必须高度集中注意力的工作。此外，奥美拉唑有延缓地西泮及苯妥英钠代谢和排泄的作用，联合应用时需慎重。兰索拉唑的主要不良反应包括皮疹、瘙痒、头痛、口苦、肝功能异常等，轻度不良反应不影响继续用药，较为严重时应及时停药。泮托拉唑的不良反应较少，偶可引起头痛和腹泻。

（4）其他药物：硫糖铝片宜在进餐前1 h服用，可有便秘、口干、皮疹、眩晕、嗜睡等不良反应。因其含糖量较高，糖尿病病人应慎用。不能与多酶片同服，以免降低疗效。铋剂宜餐前半小时服用，服铋剂过程中可使齿、舌变黑，可用吸管吸入。部分病人服药后出现便秘和粪便变黑，应告知病人，以消除其恐惧感。

6. **心理护理** 告知病人消化性溃疡的发生、发展与个体对一些人和事的认知观点有关系。被动攻击倾向和低交往倾向是消化性溃疡病人的不良潜在人格的主要表现。护理上应指导病人保持乐观情绪，尽可能排除身心压力，积极主动地参与各种有益的人际交往活动，可以促进溃疡组织的修复和避免复发。

（十二）健康指导

1. **疾病知识指导** 向病人及家属讲解引起和加重溃疡的相关因素，指导病人保持乐观情绪，规律的生活，避免过度紧张与劳累，选择合适的锻炼方式，提高机体抵抗力。指导病人建立合理的饮食习惯和结构，戒烟禁酒，避免进食刺激性食物。

2. **用药指导与病情监测** 指导病人遵医嘱正确服药，学会观察药物的疗效及不良反应，不随便停药或减量，防止溃疡复发。指导病人慎用或不用致溃疡药物。应定期复诊。若上腹疼痛节律发生变化，程度加剧，或者出现呕血、黑便时，应立即就医。

（十三）护理评价

病人能说出引起疼痛的原因，情绪稳定，戒除烟酒，饮食规律，能选择适宜的食物，未见因饮食不当诱发疼痛；能正确服药，上腹部疼痛减轻并逐渐消失；无呕血、黑便等上消化道出血的表现，生命体征平稳。

（十四）预后

有效的药物治疗可使消化性溃疡愈合率达到 95% 以上，青壮年病人 PU 死亡率接近于零，老年病人主要死于严重的并发症，尤其是大出血和急性穿孔，病死率 < 1%。

拓展阅读 4-4-5 消化性溃疡护理流程

第五节 炎症性肠病病人的护理

> **情景导入**
>
> 刘某，男性，52 岁，腹泻近 1 个月，每天 3~4 次，有黏液，常里急后重，伴腹部疼痛，便后疼痛减轻。查体：T 36.5℃，P 78 次/min，R 23 次/min，BP 110/65 mmHg，神志清楚，消瘦面容，皮肤巩膜无黄染，左下腹轻度压痛，全腹无肌紧张和反跳痛。粪便检查：肉眼为黏液血便，显微镜下可见红细胞和脓细胞。
>
> 请思考：
> 1. 为进一步明确诊断，刘某应做哪些检查？
> 2. 该病人存在哪些护理诊断/问题？
> 3. 应采取哪些护理措施？

一、概述

拓展阅读 4-5-1 炎性症肠病病人护理重要知识点

炎症性肠病（inflammatory bowel disease，IBD）专指病因未明的炎症性肠病，包括溃疡性结肠炎（ulcerative colitis，UC）和克罗恩病（Crohn disease，CD）。一般认为 UC 和 CD 是同一疾病的不同亚类，组织损伤的基本病理过程相似，但可能由于致病因素不同，发病的具体环节不同，最终导致组织损害的表现不同。

IBD 的病因和发病机制尚未完全明确，已知肠道黏膜免疫系统异常反应所导致的炎症反应在其发病中起重要作用，目前认为这是由多因素相互作用所致，主要包括环境、遗传、感染和免疫因素。

1. 环境因素　近几十年来，IBD 的发病率持续增高，这一现象首先出现在社会经济高度发达的北美、北欧，继而是西欧、南欧，最近才是日本、南美。这一现象反映了环境因素变化起重要的作用，如饮食、吸烟或暴露于其他尚不明确的因素。

2. 遗传因素　研究报道，IBD 病人一级亲属发病率显著高于普通人群，而病人的配偶发病率不增加。CD 发病率单卵双胎显著高于二卵双胎，均证明本病的发病与遗传因素有关。目前认为，IBD 不仅是多基因病，也是遗传异质性疾病（不同人由不同基因引起，病人在一定的环境因素作用下由于遗传易感而发病）。

3. 感染因素　经实验证明，IBD（特别是 CD）是针对自身正常肠道菌丛的异常免疫反应引起的，CD 可能存在对正常菌丛的免疫耐受缺失。也有研究认为，副结核分枝杆菌及麻疹病毒与 CD 有关，但证据尚缺乏说服力。

4. 免疫因素　一般认为，肠道黏膜免疫系统在 IBD 肠道炎症发生、发展、转归过程中发挥着重要作用。研究显示，UC 的 T 细胞反应趋于低下，而 CD 的 T 细胞常显示效应功能增强。除了免疫细胞外，肠道的非免疫细胞也参与炎症反应，与局部免疫细胞相互影响而发挥作用。此外，尚有许多参与炎症损害过程的重要物质，可能对肠道有毒性。

总之，IBD 是环境因素作用于遗传易感者，在肠道菌丛的参与下，启动了肠道免疫及非免疫系统，最终导致免疫反应和炎症过程。可能由于抗原的持续刺激及（或）免疫调节紊乱，这种免疫炎症反应表现为过度亢进和难于自限。

二、溃疡性结肠炎

溃疡性结肠炎是一种病因不明的直肠和结肠慢性非特异性炎症性疾病。病变主要限于大肠的黏膜及黏膜下层。临床表现主要为腹痛、腹泻及黏液脓血便。起病缓慢，反复发作，病情轻重不一。可发生于任何年龄，但多见于青壮年。

拓展阅读 4-5-2
溃疡性结肠炎的主要病因

（一）病理

病变一般仅限于黏膜及黏膜下层，少数重症者会累及肌层。活动期黏膜呈弥漫性炎症反应，黏膜与黏膜下层有炎性细胞浸润，大量中性粒细胞在肠腺隐窝底部聚集，形成小的隐窝脓肿。当隐窝脓肿融合溃破，会形成溃疡。结肠炎症在反复发作的慢性过程中，黏膜不断破坏和修复，至正常结构破坏，可形成炎性息肉。少数病人会发生结肠癌变，以恶性程度较高的未分化型多见。

（二）临床表现

UC 多为慢性起病，病程迁延，常有发作期与缓解期交替出现，少数病人症状持续并逐渐加重。常因饮食失调、精神刺激、劳累、感染等诱发或使病情加重。

1. 症状

（1）消化系统表现

1）腹泻和黏液脓血便：见于大多数病人。腹泻系炎症导致肠黏膜分泌增加、肠蠕动增快及黏膜对水钠吸收障碍引起。如果炎症渗出，黏膜糜烂及溃疡，可导致黏液脓血便。黏液脓血便是本病活动期的重要表现。排便次数和便血程度可反映病情程度。轻者每日排便 3~4 次，呈糊状，重者可达 10 次以上，大量脓血，甚至呈血水样粪便。病变限于直肠和乙状结肠的病人，偶有腹泻与便秘交替的现象，此与病变直肠排空功能障碍有关。

2）腹痛：多有轻至中度腹痛，为左下腹或下腹的阵痛，也可累及全腹，与炎症刺激所致的痉挛或肠管张力增加有关。有腹痛—便意—便后缓解的规律。

3）其他症状：常有腹胀、食欲缺乏、恶心、呕吐等。

（2）全身表现：中重型病人活动期有低热或中等度发热，高热多提示有并发症或急性暴发型。重症或持续活动可出现衰弱、消瘦、贫血、低蛋白血症、水和电解质平衡失调等。

（3）肠外表现：部分病人可出现关节、皮肤黏膜和眼底病变，可能与自身免疫反应有关。

2. 体征　病人呈慢病面容，重者呈消瘦贫血貌。轻中型病人左下腹有压痛，部分病人可触及痉挛或肠壁增厚的降结肠或乙状结肠。重型和急性暴发型病人可有明显压痛和鼓肠，若有腹肌紧张、反跳痛、肠鸣音减弱等应注意中毒性巨结肠和肠穿孔等并发症的可能。

3. 临床分型　临床上根据本病的程度、病期、范围和病程进行综合分型。按程度可分为轻型、中型和重型，按病期可分为活动期和缓解期，按病变范围可分为直肠炎、直肠乙状结肠炎、左半结肠炎、右半结肠炎、区域性结肠炎、广泛性或全结肠炎，按病程经过可分为初发型、慢性复发型、慢性持续型和急性暴发型。

4. 并发症　可并发中毒性巨结肠、直肠结肠癌变、大出血、急性肠穿孔、肠梗阻、结肠炎性息肉等。

（三）实验室及其他检查

1. 血液检查　可有红细胞和血红蛋白减少，急性期白细胞增多。红细胞沉降率增快和C反应蛋白增高是活动期的标志。

2. 粪便检查　显微镜镜检有红细胞、白细胞和巨噬细胞。粪便病原学检查的目的是排除感染性结肠炎，是本病诊断的一个重要步骤。

3. 自身抗体检测　血中外周型抗中性粒细胞胞质抗体和抗酿酒酵母抗体分别为UC和CD的相对特异性抗体，这两种抗体的检测有助于UC和CD的诊断和鉴别。

4. 结肠镜检查　是本病诊断和鉴别诊断的最重要手段。内镜下可见病变呈连续性分布，黏膜充血、水肿，黏膜粗糙，呈颗粒状，血管纹理模糊，质脆易出血。也可见假性息肉，结肠袋变顿或消失。

5. X线钡剂灌肠检查　可见黏膜粗乱或有细颗粒改变，也可呈小龛影或条状存钡区，有时病变肠管缩短，结肠袋消失，肠壁变硬，可呈铅管状。重型及暴发型者一般不宜做此检查，以免加重病情或诱发中毒性巨结肠。

（四）诊断要点

> 拓展阅读 4-5-3
> 溃疡性结肠炎的鉴别诊断

临床上有持续或反复发作的腹泻和黏液脓血便、腹痛、不同程度的全身症状，在排除细菌性痢疾、阿米巴痢疾、克罗恩病等基础上，结合结肠镜检查、黏膜活检及X线钡剂灌肠检查所示征象，可以诊断本病。

（五）治疗原则

溃疡性结肠炎的治疗原则是控制急性发作，缓解病情，减少复发，防治并发症。

1. 药物治疗

（1）氨基水杨酸制剂：柳氮磺砒啶（SASP）是治疗本病的常用药物，轻、中型或重型经糖皮质激素治疗已有缓解者。

（2）糖皮质激素：对急性发作期有较好疗效。适用于对氨基水杨酸制剂疗效不佳的轻中型病人，特别适用于重型或急性暴发型病人。

（3）免疫抑制剂：硫唑嘌呤或巯嘌呤可用于对糖皮质激素治疗效果不佳或对糖皮质激素依赖的慢性持续型病例。

2. 手术治疗　紧急手术指征：并发大出血、肠穿孔、重型病人特别是合并中毒性巨结肠经积极内科治疗无效且伴严重毒血症者。择期手术指征：并发结肠癌变，慢性持续型病例内科治疗效果不理想而严重影响生活质量，或虽用糖皮质激素可控制病情，但不良反应大而不能耐受者。

（六）护理评估

1. 病史　了解病人有无家族史、食物过敏史，是否有工作紧张、劳累等诱发因素。

2. 身体评估　询问病人腹泻的频次及性状，有无腹痛、腹胀、食欲缺乏、恶心、呕吐等临床表现。

3. 实验室及其他检查　评估病人的实验室及其他检查的结果有无异常。

4. 心理社会状况　了解病人对疾病的认知程度；根据病人的个性特征等，评估病人的情绪和心理状态；了解病人家庭成员的文化、教育背景、经济收入、关系，对病人病情的了解及关心、支持程度等。

（七）常见护理诊断/问题

1. 腹泻　与肠黏膜的炎症致水钠吸收分泌失衡和肠运动功能异常有关。
2. 疼痛：腹痛　与肠黏膜的炎症、溃疡有关。
3. 营养失调：低于机体需要量　与腹泻和吸收不良有关。
4. 有体液不足的危险　与频繁腹泻有关。

（八）护理目标

病人的症状得到改善；调整饮食结构，增强病人食欲，营养状况得到改善。

（九）护理措施

1. 生活护理

（1）休息与活动：病人处于急性发作期宜卧床休息，缓解期要适当休息，注意劳逸结合，指导病人进行适当的放松活动。

（2）饮食护理：活动期病人饮食宜流质，病情好转后宜选择刺激性小、纤维素少、营养丰富的少渣饮食。对于牛乳过敏或不耐受者限制乳制品摄入。大量便血时应禁食，给予完全胃肠外治疗。

2. 病情观察　观察腹泻的次数和粪便的性状，预防病情加重或暴发。严密观察腹痛的特点及生命体征的变化，以了解病情的进展情况。若发现腹肌紧张、肠鸣音减弱或消失，应注意中毒性结肠扩张、肠穿孔等并发症，立即报告医生并及时处理。

3. 用药护理　注意观察和减轻用药后的不良反应。如使用 SASP，病人可出现恶心呕吐、皮疹、粒细胞减少及再生障碍性贫血等，应嘱病人餐后服药，用药期间定时监测血常规。应用糖皮质激素不可随意停药，防止反跳现象。

4. 对症护理

（1）腹痛：教病人分散注意力的技巧，指导病人放松自己。遵医嘱给予解痉药，但要注意剂量宜小，避免引起中毒性结肠扩张。

（2）腹泻：注意腹部保暖，稳定病人情绪。腹泻严重者，做好皮肤护理。

5. 预防肠穿孔并发症　结肠内镜或钡剂灌肠检查前，需行肠道准备；如需灌肠，应低压生理盐水灌肠。

6. 心理护理　教会病人减轻压力的方法，鼓励病人表达自己的感受，鼓励病人树立信心，以平和的心态应对疾病，自觉配合治疗。

（十）健康指导

1. 疾病知识指导　如本病的病因、诱因、临床表现等，提高病人及其家属对疾病的认识、治疗和护理的依从性，让病人能积极主动地参与疾病的治疗与康复。指导病人合理选择饮食，合理休息与活动。

2. 用药指导　指导病人遵医嘱正确服药，学会观察药物的不良反应，出现任何不良反应或症状加重及时就医。

（十一）护理评价

病人腹痛、腹泻等症状得到改善；病人食欲增强，营养状况得到改善，未发生并发症。

（十二）预后

本病一般呈慢性过程，多次缓解和复发，不易彻底治愈，但大部分病人的预后良好。少数暴发型或有并发症且年龄超过 60 岁者预后较差。

三、克罗恩病

克罗恩病是一种病因未明的胃肠道慢性、炎性肉芽肿性疾病。病变呈节段性或跳跃性分布，可累及消化道任何部位，其中以末端回肠和邻近结肠最为常见，临床表现以腹痛、腹泻、腹块、瘘管形成和肠梗阻为特点。本病的发病年龄在 15～30 岁，有终生复发倾向。

（一）病理

病变主要累及回肠末端与邻近结肠，主要在回肠，少数见于空肠。一般呈节段性或跳跃性分布，早期黏膜呈鹅口疮样溃疡，随后溃疡增大，形成纵行溃疡和裂隙溃疡，呈鹅卵石样外观。若病变累及肠壁全层，肠壁增厚变硬，肠腔狭窄，可发生肠梗阻。溃疡穿孔可致局部脓肿，或穿透至其他肠段、器官、腹壁，形成内瘘或外瘘；慢性穿孔可引起粘连。

（二）临床表现

本病的临床表现个体差异较大。病程呈慢性、长短不等的活动期与缓解期交替，以及有终生复发倾向。

1. 症状

（1）消化系统表现

1）腹泻：早期腹泻为间歇性，后期可转为持续性。粪便多为糊状，一般无黏液和脓血。若病变累及下段结肠或直肠，可有黏液脓血便和里急后重。

2）腹痛：为最常见的症状，多位于右下腹或脐周。多为痉挛性疼痛伴肠鸣音增强，常于进餐后加重，排便或肛门排气后缓解。若腹痛持续，则提示腹膜炎症或腹腔脓肿形成。

（2）全身表现

1）发热：间歇性低热或中度热，少数呈弛张高热，多提示有毒血症。少数病人以发热为首发和主要症状。

2）营养障碍：可出现于中、重型病人的活动期，可有消瘦、衰弱、贫血、低蛋白血症和维生素缺乏等。

（3）肠外表现：杵状指（趾）、关节炎、口腔黏膜溃疡等。

2. 体征　病人呈慢病面容，重者呈消瘦贫血貌。轻者仅有右下腹或脐周轻压痛，重者有全腹明显压痛。部分病例可出现腹块，以右下腹或脐周多见。

3. 并发症　肠梗阻最常见，其次是腹腔内脓肿，偶尔并发急性穿孔或大量便血等。

（三）实验室及其他检查

1. 血液检查　贫血常见且常与疾病严重程度平行，活动期白细胞增多，红细胞沉降率增快，血清清蛋白减少。
2. 粪便检查　粪便隐血试验常为阳性。
3. 自身抗体检测　参见本节中"溃疡性结肠炎"的实验室检查。
4. 结肠镜检查　病变呈节段性或跳跃性分布，见纵行溃疡，鹅卵石样改变，肠腔狭窄，炎性息肉等。病变处活检有时可在黏膜固有层见非干酪坏死性肉芽肿或大量淋巴细胞。
5. X线钡剂检查　小肠病变作胃肠钡餐检查，结肠病变作钡剂灌肠检查。

（四）诊断要点

慢性起病，反复发作性右下腹或脐周痛，腹泻，体重下降，特别是伴有肠梗阻、腹部压痛、腹块、肛瘘、肛周病变、腹痛等表现者，结合X线、结肠镜检查、黏膜活检等，并排除各种肠道感染性或肺感染性炎症疾病及肠道肿瘤，即可诊断本病。

（五）治疗原则

本病的治疗原则是控制急性发作，缓解病情，减少复发，防治并发症。

1. 药物治疗

（1）氨基水杨酸制剂：柳氮磺吡啶（SASP）是治疗本病的常用药物，对轻、中型病人的活动性病变有一定疗效，但仅适用于病变局限在结肠者。美沙拉嗪对病变在回肠和结肠者均有效且可作为缓解期的维持治疗用药。

（2）糖皮质激素：适用于活动期的病人，是目前控制病情活动最有效的药物，初量要足、疗程充分。

（3）免疫抑制剂：硫唑嘌呤或巯嘌呤可用于对糖皮质激素治疗效果不佳或对糖皮质激素依赖的慢性活动性病例。

2. 手术治疗　手术主要针对有并发症者。

（六）护理评估

1. 了解病史　病人有无家族史、食物过敏史，是否有工作紧张、劳累等诱发因素。
2. 身体评估　询问病人腹泻的频次及性状，有无腹痛、腹胀、食欲缺乏、恶心、呕吐等临床表现。
3. 实验室及其他检查　评估病人的实验室及其他检查的结果有无异常。
4. 心理社会状况　了解病人对疾病的认知程度；根据病人的个性特征等，评估病人的情绪和心理状态；了解病人家庭成员的文化、教育背景、经济收入、关系，对病人病情的了解及关心、支持程度等。

（七）常见护理诊断/问题

1. 腹泻　与病变肠段炎性渗出、蠕动增加及继发性吸收不良有关。
2. 疼痛：腹痛　与肠内容物通过炎症狭窄肠段而引起局部肠痉挛有关。

3. 营养失调：低于机体需要量　与腹泻和吸收不良有关。
4. 有体液不足的危险　与频繁腹泻有关。

（八）护理目标

病人症状得到改善；病人调整了饮食结构，食欲增强，营养状况得到改善。

（九）护理措施

参见本节中"溃疡性结肠炎"的护理措施。

（十）护理评价

病人腹痛、腹泻等症状得到改善。病人食欲增强，营养状况得到改善。

（十一）健康指导

参见本节中"溃疡性结肠炎"的健康指导。

（十二）预后

本病一般反复发作，迁延不愈，经治疗好转，但其中相当病例出现并发症而手术治疗预后不佳。

拓展阅读 4-5-4
炎症性肠病护理流程

第六节　肝硬化病人的护理

> **情景导入**
>
> 应某，男性，52岁，4年前曾患过乙型肝炎，经住院治疗，肝功能正常后出院。近1年来，常感全身乏力，食欲减退，右上腹不适。3天前，上述症状加重。今日晚餐后呕血约500 mL，伴心悸、头晕，立即入院。查体：T 36.5℃，P 100次/min，R 22次/min，BP 88/64 mmHg。神志清楚，面色略苍白，巩膜黄染。腹壁、脐周静脉曲张，肝肋下未触及，脾肋下3 cm，移动性浊音（+）。实验室检查：Hb 80 g/L，WBC 3.2×10^9/L，PLT 55×10^9/L。
>
> 请思考：
> 1. 应某最可能的临床诊断是什么？
> 2. 应某存在哪些主要的护理诊断/问题？
> 3. 作为应某的责任护士，你应如何对其进行健康教育？

拓展阅读 4-6-1
肝硬化病人护理的重要知识点

　　肝硬化（hepatic cirrhosis）是临床常见的慢性进行性肝病，是一种或多种病因长期或反复作用形成的弥漫性肝损害。其病理特点为广泛的肝细胞坏死、再生结节形成、纤维组织增生，导致肝小叶结构破坏和假小叶形成。主要临床表现为肝功能损害和门静脉高压，可有多系统受累，晚期出现严重并发症。

(一)病因与发病机制

1. 病因

（1）病毒性肝炎：在我国最常见，主要为乙型、丙型和丁型肝炎病毒感染，尤其是慢性乙型肝炎，是引起门静脉性肝硬化的主要因素。

（2）慢性酒精中毒：长期酗酒是引起肝硬化的因素之一。目前认为酒精对肝似有直接毒性作用，它能使肝细胞线粒体肿胀，线粒体嵴排列不整，甚至出现乙醇透明小体，是肝细胞严重损伤及坏死的表现。

（3）营养缺乏：是否为肝硬化的发生原因尚有很大争论。多数学者认为营养不良可降低肝细胞对有毒和传染因素的抵抗力，成为肝硬化的间接病因。动物实验证明，喂饲缺乏胆碱或蛋氨酸食物的动物，可经过脂肪肝的阶段发展成肝硬化。

（4）工业毒物或药物：长期或反复地接触含砷、四氯化碳、磷等，或长期使用某些药物如双醋酚汀、异烟肼、甲基多巴等，可引起中毒性或药物性肝炎，进而导致肝硬化。黄曲霉素也可使肝细胞发生中毒损害，引起肝硬化。

（5）代谢和遗传性疾病：如血色病和肝豆状核变性（原称 Wilson 病）等。

（6）胆汁淤积：肝外胆管阻塞或肝内胆汁淤积时，高浓度的胆红素对肝细胞有损害作用，久之可发生肝硬化。

（7）循环障碍：慢性充血性心力衰竭、慢性缩窄心包炎可使肝内长期淤血、缺氧，引起肝细胞坏死和纤维化，最终发展为肝硬化。

（8）血吸虫病：血吸虫病时，由于虫卵在汇管区沉积，刺激结缔组织增生，导致肝纤维化和门静脉高压，称为血吸虫病性肝纤维化。

（9）免疫紊乱：自身免疫性慢性肝炎最终进展为肝硬化

（10）原因不明：部分肝硬化原因不明，称为隐源性肝硬化。

2. 发病机制　肝硬化的主要发病机制是进行性纤维化。广泛的肝细胞变性坏死，正常的肝小叶结构破坏，残存肝细胞形成再生结节，纤维组织弥漫性增生，汇管区之间及汇管区和肝小叶中央静脉之间由纤维间隔相互连接，形成假小叶。假小叶因无正常的血液供应系统可再发生肝细胞缺氧、坏死和纤维组织增生。上述病理变化逐步进展，造成肝内血管扭曲受压、闭塞而导致血管床缩小，肝内门静脉、肝静脉和肝动脉小分支之间发生异常吻合而形成短路，导致肝的血液循环紊乱。这些肝内血管网结构异常，导致严重的血液循环障碍，是形成门静脉高压的病理基础，且使肝细胞缺氧和营养障碍加重，促使肝硬化病变进一步发展。

拓展阅读 4-6-2
肝硬化的病理分类

(二)临床表现

肝硬化的病程发展通常比较缓慢，可隐伏 3~5 年或更长的时间。临床上根据是否出现腹腔积液、上消化道出血或肝性脑病等并发症，分为代偿期和失代偿期。

1. 代偿期　早期无症状或症状轻，以乏力、食欲缺乏、低热为主要表现，可伴有腹胀、肝脾轻度肿大、上腹隐痛及腹泻等。肝功能多正常或轻度异常。

2. 失代偿期　主要为肝功能减退和门静脉高压所致的全身多系统症状和体征。

（1）肝功能减退的临床表现

1）全身症状：乏力、消瘦、面色灰暗黝黑（肝病面容）、皮肤与巩膜黄染、水肿等。部分病人有不规则发热，常与病情活动或感染有关。

2）消化道症状：食欲减退为最常见症状，甚至畏食、进食后上腹饱胀，有时伴恶心、呕吐，稍进油腻肉食引起腹泻。

3）出血倾向及贫血：牙龈出血、鼻出血、紫癜等。此外，由于营养不良、肠道吸收障碍、脂肪代谢紊乱、肠道失血和脾功能亢进等因素，病人可出现不同程度的贫血。

4）内分泌障碍：蜘蛛痣（主要分布在面颈部、上胸、肩背和上肢等上腔静脉引流区域）、肝掌（手掌大小鱼际和指端腹侧部位皮肤发红）、皮肤色素沉着、女性月经失调、男性乳房发育、腮腺肿大。

（2）门静脉高压的临床表现：正常情况下，门静脉压力为 5~10 mmHg，当门静脉压力持续 > 10 mmHg 时，称为门静脉高压。肝硬化时，门静脉血流量增多，且门静脉阻力升高，导致门静脉压力升高。门静脉高压的三大临床表现是脾大、侧支循环的建立和开放及腹水。

1）脾大：一般为轻、中度大，有时可为巨脾。

2）侧支循环的建立和开放：正常情况下，门静脉系与腔静脉系之间的交通支很细小，血流量很少。门静脉压力增高时，来自消化器官和脾的回心血液流经肝受阻，使门腔静脉交通支开放并扩张，血流量增加，建立起侧支循环。临床上重要的侧支循环有食管下段和胃底静脉曲张、腹壁静脉曲张、痔核形成。

3）腹水：是肝硬化肝功能失代偿期最为显著的临床表现。

3. 并发症

（1）感染：以自发性腹膜炎最常见，病人可出现发热、腹痛、腹胀、腹水迅速增长或持续不减，少数病例发生低血压或中毒性休克、难治性腹水或进行性肝衰竭。

（2）上消化道出血：是食管下段或胃底静脉曲张破裂出血所致，为本病最常见的并发症，部分病人上消化道出血的原因是并发急性糜烂出血性胃炎或消化性溃疡。

（3）肝性脑病：是晚期肝硬化的最严重并发症，也是肝硬化病人最常见的死亡原因。

（4）肝肾综合征（hepatorenal syndrome，HRS）：是肝硬化终末期最常见的严重并发症之一。表现为少尿、无尿、氮质血症、稀释性低钠血症等，但肾无明显器质性损害。

（5）原发性肝癌：肝硬化病人短期内出现病情迅速恶化、肝进行性增大、原因不明的持续性肝区疼痛或发热、腹水增多且为血性等，应考虑并发原发性肝癌，需作进一步检查。

（6）肝肺综合征（hepatopulmonary syndrome，HPS）：严重肝病伴肝血管扩张和低氧血症，临床表现为低氧血症和呼吸困难。

（7）电解质和酸碱平衡紊乱：病人出现腹水和其他并发症后，电解质紊乱趋于明显，常见的有低钠血症、低钾低氯血症和代谢性碱中毒。

（三）实验室及其他检查

1. 实验室检查

（1）血常规：代偿期多正常，失代偿期常有不同程度的贫血。脾功能亢进时，白细胞、血小板计数亦减少。

（2）尿液检查：代偿期多正常，失代偿期可有蛋白尿、血尿和管型尿。有黄疸时，可见胆红素、尿胆原增加。

（3）肝功能试验：代偿期正常或轻度异常，失代偿期多有异常。血清总蛋白正常、降低或增高，但清蛋白减少，球蛋白增多，清蛋白/球蛋白比值降低或倒置。凝血酶原时间有不同程度延长。

（4）免疫学检查：IgG显著升高，IgA、IgM也可升高；抗核抗体、抗平滑肌抗体可阳性；病毒性肝炎病人可查出肝炎病毒标志物阳性反应。

（5）腹水检查：包括腹水的颜色、比重、蛋白定量、血清和腹水清蛋白梯度（SAAG）细胞分类、腺苷脱氨酶（ADA）、乳酸脱氢酶（LDH）、细菌培养及内毒素测定等。

2. 影像学检查

（1）X线钡餐检查：食管静脉曲张时，可见虫蚀样或蚯蚓状充盈缺损，纵行黏膜皱襞增宽；胃底静脉曲张时，可见菊花样充盈缺损。

（2）CT和MRI检查：可显示肝、脾、肝内门静脉、肝静脉、侧支血管形态改变、腹水。

3. 内镜检查

（1）上消化道内镜检查：可确定有无食管、胃底静脉曲张及曲张的程度和范围。在并发上消化道出血时，急诊胃镜检查可判明出血部位和病因，并能同时进行止血治疗。

（2）腹腔镜检查：可直接观察肝、脾情况。

4. 肝活检检查　肝穿刺活检可作为代偿期肝硬化诊断的金标准。

（四）诊断要点

肝硬化失代偿期的诊断主要根据有病毒性肝炎、长期酗酒、血吸虫病或家族遗传性疾病等病史，肝功能减退与门静脉高压的临床表现，以及肝功能试验异常等。代偿期的诊断常不容易，故对原因不明的肝脾大、慢性病毒性肝炎、长期大量饮酒者应定期随访，肝穿刺活组织检查有利于早期诊断。

（五）治疗要点

本病目前尚无特效治疗，需采取综合治疗措施。肝硬化代偿期以保养为主，防止病情进一步加重；失代偿期除了保肝、恢复肝功能外，还要积极防治并发症。肝移植是终末期肝硬化治疗的最佳选择。

1. 一般治疗　代偿期病人应适当减少活动，从事轻体力工作；失代偿期病人以卧床休息为主。饮食的基本原则是高热量、高蛋白质、富含维生素、易消化的无刺激性、纤维素少饮食，并根据病情变化及时调整。

2. 支持治疗　静脉输入高渗葡萄糖液以补充热量，输液中可加入维生素C、胰岛素、氯化钾等。注意维持水、电解质、酸碱平衡。病情较重者可输入清蛋白、新鲜血浆。

3. 药物治疗　目前无有效逆转肝硬化的药物，治疗原发病可一定程度上防止肝纤维化的发展。病毒性肝炎肝硬化病人病毒复制活跃时，应予抗病毒治疗。

4. 腹水的治疗　①限制水钠的摄入。②利尿药的应用：常用保钾利尿药有螺内酯和氨苯蝶啶，排钾利尿药有呋塞米和氢氯噻嗪。单独应用排钾利尿药需注意补钾。③反复大量放腹水加静脉输注清蛋白：用于治疗难治性腹水，每次在1~2 h内排放腹水4~6 L，同时静脉输注白蛋白8~10 g/L。④腹水浓缩回输：用于治疗难治性腹水，或伴有低血容量状态、低钠血症、低蛋白血症和肝肾综合征病人，以及各种原因所致大量腹水急需缓解症状病人。禁忌证包括感染性腹水、癌性腹水和内源性内毒素性腹水。⑤经颈静脉肝内门体分流术（transjugular intrahepatic portosystemic shunt，TIPS）：能有效降低门静脉压力，创伤小，安全性高。适用于食管静脉曲张大出血和难治性腹水，但易诱发肝性脑病。

5. 并发症的治疗

（1）自发性腹膜炎：选用主要针对革兰阴性杆菌，同时兼顾革兰阳性球菌的抗菌药。根据药敏结果和病人对治疗的反应调整抗菌药。

（2）肝肾综合征：积极预防或消除肝肾综合征的诱发因素，如上消化道大出血、感染等。治疗措施包括扩充血容量、应用血管活性药，外科治疗包括 TIPS 及肝移植。

（3）肝肺综合征：目前无有效的内科治疗，可考虑肝移植。

（4）其他并发症：如有其他并发症给予相应的治疗。

6. 肝移植　是各种原因引起的晚期肝硬化的最佳治疗方法。

（六）护理评估

1. 病史评估　病人有无引起肝硬化的病因，如病毒性肝炎、输血史、心力衰竭、胆道疾病、血吸虫病及家族遗传性疾病史；有无长期接触化学毒物、使用损肝药物，其用量和持续时间；病人的饮食习惯及特殊嗜好。

2. 身体评估　评估病人目前的症状和体征，如有无乏力、食欲缺乏、恶心、呕吐、营养不良、腹水、肝掌、蜘蛛痣等表现。

3. 实验室及其他检查　血常规、肝功能及内镜检查等符合上述肝硬化检查的结果。

4. 心理社会状况　病人心理状况，有无性格和行为的改变，评估病人家属对疾病的认识程度及态度、家庭经济情况。

（七）常见护理诊断/问题

1. 营养失调：低于机体需要量　与肝功能减退、门静脉高压引起食欲减退，消化和吸收障碍有关。

2. 体液过多　与肝功能减退、门静脉高压引起水钠潴留有关。

3. 活动无耐力　与肝功能减退、大量腹水有关。

4. 潜在并发症　上消化道出血、肝性脑病。

（八）护理目标

病人能合理调整饮食结构，病人食欲、营养状况得到改善；腹水和水肿有所减轻，身体舒适感增加。

（九）护理措施

1. 生活护理

（1）休息与活动：代偿期病人应适当减少活动，从事轻体力工作；失代偿期病人以卧床休息为主。

（2）饮食护理：饮食营养是改善肝功能的基本措施之一。基本原则：高热量、高蛋白质、富含维生素、易消化的无刺激性、少纤维素饮食，并根据病情变化及时调整。肝功能显著损害者、血氨偏高或出现肝性脑病先兆者，限制蛋白质或禁食蛋白质；有腹水者一般钠盐限制在 1.5~2.0 g/d，进水量限制在 1 000 mL/d 左右。护士应告知病人食用含钠较少的食物，如粮谷类、瓜果类、水果等，而高钠食物如咸肉、酱菜、酱油、罐头食品、含钠味精等应尽量少食用。同时应反复向病人及家属宣教忌食粗糙、坚硬、辛辣及刺激性食物，告知不当饮食易致上消化道出血的危险性，宜进食半流质或流质饮食，少食多餐。

2. **病情观察** 观察病人有无出血倾向，皮肤、巩膜黄染，腹水和水肿的消长等。同时注意有无并发症的发生，如上消化道出血、自发性腹膜炎、肝性脑病、肝肾综合征等，以便及时做好抢救准备。

3. **用药护理** 遵医嘱用药，密切观察药物作用及不良反应。使用利尿药时，应特别注意维持电解质和酸碱平衡。利尿速度不宜过快，每天体重减轻一般不超过 0.5 kg。

4. **对症护理**

（1）水肿和腹水：①限制水、钠摄入。②衣着宜宽松，床铺应平整、干燥。③对于长期卧床者，应定时更换体位，按摩受压部位，有条件者加用充气床垫，以免发生压疮。④协助医生抽腹水时，要注意观察心率、血压、神志及病人自觉症状的变化。抽腹水后，应注意观察穿刺处敷料有无渗血、渗液情况，如有外渗，及时更换敷料并报告医生。⑤注意监测水肿和腹水的消长。

（2）低蛋白血症：①保持环境清洁，通风良好，避免受凉及交叉感染；②每日用温水擦浴，保持皮肤清洁；③加强口腔护理。

5. **心理护理** 护理人员应多与病人谈心，取得病人的信任，给予支持和鼓励，并根据病人的理解和接受能力，介绍本病的一些有关知识及治疗后好转的病例，帮助病人稳定情绪，树立治疗疾病的信心。同时注意向家属宣教有关肝硬化的治疗、护理知识，指导家属配合做好护理工作。

（十）健康指导

1. 指导病人和家属掌握本病的有关知识和自我护理方法，分析和消除不利于个人和家庭应对的各种因素，把治疗计划落实在日常生活中。

2. 指导病人注意劳逸结合，保证足够的休息和睡眠。活动量以不加重疲劳感和其他症状为度。

3. 指导病人合理安排饮食，遵循饮食治疗原则和计划，戒烟酒，保持排便通畅；注意保暖和个人卫生，预防感染。

4. 遵医嘱用药，告诉病人勿滥用药物，以免增加肝的负担。定期复查肝功能。

5. 家属应理解和关心病人，给予精神支持和生活照顾。

（十一）护理评价

病人能自己选择符合饮食治疗计划的食物，保证每日所需热量、蛋白质、维生素等营养成分的摄入；能陈述减轻水钠潴留的有关措施，腹水和皮下水肿等引起的身体不适有所减轻；能按计划休息和活动，皮肤无破损和感染；未发生消化道出血、肝性脑病等并发症。

（十二）预后

肝硬化的预后与病因、肝功能代偿程度及有无并发症有关。总的来说，病毒性肝炎肝硬化预后较差；持续黄疸、难治性腹水、低清蛋白血症、凝血酶原时间持续或显著延长，以及出现并发症者，预后均较差；高龄病人预后较差。Child-Pugh 分级（表 4-6-1）与预后密切相关，总分越高预后越差。死亡原因常为肝性脑病、肝肾综合征、食管胃底静脉曲张破裂出血、严重感染等并发症。

表 4-6-1　肝硬化病人 CHild-Pugh 分级指标

临床、生化指标	1分	2分	3分
肝性脑病	无	1~2	3~4
腹水	无	轻度	中、重度
总胆红素（μmol/L）	<34	34~51	>41
血清蛋白（g/L）	>35	28~35	<28
凝血酶原时间延长（s）	<4	4~6	>6

拓展阅读 4-6-4 肝硬化病人护理流程

第七节　肝性脑病病人的护理

情景导入

汤某，男性，49岁，确诊肝硬化4年，5天前反复黑便，无呕血，经抢救治疗好转，但近两日常见白天嗜睡、晚间烦躁不安，有时神志模糊。BP 140/70 mmHg，轻度黄疸，两手平举腕下垂，呈现拍击样震颤，尿蛋白（-），血尿素氮 10 mmol/L，空腹血糖 5.7 mmol/L。

请思考：
1. 汤某的初步诊断首先应考虑哪一种疾病？
2. 导致该病人症状的主要诱因是什么？
3. 针对该病人的目前表现，应采取哪些主要护理措施？

拓展阅读 4-7-1 肝性脑病病人护理重要知识点

肝性脑病（hepatic encephalopathy，HE）指严重肝病或门-体分流引起的、以代谢紊乱为基础的中枢神经系统功能失调的综合征，轻者临床表现仅为轻微智力损害，严重者可表现为意识障碍、行为失常和昏迷。

（一）病因及发病机制

1. **病因**　各型肝硬化，特别是肝炎后肝硬化是引起肝性脑病最常见的原因，重症肝炎、暴发性肝衰竭、原发性肝癌、严重胆道感染及妊娠期急性脂肪肝等肝病亦可导致肝性脑病。

2. **诱因**　肝性脑病最常见的诱发因素是感染（包括腹腔、肠道、尿路和呼吸道等感染，尤以腹腔感染最为重要），其次是消化道出血、电解质和酸碱平衡紊乱、大量放腹水、高蛋白饮食、低血容量、利尿、腹泻、呕吐、便秘，以及使用苯二氮䓬类药物和麻醉药等。

3. **发病机制**　肝性脑病的发病机制迄今尚未完全明确。一般认为本病产生的病理生理基础是在肝衰竭和存在门体静脉分流时，来自肠道的、正常情况下能被肝有效代谢的毒性产物，未被肝解毒和清除便进入体循环，透过血脑屏障而至脑部，导致大脑功能紊乱。

（1）氨中毒：是肝性脑病特别是门体分流性肝性脑病的重要发病机制。消化道是氨产生的主要部位，以非离子型氨（NH_3）和离子型氨（NH_4^+）两种形式存在，当结肠内 pH>6 时，NH_4^+ 转为 NH_3，极易经肠黏膜弥散入血；pH<6 时，NH_3 从血液转至肠腔，随粪便排泄。肝衰竭时，

肝对门静脉输入 NH_3 的代谢能力明显减退，体循环血 NH_3 水平升高；当有门体分流存在时，肠道的 NH_3 不经肝代谢而直接进入体循环，血 NH_3 增高。体循环 NH_3 能透过血脑屏障，通过多方面干扰脑功能：①干扰脑细胞三羧酸循环，脑细胞能量供应不足；②增加脑对酪氨酸、苯丙氨酸、色氨酸等的摄取，它们对脑功能具有抑制作用；③脑内 NH_3 升高，增加谷氨酰胺合成，神经元细胞肿胀，导致脑水肿；④NH_3 直接干扰脑神经电活动；⑤弥散入大脑的 NH_3 可上调脑星形胶质细胞苯二氮䓬受体表达，促使氯离子内流，神经传导被抑制。

（2）假性神经递质：肝对肠源性酪胺和苯乙胺清除发生障碍，此两种胺进入脑组织，分别形成 β- 羟酪胺和苯乙醇胺，由于其化学结构与正常神经递质去甲肾上腺素相似，但不能传递神经冲动或作用很弱，被称为假性神经递质。假性神经递质使脑细胞神经传导发生障碍。

（3）色氨酸：血液循环中色氨酸与清蛋白结合不易通过血脑屏障，肝病时清蛋白合成降低，血中游离色氨酸增多，通过血脑屏障后在大脑中代谢为抑制性神经递质 5- 羟色胺（5-HT）及 5- 羟吲哚乙酸，导致肝性脑病，尤其与早期睡眠方式及日夜节律改变有关。

（4）锰离子：由肝分泌入胆道的锰具有神经毒性，正常时经肠道排出。肝病时锰不能经胆道排出，经血液循环进入脑部，导致肝性脑病。

（二）病理生理

肝硬化门静脉高压时，肝细胞功能障碍对氨等毒性物质的解毒功能降低，同时门-体分流（即门静脉与腔静脉间侧支循环形成），使大量肠道吸收入血的氨等有毒性物质经门静脉，绕过肝直接流入体循环并进入脑组织，这是肝硬化肝性脑病的主要病理生理特点。

（三）临床表现

根据意识障碍程度、神经系统体征和脑电图改变，可将肝性脑病的临床过程分为 5 期（表 4-7-1）。

表 4-7-1　肝性脑病临床分期

临床分期	临床表现及检查
0 期（潜伏期）	无行为、性格的异常，无神经系统病理征，脑电图正常，只在心理测试或智力测试时有轻微异常
1 期（前驱期）	轻度性格改变和精神异常，如焦虑、欣快激动、淡漠、睡眠倒错、健忘等，可有扑翼样震颤。脑电图多数正常。此期临床表现不明显，易被忽略
2 期（昏迷前期）	嗜睡、行为异常（如衣冠不整或随地大小便）、言语不清、书写障碍及定向力障碍。有腱反射亢进、肌张力增高、踝阵挛及巴宾斯基征阳性等神经体征，有扑翼样震颤，脑电图有特征性异常
3 期（昏睡期）	昏睡，但可唤醒，醒时尚能应答，常有神志不清或幻觉，各种神经体征持续或加重，有扑翼样震颤，肌张力高，腱反射亢进，锥体束征常阳性。脑电图有异常波形
4 期（昏迷期）	昏迷，不能唤醒。病人不能合作而无法引出扑翼样震颤。浅昏迷时，腱反射和肌张力仍亢进；深昏迷时，各种反射消失，肌张力降低。脑电图明显异常

（四）实验室及其他检查

1. **血氨**　正常人空腹静脉血氨为 6~35 μmol/L。慢性肝性脑病特别是门-体分流性脑病病人多有血氨增高，急性肝性脑病病人的血氨可以正常。血氨正常的病人亦不能排除肝性脑病。止血带压迫时间过长、采血后较长时间才检测、高温下运送，均可能引起血氨假性升高。

2. 电生理检查

（1）脑电图：肝性脑病病人的脑电图异常主要表现为节律变慢，且只有在严重肝性脑病病人中才能检测出典型的脑电图改变，故临床上基本不用于早期诊断，而该变化并非肝性脑病的特异性改变，亦可见于低钠血症、尿毒症性脑病等其他代谢性脑病。

（2）诱发电位：包括视觉诱发电位、听觉诱发电位和躯体诱发电位。轻微肝性脑病可表现为潜伏期延长、振幅降低。

（3）临界视觉闪烁频率：视网膜胶质细胞病变可以作为肝性脑病时大脑星形胶质细胞病变的标志，可以反映大脑神经传导功能障碍，用于诊断轻微肝性脑病。

3. 心理智能测验　是临床筛查及早期诊断轻微肝性脑病最简便的方法，包括数字连接试验、数字符号试验、轨迹描绘试验、系列打点试验。缺点是易受病人的年龄、教育程度、合作程度、学习效果的影响。

4. 影像学检查　急性肝性脑病病人行头部 CT 或 MRI 检查可发现脑水肿，慢性肝性脑病病人则可发现不同程度的脑萎缩。可排除脑血管意外和颅内肿瘤等疾病。

（五）诊断要点

肝性脑病的主要诊断依据为：①有严重肝病和（或）广泛门-体静脉侧支循环形成的基础及肝性脑病的诱因；②出现精神紊乱、昏睡或昏迷，可引出扑翼样震颤；③反映肝功能的血生化指标明显异常和（或）血氨增高；④脑电图异常；⑤诱发电位、临界视觉闪烁频率和心理智能测验异常；⑥头部 CT 或 MRI 检查排除脑血管意外和颅内肿瘤等疾病。

（六）治疗要点

治疗要点包括：及早识别及去除肝性脑病发作的诱因，保护肝功能免受进一步损伤，治疗氨中毒及调节神经递质。

1. 及早识别及去除肝性脑病发作的诱因　及时控制感染和上消化道出血并清除积血，避免快速和大量地排钾利尿和放腹水。注意纠正水、电解质和酸碱平衡失调。缓解便秘，并控制使用麻醉、止痛、安眠、镇静等药物。

2. 降氨治疗　高血氨是肝性脑病发生的重要因素之一，因此降低氨的生成和吸收非常重要。降低血氨的主要药物有以下几种。

（1）乳果糖：在结肠中被消化道菌群转化成低分子量有机酸，导致肠道内 pH 下降；减少肠道细菌易位，防治自发性细菌性腹膜炎。常用剂量为每次口服 15～30 mL，2～3 次/天（根据病人反应调整剂量），以每天 2～3 次软便为宜。必要时可配合保留灌肠治疗。

（2）拉克替醇：为肠道不吸收的双糖，能清洁、酸化肠道，减少氨的吸收，调节肠道微生态，有效降低内毒素。推荐的初始剂量为 0.6 g/kg，分 3 次于餐时服用。以每日排软便 2 次为标准来增减服用剂量。

（3）L-鸟氨酸 L-门冬氨酸（L-ornithine L-aspartate，LOLA）：可作为替代治疗或用于常规治疗无反应的病人。LOLA 通过促进肝的鸟氨酸循环和谷氨酰胺合成减少氨的水平，可明显降低病人空腹血氨和餐后血氨，每天静脉输注 20 g 可降低血氨，改善症状。

（4）α 晶型利福昔明：是利福霉素的合成衍生物，吸收率低。抑制肠道细菌过度繁殖，减少产氨细菌的数量，减少肠道氨的产生与吸收，从而减轻肝性脑病症状，预防复发。

（5）微生态制剂：包括益生菌、益生元和合生元等，可以促进对宿主有益的细菌菌株的生长，并抑制有害菌群如产脲酶菌的繁殖，减少细菌易位，减轻内毒素血症并改善高动力循环；还可减轻肝细胞的炎症和氧化应激，从而增加肝的氨清除。

3. 营养支持治疗　传统观点对于肝性脑病病人采取的是严格的限蛋白质饮食。近年发现多数肝硬化病人普遍存在营养不良，且长时间过度限制蛋白质饮食可造成肌肉群减少，更容易出现肝性脑病。正确评估病人的营养状态，早期进行营养干预，可改善病人生存质量、降低并发症的发生率、延长病人生存时间。

4. 人工肝治疗　肝衰竭合并肝性脑病时，在内科治疗基础上，可采用一些可改善肝性脑病的人工肝模式，能在一定程度上清除部分炎症因子、内毒素、血氨、胆红素等。常用于改善肝性脑病的人工肝模式有血液灌流、血液滤过、血浆滤过透析、分子吸附再循环系统（MARS）、双重血浆分子吸附系统（DPMAS）或血浆置换联合血液灌流等。

5. 肝移植　对内科治疗效果不理想，反复发作的难治性肝性脑病伴有肝衰竭，是肝移植的指征。

6. 中医中药　病急则治标，采用醒脑开窍法进行治疗，可选用安宫牛黄丸等中成药或汤剂辨证施治，予以开窍醒脑、化痰清热解毒。病缓则治本，扶正化瘀片（胶囊）、安络化纤丸和复方鳖甲软肝片等因其扶正补虚、活血化瘀等功效，具有抗肝纤维化/肝硬化、改善肝功能、改善免疫功能、减轻肝的血液循环障碍、降低门静脉高压等作用。

7. 并发症治疗　重度肝性脑病病人常并发脑水肿和多器官衰竭，应积极防治各种并发症。注意纠正电解质失衡，维护有效循环血容量，保证能量供应及避免缺氧；保持呼吸道通畅，深昏迷者，应做气管切开，排痰给氧；可用冰帽降低颅内温度，保护脑细胞功能；静脉滴注高渗葡萄糖、甘露醇等脱水药，防治脑水肿。

拓展阅读 4-7-2
重视肝性脑病的早期预防

（七）护理评估

1. 病史　评估病人有无欣快激动、淡漠、睡眠倒错等轻度精神异常；有无嗜睡、行为异常、言语不清、书写障碍及定向力障碍；有无烦躁不安、谵妄、昏睡、昏迷等；有无肝性脑病的诱发因素，如感染、消化道出血、电解质紊乱、酸碱平衡失调、便秘等；有无肝硬化的并发症等。

2. 身体评估　评估病人有无慢性病容、肝掌、蜘蛛痣、皮肤黄染等符合慢性肝病的特点，有无腱反射亢进、肌张力增高、踝阵挛及巴宾斯基征阳性等神经体征，能否引出扑翼样震颤。

3. 实验室及其他检查　血氨、肝功能、肾功能、电解质、脑电图、心理智能测验、头部CT或MRI检查。

4. 心理社会状况　评估其认知功能状况，视觉、听觉、味觉、嗅觉等感觉功能有无障碍，注意力、理解力、记忆力等有无下降。其次应注意其对所患疾病的认识和态度，是否认同医护人员的建议并遵照执行。工作与生活环境、家庭关系及社会支持，有无经济压力等情况。

（八）常见护理诊断/问题

1. 意识障碍　与血氨增高、干扰脑细胞能量代谢和神经传导有关。
2. 营养失调：低于机体需要量　与肝功能减退、消化吸收障碍、限制蛋白质摄入有关。
3. 有感染的危险　与长期卧床、营养失调、抵抗力低下有关。
4. 活动无耐力　与肝功能减退、营养摄入不足有关。

5. 知识缺乏　与病人文化程度或初次发病有关。

（九）护理目标

指导病人按医嘱用药，认识肝性脑病的各种诱发因素，观察病人思维、性格、行为及睡眠的改变，及时发现病情变化、及早治疗。

（十）护理措施

首先进行评估，制定个性化护理计划和措施，并实行全程责任制、整体优质护理。根据病情及自理能力建立自理能力评估表、防坠床/跌倒风险评估表、防管道滑脱风险评估表、压疮风险评估表、危重病人风险评估表、深静脉血栓评估表等。

1. 意识障碍的护理

（1）病情观察：密切注意肝性脑病的早期征象，观察病人思维及认知的改变，意识障碍者使用格拉斯哥（Glasgow）昏迷量表判断其程度。

（2）去除和避免诱发因素：①清除胃肠道内积血，减少氨的吸收。可用生理盐水或弱酸性溶液灌肠，忌用肥皂水。②避免快速利尿和大量放腹水，以防止有效循环血量减少、大量蛋白质丢失及低钾血症，从而加重病情。可在放腹水的同时补充血浆白蛋白。③避免应用催眠镇静药、麻醉药等。当病人狂躁不安或有抽搐时，禁用吗啡、水合氯醛、哌替啶及速效巴比妥类，必要时遵医嘱减量使用地西泮、东莨菪碱，并减少给药次数。④防止及控制感染，遵医嘱及时、准确地应用抗生素，以有效控制感染。⑤保持排便通畅，防止便秘。

（3）生活护理：尽量安排专人护理，对烦躁病人应注意保护，可加床栏，必要时使用约束带，防止发生坠床及撞伤等意外。

（4）用药护理：①乳果糖因在肠内产气较多，可引起腹胀、腹绞痛、恶心、呕吐及电解质紊乱等，应从小剂量开始。②病人尿少时少用钾剂，明显腹水和水肿时慎用钠剂。③大量输注葡萄糖的过程中，必须警惕低钾血症、心力衰竭。④不宜用维生素 B_6，因其影响多巴进入脑组织，减少中枢神经系统的正常传导递质。

（5）昏迷病人的护理：①病人取仰卧位，头略偏向一侧，以防舌后坠阻塞呼吸道。②保持呼吸道通畅，深昏迷病人应做气管切开以排痰，保证氧气的供给。③做好基础护理，保持床褥干燥、平整，定时协助病人翻身，按摩受压部位，防止压疮。④尿潴留病人给予留置导尿，并详细记录尿量、颜色、气味。⑤给病人做肢体的被动运动，防止静脉血栓形成及肌肉萎缩。

2. 饮食护理

（1）给予高热量饮食，维持正氮平衡：每天入液总量以不超过 2 500 mL 为宜。肝硬化腹水病人一般以每天 1 000 mL 左右为标准控制入液量。

（2）蛋白质的摄入原则：①急性期首日禁蛋白饮食，给予葡萄糖保证供应能量，昏迷者可鼻饲饮食。②慢性肝性脑病病人无禁食蛋白质必要。③蛋白质摄入量为 1~1.5 g/(kg·d)。④口服或静脉使用支链氨基酸制剂，可调整芳香族氨基酸/支链氨基酸（AAA/BCAA）比值。⑤植物和奶制品蛋白优于动物蛋白，植物蛋白含甲硫氨酸、芳香族氨基酸较少，含支链氨基酸较多，还可提供纤维素，有利于维护结肠的正常菌群及酸化肠道。

3. 心理护理　针对病人的不同心理问题，给予耐心解释和劝导，并向家属讲解病情发展经过，共同参与病人的护理，提高治愈率。

（十一）健康指导

1. 疾病知识指导　向病人和家属介绍肝性脑病的有关知识，指导其认识肝性脑病的各种诱发因素，要求病人自觉避免诱发因素，如避免各种感染，保持排便通畅等。

2. 用药指导　指导病人严格按医嘱规定的剂量、用法服药，了解药物的主要不良反应，避免损肝的药物，定期随访。

3. 照顾者指导　指导家属给予病人精神支持和生活照顾，帮助病人树立战胜疾病的信心。使病人家属了解肝性脑病的早期征象，指导家属学会观察病人的思维、性格、行为及睡眠等方面的改变，以便及时发现病情变化，及早治疗。

（十二）护理评价

病人经过正规的治疗和责任制整体优质护理，意识转清，无护理并发症发生；病人能够知道肝性脑病常见诱发因素及疾病预防的相关知识。

（十三）预后

肝性脑病的预后主要取决于肝衰竭的程度。轻微肝性脑病病人经积极治疗多能好转。急性肝衰竭所导致的肝性脑病诱因常不明显，发病后很快昏迷甚至死亡。肝功能较好、分流术后及诱因明确且易消除者预后较好。有腹水、黄疸、出血倾向的病人多数肝功能差，预后亦差。暴发性肝衰竭所致的肝性脑病预后最差。

拓展阅读 4-7-3
肝性脑病护理流程

第八节　急性胰腺炎病人的护理

> **情景导入**
>
> 盛某，女性，49岁，主因左上腹痛，伴恶心、呕吐10 h急诊入院。腹痛呈持续性，阵发性加剧，向腰部带状放射，恶心、呕吐频繁，呕吐物为胃内容物。查体：T 38.6℃，P 118次/min，R 23次/min，BP 110/70 mmHg，左上腹压痛，腹肌张力轻度增高，肠鸣音1~2次/min。辅助检查：血淀粉酶1 200 U/L，尿淀粉酶2 563 U/L。
>
> 请思考：
> 1. 盛某的初步诊断首先应考虑哪一种疾病？为进一步明确诊断，应做哪些检查？
> 2. 该病人存在哪些护理问题？
> 3. 你作为盛某的责任护士，应采取哪些护理措施？

急性胰腺炎（acute pancreatitis，AP）是多种病因导致胰腺组织自身消化所致的胰腺水肿、出血及坏死等炎症性损伤。临床以急性上腹痛及血淀粉酶或脂肪酶升高为特点。多数病人病情轻、预后好，少数病人可伴发多器官功能障碍及胰腺局部并发症，死亡率高。

拓展阅读 4-8-1
急性胰腺炎病人护理的重要知识点

(一)病因及发病机制

引起急性胰腺炎的病因很多,我国以胆道疾病为常见病因,西方国家则以酗酒为主要病因。

1. 病因

(1)胆石症与胆道疾病:胆石症、胆道感染、胆道蛔虫是我国急性胰腺炎发病的主要原因,其中以胆石症最常见。由于胰管与胆总管汇合成共同通道开口于十二指肠壶腹部,一旦结石、蛔虫嵌顿在壶腹部,胆管内炎症或胆石移行时损伤奥迪括约肌等,将使胰管流出道不畅,胰管内高压。

(2)酗酒和暴饮暴食:是西方国家的主要病因。大量饮酒可致胰液分泌增加,并可引起奥迪括约肌痉挛;暴饮暴食刺激大量胰液与胆汁分泌,胰液与胆汁排泄不畅,引起急性胰腺炎。

(3)胰管梗死:蛔虫、结石、水肿、肿瘤或痉挛等原因可使胰管阻塞,胰液排泄受阻。当暴饮暴食、胰液分泌过多时,胰腺内压力增高,致使胰泡破裂,胰液与消化酶渗入间质,引起急性胰腺炎。

(4)手术与创伤:腹腔手术、腹部钝挫伤等损伤胰腺组织,导致胰腺严重血液循环障碍,均可引起急性胰腺炎。经内镜逆行胆胰管造影术(ERCP)插管时导致的十二指肠乳头水肿或注射造影剂压力过高等也可引发本病,ERCP是最常见的医源性病因。

(5)内分泌与代谢障碍:高钙血症与高脂血症可诱发急性胰腺炎,其原因可能为胰管钙化或胰液内脂质沉着等。

(6)其他:药物如糖皮质激素、噻嗪类等,可使胰液的分泌及黏稠度增加,引起胰腺炎,多发生在服药最初2个月,与剂量无明确相关。某些传染性疾病如流行性腮腺炎、传染性单核细胞增多症等也可引起胰腺炎,但症状多数较轻,随感染痊愈可自行消退。

2. 发病机制 急性胰腺炎的病因很多,但具有相同的病理生理过程,即一系列胰腺消化酶经激活过程,引起胰腺的自身消化。各种致病因素导致胰管内高压,腺泡细胞内 Ca^{2+} 水平显著上升,溶酶体在腺泡细胞内提前激活酶原,大量活化的胰酶消化胰腺自身,损伤腺泡细胞,激活炎症反应,增加血管通透性,导致大量炎性渗出。胰腺微循环障碍使胰腺出血、坏死。炎症过程中参与的众多因素以正反馈方式相互作用,使炎症逐级放大,当超过机体的抗炎能力时,炎症向全身扩展,出现多器官炎症性损伤及功能障碍。

(二)病理生理

急性胰腺炎的病理变化一般分为急性水肿型和急性出血坏死型两型。急性水肿型较多见,可见胰腺肿大、水肿、充血、炎性细胞浸润和少量胰泡坏死等改变;急性出血坏死型相对较少见,胰腺内有灰白色或黄色斑块的脂肪组织坏死,出血严重者,则胰腺呈棕黑色并伴有新鲜出血,坏死灶外周有炎症细胞浸润。急性水肿型可发展为急性出血坏死型,其进展速度可在数小时至数天。病情稍长者可并发脓性、假性囊肿或瘘管形成。

(三)临床表现

急性胰腺炎的临床表现多样,其轻重与病因、病理类型和治疗是否及时等因素有关。

1. 症状

(1)腹痛:为本病的主要表现和首发症状,一般为突发性腹痛,30 min内疼痛达高峰,发病常与饱餐、酗酒有关。疼痛持久而剧烈,呈钝痛、锐痛、绞痛或刀割样痛,可有阵发性加剧。

腹痛常位于中左上腹，可向背部、胸部、左侧腹部放射。取弯腰抱膝位可减轻疼痛，一般胃肠解痉药无效。

（2）恶心、呕吐及腹胀：起病后多出现恶心、呕吐，有时较频繁，呕吐物为胃内容物，重者可混有胆汁，甚至血液，呕吐后无舒适感。常同时伴有腹胀，甚至出现麻痹性肠梗阻。

（3）发热：多数病人有中度以上发热，一般持续 3~5 天。若持续发热 1 周以上并伴有白细胞升高，应考虑有胰腺脓肿或胆道炎症等继发感染。

（4）低血压或休克：重症胰腺炎常发生。病人烦躁不安，皮肤苍白、湿冷等，极少数病人可突然出现休克，甚至发生猝死。其主要原因为有效循环血容量不足、胰腺坏死释放心肌抑制因子致心肌收缩不良、并发感染和消化道出血等。

（5）水、电解质及酸碱平衡紊乱：多有轻重不等的脱水，呕吐频繁者可有代谢性碱中毒。重症者可有显著脱水和代谢性酸中毒，伴血钾、血镁、血钙降低，部分可有血糖增高，偶可发生糖尿病酮症酸中毒或高渗昏迷。

2. 体征　轻症急性胰腺炎患者的腹部体征较轻，往往与腹痛程度不十分相符，可有腹胀和肠鸣音减弱，多数中上腹有压痛，无腹肌紧张和反跳痛。重症急性胰腺炎病人常呈急性痛苦表情，脉搏增快，呼吸急促，血压下降，腹肌紧张，全腹显著压痛和反跳痛，伴麻痹性肠梗阻时有明显腹胀，肠鸣音减弱或消失。少数病人由于胰酶或坏死组织液沿腹膜后间隙渗到腹壁下，致两侧腰部皮肤呈暗灰蓝色（Grey-Turner 征）或出现脐周围皮肤青紫（Cullen 征）。胰头炎性水肿压迫胆总管时，可出现黄疸。低血钙时有手足抽搐，提示预后不良。

3. 并发症

（1）局部并发症：主要表现为胰腺脓肿和假性囊肿。胰腺脓肿在起病 2~3 周后，因胰腺内、胰腺周围积液或胰腺假性囊肿感染发展而来。假性囊肿常在起病 3~4 周后，因胰液和液化的坏死组织在胰腺内或其周围包裹所致。

（2）全身并发症：重症急性胰腺炎常并发不同程度的多脏器功能障碍综合征，如急性呼吸窘迫综合征、心力衰竭、消化道出血、胰性脑病、败血症及真菌感染、高血糖等，病死率极高。

（四）实验室及其他检查

1. 白细胞计数　多有白细胞增多及中性粒细胞核左移。
2. 淀粉酶测定　血清淀粉酶一般在起病后 2~12 h 开始升高，48 h 后开始下降，持续 3~5 天。血清淀粉酶超过正常值 3 倍即可诊断本病。但淀粉酶的高低不一定反映病情轻重，出血坏死性胰腺炎血清淀粉酶值可正常或低于正常。尿淀粉酶升高较晚，在发病后 12~14 h 开始升高，下降缓慢，持续 1~2 周，但尿淀粉酶受病人尿量的影响。
3. 血清脂肪酶测定　血清脂肪酶常在病后 24~72 h 开始升高，持续 7~10 天，对病后就诊较晚的急性胰腺炎病人有诊断价值，且特异性也较高。
4. C 反应蛋白（CRP）　是组织损伤和炎症的非特异性标志物，有助于评估与监测急性胰腺炎的严重性。胰腺坏死时 CRP 明显升高。
5. 其他生化检查　暂时性血糖升高常见，持久的空腹血糖高于 11.2 mmol/L 反映胰腺坏死，提示预后不良。可有暂时性低钙血症，低血钙程度与临床严重程度平行，若低于 2 mmol/L 则预后不良。
6. 影像学检查　腹部 B 超与 CT、MRI 显像可见胰腺弥漫增大，其轮廓与周围边界模糊不清，坏死区呈低回声或低密度图像，对并发胰腺脓肿或假性囊肿的诊断有帮助。腹部 X 线可见

"哨兵样"和"结肠切割征",为胰腺炎的间接指征,并可发现肠麻痹或麻痹性肠梗阻征象。

(五)诊断要点

诊断急性胰腺炎需要至少符合以下 3 个标准中的 2 个:①与发病一致的腹部疼痛;②胰腺炎的生化证据:血清淀粉酶和(或)脂肪酶大于正常上限的 3 倍;③腹部影像的典型表现:胰腺水肿/坏死或胰腺周围渗出积液。

(六)治疗

急性胰腺炎的治疗原则为减轻腹痛、减少胰腺分泌、防治并发症。多数病人属于轻症急性胰腺炎,经 3~5 天积极治疗多可治愈。重症急性胰腺炎必须采取综合性措施,积极抢救治疗。

1. 减少胰液分泌
(1)禁食及胃肠减压。
(2)生长抑素:可抑制胰泌素和缩胆囊素刺激的胰液基础分泌。
2. 解痉镇痛　多数病人在静脉滴注生长抑素或奥曲肽后,腹痛可得到明显缓解。对严重腹痛者,可肌内注射哌替啶止痛,由于吗啡可增加奥迪括约肌压力而诱发或加重肠麻痹,故不宜使用。
3. 抗生素　我国大多数急性胰腺炎与胆道疾病有关,故多用抗生素。
4. 抗休克及纠正水电解质平衡失调　应积极补充液体及电解质,以维持有效循环血量。持续胃肠减压时,尚需补足引流的液量,对休克病人可酌情予以输全血、或血浆代用品,必要时加用升压药物。
5. 其他　有血糖升高者可给予小剂量胰岛素治疗;对急性出血坏死性胰腺炎伴腹腔内大量渗液者,或伴急性肾衰竭者,可采用腹膜透析治疗;急性呼吸窘迫综合征除药物治疗外,可作气管切开和应用呼吸机治疗。
6. 外科治疗　急性胰腺炎内科治疗无效并出现以下情况者可考虑手术治疗:①诊断不能肯定,且不能排除其他急腹症者;②伴有胆道梗阻,需要手术解除梗阻者;③并发胰腺脓肿或胰腺假性囊肿者;④腹膜炎经腹膜透析或抗生素治疗无好转者。

(七)护理评估

1. 病史　了解病人有无胆道疾病、胰管阻塞、十二指肠邻近部位病变,有无大量饮酒和暴饮暴食等诱因。
2. 身体评估　询问病人有无腹痛、腹胀、恶心、呕吐、发热等临床表现。
3. 实验室及其他检查　评估病人的实验室及其他检查的结果有无异常。
4. 了解病人对疾病的认知程度　根据病人的个性特征等,评估病人的情绪和心理状态;了解病人家庭成员的文化、教育背景、经济收入,对病人病情的了解及关心、支持程度等。

(八)常见护理诊断/问题

1. 疼痛:腹痛　与胰腺及周围组织炎症、水肿或出血坏死有关。
2. 体温过高　与胰腺炎坏死物质吸收有关。
3. 有体液不足的危险　与呕吐、禁食、胃肠减压有关。
4. 潜在并发症　低血容量性休克、急性肾衰竭、急性呼吸衰竭。
5. 焦虑　与担心疾病预后有关。

(九)护理目标

病人腹痛缓解,体温恢复正常,情绪稳定,无并发症发生。

(十)护理措施

首先进行评估,制定个性化护理计划和措施,并实行全程责任制、整体优质护理。根据病情及自理能力建立自理能力评估表、防坠床/跌倒风险评估表、疼痛评估表、防管道滑脱风险评估表、压疮风险评估表、危重病人风险评估表、深静脉血栓评估表等。

1. **休息与活动** 病人应绝对卧床休息,避免精神和身体过度疲劳。腹痛时协助病人取弯腰前倾坐位或屈膝侧卧位,以缓解疼痛。因剧痛辗转反侧者,应防止坠床,并加强防护。

2. **饮食护理** 发病早期禁食3~5天,尽量少饮水;病情好转后逐渐进食清淡流质饮食;病情稳定,血尿淀粉酶恢复正常后给予蛋白质丰富饮食。禁食期间应予输液、补充能量、营养支持。必要时可给予全胃肠外营养(TPN),以维持水电解质和热量的平衡。禁食期间口渴时可含漱或湿润口唇,保持口腔清洁,防止继发感染。

3. **病情观察** 密切观察生命体征和尿量,评估腹痛、腹胀程度和范围,注意水、电解质平衡,早期给予营养支持。对于行胃肠减压者,观察和记录引流量及性质。观察病人皮肤黏膜的色泽及弹性有无变化,判断失水程度。对于出血坏死性胰腺炎伴腹腔内大量渗液者或伴急性肾衰竭者,作好腹膜透析准备。

4. **用药护理** 遵医嘱用药,观察药物疗效及不良反应。禁用吗啡,以防引起奥迪括约肌痉挛加重病情。压痛和反跳痛明显,提示并发腹膜炎,应及时通知医生。

5. **对症护理**

(1) 疼痛的护理:剧烈疼痛时注意安全,必要时加用护栏;遵医嘱给予镇痛、解痉药;遵医嘱禁食,给予胃肠减压,记录24h出入量,保持管道通畅。

(2) 恶心、呕吐的护理:取侧卧位或平卧,头偏向一侧,及时清理呕吐物,遵医嘱给予解痉、止吐的药物。

6. **防治低血容量性休克** 如果病人出现神志改变、脉搏细弱、血压下降、尿量减少、皮肤黏膜苍白、冷汗等低血容量性休克的表现,应积极配合医生进行抢救:①迅速准备好抢救用物;②病人取平卧位,注意保暖,给予氧气吸入;③尽快建立静脉通道,必要时静脉切开,遵医嘱输液,补充血容量;④如循环衰竭持续存在,遵医嘱给予升压药。注意病人血压、神志及尿量的变化。

7. **心理护理** 与病人建立相互信任的关系,做好家属的解释和安慰工作,稳定病人情绪,使其勇敢面对现实,主动配合治疗和护理。

(十一)健康指导

1. **疾病知识指导** 向病人及家属介绍本病的病因、诱因、临床表现等,指导病人及时治疗胆道疾病、肠道寄生虫病等与胰腺炎发病有关的疾病。如果病人发现腹部肿块不断增大,并出现腹痛、腹胀、呕血、呕吐等症状,需及时就医。

2. **饮食指导** 帮助病人建立良好的饮食习惯和生活方式,避免暴饮暴食,忌食辛辣油腻、刺激性食物,忌烟酒。

（十二）护理评价

病人腹痛完全消除；体温恢复正常；有充足的有效循环血容量，无急性肾衰竭、急性呼吸窘迫综合征等严重并发症发生，病人知道急性胰腺炎的发病原因、治疗等相关知识。

（十三）预后

轻症者预后良好，常在1周内恢复。重症者病情重而凶险，预后差。如病人年龄大，有低血压、低白蛋白血症、低氧血症、低血钙及各种并发症，则预后较差。

> 拓展阅读 4-8-3
> 急性胰腺炎病人的护理流程

第九节　上消化道出血病人的护理

> **情景导入**
>
> 郭某，男性，60岁，肝硬化病史5年。某日，郭某进食一片锅巴后，自感上腹部隐痛，如厕后解出较多暗红色便，多次呕出红色液体，诉头晕、心慌、出冷汗，未来得及去医院，晕倒在家中。家人拨打120紧急送往医院。初步诊断：上消化道出血。
>
> 请思考：
> 1. 什么原因引起郭某消化道出血？
> 2. 如何进行病人的病情评估、急救与护理？

> 拓展阅读 4-9-1
> 上消化道大出血病人护理的重要知识点

上消化道出血（upper gastrointestinal hemorrhage）指屈氏韧带以上的消化道，包括食管、胃、十二指肠或胆胰等病变引起的出血，以及胃空肠吻合术后的空肠病变出血。上消化道大量出血指在数小时内失血量超出1 000 mL，或循环血容量的20%。其主要临床表现为呕血和黑便，常伴有血容量减少引起的急性周围循环衰竭，严重者导致失血性休克，是常见的临床急症。

（一）病因与发病机制

上消化道疾病及全身性疾病均可引起上消化道出血，临床上最常见的病因是消化性溃疡、食管胃底静脉曲张破裂、急性糜烂出血性胃炎和胃癌。

1. 上消化道疾病　①食管疾病：食管炎、食管癌、食管损伤、食管溃疡、食管黏膜撕裂等；②胃、十二指肠疾病：消化性溃疡、胃泌素瘤、急性糜烂出血性胃炎、胃癌、胃血管异常、胃黏膜脱垂、急性胃扩张、胃扭转、膈裂孔疝、十二指肠憩室炎、急性糜烂性十二指肠炎、胃手术后病变等。

2. 门静脉高压　肝硬化、门静脉炎、门静脉血栓、门静脉阻塞综合征引起的食管胃底静脉曲张破裂或门脉高压性胃病出血等。

3. 上消化道邻近器官或组织的疾病　胆管或胆囊结石、胆道出血、胆道蛔虫病、胆囊或胆管癌、肝癌、肝脓肿或肝动脉瘤破裂、胰腺癌、急性胰腺炎并发脓肿破溃等。

4. 全身性疾病　败血症、出血热、白血病、血友病、血小板减少性紫癜、尿毒症等。

（二）护理评估

1. 健康史　询问病人既往是否有溃疡、肝硬化、胃炎等病史，询问病人发病前是否有饮酒等病史，了解病人呕血、黑便的量和次数，评估病人面色、脉搏、呼吸、体温等体征。

2. 身体状况

（1）临床表现：主要取决于出血部位、性质、出血量及出血速度。

1）呕血与黑便：为上消化道出血的特征性表现。上消化道大量出血之后，均有黑便。出血部位在幽门以上者常伴有呕血，若出血量较少、速度慢可无呕血。相反，幽门以下部位出血，若出血量大、速度快，可因血液反流入胃引起恶心、呕吐而表现为呕血。呕血、黑便的颜色视出血量的多少、在体内停留时间及出血的部位而不同。出血量多、在胃内停留时间短、出血位于食管则呕血呈鲜红色或暗红色；当出血量较少或在胃内停留时间长，呕血可呈咖啡渣样，为棕褐色。若出血量小、速度慢，血液在肠道内停留时间较长，黑便呈柏油样，黏稠而发亮；当出血量大，血液在肠内推进快，粪便可呈暗红甚至鲜红色。

2）失血性周围循环衰竭：上消化道大量出血时，由于循环血容量迅速减少而导致周围循环衰竭，其严重程度因出血量大小、出血速度及病人出血前身体状况而不同。当出血量占循环血容量10%以下时，病人一般无明显临床表现；出血量占循环血容量10%～20%时，可有头晕、无力等症状，多无血压、脉搏等变化；出血量达循环血容量的20%以上时，则有冷汗、四肢厥冷、心慌、脉搏增快等急性失血症状；若出血量达循环血容量的30%以上，则有神志不清、面色苍白、心率加快、脉搏细弱、血压下降、呼吸急促等急性周围循环衰竭的表现，严重者呈休克状态。

3）贫血：大量出血可致贫血，多为正细胞正色素性贫血；慢性失血则呈小细胞低色素性贫血。但在出血的早期，血红蛋白浓度、红细胞计数与血细胞比容可无明显变化，出血后3～4 h，组织液渗入血管内，使血液稀释出现贫血，出血后24～72 h血液稀释到最大限度。

4）发热：上消化道大量出血后，多数病人在24 h内出现低热，持续3～5天后降至正常。引起发热的原因尚不清楚，可能与周围循环衰竭，导致体温调节中枢的功能障碍等因素有关。

5）氮质血症：上消化道大量出血后，由于大量血液蛋白质的消化产物在肠道被吸收，血中尿素氮浓度可暂时增高，称为肠源性氮质血症。通常于出血后数小时血尿素氮开始上升，24～48 h可达高峰，3～4天后降至正常。若无活动性出血的证据，且血容量已基本补足而尿量仍少，血尿素氮不能降至正常，则应考虑是否因严重而持久的休克造成急性肾衰竭，或失血加重了原有肾病的肾损害而发生肾衰竭。

（2）出血量估计：根据病人症状与体征、实验室检查来判断。

1）轻度失血：失血量在500 mL以下，为全身血量的10%～15%，此时脉搏、血压基本正常，血红蛋白可正常，病人仅有头晕等症状。

2）中度失血：失血量在800～1 000 mL，约为全身血量的20%，此时病人脉搏达100次/min左右，血红蛋白在70～100 g/L，血压偏低，有眩晕、口渴、心悸、少尿等表现。

3）重度失血：失血量在1 500 mL以上，约为全身血量的30%以上，病人脉搏达120次/min以上，收缩压下降至80 mmHg以下，血红蛋白在70 g/L，有四肢湿冷、神志恍惚、少尿或无尿等表现。

3. 辅助检查

（1）实验室检查：测定红细胞、白细胞、血小板计数及血红蛋白浓度、网织红细胞计数、血电解质、肝功能及肾功能、大便隐血等，了解贫血及肝肾功能情况。

（2）内镜检查：是目前确诊上消化道出血病因的首选检查方法。出血后24~48 h内行急诊胃镜检查，可提高出血病因诊断的准确性；还可根据病变的特征判断是否有继续出血或估计再出血的危险性，并同时进行内镜止血治疗。

（3）X线钡餐检查：适用于有胃镜检查禁忌证或不愿进行胃镜检查者。

（4）其他检查：放射性核素扫描或选择性腹腔动脉造影可帮助确定出血部位，适用于内镜及X线钡餐造影未能确诊而又反复出血者。

4. 心理社会状况　上消化道出血病情急、变化快，严重者可危及生命，病人常出现烦躁不安、紧张恐惧等不良情绪。因此，应评估病人对疾病知识的了解程度，有无烦躁不安、紧张恐惧等不良情绪。

（三）治疗原则

上消化道大量出血为临床急症，病情危重，可危及生命，应迅速补充血容量，预防和治疗失血性休克，保持水、电解质平衡，止血治疗，同时积极进行病因的诊断和治疗。

1. 一般治疗　卧床休息，头偏向一侧，保持呼吸道通畅，给予氧气吸入；出血期间禁食，严密监测病人生命体征、神志及尿量变化，必要时行中心静脉压测定。

2. 积极补充血容量　可先输平衡液或葡萄糖盐水、右旋糖酐或其他血浆代用品。治疗急性失血性周围循环衰竭的关键是输血，一般输浓缩红细胞，严重活动性大出血可输全血。紧急输血指征：①失血性休克；②改变体位出现晕厥、血压下降和心率加快；③血红蛋白低于70 g/L或血细胞比容低于25%。

3. 止血措施

（1）食管胃底静脉曲张破裂大出血：出血量大、出血速度快、再出血率及死亡率高，需采取特殊止血措施。

1）药物止血：①生长抑素及其拟似物，可明显减少门静脉及其侧支循环血流量，止血效果肯定，已成为治疗食管胃底静脉曲张出血的最常用和首选药；②血管加压素，通过对内脏血管的收缩作用，减少门静脉血流量，降低门静脉压力；③三甘氨酰赖氨酸加压素：止血效果好、不良反应少、使用方便。

2）气囊压迫止血：在药物治疗无效的时候暂时使用，为后续治疗奠定基础。经鼻腔或口插入三腔二囊管，注气入胃囊（囊内压50~70 mmHg），外加压牵引，用于压迫胃底；若未能止血，再注气入食管囊（囊内压为35~45 mmHg），压迫食管曲张静脉。气囊压迫止血效果肯定，但是病人痛苦、并发症多（如吸入性肺炎、窒息、食管炎、心律失常等）。由于不能长期压迫，停用后早期再出血率高。

3）内镜治疗：一般经药物治疗（必要时加气囊压迫）大出血基本控制，病人基本情况稳定，在进行急诊内镜检查同时进行治疗。内镜直视下注射硬化剂或组织黏合剂至曲张的静脉，或用皮圈套扎曲张静脉，不但能达到止血目的，而且可以有效防止早期再出血，是目前治疗食管胃底静脉曲张破裂出血的重要手段。

4）外科手术或经颈静脉肝内门-体静脉分流术：在大量出血内科治疗无效时，应考虑行外科手术或经颈静脉肝内门-体静脉分流术治疗。

（2）非曲张静脉上消化道大出血：除食管胃底静脉曲张破裂出血之外的其他病因引起的上消化道大出血，称为非曲张静脉上消化道大出血，以消化性溃疡所致出血最常见。止血措施主要有以下几点：

1）抑制胃酸分泌的药物：常给予 H_2 受体拮抗剂或质子泵抑制剂，大出血时选用质子泵抑制剂。

2）内镜治疗：内镜止血适用于有活动性出血或暴露血管的溃疡。常用方法包括热探头止血、激光、高频电凝、微波、上止血夹、局部药物注射或局部药物喷洒等。

3）手术治疗：内科治疗无效且危及病人生命时须行手术治疗。不同病因所致的上消化道大出血的具体手术指征和手术方式各有不同。

4）介入治疗：少数特殊情况下的严重消化道大出血，既无法进行内镜治疗，又不能耐受手术，可在选择性肠系膜动脉造影找到出血灶的同时进行血管栓塞治疗。

（四）护理诊断

1. 体液不足　与上消化道出血、禁食有关。
2. 恐惧　与生命或健康受到威胁有关。
3. 活动无耐力　与失血性周围循环衰竭有关。
4. 其他　如知识缺乏等。

（五）护理目标

1. 生命体征正常，出血得到有效控制，未发生休克等并发症。
2. 恐惧心理得到改善或消失，情绪稳定。
3. 体力逐渐恢复，活动耐力逐渐提高。
4. 病人和家属掌握自我护理的有关知识，学会早期识别出血征象及应急措施。

（六）护理措施

各种病因引起的上消化道出血，在护理上有其共性，也各有特殊性。以下主要列出上消化道出血基本的、共同的护理措施，以及食管胃底静脉出血的特殊护理措施。

1. 上消化道出血的基本护理措施

（1）一般护理

1）休息与活动：病室环境安静、舒适；大出血时病人应绝对卧床休息，取平卧位并将下肢稍抬高；出现休克时应注意保暖，并给予氧气吸入，呕吐时头偏向一侧，防止误吸和窒息。做好安全护理，病人常在排便时或便后起立时晕厥，故应嘱病人坐起、站起时动作缓慢，出现头晕、心慌、出汗时立即卧床；必要时由护士陪同如厕或暂时改为在床上排泄；重症病人应多巡视，并用床栏加以保护。

2）饮食护理：急性大出血伴恶心、呕吐者应禁食；少量出血无呕吐者可进温凉、清淡流食；出血停止后逐渐改为营养丰富、易消化、无刺激性半流质、软食，开始少量多餐，后改为正常饮食。食管胃底静脉曲张破裂出血者，出血期间禁食，出血停止后1~2天渐进高热量、高维生素流质饮食，限钠和蛋白质摄入，避免粗糙、坚硬、刺激性食物，应细嚼慢咽，防止损伤曲张静脉而再次出血。

（2）病情观察

1）基本病情观察：密切监测病人意识状态、生命体征；观察呕吐物和粪便的性质、颜色及量，准确记录出入量；观察皮肤和甲床颜色、肢体温度、出汗情况、周围静脉特别是颈静脉充盈情况；定期监测红细胞、血红蛋白、网织红细胞计数等，了解贫血的程度、出血是否停止等；监测血清电解质和血气分析的变化，维持水、电解质和酸碱平衡，发现异常及时报告医生。

2）出血量的估计和周围循环状态的判断

出血量的估计：粪便隐血试验阳性提示每日出血量>10 mL，出现黑便表明每日出血量在100 mL以上。胃内储血量在250~300 mL可引起呕血。一次出血量不超过400 mL时，可因组织液及脾储血补充血容量而不出现全身症状。出血量达到400~500 mL时可出现全身症状，如头晕、心慌、乏力等。短时间内出血量超过1 000 mL可出现周围循环衰竭表现，严重者可引起失血性休克。

周围循环状态的判断：周围循环衰竭的临床表现对出血量的估计有重要意义，主要是观察病人的心率和血压。可通过改变体位观察病人心率、血压的变化及症状和体征：先平卧位测心率和血压，然后半靠卧位测心率和血压，如测得半靠卧位心率较平卧位增快10次/min以上，血压下降幅度大于15 mmHg，病人出现头晕、出汗甚至晕厥，则表示出血量大，血容量明显不足，需紧急输血。如收缩压低于90 mmHg，心率大于120次/min，病人烦躁不安或意识不清、面色苍白、四肢湿冷，表明病人已进入休克状态，需积极抢救。

3）出血是否停止的观察：上消化道大出血经过积极治疗，大部分可于短时间内停止出血。出现下列情况应考虑有活动性出血或再出血：①反复呕血或呕吐物由咖啡色转为暗红色甚至鲜红色。②黑便次数增多、粪质稀薄、颜色转为暗红色甚至鲜红色，伴有肠鸣音亢进。③周围循环衰竭的表现经充分补液输血而未见明显改善，或虽暂时好转而又恶化，血压波动明显，中心静脉压不稳定。④血红蛋白浓度、红细胞计数与血细胞比容继续下降，网织红细胞计数持续增高。⑤门静脉高压有脾大的病人，脾未恢复。⑥在补液足够、尿量正常的情况下，血尿素氮持续或再次增高。

（3）用药护理：上消化道大出血急诊抢救时，抗休克、迅速补充血容量治疗应放在所有治疗措施的首位，应遵医嘱立即配血，建立静脉通道，准确地实施输血、输液，输注速度根据病情需要而定，防止输液、输血过快、过多而引起肺水肿，必要时可根据中心静脉压调节输液量和速度。应用其他药物进行治疗时，注意其使用方法，观察药物疗效和不良反应。血管升压素通过收缩血管达到止血的作用，会导致腹痛、血压升高、心绞痛、心律失常、流产，患有高血压、心绞痛者及孕妇不宜使用。使用时应密切观察血压、腹痛、胸痛情况。

2. 食管胃底静脉曲张破裂出血的特殊护理　除上述上消化道出血的基本护理措施外，食管胃底静脉曲张破裂出血病人的特殊护理措施补充如下。

（1）潜在并发症：血容量不足

1）饮食护理：活动性出血时应禁食。止血后1~2天逐渐进高热量、高维生素流质，限制钠和蛋白质摄入，避免粗糙、坚硬、刺激性食物，且应细嚼慢咽，防止损伤曲张静脉而再次出血。

2）用药护理：血管升压素可引起腹痛、血压升高、心律失常、心肌缺血甚至发生心肌梗死，故滴注速度应准确，并严密观察不良反应。患有冠心病的病人忌用血管升压素。

3）三腔二囊管应用的护理：插管前仔细检查胃管、引流管、食管囊管、胃囊管是否通畅，检查是否有漏气，抽尽囊内气体备用。插管时协助医生作鼻腔、咽喉部局部麻醉，经鼻或口腔插管至胃内，抽取胃液，检查管端是否在胃内，并抽出胃内积血。向胃内注气至囊内压50~70 mmHg，封闭管口，缓慢向外牵引管道，使胃囊压迫胃底；若未能止血，再注气进入食管囊，使囊内压达到40 mmHg，以压迫食管静脉。将食管引流管、胃管连接负压吸引器或定时抽吸。

插管期间注意观察出血是否停止，记录引流液颜色、量和性状。一般持续压迫不超过24 h，防止黏膜糜烂。必要时放气解除压迫一段时间后，重新压迫止血。留置管道期间，定时做好鼻腔、口腔的清洁，用液状石蜡润滑鼻腔、口唇。床旁备用血管钳和换管所需物品。因三腔二囊管压迫止血容易导致吸入性肺炎、窒息、食管炎、心律失常等并发症，应密切观察。

出血停止后，放松牵引，放出囊内气体，继续保留囊管 24 h，未再出血可考虑拔管，昏迷病人亦可继续留置管道用于注入流质食物和药液。拔管前口服液状石蜡 20~30 mL 润滑黏膜及管、囊的外壁，抽尽囊内气体，以缓慢、轻巧的动作拔管。气囊压迫一般以 3~4 天为限，继续出血者可适当延长。

留置气囊管给病人以不适感，有过插管经历的病人尤其易出现恐惧或焦虑感，故应多巡视、陪伴病人，解释本治疗方法的目的和过程，加以安慰和鼓励，取得病人的配合。

（2）有受伤的危险：创伤、窒息、误吸。与气囊压迫使食管胃底黏膜长时间受压、气囊阻塞气道、血液或分泌物反流入气管有关。

1）防创伤：留置三腔二囊管期间，定时测量气囊内压力，以防压力不足而不能止血，或压力过高而引起组织坏死。气囊充气加压 12~24 h 应放松牵引，放气 15~30 min，如出血未止，再注气加压，以免食管胃底黏膜受压时间过长而发生糜烂、坏死。

2）防窒息：当胃囊充气不足或破裂时，食管囊和胃囊可向上移动，阻塞于喉部而引起窒息，一旦发生应立即抽出囊内气体，拔出管道。对昏迷病人尤应密切观察有无突然发生的呼吸困难或窒息表现。必要时约束病人双手，以防烦躁或神志不清的病人试图拔管而发生窒息等意外。

3）防误吸：床旁置备弯盆供病人及时清除鼻腔、口腔分泌物，并嘱病人勿咽下唾液等分泌物。

（七）健康指导

1. 疾病预防指导　①注意饮食卫生和饮食的规律；进营养丰富、易消化的食物；避免粗糙、刺激性食物，或过冷、过热、产气多的食物、饮料；应戒烟、戒酒。②生活起居有规律，劳逸结合，保持乐观情绪，保证身心休息。避免长期精神紧张，过度劳累。③在医生指导下用药，以免用药不当。

2. 疾病知识指导　引起上消化道出血的病因很多，各原发病的健康指导参见有关章节。应帮助病人和家属掌握自我护理的有关知识，减少再度出血的危险；教会其早期识别出血征象及应急措施。

3. 病情监测指导　病人及家属应学会早期识别出血征象及应急措施，出现头晕、心悸等不适或呕血、黑便时，立即卧床休息，保持安静，减少身体活动；呕吐时取侧卧位以免误吸；立即送医院治疗。慢性病者定期门诊随访。

（八）预后

多数上消化道出血的病人经治疗可止血或自然停止出血，15%~20% 的病人持续反复出血，由于出血的并发症使死亡危险性增高。持续或反复出血的主要相关因素为：60 岁以上的老年人；伴有严重疾病，如心、肺、肝、肾功能不全、脑血管意外等；出血量大或短期内反复出血；食管胃底静脉曲张破裂导致的出血；内镜下见暴露血管或活动性出血的消化性溃疡。

拓展阅读 4-9-2
上消化道出血预后的评估
拓展阅读 4-9-3
上消化道大出血急症护理流程
微课 4-9-1
上消化道大出血的急救与护理

第十节　消化系统常见诊疗技术及护理

一、上消化道内镜检查及护理

> **情景导入**
> 乔某，男性，28岁，反复上腹部疼痛不适1年，加重1个月，饥饿痛为主。查体：T 36.6℃，P 88次/min，R 22次/min。步入病房，精神紧张，医嘱行胃镜检查术。
> **请思考：**
> 1. 该病人主要的护理问题有哪些？诊断和治疗方法有哪些？
> 2. 如何做好内镜检查术前准备、术中配合和术后护理？

拓展阅读 4-10-1
胃镜检查及护理重要知识点

上消化道内镜检查是用于食管、胃、十二指肠的内镜检查，也称胃镜检查。通过此项检查可直接观察食管、胃、十二指肠炎症、溃疡或肿瘤等病变性质、部位、范围，并可行组织学或细胞学的病理检查，包括电子染色放大内镜、超声内镜、细胞内镜检查。内镜检查是进展最快、最直接、最精准的检查。

随着内镜设备的创新改进，内镜微创技术迅速发展，在内镜直视下可对消化道出血病变、较大的良性肿瘤及早期癌等行内镜下精准微创治疗，大大减少原本需要的开腹手术，减少并发症、医疗费和住院日。

（一）适应证

1. 明显上消化道症状，但不明原因者。
2. 原因不明的急、慢性上消化道出血者。
3. 可疑上消化道肿瘤，影像学检查不能明确诊断者。
4. 需定期复查随访的病变，如溃疡病、癌前病变、早癌术后及药物治疗前后对比观察等。
5. 高危人群，如食管癌、胃癌高发区的普查。
6. 需要胃镜治疗者，如急诊上消化道异物、上消化道早癌等需经胃镜微创手术者。

（二）禁忌证

1. 严重心、肺疾病，如严重心律失常、心肌梗死、重度心力衰竭、呼吸衰竭者。
2. 各种原因所致休克、昏迷等危重状态。
3. 严重高血压、主动脉夹层、精神失常不能合作者。
4. 食管、胃、十二指肠急性穿孔，腐蚀性食管损伤急性期。
5. 急性咽喉疾病、主动脉瘤及严重颈胸段脊柱畸形者。

（三）术前护理

1. 病人护理

（1）术前评估，详细询问病人病史及治疗情况，如有无青光眼、高血压，是否装有心脏起搏器等，进行体格检查，以排除检查禁忌证。了解病人对术前指导的理解接受程度，对侵入性检查的依从性。

（2）讲解检查目的、方法、如何配合及可能出现的不适，使病人消除紧张情绪，主动放松配合检查。

（3）检查前1天吃易消化饮食，检查前禁食8 h；有幽门梗阻者，在检查前2~3天进食流质饮食，检查前晚洗胃。曾做过X线胃肠钡餐造影者，3天内不宜做胃镜检查。

（4）特殊用药指导，高血压服用降压药的病人可在检查前3 h服用降压药；服用阿司匹林、氯吡格雷等抗血小板药，建议检查前停药5~7天。

（5）常规术前15~20 min含服咽部麻醉润滑剂、消泡剂和除黏液剂；如超声胃镜予地西泮10 mg，山莨菪碱10 mg肌内注射，以镇静、解痉、减少胃蠕动和胃液分泌。

2. 用物准备

（1）胃镜：与主机、光源、注水瓶妥善连接，并逐项点检胃镜角度控制旋钮功能，注气、注水功能，调节白平衡。

（2）辅助设备：负压吸引设施及常规备氧气，监护仪、抢救药品及抢救设备。

（3）常用附件及耗材：活检钳、咬口、纱布、无菌手套、标本收集用品等耗材，注射器、止血药品肾上腺素和去甲肾上腺素若干支等。

3. 环境准备　宽敞，温湿度适宜，光线适宜，设备仪器、物品摆放整齐，合理有序。

4. 护士准备

（1）着装按照GB WS-507 2016版《软式内镜清洗消毒技术规范》中人员管理穿戴及必要的防护。

（2）依次完成内镜早消毒，环境准备，用物准备，病人空腹情况评估，术前用药。

（四）术中配合

1. 协助病人左侧舒适卧位，安置咬口，颌面下铺治疗巾，重点指导术中避免呛咳、误吸、呃逆方法，以减轻痛苦和提高检查质量。

2. 协助医生入镜，轻柔进镜，适量注气，详细观察食管、贲门、胃、幽门、十二指肠球部、降部、乳头部，缓慢退镜。再次观察各部内腔四壁，不留死角，发现病变及时活检。

3. 观察病情，操作娴熟，配合默契，预防并发症。

拓展阅读4-10-2
胃镜检查操作步骤
拓展阅读4-10-3
胃镜检查术中大出血的急救流程

（五）术后护理

1. 病人护理

（1）检查完毕及时清洁口面部，稍事休息，高血压者、内镜止血治疗者应缓慢下床。

（2）饮食指导：术后病人因咽部麻醉作用未消退，嘱其不要吞咽唾液，以免呛咳。麻醉作用消失后，试饮少量水，如无呛咳即可进食。当天饮食以流质、半流质为宜，行活检的病人应进食清淡温凉饮食。

（3）并发症观察：检查后少数病人出现咽痛、咽部异物感，嘱病人不要用力咳嗽，以免损伤咽喉部黏膜。如有腹痛、腹胀，可进行按摩，促进排气。数天后出现呕血、黑便等，一旦发现及时协助医生处理。

2. 胃镜及附件处理　胃镜用后即刻床边预处理，再送洗消间，遵照GB WS-507 2016版《软式内镜清洗消毒技术规范》严格执行内镜清洗消毒流程，避免交叉感染。

3. 环境处理 设备仪器、工作台面、床单元、地面、空气全面清洁、消毒并通风，医疗废物规范处置。

视频 4-10-1
软式内镜清洗消毒流程

二、上消化道异物内镜取出术及护理

> **情景导入**
> 段某，男性，48岁，主诉：4 h前喝鱼汤时误吞鱼骨。进食胸痛，可少饮水，步入病房。当地医院予钡棉吞服。胸部X线检查提示食管上段似钡棉钩挂现象，遂来我院门诊。查体：T 36.8℃，P 90次/min，R 22次/min，BP 138/80 mmHg，精神紧张。医嘱予以急诊胃镜取异物术。
> 请思考：
> 1. 该病人主要的护理问题有哪些？治疗方法有哪些？
> 2. 如何做好胃镜诊疗术前准备、术中配合和术后护理？

上消化道异物指在上消化道内不能被消化且未及时排出而滞留的各种物体，是临床常见急症之一，若处理不及时，可能造成严重并发症，甚至导致死亡。经内镜取上消化道异物具有创伤小、经济方便、并发症少、成功率高等优点，是上消化道异物治疗的首选方法。

（一）适应证

1. 上消化道异物，如尖锐异物、磁性异物、腐蚀性异物证实没有穿孔者，胃内直径≥2.5 cm的短钝异物、有毒异物均应尽早内镜取出。

2. 小而光滑无毒无害的异物，估计能自行排出体外而对病人不会引起严重后果者，可先让其自行排出，不能排出时，择期内镜取出。

（二）禁忌证

1. 已经穿透消化管以外的异物。
2. 胃内巨大异物，无法将其粉碎，退出贲门困难者。
3. 对内镜检查禁忌者。
4. 吞入毒品袋者。

拓展阅读 4-10-4
上消化道异物内镜处理时机

（三）术前护理

1. 病人护理

（1）根据需要摄颈部、胸部CT，以了解异物的位置、性质、形状、大小及有无穿孔，切忌吞钡检查。

（2）禁食、水：择期内镜须禁食6~8 h，禁水至少2 h。急诊内镜可酌情放宽禁食、水时间。

（3）评估身体状况：予心电监护、吸氧，解释内镜取异物的目的、方法、可能的并发症、注意事项，取得病人的理解和配合，签署知情同意书。

（4）镇静、麻醉：估计异物处理时间较长、操作相对复杂、内镜处理难度较大者，宜在深度镇静或麻醉下处理，完成术前用药。

2. 器械准备

（1）内镜选用：各种前视式胃镜，估计异物取出有困难，采用双孔手术胃镜。婴幼儿可选用外径较细的内镜，十二指肠内异物可酌情使用小肠镜。

（2）钳取器械的选择：主要取决于异物大小和形状，选择合适器材。钳取器械在插入前应先在体外进行模拟试验。

（3）保护器材：常用保护器材有外套管、保护罩、透明帽等。

3. 环境准备　宽敞，温湿度适宜，光线适宜，设备仪器、物品摆放合理有序。

4. 护士准备　同上消化道内镜检查术前护士准备。

（四）术中配合

1. 协助病人左侧卧位，安置咬口，讲解胃镜下取异物方法、步骤、注意事项，配合方法，取得合作。

2. 协助医生进镜检查，明确异物性质、大小、数目、滞留位置，选择钳取器具和黏膜保护用具，适时张开钳瓣、及时夹住异物较光整边缘或一端，使较锐利端向下，贴近镜头，缓慢退镜，以便顺利取出异物。如取出时有次生损伤及时处理。

拓展阅读 4-10-5
消化道异物内镜取出术方法及注意事项

3. 注意及时清除口鼻分泌物，保持病人呼吸道通畅预防误吸。

（五）术后护理

1. 病人护理

（1）予卧床休息，观察生命体征和并发症并及时处理：如消化道黏膜出血较多者，应行内镜下止血治疗；严重穿孔者，应紧急外科手术治疗。在全麻下的婴幼儿，因胃内容物吸入或异物细屑在咽喉部脱落易导致误吸。一旦发生，立即退出内镜并沿途吸引，使病人处于头低足高位，扣拍背部，及时清理口腔内痰液与呕吐物，必要时行气管内吸引、气管切开等抢救措施。

（2）饮食：无黏膜损伤者，术后 2 h 可缓慢少量进食温凉饮食或半流质饮食；有黏膜出血者，术后 6 h 予清淡半流温凉饮食。

（3）药物治疗：黏膜受损和出血比较明显或有疑似穿孔者，予禁食、静脉输液抑酸、保护黏膜及止血治疗。黏膜损伤后发生急性炎症、糜烂、溃疡出现发热、疼痛者，除上述治疗外，应予足量抗生素及支持治疗。

2. 胃镜及附件处理　同上消化道内镜检查术。

3. 环境处理　同上消化道内镜检查术后环境终末清洁消毒处理。

4. 预防

（1）儿童、精神异常者的监护人应提高防范意识，远离异物。

（2）对蓄意吞服者加强教育。

拓展阅读 4-10-6
上消化道异物内镜取出术操作步骤

（3）养成良好饮食习惯，进食时应细嚼慢咽，勿说笑。

三、经口内镜下肌切开及护理

> **情景导入**
>
> 关某,男性,38岁,间歇性吞咽困难多年,进食或饮水时易呛咳、烧心、胸痛、呕吐,食物反流夜间加重,门诊予X线钡餐检查见食管下段鸟嘴样改变。胃镜检查提示食管内较多半流食物残留,体部扩张扭曲变形憩室样膨出,管壁有节段性收缩环,镜身通过贲门时明显阻力感,贲门胃底黏膜光滑,蠕动可。查体:T 36.5℃,P 78次/min,R 18次/min,身高170 cm,体重65 kg,精神紧张。医嘱予完善术前检查,行经口内镜下肌切开术。
>
> **请思考:**
> 1. 该病人主要的护理问题有哪些?主要治疗方法有哪些?
> 2. 如何做好内镜诊疗术前准备、术中配合和术后护理?

拓展阅读 4-10-7
经口内镜下肌切开及护理重要知识点

经口内镜下肌切开术(preoral endoscopic myotomy,POEM)通过隧道的方式进行。内镜进入消化道,切开黏膜进入黏膜下层,切割连接黏膜层与固有肌层的黏膜下层,黏膜层和固有肌层之间就形成了隧道,内镜进入隧道,无论黏膜层、黏膜下、固有肌层的病变都可以处理。

(一)适应证

1. **食管动力性疾病** 贲门失弛缓症、远端食管痉挛、胡桃夹食管,采用POEM治疗的方式效果明显。

2. **胃轻瘫** 近端胃切除,幽门持续关闭,病人腹胀、呕吐,胃排空试验确诊为难治性胃轻瘫,采用POEM技术在胃窦幽门操作,切开幽门环。

3. **食管憩室** 食管壁部分薄弱,向远离食管腔一侧凹陷形成囊袋。主要是在憩室腔和食管腔之间有嵴横亘,阻碍憩室内食物进入食管腔,采用POEM技术在嵴上黏膜层建立切口,逐渐建立隧道的方式,进行肌切开。

4. **黏膜下肿物** 内镜发现黏膜下隆起,超声内镜确认病变起源,如来源于黏膜下层,可能是间质瘤、平滑肌瘤,若病变直径≤3 cm,也可用POEM技术操作。

(二)禁忌证

1. 心肺功能不全,严重基础疾病不能耐受手术,凝血功能障碍。
2. 贲门炎症,溃疡及愈合形成瘢痕没有足够的空间建立隧道。

(三)术前护理

1. **病人护理**

(1)术前评估,备齐消化道钡餐检查、食管测压、胃镜报告。评估病人的病程,了解病人血常规、凝血功能,行麻醉前评估。

(2)向病人讲解POEM术的方法、效果,可能的并发症及处理方法,取得有效配合,签署知情同意书。

(3)禁食水48 h以上,必要时用生理盐水冲洗食管内残留内容物,食管黏膜水肿严重者可改为10%氯化钠溶液,减轻水肿,避免术中出血。

(4)建立右上臂静脉留置通道，完成术前用药。

2. 物品准备

(1)设备仪器：治疗胃镜、高频电刀、内镜注水系统、中心供氧、供二氧化碳、吸引系统、麻醉机、监护仪。连接内镜主机光源系统，开机并调节好仪器功能及参数。

(2)手术附件及耗材：透明帽、注射针、HOOK刀、IT刀、止血钳、金属夹等手术附件，纱布、甘油果糖或生理盐水、靛胭脂等耗材。

(3)铺无菌治疗台，合理放置手术附件及耗材。

3. 环境准备　同上消化道内镜检查术。

4. 护士准备

(1)着装按照GB WS-507 2016版《软式内镜清洗消毒技术规范》中人员管理穿戴及必要的防护。

(2)依次完成内镜早消毒灭菌，环境准备，用物准备，病人评估，术前用药。

(3)协助病人术前麻醉、心电监护、吸氧。

(四)术中配合

1. 协助气管插管麻醉，安置咬口，心电监护，吸氧，静脉留置输液及麻醉药微量注射泵泵入，左侧卧位，贴负极板。

2. 协助医生进镜检查，确认手术隧道开口位置，胃食管交界处8～10 cm食管右后壁，黏膜下注射隆起液，用HOOK刀纵行切开食管黏膜层2 cm，暴露黏膜下层，自上而下分离黏膜下层建立隧道，用IT刀从胃食管交界上方7～8 cm处向下纵行切开食管环行肌至胃食管交界处下方2 cm。退出胃镜，封闭隧道口，完成手术。护士熟练应用注射针、高频电刀、止血钳、金属夹，各种器具交替迅速，操作轻、准、稳、快，医护配合默契，手术顺利，避免穿孔、出血、气胸并发症发生。

3. 观察病情，严格无菌技术操作，预防交叉感染。

(五)术后护理

1. 病人护理

(1)立即观察病人有无气胸、皮下气肿，及时协助处理，监测病人生命体征。

(2)绝对卧床24 h，避免做扩胸、弯腰、咳嗽等活动，以减轻手术部位的疼痛。

(3)予静脉输液、抗生素抗感染、质子泵抑制剂抑酸、止血等治疗。

(4)禁食水48 h，无特殊不适予少量温凉流质饮食，1周后半流质，一个月逐步过渡到软食。少食多餐，进食后2～3 h不可平卧，避免出现胃食管反流，影响隧道愈合。

2. 胃镜及附件处理　及时床边预处理后送清洗消毒室，严格遵守《软式内镜清洗消毒技术规范》，进行侧漏、清洗、消毒、灭菌、干燥、保存。

3. 环境处理　同上消化道内镜检查术。

4. 随访　术后3个月、6个月、1年复查胃镜、食管造影、食管测压，为预后判断和指导进一步治疗提供依据。

拓展阅读4-10-8
经口内镜下肌切开术操作步骤

四、食管胃底曲张静脉内镜治疗及护理

> **情景导入**
>
> 赵某，男性，59岁，乙肝病史30年，因进食锅巴呛咳突发呕吐、呕血2次，约500 mL急诊入院。平车推入，神志清楚，面色灰暗，口唇、甲床苍白，腹部膨隆，腹水征阳性，少尿。查体：T 35℃，P 90次/min，R 22次/min，BP 90/50 mmHg。腹部超声提示肝硬化、脾大。医嘱补液，新鲜血浆，支持保肝，降门静脉压力药物治疗，完善相关检查，近日胃镜检查备胃镜下食管胃底曲张静脉治疗术。
>
> **请思考：**
> 1. 该病人的护理问题有哪些？治疗方法有哪些？
> 2. 如何做好内镜治疗配合及护理？

拓展阅读4-10-9
食管胃底曲张静脉内镜治疗及护理重要知识点

食管胃底曲张静脉内镜治疗指在内镜直视下注射硬化剂或组织胶至曲张静脉，或用皮圈套扎曲张静脉，并尽可能使静脉曲张消失或减轻，以达到止血或预防出血的一种治疗方法。内镜治疗包括食管曲张静脉套扎术（esophageal varix ligation，EVL）、硬化剂（endoscopic variceal sclerosis，EVS）或组织胶水注射治疗。内镜联合药物治疗可显著提高止血成功率。

（一）适应证

1. 食管胃底静脉曲张破裂出血，药物止血无效者。
2. 预防食管静脉曲张破裂出血的择期治疗。
3. 经内科保守治疗暂时止血后数小时。
4. 既往外科分流术、断流术或脾切除术后再出血者。

（二）禁忌证

1. 心、肺、脑、肾严重功能不全，大量腹水，重度黄疸，不能耐受治疗者。
2. 胃底静脉曲张者，胃静脉直径大于2 cm。
3. 严重出血、出血性休克未纠正。
4. 乳胶过敏者。
5. 环咽部或食管狭窄、穿孔者。

（三）术前护理

1. 病人护理

（1）了解病人心脑肺功能、血常规、出凝血时间。解释内镜治疗的方法、注意事项及成功案例，消除其顾虑，取得配合，签署知情同意书。

（2）病人准备：禁食8 h，建立静脉留置通道。

（3）术前用药：术前静滴生长抑素等降低门静脉压力，酌情给予镇静药及解痉药，术前15 min口服局部麻醉、消泡润滑剂。

2. 物品准备

（1）备足量的新鲜血、止血药、三腔二囊管插管用物等。

（2）普通胃镜，备治疗胃镜1根，相应附件、内镜注水系统等，安装连接调试确保性能良好，吸引负压要维持在0.4~0.6 kPa。

（3）止血用品，如内镜透明膜、注射针、套扎器、聚桂醇、组织胶等。

3. 环境准备　同上消化道内镜检查术前准备。

4. 护士准备　同POEM术前护士准备。

（四）术中配合

1. 协助病人左侧半坡卧位，安置咬口，颌面下铺治疗巾。

2. 协助医生进镜，观察食管、胃、十二指肠，退镜胃窦U形反转观察胃底曲张静脉程度，确认治疗方案，选择硬化剂、组织胶或套扎，根据医嘱充分准备。

3. 两名护士配合，一人负责抽药，准备。一人负责注射，注射器型号、抽取药液达成共识，医护铭记，注射时进入剂量实时报数，三人密切配合，操作娴熟，轻、准、稳、精细，有条不紊遵医嘱完成手术治疗。

4. 病情观察，保持呼吸道、静脉输液通畅，预防并发症。

（五）术后护理

1. 病人护理

（1）休息：避免咳嗽、用力排便等使腹压增高的诱因。

（2）病情观察：监测生命体征，有无呕血、黑便、胸痛等。警惕血栓、迟发性出血、穿孔、狭窄等并发症，积极协助医生处理。

（3）用药护理：降低门静脉压及止血药、抗生素，套扎术后常规静滴质子泵抑制剂和口服胃黏膜保护剂。

（4）饮食：硬化剂或组织黏合剂治疗的病人禁食水24 h，套扎病人禁食水24~48 h后流质饮食2天，逐渐过渡到温凉半流质、软食。

2. 胃镜及附件处理　同POEM术后处理方法。

3. 环境处理　同上消化道内镜检查术后。

拓展阅读4-10-10
食管胃静脉曲张内镜治疗术操作步骤

五、小肠镜检查及护理

> **情景导入**
>
> 何某，女性，55岁，反复黑便3年，3个月至半年发作1次，严重时柏油样便，当地医院住院3次，胃镜检查2次无阳性发现，均予对症支持治疗，好转出院。半个月前再次出现黑便。查体：T 36.6℃，P 88次/min，R 22次/min，BP 140/90 mmHg，步入病房，精神紧张。医嘱：流质饮食，降压药常规服用，完善血、尿、便常规化验，出凝血时间检查，近日行经口小肠镜检查术。
>
> 请思考：
> 1. 该病人主要的护理问题有哪些？主要治疗方法有哪些？
> 2. 如何做好内镜诊疗术前准备、术中配合和术后护理？

小肠是消化道最长的器官，长达6~7 m，是食物消化、吸收的主要场所。由于小肠走向迂

拓展阅读 4-10-11
双气囊小肠镜检查及护理重要知识点

回重叠，而且远离口腔和肛门，造影、小肠 CT 检查敏感性和准确性较低，小肠镜检查图像清晰，视野范围广，是小肠疾病检查的首选方法。

小肠镜长度 2 m，外套管长 155 cm，通过口腔或肛门插入，依靠镜端气囊和外套管气囊的固定作用，把小肠镜节段式向前推进，一次可完成空肠或回肠的直视检查，可以取活检，也能予止血、息肉切除等内镜治疗。推进式小肠镜包括单气囊小肠镜和双气囊小肠镜，本节主要介绍临床应用较多的双气囊小肠镜检查。

（一）适应证

1. 原因不明的消化道出血，经胃镜、肠镜检查未能发现病变者。
2. 原因不明的贫血、消瘦和发热，怀疑小肠良、恶性肿瘤者。
3. 怀疑小肠结核、克罗恩病。
4. 不完全小肠梗阻，相关检查提示小肠存在器质性病变者。
5. 原因不明的腹痛、慢性腹泻，怀疑小肠病变者。
6. 小肠吸收不良综合征。

（二）禁忌证

1. 不适合胃、肠镜检查者。
2. 完全性小肠梗阻者，明确或可疑小肠穿孔，腹腔广泛粘连者。
3. 急性腹膜炎、急性胰腺炎、急性胆道感染等。
4. 严重呼吸困难、寰枢椎半脱位、血流动力学不稳定者。

（三）术前护理

1. 病人护理

（1）病人评估：了解小肠 CT、血常规、凝血功能、心肺功能检查结果，讲解检查目的、方法、注意事项，解除其顾虑，取得配合，知情同意签字。

（2）小肠清洁准备：经口小肠镜术前禁食 12 h，经肛门小肠镜肠道准备方法同结肠镜检查。

（3）术前用药：建立静脉通道，给予适量镇静药及解痉药，特殊用药同胃镜检查术前用药指导。

2. 物品准备

（1）小肠镜安装外套管，再装小气囊，然后装机，逐项点检小肠镜送气送水、吸引、双气囊气泵管路送放气功能。

（2）外套管内面润滑准备。

（3）气体准备同 POEM 术，麻醉、监护用品、附件及耗材准备。

3. 环境准备　同上消化道内镜检查术前环境准备。

4. 护士准备　同上消化道内镜检查术前准备。

（四）术中配合

1. 体位　协助病人左侧卧位，屈髋屈膝，安置咬口，颌面下铺治疗巾。
2. 协助　两名护士协助，一人负责外套管和小肠镜推进，一人负责气泵双气囊充气、放气管理、润滑油追加和活检；外套管气囊和小气囊交替充气放气，借助气囊的固定作用，外套管的滑行和小肠镜推进交替进行；完成对小肠的检查，发现病灶及时活检，如是畸形血管出血可电凝止血治疗，适量注气，退镜时注意沿途抽气，防止病人腹胀不适。

3. 病情观察　严格循腔进镜，轻柔操作，预防穿孔、出血、胰腺炎并发症。

（五）术后护理

1. 病人护理
（1）休息：如息肉摘除、止血治疗者，适当休息3～4天，避免剧烈运动。
（2）并发症观察：观察有无腹痛、腹胀、恶心、呕吐等不适，警惕胰腺炎，及时协助检查和治疗。
（3）饮食：无异常不适2h进流质食物，24h后正常饮食；息肉摘除、止血治疗者半流质饮食，术后3天内少渣饮食。
（4）用药护理：遵医嘱补液、抗生素、止血等治疗，观察疗效及用药后反应。

2. 小肠镜及外套管处理　小肠镜及外套管用后，应立即床边预处理，转运至消毒间拆离小气囊，取下外套管，分别清洗消毒。小肠镜清洗、消毒方法同胃镜，但清洗时要注意气囊注气管腔的清洗。

> 拓展阅读 4-10-12
> 双气囊小肠镜检查操作步骤

六、结肠镜检查及护理

> **情景导入**
> 孙某，男性，55岁，腹泻、便秘交替进行，大便次数增多，带黏液便1个月，血便1次，平素喜好红肉，营养状况良好，自行步入。查体：T 36.8℃，P 78次/min，R 19次/min，BP 110/78 mmHg，精神紧张。医嘱：流质无渣饮食，尽快完善常规化验和辅助检查，予结肠镜检查术。
>
> **请思考：**
> 1. 该病人主要的护理问题有哪些？主要诊断方法有哪些？
> 2. 如何做好结肠镜检查术前准备、术中配合和术后护理？

结肠镜检查是通过肛门插入内镜，经直肠直到回盲部，必要时达回肠末端，全程在视频监视下操作，进行全结肠黏膜的直视检查，不但可以清楚地发现肠道病变，还可对部分肠道病变进行治疗，是诊断和治疗大肠疾病安全有效的方法。

（一）适应证

1. 原因不明的下消化道出血、慢性腹泻、排便不畅、排便习惯改变。
2. 怀疑结肠病变引起的腹痛和腹部包块。
3. 钡剂灌肠可疑病变需进一步明确诊断者。
4. 原因不明的低位肠梗阻。
5. 随访检查，结肠癌术后，某些癌前病变，结肠疾病药物治疗后疗效观察。
6. 需作止血及结肠息肉摘除等治疗者。

（二）禁忌证

1. 严重心、肺、脑疾病等不能支持肠道准备者。
2. 急性重症肠炎、重度低蛋白血症、怀疑穿孔者。
3. 严重腹膜炎及广泛粘连者。
4. 近期消化道手术或盆腔手术、放射治疗后，怀疑肠瘘、穿孔者。
5. 肠道狭窄者，对狭窄以上肠管不勉强进镜。
6. 急性消化道大出血肠道积血过多、肠道准备不洁影响观察和插入、有精神疾病不合作者。
7. 妊娠期间检查可导致流产和早产。

（三）术前护理

1. 病人护理

（1）病人评估：详细询问病人病史，了解心肺功能，无痛检查者要做麻醉评估。讲解检查目的、方法、并发症、注意事项，解除顾虑，取得配合，知情同意签字。

（2）饮食准备：检查前3天少渣饮食，当日禁食。

（3）肠道准备：严格按时按量服用泻药和饮食控制。

（4）特殊用药同前上消化道内镜检查术。

> 拓展阅读 4-10-13
> 肠镜检查术前肠道清洁准备方案

2. 物品准备

（1）设备仪器：肠镜、内镜注水系统、中心供氧、吸引、供二氧化碳系统、高频电刀、麻醉机，连接内镜主机光源系统，开机并调节好所有功能及参数。

（2）活检及治疗附件：活检钳、透明帽、注射针等。

（3）一般耗材：纱布、医用甘油、生理盐水、消泡剂等，铺无菌治疗台，依据使用顺序放置手术附件及耗材。

3. 环境准备　同上消化道内镜检查术。

4. 护士准备　同上消化道内镜检查术。

（四）术中配合

1. 协助左侧屈髋屈膝卧位，臀下铺治疗巾。
2. 协助经肛入镜，肠镜前端医用甘油润滑，轻柔进镜，徐徐插入直肠、乙状结肠、降结肠、结肠脾曲、横结肠、肝曲、升结肠、回盲部、末端回肠。适量注气，循腔进镜，如遇打弯结袢，医生进镜困难，应予腹部按压帮助医生取直解袢。退镜应缓慢，四壁仔细观察，不留死角。发现病灶及时活检，如有息肉及时夹除送检。退出肠镜前应充分吸引抽气，避免病人腹胀不适。
3. 观察病人和进程，及时提供帮助，预防并发症，保证病人安全和检查顺利进行。

（五）术后护理

1. 病人护理

（1）饮食护理：检查无异常即可进食，如行息肉摘除、止血治疗，6h后半流质饮食。

（2）休息：息肉摘除者，注意卧床休息，一周内避免剧烈运动。

（3）并发症观察：如发现剧烈腹痛、腹胀、面色苍白、心率增快、血压下降、排便次数增多，粪便呈黑色，提示并发肠出血、肠穿孔，应及时汇报医生协助处理。

2. 肠镜及附件处理　方法同上消化道内镜检查术。
3. 环境处理　同上消化道内镜检查术。

七、内镜黏膜下剥离及护理

> **情景导入**
>
> 魏某，女性，52岁，健康体检发现横结肠扁平较大息肉样隆起病变1个月，步入病房。查体：T 36.6℃，P 84次/min，R 21次/min，BP 130/80 mmHg，紧张焦虑。医嘱完善常规化验和辅助检查，流质无渣饮食，行内镜黏膜下剥离术。
>
> 请思考：
> 1. 该病人主要的护理问题有哪些？如何进一步诊断和治疗？
> 2. 如何做好结肠病变术前准备、术中配合和术后护理？

内镜黏膜下剥离术（endoscopic submucosal dissection，ESD）是继内镜下黏膜切除术（EMR）发展起来的另一种内镜切除胃肠黏膜病变的方法。ESD治疗较大的扁平息肉、早期胃肠癌可实现较高的整块切除率和完整切除率，可使病人免除传统开腹手术治疗风险，具有创伤小、疗效好、恢复快的特点，大大减少了并发症、医疗费和住院日。

（一）适应证

1. 消化道巨大平坦息肉，直径≥2 cm。
2. 局限于消化道黏膜层早期癌、没有淋巴结转移的消化道黏膜下层恶性肿瘤。
3. 超声内镜确认来源于黏膜肌层和黏膜下层的良性肿瘤。

（二）禁忌证

1. 严重心肺疾病、血液病、凝血功能障碍及服用抗凝药者。
2. 病变基底部黏膜下注射无明显隆起、抬举较差的病变。

（三）术前护理

1. 病人护理
（1）病人评估：核对病人信息，了解心肺功能、血常规、出凝血时间、麻醉评估结果。
（2）讲解ESD的方法、注意事项，解除顾虑，取得合作，签署知情同意书。
（3）饮食准备：检查前3天少渣饮食，当日禁食。
（4）肠道清洁：肠道清洁准备方法同结肠镜。
（5）特殊用药：同上消化道内镜检查术前准备。
（6）建立静脉留置通道，麻醉后左侧卧位，屈髋屈膝。

2. 物品准备
（1）设备仪器：治疗肠镜连接内镜主机光源与二氧化碳、中心吸引、注水泵、高频电刀、中心供氧，肠镜前端置透明帽，点检并调节好仪器功能及参数。
（2）手术附件及耗材注射针、KD-650Q、止血钳、耗材及标本处理用品等。
（3）铺无菌治疗台。

3. 环境准备　同POEM术前环境。
4. 护士准备　同POEM术前准备。

（四）术中配合

1. 协助病人取左侧卧位，摆放气泵、电刀控制脚踏合适位置，粘贴负极板，连接高频电刀，配制黏膜下注射液并进行预充注射针排气，高频止血钳备用。
2. 协助医生入镜，熟练应用电刀、内镜注射针、高频止血钳，配合医生进行病灶边缘标记、黏膜下注射隆起病灶、病灶边缘切开、病灶黏膜下剥离、病灶取出、创面止血处理，用具交替及时，做到轻、准、稳、快，配合默契娴熟，能预防穿孔、出血并发症，注意病情观察，如有穿孔、出血及时协助医生处理。
3. 注意无菌技术操作，预防交叉感染。

（五）术后护理

1. 病人护理
（1）病情观察：监测生命体征，麻醉病人监护至苏醒，观察术后24~48h有无腹膜炎等并发症，及时联系手术医生协助处理。
（2）用药护理：予静脉补液、止血、抗生素治疗，术后2天予谷氨酰胺肠溶胶囊口服，促进创面愈合。
（3）饮食护理：禁食24h，如无腹部异常症状和体征，予温凉流质，半流质3天，软食2周。
（4）休息：卧床24h，病变大者延长卧床时间，2周之内避免剧烈活动。
2. 肠镜及附件处理　方法同POEM术后处理。
3. 环境处理　同POEM术后环境处理方法。
4. 出院指导　加强营养，合理用药，按1个月、3个月、6个月、1年内镜随访。

八、腹腔穿刺及护理

> **情景导入**
>
> 甘某，男性，68岁，3个月前出现腹部憋胀不适伴反酸，恶心，不伴呕吐，经过治疗未见好转，双下肢水肿，指压凹陷明显，腹部膨隆，腹水征（+）。医嘱行腹腔穿刺置管术以进一步明确诊疗。
>
> 请思考：
> 1. 该病人主要的护理问题有哪些？
> 2. 如何做好腹腔穿刺术的术前准备、术中配合和术后护理？

拓展阅读4-10-16 内镜黏膜下剥离术操作步骤

拓展阅读4-10-17 腹腔穿刺术及护理的重要知识点

腹腔穿刺术（abdominocentesis）是为了诊断和治疗疾病，用穿刺技术抽取腹腔液体，以明确腹水的性质、降低腹腔压力，或向腹腔内注射药物，进行局部治疗的方法。

（一）适应证

1. 抽取腹腔积液进行检查。
2. 对大量腹水病人，可适当抽放腹水，以缓解胸闷、气短等症状。

3. 腹腔内注射药物，以协助治疗疾病。

（二）禁忌证

1. 有肝性脑病先兆者，禁忌腹腔穿刺放腹水。
2. 确诊有粘连性结核性腹膜炎、包虫病、卵巢肿瘤者。
3. 伴有严重电解质紊乱者。
4. 精神异常或不能配合者。

（三）操作方法

1. 协助病人坐在靠背椅上，或平卧、半卧、左侧卧位，屏风遮挡。
2. 选择适当穿刺点。常选择左下腹部脐与髂前上棘连线的中外 1/3 交界处，也有取脐与耻骨联合中点上 1 cm，偏左或右 1.5 cm 处，或侧卧位脐水平线与腋前线或腋中线的交点。对少量或包裹性腹水，须在 B 超定位下穿刺。
3. 穿刺部位常规消毒，戴无菌手套，铺无菌洞巾，自皮肤至腹膜壁层用 2% 利多卡因逐层作局部浸润麻醉。
4. 术者左手拇指和示指固定穿刺部位皮肤，右手持腹腔穿刺针经麻醉处逐步刺入腹壁，待感到针尖抵抗突然消失时，表示针尖已穿过腹膜壁层，即可抽取和引流腹水，并留取适量腹水标本于消毒试管中以备检验。诊断性穿刺可选用 7 号针头进行穿刺，直接用无菌的 20 mL 或 50 mL 注射器抽取腹水。大量放液时可用针尾连接橡胶管的 8 号或 9 号针头，在放液过程中，用血管钳固定针头并夹持橡胶管。
5. 放液结束后拔出穿刺针，覆盖无菌纱布并按压 5~10 min，并用多头绷带将腹部包扎，如遇穿刺处继续有腹水渗漏时，可用蝶形胶布或涂上火棉胶封闭。
6. 术后应密切观察病人有无头晕、恶心、心悸、气短、面色苍白等，一旦出现应立即停止操作，并对症处理。注意腹腔放液速度不宜过快，以防腹压骤然降低，内脏血管扩张而发生血压下降甚至休克等现象。肝硬化病人一次放腹水不超过 3 000 mL，过多放液可诱发肝性脑病和电解质紊乱，但在补充输注大量白蛋白的基础上，也可以大量放液。

（四）护理

1. 术前护理

（1）用物准备：腹腔穿刺包、无菌手套、口罩、帽子、2% 利多卡因、5 mL 注射器、20 mL 注射器、50 mL 注射器、消毒用品、胶布、盛器、量杯、多头绷带等。

（2）向病人说明穿刺的目的、方法及术中可能出现的不适，解除其紧张心理以利配合。

（3）嘱病人排空尿液，以免穿刺时损伤膀胱。

（4）放液前测量腹围、脉搏、血压，注意腹部体征，以观察病情变化。

2. 术中配合

（1）协助医生常规消毒穿刺部位，铺消毒洞巾，局部麻醉。

（2）协助医生进行腹腔穿刺，术中注意观察病人的反应，如发现气促、面色苍白等立即停止操作，并进行适当处理。

（3）术中注意无菌操作，防止腹腔感染。

3. 术后护理

（1）术后卧床休息8~12h，尽可能卧向穿刺部位的对侧，防止腹水外溢。

（2）测量腹围，观察腹水消长情况。

（3）观察病人面色、血压、脉搏等变化，如有异常及时处理。

（4）密切观察穿刺部位有无渗液、渗血，有无腹部压痛、反跳痛和腹肌紧张等腹膜炎征象。穿刺点如有液体渗出时，应及时更换敷料，预防伤口感染。

九、肝穿刺活组织检查及护理

> **情景导入**
>
> 戴某，男性，43岁，慢性乙型肝炎病史20年。最近发现巩膜黄染、疲乏无力，为进一步明确诊疗，拟在B超定位下行肝穿刺活组织检查术。
>
> **请思考：**
> 1. 该病人主要的护理问题有哪些？
> 2. 如何做好肝穿刺活组织检查术的术前准备、术中配合和术后护理？

拓展阅读4-10-18
肝穿刺活组织检查及护理的重要知识点

肝穿刺活组织检查术（liver biopsy）简称肝活检，是由穿刺采取肝组织标本进行组织学检查或制成涂片做细胞学检查，以明确肝病诊断，或了解肝病演变过程、观察治疗效果及判断预后。

（一）适应证

1. 原因不明的肝大、肝功能异常、黄疸及门静脉高压者。
2. 协助各型肝炎诊断，判断疗效及预后。

（二）禁忌证

1. 全身情况衰竭者。
2. 肝外阻塞性黄疸、肝功能严重障碍、大量腹水者。
3. 肝包虫病、肝血管瘤、肝周围化脓性感染者。
4. 严重贫血、有出血倾向者。
5. 精神障碍、烦躁等不能合作者。

（三）操作方法

1. 嘱病人取仰卧位，身体右侧靠近床沿，并将右手置于枕后或头顶，嘱病人保持固定的体位。

2. 根据B超定位确定穿刺点，一般取右侧腋中线8~9肋间肝实音处穿刺。

3. 消毒穿刺部位皮肤，铺无菌洞巾，以2%利多卡因由皮肤至肝被膜进行局部麻醉。

4. 备好快速穿刺套针，根据穿刺目的的不同，一般选择12或16号穿刺针，活检时选较粗的穿刺针。取1支10~20mL注射器与穿刺针连接，吸取3~5mL无菌生理盐水，使其充满穿刺针。

5. 先用穿刺锥在穿刺点皮肤上刺孔，由此孔将穿刺针沿肋骨上缘与胸壁呈垂直方向刺入0.5~1.0cm，然后将注射器内液推注0.5~1mL，冲出存留在穿刺针内组织，以免针头堵塞。

6. 将注射器抽吸成负压并保持，同时嘱病人先深吸气，然后深呼气后屏气，术者将穿刺针迅速刺入肝内，穿刺深度不超过 6 cm，立即进行抽吸，吸取标本后，立即拔出。

7. 穿刺部位以无菌纱布按压 5~10 min，再以胶布固定，以多头腹带束紧 12 h，压小沙袋 4 h。

8. 将抽吸的肝组织标本制成玻片，或注入 95% 乙醇或 10% 甲醛固定液中送检。

（四）护理

1. 术前护理

（1）用物准备：准备肝活检穿刺包。

（2）术前检查肝功能、出凝血时间、凝血酶原时间及血小板计数，若异常应遵医嘱肌注维生素 K_1 10 mg，连用 3 天后复查，正常者方可穿刺。验血型，以备必要时输血。

（3）术前行胸部 X 线检查，观察有无肺气肿、胸膜增厚。有大量腹水又必须作肝穿刺活检者，可在术前作腹腔放液治疗。

（4）向病人解释穿刺的目的、意义、方法、消除顾虑和紧张情绪，并训练其屏息呼吸的方法（深吸气、呼气、憋住气片刻），以利术中配合。情绪紧张者可于术前 1 h 口服地西泮 5 mg。穿刺前测量血压、脉搏。

（5）术前禁食 8~12 h。

2. 术中配合

（1）协助病人安置体位。

（2）协助病人暴露穿刺部位。

（3）协助医生按上述操作步骤进行肝活检。

（4）术者操作时，护理人员应在病人床旁，协助完成操作，并密切观察病人生命体征变化，如有异常及时处理。

3. 术后护理

（1）术后病人应卧床 24 h。

（2）测量血压、脉搏，术后 4 h 内每 15~30 min 测量 1 次。如有脉搏细速、血压下降、烦躁不安、面色苍白、出冷汗等内出血征象，应立即通知医生紧急处理。

（3）注意观察穿刺部位，注意有无伤口渗血、红肿、疼痛。若穿刺部位疼痛明显，应仔细检查原因，若为一般组织创伤性疼痛，可遵医嘱给予镇痛药；若为气胸、胸膜休克或胆汁性腹膜炎，应及时处理。

（吴芳琴　钱红梅　苏建萍　姬晓艳　王　丽　杨桂芳）

数字课程学习

教学 PPT　　自测题

第五章

血液系统疾病病人的护理

【学习目标】

知识：

1. 掌握血液系统常见疾病的概念、诊断要点。
2. 掌握血液系统疾病病人的常见症状、体征和护理要点。
3. 掌握血液系统疾病常见化学药物作用、副作用、不良反应及注意事项。
4. 掌握应用护理程序正确评估病人、提出护理诊断、实施有效护理及评价。
5. 熟悉血液系统常见疾病的病因和诱因。
6. 熟悉血液系统疾病病人常见护理诊断/问题。
7. 熟悉血液系统常见疾病的治疗原则和治疗要点。
8. 熟悉血液系统疾病病人的健康指导。
9. 熟悉血液系统常用诊疗技术及护理。
10. 了解血液及造血系统常见疾病的发病机制。
11. 了解血液系统疾病主要辅助检查的内容和临床意义。

技能：

1. 护士能应用护理程序对血液系统疾病病人进行正确的护理评估、提出护理诊断/问题、实施有效护理及效果评价。
2. 护士能正确运用所学知识对血液系统常见疾病病人进行个性化的健康教育。
3. 护士要有无菌观念、爱伤观念、创新性理念，以及熟练的护理技术操作技能。

素质：

1. 护士要具备扎实的专业理论基础、丰富的临床经验及相关人文学科知识，具有发现问题、分析问题和解决问题的能力。
2. 护士在对血液系统疾病病人实施临床护理过程中要有慎独精神、判断性思维和预见性护理能力。
3. 护士要有主动服务意识、善于沟通、高度的责任感、同情心和团队协作精神。

情景导入

郝某，女性，17 岁，主因低热伴咳嗽 2 个月，胃胀加重伴左上腹不适 3 天入院。既往体健。查体：T 37.6℃，P 92 次/min，R 20 次/min，BP 124/80 mmHg。神志清楚，四肢可见少许出血点，无瘀斑，左上腹压痛（+），无反跳痛，肝肋下一指，脾中度大。实验室检查：WBC 50.14×10^9/L，Hb 84 g/L，PLT 17×10^9/L，RBC 2.9×10^{12}/L，N 4.6%，L 88%。骨髓免疫分型提示为 B-ALL。

第一节 概 述

情境一：
郝某刚入院，你作为郝某的责任护士。
请思考：
1. 你应如何对郝某进行护理评估？
2. 你需要注意哪些护理问题？

血液系统由血液和造血器官及组织所组成，负责全身血细胞的生成、调节和破坏。其主要功能包括运输功能（将人体所需营养物质运输到组织细胞，并将组织代谢运走）、缓冲功能（维持酸碱平衡和各种离子的平衡）、防御作用（对各种病原微生物和各种细菌的入侵具有免疫作用）及止血作用。随着环境影响和人们生活方式的改变，血液系统疾病发生率一直处于较高的水平。因此，做好血液系统疾病病人的入院评估、病情观察、专科护理、饮食指导、相关疾病健康指导等尤为重要。

拓展阅读 5-1-1
血液系统疾病概述的重要知识点

血液系统疾病指原发或主要累及血液、造血器官及组织的疾病，简称血液病。其共同特点多表现为外周血中的有形成分和血浆成分的病理性改变，机体免疫功能低下，以及出、凝血机制的功能紊乱，还可出现造血组织和器官的结构及其功能异常。临床确诊有赖于实验室检查。

拓展阅读 5-1-2
血液病治疗新进展

一、血液系统的结构、功能与疾病的关系

（一）造血器官及血细胞的生成

造血器官和组织包括骨髓、脾、肝、淋巴结及分布在全身各处的淋巴组织和单核吞噬细胞系统。胚胎早期，肝、脾为主要的造血器官；胚胎后期至出生后，骨髓成为主要的造血器官；但当机体需要时，肝、脾可部分恢复造血功能，成为髓外造血的主要场所。

1. **骨髓** 是人体最主要的造血器官，位于骨髓腔内，约占体重的 4.5%，有红骨髓（造血组织）和黄骨髓（脂肪组织）之分。婴幼儿时期，所有的骨髓均为红骨髓，造血功能活跃。随着年龄的增长，除了四肢长骨的骨骺端及躯干骨，其余骨髓腔内的红骨髓逐渐为黄骨髓所取代。但当机体需要大量血细胞时（如大出血或溶血等），黄骨髓可转变为红骨髓而参与造血。

微课 5-1-1
骨髓造血

2. **造血干细胞**（hemopoietic stem cell，HSC） 是各种血细胞的起始细胞，具有不断自我

拓展阅读 5-1-3
造血干细胞的相关知识

更新、多向分化与增殖的能力，又称多能或全能干细胞。在一定条件和某些因素的调节下，HSC 只能定向增殖、分化为一个或几个血细胞的祖细胞，即造血祖细胞，故又称定向干细胞（图 5-1-1）。

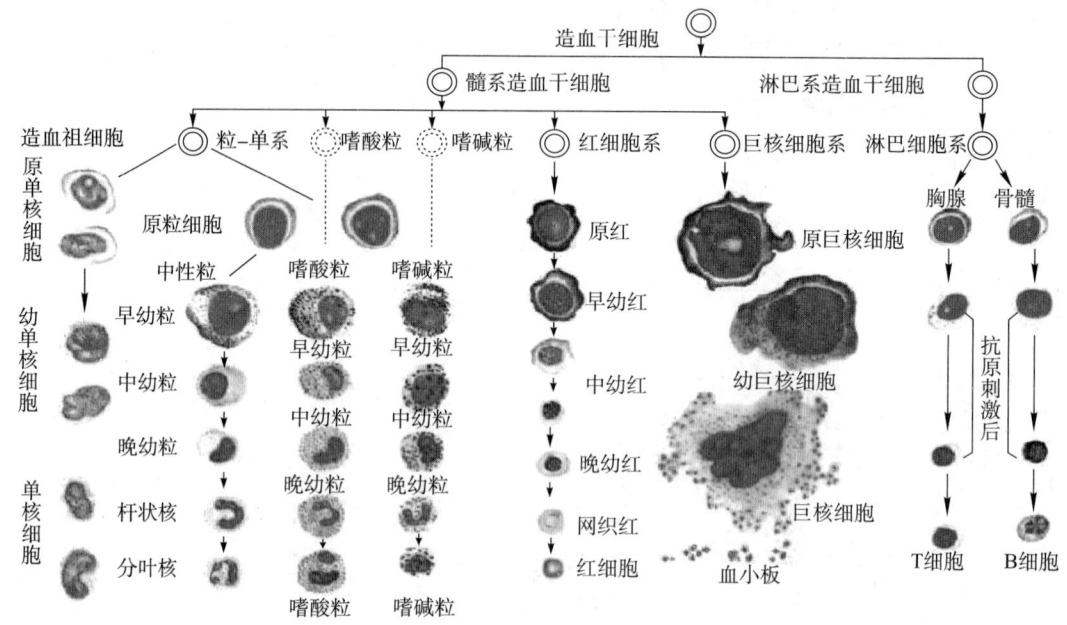

图 5-1-1 造血干细胞增殖分化示意图

3. 淋巴系 由中枢淋巴器官（胸腺和骨髓）和周围淋巴器官（淋巴结、脾、扁桃体及沿消化道和呼吸道分布的淋巴组织）组成。一部分 HSC 经血流进入胸腺皮质，分化为 T 淋巴细胞，参与细胞免疫；一部分则在骨髓内发育为 B 淋巴细胞，参与体液免疫。在免疫应答过程中，周围淋巴器官中的淋巴细胞尚可增殖分化成形态与功能特殊的各种免疫细胞，如浆细胞、免疫母细胞及具有免疫功能的淋巴细胞亚群等。虽然淋巴器官与组织分散于全身各处，但可通过血液循环与淋巴循环相互联系，形成一个整体。

4. 单核吞噬细胞 起源于骨髓粒 – 单核系祖细胞，血中为单核细胞，游走至组织即成为吞噬细胞，又称组织细胞。单核吞噬细胞系统包括骨髓内原始和幼稚单核细胞，血液中单核细胞，淋巴结、脾和结缔组织中固定和游走的吞噬细胞，肺泡内巨噬细胞，肝的 Kupffer 细胞及神经系统的小神经胶质细胞等。这些细胞具有相同的结构、活跃的吞噬功能和体外黏附玻璃的能力，其细胞膜上有免疫球蛋白及补体的受体。单核吞噬细胞系统参与免疫过程及铁、脂肪和蛋白质代谢，并因具有清除被激活的凝血因子的功能而成为抗凝血系统的重要组成部分。

（二）血液组成及血细胞的生理功能

血液由血液中的细胞成分和血浆组成。其中血浆占血液容积的 55%，为一种淡黄色透明液体；细胞成分约占血液容积的 45%，包括红细胞、白细胞和血小板。

1. 成熟红细胞 呈双凹圆盘形，具有较大的表面积，有利于气体交换。成熟红细胞内无细胞核和细胞器，胞质内充满具有结合与输送 O_2 和 CO_2 功能的血红蛋白。此外，红细胞还具有可塑变形性、渗透脆性与悬浮稳定性等生理特性。通过测定这些生理特性有无改变，有助于相关疾病的诊断。若红细胞数目明显减少，可导致机体重要器官和组织缺氧，并引起功能障碍。网织红细胞指一种存在于外周血液中的尚未完全成熟的红细胞,其胞质内有残留的核糖体,尚存一些合成血红蛋白的功能。网织红细胞计数是反映骨髓造血功能的重要指标,对贫血等血液病的诊断和预后估计有一定的临床意义。

2. 白细胞　种类多,形态和功能各异,包括中性粒细胞、嗜酸性粒细胞、嗜碱性粒细胞、单核细胞及淋巴细胞。白细胞具有变形、趋化、游走与吞噬等生理特性,是机体防御系统的重要组成部分。

> 拓展阅读 5-1-4
> 白细胞的种类及其功能

3. 血小板　主要参与机体的止、凝血过程,其黏附、释放、聚集、收缩与吸附的生理特性,与其生理功能的正常发挥密切相关。若血小板减少、血小板功能障碍或各种凝血因子缺乏,均可导致出血。

(三) 血液病的分类

1. 红细胞疾病　如各种类型的贫血、红细胞增多症等。
2. 粒细胞疾病　如粒细胞缺乏症、类白血病反应等。
3. 单核细胞和吞噬细胞疾病　如炎症性组织细胞增多症等。
4. 淋巴细胞和浆细胞疾病　如各类淋巴瘤,急、慢性淋巴细胞白血病,浆细胞病、多发性骨髓瘤等。
5. 造血干细胞疾病　如再生障碍性贫血,阵发性睡眠性血红蛋白尿(paroxysmal nocturnal hemoglobinuria,PNH),骨髓增生异常综合征(myelodysplastic syndrome,MDS),急、慢性髓系白血病等。
6. 脾功能亢进。
7. 出血性及血栓性疾病　如血管性紫癜、凝血功能障碍性疾病、弥散性血管内凝血(DIC)及血栓性疾病等。

二、护理评估

在全面收集病人的主、客观资料的基础上,血液系统疾病病人的护理评估重点内容总结如下。

(一) 病史

1. 患病情况及治疗经过　网织红细胞增多,表示骨髓红细胞增生旺盛,可见于溶血性贫血、急性失血性贫血或贫血的有效治疗后;网织红细胞减少,表示骨髓造血功能低下,常见于再生障碍性贫血。了解病人患病情况及治疗经过,明确病因及诱因,主要症状及其特点,既往检查、治疗及用药情况。

2. 既往史、家族史及个人史　主要了解与血液病相关的疾病史及可能影响病人康复和治疗效果的相关病史。个人史方面,重点了解病人的工作与居住环境、工作性质、饮食习惯等。不良的饮食习惯是缺铁性贫血和巨幼细胞贫血的主要原因之一。女性病人的月经史和妊娠分娩史对于贫血原因和诊断也有帮助。

3. 心理社会状况
(1) 心理状况:了解病人的性格特征、工作或学习情况及患病对病人日常工作与生活的影响,是否存在角色适应不良和应对无效。
(2) 社会支持状况:了解病人的家庭成员组成、经济状况、相互关系,家庭成员对病人所患疾病的认识程度，以及对病人的关心和支持程度。此外，还需了解病人有无医疗保障及出院后继续就医条件等。

（二）身体评估

1. 一般状态　观察病人生命体征、意识状态、面容与外貌、营养状态及体位。
2. 皮肤黏膜　注意有无苍白、黄染、瘀点、紫癜或瘀斑、血肿、疖疮、局部发红或溃烂、水肿等。
3. 浅表淋巴结　浅表淋巴结肿大是多种恶性血液病的常见体征。应注意检查其出现的部位、数目、大小、表面情况、质地、活动度及有无压痛等。
4. 五官检查　观察睑结膜、球结膜、鼻腔、双侧瞳孔、口腔黏膜等有无异常。口腔是血液病病人继发感染最常见的部位。黏膜局部血疱形成提示病人有严重的出血倾向。
5. 胸部检查　胸骨中下段压痛及叩击痛，是急性白血病的重要体征之一；肺部出现局限性湿啰音常提示并发感染；双肺底有无湿啰音，心尖冲动位置及范围、心率快慢、心律是否规律、有无心脏杂音等的评估，均有助于贫血性心脏病或心力衰竭的临床判断。
6. 腹部检查　腹部外形的变化、有无包块、肝脾大小等。腹部包块常见于淋巴瘤，巨脾则是慢性粒细胞白血病的特征。
7. 其他检查　如有无局部肌肉、骨及关节压痛或触痛，肢体或关节有无变形或活动障碍等。神经系统有无感觉异常、神经反射异常及脑膜刺激征等表现。

（三）实验室及其他检查

1. 外周血象检查　主要包括血细胞计数、血红蛋白测定、网织红细胞计数以及血涂片进行血细胞的形态学检查。外周血细胞质和量的改变常可反映骨髓造血的病理变化，因此，血象检查是血液病诊断和病情观察最基本的实验室检查方法。

（1）红细胞计数和血红蛋白测定：主要用于评估病人有无贫血及其严重程度。正常成人红细胞计数，男性为 $(4.0 \sim 5.5) \times 10^{12}/L$，女性为 $(3.5 \sim 5.0) \times 10^{12}/L$；正常成人血红蛋白，男性为 $120 \sim 160$ g/L，女性为 $110 \sim 150$ g/L。详见本章第三节贫血病人的护理。

（2）白细胞计数及分类：主要用于病人有无感染及其原因的判断，也有助于某些血液病的初步诊断。正常成人白细胞计数为 $(4 \sim 10) \times 10^9/L$。白细胞计数 $> 10 \times 10^9/L$ 称白细胞增多，常见于急性感染、白血病等；白细胞计数 $< 4 \times 10^9/L$ 称白细胞减少，其中以中性粒细胞减少为主。当中性粒细胞绝对值 $< 1.5 \times 10^9/L$ 时称粒细胞减少症，$< 0.5 \times 10^9/L$ 时称粒细胞缺乏症，常见于病毒感染、再生障碍性贫血等。正常白细胞分类中若出现大量幼稚细胞，则应警惕白血病或类白血病，应作进一步检查以明确诊断。

（3）网织红细胞计数：正常成人的网织红细胞在外周血中占 $0.2\% \sim 1.5\%$，绝对值为 $(77 \pm 23) \times 10^9/L$。网织红细胞增多，表示骨髓红细胞增生旺盛，可见于溶血性贫血、急性失血性贫血或贫血的有效治疗后；网织红细胞减少，表示骨髓造血功能低下，常见于再生障碍性贫血。

（4）血小板计数：是出血性疾病首选的筛查项目之一。正常值 $(100 \sim 300) \times 10^9/L$，血小板 $< 100 \times 10^9/L$ 称血小板减少，通常在 $< 50 \times 10^9/L$ 时病人即有出血症状，见于再生障碍性贫血、急性白血病等；血小板 $> 400 \times 10^9/L$ 为血小板增多，可见于原发性血小板增多症、慢性粒细胞白血病早期等。

2. **骨髓细胞学检查** 主要用于了解骨髓造血细胞生成的质与量的变化，对多数血液病的诊断和鉴别起决定性作用。

（1）骨髓涂片（骨髓象）：主要用于了解骨髓的增生程度，以及骨髓中各系列细胞及其各发育阶段细胞的比例。

（2）血细胞化学染色：通过对血细胞的各种生化成分、代谢产物的测定，了解血细胞的类型。其中过氧化物酶（POX）染色对粒细胞白血病与淋巴细胞白血病的鉴别诊断最有价值。铁染色则主要用于缺铁性贫血的诊断及指导铁剂治疗。

3. **免疫学、细胞遗传学及分子生物学检查** 主要用于恶性血液病的临床诊断与分型等。含相关单克隆抗体、染色体检查及基因诊断等。

4. **其他血液病相关实验室检查** 主要包括止凝血功能检查、溶血试验等。

5. **影像学检查** 主要包括B超、CT、MRI、PET、放射性核素等，以利于不同血液病的临床诊断与鉴别诊断和病情判断。

第二节 血液系统疾病常见症状体征的评估和护理

> **情境二：**
> 郝某刚入院，你作为她的责任护士，已完成初步护理评估。
> **请思考：**
> 1. 该病人有哪些症状、体征？
> 2. 应该采取哪些护理措施？

一、出血或出血倾向

血小板的数目减少及其功能异常、毛细血管脆性或通透性增加、血浆中凝血因子缺乏及循环血液中抗凝血物质增加，均可导致出血或出血倾向。常见于：①血液系统疾病，如急性白血病、再生障碍性贫血等；②非血液系统疾病或某些急性传染病，如重症肝病、尿毒症、流行性脑膜炎等；③其他，毒蛇及水蛭咬伤、抗凝血药或溶栓药过量等。病人多表现为自发性出血或轻度受伤后出血不止。出血部位可遍及全身，以皮肤、牙龈及鼻腔出血多见。此外，还可发生关节腔、肌肉和眼底出血。内脏出血多为重症，可表现为消化道出血、泌尿道出血及女性生殖道出血等，严重者可发生颅内出血而导致死亡。血管脆性增加及血小板异常所致的出血多表现为皮肤黏膜淤点、淤斑，凝血因子缺乏引起的出血常有关节腔出血或软组织血肿。

拓展阅读 5-2-1
血液系统疾病常见症状体征的评估和护理的重要知识点

（一）护理评估

1. **病史** 注意询问病人出血发生的急缓、主要部位与范围，有无明确的原因或诱因，有无内脏出血及其严重程度，女性病人的月经情况，有无诱发颅内出血的危险因素及颅内出血的早期表现，出血的主要伴随症状及体征，个人或家族中有无相关的病史或类似病史。

2. **身体评估** 重点评估有无与出血相关的症状及体征。对于主诉头痛的病人，要注意检查瞳孔和有无脑膜刺激征。此外，还需监测生命体征与意识状态。

3. 实验室及其他检查 有无血小板计数下降、凝血时间延长、束臂试验阳性、凝血因子缺乏等异常改变。

4. 心理社会状况 有无紧张、焦虑、恐惧等不良心理反应。

（二）常见护理诊断/问题

1. 有受伤的危险出血 与血小板减少、凝血因子缺乏、血管壁异常有关。
2. 恐惧 与出血量大或反复出血有关。

（三）护理措施

1. 一般护理 为了避免增加病人出血的危险或加重出血，应做好出血病人的饮食与休息指导。若血小板 $<50\times10^9/L$，应减少活动，增加卧床休息时间；严重出血或血小板计数 $<20\times10^9/L$ 者，必须绝对卧床休息，协助做好各种生活护理。鼓励病人进食高蛋白、高维生素、易消化的软食或半流饮食，禁食过硬、粗糙的食物。保持排便通畅，便秘时可酌情使用开塞露或缓泻剂促进排便。

2. 病情观察 注意观察病人的神志、生命体征及出血的发生部位、发展或消退情况，并应结合病人的基础疾病及相关实验室的结果，作出正确的临床判断，以利于相关护理与急救工作的开展和配合。如急性早幼粒细胞白血病（M_3）是出血倾向最为明显的一种白血病，当病人的血小板 $<20\times10^9/L$ 时，可发生严重的自发性出血，甚至是致命性的颅内出血。此外，高热、失眠、情绪波动等均可增加病人出血的风险。

3. 对症护理

（1）皮肤出血的预防与护理：重点在于避免人为损伤而导致或加重出血。保持床单位平整，被褥衣裤轻软；注意避免肢体的碰撞或外伤。沐浴或清洗时避免水温过高和过于用力擦洗皮肤，修剪指甲。高热病人禁用酒精（温水）擦浴降温。各项护理操作动作轻柔；减少注射次数；静脉穿刺时，避免用力拍打及揉擦，扎压脉带不宜过紧和时间过长；注射或穿刺部位拔针后需适当延长按压时间，必要时局部加压包扎。此外，注射或穿刺部位应交替使用，以防局部血肿形成。

（2）鼻出血的预防与护理：①防止鼻黏膜干燥出血，保持室内相对湿度在50%~60%，秋冬季节可局部使用液状石蜡或抗生素软膏。②避免人为诱发出血，指导病人勿用力擤鼻，避免抠鼻痂和外力撞击鼻部。③少量出血时，可用棉球或明胶海绵填塞，无效者可用0.1%肾上腺素棉球或凝血酶棉球填塞，并局部冷敷。出血严重时，尤其后鼻腔出血，可用凡士林油纱条行后鼻腔填塞术。术后定时用无菌液状石蜡滴入，以保持黏膜湿润，3天后可轻轻取出油纱条，若仍出血，需更换油纱条再予重复填塞。由于行后鼻腔填塞术后，病人常被迫张口呼吸，应加强口腔护理，增加病人舒适度，并避免局部感染。

（3）口腔、牙龈出血的预防与护理：应指导病人用软毛牙刷刷牙，忌用牙签剔牙；尽量避免食用煎炸、带刺或含坚硬骨头的食物、带壳的坚果类食物及硬质的水果（如甘蔗）等；进食时要细嚼慢咽，避免口腔黏膜损伤。牙龈渗血时，可用凝血酶或0.1%肾上腺素棉球和明胶海绵片贴敷牙龈或局部压迫止血，并及时用生理盐水或1%过氧化氢清除口腔内陈旧血块，以免引起口臭及可能继发的细菌感染。

（4）关节腔出血或深部组织血肿的预防与护理：减少活动量，避免过度负重和易致创伤的运动。一旦发生出血，应立即卧床休息；关节腔出血者，宜抬高患肢并固定于功能位；深部组织出血者，要注意测量血肿范围，局部可用冰袋冷敷，同时可采取局部压迫止血。当出血停止后，应改为热敷，以利于瘀血消散。

（5）内脏出血的护理：消化道出血的护理可参照第四章第九节。月经量过多者，可遵医嘱给予止血疗法。

（6）眼底、颅内出血的预防与护理：保证充足睡眠，避免情绪激动、剧烈咳嗽和用力排便等；伴有高热者需及时有效地降温；伴有高血压者需监测血压。若突发视野缺损或视力下降，常提示眼底出血。应让病人卧床休息，减少活动，避免揉擦眼睛，以免加重出血。如病人突然出现头痛、视物模糊、呼吸急促、喷射性呕吐甚至昏迷，双侧瞳孔变形不等大、对光反射迟钝，则提示有颅内出血。颅内出血是血液病病人死亡的主要原因之一。一旦发生，应及时与医生联系，并做好相关急救工作的配合。

拓展阅读5-2-2
颅内出血的急救护理流程

（7）输血或成分输血的护理：出血明显者，遵医嘱给予新鲜全血、浓缩血小板悬液、新鲜血浆或抗血友病球蛋白浓缩剂等。输血前认真核对；血小板取回后应尽快输入；新鲜血浆于采集后6 h内输完最佳；抗血友病球蛋白浓缩剂用生理盐水稀释时，沿瓶壁缓慢注入，勿剧烈冲击或震荡，以免泡沫形成而影响输注。输注过程中，应加强巡视，观察有无输血反应。

4. 心理护理

（1）心理支持：要善于观察，耐心倾听，加强与病人及其家属的沟通，及时了解病人及其家属的需求与忧虑，并能给予必要的解释与疏导，还可介绍治疗效果较好的成功案例，增加病人治疗的信心，减轻恐惧心理。

（2）增加心理安全感：营造良好的住院环境；建立良好、互信的护患关系，促进病人与家属间的相互支持与帮助。当病人出血突然加重时，护士应保持镇静，迅速通知医生并配合做好各种止血、救治工作，及时清除血迹，以免对病人产生不良刺激。

二、发热

发热是血液病病人的常见症状之一，具有持续时间长、热型不一、一般抗生素治疗效果不理想的特点。其主要原因是白细胞数减少和（或）功能缺陷、免疫抑制剂的应用及贫血或营养不良等致机体抵抗力下降，易继发各种感染，而且感染不易控制。此外，肿瘤细胞所产生的内源性致热因子也是血液恶性肿瘤病人持续发热的原因之一。常见于再生障碍性贫血、白血病和淋巴瘤等。

（一）护理评估

1. 病史　询问病人症状出现的急缓、热度及其热型的特点，有无感染的诱因及相关感染灶的临床表现。

2. 身体评估　观察病人的生命体征，尤其是体温；皮肤、口腔黏膜、牙龈、咽和扁桃体有无异常；肺部有无啰音；腹部及输尿管行程压痛点有无压痛，肾区有无叩痛；肛周皮肤有无红肿、触痛，局部有无波动感；女性病人注意观察外阴等。

3. 实验室及其他检查　血常规、尿常规及X线检查有无异常，血培养加药物敏感试验的结果；不同感染部位分泌物、渗出物或排泄物的细菌图片或培养加药物敏感试验的结果等。

4. 心理社会状况　评估有无紧张、焦虑、恐惧等不良心理反应。

(二)常见护理诊断/问题

体温过高　与感染、肿瘤细胞释放内源性致热因子有关。

(三)护理措施

1. 休息与环境　协助病人采取舒适体位，卧床休息，必要时可吸氧。维持室温在20~24℃、湿度55%~60%，并经常通风换气。病人宜穿透气、棉质衣服，若有寒战应给予保暖。

2. 补充营养和水分　鼓励病人进食高热量、高维生素、营养丰富的半流质饮食或软食。指导病人每天摄取至少2 000 mL的水分以防止脱水，必要时遵医嘱静脉补液，维持水和电解质平衡。若为重症贫血并发慢性心力衰竭的病人，则需限制液体摄入量并严格控制补液速度，避免引起急性左心衰竭。

3. 降温　高热病人可先给予物理降温，有出血倾向者禁用酒精或温水擦浴。必要时，遵医嘱给予药物降温。降温过程中，要密切监测病人的神志和生命体征，保持皮肤清洁、干燥，防止受凉，并观察病人降温后的反应，避免发生虚脱。

4. 病情观察　定期监测体温并记录，同时还应注意观察主要感染灶的症状、体征及其变化情况。

5. 用药护理　遵医嘱正确配制和输注抗生素等药物，并注意其疗效与不良反应的观察和预防。

三、骨、关节疼痛

骨、关节疼痛常见于恶性血液病，如白血病、多发性骨髓瘤和淋巴瘤等。主要与肿瘤细胞过度增生或局部浸润，导致骨髓腔压力增高、局部肿块形成及压迫、骨质疏松或溶骨性破坏、病理性骨折等有关。可表现为局部或全身骨、关节疼痛及压痛或叩击痛；发生骨折者，局部还可出现畸形等临床表现。临床上大多数多发性骨髓瘤的病人均以骨痛为首发症状。

四、贫血

贫血为血液病最常见的症状之一。详见本章第三节贫血病人的护理。

第三节　贫血病人的护理

情景导入

蒋某，男性，42岁，主因全身乏力1月余，加重10天入院。查体：T 36.1℃，P 89次/min，R 19次/min，BP 117/66 mmHg。全身皮肤无瘀点瘀斑，心肺(-)，胸骨压痛(-)，双颈、肝、脾肋下未触及肿大和淋巴结。实验室检查：WBC $1.48×10^9$/L，Hb 58 g/L，PLT $4×10^9$/L。骨髓细胞学提示：增生减低，粒系减少，各阶段细胞均减少，红系缺如，成熟红细胞大小不一，淋巴细胞相对增多，全片未见巨核细胞。

> **请思考：**
> 1. 该病人可能的诊断是什么？
> 2. 输血纠正贫血时，有哪些注意事项？
> 3. 该病人存在哪些主要护理诊断/护理问题、护理措施？你应如何对其进行健康教育？

一、概述

贫血（anemia）是人体外周血红细胞容量减少，低于正常范围下限的一种继发于多种疾病的常见临床综合征，临床上常以血红蛋白浓度作为诊断贫血及判断其严重程度的指标。但需注意的是，血红蛋白测定值与年龄、性别、居住地区及当时的血浆容量有关，在诊断贫血时要考虑以上因素。在平原地区，成年人贫血的诊断标准见表5-3-1。

拓展阅读 5-3-1
贫血病人护理的重要知识点

表5-3-1 贫血的实验室诊断标准

性别	血红蛋白浓度	红细胞计数	血细胞比容
男	< 120 g/L	< 4.5×10^{12}/L	< 0.42
女	< 110 g/L	< 4.0×10^{12}/L	< 0.37
妊娠期女性	< 100 g/L	< 3.5×10^{12}/L	< 0.30

（一）分类

1. **根据病因和发病机制分类** 分为红细胞生成减少性贫血、红细胞破坏过多性贫血及失血性贫血三大类。
2. **根据血红蛋白浓度分类** 可将贫血按严重程度划分为四个等级（表5-3-2）。

表5-3-2 贫血严重程度的划分标准

贫血的严重度	血红蛋白浓度	临床表现
轻度	> 90 g/L	症状轻微
中度	60~90 g/L	活动后心悸、气促
重度	30~59 g/L	静息状态下仍感心悸、气促
极重度	< 30 g/L	常并发贫血性心脏病

3. **按红细胞形态特点分类** 根据平均红细胞容积（mean corpuscular volume，MCV）和平均红细胞血红蛋白浓度（mean corpuscular hemoglobin concentration，MCHC），可将贫血分成三类（表5-3-3）。
4. **按骨髓红系增生情况分类** 分为增生性贫血（如缺铁性贫血、巨幼细胞贫血、溶血性贫血等）和增生不良性贫血（如再生障碍性贫血）。

表 5-3-3 贫血细胞形态学分类

类型	MCV（fl）	MCHC（%）	临床类型
大细胞性贫血	>100	32~35	巨幼细胞贫血
正常细胞性贫血	80~100	32~35	再生障碍性贫血、急性失血性贫血、溶血性贫血
小细胞低色素性贫血	<80	<32	缺铁性贫血、铁粒幼细胞性贫血、珠蛋白生成障碍性贫血

（二）病因与发病机制

1. **红细胞生成减少性贫血** 造血细胞、骨髓造血微环境和造血原料的不足或利用障碍均可影响红细胞生成，导致红细胞生成减少性贫血。如再生障碍性贫血、缺铁性贫血等。

2. **红细胞破坏过多性贫血** 可见于各种原因引起的溶血，主要是由于红细胞本身的缺陷导致红细胞寿命缩短，如遗传性球形红细胞增多症、葡萄糖-6-磷酸脱氢酶缺乏、地中海贫血；也可由于免疫、化学、物理及生物等外在因素导致红细胞大量破坏，超过骨髓的代偿功能而发生，如自身免疫性溶血、脾功能亢进等。

3. **失血性贫血** 常见于各种原因引起的急、慢性失血。根据失血原因，可分为出凝血性疾病（如特发性血小板减少性紫癜、血友病和严重肝病等）和非出凝血性疾病（如外伤、肿瘤、结核、消化道出血和功能性出血等）。

（三）临床表现

尽管贫血的病因及其机制各不相同，但都有着共同的临床表现，主要包括以下几个方面：

1. **一般表现** 疲乏、困倦、软弱无力常为贫血病人最常见和最早出现的症状。皮肤黏膜苍白是贫血最突出的体征，常为病人就诊的主要原因。

2. **神经系统** 由于脑组织无氧代谢增强，能量合成减少，病人常可出现头晕、头痛、视物模糊、失眠、记忆力减退等症状。严重贫血者可出现晕厥、神志模糊、精神异常等表现，儿童病人会出现智力发育低下。

3. **呼吸循环系统** 贫血愈重，活动量愈大，症状愈明显。轻度贫血无明显表现，仅活动后出现呼吸深快伴心悸、心率加快。中重度贫血者在活动后甚至平静状态下即可出现不同程度呼吸困难。长期贫血，心脏超负荷工作且供氧不足，会导致贫血性心脏病。

4. **消化系统** 贫血时消化腺分泌减少甚至腺体萎缩，进而导致消化功能减低、食欲减退、恶心、胃肠胀气、大便规律和性状的改变等表现。

5. **泌尿系统** 血管外溶血出现胆红素尿和高尿胆原尿；血管内溶血出现游离血红蛋白和含铁血黄素尿，重者甚至出现游离血红蛋白堵塞肾小管，进而引起少尿、无尿、急性肾衰竭。

6. **生殖内分泌系统** 由于长期的贫血影响腺体内分泌的功能，导致男性特征减弱和性功能减退，女性月经异常。

7. **其他** 少数严重贫血者，还可出现伤口愈合慢、低热、合并各种感染。偶见眼底苍白及视网膜出血。

此外，不同原因所致贫血的临床表现尚有各自的特点，详见相关章节内容。

(四)实验室及其他检查

1. **血液检查** 血红蛋白及红细胞计数是确定病人有无贫血及其严重程度的基本检查项目,见表5-3-1、表5-3-2;MCV、MCHC有助于贫血的形态学分类及其病因诊断,见表5-3-3;外周血涂片可观察红细胞、白细胞及血小板数量或形态改变,有否疟原虫和异常细胞等;网织红细胞计数则可反映骨髓红系增生和代偿情况及贫血的治疗效果。

2. **骨髓检查** 是贫血病因诊断的必要检查方法,包括骨髓细胞涂片分类和骨髓活检等,可反映骨髓细胞的增生程度,造血组织的结构、细胞成分、形态变化等。

3. **贫血的病因和发病机制的检查** 根据病人的情况选择病因相关的检查项目,包括缺铁性贫血的铁代谢及引起缺铁的原发病检查,失血性贫血的原发病检查,造血细胞异常有关的染色体、酶及细胞调控、免疫分型检查等。

4. **其他** 长期重症贫血的病人心电图可显示S-T段下移、T波平坦或倒置等心肌劳损的征象及心律失常等。

(五)诊断要点

应详细询问病史,结合临床表现、体格检查、实验室及其他检查,首先确定病人是否存在贫血,在此基础上进一步明确贫血的程度、类型及其病因。其中查明贫血的病因是诊断贫血的重点和难点,也是有效治疗及估计预后的前提和基础。

(六)治疗原则

1. **病因治疗** 积极寻找和去除病因是根治贫血的关键环节,如缺铁性贫血补铁及导致贫血的原发病治疗,巨幼细胞贫血补充叶酸或维生素B_{12},遗传性球形红细胞增多症脾切除有肯定疗效等。

2. **对症治疗** 重度贫血病人、老年人或合并心肺功能不全的贫血病人应输红细胞,急性大量失血病人应及时输血或红细胞及血浆,对贫血合并的出血、感染、脏器功能不全应给予不同的支持疗法,先天性溶血性贫血多次输血并发血色病者应予去铁治疗。

(七)护理评估

1. 病史

(1)患病及治疗经过:询问与本病相关的病因、诱因或促成因素,主要症状与体征,有关检查结果、治疗用药及其疗效等。

(2)既往史、家族史和个人史:了解病人的既往史、家族史和个人史,有助于贫血原因的判断。

(3)目前状况:了解患病后病人的体重、食欲、睡眠、排便习惯等的变化及其营养支持、生活自理能力与活动耐力状况等。

2. 身体评估 除生命体征、皮肤黏膜等常规检查外,应重点评估与贫血严重程度相关的体征,有无各类型贫血的特殊体征和原发病的体征,如缺铁性贫血的反甲、再生障碍性贫血的出血与感染,恶性血液病的肝、脾、淋巴结肿大等。

3. 实验室及其他检查

(1)血常规:红细胞和血红蛋白下降的程度,是否伴有白细胞、网织红细胞、血小板数目的改变，有无幼稚细胞及其比例。

（2）尿常规：有无蛋白尿及尿胆原和尿胆素升高。

（3）便常规：有无隐血试验阳性，有无寄生虫卵。

（4）肝肾功能：有无肝功能异常，有无血清胆红素、肌酐水平升高等。

（5）骨髓检查：骨髓增生状况及相关细胞学或化学检查的结果。

（6）其他检查：胃肠钡餐、钡剂灌肠、纤维胃镜和肠镜检查是否提示胃肠道慢性疾病和肿瘤，妇科 B 超检查有无子宫肌瘤等。重症病人必要时还需进行心电图及超声心动图等相关检查。

4. 心理社会状况　了解病人及其家属的心理反应、对贫血的认识与理解程度及治疗与护理上的配合等。

（八）常见护理诊断/问题

1. 活动无耐力　与贫血导致机体组织缺氧有关。
2. 营养失调：低于机体需要量　与各种原因导致造血物质摄入不足、消耗增加或丢失过多有关。

（九）护理目标

病人的缺氧症状得到减轻或消失，活动耐力恢复正常，造血营养素缺乏得到纠正。

（十）护理措施

1. 休息与运动　轻度贫血者，要避免过度疲劳。中度贫血者，鼓励病人生活自理，活动量应以不加重症状为度；若活动中自测脉搏≥100次/min或出现明显心悸、气促，应停止活动。重度贫血者应给予舒适体位卧床休息，减少不必要的活动，护理人员协助做好各种生活护理，病情好转后可逐渐增加活动量。

2. 饮食护理　一般给予高蛋白、高维生素、易消化食物，多食富含所缺营养素的食品。对不同类型贫血病人应进行针对性的饮食指导。

3. 病情观察　观察注意生命体征变化，注意有无出血、呼吸困难等，发生病情变化及时通知医生，采取相应的处理。

4. 用药护理　用药前做好查对工作；输血时应注意控制输注速度，密切观察病人的病情变化，及时发现和处理各种药物及血液制品的不良反应，及时判断药物的治疗效果。

5. 心理护理　针对病人病情做必要的疏导和解释工作，鼓励病人正视疾病，以减轻病人的负担，使病人乐于配合及护理。

（十一）护理评价

病人贫血症状得到改善，活动耐力逐渐恢复正常，无护理并发症发生；病人造血营养素的缺乏得到纠正。

二、缺铁性贫血病人的护理

缺铁性贫血（iron deficiency anemia，IDA）是体内贮存铁缺乏，导致血红蛋白合成减少而引起的一种小细胞低色素性贫血。机体铁的缺乏可分为三个阶段：贮存铁耗尽（iron depletion，ID）、缺铁性红细胞生成（iron deficiency erythropoiesis，IDE）和缺铁性贫血。缺铁性贫血是机体铁缺乏症的最终表现。

缺铁性贫血是各类贫血中最常见的一种，好发于发展中国家和（或）经济不发达地区，尤以婴幼儿及育龄期妇女的发病率较高。

（一）病因与发病机制

1. 病因

（1）铁摄入量不足：婴幼儿需铁量较大、青少年挑食或偏食易缺铁、女性月经过多、妊娠或哺乳期，若不及时补充高铁食物，均易造成缺铁性贫血。

（2）铁丢失过多：慢性失血是成人缺铁性贫血最常见和最重要的病因。如反复多次或持续少量的失血、反复多次献血、血液透析等。

（3）铁吸收障碍：主要与胃肠功能紊乱或某些药物作用，导致胃酸缺乏而影响铁的吸收有关。常见于胃大部切除术后、长期原因不明的腹泻、服用制酸剂及 H_2 受体拮抗药等。

2. 发病机制

（1）缺铁对造血系统的影响：红细胞内缺铁，造成血红蛋白生成减少，红细胞胞质少、体积小，发生小细胞低色素性贫血。

（2）缺铁对铁代谢的影响：当体内贮存铁减少到不足以补偿功能状态的铁时，则可出现铁代谢指标的异常，包括贮铁指标（铁蛋白、含铁血黄素）减低、血清铁和转铁蛋白饱和度减低，总铁结合力和未结合铁的转铁蛋白升高，组织缺铁、红细胞内缺铁。

（3）缺铁对组织细胞代谢的影响：细胞内含铁酶和铁依赖酶的活性降低，进而影响病人的神经精神、行为、体力、免疫功能及患儿的生长发育和智力；缺铁可引起黏膜组织病变和外胚组织营养障碍。

（二）临床表现

本病多呈慢性经过，其临床表现包括原发病和贫血两个方面。

1. 缺铁原发病的表现　如消化性溃疡、肿瘤或痔疮导致的黑便、血便或腹部不适，肿瘤性疾病的消瘦，血管内溶血的血红蛋白尿，肠道寄生虫感染导致的腹痛或大便性状改变，妇女月经过多等。

2. 一般贫血共有的表现　如乏力、头晕、头痛、心悸、气促、眼花、耳鸣、纳差及面色苍白、心率增快等。

3. 组织缺铁表现　精神行为异常，如烦躁、异食癖、注意力不集中；体力下降；易感染；口角炎、口角皲裂、舌乳头萎缩，严重者可发生吞咽困难；儿童生长发育迟缓、智力低下；皮肤干燥、萎缩、无光泽，毛发干枯易脱落；指（趾）甲扁平、不光整、脆薄易裂，甚至出现反甲或匙状甲。

（三）实验室及其他检查

1. 血象　呈小细胞低色素性贫血。平均红细胞血红蛋白浓度 < 32%，平均红细胞容积低于 80 fl，平均红细胞血红蛋白量 < 27 pg。血片中可见红细胞体积小、中央淡染区扩大。白细胞和血小板计数正常或减低。网织红细胞计数正常或轻度增高。

2. 铁代谢　血清铁蛋白 < 12 μg/L，转铁蛋白饱和度降低 < 15%，可溶性转铁蛋白受体（sTfR）浓度超过 8 mg/L。血清铁 < 8.95 μmol/L，总铁结合力升高，> 64.44 μmol/L。骨髓涂片用亚铁氰化钾（普鲁士蓝反应）染色后，在骨髓小粒中无深蓝色的含铁血黄素颗粒；幼红细胞内铁小粒减少或消失，铁粒幼红细胞<15%。

3. 骨髓象　增生活跃或明显活跃；以红系增生为主，尤以中、晚幼红细胞为主，呈"核老浆幼"现象。粒系、巨核系无明显异常。

4. 红细胞内卟啉代谢　游离原卟啉（FEP）>0.9 μmol/L（全血），锌原卟啉（ZPP）>0.96 μmol/L（全血），FEP/Hb>4.5 μg/L。

5. 其他检查　主要是缺铁性贫血的原因或原发病诊断的相关检查。如尿便常规、寄生虫卵检查、肝肾功能、出凝血时间、妇科 B 超、纤维胃镜或肠镜检查等。

（四）诊断要点

根据病人存在导致缺铁性贫血的原因，结合病人的临床表现及相关的实验室检查结果，可作出初步的临床诊断，必要时可采用诊断性治疗，以进一步明确诊断。

（五）治疗要点

1. 病因治疗　是根治缺铁性贫血的关键所在。积极治疗原发病，如慢性胃炎、消化性溃疡、功能性子宫出血等；婴幼儿、青少年和妊娠妇女等因摄入不足引起的 IDA，应改善饮食；对幽门螺杆菌感染者，给予有效的抗菌药治疗。

2. 补铁治疗　首选口服铁剂，成人每日口服元素铁 150~200 mg。铁剂治疗有效者于用药后 1 周左右网织红细胞数开始上升，10 天左右渐达高峰；2 周左右血红蛋白开始升高，1~2 个月恢复至正常。铁剂治疗应在血红蛋白恢复正常后至少持续 4 个月，待血清铁蛋白正常后停药。若口服铁剂吸收障碍或无法耐受，可选用注射剂型。注射铁剂前，必须计算应补铁剂总量。计算公式为：注射铁总量（mg）=［需达到的血红蛋白浓度 – 病人 Hb（g/L）］×0.33× 体重（kg）。首次应用必须做过敏试验。

拓展阅读 5-3-2
人体内铁含量过多的危害

3. 输血治疗　红细胞输注适合于急性或贫血症状严重影响到生理功能的 IDA 病人，国内的输血指征是 Hb<60 g/L，对于老年和心脏功能差的病人适当放宽至≤80 g/L。

（六）护理评估

1. 病史　询问病人有无失血性疾病的表现；有无存在影响铁吸收的因素；对婴幼儿、青少年、妊娠和哺乳期的女性，应了解有无需铁量增加但未及时补充等。

2. 身体评估　评估病人乏力、头晕、头痛、心悸的程度等。判断病人的活动耐力，贫血对呼吸、循环系统的影响，有无原发性疾病的相应体征。

3. 实验室及其他检查　血常规、骨髓象、血清铁等检查符合上述缺铁性贫血的改变。

4. 心理社会状况　缺铁性贫血对病人学习、工作和日常生活的影响。了解病人及其家属的心理反应、对缺铁性贫血的认识与理解程度，以及治疗与护理上的配合等。

（七）常见护理诊断/护理问题

1. 营养失调：低于机体需要量　与铁摄入不足、吸收不良、需要量增加或丢失过多有关。
2. 活动无耐力　与贫血引起全身组织缺血、缺氧有关。
3. 口腔黏膜受损　与贫血引起口腔炎、舌炎有关。
4. 知识缺乏　缺乏有关人体营养需要的知识。

5. 有感染的危险　与严重贫血引起营养缺乏和衰弱有关。
6. 潜在并发症　贫血性心脏病。

（八）护理目标

病人活动耐力增加，营养状况得到改善。

（九）护理措施

1. 休息与环境　中重度贫血者应以卧床休息为主，环境温度适中，以防病人感染。
2. 饮食护理　改变饮食习惯、调整饮食结构。不挑食，进食含铁丰富、高蛋白、高维生素、高热量食品是预防和治疗缺铁性贫血的重要措施。合理的饮食和饮食搭配，可增加铁的吸收。
3. 病情观察　及时了解病人治疗的依从性、治疗效果、药物的不良反应，特别要关注病人的原发病及贫血的症状和体征；定期监测血常规、血清铁蛋白等生化指标等。
4. 铁剂治疗的配合与护理

（1）口服铁剂的护理：①口服铁剂建议餐后服用，可从小剂量开始。②应避免铁剂与牛奶、茶、咖啡同服，还应避免同时服用抗酸药（碳酸钙和硫酸镁）及H_2受体拮抗药，因其抑制铁的吸收；鱼、肉类、富含维生素C的食物（如柑橘、橙子等）可增加食物铁的吸收。③口服液体铁剂时须使用吸管。④服铁剂期间，粪便会变成黑色，此为铁与肠内硫化氢作用而生成黑色的硫化铁所致，应作好解释。⑤强调要按剂量、按疗程服药，定期复查相关实验室检查指标。

（2）注射铁剂的护理：注射用铁剂的不良反应主要有注射局部肿痛、硬结形成，皮肤发黑和过敏反应。铁剂过敏反应常表现为脸色潮红、头痛、肌肉关节痛及荨麻疹，严重者可出现过敏性休克。注射铁剂采用深部肌内注射法，并经常更换注射部位。首次用药前须做过敏试验，若1h后无过敏反应，即可按医嘱给予常规剂量治疗。为了避免药液溢出引起皮肤染色，可采取以下措施：①不在皮肤暴露部位注射；②抽取药液后，更换注射针头；③采用Z形注射法或留空气注射法。

5. 对症护理　通过输血等措施缓解病人头晕、心慌等症状；卧床休息，注意保暖，防止感染。

（十）健康指导

1. 预防缺铁性贫血　重视在易患人群中开展防治缺铁的卫生知识教育，及时治疗各种慢性失血性疾病。
2. 疾病知识指导　提高病人及其家属对疾病的认识，如缺铁性贫血的病因、临床表现、治疗、护理等相关知识，让病人及其家属能主动参与疾病的治疗与康复。
3. 保健知识指导　大力宣教贫血的表现，如乏力、面色苍白、活动耐力下降、心悸等，使贫血的病人得到及时诊治。

（十一）护理评价

病人贫血症状得到改善，无护理并发症的发生；能够知道引起缺铁性贫血的原因和补铁相关知识。

(十二)预后

缺铁性贫血的预后主要取决于其病因能否被去除或原发病能否得到彻底治疗。若能去除病因、根治原发病,通过饮食调理和补充铁剂,病人多能完全康复。

三、再生障碍性贫血病人的护理

再生障碍性贫血(aplastic anemia,AA)简称再障,是一种可能由不同病因和机制引起的骨髓造血功能衰竭症。临床主要表现为骨髓造血功能低下,可见进行性贫血、感染、出血和全血细胞减少。

根据病因不同,AA 可分为遗传性再障(先天性)和获得性再障(后天性)。临床较常用的是根据病人的病情、血象、骨髓象及预后,分为重型再障(SAA)和非重型再障(NSAA)。

再障的年发病率在欧美地区为(0.47~1.37)/10 万人口,东亚地区发病率高 2~3 倍,我国再障的发病率为 0.74/10 万人口,可发生于各年龄段,青年人和老年人发病率较高,男、女发病率无明显差异。

(一)病因与发病机制

1. 病因　50% 以上的病人无法找到明确的原因,但研究表明与下列因素有关。

(1)药物及化学物质:是再障最常见的致病因素。已知具有高度危险性的药物有抗肿瘤药、抗癫痫药、氯霉素、保泰松、苯巴比妥、阿司匹林、异烟肼等。化学物质以苯及其衍生物最为常见,如油漆、塑料、染料、杀虫剂及皮革制品黏合剂等。

(2)电离辐射:如长期接触各种电离辐射,如 X 射线、γ 射线及其他放射性物质,对骨髓微循环和基质也有损害。

(3)病毒感染:各型肝炎病毒、EB 病毒、巨细胞病毒等均可引起再障。其中以病毒性肝炎(丙型肝炎)与再障的关系较明确。

(4)遗传因素:具有某些 HLA-Ⅱ型抗原的再障病人对免疫抑制剂治疗的反应较好,部分病人对氯霉素及某些病毒具有易感性,说明再障的发病可能与遗传因素有关。

(5)其他因素:少数阵发性睡眠性血红蛋白尿、系统性红斑狼疮、慢性肾衰竭等疾病均可演变成再障。

2. 发病机制　近年来,多数学者认为,再障的主要发病机制是免疫异常。T 细胞功能异常亢进,细胞毒性 T 细胞直接杀伤和淋巴因子介导的造血干细胞过度凋亡引起的骨髓衰竭是 AA 的主要发病机制。造血微环境与造血干祖细胞量的改变是异常免疫损伤所致的结果。

(二)临床表现

再障的临床表现与全血细胞减少有关,主要为进行性贫血、出血、感染,但多无肝、脾、淋巴结肿大。病情轻重与全血细胞减少的程度和发展的速度有关。重型再障和非重型再障的鉴别见表 5-3-4。

1. 重型再障(SAA)　起病急,进展快,病情重;少数可由非重型再障进展而来。

(1)贫血:苍白、乏力、头昏、心悸和气短等症状进行性加重。

(2)出血:均有不同程度的皮肤、黏膜及内脏出血。

(3)感染:多数病人有发热,体温在 39℃以上,个别病人自发病到死亡均处于难以控制的

表 5-3-4　重型再障与非重型再障的鉴别

判断指标	重型再障（SAA）	非重型再障（NSAA）
首发症状	感染、出血	贫血为主，偶有出血
起病与病情进展	起病急，进展快，病情重	起病缓，进展慢，病情较轻
血象变化及标准*		
中性粒细胞绝对值	$< 0.5 \times 10^9/L$	$> 0.5 \times 10^9/L$
血小板	$< 20 \times 10^9/L$	$> 20 \times 10^9/L$
网织红细胞绝对值	$< 15 \times 10^9/L$	$> 15 \times 10^9/L$
骨髓多部位增生	极度低下增生	减低或活跃，可有增生灶
预后	不良，多于 6~12 个月内死亡	较好，经治疗多数可长期存活

注：* 3 项血象指标需有 2 项达标；中性粒细胞绝对值 $< 0.2 \times 10^9/L$，称为极重型再障（VSAA）。

高热之中。以呼吸道感染最常见，其次有消化道、泌尿生殖道及皮肤、黏膜感染等。感染菌种以革兰阴性杆菌、金黄色葡萄球菌和真菌为主，常合并败血症。

2. 非重型再障（NSAA）　起病和进展较缓慢，贫血、感染和出血的程度较重型轻，也较易控制。久治无效者可发生颅内出血。

（三）实验室及其他检查

1. 血象　全血细胞减少，但三系细胞减少的程度不同，少数病例可呈双系或单系细胞减少；淋巴细胞比例相对性增高；网织红细胞绝对值低于正常。其中，SAA 呈重度全血细胞减少，重度正细胞正色素性贫血，网织红细胞百分数多在 0.005 以下，且绝对值 $< 15 \times 10^9/L$，中性粒细胞 $< 0.5 \times 10^9/L$，血小板 $< 20 \times 10^9/L$。NSAA 也呈全血减少，但达不到 SAA 的程度。

2. 骨髓象　为确诊再障的主要依据。骨髓涂片肉眼观察有较多脂肪滴。SAA：骨髓增生低下或极度低下，粒、红细胞均明显减少，常无巨核细胞；淋巴细胞及非造血细胞比例明显增多。NSAA：骨髓增生减低或呈灶性增生，三系细胞均有不同程度减少；淋巴细胞相对性增多。骨髓活检显示造血组织均匀减少，脂肪组织增加。

3. 其他检查　$CD4^+$ 细胞、$CD8^+$ 细胞比值减低，$CD8^+T$ 抑制细胞和 $\gamma\delta TCR^+T$ 细胞比例增高。骨髓细胞染色体核型正常，骨髓铁染色示贮铁增多，中性粒细胞碱性磷酸酶染色强阳性。溶血检查均阴性。

（四）诊断要点

通过询问病史，详细了解病人是否存在再生障碍性贫血的病因与诱因，结合病人的临床表现及相关的实验室检查结果，可作出初步的临床诊断，必要时可采用诊断性治疗，以进一步明确诊断。

（五）治疗要点

遵循综合性治疗的原则，应首先去除诱因、积极治疗原发病，并在此基础上根据分型及年龄早期行系统、规范的治疗。

1. 支持疗法

（1）加强保护措施：预防感染，注意饮食及环境卫生，SAA 保护性隔离；避免出血，防止外伤及剧烈活动；杜绝接触各类危险因素，包括对骨髓有损伤作用和抑制血小板功能的药物；酌情预防性给予抗真菌治疗；必要的心理护理。

（2）对症治疗

1）控制感染：对于感染性高热的病人，应反复多次进行血液、分泌物和排泄物的细菌培养及药物敏感试验，并根据结果选择敏感的抗生素。对于重症病人，为控制病情，防止感染扩散，多主张早期、足量、联合用药。

2）控制出血：根据病人的具体情况选用不同的止血方法或药物。如女性子宫出血，可肌注丙酸睾酮；合并血浆纤溶酶活性增高者，可用抗纤溶药；对于出血严重，如内脏出血可输注同血型浓缩血小板、新鲜冷冻血浆，效果不佳者可改输 HLA 配型相配的血小板。

3）纠正贫血：血红蛋白低于 60 g/L 伴明显缺氧症状者，可输注浓缩红细胞。但多次输注 HLA 不匹配的血制品可能引起同种免疫，增加移植排斥的概率，因此要严格掌握输血指征，尽量减少输血的次数。有条件行异基因造血干细胞移植（HSCT）的再障病人要及早进行 HLA 配型。

> 拓展阅读 5-3-3
> 再生障碍性贫血病人的输血指征

2. 针对不同发病机制的治疗

（1）免疫抑制治疗：常用抗胸腺细胞球蛋白（ATG）和抗淋巴细胞球蛋白（ALG），具有抑制 T 淋巴细胞或非特异性自身免疫反应的作用，可用于重型再障的治疗。马 ALG 剂量为 10~15 mg/(kg·d)，兔 ATG 剂量为 3~5 mg/(kg·d)，连用 5 天，用药前需做过敏试验。环孢素（CsA）可选择性地作用于异常 T 淋巴细胞，解除骨髓移植，是再障治疗的一线药物。适用于各种类型的再障，与 ATG 或 ALG 合用可提高疗效，被认为是重型再障非移植治疗的一线方案。环孢素口服用药，常用剂量 3~5 mg/(kg·d)，疗程 1 年以上。也有使用 CD3 单克隆抗体、吗替麦考酚酯、环磷酰胺等治疗重型再障。

（2）促进骨髓造血

1）雄激素：适用于各种类型的再障，并为 NSAA 的首选治疗。其作用机制是刺激肾产生促红细胞生成素，并直接作用于骨髓，促进红细胞生成。长期应用还可促进粒细胞系和巨核细胞系细胞的增生。常用药物有：①司坦唑醇（康力龙）2 mg，tid；②达那唑 0.2 g，tid；③十一酸睾酮（安雄）40~80 mg，tid；④丙酸睾酮 100 mg/d，肌内注射。用药期间根据药物的疗效和不良反应调整剂量及疗程，定期复查肝功能。

2）造血生长因子：主要用于 SAA。单用无效，多作为辅助性药物，在免疫抑制治疗时或之后应用，有促进骨髓恢复的作用。常用药物主要有：粒细胞-巨噬细胞集落刺激因子（GM-CSF）或粒系集落刺激因子（G-CSF），剂量为 5 μg/(kg·d)；重组人促红细胞生成素（EPO），常用 50~100 U/(kg·d)。疗程以 3 个月以上为宜。

（3）造血干细胞移植：包括骨髓移植、脐血输注及胎肝细胞输注等，主要用于 SAA。

（六）常见护理诊断/问题

1. 有感染的危险　与粒细胞减少有关。
2. 活动无耐力　与贫血所致机体组织缺氧有关。
3. 有受伤的危险出血　与血小板减少有关。
4. 身体形象紊乱　与雄激素的不良反应有关。
5. 悲伤　与治疗效果差、反复住院有关。

6. 知识缺乏　缺乏有关再障治疗及预防感染和出血的知识。

7. 潜在并发症　药物的不良反应。

（七）护理目标

病人的感染症状得到控制，活动耐力逐渐增加，有良好的心理状态，无药物不良反应发生，并了解疾病相关知识。

（八）护理措施

1. 病情监测　密切观察病人体温。一旦出现发热，提示有感染存在时，应寻找常见感染灶的症状或体征，并配合医生做好实验室检查的标本采集工作。

2. 预防感染

（1）呼吸道感染的预防：保持病室内空气清新，物品清洁，定期消毒；注意保暖，防止受凉；限制探视人数；严格无菌操作。粒细胞绝对值≤0.5×10^9/L者，应给予保护性隔离，并向病人及家属解释其必要性，使其自觉配合。

（2）口腔感染的预防：加强口腔护理，督促病人勤漱口。若口腔黏膜已发生溃疡，可局部用维生素E或溃疡膜等涂敷。若并发真菌感染，宜加用2.5%制霉菌素或碳酸氢钠含漱。

（3）皮肤感染的预防：保持皮肤清洁、干燥，勤沐浴；更衣和更换床上用品；勤剪指甲；女病人尤其要注意会阴部的清洁卫生。

3. 加强营养支持　鼓励病人多进食高蛋白、高热量、富含维生素的清淡食物。对已有感染或发热的病人，若病情允许，应鼓励其多饮水，补充水分有助于细菌毒素的排出。

4. 治疗配合与护理　遵医嘱输注浓缩粒细胞悬液，增强机体抗感染能力。遵医嘱正确应用抗生素，注意药物疗效及不良反应的观察。

5. 药物不良反应的观察与护理

（1）ATG和ALG：治疗过程中可出现超敏反应、血清病、出血加重及继发感染等。用药前应做皮肤过敏试验；用药期间应遵医嘱联合应用小剂量糖皮质激素；加强病情观察，做好保护性隔离，预防出血和感染。

（2）环孢素A（CsA）：用药期间，需配合医生监测病人的血药浓度、骨髓象、血象、T细胞免疫学改变及药物不良反应（包括肝肾功能、牙龈增生及消化道反应）等，以利于指导用药剂量及疗程的调整。

（3）雄激素：丙酸睾酮为油剂，不易吸收，故需采取深部、缓慢、分层肌注，注意注射部位的轮换，经常检查局部有无硬结，一旦发现须及时处理，如局部理疗等。长期应用雄激素类药物可对肝造成损害，用药期间应定期检查肝功能。

6. 心理护理　及时评估病人的情绪反应及行为表现，向病人及家属介绍疾病相关知识，给予病人心理疏导，鼓励病人积极配合治疗。

（九）健康指导

1. 疾病预防指导　尽可能避免或减少与再障发病相关的药物和理化物质的接触。针对危险品的职业性接触者，必须严格遵守操作规程，做好个人防护，定期体检，检查血象。新装修的家居，不宜立即入住或使用。使用农药或杀虫剂时，做好个人防护。加强锻炼，增强体质，预防病毒感染。

2. 疾病知识指导　介绍疾病的可能原因、临床表现及目前的主要诊疗方法，护理的配合要求；指导病人自我监测病情的变化，一旦出现贫血加重、出血和感染的症状应及时就诊。

3. 生活指导

（1）休息与活动：充足的睡眠与休息可减少机体的耗氧量；适当的活动可调节身心状况，提高病人的活动耐力。

（2）饮食指导：饮食方面注意加强营养，增进食欲，避免对消化道黏膜有刺激性的食物，注意饮食卫生，避免病从口入。鼓励病人进食优质蛋白，如瘦肉、蛋类、鱼类、乳类、豆制品等。

4. 用药指导　向病人及家属详细介绍药物的名称、用量、用法、疗程及不良反应，应叮嘱其必须在医生指导下按时、按量、按疗程用药，不可自行更改或停用药物，定期复查血象。

5. 心理指导　及时识别病人出现的负性情绪，指导病人学会自我调整，学会倾诉；家属要善于理解和支持病人，学会倾听。

6. 病情监测指导　主要是贫血、出血、感染的症状体征和药物不良反应的自我监测，如头晕、头痛、心悸、气促等症状，生命体征、皮肤黏膜、内脏出血的表现等情况。若发生不适，应及时就医。

（十）护理评价

病人感染得到控制，心理状况良好，无护理并发症发生；病人能够知道再生障碍性贫血发病相关因素及疾病预防的相关知识。

（十一）预后

重型再障发病急、病情重、以往病死率极高（>90%），近年来随着治疗方法的改进，SAA的预后明显改善，但仍有约 1/3 的病人死于感染和颅内出血。非重型再障病人多数可缓解甚至治愈，仅少数进展为重型再障。

拓展阅读 5-3-4　SAA 进展期护理流程

第四节　出血性疾病病人的护理

> **情景导入**
>
> 杜某，女性，33 岁。主因发现皮肤瘀点瘀斑 3 个月、牙龈出血 3 天入院。神志清楚、全身散在瘀点瘀斑、牙龈持续渗血。急诊血常规提示：PLT $12×10^9$/L，查体：P 86 次/min，R 23 次/min，BP 120/80 mmHg。
>
> 请思考：
> 1. 该病人可能的诊断是什么？如何预防出血？
> 2. 该病人月经期间如何进行病情观察和健康教育？

一、概述

出血性疾病指正常止血机制发生障碍，引起自发出血或轻微损伤后出血不止的一组疾病。

(一)正常止血、凝血、抗凝与纤维蛋白溶解机制

1. **止血机制** 正常人体局部小血管受损后引起出血,可在几分钟内自然停止的现象,称为生理性止血(hemostasis),可分为血管收缩、血小板血栓形成、血液凝固三个环节,其中以血小板的作用最为重要。

2. **凝血机制** 血液由流动的液体状态转变成不能流动的胶体状态的过程,称为血液凝固。可使各种凝血因子被激活生成凝血酶,最终使纤维蛋白原转变为纤维蛋白。目前已知参与人体凝血过程的凝血因子有14种。机体的生理性凝血可分为凝血活酶(凝血原酶复合物)的形成、凝血酶原的激活和纤维蛋白的生成三个阶段。

3. **抗凝与纤维蛋白溶解(简称纤溶)机制** 正常情况下,人体凝血系统和抗凝及纤溶系统维持动态平衡,以保持血流的通畅。

综上所述,机体止、凝血功能正常发挥的重要前提与保障是健全的血管、血小板数目与功能正常、凝血因子数目及其活性正常,以及运作良好的纤维蛋白溶解系统。

(二)分类

1. 血管壁异常
(1)遗传性:遗传性出血性毛细血管扩张症、家族性单纯性紫癜、先天性结缔组织病等。
(2)获得性:重症感染(如败血症)、化学物质与药物作用、营养缺乏与内分泌代谢障碍等。

2. 血小板异常
(1)血小板数量减少:①血小板生成减少,如再生障碍性贫血、白血病等;②血小板破坏过多,如特发性血小板减少性紫癜;③血小板消耗过多,如血栓性血小板减少性紫癜、弥散性血管内凝血。
(2)血小板数量增多:①原发性,如原发性血小板增多症;②继发性,如慢性粒细胞白血病、感染及脾切除术后等。
(3)血小板功能异常:①先天性或遗传性,如血小板无力症、巨大血小板综合征、血小板颗粒性疾病;②获得性,如抗血小板药、重症感染、尿毒症等引起。

3. 凝血异常
(1)遗传性:各型血友病、遗传性凝血酶原及纤维蛋白原缺乏症等。
(2)获得性:严重肝病、尿毒症及维生素K缺乏症等。

4. **抗凝及纤维蛋白溶解异常** 主要为获得性疾病,如因子Ⅷ、Ⅸ抗体的形成,肝素、双香豆素类药物过量,蛇及水蛭咬伤等。

5. 复合型止血机制异常
(1)遗传性:如血管性血友病。
(2)获得性:如弥散性血管内凝血、重症肝病性出血等。

(三)临床表现

根据出血性疾病的临床表现及相关实验室检查,大致可将出血性疾病分为血管性疾病、血小板性疾病与凝血障碍性疾病。

（四）实验室及其他检查

实验室检查是出血性疾病诊断与鉴别的重要手段与依据。

1. 筛选试验

（1）血管异常：束臂试验、出血时间（bleeding time，BT）。

（2）血小板异常：血小板计数、束臂试验、血块回缩试验及BT。

（3）凝血异常：凝血时间（clotting time，CT）、活化部分凝血活酶时间（activated partial thromboplastin time，APTT）、血浆凝血酶原时间（prothrombin time，PT）等。

2. 确诊试验 在筛选试验异常且临床上怀疑有出血性疾病时，应进一步选择特殊的实验室检查以确定诊断。

（1）血小板和血管异常：包括血小板形状、血小板黏附及凝聚试验等。

（2）凝血功能障碍：包括凝血活酶时间及凝血酶时间纠正试验，也可直接测定凝血因子的含量及活性，以检出缺乏的凝血因子。

（3）纤溶异常：包括鱼精蛋白副凝试验（3P）、血、尿纤维蛋白降解产物（FPD）测定等。对一些特殊的、极少见的出血性和遗传性疾病，可进一步行特殊检查，如蛋白质结构分析、基因分析等。

（4）抗凝障碍：包括AT-Ⅲ抗原及活性或凝血酶-抗凝血酶复合物和蛋白C测定等。

（五）诊断要点

根据病人出血的临床表现、既往史、家族史，某些药物、化学品长期接触史或过敏史等及筛选试验检查可初步诊断出血性疾病，再根据归类诊断的特殊检查，可进一步诊断具体的疾病及疾病的类型。

二、特发性血小板减少性紫癜病人的护理

特发性血小板减少性紫癜（idiopathic thrombocytopenic purpura，ITP）又称原发免疫性血小板减少症（primary immune thrombocytopenia），是一种复杂的多种机制共同参与的获得性自身免疫性疾病，以无明确诱因的孤立性外周血血小板计数减少为主要特点。主要是由于病人对自身血小板抗原的免疫失耐受，导致血小板受到免疫性的破坏和生成抑制，以致出现程度不等的血小板减少。

拓展阅读5-4-1 特发性血小板减少性紫癜病人的护理重要知识点

（一）病因与发病机制

ITP的病因未明，发病机制则与自身免疫功能紊乱有关。半数以上的ITP病人体内出现特异性自身抗体，自身抗体致敏的血小板被单核巨噬细胞系统过度破坏，导致血小板减少；自身抗体损伤巨核细胞或抑制巨核细胞释放血小板，导致血小板生成不足，而出现一系列临床表现。血小板自身抗原免疫耐受性丢失，导致体液和细胞免疫异常活化，共同介导血小板破坏加速及巨核细胞产生血小板不足。

（二）临床表现

该病临床表现变化较大，无症状血小板减少、皮肤黏膜出血、严重内脏出血、致命性颅内出血均可发生。老年病人致命性出血发生风险明显高于年轻病人。部分病人有乏力、焦虑表现。

1. **起病方式** 成人ITP多起病隐匿。
2. **出血的表现** 多数病人出血较轻且局限，但易反复发生。主要表现为皮肤、黏膜出血，如瘀点、紫癜、瘀斑、外伤后不易止血和（或）牙龈出血、鼻出血等。女性病人常出现月经量过多，且可为部分病人唯一的临床症状。尽管严重的内脏出血较少见，但部分病人可因感染等致病情突然加重而出现广泛且严重的皮肤、黏膜出血，甚至内脏出血，也可因高热、情绪激动、高血压等诱发致命性的颅内出血。少数病人可无出血症状。
3. **乏力** ITP病人可出现明显的乏力。
4. **其他** 长期的月经量过多，可出现不同程度的贫血；出血量过多可引起血压降低或失血性休克；部分病人有血栓形成倾向。

（三）实验室及其他检查

1. **血象** 血小板计数减少，血小板平均体积偏大。反复出血或短期内失血过多者，红细胞和血红蛋白可出现不同程度的下降。白细胞多正常。
2. **骨髓象** 巨核细胞数量增加或正常，但巨核细胞体积变小，胞质内颗粒减少，幼稚巨核细胞增多，有血小板形成的巨核细胞显著减少（<30%）。
3. **其他** 束臂试验阳性、出血时间延长，少数病人可有自身免疫性溶血的证据。

（四）诊断要点

至少2次检查血小板计数减少，但血细胞形态正常；脾一般不增大；骨髓巨核细胞数增多或正常，有成熟障碍；排除其他继发性血小板减少症。

拓展阅读 5-4-2
ITP 的类型

（五）治疗要点

1. **一般治疗** 血小板明显减少（<20×10⁹/L）、出血严重者应卧床休息，防止外伤。避免应用能降低血小板数量、抑制血小板功能及任何引起或加重出血的药物。
2. **糖皮质激素** 一般为首选药物，近期有效率约为80%。常用泼尼松1 mg/（kg·d）口服，待血小板接近正常，可于1个月内逐渐减到最小剂量（5~10 mg/d）维持，无效者4周后停药。
3. **丙种球蛋白** 常用剂量为400 mg/（kg·d），静脉滴注，5天为1个疗程。主要用于ITP的急症处理、不能耐受糖皮质激素、脾切除术前、ITP合并妊娠或分娩前等的一线治疗。
4. **脾切除** 可减少血小板抗体产生及减轻血小板的破坏。用于糖皮质激素治疗无效、泼尼松维持量>30 mg/d、有糖皮质激素使用禁忌证病人的二线治疗。脾切除治疗的近期有效率为70%~90%，长期有效率可达40%~50%，无效者对糖皮质激素的用量亦可减少。
5. **免疫抑制剂** 一般不作首选。主要药物有抗CD20单克隆抗体（rituximab，利妥昔单抗）、长春新碱、环孢素A、霉酚酸酯（MMF，骁悉）、环磷酰胺、硫唑嘌呤等。抗CD20单克隆抗体可有效清除体内B淋巴细胞，减少自身抗体的生成。利妥昔单抗属于抗CD20结合的抗体，其主要作用机制为通过特异性地清除体内的B淋巴细胞，来抑制病人自身细胞免疫，以达到预防血小板被破坏的目的。利妥昔单抗治疗方案推荐剂量为375 mg/m²，每周1次静脉滴注，共4次。
6. **其他** 达那唑及促血小板生成药可用于难治性ITP的治疗。其中达那唑与糖皮质激素有协同作用，可减少糖皮质激素的用量；促血小板生成药包括重组人血小板（rhTPO）、TPO拟肽罗米司亭等，其主要机制是促进血小板的生成和抑制血小板破坏。
7. **急症的处理** 主要的治疗措施有血小板输注、静脉输注丙种球蛋白和静脉注射大剂量甲

拓展阅读 5-4-3
糖皮质激素治疗ITP的作用机制

拓展阅读 5-4-4
ITP 急症的指征
拓展阅读 5-4-5
血小板计数的安全值

泼尼龙。

（六）护理评估

1. 病史　询问有无皮肤瘀点瘀斑、牙龈出血、鼻出血、呕血、黑便、血尿等表现；有无导致血小板减少性紫癜的危险因素，如长期精神紧张、劳累、感冒等。

2. 身体评估　评估病人有无头痛、头晕、恶心、呕吐、皮肤黏膜瘀点瘀斑、呕血、便血、视物模糊、女病人月经量多等。有无肝、脾、淋巴结大，四肢水肿，心率快，有无杂音、肺部干湿啰音等。

3. 实验室及其他检查　血常规、止凝血、骨髓检查、B超检查等是否符合血小板减少性紫癜的改变。

4. 心理社会状况　了解病人对疾病的认知程度、个性特征、生活方式、病人及家庭成员的文化、经济收入、亲疏关系等。

（七）常见护理诊断/问题

1. 有受伤的危险：出血　与血小板减少有关。
2. 有感染的危险　与糖皮质激素及免疫抑制剂治疗有关。
3. 恐惧　与血小板过低，随时有出血的危险有关。
4. 潜在并发症　颅内出血。

（八）护理目标

通过正规的药物治疗，积极配合各项治疗和护理，保持乐观的心态，寻找病因，除去病因，预防出血，减轻激素副作用，警惕颅内出血及并发症的发生，早日达到预期治疗效果。

（九）护理措施

首先进行评估、制定个性化护理计划和措施，并实行全程责任制、整体优质护理。根据病情及自理能力评估表、防跌倒/坠床风险评估表、防管道滑脱风险评估表、危重病人风险评估表、深静脉风险评估表等评估病人情况。

1. 出血的护理

（1）出血情况的监测：应注意观察病人出血的部位、范围和出血量，监测病人的自觉症状、情绪反应、生命体征、神志及血小板计数的变化等，及时发现新发的皮肤黏膜出血或内脏出血。一旦发现病人的血小板计数 $< 20 \times 10^9$/L，应严格卧床休息，避免外伤。对疑有严重而广泛的内脏出血或已发生颅内出血者，要迅速通知医生，配合救治。

（2）预防或避免加重出血：护理措施参见本章第二节中"出血或出血倾向"的护理。

2. 用药护理　正确执行医嘱，密切观察药物不良反应。如长期使用糖皮质激素可引起医源性皮质醇增多症，出现身体外形的变化、胃肠道反应或出血、诱发或加重感染、骨质疏松等。应向病人作必要的解释，并指导病人餐后服药、自我监测粪便颜色、积极采取措施预防各种感染、监测骨密度或遵医嘱预防性用药等。静注免疫抑制剂、大剂量免疫球蛋白时，要注意保护局部血管并密切观察，一旦发生静脉炎要及时处理。

3. 成分输血的护理　护理措施参见本章第二节中"出血或出血倾向"的护理。

（十）健康指导

1. **疾病知识指导** 做好解释工作，让病人及家属了解疾病的发病机制、主要表现及治疗方法，以主动配合治疗与护理。指导病人避免人为损伤而诱发或加重出血；避免服用可能引起血小板减少或抑制其功能的药物，特别是非甾体抗炎药，如阿司匹林等。保持充足的睡眠、情绪稳定和大便通畅，有效控制高血压等均是避免颅内出血的有效措施，必要时可予以药物治疗，如镇静药、安眠药或缓泻药等。

> 拓展阅读 5-4-6
> ITP 病人颅内出血的预防

2. **用药指导** 服用糖皮质激素者，应告知必须按医嘱、按时、按剂量、按疗程用药，不可自行减量或停药，以免加重病情。为减轻药物的不良反应，应饭后服药，必要时可加用胃黏膜保护药或制酸药；注意预防各种感染。定期复查血象，以了解血小板数目的变化，指导疗效的判断和治疗方案的调整。

3. **病情监测指导** 皮肤黏膜出血的情况，如瘀点、瘀斑、牙龈出血、鼻出血等；有无内脏出血的表现，如月经量明显增多、呕血或便血、咯血、血尿、头痛、视力改变等。一旦发现皮肤黏膜出血加重或内脏出血的表现，应及时就医。

（十一）护理评价

病人通过正规的治疗和责任制整体优质护理，出血得到控制，无护理并发症发生。病人能够知晓发病的诱因、危险因素、用药知识及自我护理要点。

> 拓展阅读 5-4-7
> ITP 急性期护理流程

第五节 白血病病人的护理

> **情景导入**
>
> 谭某，男性，15岁。主因发热伴耳后、腹股沟淋巴结肿大半月入院。急诊血常规提示：WBC 332.19×10^9/L，Hb 99 g/L，PLT 41×10^9/L；查体：P 86次/min，R 23次/min，BP 120/80 mmHg。骨髓象显示骨髓增生极度活跃，幼稚细胞弥漫性增生，诊断为急性白血病。住院期间因化疗会导致脱发而情绪低落，且拒绝见来访亲友。
>
> **请思考：**
> 1. 该病人目前的护理诊断有哪些？
> 2. 该病人相对应的护理措施有哪些？同时需要注意哪些问题？

白血病（leukemia）是一类造血干细胞的恶性克隆性疾病，其克隆中白血病细胞增殖失控、分化障碍、凋亡受阻，而停滞在细胞发育的不同阶段。在骨髓和其他造血组织中，白血病细胞大量增生累积，并浸润其他器官和组织，而正常造血功能受抑制，以外周血中出现形态各异、为数不等的幼稚细胞为特征。

> 拓展阅读 5-5-1
> 白血病病人护理的重要知识点

我国白血病发病率为（3~4）/10万，与亚洲其他国家相近，低于欧美国家。我国恶性肿瘤所致的死亡率中，白血病居第9位，在儿童及35岁以下成人中则居第一位。我国急性白血病比慢性白血病多见（约5.5∶1）。

一、概述

(一) 分类

按白血病细胞的成熟程度和自然病程，将白血病分为急性和慢性两大类。

1. **急性白血病** 细胞分化停滞在较早阶段，多为原始细胞及早期幼稚细胞，病情发展迅速，自然病程仅几个月。
2. **慢性白血病** 细胞分化停滞在较晚阶段，多为较成熟的幼稚细胞和成熟细胞，病情发展缓慢，自然病程可达数年。

(二) 病因与发病机制

白血病的病因至今尚未明确。目前已知病因有电离辐射、化学物质、遗传因素及免疫功能异常等。

1. **放射因素** 包括 X 射线、γ 射线及电离辐射等。研究表明大面积和大剂量辐射可使骨髓抑制和机体免疫力下降，进而导致白血病发生。
2. **化学因素** 一些化学物质有致白血病作用，如苯及含有苯的有机溶剂。抗肿瘤药物中的烷化剂也有致白血病的作用，如氮芥、环磷酰胺等；某些药物也有可能诱发白血病，如亚硝胺类物质、氯霉素等。
3. **生物因素** 主要是病毒感染和免疫功能异常。成人 T 细胞白血病可由人类 T 淋巴细胞病毒Ⅰ型（human T lymphotropic virus-Ⅰ，HTLV-Ⅰ）所致。部分免疫功能异常者，如某些自身免疫病病人患白血病危险度会增加。
4. **遗传因素** 家族性白血病约占白血病的 0.7%：①某些有白血病患病家族史的家庭中，其近亲患白血病的概率比一般正常人群高出 4 倍；②单卵孪生子女，一人患白血病，另一人患白血病的概率比正常人高 20%~25%，比双卵孪生者高 12 倍；③有特殊遗传综合征者，白血病发病率较高，如 21-三体综合征、Bloom 综合征（面部红斑侏儒综合征）、Fanconi 贫血（先天性再生障碍性贫血）等。
5. **其他血液病** 某些血液病最终可能发展为白血病，如骨髓增生异常综合征、淋巴瘤、多发性骨髓瘤等。

白血病的发病机制较复杂。上述各种因素均可促发基因的突变或染色体的畸变，而使白血病细胞株形成，联合人体免疫功能的缺陷，使已形成的肿瘤细胞不断增殖，最终导致白血病的发生。

二、急性白血病

急性白血病（acute leukemia，AL）是造血干细胞的恶性克隆性疾病。在骨髓和其他造血组织中白血病细胞大量增殖并广泛浸润其他器官和组织，同时抑制正常造血，临床主要表现为贫血、出血、感染及各器官浸润等征象。

(一) 分类

国际上常用白血病协作组织（FAB）分类法将 AL 分为急性髓系白血病（acute myeloid leukemia，AML）或急性非淋巴细胞白血病（acute nonlymphoblastic leukemia，ANLL，简称急非淋）和急性淋巴细胞白血病（acute lymphoblastic leukemia，ALL，简称急淋）两大类。

1. AML 分型　分为 8 个亚型。

M_0：急性髓细胞白血病微分化型。

M_1：急性粒细胞白血病未分化型。

M_2：急性粒细胞白血病部分分化型。

M_3：急性早幼粒细胞白血病。

M_4：急性粒－单核细胞白血病。

M_5：急性单核细胞白血病。

M_6：急性红白血病。

M_7：急性巨核细胞白血病。

2. ALL 分型　分为 3 个亚型。

L_1：原始和幼淋巴细胞以小细胞为主，直径 ≤ 12 μm。

L_2：原始和幼淋巴细胞以大细胞为主，直径 > 12 μm。

L_3：原始和幼淋巴细胞以大细胞为主，大小较一致，细胞内有明显空泡，胞质嗜碱性，染色深。

（二）临床表现

急性白血病起病有两种情况，急骤起病者往往以持续高热或严重出血等为首发症状，起病缓慢者则常以较长时间的乏力、日渐明显的面色苍白或轻度出血等症状开始。但是起病缓慢的病例一旦症状明显，病情常急转直下，与起病急骤的病例相似。

1. 贫血　常为首发症状，呈进行性加重。半数病人就诊时已有重度贫血。

2. 发热　50% 以上的病人以发热为早期表现。白血病本身可引起肿瘤性发热，也可由继发感染所致。肿瘤性发热常规抗生素治疗无效，但化疗药可致体温下降。若病人表现为持续性低热或高热，甚至超高热，则多提示有继发感染。感染可发生于各个部位，以口腔炎、牙龈炎、咽峡炎最常见，可发生溃疡或坏死，严重者可致败血症。

3. 出血　近 40% 病人早期表现为出血。大量白血病细胞在血管中淤滞、浸润，血小板减少，凝血异常及感染是出血的主要原因。出血可发生在全身各部位，以皮肤瘀点、瘀斑、鼻出血、牙龈出血、女性病人月经过多为常见。眼底出血可致视力障碍。颅内出血时会发生头痛、呕吐、瞳孔大小不对称，甚至昏迷、死亡。有资料表明 AL 死于出血者占 62.24%，其中 87% 为颅内出血。

4. 淋巴结和肝脾大　淋巴结肿大常见于颈、颌下、腋窝、腹股沟等处，一般质地柔软或中等硬度，多无粘连，无痛或偶有疼痛。淋巴结肿大以 ALL 发生率最高。急性白血病常有轻到中度肝、脾大，除 CML 急性变外，巨脾罕见。

5. 骨和关节表现　骨骼、关节疼痛是白血病常见症状，多见于儿童。胸骨中下端局部压痛对白血病的诊断有一定价值。

6. 口腔和皮肤　M_4 和 M_5 由于白血病细胞的浸润可使牙龈增生、肿胀，皮肤可出现蓝灰色斑丘疹（局部皮肤隆起变硬，呈紫蓝色结节）。

7. 中枢神经系统白血病（central nervous system leukemia，CNSL）　可发生在疾病的各个时期，但常发生在治疗缓解期，这是由于多数化疗药难以通过血脑屏障，隐藏在中枢神经系统的白血病细胞不能被有效杀灭，从而引起 CNSL，成为白血病髓外复发的主要根源，以 ALL 最常见。轻者可有头痛、头晕，重者有呕吐、视盘水肿、颈项强直、抽搐、昏迷等。

8. 睾丸　出现无痛性肿大，多为一侧性，另一侧虽无肿大，但在活检时往往也发现有白血病细胞浸润。临床多见于 ALL 化疗缓解后的幼儿和青年，是仅次于 CNSL 的白血病髓外复发的根源。

此外，白血病细胞还可浸润泌尿生殖系统、肺、心、消化道等器官。

（三）实验室及其他检查

1. 血象　白细胞多数在 $(10～50)×10^9/L$，少部分 $<4×10^9/L$ 或 $>100×10^9/L$，白细胞过高或过低者其预后均较差。病人常有不同程度的正细胞性贫血，约 50% 的病人血小板 $<60×10^9/L$，晚期血小板往往极度减少。

2. 骨髓象　骨髓穿刺检查是诊断 AL 的主要依据和必做检查。FAB 分型将原始细胞≥骨髓有核细胞的 30% 定为 AL 的诊断标准，WHO 分型将骨髓原始细胞≥20% 定为 AL 的诊断标准。大多数病人骨髓象呈增生明显活跃或极度活跃，以有关系列的原始细胞、幼稚细胞为主，而较成熟中间阶段的细胞缺如，并残留少量的成熟细胞，形成所谓的"裂孔现象"。此外，正常的巨核细胞和幼红细胞减少。少数病人的骨髓呈增生低下。奥尔（Auer）小体仅见于 AML，有独立诊断的意义。

3. 细胞化学检查　主要用于 AL 分型诊断与鉴别诊断。常用方法有过氧化物酶染色、糖原染色、非特异性酯酶及中性粒细胞碱性磷酸酶测定等。

4. 免疫学检查　通过针对白血病细胞表达的特异性抗原的检测，分析细胞所属系列、分化程度和功能状态，以区分 ALL 和 ANLL 及其各自的亚型。

5. 染色体和基因改变　白血病常伴有特异的染色体和基因异常改变，并与疾病的发生、发展、诊断、治疗与预后有密切联系。如 99% 的 M_3 有 t（15；17）(q22；q12)，该易位使 15 号染色体上的 PML（早幼粒白血病基因）与 17 号染色体上 RARA（维 A 酸受体基因）形成 PML/RARA 融合基因，这是 M_3 发病及用全反式维甲酸治疗有效的分子学基础。

6. 血液生化改变　血清尿酸浓度增高，特别在化疗期间，尿酸排泄量增加，甚至可出现尿酸结晶而影响肾功能。病人并发 DIC 时可出现凝血异常。血清和尿溶菌酶活性增高是 M_4 和 M_5 的特殊表现之一。CNSL 病人脑脊液压力增高，脑脊液检查显示白细胞数量增加，蛋白质增多，而糖定量减少，涂片中可找到白血病细胞。

（四）诊断要点

依据病人有持续性发热或反复感染、进行性贫血、出血、骨骼关节疼痛及肝、脾和淋巴结肿大等临床特征；外周血中白细胞总数量增加并出现原始或幼稚细胞；骨髓增生活跃，原始细胞占全部骨髓有核细胞的 30% 以上，一般可做出诊断。但需进一步做形态学、细胞化学、免疫学、染色体及基因检查等，以确定急性白血病的类型。

（五）治疗要点

根据病人的 MICM 分型结果及临床特点进行预后危险分层。综合考虑病人的意愿与经济能力，选择并设计最佳治疗方案。

1. 对症支持治疗

（1）紧急处理高白细胞血症：当白细胞 $>200×10^9/L$ 时，病人可发生白细胞淤滞症，表现为呼吸困难、低氧血症、反应迟钝、颅内出血及阴茎异常勃起等。高白细胞血症（$>100\times10^9$/L）不仅会增加病人早期死亡率，也会增加髓外白血病的发病率和复发率。因此一旦出现，可紧急使用血细胞分离机，单采清除过高的白细胞（M_3 不推荐使用），同时给予化疗和水化、碱化尿液等，但需预防白血病细胞溶解诱发的高尿酸血症、酸中毒、电解质紊乱、凝血功能异常等并发症。

（2）防治感染：白血病病人常伴有粒细胞减少或缺乏，特别是在放、化疗后，此时宜住层流病房或消毒隔离病房。使用粒细胞集落刺激因子（G-CSF）和粒细胞-巨噬细胞集落刺激因子（GM-CSF）可缩短粒细胞缺乏期，促进造血细胞增殖，提高病人对化疗的耐受性。如有发热应积极抗感染，以降低死亡率。

（3）改善贫血、防治出血：严重贫血可吸氧、输浓缩红细胞，维持 Hb > 80 g/L。但出现白细胞淤滞症时不宜马上输红细胞，以免进一步增加血液黏稠度。如血小板过低会引起出血，则需输注单采血小板悬液，保持 PLT > 20×10^9/L，并发 DIC 时，做出相应处理。

（4）防治高尿酸性肾病：由于白血病细胞大量破坏，特别是在化疗期间，尿酸水平明显升高，尿酸结晶的析出可积聚于肾小管，导致肾衰竭。因此，应嘱病人多饮水或给予静脉补液，以保证每小时尿量 > 150 mL/m^2；充分碱化尿液；口服别嘌醇，抑制尿酸形成。当病人少尿或无尿时应按急性肾衰竭处理。

（5）纠正水、电解质及酸碱平衡失调：化疗前及化疗期间均应定期监测水、电解质和酸碱平衡，及时发现异常并加以纠正，以保证机体内环境的相对稳定及药物疗效的正常发挥。给予病人高蛋白、高热量、易消化食物，必要时静脉补充营养。

2. 化学药物治疗　是目前白血病治疗最主要的方法，也是造血干细胞移植的基础。

（1）化疗的阶段性划分：急性白血病化疗过程分为两个阶段，即诱导缓解和缓解后治疗。

1）诱导缓解：是急性白血病治疗的起始阶段。主要是通过联合化疗，迅速、大量地杀灭白血病细胞，恢复机体正常造血，尽可能在较短时间内得到完全缓解（complete remission，CR），即病人的白血病症状和体征消失，白细胞分类中无白血病细胞；骨髓象中原始粒Ⅰ型+Ⅱ型≤5%，无 Auer 小体，红细胞及巨核细胞系正常；无髓外白血病。病人能否获得 CR 是急性白血病治疗成败的关键。急性白血病常用诱导联合化疗方案见表 5-5-1。

表 5-5-1　急性白血病常用诱导联合化疗方案

类型	诱导联合化疗方案
ALL	DVLP 方案：柔红霉素 + 长春新碱 + 左旋门冬酰胺酶 + 地塞米松
AML	DA/IA（"标准方案"）：柔红霉素 + 阿糖胞苷或去甲氧柔红霉素 + 阿糖胞苷
	HA 方案：高三尖杉酯碱 + 阿糖胞苷
	HAD 方案：高三尖杉酯碱 + 阿糖胞苷 + 柔红霉素
	HAA 方案：高三尖杉酯碱 + 阿糖胞苷 + 阿克拉霉素
	DAE 方案：柔红霉素 + 阿糖胞苷 + 依托泊苷
M_3	双诱导方案：维甲酸 + 三氧化二砷
	维甲酸 + 三氧化二砷 + 蒽环类

2）缓解后治疗：是 CR 后病人治疗的延续阶段。急性白血病病人达到完全缓解后，体内尚有 $10^8\sim10^9$ 的白血病细胞，且在髓外某些部位仍可有白血病细胞的浸润，是疾病复发的根源。

缓解后治疗主要是通过进一步的巩固与强化治疗，彻底消灭残存的白血病细胞，防止病情复发。对延长 CR 期和无病存活期，争取治愈起决定作用。

（2）化疗药物及治疗方案：根据白血病细胞动力学的原理，选择作用于不同增殖阶段的药物，制定联合化疗方案，可提高疗效及延长耐药性的发生。

3. 中枢神经系统白血病　由于多数化疗药物难以通过血脑屏障，隐藏在中枢神经系统内的白血病细胞常是白血病复发的根源。目前防治措施多采用早期强化全身治疗和鞘内注射化疗药（如 MTX、Ara-C、糖皮质激素）和（或）高剂量的全身化疗药（如 HD MTX、Ara-C），CNSL 发生时可进行颅脊椎照射。

4. 造血干细胞移植　详见本章第八节血液系统常见诊疗技术及护理。

5. 老年急性白血病的治疗　60 岁以上的急性白血病病人常由骨髓增生异常综合征转化而来或继发于某些理化因素，合并症多，耐药、并发重要脏器功能不全等，更应强调个体化治疗。多数病人化疗需减量用药，以降低治疗相关死亡率，少数体质好又有较好支持条件的病人，可采用中年病人的化疗方案进行治疗。

6. CAR-T 免疫治疗。

三、慢性白血病

慢性白血病（chronic leukemia，CL）按细胞类型分为慢性髓细胞性白血病和慢性淋巴细胞白血病，以及少见类型的白血病，如慢性单核细胞白血病及毛细胞白血病等。

（一）慢性髓细胞性白血病

慢性髓细胞性白血病（chronic myelogenous leukemia，CML）又称慢性粒细胞性白血病（简称慢粒），是临床上一种起源于骨髓多功能造血干细胞的恶性增殖性疾病，起病及发展相对缓慢，外周血粒细胞显著增多且不成熟，脾明显肿大。95% 以上的病例出现 Ph 染色体和（或）BER/ABL 融合基因。各年龄组均可发病，多见于中年，男性多于女性。

1. 临床表现

（1）慢性期（CP）：起病缓慢，一般持续 1~4 年，早期常无自觉症状，随病情的发展可出现乏力、低热、多汗或盗汗、体重减轻等代谢亢进的表现。巨脾为最突出的体征，质地坚实、平滑、无压痛。但如发生脾梗死，则压痛明显。部分病人可有胸骨中下段压痛。半数病人肝中度肿大，浅表淋巴结多无肿大。

（2）加速期（AP）：起病后 1~4 年间，70% 慢粒病人进入加速期，主要表现为持续高热、虚弱、体重下降、骨骼痛，脾持续或进行性肿大，对原来有效的药物发生耐药。

（3）急变期（BC）：为 CML 的终末期，临床与 AL 相似。多数为急粒变，少数为急淋变或急单变。急性变预后极差，往往在数月内死亡。

2. 实验室及其他检查

（1）慢性期

1）血象：初诊时以外周血白细胞计数增高为主，$>20 \times 10^9$/L，约 50% 病人 $>100 \times 10^9$/L；约 50% 的病人血小板计数增高，晚期血小板逐渐减少，并出现贫血。

2）骨髓象：骨髓增生明显或极度活跃。以粒细胞为主，粒红比例明显增高，其中中性中幼、晚幼和杆状核细胞明显增多，原粒细胞 <10%；嗜酸、嗜碱性粒细胞增多，后者有助于诊断；红系细胞相对减少；巨核细胞正常或增多，晚期减少。

3）中性粒细胞碱性磷酸酶（neutrophil alkaline phosphatase，NAP）：活性减低或呈阴性反应。治疗有效时 NAP 活性可以恢复，疾病复发时又下降，合并细菌感染时可略升高。

4）染色体检查：95% 以上慢粒白血病病人血细胞中出现 Ph 染色体和 BER/ABL 融合基因。

5）血液生化：血清及尿中尿酸浓度增高，血清乳酸脱氢酶增高。

（2）加速期：外周血或骨髓原粒细胞≥10%，外周血嗜碱性粒细胞>20%，不明原因的血小板进行性减少或增加，除 Ph 染色体外又出现其他染色体异常，粒-单系祖细胞集簇增加而集落减少，骨髓活检显示胶原纤维明显增生。

（3）急变期：骨髓中原始细胞或原淋+幼淋巴细胞或原单+幼单核细胞>20%，原粒+早幼粒细胞>50%；外周血中原粒+早幼粒细胞>30%，出现髓外原始细胞浸润。

3. **诊断要点** 凡有不明原因的持续性白细胞数增高，脾大，根据典型的血象和骨髓象改变，Ph 染色体阳性即可做出诊断。

4. **治疗要点** CML 治疗应着重于慢性期早期，避免疾病转化，一旦进入加速期或急变期则预后不良。

（1）细胞淤滞症紧急处理：详见本节"急性白血病"中"紧急处理高白细胞血症"的治疗要点。

（2）化学治疗

1）羟基脲：起效快，但持续时间短，用药后 2~3 天白细胞数下降，停药后很快回升，降低肿瘤负荷效果好。单独服用羟基脲仅限于高龄、合并并发症、TKI 和 IFN-α 均不耐受的病人，以及用于高白细胞血症病人的降白细胞处理。

2）其他药物：白消安（马利兰）、高三尖杉酯碱、阿糖胞苷、巯嘌呤、环磷酰胺、砷剂及其他联合化疗亦有效。

（3）α-干扰素（IFN-α）：推荐联合应用小剂量阿糖胞苷（10~20）mg/（m²·d），每个月连用 10 天，可提高生存率。适用于不适合 TKI 和异基因造血干细胞移植治疗的病人。

（4）靶向治疗：伊马替尼为第一代酪氨酸激酶抑制剂（tyrosine kinase inhibitor，TKI），能特异性阻断 ATP 在 ABL 激酶上的结合位置，使酪氨酸残基不能磷酸化，从而抑制 BCR-ABL 阳性细胞的增殖，从而应用于 CML 临床治疗，使 CML 的 5 年生存率超过 95%，成为 CML 的首选治疗。对伊马替尼不能耐受或无效的病人，可选用第二代 TKI 尼罗替尼或达沙替尼。

（5）异基因造血干细胞移植（allo-HSCT）：是目前认为根治 CML 的标准治疗，适用于有移植意愿并符合下列条件者：①新诊断的儿童和青年；②依据年龄、脾的大小、血小板计数和原始细胞数等，综合性疾病进展风险评估较高，且具有完全相合供者的年轻病人；③TKI 治疗失败、不耐受或（和）适合者。HLA 相合同胞间移植后，3~5 年无病存活率可达 80%。

（二）慢性淋巴细胞白血病

慢性淋巴细胞白血病（chronic lymphocytic leukemia，CLL）简称慢淋，是以外周血、骨髓、脾和淋巴结等淋巴组织中出现大量克隆性 B 淋巴细胞为特征的进展缓慢的 B 淋巴细胞增殖性肿瘤。慢淋均起源于 B 细胞。本病在我国、日本及东南亚较少见，在欧美国家较常见。中位发病年龄在 65 岁左右，男女比例约为 2:1。

1. **临床表现** 起病缓慢，多无自觉症状，许多病人在常规体检或因其他疾病就诊时才被发现。早期可出现疲乏、无力，随后出现食欲减退、消瘦、低热和盗汗等症状。淋巴结肿大常为就诊的首发症状，多见于颈部、锁骨上、腋窝、腹股沟。肿大的淋巴结无压痛、较坚实、可移动。50%~70%的病人有肝、脾轻至中度肿大。晚期免疫功能减退,易发生贫血、出血、感染,尤其是呼吸道感染,10%~15%的病人可并发自身免疫性溶血性贫血。

2. 实验室及其他检查

(1)血象:淋巴细胞持续增多,白细胞 $>10\times10^9/L$,淋巴细胞占50%以上,晚期可达90%以上,以小淋巴细胞为主。晚期血红蛋白、血小板减少,发生溶血时贫血明显加重。

(2)骨髓象:有核细胞增生明显活跃或极度活跃,淋巴细胞比例≥40%,以成熟淋巴细胞为主。红系、粒系及巨核细胞均减少,伴有溶血时,可见幼红细胞代偿性增多。

(3)免疫学检查:绝大多数病例的淋巴细胞源于B淋巴细胞,具有单克隆性及相应的免疫表型;20%病人抗人球蛋白试验阳性,晚期T细胞功能障碍。

(4)细胞遗传学:50%~80%的病人出现染色体异常。部分病人出现基因突变或缺失。

3. 临床分期 目的在于帮助选择治疗方案及估计预后。常用分期标准包括Rai和Binet分期(表5-5-2)。

表5-5-2 CLL的Rai和Binet分期及预后

危险分组	Rai分期	Binet分期	生存期(年)
低危	0期:仅有外周血和骨髓中淋巴细胞增多	A期:外周血和骨髓中淋巴细胞增多,<3个区域淋巴结肿大	14~17
中危	Ⅰ期:0+淋巴结肿大 Ⅱ期:Ⅰ+肝和(或)脾大	B期:外周血和骨髓中淋巴细胞增多,≥3个区域淋巴结肿大	5~7
高危	Ⅲ期:Ⅱ+贫血(Hb<110 g/L) Ⅳ期:Ⅲ+血小板减少	C期:除与B期相同外,尚有贫血(Hb<100 g/L)或血小板减少(PLT<$100\times10^9/L$)	2~3

4. 诊断要点 主要根据病人有全身淋巴结肿大而无压痛等临床表现,结合外周血中持续性单克隆淋巴细胞 $>5\times10^9/L$,骨髓中淋巴细胞≥40%,便可做出诊断。

5. 治疗要点 CLL早期(Rai 0~Ⅱ期或Binet A期)、疾病进展期(Ⅲ、Ⅳ期或C期),却无疾病进展表现者病人无须治疗,定期复查即可。如出现下列情况之一提示疾病高度活动,应开始化疗:①体重减轻≥10%、极度疲劳、发热(38℃)>2周、盗汗;②进行性脾大或脾区疼痛;③淋巴结进行性肿大或直径>10 cm;④进行性外周血淋巴细胞增多,2个月内增加>50%,或倍增时间<6个月;⑤出现自身免疫性血细胞减少,糖皮质激素治疗无效;⑥骨髓进行性衰竭,贫血和(或)血小板减少进行性加重。

(1)化学治疗:常用的药物为氟达拉滨和苯丁酸氮芥,前者疗效较好。苯达莫司汀是一种新型烷化剂,兼具有抗代谢功能和烷化剂作用,不论初治或复发难治性病人,单药治疗均显示较高的CR率和治疗反应率。氟达拉滨联合环磷酰胺(FC方案)的疗效优于单用氟达拉滨。

(2)免疫治疗:利妥昔单抗可联合氟达拉滨及环磷酰胺(FCR疗法),是目前初治CLL治疗反应最佳的方法。

(3)并发症治疗:积极抗感染治疗,反复感染者可注射免疫球蛋白;并发自身免疫性溶血性贫血或血小板减少可用较大剂量糖皮质激素;疗效不佳且脾大明显时,可行脾切除。

(4)造血干细胞移植:在缓解期,预后较差的年轻病人可采用自体干细胞移植,效果优于传统化疗,但易复发。allo-HSCT可使部分病人长期存活甚至治愈。

拓展阅读5-5-2 常用抗白血病药物
拓展阅读5-5-3 化疗药物分类

四、白血病病人的护理措施

1. 病情观察

（1）观察体温：有无发热，注意各系统可能出现的感染症状。

（2）观察有无出血倾向：如皮肤黏膜瘀点、瘀斑，消化道、泌尿道出血，颅内出血等，警惕弥散性血管内凝血（DIC）发生。

（3）询问病人有哪些不适：如头痛、恶心、呕吐、乏力、胸闷、头晕、脾胀痛、骨与四肢关节有无压痛等，并了解症状持续时间及严重程度。

（4）血象：外周血中白细胞总数增加，出现原始或幼稚细胞。

（5）骨髓象：骨髓穿刺检查是诊断 AL 的主要依据和必做检查。

2. 具体护理措施

（1）贫血的护理：见本章第三节中缺铁性贫血病人的护理。

（2）出血的护理：见本章第二节血液系统疾病常见症状体征的评估和护理中"出血或出血倾向"的护理。

（3）感染的护理：加强保护性隔离，白血病病人应与其他病种病人分室居住，以免交叉感染。粒细胞及免疫功能明显低下者，应置单人病室，有条件者置于超净单人病室、空气层流室或单人无菌层流床，采取保护性隔离。普通病室或单人病室需定期进行紫外线消毒。限制探视者的人数及次数，工作人员及探视者在接触病人之前要认真洗手。

（4）疼痛的护理：保持周围环境舒适、安静；嘱病人减少活动，多卧床休息；尽量减少弯腰和碰撞腹部，以免造成脾破裂。

（5）注意个人卫生：保持口腔清洁，宜用软毛牙刷，以免损伤口腔黏膜引起出血和继发感染。

（6）化疗药物引起的不良反应的护理

1）输液护理：合理使用静脉，首选中心静脉置管（PICC、PORT）。加强巡视，注意观察输液部位有无异常，有效预防化学性静脉炎及组织坏死。

> 拓展阅读 5-5-4
> 经外周置入中心静脉导管（PICC）简介
> 拓展阅读 5-5-5
> PICC 的护理流程

2）病情观察：化疗期间避免应用其他抑制骨髓的药物，遵医嘱定期复查血常规，根据病情随时进行或增加检查的次数，了解治疗效果和有无骨髓抑制及其严重程度。

3）胃肠道反应的护理：病人进餐时应提供安全、舒适、清洁的环境，食物宜清淡、易消化，少食多餐；选择胃肠道反应最轻的时间进食，避免在治疗前后 2 h 内进食；必要时遵医嘱予止吐药对症处理或静脉补充营养。

4）合并口腔溃疡的护理：避免食用对口腔黏膜有刺激性的食物；加强口腔护理，指导病人正确含漱漱口液及掌握局部溃疡用药的方法。避免进食带刺和带小骨头的食物。

5）化疗期间注意观察及预防其他脏器损害，如心、肝及肾功能等。

6）鞘内注射化疗药物的护理：协助病人取头低抱膝侧卧位，配合医生治疗工作，注射结束后嘱病人去枕平卧位 4~6 h，注意观察有无头痛、呕吐、发热等化学性脑膜炎及其他神经系统的损害症状。

7）脱发的护理：化疗前向病人说明化疗的必要性及化疗可能导致脱发现象，但病人在化疗结束后，头发会再生，使病人有充分的心理准备，坦然面对。指导病人使用假发或戴帽子，以降低病人身体意象障碍，鼓励病人参加正常的社交活动。

> 拓展阅读 5-5-6
> 维甲酸综合征的相关知识

（7）心理护理：耐心倾听病人诉说，鼓励病人；向病人介绍成功案例；组织病友之间进行养病经验的交流。帮助病人建立良好生活方式，根据活动耐力做些有益的事情，使病人感受到生命的价值，提高生存的信心。

3. 健康教育

（1）疾病预防指导：避免接触对造血系统有损害的各种理化因素，如电离辐射、亚硝胺类物质、染发剂、油漆等含苯物质；应用抗肿瘤的细胞毒药物时应定期检查血象及骨髓象，如环磷酰胺、依托泊苷等。

（2）疾病知识指导

1）休息与活动：保证充足的休息和睡眠，适当加强健身活动；沐浴时水温以37～40℃为宜，有明显出血病人禁止温水擦浴。

2）饮食卫生：给予高热量、高蛋白、高维生素、清淡、易消化食物，以半流质为主，少食多餐，注意饮食卫生，食具应消毒，多食水果蔬菜，多饮水，保持大便通畅。

3）用药指导：向病人说明急性白血病缓解后仍应坚持定期巩固强化治疗，以延长疾病的缓解期和生存期。慢性白血病应坚持治疗，勿随意减药或停药，同时注意观察其不良反应。定期复查血象和肝肾功能。

（3）预防感染和出血指导：注意保暖，避免受凉；讲究个人卫生，少去人群拥挤的地方，经常检查口腔、咽部有无感染，学会自测体温。勿用力咳嗽，勿用牙签剔牙，刷牙用软毛刷，勿用手挖鼻孔，天气干燥可涂金霉素眼膏，避免创伤。定期门诊检查血象，发现出血、发热及骨、关节疼痛应及时就医。

（4）心理指导：向病人及其家属说明白血病是造血系统肿瘤性疾病，虽然难治，但目前治疗进展快、效果好，应树立信心。家属应为病人创造一个安全、安静、愉悦宽松的环境，使病人保持良好的情绪状态，有利于疾病的康复。

（5）病情监测指导：出现贫血加重、发热、腹部剧烈疼痛，特别是腹部受撞击而疑为脾破裂时，应立即就医。

第六节　淋巴瘤病人的护理

情景导入

某患者住院期间，完善检查确诊为"弥漫大B细胞淋巴瘤"，拟行R-CHOP（利妥昔单抗600 mg D0+长春地辛3 mg D1+环磷酰胺1.2 g D1+多柔比星脂质体40 mg D1+地塞米松20 mg D1-D5）方案化疗。

请思考：

1. 如何指导病人正确配合化疗，减轻化疗反应？
2. 使用利妥昔单抗时有哪些注意事项？

拓展阅读5-6-1
淋巴瘤病人的护理重要知识点

淋巴瘤（lymphoma）起源于淋巴结和淋巴组织，其发生大多与免疫应答过程中淋巴细胞增殖分化产生的某种免疫细胞恶变有关，是免疫系统的恶性肿瘤。可发生于身体任何部位的淋巴结或结外的淋巴组织，且通常以实体瘤形式生长于淋巴组织丰富的组织器官中，其中以淋巴结、扁桃体、脾及骨髓等部位最易受累。进行性、无痛性淋巴结肿大或局部肿块是淋巴瘤共同的临床表现。组织病理学上分为霍奇金淋巴瘤（Hodgkin lymphoma，HL）和非霍奇金淋巴瘤（non-Hodgkin lymphoma，NHL）两大类，85%的淋巴瘤为NHL。

我国淋巴瘤的发病率明显低于日本及欧美各国。发病年龄以20~40岁最为多见。城市的发病率高于农村。男性发病率明显多于女性。

（一）病因与发病机制

淋巴瘤的病因与发病机制尚不清楚，一般认为感染及免疫因素起重要作用，理化因素及遗传因素等也有不可忽视的作用。病毒学说也颇受重视。

1. 病毒感染

（1）EB病毒（系DNA疱疹病毒）：与淋巴瘤的发生关系密切，在HL病例中EB病毒检出率可高达75%；是非洲地方性Burkitt淋巴瘤的病因，80%以上Burkitt淋巴瘤病人血中EB病毒抗体滴度明显增高，而非Burkitt淋巴瘤病人滴度增高者仅14%，滴度高者发生Burkitt淋巴瘤的概率也明显增多。

（2）人类T淋巴细胞病毒Ⅰ型（HTLV-Ⅰ）（逆转录病毒）：已被证明是成人T细胞白血病或淋巴瘤的病因，HTLV-Ⅱ近来也被认为与T细胞皮肤淋巴瘤（蕈样肉芽肿）的发病有关。

（3）Kaposi肉瘤病毒：也被认为是原发于体腔的淋巴瘤的病因。边缘区淋巴瘤合并HCV感染，经干扰素和利巴韦林治疗HCV RNA转阴时，淋巴瘤可获得部分或完全缓解。

（4）其他病毒。

2. 免疫缺陷　动物实验证明，动物胸腺切除或接受抗淋巴血清、细胞毒药物、放射使其免疫功能长期处于低下状态时，肿瘤发生率高。近年来发现遗传性或获得性免疫缺陷伴发淋巴瘤者较多，如干燥综合征，淋巴瘤的发生率明显高于一般人群。器官移植后长期应用免疫抑制剂而发生恶性肿瘤者，其中1/3为淋巴瘤。

3. 职业暴露和环境因素　长期接触溶剂、皮革、燃料、杀虫剂和除草剂等暴露因素会增加患淋巴瘤的风险。木工行业，木尘、苯的暴露史与HL的发病率高度相关。

4. 其他因素　幽门螺杆菌抗原的存在与胃黏膜相关性淋巴样组织结外边缘区淋巴瘤（胃MALT淋巴瘤）发病密切相关，抗幽门螺杆菌治疗可改善病情。

（二）病理和分型

淋巴瘤典型的淋巴结病理学特征为正常滤泡性结构、被膜周围组织、被膜及被膜下窦被大量异常淋巴细胞或组织细胞所破坏。

1. 霍奇金淋巴瘤　显微镜下的特点是在炎症细胞背景下散在肿瘤细胞，即Reed-Sternberg细胞（R-S细胞）及其变异型细胞。目前采用2016年WHO淋巴造血系统肿瘤分类，分为结节性淋巴细胞为主型HL和经典HL两大类。结节性淋巴细胞为主型少见，约占HL的10%。经典型占HL的90%。经典型HL可分为4种组织学亚型，即结节硬化型、富于淋巴细胞型、混合细胞型和淋巴细胞消减型。

2. 非霍奇金淋巴瘤　NHL大部分为B细胞性，病变的淋巴结切面外观呈鱼肉样。NHL易发生早期远处扩散。镜下正常淋巴结结构破坏，增生或浸润的淋巴瘤细胞成分单一、排列紧密，淋巴滤泡和淋巴窦可消失。部分病例在临床确诊时已播散至全身。

2008年，WHO新分类将每一种淋巴瘤类型确定为独立疾病，提出了淋巴组织肿瘤分型新方

拓展阅读 5-6-2
NHL 免疫学分型
拓展阅读 5-6-3
淋巴组织肿瘤 WHO（2016）分型

案，该方案既考虑了形态学特点，也反映了应用单克隆抗体、细胞遗传学和分子生物学等新技术对淋巴瘤的新认识和确定的新病种，包含各种淋巴瘤和急性淋巴细胞白血病。2016 年版分类中增加了一些新类型、对某些种类更名、细胞起源分类等。

（三）临床表现

HL 多见于青年，儿童少见。NHL 可见于各年龄组，随年龄的增长而发病增多，男性多于女性。临床上以进行性、无痛性淋巴结肿大和局部肿块为特征，同时可有相应器官受压迫或浸润受损症状。临床表现因病理类型、分期及侵犯部位不同而错综复杂。NHL 与 HL 临床表现的比较见表 5-6-1。

表 5-6-1　NHL 与 HL 临床表现的比较

临床表现	NHL	HL
首发症状	淋巴结肿大及压迫	淋巴结肿大，持续发热伴盗汗、消瘦
病变范围	广泛，多有结外组织受累	局限，局部淋巴结为主
发展规律	血源性扩散	邻近浸润性、延续性扩散
骨髓受累	常见	少见
纵隔淋巴结受累	除个别分型外，少见	常见，尤其是结节硬化型
肝受累	常见	少见
脾受累	少见	常见
肠系膜淋巴结受累	常见	少见
咽淋巴环受累	可见	罕见
胃肠道受累（如腹部包块）	常见	罕见
中枢神经受累	偶见	罕见
皮肤受累	偶见，但 T 细胞型较多见	罕见
滑车上淋巴结受累	偶见	罕见

1. 淋巴结肿大　多以进行性、无痛性的颈部或锁骨上淋巴结肿大为首发症状，其次是腋下、腹股沟等处的淋巴结肿大，且以 HL 多见。肿大的淋巴结可以活动，也可相互粘连，融合成团块，触诊有软骨样的感觉。咽淋巴环病变可有吞咽困难、鼻塞、鼻出血及颌下淋巴结肿大。深部淋巴结肿大可引起局部的压迫症状，如纵隔淋巴结肿大可致咳嗽、胸闷、气促、肺不张及上腔静脉压迫综合征等；腹膜后淋巴结肿大可压迫输尿管，引起肾盂积水等，此以 NHL 较为多见。

2. 发热　热型多不规则，可呈持续高热，也可间歇低热，30%～40% 的 HL 病人以原因不明的持续发热为首发症状，少数 HL 病人出现周期热。但 NHL 一般在病变较广泛时才发热，且多为高热。热退时大汗淋漓可为本病特征之一。

3. 皮肤瘙痒　为 HL 较特异的表现，也是 HL 唯一的全身症状。局灶性瘙痒发生于病变部淋巴引流区域，全身瘙痒大多发生于纵隔或腹部有病变的病人。多见于年轻病人，特别是女性。

4. 酒精疼痛　17%～20%HL 病人在饮酒后 20 min，病变局部发生疼痛，即称为"酒精疼痛"。其症状可早于其他症状及 X 线表现，具有一定的诊断意义。当病变缓解后，酒精疼痛即消失，复发时又重现。酒精疼痛的机制不明。

5. 组织器官受累　为肿瘤远处扩散及结外侵犯的结果，常见于 NHL。其中肝受累可引起肝大和肝区疼痛,少数可发生黄疸。胃肠道损害以回肠居多,其次是胃,可出现食欲减退、腹痛、腹泻、腹部包块、肠梗阻和出血。肾损害表现为肾肿大、高血压、肾功能不全及肾病综合征。骨骼损害以胸椎及腰椎最常见,主要表现为局部骨痛、压痛及脊髓压迫症等。口鼻咽部受累可出现不同程度的吞咽困难及鼻塞;部分病人因肺实质浸润、胸腔积液等而出现相应的症状与体征;中枢神经系统病变多出现于疾病进展期,以累及脑膜及脊髓为主。部分 NHL 病人晚期会发展为急性淋巴细胞白血病。

(四)实验室及其他检查

1. **血象** HL 血象变化较早,常有轻中度贫血,少数有白细胞计数轻度或明显增加,中性粒细胞增多,约 20% 病人嗜酸性粒细胞升高。骨髓浸润广泛或有脾功能亢进时,全血细胞减少。

2. **骨髓象** 多为非特异性,若能找到 R-S 细胞则是 HL 脊髓浸润的依据,活检可提高阳性率;NHL 白细胞多正常,伴淋巴细胞绝对或相对增多。

3. **其他检查** 淋巴结活检是淋巴瘤确诊和分型的主要依据。胸部 X 线、腹部超声、胸(腹)部 CT 或 PET-CT 等有助于确定病变的部位及其范围,其中腹部检查以 CT 为首选,PET-CT 现已作为评价淋巴瘤疗效的重要指标。疾病活动期有红细胞沉降率增快、血清乳酸脱氢酶活性增加,其中乳酸脱氢酶增加提示预后不良;骨骼受累时血清碱性磷酸酶活力或血钙增加。NHL 可并发溶血性贫血,抗人球蛋白试验阳性。中枢神经系统受累时脑脊液中蛋白含量增加。

(五)诊断要点

对慢性、进行性、无痛性淋巴结肿大,经淋巴结活检证实即可确诊。一般情况下,组织病理学检查应尽量采用免疫组化、细胞遗传学和分子生物学技术,按 WHO(2016)的淋巴组织肿瘤分型标准进行分型。

拓展阅读 5-6-4
淋巴瘤分期

(六)治疗要点

以化疗为主、化疗与放疗相结合,联合应用相关生物制剂的综合治疗,是目前淋巴瘤治疗的基本策略。

1. **化疗为主,联合放疗** HL 以 ABVD 方案为首选。NHL 多中心发生且有跳跃性播散倾向,使其临床分期的价值不如 HL,故其治疗以化疗为主;惰性 NHL 发展缓慢,化疗及放疗均有效,但不易缓解;侵袭性 NHL 均应以化疗为主。CHOP 方案是治疗侵袭性 NHL 的基本方案,ESHAP 方案用于复发性淋巴瘤。常用联合化疗方案见表 5-6-2。

表 5-6-2 淋巴瘤常用联合化疗方案

	方案	药物
HL	ABVD(首选)	阿霉素、博来霉素、长春新碱、达卡巴嗪
	MOPP	氮芥、长春新碱、丙卡巴肼、泼尼松
	COPP	环磷酰胺、长春新碱、丙卡巴肼、泼尼松
NHL	CHOP(基本)	环磷酰胺、阿霉素、长春新碱、泼尼松
	R-CHOP	利妥昔单抗、环磷酰胺、阿霉素、长春新碱、泼尼松
	EPOCH	依托泊苷、阿霉素、长春新碱、泼尼松、环磷酰胺
	ESHAP	依托泊苷、甲泼尼松、阿糖胞苷、顺铂

2. 生物治疗　凡 CD20 阳性的 B 细胞淋巴瘤均可用 CD20 单抗（利妥昔单抗）治疗，CD20 单抗联合 CHOP 组成 R-CHOP 方案治疗惰性和侵袭性 B 细胞淋巴瘤，可提高 CR 率和延长无病生存期。干扰素对蕈样肉芽肿和滤泡性小裂细胞型有抑制作用，可延长缓解期。合并严重活动性感染或免疫应答严重损害（如低免疫球蛋白血症，CD4 或 CD8 细胞计数严重下降）、严重心衰、类风湿关节炎的病人不应使用利妥昔单抗治疗。

> 拓展阅读 5-6-5
> 利妥昔单抗输注反应的观察及处理

3. 骨髓或造血干细胞移植　对 55 岁以下、重要器官功能正常的病人，如缓解期短、难治易复发的侵袭性淋巴瘤，经过 4 个疗程 CHOP 方案使淋巴结缩小超过 3/4 者，可考虑全淋巴结放疗及大剂量联合化疗后进行异基因或自身骨髓（或外周血造血干细胞）移植，以获得长期缓解和无病生存。

4. PD-1/PD-L1 抗体治疗　近年来，肿瘤免疫治疗迅速发展。程序性死亡受体-1(programmed death-1, PD-1)及其配体(programmed death-ligand 1, PD-L1)结合诱导 T 细胞的凋亡，使肿瘤细胞发生免疫逃逸。而通过阻断 PD-1/PD-L1 信号通路可使 T 细胞活化增强，识别和杀伤肿瘤细胞，有效抑制肿瘤生长，成为肿瘤免疫治疗的有效新靶点。

> 拓展阅读 5-6-6
> PD-1/PD-L1 抗体治疗的发展

5. 其他　包括剖腹探查及脾切除。

（七）护理评估

1. 病史　询问病人有无头晕、发热、乏力、盗汗、消瘦、皮肤瘙痒、鼻塞、吞咽困难、咳嗽、咳痰、食欲减退、腹痛、腹泻、骨痛等疾病表现；有无导致淋巴瘤的危险因素，如家族史、病毒感染、免疫缺陷、肥胖或超重、长期精神紧张、疲乏、饮酒、吸烟等。

2. 身体评估　评估病人有无淋巴结肿大、局部包块、皮下结节甚至溃疡及包块压迫引起的症状等。

3. 实验室及其他检查　血象、骨髓象、淋巴结活检、胸部 X 线、腹部超声、胸（腹）部 CT 或 PET-T、肾功能等。

4. 心理社会状况　了解病人对疾病的认知程度、个性特征、生活方式，病人及家庭成员的文化、信仰、经济收入、相互关系等。

（八）常见护理诊断/问题

1. 体温过高　与 HL 的症状或并发感染有关。
2. 有皮肤完整性受损的危险　与放疗引起局部皮肤烧伤有关。
3. 疼痛　与肿瘤浸润或化疗药物毒性有关。
4. 营养失调：低于机体需要量　与肿瘤对机体的消耗或放、化疗有关。
5. 悲伤　与治疗效果差或淋巴瘤复发有关。
6. 潜在并发症　化疗药物不良反应。

（九）护理目标

通过正规的化疗，改变不良的生活方式，定期门诊随访，适当运动、放松心情等，病人的各种症状得到有效缓解。

（十）护理措施

1. 避免皮肤完整性受损的护理

（1）防范措施：照射区的皮肤在辐射作用下一般都有轻度损伤，对刺激的耐受性非常低，易发生二次皮肤损伤。故应避免局部皮肤受到强热或冷的刺激，尽量不用热水袋、冰袋，沐浴水温以37~40℃为宜；外出时避免阳光直接照射；不要用有刺激性的化学物品，如肥皂、乙醇、油膏、胶布等。放疗期间应穿着宽大、质软的纯棉或丝绸内衣，洗浴毛巾要柔软，擦洗放射区皮肤时动作轻柔，减少摩擦，并保持局部皮肤的清洁干燥，防止皮肤破损。

（2）皮肤评估：评估病人放疗后的局部皮肤反应，有无发红、瘙痒、灼热感及渗液、水疱形成等放射性皮损表现。

（3）放射性皮肤损伤的处理：局部皮肤有发红、痒感时，应及早涂油膏以保护皮肤；如皮肤为干反应，表现为局部皮肤灼痛，可给予氢化可的松软膏等外涂；如为湿反应，表现为局部皮肤刺痒、渗液、水疱，可用冰片蛋清、氢化可的松软膏外涂，渗出明显时可用3%硼酸溶液湿敷，也可用硼酸软膏外敷后加压包扎1~2天，渗液吸收后暴露局部；如局部皮肤有溃疡坏死，应全身抗感染治疗，局部外科清创、植皮。随着肿瘤放疗设备及技术的不断完善与提高，局部皮肤损伤的发生率日趋下降，且以轻症反应为多。

2. 疼痛的护理

（1）疼痛评估：护理人员可结合视觉模拟评分法（VAS）、数字评分法（NRS）、脸谱法（Faces）、语言描述法（DPIS）量表评估病人的疼痛程度。依据世界卫生组织癌痛三阶梯止痛治疗指南给药，其中阿片类药物疼痛应用较为普遍。

（2）药物毒性护理：药物毒性作用也是引起疼痛的常见因素，需评估病人精神状态，化疗药物是否引发严重刺激症状，是否造成周围及中枢神经功能损害，可通过给予营养神经药物加以缓解。

（3）心理护理：注重心理疏导，给予安慰、鼓励和支持，排解不良情绪。鼓励病人积极面对未来。同时加强环境管理，减少光线刺激和噪声干扰，协助病人取舒适体位。给予病人转移注意力、音乐疗法、自我暗示放松疗法、正念减压，减轻病人的疼痛感受。

3. 主动静脉治疗 随着生活水平的提高，更多的病人开始关注治疗期间的生活质量。根据病人的治疗方案及需求，实施主动静脉治疗，指导病人选择适宜的深静脉输液工具，如PICC、输液港（胸壁港、上臂港）等。手臂输液港因其安全性和舒适性高等优点，越来越受病人的青睐。为了保障病人的治疗安全，提高病人的生活质量，加强深静脉导管带管期间的活动与安全宣教亦非常重要。

拓展阅读5-6-7
植入式静脉输液港的发展史

拓展阅读5-6-8
植入式静脉输液港的简介

4. 休息与活动 头晕、乏力、视力模糊、重度贫血的病人应卧床休息，抬高床头，保持病室安静，减少声光刺激，限制探视，保证充足的睡眠。

5. 饮食护理 饮食宜多样化，给予高蛋白、高热量、高维生素饮食，避免进食油腻、生冷、辛辣刺激性食物。

（十一）健康指导

1. 疾病知识指导 病人应保证充足的休息与睡眠，可适当参与室外锻炼，如散步、打太极拳、体操、慢跑等，以提高机体免疫力。食谱应多样化，避免进食油腻、生冷和容易产气的食物。有口腔及咽喉部溃疡者可进牛奶、麦片等流质或半流质。若口舌干燥，可饮用柠檬汁、乌梅汁等。注意个人卫生，皮肤瘙痒者避免抓搔，以免皮肤破溃。沐浴时避免水温过高，宜选用温和的沐浴液。

2. 心理指导　加强心理疏导，帮助病人树立战胜疾病的信心。鼓励病人积极接受和配合治疗。鼓励家属充分理解病人，营造轻松的环境，及时疏解病人抑郁、悲观等负性情绪，保持心情舒畅。

3. 用药指导与病情监测　指导病人规范治疗，及时指导病人正确配合治疗，减轻药物副作用及并发症的发生。教会病人居家期间自我观察病情变化，若有疲乏无力、发热、盗汗、消瘦、咳嗽、气促、腹痛、腹泻、皮肤瘙痒、口腔溃疡或发现肿块等应及早就诊。

（十二）护理评价

病人经过正规的治疗和责任制整体优质护理，病情得到控制，无护理并发症发生；病人能够了解淋巴瘤的发病相关因素、危险因素、诱发因素及化疗后自我护理的相关知识。

（十三）预后

淋巴瘤的治疗已取得了很大进步，HL 已成为化疗可治愈的肿瘤之一。HL 预后与组织类型及临床分期有关。淋巴细胞为主型预后最好，5 年生存率为 94.3%。淋巴细胞消减型最差，5 年生存率仅 27.4%，Ⅰ期和Ⅱ期 5 年生存率在 90% 以上，Ⅳ期为 31.9%，儿童及老年人的预后一般较中青年为差，女性预后较男性为好，有全身症状者预后较差。

第七节　多发性骨髓瘤病人的护理

> **情景导入**
>
> 冯某，男性，53 岁。主因 1 年半余前无明显诱因出现腰痛而入院。腰椎间盘 CT：1. L4/5、L5/S1 椎间盘突出。2. 椎体楔形样改变。生化示：总蛋白 115.4 g/L，白蛋白 29.3 g/L，球蛋白 86.10 g/L，白球比 0.3，天冬氨酸转氨酶（AST）59 U/L，尿酸 417 μmol/L。住院期间予以双氯芬酸钠止痛处理后疼痛稍缓解，完善检查确诊后行 VRD（来那度胺 25 mg+ 硼替佐米 2.197 mg D1、4、13+ 地塞米松 20 mg D1-2、4-5）方案化疗，化疗 2 个疗程后出现四肢麻木不适。
>
> 请思考：
> 1. 多发性骨髓瘤化疗期间，有哪些护理要点？
> 2. 如何指导多发性骨髓瘤患者减轻疼痛？

多发性骨髓瘤（multiple myeloma，MM）是浆细胞恶性增殖性疾病，骨髓中有大量的异常浆细胞（或称骨髓瘤细胞）克隆性增生，引起广泛溶骨性骨骼破坏、骨质疏松，血清中出现单克隆免疫球蛋白（M 蛋白），正常的多克隆免疫球蛋白合成受抑制，尿中出现本周蛋白，从而引起不同程度的相关器官与组织的损伤。常出现骨痛、贫血、肾功能不全、感染和高钙血症等临床表现。本病多见于中老年病人，以 50～60 岁之间为多，男女之比约为 3∶2。在所有肿瘤中所占比例约为1%,占血液肿瘤的10%。近年来,随着人口的老龄化,MM的发病率有增多趋势。

(一)病因与发病机制

本病的病因不明,可能与病毒感染、电离辐射、接触工业或农业毒物、慢性抗原刺激及遗传因素等众多因素有关。对MM分子机制的研究显示,MM是一种由复杂的基因组改变和表观遗传学异常所驱动的恶性肿瘤。主要特征是遗传学的不稳定性,表现为明显多变的染色体异常核型,同时骨髓瘤细胞与骨髓微环境的相互作用进一步促进了骨髓瘤细胞增殖和耐药的发生。

(二)临床表现

多发性骨髓瘤起病缓慢,早期可数月至数年无症状。

1. **骨骼损害** 骨痛为主要症状,以腰骶部多见,其次是胸部和下肢。活动或扭伤后剧痛者可能为病理性骨折。MM骨病的发生主要是破骨细胞和成骨细胞活性失衡所致。

2. **贫血** 90%以上的病人会出现程度不同的贫血,并随着病情的进展而日趋严重。部分病人以贫血为首发症状。贫血的发生主要与骨髓瘤细胞浸润,正常的造血功能受抑制及并发肾衰竭等有关。

3. **肾损害** 为本病的重要表现之一。主要表现为不同程度的蛋白尿、血尿、管型尿和急、慢性肾衰竭。与骨髓瘤细胞直接浸润、M蛋白轻链沉积于肾小管及继发性高钙血症、高尿酸血症等有关。其中肾衰竭是本病仅次于感染的致死原因。脱水、感染和静脉肾盂造影等则是并发急性肾损伤的常见诱因。

4. **高钙血症** 可表现为疲乏、恶心、呕吐、多尿或便秘、脱水、头痛、嗜睡、意识模糊,严重者可致心律失常、昏迷等。

5. **感染** 是MM病人首位致死原因。主要与正常多克隆免疫球蛋白及中性粒细胞的减少有关,免疫力下降,病人易继发各种感染。其中以细菌性肺炎及尿路感染较常见,严重者可发生败血症而导致病人死亡。亦可见真菌、病毒感染。病毒感染以带状疱疹多见。

6. **高黏滞综合征** 发生率为2%~5%。主要表现为头昏、眩晕、眼花、耳鸣、手指麻木、冠状动脉供血不足、慢性心衰、不同程度的意识障碍,甚至昏迷。这与血清中M蛋白增多,尤以IgA易聚合成多聚体,使血液黏滞性过高、血流缓慢,从而致使机体组织出现不同程度的淤血和缺氧有关。其中以对视网膜、中枢神经和心血管系统的影响尤为显著。

拓展阅读5-7-2
多发性骨髓瘤病人出血的机制

7. **出血倾向** 鼻出血、牙龈出血和皮肤紫癜多见。

8. **淀粉样变性和雷诺现象** 少数病人,尤其是IgD型,可发生淀粉样变性。主要表现为舌、腮腺肿大、心脏扩大、腹泻或便秘、皮肤苔藓样变、外周神经病变及肝、肾功能损害等。若M蛋白为冷球蛋白,则可引起雷诺现象。

9. **神经损害** 因胸、腰椎破坏压迫脊髓所致截瘫较常见,其次为神经根受累,脑神经瘫痪较少。周围神经病变可能是过量M蛋白沉积所致,表现为双侧对称性远端皮肤感觉异常(如麻木、烧灼样疼痛、触觉过敏、针刺样疼痛、足冷)、运动障碍(肌肉无力)及自主神经失调(如口干、便秘)等。若同时有多发性神经病变、器官肿大、内分泌病、单株免疫球蛋白血症和皮肤改变者,称为POEMS综合征(骨硬化骨髓瘤)。

10. **其他**

(1)髓外浆细胞瘤:部分病人仅在软组织中出现孤立病变,如口腔及呼吸道等。

(2)浆细胞白血病:系骨髓瘤细胞浸润外周血所致,浆细胞超过$2.0×10^9$/L时即可诊断,大多属 IgA 型，其症状和治疗同其他急性白血病。

（3）肝、脾、淋巴结肿大：骨髓瘤细胞浸润所致，可见肝、脾轻中度肿大，颈部淋巴结肿大。

（三）实验室及其他检查

1. 血象 多为正常细胞正色素性贫血，可伴有少数幼粒、幼红细胞。晚期有全血细胞减少，血中出现大量骨髓瘤细胞。白细胞总数正常或减少，血小板计数多数正常，有时可减少。

2. 骨髓象 主要为浆细胞系异常增生（至少占有核细胞数的 15%），并伴有质的改变。骨髓瘤细胞大小形态不一，成堆出现。骨髓瘤细胞免疫表型 $CD38^+$、$CD56^+$。

3. 血 M 蛋白鉴定 血清中出现 M 蛋白是本病的突出特点。血清蛋白电泳可见一染色浓而密集、单峰突起的 M 蛋白，正常免疫球蛋白减少。

4. 尿液检查 尿常规可出现蛋白尿、血尿和管型尿。24 h 尿轻链、尿免疫固定电泳的检测，约半数病人尿中出现本周蛋白。

5. 血液学检查

（1）血钙、磷、碱性磷酸酶测定：因骨质破坏，出现高钙血症。晚期肾功能减退，血磷也增高。本病主要为溶骨性改变，血清碱性磷酸酶正常或轻度增高。

（2）血清 $β_2$- 微球蛋白（$β_2$-MG）：$β_2$- 微球蛋白与全身骨髓瘤细胞总数有显著相关性。肾功能不全时增高会更加明显。

（3）血清总蛋白、白蛋白：约 95% 病人血清总蛋白超过正常，球蛋白增多，白蛋白减少与预后密切相关。

（4）其他：红细胞沉降率显著增快，血清乳酸脱氢酶活力高于正常。

6. 细胞遗传学 荧光原位杂交（FISH）可发现 90% 以上 MM 病人存在细胞遗传学异常。目前已明确一些与预后有关的染色体改变，如 del（13）、亚二倍体、t（4；14）、del（17p）、t（14；16）、t（14；20）等提示预后差。

7. 影像学检查 骨病变 X 线表现：①典型为圆形、边缘清楚如凿孔样的多个大小不等的溶骨性损害，常见于颅骨、盆骨、脊柱、股骨和肱骨等；②病理性骨折；③骨质疏松，多在脊柱、肋骨和盆骨。为避免继发肾衰竭，应禁止静脉肾盂造影。

有骨痛但 X 线上未见异常的病人，可做 CT、MRI 或 PET/CT 检查。

拓展阅读 5-7-3
多发性骨髓瘤的检测项目
拓展阅读 5-7-4
无症状骨髓瘤（冒烟型骨髓瘤）诊断标准
拓展阅读 5-7-5
有症状（活动性）多发性骨髓瘤诊断标准

（四）诊断要点

1. 检测项目 诊断所需的检测项目非常复杂，对于临床疑似 MM 的病人，针对 MM 要完成基本检查项目的检测，有条件者可进行对诊断病情及预后分层具有重要价值的项目检测。

2. 诊断标准 诊断无症状骨髓瘤（冒烟型骨髓瘤）和有症状骨髓瘤（活动性骨髓瘤）要参考美国国立综合癌症网络（NCCN）及国际骨髓瘤工作组（IMWG）的指南。

（1）主要指标：①骨髓中浆细胞 > 30%；②活组织检查证实为骨髓瘤；③血清中有 M 蛋白：IgG > 35 g/L，IgA > 20 g/L 或尿本周蛋白 > 1 g/24 h。

（2）次要指标：①骨髓中浆细胞 10% ~ 30%；②血清中有 M 蛋白，但未达上述标准；③出现溶骨性病变；④其他正常的免疫球蛋白低于正常值的 50%。

诊断 MM 至少要有一个主要指标和一个次要指标，或者至少包括次要指标①和②在内的三条次要指标。有症状 MM 最重要的标准是终末器官的损害，包括贫血、高钙血症、溶骨损害、肾功能不全、高黏滞血症、淀粉样变性或者反复感染。

(五) 分期

国际分期系统（international staging system，ISS）为指导治疗和判断预后提供依据（表5-7-1）。

表5-7-1 国际分期系统（ISS）

分期	ISS分期标准	中位生存期（月）
I	血清 β_2-MG < 3.5 mg/L，清蛋白 ≥ 35 g/L	62
II	介于I期和III期之间	45
III	血清 β_2-MG ≥ 5.5 mg/L，清蛋白 < 35 g/L	29

(六) 治疗要点

无症状或无进展的MM病人可以观察，每3个月复查1次。有症状的MM病人应采用系统治疗，包括诱导治疗、巩固治疗（含干细胞移植）及维持治疗。

1. 对症治疗

（1）镇痛：二膦酸盐有抑制破骨细胞的作用，如唑来膦酸钠每月4 mg静脉滴注，可减少疼痛，部分病人出现骨质修复。放射性核素内照射有控制骨损害、减轻疼痛的疗效。

（2）高钙血症的治疗：应增加补液量，多饮水，使每天尿量 > 2 000 mL，促进钙排泄。

（3）肾功能不全的治疗：①水化、利尿，减少尿酸形成和促进尿酸排泄，高尿酸血症者还需口服别嘌醇；②有肾衰竭者，尤其是急性肾损伤，应积极透析；③慎用非甾体抗炎药；④避免使用静脉造影剂。

（4）控制感染：应用抗生素，对粒细胞减少的病人可给予G-CSF，反复感染者可考虑注射免疫球蛋白。

（5）纠正贫血：尤其伴肾衰竭者可应用促红细胞生成素。

（6）高黏滞血症：可采用血浆置换术。

2. 化学治疗 有症状MM的初始治疗为诱导化疗，常用的化疗方案见表5-7-2。抗骨髓瘤化疗的疗效标准为：M蛋白减少75%以上，或尿中本周蛋白排出量减少90%以上（24 h尿本周蛋白排出量小于0.2 g），即可认为治疗显著有效。

表5-7-2 骨髓瘤常用联合化疗方案

方案	联合用药
MPT	美法仑（马法兰）+ 泼尼松 + 沙利度胺
VAD	长春新碱 + 阿霉素 + 地塞米松
PAD	硼替佐米 + 阿霉素 + 地塞米松
VADT	长春新碱 + 阿霉素 + 地塞米松 + 沙利度胺
DT	地塞米松 + 沙利度胺
DT-PACE	地塞米松 + 沙利度胺 + 顺铂 + 阿霉素 + 环磷酰胺 + 依托泊苷

3. 造血干细胞移植　化疗诱导缓解后移植效果较好。疗效与年龄、性别无关，与常规化疗敏感性、肿瘤负荷大小和血清 $β_2$- 微球蛋白水平有关。自体干细胞移植可提高缓解率，改善病人总生存期和无事件生存率，是适合移植病人的标准治疗。年轻病人可考虑同种异基因造血干细胞移植，但移植相关死亡率较高。

（七）护理评估

1. 病史　询问病人有无头昏、眩晕、眼花、耳鸣、骨痛、出血、肾功能损害、血钙增高、手指麻木等表现；有无导致多发性骨髓瘤的危险因素，如病毒感染（人类 8 型疱疹病毒）、电离辐射、接触工业或农业毒物、慢性抗原刺激及遗传因素等。

2. 身体评估　评估病人有无头晕、乏力、恶心、呕吐、腹胀、骨痛、尿量偏少等，皮肤黏膜苍白，骨痛的程度及部位，肝、脾、淋巴结有无肿大等。

3. 实验室及其他检查　外周血中白细胞计数、血红蛋白浓度、红细胞计数、血小板计数是否正常。骨髓象浆细胞系是否异常增生，骨髓瘤细胞是否大小形态不一、成堆出现等。影像学检查是否出现骨骼的病理改变，了解生化检查及肝肾功能的变化。

4. 心理社会状况　了解病人对疾病的认知程度及其心理承受能力、个性特征、生活方式、病人及家庭成员的文化、信仰、经济收入、相互关系等。

（八）常见护理诊断 / 问题

1. 疼痛：骨骼疼痛　与肿瘤细胞浸润骨骼和骨髓及发生病理性骨折有关。
2. 躯体活动障碍　与骨痛、病理性骨折或胸、腰椎破坏压缩，压迫脊髓导致瘫痪等有关。
3. 潜在并发症　化疗药物不良反应。
4. 有感染的危险　与正常多克隆免疫球蛋白及中性粒细胞减少等有关。
5. 营养失调：低于机体需要量　与肿瘤对机体的消耗或化疗等有关。

（九）护理目标

通过正规的药物化疗，积极配合各项治疗和护理，保持乐观的心态，减轻病人疼痛、减少骨髓抑制期间的感染及并发症的发生，早日进入疾病的缓解期。

（十）护理措施

首先进行评估、制定个性化护理计划和措施，并实行全程责任制、整体优质护理。根据病情及自理能力评估表、防跌倒 / 坠床风险评估表、防管道滑脱风险评估表、疼痛风险评估表、危重病人风险评估表、深静脉风险评估表等评估病人。

1. 疼痛的护理

（1）疼痛评估：从病人的主观描述及客观表现中评估疼痛的程度、性质及病人对疼痛的体验与反应。

（2）心理社会支持：关心、体贴、安慰病人，对病人提出的疑虑给予耐心解答。鼓励病人与家属、同事和病友沟通交流，使病人获得情感支持和配合治疗的经验。护士和家属还可与病人就疼痛时的感受和需求交换意见，理解和支持病人。

（3）缓解疼痛：协助病人取舒适体位，可适当按摩病变部位，降低肌肉张力，但避免用力过度，以防病理性骨折。鼓励并指导病人采用放松、臆想疗法、音乐疗法等，转移对疼痛的注意力；同时根据疼痛规律和最佳药效时间给予适量的镇静止痛药，密切观察止痛效果，预防成瘾。

2. 躯体活动障碍的护理

（1）活动与生活护理：睡硬板床，保持床铺干燥平整；协助病人定时变换体位；保持适宜适度的床上活动，避免长久卧床而致加重骨骼脱钙。截瘫病人应保持肢体功能位，定时按摩肢体，防止肌肉萎缩。鼓励病人咳嗽和深呼吸。协助病人洗漱、进食、大小便及个人卫生等，每天用温水擦洗全身皮肤，保持皮肤清洁干燥。严密观察皮肤情况，受压处皮肤应给予温热毛巾按摩、理疗或予以减压敷料保护，预防压疮发生。

（2）饮食护理：进食高热量、高蛋白、富含维生素、易消化食品，增强机体的抵抗力。每天应饮水 2 000～3 000 mL，多摄取粗纤维食物，保持排便通畅，预防便秘。

3. 周围神经病变（BIPN）的护理

（1）病人出现指趾麻木、皮肤紧绷感等周围神经感觉异常时，由于皮肤对温度的敏感性差，嘱其注意保暖，天凉时戴手套、穿棉袜，并保证鞋袜宽松。避免接触冰冷和金属类的物体，把可能接触到的物体，如床挡、门把手用布条缠好，以减轻病人接触冰冷物体后四肢麻木加重的不适症状。

（2）日常饮用水及洗漱用水水温控制在 35～39℃，避免烫伤。经常按摩手、足部皮肤，促进血液循环。

（3）BIPN Ⅱ级的病人卧床时间较长，注意勤翻身，保持床单位清洁，并将肢体置于功能位，密切保护压疮好发部位，预防压疮的发生，同时注意加强营养，保证皮肤弹性及循环，增强皮肤抵抗力。

（4）病人在出现 Ⅳ 级周围神经病变时，肌力为 Ⅱ 级，护理人员协助病人床上活动，每日 3 次，每次不少于 30 min，首先由肢体末端做肢体肌肉按摩，用轻拍肢体的方法促进血液循环，防止肌肉萎缩和静脉血栓形成，增加肌肉营养，促进康复；再行肩外展、外旋、肘外展、前臂旋后、腕背伸、指伸展，以及伸髋、屈膝、足背伸等被动活动，其目的是抗痉挛，防止肢体僵硬、变形。1 周后，病人主诉四肢麻木减轻，手足蜕皮及发红症状减轻，评估肌力 Ⅲ 级，协助病人行坐起训练，由被动活动逐渐过渡到自主运动，最后对病人进行床旁站立训练，协助病人扶助器具行走。

拓展阅读 5-7-8
硼替佐米所致的周围神经病变（BIPN）分级

5. 其他护理措施　参见本章第五节白血病病人的护理。

（十一）健康指导

1. 疾病知识指导　由于病人易发生病理性骨折，故应注意卧床休息，使用硬板床或硬床垫；适度活动可促进肢体血液循环和血钙在骨骼的沉积，减轻骨骼的脱钙。注意劳逸结合，尤其是中老年病人，应避免过度劳累、做剧烈运动和快速转体等动作。

2. 用药指导　遵医嘱用药，有肾损害者避免应用可损伤肾功能的药物；沙利度胺可致畸胎，妊娠妇女禁用。硼替佐米的主要毒性反应有周围神经病变、骨髓抑制（血小板减少、贫血、中性粒细胞减少）、胃肠道反应及带状疱疹，应注意观察。国际骨髓瘤工作组（2013）建议：Ⅱ级伴疼痛及以上的周围神经病变应停药。

3. 病情监测　病情缓解后仍需定期复查与治疗。若活动后出现剧烈疼痛，可能为病理性骨折，应立即就医。注意预防各种感染，一旦出现发热等症状，应及时就医。

4. 心理护理　护理人员应主动与病人交流，指导其消除紧张情绪，并耐心解释病因及发病机制，告知药物的副作用如周围神经感觉异常是可逆的，停药后可自行缓解，并鼓励病人与治疗效果显著的病人交流治疗情况，以解除病人的不良情绪，树立战胜疾病的信心。同时加强与家属的沟通交流，让家属配合护理人员对病人进行心理疏导，为病人建立强有力的家庭支持系统。

（十二）护理评价

病人通过正规的治疗和责任制整体优质护理，病情得到控制，无护理并发症发生。病人能够知晓发病的诱因、危险因素、用药知识及自我护理要点。

（十三）预后

未经治疗的多发性骨髓瘤病人中位生存期为 6 个月，化疗后的中位生存期为 3~4 年，经综合治疗后中位生存期可达到 5~10 年，甚至更长。影响预后的因素有：年龄、C 反应蛋白（CRP）水平、骨髓浆细胞浸润程度及 ISS 分期等。近几年治疗 MM 的新药不断出现，特别卡菲佐米、mLN 9708、CD38 抗体获准用于 MM 的治疗，这些药物在临床上的使用，为复发/难治 MM 病人提供更多的选择。

> 拓展阅读 5-7-9
> 皮下注射硼替佐米护理流程

第八节　血液系统常见诊疗技术及护理

> **情景导入**
>
> 章某，女性，48 岁，全身乏力半个月，持续高热 3 天。查体：T 39.3℃，P 110 次/min，R 20 次/min，BP 124/65 mmHg。双下肢散在瘀点、瘀斑，左侧颈部淋巴结肿大，胸骨压痛（+），肝肋下 1.0 cm，脾肋下 1.5 cm。实验室检查：WBC 1.48×10^9/L，Hb 52 g/L，PLT 25×10^9/L。
>
> 请思考：
> 1. 为了进一步明确诊断，该病人还需要做哪些检查？
> 2. 该病人确诊后，拟行造血干细胞移植，如何对其进行护理？

一、造血干细胞移植的护理

造血干细胞移植（hematopoietic stem cell transplantation，HSCT）指对病人进行全身照射、化疗和免疫抑制预处理后，将正常供体或自体的造血干细胞注入病人体内，使其重建正常的造血和免疫功能。造血细胞主要包括造血干细胞和祖细胞。造血干细胞具有增殖、分化为各系成熟血细胞的功能和自我更新能力，维持终身持续造血。

> 拓展阅读 5-8-1
> 血液系统常用诊疗技术及护理重要知识点

（一）分类

1. 按造血干细胞采集部位的不同　分为骨髓移植（bone marrow transplantation，BMT）、外周血干细胞移植（peripheral blood stem cell transplantation，PBSCT）和脐血移植（cord blood transplantation，CBT）。

2. 按造血干细胞来源不同　分为自体 HSCT（auto-HSCT）和异体 HSCT。异体 HSCT 又分为异基因移植（allo-HSCT）和同基因移植。

3. 其他　按供受者有无血缘关系而分为有血缘移植和无血缘移植。按人白细胞抗原（human leukocyte antigen，HLA）配型相合的程度，分为 HLA 全相合、不全相合和单倍型相合移植。

（二）适应证

1. 血液系统恶性疾病　急性白血病、慢性粒细胞白血病、恶性淋巴瘤、多发性骨髓瘤、骨髓增生异常综合征等。

2. 血液系统非恶性疾病　重型再生障碍性贫血、阵发性睡眠性血红蛋白尿症、Fanconi 贫血、重型海洋性贫血等。

（三）移植前准备

1. 移植前病人的准备　要进行全面查体，以了解病人疾病缓解状态、重要器官功能状态、有无潜在感染灶。需准备在洁净室内所用的生活用品，剃掉头发。

2. 移植前供者的准备　供者移植前需做全面查体，采髓前 2 周供者需要自体备血 400~800 mL。

（四）采集

1. 骨髓的采集　多采用连续硬膜外麻醉或全身麻醉，自其髂前和髂后上棘等 1 个或多个部位抽取骨髓。按病人体重，$(4～6)×10^8$/kg 有核细胞数为一般采集的目标值。采集的骨髓血经 Thomas 技术过滤，即二次钢网过滤，以清除骨髓血中的小颗粒等，后装入血袋。

2. 外周血造血干细胞的采集　外周血造血干细胞通过血细胞分离机经 1~2 次采集而获得。采集过程中要注意低血压、枸橼酸盐反应、低钙综合征等并发症的预防、观察与处理。对于需要低温保存的外周血造血干细胞，应使用冷冻保护剂如 10% 二甲基亚砜处理后置于 –196℃ 液氮罐或 –80℃ 冰箱中保存。

3. 脐带血造血干细胞的采集　脐带血干细胞由特定的脐血库负责采集和保存。近年来，更多的学者倾向于将双份脐血移植作为在没有合适的单份脐血的情况下的一种次选方案。

（五）护理

1. 无菌层流病房的准备　在粒细胞缺乏期间，将病人置于 100 级无菌层流病房进行严密的保护性隔离，能有效地减少感染机会。使用前，室内一切物品及其空间均需经严格的清洁、消毒和灭菌处理，并在室内不同空间位置采样进行空气细菌学监测，完全达标后方可允许病人进入。

2. 病人入无菌层流病房前的护理

（1）心理准备：造血干细胞移植病人在移植仓内与外界隔离，病人易产生各种情绪问题，如焦虑、恐惧、孤独、失望甚至绝望等，因此，需要帮助病人做好心理准备。

（2）身体准备：①相关检查：心、肝、肾功能及人类巨细胞病毒检查，异体移植病人还需做 HLA 配型、ABO 血型配型等。②清除潜在感染灶：请口腔科、眼科、耳鼻喉科和外科（肛肠专科）会诊，彻底治疗或清除已有的感染灶，如龋齿、疖肿、痔疮等；行胸片检查排除肺部感染、结核。③肠道及皮肤准备：入室前 3 天开始服用肠道抗生素；入室前 1 天剪指（趾）甲、剃毛发、洁脐；入室沐浴后用 0.05% 醋酸氯己定溶液浸泡擦浴 20 min，再用 0.5% 碘伏棉棒给予眼、外耳道、口腔和脐部的清洁，换穿无菌衣裤后进入层流室。

3. 病人入无菌层流病房后的护理　病人经预处理后，免疫功能受到抑制，全血细胞减少，极易发生严重感染、出血，因此，必须通过严格的消毒隔离及科学的护理管理，杜绝外源性感染因素，真正达到全环境保护，从而降低感染的发生率，提高病人的生活质量。

（1）无菌环境的保持及物品的消毒

1）对工作人员入室的要求：医护人员入室前应穿无菌衣裤，戴帽子、口罩，用快速皮肤消毒剂消毒双手，穿无菌衣物后才可进入层流室。避免不必要的进出，有呼吸道疾病者不能入室，以免增加污染。医务人员入室应依病人病情和感染情况，先进无感染病人房间，最后进感染较重病人的房间，每进 1 间室必须更换无菌手套、隔离衣、袜套、拖鞋，以免引起交叉感染。

2）对病室及物品要求：病室内桌面、墙壁、所有物品表面及地面每天用消毒液擦拭 2 次，病人被套、大单、枕套、衣裤隔天高压消毒，生活用品每天高压消毒。需递入层流室的所有物品、器材、药品等根据物品的性状及耐受性，采用不同方法进行消毒灭菌。无菌包均用双层包布，需要时打开外层，按无菌方法递入。

（2）病人护理

1）生活护理：各种食物（如饭菜、牛奶、汤类等）需经微波炉消毒 5~7 min 后食用；五官护理：先做眼、耳、鼻护理，再做口腔护理，每日 5 次，常用 0.05% 醋酸氯己定棉球擦洗，根据病情选用漱口液，有溃疡时增加漱口次数；皮肤护理：每日用 0.05% 醋酸氯己定液擦拭全身皮肤；会阴及肛门护理：便后用温水清洁肛周，每日用 1∶5 000 高锰酸钾溶液坐浴 15 min，坐浴后给予 2% 碘仿软膏涂抹肛周皱褶处。

2）观察与记录：严密观察病人的自觉症状和生命体征，注意口腔黏膜有无变化，皮肤黏膜及器官有无出血倾向，有无并发症表现，准确记录 24 h 出入量。

3）成分输血的护理：为促进 HSCT 的造血重建，必要时可根据病情遵医嘱输注浓缩红细胞或血小板等成分血。为预防输血相关的移植物抗宿主病（GVHD），全血及血制品在输入前必须先经 ^{60}Co 照射，以灭活具有免疫活性的 T 淋巴细胞。

4）用药护理：注意观察药物的疗效及不良反应，如有异常及时报告医生，给予对症处理。有关化疗药物的应用配合与护理详见本章第五节中"急性白血病"的护理。

5）中心静脉导管的应用与护理：多采用 PICC 静脉置管、锁骨下静脉置管或颈内静脉置管；auto-HSCT 可选用单腔 PICC，allo-HSCT 可选用双腔 PICC。每次使用前需评估导管情况，观察导管外露刻度、穿刺处及其周围皮肤情况和导管是否通畅等。无菌透明敷料应 5~7 天更换一次，纱布敷料应每 48 h 更换一次，输液接头至少 7 天更换一次。若有血渍、污染、取下后及时更换。

6）心理护理：护士应重视病人情感支持，倾听病人主诉，给病人提供连续性信息支持；构建全面社会支持系统，增加医护人员、亲友、病友、社会人士对病人的关心与爱护，帮助病人积极有效应对。

4. 造血干细胞输注的护理　①造血干细胞输注需在无菌层流室进行。②输注前用药：输注前应用抗过敏药物，如异丙嗪 25 mg 肌内注射、地塞米松 5 mg 静推等。③输注时间：异基因造血干细胞在采集后当日用无滤网的输液器由中心静脉导管快速静脉滴注，护理人员要在床旁监护，注意有无过敏、溶血反应等；自体干细胞或脐血干细胞，在深低温保存的置 40℃ 水浴中迅速解冻静脉回输，4℃ 保存的在 48 h 内静脉回输。④中和肝素：输注骨髓造血干细胞时，经另一静脉通道同步输入适量鱼精蛋白，以中和骨髓液内的肝素。之间需用生理盐水冲管，以清洗输血管道。

5. 移植后并发症的观察与护理

（1）感染：是 HSCT 最常见的并发症之一，发生率高达 60%~80%，也是移植成败的关键。感染可发生于任何部位，病原体可包括各种细菌、真菌与病毒。感染的主要原因有：①受者在 HSCT 恢复早期，因受预处理全身致死量放化疗的影响，免疫功能受到抑制，全血细胞减少，口腔、皮肤、胃肠道等黏膜屏障损伤，导致细菌的感染；②在 HSCT 恢复后期，病毒感染、GVHD、真菌感染是继发感染的重要因素。护理上应加强移植病房及物品的消毒，实施全环境保护；监测病人生命体征的变化，观察有无感染灶的出现；必要时遵医嘱给予抗生素治疗。

（2）出血：预处理后血小板极度减少是导致病人出血的主要原因，且移植后血小板的恢复较慢。因此要每天监测血小板计数，观察有无出血倾向，必要时遵医嘱输注经 ^{25}Gy 照射后或白细胞过滤器过滤后的单采血小板。详见本章第二节中"出血或出血倾向"的护理。

（3）GVHD：是多系统疾病，指 allo-HSCT 的病人在重建供者免疫的过程中，来源于供者的淋巴细胞攻击受者脏器产生的临床病理综合征。GVHD 分为急性（aGVHD）和慢性（cGVHD）两种。aGVHD 的临床表现包括经典的斑丘疹、腹部绞痛或腹泻、血清胆红素浓度上升，cGVHD 通常表现出类似扁平苔藓或硬皮病的皮肤表现、干燥口腔黏膜溃疡与胃肠道硬化、闭塞性支气管炎和胆汁淤积等。发生 GVHD 后治疗常较困难，死亡率甚高。单独或联合应用免疫抑制剂和清除 T 淋巴细胞是目前预防 GVHD 最常用的两种方法。护理配合中要注意：①遵医嘱正确应用各种治疗药物，如环孢素、甲氨蝶呤、糖皮质激素等，并要注意对各种药物不良反应的观察；②输注各种血液制品时，必须在常规照射等处理后执行；③密切观察病情变化，如自觉症状、生命体征、皮肤黏膜、大小便性质及其排泄情况，及早发现 GVHD 并配合做好各种救治工作；④严格执行无菌操作。

（4）肝静脉闭塞病：亦称肝窦阻塞综合征，是骨髓移植后早期严重的肝并发症。主要因预处理中大剂量的化疗及放疗，肝血管和窦状隙内皮的细胞毒损伤并在局部呈现高凝状态所致。确诊需肝活检。一般在移植后 10~20 天以内发生，多以高胆红素血症为首发表现，伴有肝增大、右上腹压痛、腹水、体重增加等，门脉高压的表现多在胆红素升高后 4~10 天内出现。控制水电解质平衡、适当利尿等支持治疗是肝静脉闭塞病最重要的治疗手段，对于重度病人常联合使用去纤苷药物治疗。护理上，应注意观察病人在移植后有无黄疸、体重增加等改变，并协助医生进行有关检查，如肝功能和凝血功能的检查。

（5）神经系统并发症：按照累及部位分为中枢神经系统（CNS）和外周神经系统（PNS）并发症，其中 CNS 并发症发生率较高，占 70%。HSCT 后常见的 CNS 并发症主要包括 CNS 感染、脑血管病、癫痫发作、代谢性疾病、药物介导的 CNS 毒副作用等。PNS 并发症最常见吉兰-巴雷综合征。护理上应密切观察病人的神志，有无意识障碍、头痛、抽搐等表现，及时协助医生处理。

（6）化疗药不良反应的预防与护理：详见本章第五节白血病病人的护理。

（六）预后

HSCT 已成为血液恶性肿瘤等疾病的一种规范化治疗手段，延长了病人的生存期，多数病人身心健康状况良好，能恢复正常的工作、学习和生活。有 10%~15% 的存活者存在不同程度的心理社会问题，慢性 GVHD 是影响生存质量的主要因素。随着造血干细胞来源的日渐丰富、造血干细胞移植技术的日渐成熟和规范及靶向治疗的应用，HSCT 必将为守护人类健康贡献更多力量。

二、骨髓穿刺术

骨髓穿刺术（bone marrow puncture）是采取骨髓液的一种常用诊断技术，检查内容包括细胞学、原虫和细菌学等几个方面，以协助诊断血液病、传染病和寄生虫病；可了解骨髓造血情况，作为化疗和应用免疫抑制剂的参考。

（一）适应证与禁忌证

1. 适应证

（1）各种血液病的诊断、鉴别诊断及治疗随访，如各种贫血、各类白血病、多发性骨髓瘤等。

（2）某些寄生虫病检查，如疟疾、黑热病等。

（3）不明原因发热的诊断与鉴别诊断。

2. 禁忌证　各种血友病、严重出血性疾病。

（二）护理要点

1. 术前护理

（1）术前评估：病人年龄、病情、意识、过敏史、用药史。评估病人的一般情况，包括生命体征、出凝血情况、心肺功能、合作程度等。

（2）解释：向病人解释骨髓穿刺术的有关知识，消除病人的紧张心理，取得病人的知情同意并签字。

（3）体位准备：根据穿刺部位协助病人采取适宜的体位，髂前上棘穿刺点取仰卧位；髂后上棘穿刺点取侧卧位或俯卧位；胸骨穿刺点取仰卧位；腰椎棘突穿刺点则取坐位或侧卧位；胫骨穿刺点取仰卧位，常适用于儿童。

（4）用物准备：骨髓穿刺包、75% 乙醇、0.5% 碘伏、2% 利多卡因、治疗盘、无菌棉签、5 mL 或 10 mL 注射器、无菌手套、玻片、无菌敷料，需做骨髓培养时另备培养基、酒精灯等。

（5）环境准备：整洁、安静、温湿度适宜、光线充足，避免人员走动，注意遮挡病人隐私。

（6）护士准备：衣帽整洁、洗手、戴口罩、戴手套。

2. 术中配合

（1）体位：协助病人取舒适、安全、易于操作的体位。以髂前上棘穿刺点最为常用，首选仰卧位。

（2）病人术中配合：嘱病人勿剧烈咳嗽或深呼吸，穿刺过程中有任何不适应立即告知医护人员。

（3）密切配合医生做好骨髓穿刺术：①消毒麻醉：常规消毒皮肤，戴无菌手套、铺无菌孔巾，用 2% 利多卡因行局部皮肤麻醉后垂直进针顶住骨膜旋转注射器行多角度注射。②穿刺抽吸：将骨髓穿刺针固定器固定在一定长度，左手拇指和食指固定穿刺点皮肤，右手持穿刺针向骨面垂直刺入，当针尖接触骨质后则将穿刺针左右旋转，缓缓钻刺骨质；穿刺针进入骨髓腔后，拔出针芯，接上干燥的 5 mL 或 10 mL 注射器负压抽吸骨髓液 0.1~0.2 mL，立即推于载玻片上；由助手迅速涂片，送检细胞形态学及细胞化学染色检查；如需作骨髓培养，再抽取 2~3 mL 注入培养基内,送细菌室培养。③拔针:抽吸完毕,重新插入针芯,轻微转动拔出穿刺针,针孔处覆盖无菌敷料,局部按压 1~2 min 防止针眼出血。

(4)术中注意观察病人的反应和主诉:如面色、呼吸、血压、脉搏等变化,如有出冷汗、头晕等异常,立即停止操作,协助医生及时处理。

3. 术后护理

(1)解释:向病人说明术后穿刺处疼痛是暂时的,不会对身体有影响。

(2)观察:注意观察穿刺处有无出血,如果有渗血,立即更换无菌敷料,按压伤口直至无渗血为止。

(3)保护穿刺处:指导病人 48~72 h 内保持穿刺处皮肤清洁、干燥,避免淋浴或盆浴;针孔处出现红、肿、热、痛等症状,可用 0.5% 碘伏消毒针孔处局部皮肤,每天 2~3 次;多卧床休息,避免剧烈活动,防止伤口感染。

> 拓展阅读 5-8-2
> 造血干细胞移植术后癫痫发作的急救处理流程

(姚素玉 韩爱芝 张志红)

数字课程学习

📥 教学 PPT　　📝 自测题

第六章
泌尿系统疾病病人的护理

【学习目标】

知识：

1. 掌握泌尿系统常见疾病的定义、症状及体征。
2. 掌握泌尿系统常见疾病的治疗原则及要点。
3. 掌握泌尿系统疾病常用药物的作用、副作用/不良反应及注意事项。
4. 掌握泌尿系统常见疾病的护理评估、护理诊断、护理措施及疾病的健康指导。
5. 熟悉泌尿系统疾病主要辅助检查的内容和意义。
6. 熟悉泌尿系统常见疾病的基本病因、疾病诊断要点及常用诊疗技术。
7. 了解泌尿系统疾病的发病机制、病理及预后。

技能：

1. 应用护理程序对泌尿系统常见疾病病人进行正确护理评估、提出护理诊断/问题、实施有效护理及评价效果。
2. 正确运用所学知识对泌尿系统常见疾病病人进行个性化的健康教育。
3. 正确运用所学知识做好血液透析、腹膜透析、肾穿刺活检术的护理。
4. 学习过程中培养警觉意识、批判性思维、创新性思维及应对突发情况的应变能力。

素质：

1. 结合泌尿系统疾病特点，能够根据病人病情变化，开展个性化的护理，提高分析问题、解决问题的临床护理思维能力。树立"以病人为中心"的护理理念，满足病人的身心需求。
2. 能够与病人、医务人员进行高效沟通，具备高度的责任感、同情心、慎独精神和团结协作精神。

> **情景导入**
>
> 乔某，女性，38岁，主因颜面及双下肢水肿5天入院。自诉2周前有发热、咳嗽、咳痰，当地医院预抗感染治疗后好转，5天前发现小便有泡沫，后小便量减少，并出现双下肢水肿，检查：生命体征平稳。
>
> **请思考：**
> 1. 泌尿系统疾病病人的临床症状和体征有哪些？
> 2. 该病人主要临床诊断是什么？需要进一步做哪些检查？
> 3. 泌尿系统疾病的主要治疗方法有哪些？
> 4. 该病人可提出哪些护理问题？主要护理措施有哪些？

第一节 概 述

> **情境一：**
> 乔某入院后，你作为她的责任护士。
>
> **请思考：**
> 1. 对乔某的护理评估主要从哪些方面进行？
> 2. 评估的主要内容有哪些？

一、泌尿系统的结构与功能

泌尿系统由肾、输尿管、膀胱、尿道等器官组成。其主要功能是生成及排泄尿液，排泄代谢废物，调节水、电解质、酸碱代谢平衡，对维持机体内环境的稳定起着重要的作用。此外，肾还具有某些内分泌功能，起到调节血压、红细胞生成和骨骼生长等作用。本节主要介绍肾的结构与功能。

> 拓展阅读6-1-1 泌尿系统概述的重要知识点

（一）肾的基本结构

肾位于腹膜后脊柱两旁，约平对第11胸椎和第3腰椎之间，左右各一。肾由肾单位、肾小球旁器、肾间质、血管和神经组成，肾单位是肾结构和功能单位。每个肾约有100万个肾单位。肾单位包括肾小体和肾小管两部分，肾小体由肾小球和肾小囊组成。

1. 肾小体

（1）肾小球：肾小球毛细血管壁由内皮细胞、基底膜（GBM）和脏层上皮细胞（足细胞）构成，形成滤过膜。内皮细胞具有抗凝、抗血栓，合成基底膜及血管活性物质等作用。内皮细胞体布满小孔（窗孔）。基底膜中层为致密层，富有带负电荷的涎酸蛋白，基底膜对维持正常肾小球结构、固定邻近细胞及构成滤过屏障起着重要作用。足细胞是终末分化细胞，通过稀疏的足突附着于基底膜上，而足突间隙裂孔由一层裂隙膜所封闭。足细胞有多种裂隙膜蛋白，构成肾小球滤过膜的分子筛，是防止中大分子量蛋白质漏出的重要分子屏障，这些裂隙蛋白的缺乏与改变可引起大量蛋白尿。肾小球毛细血管间有系膜组织，包括系膜细胞和基质，具有支撑肾小球毛细血管丛、调节肾小球滤过率、修补基底膜、清除异物和基底膜代谢产物等作用。

(2) 肾小囊：包绕肾小球，分为脏、壁两层，其间为肾小囊腔，与近曲小管相通。

2. 肾小管　分为近端小管、细段和远端小管，近、远端小管的直部和细段组成 U 形，称为髓袢。远端小管最后汇入集合管。

(二) 肾的生理功能

肾的主要功能是生成及排泄尿液，排泄代谢废物，调节水、电解质、酸碱代谢平衡，维持机体内环境的稳定。

1. 肾小球滤过功能　是代谢产物排泄的主要方式，其中含氮类废物如尿素、肌酐等由肾小球滤过，一些有机酸如马尿酸、苯甲酸，各种胺类及尿酸等部分经肾小球滤过。肾小球滤过率 (GFR) 主要取决于肾小球内毛细血管和肾小囊内的静水压、胶体渗透压、滤过膜面积及滤过膜通透性等因素。

肾血流量的自身调节：当平均动脉压在 80~160 mmHg 范围内波动时，通过肾自身调节机制，机体在血流动力学变化时，肾小球毛细血管压和肾小球滤过率可保持相对稳定，保证体内代谢废物可以继续排出及体液的平衡。

2. 肾小管重吸收和分泌功能　肾小球每日滤过生成 180 L 的原尿，其中电解质成分与血浆相同。原尿中 99% 的水、全部的氨基酸和葡萄糖，大部分的电解质及碳酸氢根等被肾小管和集合管重吸收回血液，形成终尿 1.5~2 L。部分有机酸、尿酸、药物特别是一些抗生素和造影剂可以被肾小管上皮细胞主动摄取，然后分泌到肾小管管腔中随尿液排出。

3. 肾的内分泌功能　肾具有重要的内分泌功能，分泌的激素包括血管活性肽和非血管活性激素，血管活性肽包括肾素、血管紧张素、前列腺素、激肽释放酶、内皮素、利钠肽及花生酸类物质等，参与肾的生理功能，主要调节肾的血流动力学和水电解质代谢。非血管活性激素包括促红细胞生成素、$1,25\text{-}(OH)_2D_3$ 等，调节红细胞生成及骨代谢等。

二、护理评估

在全面收集病人的主、客观资料的基础上，泌尿系统疾病病人的护理评估重点内容归纳如下。

(一) 病史评估

1. 询问病人患病经过，如起病时间、起病急缓、有无明显诱因，疾病史与家族史，患病后的主要症状；目前的主要不适和病情变化。
2. 了解检查及治疗经过，既往检查结果、用药情况等。
3. 评估病人对疾病知识的认知程度、心理状态、社会支持程度等。
4. 了解病人的生活方式和饮食方式。

(二) 身体评估

1. 评估生命体征、意识、精神状态、营养状况、疼痛等。
2. 评估皮肤黏膜有无水肿、破损、皮疹、瘀斑等。
3. 有无胸腔积液、肺底部有无湿啰音，心界是否扩大；有无移动性浊音、肾区叩击痛及输尿管点压痛等。

(三)实验室及其他检查

了解病人的尿液、肾功能、免疫学、影像学、肾穿刺活检检查情况。

1. **尿液检查** 尿常规、尿蛋白十一项、24 h 尿生化、尿酸化功能、尿渗透压、红细胞形态、尿细菌学培养等。
2. **肾功能检查** 肾小球滤过功能、肾小管功能测定。
3. **免疫学检查** ANCA、抗核抗体、血清免疫球蛋白、补体(C3)、抗磷脂酶抗体等。
4. **肾穿刺活检**。
5. **影像学检查** B超、CT、核医学、磁共振等。

拓展阅读 6-1-2
尿细菌学培养的注意事项

第二节 泌尿系统疾病常见症状体征的评估和护理

> **情境二：**
> 乔某住院期间，晨起时眼睑及双下肢水肿……
> **请思考：**
> 1. 肾源性水肿的分类有哪些？水肿病人评估要点是什么？
> 2. 水肿病人护理要点是什么？

一、肾源性水肿

水肿是肾小球疾病最常见的症状。肾源性水肿按发生机制可分为两类：肾炎性水肿和肾病性水肿。①肾炎性水肿：由于肾小球滤过功能下降，肾小管重吸收功能基本正常，引起"球-管失衡"和肾小球滤过分数下降，毛细血管静水压增高出现水肿。肾炎性水肿多从眼睑、颜面部开始，指压凹陷不明显。多见于急、慢性肾炎。②肾病性水肿：大量蛋白尿造成低蛋白血症，血浆胶体渗透压降低，导致液体从血管内进入组织间隙，产生水肿。继发有效血容量减少，可激活肾素-血管紧张素-醛固酮系统，抗利尿激素增多，进一步增加水钠潴留，加重水肿。肾病性水肿较为显著，多从下肢开始，指压凹陷明显，严重者全身性水肿，常伴有胸、腹腔积液。见于肾病综合征。

拓展阅读 6-2-1
泌尿系统疾病病人常见症状体征的评估和护理重要知识点

(一)护理评估

1. **病史** 询问水肿发生的诱因及原因，以及水肿进展情况；有无尿量减少、胸闷、腹胀等伴随症状；详细了解治疗经过，所用药物的种类、剂量、用法、疗程及其效果等；评估饮食、饮水量、输液量、尿量及透析量；有无精神紧张、焦虑抑郁等不良心理反应。
2. **身体评估** 评估病人的生命体征、精神状况、尿量及体重的变化，检查水肿的范围、程度、特点及皮肤的完整性，有无胸腔积液、肺部啰音，有无腹部膨隆及移动性浊音。
3. **实验室检查** 了解尿常规、尿蛋白定量、肾功能（如血尿素氮、血肌酐）、血清电解质、B超、肾穿刺活检等结果。

(二)常见护理诊断/问题

1. **体液过多** 与肾小球滤过功能下降致水钠潴留、低蛋白血症导致血浆胶体渗透压下降有关。

2. **有皮肤完整性受损的危险** 与皮肤水肿、营养不良有关。

(三)护理措施

1. **休息与活动** 严重水肿病人应卧床休息，大量胸腔积液、腹水者，如有胸闷、呼吸困难可抬高床头，半卧位休息。下肢水肿者可抬高下肢。轻度水肿病人可适量活动，避免劳累。

2. **饮食护理** ①液体：液体入量视水肿程度及尿量而定。若每天尿量达 1 000 mL 以上，无水肿者，不需过分限水；严重水肿或尿量 < 500 mL/d 者，遵循"量出为入"原则，每天入液量是前一天出量加上 500 mL。②钠盐：限制钠的摄入，予以少盐饮食，每天以 2~3 g 为宜。③蛋白质摄入：低蛋白血症所致水肿者，若血尿素氮正常，可给予 0.8~1.0 g/(kg·d) 的优质蛋白质，优质蛋白质指富含必需氨基酸的动物蛋白如牛奶、鸡蛋、鱼肉等，但不宜给予高蛋白饮食。有氮质血症的水肿病人，需根据肾小球滤过率来限制蛋白质摄入量，一般给予 0.6~0.8 g/(kg·d) 的优质蛋白质。

3. **病情观察** 观察水肿部位、程度及消长；测量体重、记录 24 h 尿量或出入量，进行透析治疗者记录超滤液量；大量胸腔积液者有无呼吸困难，严重水肿者有无心衰表现等。

4. **用药护理** 按医嘱给予利尿药，观察药物的疗效及不良反应。长期使用利尿药时，应监测血清电解质和酸碱平衡情况，注意观察有无低钾血症、低钠血症、低氯性碱中毒。

5. **皮肤护理** 做好基础护理，保持床单位平整、清洁，指导病人注意个人卫生，保持皮肤、黏膜清洁，防止搔抓导致皮肤破损。选择柔软、宽松的内衣裤，对活动能力差的病人，预防压力性损伤发生。避免水肿部位肌内注射，静脉注射时，严格无菌操作，拔针后用无菌干棉球按压至不渗液。

6. **健康指导** 向病人及家属讲解造成水肿的原因，不同原因所致水肿的特点。指导病人保护水肿部位、饮食调节及用药观察的方法。

二、尿路刺激征

尿路刺激征又称膀胱刺激征，指因膀胱颈或三角区受到炎症或理化因素刺激而引起的尿频、尿急、尿痛和排尿不尽感等。尿频指尿意频繁而每次尿量不多，尿急指一有尿意即尿急难忍的感觉，尿痛指排尿时伴有会阴或下腹部疼痛。

(一)护理评估

1. **病史** 询问病人排尿次数、尿量、尿液性状等，有无发热、腰痛等伴随症状，有无诱因如导尿、尿路器械检查、劳累等。有无泌尿系统结石、畸形等病史。询问治疗用药情况。有无药物过敏史。

2. **身体评估** 评估病人生命体征，有无发热、腰痛、肉眼血尿等，有无紧张、焦虑心理。肾区有无压痛、叩击痛，输尿管沿线有无压痛，尿道口有无红肿等。

3. **实验室及其他检查** 了解血常规、尿常规、尿细菌学检查、B超、静脉肾盂造影等检查结果。

（二）常见护理诊断 / 问题

排尿障碍：尿频、尿急、尿痛　与炎症或理化因素所致的膀胱激惹状态有关。

（三）护理措施

1. 一般护理　急性发作期间应卧床休息，宜取屈曲卧位；如无禁忌，予清淡饮食，鼓励多饮水、勤排尿，饮水量 2 000 mL/d，保证尿量 1 500 mL/d 以上，以达到冲洗尿路、促进细菌和炎性分泌物排泄的目的；指导病人进行膀胱区热敷或按摩，从事感兴趣的活动，如听轻音乐、读小说等分散注意力，减轻焦虑，缓解症状。

2. 病情观察　观察病人的排尿情况、体温和伴随症状的变化，以及有无器官功能损害表现。

3. 用药护理　遵医嘱给予抗生素或口服碳酸氢钠，注意观察治疗效果及不良反应，嘱病人按时、按量、按疗程服药，不要随意停药。

4. 健康指导　向病人及家属讲解尿路刺激征的原因，指导病人注意个人卫生，养成良好的排尿习惯及依从治疗用药注意事项等。

三、肾性高血压

肾病常伴有高血压，称肾性高血压。

按病因可分为肾血管性和肾实质性两类。前者少见，为单侧或双侧肾动脉狭窄所致，其高血压程度较重，易进展为急进性高血压。后者多见，主要由急性或慢性肾小球肾炎、慢性肾盂肾炎、慢性肾衰竭等肾实质性疾病所引起。

按发生机制又可分为容量依赖型高血压和肾素依赖型高血压。前者的发生与水钠潴留致血容量增加有关，见于急、慢性肾炎和大多数肾功能不全。后者为肾素分泌增多，肾素 – 血管紧张素 – 醛固酮系统兴奋所致，多见于肾血管疾病和少数慢性肾衰竭晚期病人。

肾实质性高血压中，80% 以上为容量依赖型，仅 10% 左右为肾素依赖型，部分病人两种因素同时存在。

四、尿异常

1. 尿量异常　①少尿和无尿：少尿指尿量 < 400 mL/d 或 < 17 mL/h，无尿指尿量 < 100 mL/d 或 12 h 无尿排出；②多尿：指尿量 > 2 500 mL/d；③夜尿增多：夜间尿量超过白天尿量或夜间尿量 > 750 mL/d。

2. 蛋白尿　尿蛋白定性阳性，尿蛋白定量 > 150 mg/d，随机尿白蛋白 / 肌酐比值 > 300 mg/g，为临床蛋白尿。随机尿蛋白 / 肌酐比值 30 ~ 300 mg/g 为微量白蛋白尿。如尿蛋白定量 > 3.5 g/d 称大量蛋白尿。产生蛋白尿的原因分为：生理性、肾小球性、肾小管性及溢出性蛋白尿。

3. 血尿　新鲜尿沉渣每高倍视野红细胞 > 3 个，称镜下血尿。尿外观呈血样、洗肉水样、酱油样或有血凝块，称肉眼血尿。

4. 白细胞尿、脓尿和菌尿　新鲜离心尿液每高倍视野白细胞 > 5 个，称为白细胞尿或脓尿。尿中白细胞明显增多见于泌尿系统感染，肾小球肾炎等疾病也可出现轻度白细胞尿。菌尿是指清洁中段尿涂片镜检，每个高倍视野均可见细菌，或尿细菌培养菌落计数超过 10^5/mL，是诊断尿路感染的重要证据。

5. 管型尿　是由于蛋白质细胞或其碎片在肾小管内凝聚所致，其形成与尿蛋白性质和浓度、尿液酸碱度及尿量有密切关系，宜采集晨尿标本做检查。若 12 h 尿沉渣计数管型超过 5 000 个，称为管型尿，可分为透明管型、细胞管型、颗粒管型、蜡样管型。

五、肾区痛

肾区痛指单侧或双侧肾区持续或间歇性胀痛、隐痛、压痛和叩击痛。多见于肾或周围组织炎症、肾肿瘤等。

肾绞痛是一种特殊的肾区痛，主要由输尿管结石移行所致。其特点为肾区疼痛突然发作，向同侧下腹、外阴及大腿内侧放射，常伴有血尿，疼痛剧烈时出现恶心、呕吐、大汗淋漓、面色苍白，甚至引起休克。

第三节　原发性肾小球疾病病人的护理

肾小球疾病通常指的是一组以血尿、蛋白尿、水肿、高血压等为主要临床表现的肾病，病变部位主要累及双肾肾小球。根据其病因，可分为原发性、继发性和遗传性三类。其中原发性肾小球疾病多数病因不明；继发性肾小球疾病是继发于全身性疾病的肾小球损害，如狼疮肾炎、糖尿病肾病等；遗传性肾小球疾病指基因突变所致的肾小球疾病。本节主要介绍原发性肾小球疾病病人的护理。继发性肾小球疾病病人的护理见本章第四节内容。

一、急性肾小球肾炎病人的护理

> **情景导入**
>
> 尹某，女性，18 岁，主因水肿、少尿 2 天入院。两周前有咽喉肿痛。查体：T 36.4℃，P 84 次/min，R 16 次/min，BP 134/88 mmHg，眼睑及双下肢水肿。
>
> 请思考：
> 1. 该病人的病情观察要点有哪些？
> 2. 该病人的护理要点有哪些？

拓展阅读 6-3-1
急性肾小球肾炎病人护理的重要知识点

急性肾小球肾炎（acute glomerulonephritis，AGN）简称急性肾炎，是以急性肾炎综合征为主要临床表现的一组疾病。其特点为起病急促，以血尿、蛋白尿、水肿和高血压为特征，可伴有一过性氮质血症。常发生在链球菌感染后。本节介绍链球菌感染后急性肾小球肾炎。

（一）病因及发病机制

拓展阅读 6-3-2
急性肾小球肾炎的其他病原体感染

本病主要为 β- 溶血性链球菌"致肾炎菌株"感染所致，常见于扁桃体炎、猩红热、脓疱疮等感染后，系感染诱发的免疫反应所致。针对链球菌致病抗原如蛋白酶外毒素 B 等的抗体可能与肾小球内成分发生交叉反应、循环或原位免疫复合物沉积诱发补体异常活化等均可能参与致病，导致肾小球内炎症细胞浸润。

（二）临床表现

1. 症状　多见于儿童，男性略多。常于感染后 1~3 周起病。起病急，轻者呈亚临床型（仅尿常规及血清 C3 异常），典型者呈急性肾炎综合征表现，重症者可发生急性肾衰竭。
2. 体征　临床均有肾小球源性血尿，约 30% 为肉眼血尿。可伴有轻、中度蛋白尿，少数可呈大量蛋白尿。80% 的病人可有晨起眼睑及下肢水肿，可有一过性高血压。重症病人可发生充血性心力衰竭，常与水钠潴留有关。

（三）实验室及其他检查

1. 尿液检查　可见血尿、尿蛋白、红细胞管型等。
2. 血生化检查　可有血肌酐一过性升高。
3. 免疫学检查　起病初期血清 C3 及总补体下降，8 周内逐渐恢复正常，对本病具有诊断意义。病人血清抗链球菌溶血素"O"滴度升高，提示近期内曾有过链球菌感染。
4. B 超　肾体积正常或较正常增大。
5. 肾穿刺活检　血肌酐持续升高或 2 个月病情尚未见好转应及时肾穿刺活检，以明确诊断。

（四）诊断要点

链球菌感染后 1~3 周发生急性肾炎综合征，伴血清 C3 一过性下降，可临床诊断急性肾炎。

（五）治疗

1. 一般治疗　急性期卧床休息至肉眼血尿消失、水肿消退、血压恢复正常。
2. 对症治疗　严重水肿、高血压等对症处理。
3. 积极治疗原发病，避免诱因。

（六）护理评估

1. 病史　询问近期有无上呼吸道、皮肤感染史，用药史等。
2. 身体评估　评估血压、水肿、尿量、局部感染灶及有无心衰表现等。
3. 实验室及其他检查　了解尿常规、肾功能检查、血清补体、免疫学检查、B 超检查等有无异常。
4. 心理社会状况　评估病人对疾病的认识，心理状态和相关护理要求。

（七）常见护理诊断/问题

1. 体液过多　与水钠潴留有关。
2. 活动无耐力　与疾病所致高血压、水肿有关。
3. 知识缺乏　缺乏疾病相关知识。
4. 潜在并发症　左心衰竭、高血压脑病、急性肾衰竭。

（八）护理目标

水肿、高血压等临床症状明显好转，活动耐力增强，无相关并发症发生。

（九）护理措施

1. 休息与活动　有水肿、血尿、高血压等症状需绝对卧床休息，同时注意基础护理。
2. 营养支持　低盐、优质蛋白饮食，少尿、水肿严重的病人，应限制水分及钾的摄入。急性期限制盐摄入（盐每日3g以下）。
3. 病情观察　监测生命体征、尿量及水肿消退情况。观察有无并发症，如高血压脑病、心衰、急性肾衰竭等。
4. 用药护理　观察用药反应，监测药物的疗效和不良反应。
5. 心理护理　加强人文关怀，指导病人配合治疗与护理，促进康复。

（十）健康指导

1. 疾病预防指导　预防感染，本病与感染有关（皮肤或呼吸道），指导病人注意保暖，养成良好的卫生习惯。如出现感冒、咽炎、扁桃体炎及皮肤感染后，需及时就医。
2. 疾病知识指导　介绍急性肾小球肾炎的病因及预后，本病完全康复可能需要1~2年。应注意休息，痊愈后可适当进行锻炼以增强体质，避免重体力劳动，定期随访，监测病情。

（十一）护理评价

病人临床症状减退或消失，无皮肤破损和其他感染的发生，能正确认识疾病，并积极配合治疗。

（十二）预后

拓展阅读6-3-3
急性肾小球肾炎病人护理流程

本病为自限性疾病，多数病人预后良好。6%~18%病例遗留尿异常和（或）高血压而转为"慢性"，或于"临床痊愈"多年后又出现肾小球肾炎表现。一般认为老年、持续高血压、大量蛋白尿或肾功能不全者预后较差。

二、慢性肾小球肾炎病人的护理

> **情景导入**
>
> 强某，女性，38岁，主因尿检异常3年余，发现肾功能异常3天入院。尿常规：尿蛋白++，尿隐血++，肾功能：血肌酐110.3 μmol/L，尿素6.49 mmol/L。B超：双肾轻度弥漫性改变。
>
> **请思考：**
> 1. 该病人的病情观察要点有哪些？
> 2. 需要采取哪些护理治疗措施？

拓展阅读6-3-4
慢性肾小球肾炎病人护理的重要知识点

慢性肾小球肾炎（chronic glomerulonephritis，CGN）简称慢性肾炎，以蛋白尿、血尿、水肿、高血压为基本临床表现。起病方式各有不同，病情迁延并呈缓慢进展，可有不同程度的肾功能损害，部分病人发展至终末期肾衰竭。

(一)病因及发病机制

慢性肾炎的病因、发病机制和病理类型不尽相同,起始因素多为免疫介导炎症。此外,高血压、大量蛋白尿、高血脂等非免疫非炎症因素也起到重要作用。

(二)病理

慢性肾炎可见多种肾病理类型,主要为系膜增生性肾小球肾炎(包括IgA和非IgA系膜增生性肾小球肾炎)、系膜毛细血管性肾小球肾炎、膜性肾病及局灶节段性肾小球硬化等。病变进展至晚期,肾体积缩小、肾皮质变薄,所有病理类型均可进展为程度不等的肾小球硬化,相应肾单位的肾小管萎缩、肾间质纤维化。

(三)临床表现

1. 症状 慢性肾炎可发生于任何年龄,但以青中年男性为主。起病方式和临床表现多样。多数起病隐匿、缓慢。早期可无任何症状,后期可有乏力、疲倦、腰部疼痛和食欲减退等。

2. 体征 以血尿、蛋白尿、高血压、水肿为基本临床表现,可有不同程度肾功能减退,病情迁延、反复,渐进性发展为慢性肾衰竭。

(四)实验室及其他检查

1. 尿液检查 24 h蛋白定量常在1~3 g,尿沉渣镜检为肾小球源性血尿,可见管型。
2. 血液检查 贫血病人可见红细胞数量及血红蛋白含量降低,病情严重者可出现电解质紊乱。晚期血尿素氮、肌酐升高。
3. B超检查 早期肾大小正常,晚期可出现双肾缩小,肾皮质变薄,肾结构不清。
4. 肾穿刺活检 可见各种病理类型。

(五)诊断要点

病人尿检异常(蛋白尿、血尿)伴或不伴水肿及高血压病史达3个月以上,无论有无肾功能损害均应考虑此病,在排除继发性肾小球肾炎及遗传性肾小球肾炎后,临床上可诊断为慢性肾炎。

(六)治疗

慢性肾炎的治疗应以防止或延缓肾功能进行性恶化、改善或缓解临床症状及防治心脑血管并发症为主要目标。

1. 积极控制高血压和减少尿蛋白 高血压的治疗目标:力争把血压控制在理想水平(<130/80 mmHg)。多数学者认为肾病病人的血压应较一般病人控制更严格,蛋白尿≥1.0 g/24 h,血压应控制在125/75 mmHg;如果蛋白尿≤1.0 g/24 h,血压应控制在130/80 mmHg。尿蛋白的治疗目标:争取减少至<1 g/d。慢性肾炎常有水钠潴留引起的容量依赖性高血压,故高血压病人应限盐(<6 g/d),遵医嘱使用利尿药。如无禁忌证,血压控制不佳,可以联合选用降压药如ACEI或ARB类药物、β受体阻断剂、α受体阻断剂及血管扩张药等。应尽量首选ACEI和ARB类药物,ACEI或ARB除具有降压作用外,还有减少蛋白尿和延缓肾功能恶化的肾保护作用;副作用有高血钾、血肌酐增高,少数人有持续性干咳。使用时需监测血肌酐、血钾,观察副作用。血

肌酐 > 264 μmol/L（3 mg/dL）时务必在严密观察下谨慎使用。

2. 限制食物中蛋白及磷的摄入量　优质低蛋白 0.6~1.0 g/（kg·d），适当增加糖类的摄入以满足机体生理代谢所需要的热量，防止负氮平衡。肾功能不全病人限制蛋白[0.6 g/（kg·d）]及磷的摄入量，可补充 α- 酮酸制剂。

3. 糖皮质激素和细胞毒药物　一般不主张积极应用，但是如果病人肾功能正常或仅轻度受损，病理类型较轻（如轻度系膜增生性肾炎、早期膜性肾病等），而且尿蛋白较多，无禁忌证者可试用，但无效者则应及时逐步撤去。

拓展阅读 6-3-5
慢性肾小球肾炎常见的肾毒性药物

4. 避免加重肾损害的因素　感染、劳累、妊娠及肾毒性药物等均可损伤肾，导致肾功能恶化，应予以避免。

（七）护理评估

1. 病史　了解病人发病方式，起病缓急，病程长短；既往治疗史、用药史；家族史等。
2. 身体评估　评估病人营养状况，有无贫血、水肿和高血压等情况。
3. 实验室及其他检查　了解血常规、尿常规、肝肾功能、电解质，B 超、ECT 等检查结果，有无肾组织活检等。
4. 心理社会状况　评估病人对疾病的认知、社会支持系统和应对能力等。是否有焦虑、悲观等不良心理状况。

（八）常见护理诊断/问题

1. 营养失调：低于机体需要量　与低蛋白饮食、长期蛋白尿致蛋白丢失过多有关。
2. 体液过多　与肾小球滤过率下降导致水钠潴留等因素有关。
3. 焦虑　与疾病反复发作、预后不良有关。
4. 潜在并发症　慢性肾衰竭。

（九）护理目标

病人营养状况改善，维持体液平衡，能正确认知疾病，不良心理状况改善。

（十）护理措施

1. 休息与活动　劳逸结合，每日保持充分休息和睡眠，延缓肾功能进展。
2. 营养支持　低盐、低脂、低磷、优质低蛋白饮食，同时注意补充足够热量，摄入富含维生素、易消化的饮食。
3. 用药护理　观察用药的效果及不良反应，肾功能不全的病人在使用 ACEI 或 ARB 类药物时要注意监测血钾、肾功能。
4. 病情观察　观察病人有无贫血、水肿、高血压等情况，有无电解质紊乱、肾功能损害及高凝状态。

（十一）健康指导

1. 疾病预防指导　讲解诱发及加重病情发展的因素（劳累、感染、接种等），避免使用肾毒性药物。
2. 疾病知识指导　介绍慢性肾小球肾炎的疾病特点、临床表现等。鼓励病人树立信心，合理饮食，规范治疗，坚持病情自我监测，定期随访。

（十二）护理评价

病人营养状况改善，水肿消退，能正确认知疾病，心理状况良好，未发生并发症。

（十三）预后

慢性肾炎病情迁延，缓慢进展。病情预后个体差异很大，主要取决于肾病理类型和严重程度、是否采取有效的延缓肾功能进展的措施、治疗是否恰当及是否避免各种危险因素等。

> 拓展阅读 6-3-6
> 慢性肾小球肾炎病人护理流程

三、IgA 肾病病人的护理

> **情景导入**
>
> 赵某，男性，28岁，主因确诊 IgA 肾病 2 个月，再发无痛性肉眼血尿 1 天入院。到医院就诊前因受寒而咽喉肿痛，入院后测 BP：138/90 mmHg。
>
> **请思考：**
> 1. 该病人的病情观察要点有哪些？
> 2. 该病人的护理要点有哪些？

> 拓展阅读 6-3-7
> IgA 肾病病人护理的重要知识点

IgA 肾病（IgA nephropathy，IgAN）指肾小球系膜区以 IgA 或 IgA 沉积为主的肾小球疾病，是目前世界范围内最常见的原发性肾小球疾病。发病有明显的地域差别，在欧洲和亚洲占原发性肾小球疾病的 15%~40%，是我国最常见的肾小球疾病，也是终末期肾病（end-stage renal disease，ESRD）的重要病因。IgA 肾病可发生于任何年龄，但以 20~30 岁男性为多见。

（一）病因及发病机制

IgA 肾病的发病机制目前尚不完全清楚。研究认为，感染等二次"打击"刺激自身抗体的产生，免疫复合物形成并沉积于肾小球产生炎症反应，继而刺激系膜细胞增殖和系膜外基质集聚等，最终导致肾小球硬化和间质纤维化。

（二）病理

IgA 肾病的主要病理特点是肾小球系膜细胞增生和基质增多。病理变化多种多样，病变程度轻重不一，可涉及肾小球肾炎几乎所有的病理类型。IgA 肾病目前广泛采用牛津分型，具体包括：系膜细胞增生（M0/1）、内皮细胞增生（E0/1）、节段性硬化或粘连（S0/1）及肾小管萎缩或肾间质纤维化（T0/1/2）、细胞或细胞纤维性新月体（C0/1/2）5 项主要病理指标，免疫荧光可见系膜区 IgA 为主的颗粒样或团块样沉积，伴或不伴毛细血管袢分布，常伴 C3 沉积，但 C1q 少见。也可有 IgG、IgM 沉积，与 IgA 的分布相似，但强度较弱。电镜下可见系膜区电子致密物呈团块状沉积。

（三）临床表现

1. **症状** IgA 肾病起病隐匿，往往体检时发现，好发于青少年，男性多见。起病前多有感染，常为上呼吸道（咽炎、扁桃体炎），其次为消化道、肺部和泌尿道感染。主要表现为发作性肉眼血尿，可持续数小时或数日，全身症状轻重不一，可表现为全身不适、乏力和肌肉疼痛等。

2. 体征　20%~50%病人有高血压，少数病人可发生恶性高血压。部分病人表现为肾病综合征及不同程度的肾功能损害。

（四）实验室及其他检查

1. 尿液检查　可为镜下血尿或肉眼血尿，以畸形红细胞为主；约60%的病人伴有不同程度的蛋白尿，部分可表现为大量蛋白尿（尿蛋白>3.5 g/d）。

2. 血液检查　30%~50%病人伴有血IgA增高，但与疾病的严重程度及病程不相关。血清补体水平多数正常，其他同慢性肾炎。

3. B超检查　早期肾大小正常，晚期可出现双肾缩小，肾皮质变薄，肾结构不清。

4. 肾穿刺活检　可见各种病理类型。

（五）诊断要点

本病诊断依靠肾活检免疫病理学检查，即肾小球系膜区或伴毛细血管壁IgA为主的免疫球蛋白呈颗粒样或团块样沉积。原发性IgA肾病诊断，必须排除肝硬化、过敏性紫癜等继发性IgA沉积的疾病。

（六）治疗

本病的临床表现、病理改变和预后差异较大，治疗需根据不同的临床表现、病理类型等综合制订合理的治疗方案。

1. 单纯镜下血尿　无特殊治疗，但需要定期监测尿蛋白和肾功能。注意避免过度劳累、预防感染和避免使用肾毒性药物。

2. 反复发作性肉眼血尿　对于感染后反复出现肉眼血尿或尿检异常加重的病人，应积极控制感染，选用无肾毒性的抗生素；慢性扁桃体炎反复发作的病人，建议行扁桃体切除。

3. 蛋白尿　建议选用ACEI或ARB治疗并逐渐增加至可耐受的剂量，尽量将尿蛋白控制在<0.5 g/d，延缓肾功能下降。经过3~6个月优化支持治疗［包括服ACEI/ARB和控制血压后，如尿蛋白仍持续>1 g/d且肾小球滤过率>50 mL/（min·1.73 m^2）］的病人，可给予糖皮质激素治疗，必要时加用其他免疫抑制剂。对于免疫抑制剂（如环磷酰胺、硫唑嘌呤、吗替麦考酚酯等）的获益仍存在争议。大量蛋白尿长期得不到控制者，预后较差，常进展至终末期肾衰竭。

4. 肾病综合征　病理改变较轻者，如表现为微小病变型，可选用激素或联合应用细胞毒药物，详细治疗见本节中肾病综合征病人的护理。

拓展阅读6-3-8
IgA肾病细胞性新月体肾炎强化治疗

5. 急性肾衰竭　IgA肾病表现为急性肾衰竭，主要为新月体肾炎或伴毛细血管袢坏死及红细胞管型阻塞肾小管所致。若肾活检提示为细胞性新月体肾炎，临床上常呈肾功能急剧恶化，应及时给予大剂量激素和细胞毒药物强化治疗。若病人已达到透析指征，应给予透析治疗。

6. 高血压　控制血压可保护肾功能，延缓慢性肾病的进展。临床研究表明，ACEI或ARB可良好地控制IgA肾病病人的血压，减少蛋白尿。

7. 慢性肾衰竭　参见本章第七节慢性肾衰竭病人的护理。

8. 其他　若IgA肾病病人的诱因同某些食品引起的黏膜免疫反应有关，则应避免这些食物的摄入。有学者认为富含ω-3多聚不饱和脂肪酸的鱼油对IgA肾病有益，但其确切疗效有待进一步的大规模多中心临床研究证实。病情较轻的 IgA 肾病病人一般可耐受妊娠，但若合并持续的重度高血压、肾小球滤过率 < 60 mL/min 或肾组织病理检查严重的肾血管或间质病变者，则不宜妊娠。

（七）护理评估

1. 病史　了解病人病程长短、治疗史、发病方式、起病缓急。
2. 身体评估　评估病人尿量、尿液性状、血压、营养状况等，有无贫血，水肿等，有无感染征象。
3. 实验室及其他检查　了解血常规、尿常规、24 h 尿生化及肝肾功能、B 超、ECT 等检查结果。
4. 心理社会状况　评估病人是否有焦虑、悲观等不良心理状况，评估病人对疾病的认知，社会支持系统和应对能力等。

（八）常见护理诊断/问题

1. 营养失调：低于机体需要量　与长期限制蛋白饮食有关。
2. 体液过多　与肾小球滤过率下降导致水钠潴留等因素有关。
3. 焦虑　与疾病反复发作、预后不良有关。
4. 潜在并发症　慢性肾衰竭。

（九）护理目标

病人能正确认知疾病，合理饮食，配合治疗，规律监测血压、肾功能等指标，不良心理状况改善。

（十）护理措施

1. 休息与活动　劳逸结合，每日保持充分休息和睡眠，延缓肾功能进展。
2. 营养支持　低盐、低脂、低磷、优质蛋白饮食，根据肾功能情况调整蛋白质的摄入量，蛋白质摄入量 $0.6 \sim 1.0$ g/(kg·d)，避免高蛋白饮食，同时注意补充足够热量，摄入富含维生素、易消化的饮食。
3. 用药护理　观察用药的效果及不良反应，肾功能不全的病人在使用 ACEI 或 ARB 类药物时要注意监测血钾、肾功能，指导使用免疫抑制剂的病人规范服药。
4. 病情观察　观察病人有无贫血、水肿、高血压，有无电解质紊乱、肾功能损害及高凝状态。

（十一）健康指导

1. 疾病预防指导　讲解诱发及加重病情发展的因素（劳累、感染等），避免使用肾毒性药物。
2. 疾病知识指导　介绍 IgA 肾病的疾病特点、临床表现等。遵医嘱使用药物及定期随访。鼓励病人树立信心，规范治疗，合理饮食，坚持病情自我监测，定期随访。

（十二）护理评价

病人及家属掌握饮食原则，积极配合治疗，遵医行为良好，未发生并发症。

（十三）预后

IgA 肾病 10 年肾存活率为 80%~85%，20 年约为 65%，但是个体差异很大，有些病人长期预后良好，但有些病人快速进展至肾衰竭。疾病预后不良的指标包括持续难以控制的高血压和蛋白尿（尤其是蛋白尿持续 > 1 g/d）；肾功能损害；肾活检病理表现为肾小球硬化、间质纤维化和肾小管萎缩，或伴大量新月体形成。

拓展阅读 6-3-9 IgA 肾病病人的护理流程

四、肾病综合征病人的护理

> **情景导入**
>
> 张某，女性，18 岁，主因水肿、少尿 3 天入院。查体：颜面及双下肢重度水肿，近期体重增加 5 kg。
>
> 请思考：
> 1. 该病人的病情观察要点有哪些？
> 2. 该病人的护理要点有哪些？

拓展阅读 6-3-10 肾病综合征病人护理的重要知识点

肾病综合征（nephrotic syndrome，NS）指由各种肾病所致的，以大量蛋白尿（尿蛋白 > 3.5 g/d）、低蛋白血症（血浆清蛋白 < 30 g/L）、水肿、高脂血症为临床表现的一组综合征。

（一）病因及发病机制

肾病综合征按病因可分为原发性和继发性两大类。原发性肾病综合征病因不明，主要发病机制为免疫介导性炎症所致的肾损害，可表现为微小病变、系膜增生性肾小球肾炎等多种病理类型。继发性肾病综合征指继发于全身性或其他系统疾病的肾损害，如狼疮肾炎、糖尿病肾病等，病理表现各有特点。本节仅讨论原发性肾病综合征。

拓展阅读 6-3-11 肾病综合征分类及常见病因

（二）临床表现

原发性肾病综合征的起病缓急与病理类型有关。典型原发性肾病综合征的临床表现如下：

1. **大量蛋白尿** 典型病例可有大量选择性蛋白尿（尿蛋白 > 3.5 g/d）。其发生机制为肾小球滤过膜的屏障作用（尤其是电荷屏障）受损，致使原尿中蛋白含量增多（以白蛋白为主），当其增多明显超过近曲小管回吸收量时，形成大量蛋白尿。在此基础上，各类增加肾小球内压力和导致高灌注、高滤过的因素均可加重尿蛋白的排出，如高血压、高蛋白饮食或大量输注血浆蛋白等。

2. **低蛋白血症** 血浆清蛋白 < 30 g/L，主要为大量清蛋白自尿中丢失所致。肝代偿性合成血浆蛋白不足、胃黏膜水肿致蛋白质摄入与吸收减少等因素，可进一步加重低蛋白血症。除血浆清蛋白降低外，血中免疫球蛋白和补体成分、抗凝及纤溶因子、金属结合蛋白等其他蛋白成分也可减少，尤其是肾小球病理损伤严重，大量蛋白尿和非选择性蛋白尿时更为显著。

3. **水肿** 是肾病综合征最突出的体征，其发生主要与低蛋白血症所致血浆胶体渗透压明显下降有关。由于肾灌注不足，激活肾素 - 血管紧张素 - 醛固酮系统，促进水钠潴留。严重水肿者可出现胸腔、腹腔和心包积液。

4. **高脂血症** 肾病综合征常伴有高脂血症,其中以高胆固醇血症最为常见,甘油三酯、低密度脂蛋白(LDL)、极低密度脂蛋白(VLDL)和脂蛋白a也常可增加。其发生与低清蛋白血症刺激肝代偿性地增加脂蛋白合成及脂蛋白分解减少有关。

5. **并发症**

(1)感染:为肾病综合征常见的并发症,也是导致本病复发和疗效不佳的主要原因。其发生与蛋白质营养不良、免疫功能紊乱及应用糖皮质激素治疗有关。常见感染部位为呼吸道、泌尿道和皮肤等。

(2)血栓和栓塞:是直接影响肾病综合征治疗效果和预后的重要因素。肾病综合征易发生血栓和栓塞并发症的原因:①由于有效血容量减少、血液浓缩及高脂血症使血液黏稠度增加;②因某些蛋白质自尿中丢失,以及肝代偿性合成蛋白增加,引起机体凝血、抗凝和纤溶系统失衡;③利尿药和糖皮质激素的应用进一步加重高凝状态。其中以肾静脉血栓最为多见,但3/4病例因血栓慢性形成,常无症状。

(3)急性肾损伤:因有效循环血容量不足,肾血流量下降,可诱发肾前性氮质血症,经扩容、利尿治疗后多可恢复。少数可出现急性肾损伤,多见于微小病变型,表现为无明显诱因出现少尿、无尿,扩容利尿无效,其发生机制可能是肾间质高度水肿压迫肾小管及大量蛋白管型阻塞肾小管,导致肾小管高压,肾小球滤过率骤减。

(4)蛋白质及脂肪代谢紊乱:长期大量蛋白尿可导致严重的蛋白质营养不良,儿童生长发育迟缓;金属结合蛋白丢失可致体内微量元素(铁、锌、铜等)缺乏;内分泌激素结合蛋白不足可诱发内分泌紊乱。长期高脂血症易引起动脉硬化、冠心病等心血管并发症。

(三)实验室及其他检查

1. **尿液检查** 尿蛋白定性一般为 +++ ~ ++++,24 h 尿蛋白定量 > 3.5 g,尿中可有红细胞、颗粒管型等。

2. **血液检查** 血浆清蛋白 < 30 g/L,血中胆固醇、甘油三酯、低密度脂蛋白及极低密度脂蛋白均可增高,血 IgG 可降低。

3. **肾功能检查** 血清肌酐、尿素氮可正常或升高。

4. **肾 B 超检查** 双侧肾可正常或缩小。

5. **肾穿刺活检** 可明确病理类型,指导治疗及判断预后。

(四)诊断要点

根据大量蛋白尿、低蛋白血症、高脂血症、水肿等临床表现,排除继发性肾病综合征即可确立诊断,其中尿蛋白 > 3.5 g/d、血浆清蛋白 < 30 g/L 为诊断的必要条件。肾病综合征的病理类型有赖于肾活组织病理检查。

(五)治疗

1. **一般治疗** 严重水肿者及有并发症者,注意休息,病情稳定后,应适当活动。合理的饮食营养,预防感染。

2. **对症治疗**

(1)利尿消肿:利尿的原则是不宜过快过猛,以免造成血容量不足、加重血液高凝状态,诱发血栓、栓塞并发症，多数病人经使用糖皮质激素和限水、限钠后可达到利尿消肿目的。经上述治疗水肿不能消退者可用利尿药，包括：①噻嗪类利尿药；②保钾利尿药；③袢利尿药，常用呋塞米（速尿），20～120 mg/d，使用袢利尿药需谨防低钠血症及低钾、低氯血症性碱中毒发生；④渗透性利尿药：常用不含钠的低分子右旋糖酐静滴，少尿者应慎用渗透性利尿药，可诱发"渗透性肾病"，导致急性肾损伤；⑤对于严重低蛋白血症、高度水肿且有少尿者，可考虑静脉输注血浆或白蛋白，提高血浆胶体渗透压，同时加用袢利尿药以获得良好的利尿效果。

（2）减少尿蛋白：应用ACEI或ARB，可有效控制高血压，并可通过降低肾小球内压和直接影响肾小球基底膜对大分子的通透性而达到不同程度的减少尿蛋白的作用。

（3）降脂治疗：高脂血症可增加心、脑血管疾病发生概率，可予降脂药治疗。

3. 免疫抑制治疗

（1）糖皮质激素：通过抑制免疫炎症反应，抑制醛固酮和抗利尿激素分泌，影响肾小球基底膜通透性等综合作用而发挥利尿、消除尿蛋白的疗效。激素的使用原则为起始足量、缓慢减药和长期维持。

目前常用泼尼松，开始口服剂量1 mg/(kg·d)，激素可采用全天量顿服；维持用药期间，两天量隔天1次顿服，以减轻激素的不良反应。8～12周后每2周减少原用量的10%，当减至20 mg/d时，应更加缓慢减量；最后以最小有效剂量（10 mg/d）维持半年左右。

长期应用激素的副作用：感染、类固醇性糖尿病、消化道溃疡、骨质疏松等，少数病例还可能发生股骨头无菌性缺血性坏死，需加强监测，及时处理。

根据病人对糖皮质激素的治疗反应，可将其分为"激素敏感型"（用药8～12周内肾病综合征缓解）、"激素依赖型"（激素减药到一定程度即复发）和"激素抵抗型"（常规激素治疗无效）3类。

（2）细胞毒药物：用于"激素依赖型"或"激素抵抗型"的病人，协同激素治疗。环磷酰胺为最常用的细胞毒药物。主要副作用为骨髓抑制及中毒性肝损害，并可出现性腺抑制、脱发、胃肠道反应及出血性膀胱炎。

（3）钙调神经蛋白抑制剂：主要有环孢素、他克莫司，用于激素抵抗和细胞毒药物无效的难治性肾病综合征。环孢素服药期间监测并维持其血药浓度谷值100～200 ng/mL，服药2～3个月后缓慢减量，疗程至少1年，副作用有肝肾毒性、高血压、高尿酸血症、多毛及牙龈增生等。他克莫司肾毒性副作用小于环孢素。

（4）吗替麦考酚酯：对部分难治性肾病综合征有效。副作用有腹泻、恶心、呕吐和疱疹病毒感染等。

4. 中医中药治疗 雷公藤具有抑制免疫、抑制系膜细胞增生、改善滤过膜通透性的作用，可与激素及细胞毒药物联合应用。主要副作用有性腺抑制、肝功能损害及外周血白细胞减少等。

5. 并发症防治

（1）感染：一般不常规使用抗生素预防感染，但一旦发生感染，应选择敏感、强效及无肾毒性的抗生素积极治疗。

（2）血栓和栓塞：高凝状态时应给予抗凝药如低分子肝素皮下注射或华法林口服，并辅以抗血小板药如双嘧达莫或阿司匹林预防性抗凝治疗。一旦出现血栓或栓塞，应及早予尿激酶或链激酶溶栓，并配合抗凝治疗。抗凝及溶栓治疗均应避免药物过量导致出血。

（3）急性肾损伤：利尿无效且达到透析指征时，应进行透析治疗。

（4）蛋白质及脂肪代谢紊乱：通过调整饮食中蛋白质和脂肪的量与结构，并配合药物治疗。

（六）护理评估

1. **病史** 应详细询问病人水肿的发生情况，以及有无胸闷、气促、腹胀等胸腔、腹腔、心包积液的表现；有无血压异常和尿量减少；有无发热、咳嗽、咳痰、皮肤感染和尿路刺激征等感染征象。询问检查与治疗经过，尤其是利尿药、激素、细胞毒药物等的类型、剂量、用法、疗程、疗效及不良反应等。

2. **身体评估** 评估病人的精神状态、生命体征、营养状况、体重有无异常。水肿的范围、特点，以及有无胸腔、腹腔、心包积液和阴囊水肿等。

3. **实验室及其他检查**

（1）尿液检查：尿常规、24 h 尿生化、尿蛋白十一项、尿蛋白/肌酐比值。

（2）血液检查：监测血浆清蛋白、血脂、肾功能、肝功能、止凝血等有无异常。

（3）肾穿刺活检：了解本病的病理类型。

4. **心理社会状况** 本病病程长，易复发，部分病人可出现焦虑、悲观等不良情绪，评估时应注意了解病人的心理反应和病人的社会支持状况。

（七）常见护理诊断/问题

1. 体液过多 与低蛋白血症致血浆胶体渗透压下降等有关。
2. 营养失调：低于机体需要量 与大量蛋白尿、摄入减少及吸收障碍有关。
3. 有感染的危险 与机体抵抗力下降、应用激素和（或）免疫抑制剂有关。
4. 有皮肤完整性受损的危险 与水肿、营养不良有关。
5. 焦虑 与本病的病程长、易反复发作有关。
6. 潜在并发症 血栓形成、急性肾损伤、心脑血管并发症。

（八）护理目标

1. 病人水肿减轻或消失。
2. 能正常进食，营养状况逐步改善。
3. 无感染发生，或能及时发现并控制感染。
4. 皮肤无损伤或发生感染。
5. 病人能正确认知疾病，不良情绪减轻，配合治疗。

（九）护理措施

1. **休息与活动** 有严重水肿、低蛋白血症、感染、血栓等症状需卧床休息，同时注意基础护理，病情好转需要适量活动。保持病房环境清洁，定时开门窗通风换气，定期进行空气消毒，保持室内温度和湿度合适。尽量减少探视。

2. **营养支持** 原则上为低盐、低脂、优质蛋白饮食。注意营养监测，记录进食情况，评估饮食结构是否合理，热量是否充足。定期测量血浆清蛋白、血红蛋白等指标，评估机体的营养状况。

低盐饮食（钠 < 3 g/d）；油脂类选择富含多聚不饱和脂肪酸的植物油、橄榄油、鱼油等，少选富含饱和脂肪酸的动物油脂；肾功能正常时，给予正常量的优质蛋白 0.8~1.0 g/(kg·d)；肾功能不全时，根据肾小球滤过率调整蛋白质摄入量。优质蛋白含量占每天总蛋白摄入量的 60% 以上；供给足够的热量，每天每千克体重不少于 126~147 kJ（30~35 kcal）；注意维生素及铁、

钙等的补充；水肿时，水分摄入遵循"量出为入"的原则。

3. 病情观察　监测生命体征、尿量、体重、腹围、水肿消退情况，观察有无皮肤、呼吸道、泌尿道等感染征象，有无血栓和栓塞发生，有无皮肤完整性受损的危险。具体护理措施参见本章第二节"肾源性水肿"的护理；观察24h尿生化、肾功能、肝功能、血脂变化等。

4. 用药护理　观察用药反应，监测药物的疗效和不良反应。

5. 心理护理　加强人文关怀，指导病人配合治疗与护理，促进康复。

（十）健康指导

1. 疾病预防指导　做好预防感染指导，加强全身皮肤、口腔黏膜和会阴部护理，防止皮肤和黏膜损伤；合理饮食，预防营养不良及避免加重肾损害。适量活动，增强机体抵抗力，预防肢体血栓等并发症。

2. 疾病知识指导　做好疾病知识健康教育；指导病人自我监测体重、尿量、水肿等；遵医嘱规范用药，不可擅自减量或停用激素，定期随访。

（十一）护理评价

1. 病人的水肿减轻或消退。
2. 饮食结构合理，营养状况改善。
3. 能积极采取预防感染的措施，未发生感染。
4. 皮肤无损伤或发生感染。
5. 情绪稳定，对疾病有正确认知。

（十二）预后

肾病综合征的预后与病理类型、临床表现、激素治疗效果、有无并发症等有关。微小病变型肾病和轻度系膜增生性肾炎预后好，系膜毛细血管性肾炎、重度系膜增生性肾炎、局灶性节段性肾小球硬化预后较差，大量蛋白尿、激素治疗无效者预后差，反复感染、严重高血压及肾功能损害者预后差。

拓展阅读6-3-12
肾病综合征病人的护理流程

第四节　继发性肾病病人的护理

继发性肾病指肾外疾病，特别是系统性疾病导致的肾损害。近年来由于生活方式改变、人口老龄化及环境因素等，继发性肾病患病率有增加趋势。本节介绍狼疮肾炎、糖尿病肾病。

一、狼疮肾炎病人的护理

> **情景导入**
>
> 康某，女性，23岁，主因"双下肢水肿3年，加重20余天"入院。病人面部可见盘状红斑，双下肢水肿，查尿常规：尿蛋白++，隐血+++。

> **请思考：**
> 1. 该病人的病情观察要点有哪些？
> 2. 该病人的护理要点有哪些？

狼疮肾炎（lupus nephritis，LN）是系统性红斑狼疮（SLE）的肾损害。50% 以上 SLE 病人有肾损害的临床表现，肾活检则显示肾受累几乎为 100%。狼疮肾炎是我国终末期肾衰竭的重要原因之一。

拓展阅读 6-4-1　狼疮肾炎病人护理重要知识点

（一）病因及发病机制

免疫复合物形成与沉积是引起狼疮肾炎的主要机制。循环中抗 dsDNA 等自身抗体与相应抗原结合形成免疫复合物后，沉积于肾小球；或循环中抗 dsDNA 抗体直接与沉积于肾的抗原相结合；或循环中自身抗体与肾小球内在抗原结合形成原位免疫复合物。沉积的免疫复合物激活补体，引起炎症细胞浸润、凝血因子活化及炎症介质释放，导致肾损伤。

（二）病理

狼疮肾炎病理表现多样，2003 年国际肾脏病协会（ISN）及肾脏病理学会工作组（RPS）进行了狼疮肾炎的病理分型（Ⅰ～Ⅵ型），除肾小球外，肾小管-间质和血管也常受累。有间质或血管病变的病人肾受损往往较重，预后较差。典型的免疫病理表现为肾小球 IgG、IgA、IgM、C3、C4、C1q 均阳性，称为"满堂亮（full house）"。病变进展或治疗后可发生病理类型的转换。

拓展阅读 6-4-2　狼疮肾炎病理分型

（三）临床表现

肾外表现参见第八章第四节"系统性红斑狼疮病人的护理"。狼疮肾炎的肾表现差异大，可为无症状性蛋白尿和（或）血尿及管型尿，或表现为高血压、肾病综合征、急性肾炎综合征等。病情可逐渐进展为慢性肾病，晚期发生尿毒症。蛋白尿最为常见，轻重不一，除Ⅰ型外，其他类型均可有蛋白尿。血清抗磷脂抗体阳性病人易并发血栓，加剧肾功能恶化。

（四）实验室及其他检查

1. **尿液检查**　尿常规检查可见尿蛋白、红细胞、管型。
2. **血液检查**　补体水平、某些自身抗体滴度与狼疮肾炎的活动和缓解密切相关。血清 ANA、抗 dsDNA 抗体、抗 Sm 抗体阳性等。
3. **B 超检查**　了解肾的大小。
4. **肾穿刺活检**　了解肾的病理改变及其严重程度。

（五）诊断要点

在 SLE 基础上，有肾损害表现，如持续性蛋白尿（>0.5 g/d，或 >+++）、血尿或管型尿（可为红细胞或颗粒管型等）则可诊断为狼疮肾炎。

(六)治疗

狼疮肾炎的治疗方案以控制病情活动、阻止肾的病变进展为主要目标。应根据临床表现、病理特征及疾病活动程度制订个体化治疗方案。

1. Ⅰ型或Ⅱ型者　尿蛋白 < 3 g/d，根据肾外表现决定糖皮质激素和免疫抑制剂治疗；尿蛋白 > 3 g/d，糖皮质激素或钙调磷酸酶抑制剂治疗，同微小病变肾病。

2. 增生性狼疮肾炎　无临床和严重组织学病变活动的Ⅲ型病人，可给予对症治疗或小剂量糖皮质激素和（或）环磷酰胺。

3. 弥漫增殖性（Ⅳ型）和严重局灶增殖性（Ⅲ型）狼疮肾炎　应给予积极的免疫抑制治疗。病情活动者应先给予诱导疗法，待病情稳定后转入维持治疗。

4. 膜性狼疮肾炎（Ⅴ型）　表现为非肾病水平蛋白尿的单纯膜性狼疮肾炎病人仅需要降蛋白及降压治疗，根据肾外表现决定糖皮质激素和免疫抑制剂疗法。表现为肾病水平蛋白尿者，糖皮质激素联合免疫抑制剂治疗，如泼尼松 1 mg/(kg·d) 联合环磷酰胺或吗替麦考酚酯、环孢素或他克莫司。膜性狼疮肾炎病人合并增生性狼疮肾炎则按照后者治疗。

> 拓展阅读 6-4-3 狼疮肾炎的非免疫抑制治疗

(七)护理评估

1. 病史　了解病人起病前有无感染、日光、药物等诱发因素，有无长期服用某些药物、接触某些毒物等，有无药物及食物过敏史，有无过度劳累、感染等诱发因素。

2. 身体评估　病人的精神状态、营养状况、生命体征和体重有无异常，有无发热、水肿、关节痛、脱发、皮肤损害等。

3. 实验室及其他检查　监测尿蛋白、血浆清蛋白浓度、补体水平、某些自身抗体滴度、肾功能等有无异常。肾穿刺活检了解本病的病理类型。

4. 心理社会状况　评估病人是否有焦虑、悲观等不良心理状况，评估病人对疾病的认知，社会支持系统和应对能力等。

(八)常见护理诊断/问题

1. 皮肤完整性受损　与自身免疫病、血管痉挛、药物（激素、免疫抑制剂）的副作用有关。
2. 疼痛　与关节的免疫性炎症、内脏损害有关。
3. 体温过高　与免疫性炎症有关。
4. 体液过多　与肾损害肾小球滤过率下降有关。
5. 焦虑　与病情变化所带来的不适、外观上的改变有关。
6. 有感染的危险　与使用免疫抑制剂、贫血、低蛋白血症致机体抵抗力下降有关。
7. 知识缺乏　与病人不了解疾病的过程、治疗及自我保健知识有关。

(九)护理目标

保持皮肤黏膜完整，关节疼痛减轻或消失，维持体温正常，维持水、电解质平衡并减轻水肿，焦虑症状减轻或消失，使病人了解预防疾病复发及自我保健的知识。

(十)护理措施

1. 休息与活动　病情缓解时适当活动，但应避免劳累和受凉。急性活动期，如有关节疼痛、水肿等,应卧床休息。

2. 营养支持　给予低盐、低脂、优质低蛋白饮食。忌食芹菜、蘑菇、无花果、烟熏食物等,以免诱发或加重病情;避免进食辛辣等刺激性食物。出现心力衰竭、肾衰竭、水肿者,严格限制钠盐摄入等。

3. 用药护理　遵医嘱给予糖皮质激素、免疫抑制剂及抗凝药物,指导病人规律用药,观察不良反应;肾功能不全的病人在使用 ACEI 或 ARB 类药物时,要注意监测血钾、肾功能。

4. 病情观察　密切观察生命体征、皮损、发热、关节疼痛、尿量、蛋白尿、电解质与肾功能损害情况。

5. 对症护理

(1) 皮肤护理:应评估皮损的类型、部位、面积,病人对皮损的反应及皮损对病人生活方式的影响。指导病人避免接触紫外线,局部禁用碱性肥皂、化妆品,可遵医嘱外用霜剂涂抹。消毒液漱口防止口腔感染。

(2) 减轻疼痛:评估关节炎症反应的体征(红、肿、热、痛),关节痛对生活方式的影响等,采取舒适的体位,遵医嘱给予镇痛治疗,避免应用肾损害药物。根据病情可选用热敷、红外线、超短波等理疗方法以减轻疼痛。

(3) 发热的护理:评估体温的变化,有无大汗及脱水体征。遵医嘱给予退热药,高热者给予物理降温措施。

(4) 维持体液平衡:评估水肿程度、体重变化、出入量及监测血钠、血钾变化。注意控制输液速度及量,防止发生肺水肿。

6. 心理护理　耐心向病人解释病情,了解病人的需求,鼓励病人表达自己的感受。指导病人使用放松术如深呼吸、听音乐等,分散注意力,减轻焦虑症状。

(十一) 健康指导

1. 疾病预防指导　本病是慢性病,缓解与发作交替进行,避免一切诱发或加重病情的因素,如日晒、感染、药物、化学试剂、精神刺激等。女性病人疾病稳定不到一年的注意避孕。

2. 疾病知识指导　讲解狼疮肾炎的基本知识,遵循慢性肾病饮食,合理控制水、盐、蛋白质及热量的摄入,注意食物禁忌。保持良好心态,坚持按医嘱服药,注意观察药物的副作用,不可随意增加或减少药物剂量,定时复诊。

(十二) 护理评价

病人皮肤黏膜完整,关节疼痛减轻或消失,体温正常,无水肿,焦虑症状减轻或消失,了解预防疾病复发及自我保健的知识。

(十三) 预后

狼疮肾炎治疗后可长期缓解,但药物减量或停药后易复发,且病情逐渐加重。近年来由于对狼疮肾炎诊断水平的提高,轻型病例的早期发现及免疫抑制药物的合理应用,预后明显改善,10 年存活率已提高到 80%~90%。

拓展阅读 6-4-4
狼疮肾炎病人的护理流程

二、糖尿病肾病病人的护理

> **情景导入**
>
> 丁某，男性，44岁，主因"多尿、口干、多饮5年，体检发现尿检异常1年"入院。既往2型糖尿病病史5年，去年体检自诉尿常规异常，未予重视，今年体检：尿常规：尿蛋白++，尿糖++，肾功能：血肌酐106 μmol/L。
>
> **请思考：**
>
> 1. 该病人的病情观察要点有哪些？现在病情的临床分期是什么？随着病情进展，丁某会出现什么问题？
> 2. 该病人的护理要点有哪些？

拓展阅读 6-4-5
糖尿病肾病病人护理的重要知识点

糖尿病肾病（diabetic nephropathy，DN）特指糖尿病肾微血管病变，临床上主要表现为持续性蛋白尿，病理上主要表现为肾小球系膜区增宽和肾小球毛细血管基底膜增厚。2007年美国版的《糖尿病及慢性肾脏病临床实践指南》建议将糖尿病肾病改为糖尿病肾脏疾病（diabetic kidney disease，DKD）。

（一）病因及发病机制

1. **糖代谢异常** 长期的高血糖状态，全身器官出现糖代谢障碍，其中肾、神经、眼等组织/器官糖代谢明显增强，此时约50%的葡萄糖在肾代谢，一方面降低了机体发生酮症酸中毒、高渗性昏迷的风险，另一方面也加重了肾的糖负荷。

2. **肾血流动力学变化** 包括肾小球高灌注、高滤过，在糖尿病肾病的发生中起关键作用。高跨膜压可增加肾小球基底膜基质和肾小球基底膜厚度，引起肾小球硬化。

3. **氧化应激** 糖尿病状态下，葡萄糖自身氧化造成线粒体超负荷，导致活性氧（ROS）产生过多；另一方面机体抗氧化能力下降，细胞内抗氧化的还原型烟酰胺腺嘌呤二核苷酸磷酸（NADPH）量不足，导致小球及小管间质纤维化。

4. **免疫炎症因素** 天然免疫中补体系统和模式识别受体之间交互作用导致肾单位的破坏。单核-巨噬细胞和肥大细胞，各种转录因子、趋化分子、黏附分子、炎症因子及糖基化代谢终产物等均可能参与了致病机制。

5. **遗传因素** 目前认为糖尿病肾病是一种多基因病，遗传因素在决定糖尿病肾病易感性方面起着重要作用。

（二）病理

光镜下早期可见肾小球肥大，肾小球基底膜轻度增厚，系膜区轻度增宽。随着病情进展，肾小球基底膜弥漫增厚，基质增生，形成典型的K-W结节，称为结节性肾小球硬化症。部分病人无明显结节，称为弥漫性肾小球硬化症。并常可见内皮下纤维蛋白帽、球囊滴、小动脉透明样变，伴随肾小管萎缩、近端肾小管上皮细胞空泡变性、肾乳头坏死及间质炎症细胞浸润等。

（三）临床表现

主要表现为不同程度蛋白尿及肾功能的进行性减退。由于1型糖尿病发病起始较明确，与2

型糖尿病相比，高血压、动脉粥样硬化等的并发症较少，目前根据 1 型糖尿病的临床过程予以分期，见表 6-4-1。2 型糖尿病肾损害的过程与 1 型糖尿病基本相似，只是高血压出现早、发生率更高，其他并发症更多。

表 6-4-1　1 型糖尿病肾病分期

分期	GFR	尿蛋白排泄率	肾脏病理	临床表现
Ⅰ期	增高	应急、运动后一过性微量蛋白尿	肾体积增大，小球和小管肥大	基本正常，无肾病表现
Ⅱ期	正常或增高	持续微量白蛋白尿	肾小球/肾小管基底膜增厚，系膜区增宽	临床无明显自觉症状
Ⅲ期	下降，血肌酐正常	蛋白尿 > 0.5 g/d	局灶/弥漫新硬化，出现 K-W 结节，入/出球小动脉透明样变	轻度血压升高
Ⅳ期	减低	大量蛋白尿	结节性、渗出性、弥漫性	水肿、高血压、肾功能减退、合并其他糖尿病微血管并发症
Ⅴ期	持续降低	大量蛋白尿	同Ⅳ期	终末期肾衰竭表现

1. 蛋白尿　是糖尿病肾病最重要的临床表现。早期间歇性的微量白蛋白尿，晚期持续性、大量蛋白尿。微量白蛋白尿：尿白蛋白/肌酐比值为 30~300 μg/mg，或尿白蛋白排泄率 20~200 μg/min 或 30~300 mg/d。临床蛋白尿：尿白蛋白均超过以上检查值，尿白蛋白/肌酐比值 > 300 μg/mg，或尿白蛋白排泄率 > 200 μg/min 或 > 300 mg/d，尿蛋白定量检查 > 0.5 g/d。

2. 高血压　糖尿病肾病高血压发生率高，晚期可呈持续性、顽固性高血压。

3. 水肿　随着尿蛋白的增加和血清白蛋白的降低，可出现不同程度的水肿，尤其是肾病综合征和心功能不全者，全身高度水肿、胸腔积液、腹水等，同时合并尿量减少。

4. 肾病综合征　部分病人可发展为肾病综合征，详见本章第三节中肾病综合征病人的护理，短期内可发生肾功能不全。

5. 肾功能异常　随着病程进展，肾小球滤过率下降，出现血肌酐和尿素氮升高，最后进展到肾功能不全、尿毒症。

（四）实验室及其他检查

1. 尿液检查　尿微量白蛋白测定，尿蛋白十一项中尿转铁蛋白对糖尿病肾病早期诊断具有一定敏感性，N-乙酰-β-D 氨基葡萄糖苷酶、尿视黄醇结合蛋白可反映肾小管损害的早期指标。

2. 血液检查　肾小球滤过率下降迅速，往往提示进展型糖尿病肾病和严重代谢紊乱。可有血肌酐、尿素氮升高，电解质异常如高血钾等。

3. B 超检查　检查肾有无增大，可提高糖尿病肾病早期诊断率。

4. 肾穿刺活检　了解病人肾的病理改变及其严重程度。

5. 其他检查　视网膜病变、心血管功能及神经功能的检查对诊断有一定的参考价值，ECT 检查肾功能受损情况。

（五）诊断要点

1 型糖尿病发病后 5 年和 2 型糖尿病确诊时，出现持续微量白蛋白尿，就应怀疑糖尿病肾病。如病程更长，临床逐渐出现蛋白尿，甚至出现大量蛋白尿或肾病综合征，同时合并有糖尿病的其他并发症，如糖尿病眼底病变，就应考虑糖尿病肾病。可疑病人需肾穿刺活检确诊。

（六）治疗

糖尿病肾病的治疗包括早期干预各种危险因素和终末期肾病的肾脏替代治疗。

1. **低蛋白饮食** 早期应限制蛋白质摄入量。肾功能正常病人，给予蛋白质 0.8 g/（kg·d）。肾功能不全病人给予蛋白质 0.6 g/（kg·d），优质蛋白占 50%~60%，如蛋白摄入量≤0.6 g/（kg·d）应适当补充 α-酮酸制剂。透析病人、儿童及孕妇不宜过度限制蛋白质摄入。为防止营养不良的发生，应保证给予足够的热量。

2. **控制血糖** 糖化血红蛋白应控制在 7% 左右。临床常用的口服降糖药包括六大类：磺酰脲类、双胍类、噻唑烷二酮类、α-葡萄糖苷酶抑制剂、格列奈类和二肽基肽酶 -4 抑制剂。对于肾功能正常的病人，降糖药的使用主要根据病人胰岛的功能、血糖增高的特点及是否存在肥胖来选择。肾功能异常时，谨慎乃至避免使用磺酰脲类和双胍类药物，应选用较少经肾排泄的药物，如阿卡波糖、吡格列酮等，但磺酰脲类中的格列喹酮仍可使用。中晚期病人建议停用所有口服降糖药，使用胰岛素。

3. **控制血压** 应将血压控制在 ≤130/80 mmHg。首选 ACEI 或 ARB。血压控制不佳的病人，可加用钙通道阻滞剂、利尿剂、β 受体拮抗剂等。应用 ACEI/ARB 要监测肾功能、血清钾及血容量的变化，伴肾动脉狭窄者慎用。

4. **调脂治疗** 目标为：总胆固醇 < 4.5 mmol/L，LDL < 2.5 mmol/L，TG < 1.5 mmol/L，高密度脂蛋白胆固醇 > 1.1 mmol/L。血清总胆固醇增高为主者，首选他汀类降脂药物；甘油三酯增高为主者，选用贝特类降脂药；同时配合低脂饮食。

5. **并发症治疗** 对并发高血压、动脉粥样硬化、心脑血管病、其他微血管病等的病人应给予相应处理，保护肾功能。

6. **透析和移植** 当肾小球滤过率 < 15 mL/min，伴有不易控制的心力衰竭、严重胃肠道症状、高血压等，应根据条件选用透析、肾移植或胰肾联合移植。

拓展阅读 6-4-6
糖尿病肾病的三级防控

（七）护理评估

1. **病史** 起病前是否有 DN 或其他系统疾病，家族中有无肥胖、高血压、高血脂、糖尿病等病史，有无不良生活习惯。

2. **身体评估** 病人的生命体征、营养状况和体重有无异常。有无水肿、视物模糊、肢体感觉异常等。

3. **实验室及其他检查** 尿蛋白、血浆清蛋白浓度、血脂、肾功能等有无异常，眼底及神经功能检查有无异常，肾穿刺活检了解本病的病理类型。

4. **心理社会状况** 病人精神状态，是否有焦虑、悲观等不良心理状况，对疾病的认知程度，社会支持系统和应对能力等。

（八）常见护理诊断/问题

1. 皮肤完整性受损　与水肿、低蛋白血症、末梢神经改变有关。
2. 营养失调：低于机体需要量　与胰岛功能障碍所致代谢异常有关。
3. 体液过多　与低蛋白血症致血浆胶体渗透压下降等有关。
4. 焦虑　与血糖控制差、并发症增多有关。
5. 有感染的危险　与低蛋白血症、营养失调所致机体抵抗力下降有关。
6. 知识缺乏　与病人不了解疾病的过程、治疗及自我保健知识有关。
7. 潜在并发症　低血糖反应、酮症酸中毒、糖尿病足、视网膜病变。

（九）护理目标

病人水肿减轻或消失；保持皮肤完整性；饮食合理，维持理想体重；增进自我管理能力，减轻焦虑；血糖控制在正常范围；预防并发症的发生。

（十）护理措施

1. 休息与活动　水肿严重时卧床休息，病情好转时，则应鼓励其适当活动，避免劳累和受凉。
2. 营养支持　应根据病人情况遵循个体化的原则，给予低盐、低脂、优质低蛋白糖尿病饮食。
3. 用药护理　遵医嘱使用降糖药、胰岛素、降压药、利尿药等，注意预防低血糖反应发生。指导病人正确服用药物，监测药物不良反应。
4. 病情观察　密切观察生命体征、体重、尿量、水肿消长、血糖变化情况及精神状态并记录。对肾衰竭的病人要准确记录出入量，密切观察尿蛋白、血肌酐、血钾等变化。
5. 心理护理　鼓励病人说出对疾病治疗的感受，鼓励家属、朋友主动关心病人，耐心向病人解释治疗的目的和过程。给病人提供相互经验交流和学习的机会，鼓励其自我管理，促进康复。

（十一）健康指导

1. 疾病预防指导　注意调整生活方式，包括减肥、禁烟和适量活动。DN病人易并发泌尿系统及皮肤感染，应养成良好的卫生习惯，保护其皮肤、黏膜的完整性。同时注意预防烫伤及糖尿病足的发生。使用降糖药和胰岛素预防低血糖发生。
2. 疾病知识指导　向病人及家属讲解糖尿病肾病的基本知识，鼓励积极治疗，遵医嘱服药，消除或避免加重病情的各种因素，延缓病情进展，提高生存质量。指导病人自我监测血糖、尿量、血压、水肿等。定期随访。

（十二）护理评价

病人血糖控制稳定，水肿减轻或消失，皮肤完整；饮食合理，维持理想体重；自我管理能力提升，焦虑减轻。

（十三）预后

糖尿病肾病预后不佳。影响预后的因素主要包括糖尿病类型、蛋白尿程度、肾功能和肾外

拓展阅读6-4-7
糖尿病肾病病人的护理流程

第五节 尿路感染病人的护理

> **情景导入**
> 尚某，女性，24岁，主因尿频、尿急、尿痛伴发热1天入院。入院查体：T 38.9℃。
> 请思考：
> 1. 该病人的病情观察要点有哪些？
> 2. 该病人的护理要点有哪些？

拓展阅读6-5-1
尿路感染病人护理的重要知识点

尿路感染（urinary tract infection，UTI）是各种病原微生物在尿路中生长、繁殖而引起的尿路感染性疾病。根据感染部位可分为上尿路感染和下尿路感染。前者主要为肾盂肾炎，后者主要为膀胱炎；根据病人的基础疾病，可分为复杂性和非复杂性（单纯性）尿路感染。引起尿路感染的病原体包括细菌、真菌、支原体、衣原体、病毒等。

（一）病因及发病机制

拓展阅读6-5-2
复杂性尿路感染的危险因素

1. 病因　本病最常见的致病菌是革兰阴性杆菌，其中大肠埃希菌占75%~90%，其次为克雷伯杆菌、变形杆菌、柠檬酸杆菌属等。医院内感染、复杂性或复发性尿路感染、尿路器械检查后发生的尿路感染则多为肠球菌、变形杆菌、克雷伯杆菌和铜绿假单胞菌所致。真菌感染（主要为念珠菌属）多发生于留置尿管、糖尿病、使用广谱抗生素或免疫抑制剂的病人。

2. 发病机制

（1）感染途径：①上行感染（逆行感染），最常见；②血行感染，较少见；③直接感染，较少见；④淋巴道感染。

（2）机体防御功能：人体对尿路感染的防御机制有：①排尿的冲刷作用；②尿道和膀胱黏膜的抗菌能力；③尿液中高浓度尿素、高渗透压和低pH等；④前列腺分泌物中含有的抗菌成分；⑤感染出现后，白细胞很快进入膀胱上皮组织和尿液中，起清除细菌的作用；⑥输尿管膀胱连接处的活瓣具有防止尿液、细菌进入输尿管的功能；⑦女性阴道的乳酸杆菌菌群对限制致病病原体的繁殖有重要作用。

（3）易感因素：①尿路梗阻；②膀胱、输尿管反流；③长期使用免疫抑制剂；④神经源性膀胱；⑤妊娠；⑥性别和性生活；⑦医源性因素；⑧泌尿系统结构异常；⑨遗传因素。

（4）细菌的致病力：是决定能否引起尿路感染、导致症状性尿路感染还是无症状性尿路感染、膀胱炎还是肾盂肾炎的重要因素。

（二）临床表现

1. 膀胱炎　占尿路感染的60%以上，主要表现为尿频、尿急、尿痛等尿路刺激症状。可有耻骨弓上不适感，一般无全身感染症状。致病菌多为大肠埃希菌，占75%以上。

2. 肾盂肾炎

（1）急性肾盂肾炎：可发生于各年龄段，育龄女性最多见。临床表现与感染程度有关，通常起病较急。①全身症状：发热、寒战、头痛、全身酸痛、恶心、呕吐等，体温多在38.0℃以上，多为弛张热，也可呈稽留热或间歇热。部分病人出现革兰阴性杆菌菌血症。②泌尿系统症状：尿频、尿急、尿痛、排尿困难等。部分病人泌尿系统症状不典型或缺如。③腰痛：程度不一，多为钝痛或酸痛。体检时可发现肋脊角或输尿管点压痛和（或）肾区叩击痛。

（2）慢性肾盂肾炎：临床表现较为复杂，不同程度的低热、间歇性尿频、排尿不适、腰部酸痛等。急性发作时症状类似急性肾盂肾炎，病情持续可发展为慢性肾衰竭。

3. 无症状细菌尿 指病人无尿路感染的症状，尿常规可无明显异常或白细胞增加，但尿培养有真性菌尿，致病菌多为大肠埃希菌。

4. 复杂性尿路感染 指伴有泌尿系统结构/功能异常（包括异物），或免疫低下的病人发生的尿路感染。病人的临床表现可为多样，从轻度的泌尿系统症状，到膀胱炎、肾盂肾炎，严重者可导致菌血症、败血症。

5. 导管相关性尿路感染 指留置导尿管或先前48 h内留置导尿管者发生的感染。发病机制是导管上生物被膜的形成。

拓展阅读6-5-3
降低导管相关性尿路感染发生风险的措施

（三）实验室及其他检查

1. 尿液检查

（1）尿常规检查：尿沉渣镜检白细胞>5个/HP，称为白细胞尿，尿中发现白细胞管型提示肾盂肾炎；镜下血尿或肉眼血尿；尿蛋白常为阴性或微量。

（2）尿细菌学检查：①涂片细菌检查：可初步确定是杆菌或是球菌。②细菌培养：可采用清洁中段尿、导尿、膀胱穿刺尿做细菌培养。清洁中段尿细菌培养菌落计数$\geq 10^5$/mL，为有意义菌尿。无尿路感染症状者，则要求2次中段尿细菌培养，菌落计数均$\geq 10^5$/mL，且为同一菌种，可诊断为尿路感染；膀胱穿刺尿细菌定性培养有细菌生长，即为真性菌尿。

（3）白细胞排泄率：准确收取3 h尿液，白细胞计数$>3 \times 10^5$/h。正常人白细胞计数$<2 \times 10^5$/h，介于两者之间为可疑。

（4）硝酸盐还原试验：可作为尿路感染的过筛实验。

（5）白细胞脂酶实验。

2. 血液检查 急性肾盂肾炎时血白细胞增高，中性粒细胞增多，核左移。慢性肾盂肾炎肾功能受损时，可出现肾小球滤过率下降，血肌酐升高。

3. 影像学检查 对于尿路感染反复发作者，可行B超、X线腹部平片、CT、静脉肾盂造影等检查，以确定有无结石、梗阻、畸形和膀胱-输尿管反流。尿路感染急性期不宜做静脉尿路造影检查。

（四）诊断要点

典型尿路感染可根据膀胱刺激征、尿液改变和尿液细菌学检查加以确诊。不典型病人则主要根据尿液细菌学检查做出诊断，诊断标准为清洁中段尿细菌培养菌落数$\geq 10^5$/mL。对于留置导尿管的病人出现典型的尿路感染临床表现，且无其他原因可以解释，尿细菌培养菌落计数$>10^3$/mL，可考虑导管相关性尿路感染的诊断。

（五）治疗

1. 一般治疗　急性期注意休息，多饮水，勤排尿。反复发作者，应积极寻找病因，及时去除诱发因素。

2. 抗感染治疗

（1）急性膀胱炎：对于非复杂性女性膀胱炎，可采用单剂量或短程疗法抗感染治疗。由于细菌耐药的情况不断出现，应根据当地细菌的耐药情况选择药物，可以选用阿莫西林、头孢菌素类、喹诺酮类（莫西沙星除外）等，疗程一般3~7天。7天后需进行尿细菌定量培养，如果结果阴性表示已治愈，如仍有真性菌尿应继续给予2周抗感染治疗。

（2）肾盂肾炎：①轻型肾盂肾炎宜口服有效抗菌药14天，可选用喹诺酮类（剂量同急性膀胱炎）、半合成青霉素类（如阿莫西林）或头孢菌素类（如头孢呋辛），一般用药72 h可显效，若无效则应根据药物敏感试验更改药物。②严重肾盂肾炎有明显毒血症者需静脉用药，可选用青霉素类（如氨卞西林）、头孢菌素类（如头孢噻肟钠等）、喹诺酮类（如左氧氟沙星等），获得尿培养结果后应根据药物敏感试验选药，必要时联合用药。氨基糖苷类肾毒性大，应慎用。若治疗后病情好转，可于热退后继续用药3天再改口服抗生素，继续治疗2周。③慢性肾盂肾炎治疗关键是积极寻找并去除易感因素，急性发作治疗同急性肾盂肾炎。

（3）无症状细菌尿：对于非妊娠妇女和老年人无症状细菌尿，一般不予治疗。妊娠妇女及学龄前儿童的无症状细菌尿应予以治疗。

（4）反复发作尿路感染：①再感染：指在停药2周后再次出现真性细菌尿，菌株与上次不同。对半年内发生2次以上者，可用长程低剂量抑菌治疗。②复发：指在停药2周内原来的致病菌再次引起感染。在去除诱发因素的基础上，按药物敏感试验结果，选择抗生素治疗。

3. 疗效评价　①治愈：症状消失，尿菌阴性，疗程结束后2周、6周复查尿菌均为阴性。②治疗失败：治疗后尿菌仍阳性；或者治疗后尿菌阴性，但2周和6周复查尿菌阳性，且为同一菌株。

微课6-5-1
尿路感染病人的治疗

（六）护理评估

1. 病史　有无泌尿系统感染、结核、结石、肿瘤及前列腺增生、妇科炎症等病史，有无留置导尿、尿路器械检查史等，有无饮水少、憋尿等不良习惯等。

2. 身体评估　有无排尿不适、高热、寒战等。有无腹部上、中输尿管和膀胱区压痛、肾区叩击痛。

3. 实验室及其他检查　了解尿常规、尿培养检查结果，了解B超等影像学检查结果，了解肾的大小、外形有无异常，尿路有无畸形或梗阻。

4. 心理社会状况　了解有无焦虑等异常心理，了解家庭成员对病人的关心、支持程度等。

（七）常见护理诊断/问题

1. 排尿障碍：尿频、尿急、尿痛　与尿路感染有关。
2. 体温过高　与尿路感染有关。
3. 潜在并发症　急性肾乳头坏死、肾周脓肿，甚至严重脓毒症。
4. 知识缺乏　缺乏预防尿路感染的相关知识。

（八）护理目标

病人膀胱刺激症状消失；体温恢复正常；情绪稳定，能积极配合治疗和护理。

（九）护理措施

1. 休息与活动　急性期应卧床休息，加强生活护理。
2. 营养支持　给予清淡、易消化、营养丰富的食物。嘱病人多饮水，病情许可情况下每日饮水量大于 2 000 mL，每日尿量大于 1 500 mL。
3. 用药护理　遵医嘱给予抗菌药，注意药物用法、剂量、疗程和注意事项，如口服复方磺胺甲噁唑期间要注意多饮水，并同时服用碳酸氢钠，以增强疗效、减少磺胺结晶的形成。
4. 病情观察　监测体温、尿液性状及尿路刺激症状的变化。如高热持续不退或体温升高，且出现腰痛加剧等，应考虑可能出现肾周脓肿、肾乳头坏死等并发症，需及时通知医生。
5. 对症护理

（1）疼痛的护理：指导病人进行膀胱区热敷或按摩以缓解肌肉紧张，减轻疼痛。根据病人的兴趣选择一些活动，如听音乐、看电影等，分散病人注意力，减轻焦虑，缓解尿路刺激征。

（2）高热的护理：高热病人可采用冰敷、酒精擦浴等物理降温的措施，并注意观察和记录。

（3）皮肤护理：及时更换汗湿的衣物、床铺和保持会阴部的清洁、干燥。

6. 心理护理　护士应主动关心病人，指导病人保持良好的心理状态，积极配合治疗。

（十）健康指导

1. 疾病预防指导　①保持规律生活，避免劳累，坚持体育运动，增强机体免疫力。②多饮水、勤排尿是预防尿路感染最简便而有效的措施。每天应摄入足够水分，以保证足够的尿量和排尿次数。③注意个人卫生，尤其女性，要注意会阴部及肛周皮肤的清洁，特别是月经期、妊娠期、产褥期。学会正确清洁外阴部的方法。④与性生活有关的反复发作者，应注意性生活后立即排尿。⑤膀胱-输尿管反流者，需要"二次排尿"，即每次排尿后数分钟再排尿一次。
2. 疾病知识指导　教会病人识别尿路感染的临床表现，一旦出现尿路感染症状，应尽快诊治。嘱病人按时、按量、按疗程服药，勿随意停药，并按医嘱定期随访。

（十一）护理评价

病人的尿频、尿急、尿痛减轻或完全消失，无并发症发生；能够知道引起尿路感染的病因和卫生知识。

（十二）预后

经积极治疗，90% 以上尿路感染能痊愈，预后好。若存在尿路梗阻、畸形等易感因素，则必须纠正易感因素，否则很难治愈，且可演变为慢性肾盂肾炎，甚至发展为慢性肾衰竭。

拓展阅读 6-5-4
尿路感染病人的护理流程

第六节 急性肾损伤病人的护理

情景导入

宁某，男性，78岁，主因腹泻9天，少尿7天入院。病人9天前服用不洁食物后，出现腹泻不适，1周前出现尿量减少。实验室检查：血肌酐 1 590 μmol/L，HCO_3^- 6.2 mmol/L，血钾 7.2 mmol/L。

请思考：
1. 该病人需要哪些急诊处置？
2. 该病人的病情观察及护理要点有哪些？

拓展阅读 6-6-1
急性肾损伤病人护理的重要知识点

急性肾损伤（acute kidney injury，AKI）是由各种原因引起的短时间内肾功能急剧减退而出现的临床综合征，主要表现为肾小球滤过率（GFR）下降，含氮代谢废物潴留，水、电解质、酸碱平衡紊乱，严重者出现多系统并发症。AKI以往称急性肾衰竭（acute renal failure，ARF）。AKI 概念的提出，将临床对肾功能损伤的关注焦点提前到肾功能标志物轻微改变的早期阶段，实现早期识别及有效干预。

（一）病因及发病机制

AKI 有广义和狭义之分，广义 AKI 病因依据发生的解剖部位，分为肾前性、肾性和肾后性三大类。肾前性 AKI 约占 AKI 的55%，初期肾实质组织结构完好。肾性 AKI 指出现肾实质损伤，以肾缺血和肾毒性药物或毒素导致的急性肾小管坏死（acute tubular necrosis，ATN）最为常见，其他还包括急性间质性肾炎（AIN）、肾小球疾病和肾血管疾病等，约占 AKI 的40%。肾后性 AKI 系急性尿路梗阻所致，约占 AKI 的5%。狭义的 AKI 指急性肾小管坏死（acute tubular necrosis，ATN），为 AKI 最常见类型。

1. 病因

（1）肾前性 AKI：指各种原因引起肾血流灌注不足所致 GFR 降低的肾缺血性损伤，又称肾前性氮质血症。常见原因：①出血、液体丢失或细胞外液重新分布等导致血容量不足；②充血性心力衰竭等原因导致心排血量减少；③使用降压药、脓毒血症、过敏性休克等致周围血管扩张；④使用去甲肾上腺素、血管紧张素转化酶抑制药、非甾体抗炎药等导致肾血管收缩及肾自身调节受损。

（2）肾性 AKI：是由肾小管、肾间质、肾血管和肾小球疾病引起的肾实质损伤。

（3）肾后性 AKI：常见病因有结石、肿瘤、前列腺增生、肾乳头坏死堵塞、腹膜后肿瘤压迫等，导致急性尿路梗阻，梗阻可发生在从肾盂到尿道的尿路任一处。

2. 发病机制

（1）肾前性 AKI：肾前性 AKI 时肾灌注不足，肾血流自我调节机制通过调节肾小球出球和入球小动脉血管张力，维持 GFR 和肾血流量，肾功能维持正常。及时纠正危险因素，肾血流动力学损害可以逆转。

(2) 肾性 AKI：以 ATN 最为常见。发病机制尚未完全明了，主要包括：①血管因素：肾低灌注持续超过 6 h 未得到纠正，导致肾自主调节功能损害，血管舒缩功能紊乱和内皮细胞损伤，也可产生炎症反应，进一步加重肾血流动力学异常，肾内血流重新分布，肾皮质血流量减少，肾髓质充血，引起 GFR 下降。②肾小管因素：肾血流量下降引起肾小球滤过压下降，缺血/再灌注、肾毒性物质可引起肾小管损伤，肾小管上皮细胞脱落形成管型引起肾小管梗阻，梗阻近端肾小管内压力增高，进而使肾小球囊内压力升高，引起肾小球滤过停止；肾小管严重受损时导致肾小球滤过液反漏至肾间质，肾间质水肿压迫肾单位，加重肾缺血。上述因素相互作用最终导致 GFR 进一步降低。③炎症反应：肾缺血可通过炎症反应直接导致血管内皮细胞损伤，缺血再灌注损伤和炎症反应使小管上皮细胞释放多种炎症介质［如肿瘤坏死因子 -α（TNF-α）、IL-6、IL-18 等］，使血管内皮细胞受损、白细胞浸润等，导致肾实质进一步损伤。

(3) 肾后性 AKI：尿路发生梗阻时，尿路内压增高，传导至肾小球囊腔，肾小球入球小动脉扩张，早期 GFR 暂时维持正常。梗阻持续不解除，肾皮质大量区域出现无灌注或低灌注状态，GFR 将逐渐降低。

（二）病理

病因及病变不同，AKI 损伤时，病理改变存在多样性。肉眼见肾肿大，质软，剖面见髓质呈暗红色，皮质肿胀呈苍白色。典型的缺血性 AKI 光镜检查见肾小管上皮细胞片状和灶性坏死，从基膜上脱落，肾小管管腔管型堵塞。若基膜完整性存在，则肾小管上皮细胞可迅速再生，否则上皮细胞不能再生。近端肾小管的曲部和直部是肾毒性 AKI 形态学变化最明显的部位，肾小管上皮细胞坏死程度比缺血性 AKI 者轻。

（三）临床表现

以下以 ATN 为例，介绍肾性 AKI 的临床过程。典型 ATN 临床病程可分为 3 期：起始期、维持期、恢复期。

1. **起始期** 此阶段可持续数小时至几天，病人可能遭受低血压、缺血、脓毒血症和肾毒素等已知或者未知的打击，尚未发生肾实质损伤。若及时采取有效措施常可阻止病情进展，否则随着肾小管上皮细胞发生明显损伤，GFR 逐渐下降，进入维持期。

2. **维持期** 又称少尿期。病人常出现少尿或无尿。部分病人尿量可维持在 400 mL/d 以上，称非少尿型 AKI，其病情大多较轻。典型少尿期持续 7~14 天，也可短至几天或长至 4~6 周。此期肾实质损伤已经发生，GFR 进行性下降并维持在低水平，随着肾功能减退，病人可出现一系列尿毒症临床表现。

(1) 全身尿毒症临床表现

1) 消化系统：病人出现食欲减退、恶心、呕吐、腹胀、腹泻等，严重者可出现消化道出血。

2) 呼吸系统：主要与容量过多导致的急性肺水肿和感染有关，可出现呼吸困难、咳嗽等症状。

3) 循环系统：因毒素滞留、电解质紊乱、贫血及酸中毒可引发各种心律失常及心肌病变，因尿量减少、水钠潴留出现高血压、心力衰竭和急性肺水肿。

4) 神经系统：因尿毒症脑病可出现意识障碍、躁动、谵妄、抽搐、昏迷等症状。

5) 血液系统：可有出血倾向，病人可出现皮肤、黏膜、牙龈出血，以及头晕、乏力等贫血表现。

6）其他：可并发肺部、泌尿系统、伤口等感染，感染是常见且严重的并发症，是 AKI 病人主要死亡原因。此外，在 AKI 同时或在疾病发展过程中可合并多脏器功能障碍综合征，死亡率很高。

（2）水、电解质和酸碱平衡紊乱

1）水潴留时病人可有高血压、心力衰竭、急性肺水肿和脑水肿等表现。见于未严格控制液体摄入量时。

2）由于肾小管排酸能力减低和重吸收碳酸氢根下降，且 AKI 常合并高分解代谢状态，使酸性代谢产物明显增多，病人出现代谢性酸中毒。

3）由于肾排钾减少、感染、高分解状态、代谢性酸中毒等因素可致高钾血症，严重者可导致心室颤动或心搏骤停等心律失常。高钾血症是 AKI 少尿期的主要死因之一。

4）由于呕吐、腹泻引起钠盐丢失过多或水潴留时，病人可引起稀释性低钠血症。也可有低钙、高磷、低氯血症等，无慢性肾衰竭时明显。

3. 恢复期　少尿型病人出现尿量进行性增加，每天尿量可达 3~5 L，通常持续 1~3 周，继而逐渐恢复正常。此期肾小管上皮细胞再生、修复，GFR 逐渐恢复至正常或接近正常范围。尿量增加数天后血肌酐逐渐下降，与 GFR 相比，肾小管上皮细胞的溶质和水重吸收功能的恢复相对延迟，常需 3~6 个月恢复正常。部分病人最终遗留不同程度的肾结构和功能损伤。

（四）实验室及其他检查

1. 尿液检查　不同病因所致的 AKI 的尿液异常相差较大。尿液指标检查必须在输液、使用利尿药和高渗药物之前，否则结果有偏差。ATN 时尿蛋白多为 +~++，以小分子蛋白质为主，可见肾小管上皮细胞、上皮细胞管型、颗粒管型，少许红、白细胞等。尿比重降低而固定，多在 1.015 以下，尿渗透浓度 < 350 mOsm/(kg·H_2O)，尿与血渗透浓度之比 < 1.1，尿钠增高，滤过钠排泄分数（FE_{Na}）可反映肾排出钠的能力，FE_{Na}=（尿钠/血钠）/（尿肌酐/血肌酐）× 100%，ATN 者 FE_{Na} > 1%。肾衰指数［尿钠 /（尿肌酐 / 血肌酐）］常大于 1。

2. 血液检查　可有轻度贫血，肾功能长时间不恢复，贫血程度可加重。血肌酐、尿素氮进行性上升，高分解代谢者上升速度较快。血清钾升高。血钠正常或偏低，血钙降低，血磷升高等。

3. 影像学检查　尿路 B 超检查有助于鉴别尿路梗阻和慢性肾病，了解 AKI 病因。CT、MRI 或放射性核素检查有助于发现有无肾血管病变，必要时行肾血管造影明确诊断，造影剂可加重肾损伤。

4. 肾穿刺活检　如无禁忌证，肾功能损伤病因不明应尽早进行。

（五）诊断要点

根据原发病因，肾功能急剧减退，结合临床表现、实验室和影像学检查，作出诊断。

AKI 诊断标准为：肾功能在 48 h 内突然减退，血清肌酐 48 h 内升高 ≥ 0.3 mg/dL（26.5 μmol/L），或 7 天内血清肌酐升高 ≥ 1.5 倍基础值，或尿量 < 0.5 mL/(kg·h)，持续时间 > 6 h。根据血清肌酐和尿量进一步分期见表 6-6-1。

表 6-6-1　AKI 的分期

分期	血清肌酐	尿量
1	升高达基础值的 1.5～1.9 倍 或升高 ≥0.3 mg/dL（≥26.5 μmol/L）	<0.5 mL/（kg·h），持续 6～12 h
2	升高达基础值的 2.0～2.9 倍	<0.5 mL/（kg·h），持续 ≥12 h
3	升高达基础值的 ≥3.0 倍 或升高 ≥4.0 mg/dL（≥353.6 μmol/L） 或开始肾脏替代治疗 或年龄 <18 岁，eGFR <35 mL/（min·1.73 m^2）	<0.3 mL/（kg·h），持续 ≥24 h； 或无尿 ≥12 h

（六）治疗

AKI 治疗的原则：早期诊断，及时干预，最大限度减轻肾损伤、促进肾功能恢复。纠正可逆病因，维持体液平衡，营养支持，防治并发症及适时肾脏替代治疗。治疗包括以下方面：

1. 尽早纠正可逆病因　AKI 治疗首先要纠正可逆的病因，如各种严重外伤、心力衰竭、急性失血等，包括输血、等渗盐水积极扩容，纠正血容量不足、休克和感染等。停用影响肾灌注或具有肾毒性的药物。肾后性 AKI 时应及时解除梗阻。

2. 维持体液平衡　每天补液量应为显性失液量加上非显性失液量减去内生水量。每天大致的进液量可按前一天尿量加 500 mL 计算。已透析治疗时可适当放宽液体入量。发热病人只要体重不增加，可适当增加进液量。

3. 营养支持　可优先通过胃肠道提供营养，酌情限制水、钠、钾；不能口服的病人，可予静脉营养支持。补充营养以维持机体的营养状况和正常代谢，有助于损伤细胞的修复和再生，提高存活率。

4. 并发症治疗

（1）当血钾 >6 mmol/L 或心电图有高钾表现或有神经、肌肉症状时需紧急处理。措施包括：①停用一切含钾药物和（或）食物。②对抗钾离子心肌毒性，10% 葡萄糖酸钙稀释后缓慢静推。③促进钾向细胞内转移，葡萄糖与胰岛素合用促进糖原合成，使钾离子向细胞内转移［50% 葡萄糖 50～100 mL 或 10% 葡萄糖 250～500 mL，加胰岛素 6～12 U 静脉输注，葡萄糖与胰岛素比值为（4～6）:1］；伴代谢性酸中毒者补充碱剂，既可纠正酸中毒又可促进钾离子向细胞内流（5%NaHCO$_3$ 100～200 mL 静滴）。④促进排钾，离子交换树脂（口服 1～2 h 起效，灌肠 4～6 h 起效，每 50 g 降钾树脂使血钾下降 0.5～10 mmol/L），利尿药（多使袢利尿药，以增加尿量，促进钾离子排泄）；血钾 >6.5 mmol/L，内科治疗不能纠正，可行急诊血液透析治疗。

（2）纠正代谢性酸中毒，可选用 5%NaHCO$_3$ 100～250 mL 静滴。严重酸中毒，纠酸的同时紧急透析治疗。

（3）AKI 心力衰竭病人对利尿药反应较差，对洋地黄制剂疗效也差，且易发生洋地黄中毒。药物治疗多以扩血管为主，减轻心脏前负荷。通过透析超滤脱水，纠正容量过负荷，缓解心衰症状最为有效。

（4）感染时应尽早使用抗生素。根据细菌培养和药物敏感试验选用对肾无毒或低毒的药物，并按肌酐清除率调整用药剂量。

5. 肾脏替代治疗　可选择腹膜透析、间歇性肾脏替代治疗或连续性肾脏替代治疗。重症病人宜早期开始透析,治疗目的包括"肾脏替代"和"肾脏支持":①清除体内过多的水分、尿毒症毒素和炎症介质;②纠正高钾血症和代谢性酸中毒,以稳定机体的内环境;③有助于液体、热量、蛋白质及其他营养物质的补充。

紧急透析指征:严重高钾血症(>6.5 mmol/L)、严重代谢性酸中毒(pH<7.15)、容量负荷过重且对利尿药治疗无效等。对非高分解型、尿量不少的病人可试行内科保守治疗。

拓展阅读6-6-2 连续性肾脏替代治疗

6. 恢复期治疗　治疗重点仍为维持水、电解质和酸碱平衡,控制氮质血症,治疗原发病和防治各种并发症。AKI恢复早期肾小球滤过功能尚未完全恢复,肾小管浓缩功能仍较差,每天尿量较多;后期肾功能恢复,尿量正常,一般无须特殊处理,应定期随访肾功能,避免肾毒性药物的使用。

(七)护理评估

1. 病史　有无大出血、心力衰竭、休克及严重脱水等病史,有无严重创伤、大面积烧伤、急性溶血、脓毒病、肾间质或肾实质病变等疾病,有无肾结石、尿路结石及双侧肾盂积水、前列腺增生等疾病。

2. 身体评估　评估病人是否存在如下情况:

(1)尿量减少或无尿,有无AKI的全身并发症,如消化系统症状、呼吸系统症状、循环系统症状、神经系统症状、血液系统症状、感染或多脏器衰竭。

(2)水、电解质和酸碱平衡紊乱,其中高钾血症和代谢性酸中毒最常见;多尿期病人每天尿量可达3 000~5 000 mL,应注意是否存在低钠血症、低钾血症、血容量不足等。

3. 实验室及其他检查　根据检查结果提示符合上述急性肾损伤的表现。

4. 心理社会状况　因起病急,病情危重,评估病人是否有恐惧、抑郁、悲观等不良心理。

(八)常见护理诊断/问题

1. 体液过多　与肾小球滤过率降低、水分摄入过多有关。
2. 营养失调:低于机体需要量　与病人食欲减退、低蛋白质饮食及透析等因素有关。
3. 有感染的危险　与机体抵抗力降低及透析等侵入性操作有关。
4. 潜在并发症　电解质、酸碱平衡失调,高血压、急性左心衰竭、心律失常、上消化道出血、DIC、多脏器衰竭。
5. 知识缺乏　缺乏疾病治疗、病情监测及饮食管理相关知识。

(九)护理目标

病人病情好转,纠正液体不平衡、营养失调,未发生感染及其他并发症,病人知晓相关疾病知识,配合治疗、护理。

(十)护理措施

1. 休息与活动　应绝对卧床休息以减轻肾负担。下肢水肿者抬高下肢促进血液回流。昏迷者按昏迷病人护理常规进行护理。

2. 营养支持　给予充足热量、优质蛋白饮食,控制水盐,坚持"量出为入"的原则。监测反映机体营养状况的指标是否改善,如血浆清蛋白等。热量供给35 kcal/(kg·d),即147 kJ/(kg·d),其中2/3由糖类提供,1/3由脂类提供,以减少机体蛋白质分解;蛋白质的摄入量应限制为 0.8~1.0 g/(kg·d)，适量补充必需氨基酸和非必需氨基酸；高分解代谢、营养不良或接受透析治疗的病人，蛋白质摄入量可适当放宽。高钾血症时限制钾的摄入。

3. **用药护理** 遵医嘱给予抗菌药、纠正酸中毒、降钾、静脉营养等治疗，观察药物的作用及副作用，合理控制补液速度，多种药物之间注意配伍禁忌，并根据病情及治疗要求，安排各项输液治疗顺序。

4. **病情观察** 密切观察病人临床症状、尿量、肾功能、电解质变化等，及时发现有无高血钾（病人可出现心律不齐、肌无力、感觉异常、心电图改变等）、代谢性酸中毒、心力衰竭、感染等征象，并及时报告医师给予相应处理。如需肾脏替代治疗做好相应护理。参见本章第八节泌尿系统常见诊疗技术及护理。

5. **预防感染** 采取切实可行的措施，预防感染的发生。具体措施如下：①有条件者可将病人安置在单人房间，病室定期通风并空气消毒；②严格无菌操作技术，避免不必要的侵入性治疗与检查；③加强基础护理，尤其是口腔及会阴部皮肤的卫生，卧床病人应定时翻身，协助、指导有效咳痰；④病人外出检查时做好感染防护措施；⑤接受血液透析的病人，其乙型和丙型肝炎的发生率明显高于正常人群，可进行乙肝疫苗接种，并尽量减少输注血液制品。

6. **心理护理** 评估病人的心理状况，有针对性地进行疏导和帮助，加强病人健康教育，解除恐惧心理，使病人树立战胜疾病的信心。

（十一）健康指导

1. **疾病预防指导** 避免导致肾损伤的因素，积极治疗原发病。老年人、糖尿病病人、原有慢性肾病史及危重病人，应注意避免使用肾毒性药物、造影剂、肾血管收缩药物等，避免血流动力学不稳定导致肾低灌注引起肾损伤。高危病人如必须造影检查需予水化疗法。特殊工种需加强劳动防护，避免接触重金属、工业毒物等。误服或误食毒物时，应立即进行洗胃或导泻，并采用有效解毒剂。

2. **疾病知识指导** 恢复期病人应加强营养，适当锻炼，增强体质；注意个人清洁卫生，注意保暖，预防感染；避免妊娠、手术、外伤等。居家自我测量血压、尿量等。遵医嘱服药，定期随访复查尿常规、肾功能及双肾B超。

（十二）护理评价

病人尿量正常、无电解质紊乱症状，无并发症的发生；能够知道引起AKI的原因和预防知识。

（十三）预后

AKI结局与原有疾病严重性及合并症严重程度有关。肾前性AKI如能早期诊断和治疗，肾功能常可恢复至基础水平，死亡率小于10%；肾后性AKI及时（尤其是2周内）解除梗阻，肾功能也大多恢复良好。根据肾损伤严重程度不同，肾性AKI死亡率在30%~80%，部分病人AKI后肾功能无法恢复，特别是慢性肾病基础上发生AKI，肾功能常无法恢复至基础水平，且加快进入终末期肾病阶段。

拓展阅读6-6-3 急性肾损伤病人的护理流程

第七节 慢性肾衰竭病人的护理

> **情景导入**
>
> 卓某,男性,50岁,主因反复食欲减退2年余,加重2个月入院。实验室检查:血肌酐 447.2 μmol/L,估算肾小球滤过率 11 mL/(min·1.73 m²),血红蛋白 84 g/L,尿蛋白 ++,尿隐血 +,血钾 6.13 mmol/L。
>
> 请思考:
> 1. 该病人的病情观察要点有哪些?需要紧急处理什么情况?
> 2. 该病人的护理要点有哪些?

(一)概述

拓展阅读 6-7-1
慢性肾衰竭病人护理的重要知识点

慢性肾衰竭(chronic renal failure,CRF)是各种慢性肾脏病(chronic kidney disease,CKD)持续进展到后期的共同结局。它是以代谢产物潴留、水、电解质及酸碱平衡失调和全身各系统症状为表现的一种临床综合征。

1. **慢性肾脏病** 指各种原因引起的肾结构或功能异常≥3个月,包括出现肾损伤标志(白蛋白尿、尿沉渣异常、肾小管相关病变、组织学检查异常及影像学检查异常)或有肾移植病史,伴或不伴肾小球滤过率(glomerular filtration rate,GFR)下降;或不明原因的GFR下降(<60 mL/min)≥3个月。目前国际公认的慢性肾脏病分期依据肾脏病预后质量倡议(K/DOQI)制定的指南分为1~5期,见表6-7-1。

表6-7-1 K/DOQI对慢性肾脏病的分期及建议

分期	特征	GFR [mL/(min·1.73 m²)]	防治目标和措施
1	GFR 正常或升高	≥90	CKD病因诊治,缓解症状 保护肾功能,延缓CKD进展
2	GFR 轻度降低	60~89	评估、延缓CKD进展 降低心血管病风险
3a	GFR 轻到中度降低	45~59	延缓CKD进展
3b	GFR 中到重度降低	30~44	评估、治疗并发症
4	GFR 重度降低	15~29	综合治疗;肾脏替代治疗准备
5	终末期肾脏病	<15 或透析	适时肾脏替代治疗

2. **慢性肾衰竭** 指慢性肾脏病引起的GFR下降及与此相关的代谢紊乱和临床症状组成的综合征。CKD囊括了疾病的整个过程,即CKD1期~CKD5期,部分CKD在疾病进展过程中GFR可逐渐下降,进展至CRF。CRF则代表CKD中GFR下降至失代偿期的那一部分群体,主要为

CKD4~5期。

(二) 病因及发病机制

1. **病因** 慢性肾脏病起病隐匿，病因有免疫、代谢、遗传、感染、中毒等，免疫性疾病有原发性肾小球疾病及继发性肾小球疾病如糖尿病肾病、狼疮性肾炎等，其中慢性肾小球肾炎是我国终末期肾病的首位病因。

2. **发病机制** CRF发病机制未完全清楚，目前认为进展的机制可能与以下因素有关。

（1）慢性肾衰竭进展机制：①肾单位高滤过：慢性肾衰竭时，残余肾单位的肾小球滤过率增高（高滤过）、血浆流量增高（高灌注）和毛细血管跨膜压增高（高压力）等，刺激肾小球系膜细胞增殖和基质增加，加重肾小球进行性损伤，导致肾小球硬化和残余肾单位进一步减少；②肾单位高代谢：残余肾单位的肾小管的高代谢状态，可致氧自由基产生增多，加重细胞和组织损伤，引起肾小管萎缩、间质纤维化和肾单位进行性损害；③其他：肾组织上皮细胞表型转化，生长因子（如TGF-β1）、炎症因子、细胞因子、血管活性物质（如血管紧张素Ⅱ）、细胞外基质降解不足、细胞凋亡等也参与了肾小球硬化和间质纤维化过程。

（2）尿毒症各种症状的发生机制：尿毒症症状及各器官系统损害的原因：①肾排泄和代谢功能下降，导致水、电解质和酸碱平衡失调；②尿毒症毒素的毒性作用，如尿素氮、胍类等小分子物质，中分子物质有甲状旁腺激素（PTH）等，$β_2$微球蛋白、核糖核酸酶等大分子物质；③肾内分泌功能障碍。另外，持续炎症状态、营养缺乏也可引起及加重尿毒症症状。

拓展阅读6-7-2
慢性肾脏病流行病学

(三) 临床表现

慢性肾脏病和慢性肾衰竭的不同阶段表现各异。早期（CKD1~3期）常无明显临床症状或仅有乏力、夜尿增多等症状。病情缓慢进展，当发展至残余肾单位功能失代偿时，临床症状渐趋明显。尿毒症时全身多个系统功能紊乱。

1. **水、电解质和酸碱平衡紊乱** 可出现各种电解质代谢紊乱及酸碱平衡失调，以代谢性酸中毒和水、钠平衡紊乱最常见，可有水钠潴留、高钾、低钙、高磷血症等。

2. **蛋白质、糖类、脂类等代谢障碍** 可表现为糖耐量减低、高脂血症、氮质血症，蛋白质合成减少、分解增加及负氮平衡等。

3. **系统症状体征**

（1）消化系统：恶心、呕吐、食欲不振等消化道症状是最常见和最早期表现。晚期病人呼出气体中有尿味，可出现口腔黏膜溃疡、胃或十二指肠溃疡及上消化道出血等。

（2）心血管系统

1）高血压和左心室肥厚：由于水钠潴留，肾素-血管紧张素-醛固酮系统（RAAS）及交感神经系统激活，血管舒张因子分泌减少等原因，病人可有不同程度的高血压；高血压可引起动脉硬化、左心室肥厚、心力衰竭并加重肾损害。

2）心力衰竭：是尿毒症病人常见死亡原因。与水钠潴留、高血压及尿毒症心肌病有关。发生急性左心衰竭时可出现端坐呼吸、肺水肿等，一般发绀不明显。

3）尿毒症性心肌病：可能与代谢废物的潴留及贫血等因素有关。部分病人伴有动脉粥样硬化性心脏病等。可见各种类型心律失常。

4）心包病变：心包炎包括尿毒症性心包炎和透析相关性心包炎，前者现已少见；后者临床表现与一般心包炎相似，心包积液多为血性。心包积液主要与尿毒症毒素、低蛋白血症、心力衰竭、感染、出血等因素有关。

5）动脉粥样硬化和血管钙化：动脉粥样硬化常发展迅速，可引起冠状动脉、脑动脉和全身周围动脉粥样硬化和钙化，与高血压、脂质代谢紊乱、钙磷代谢紊乱引起血管钙化等因素有关。冠心病是病人主要死亡原因之一。

（3）呼吸系统：体液过多、心功能不全时可发生肺水肿或胸腔积液。表现为气促，合并代谢性酸中毒时，可表现为呼吸深而长；尿毒症毒素引起肺泡毛细血管通透性增加、肺充血，肺部X线检查出现"蝴蝶翼"征，称"尿毒症肺炎"。

（4）血液系统

1）肾性贫血：多数病人均有轻至中度贫血，且多为正细胞正色素性贫血。主要由于肾促红细胞生成素（EPO）生成减少导致，称为肾性贫血。铁缺乏、叶酸不足、营养不良、失血等可加重贫血程度。

2）出血倾向：由于血小板功能障碍及凝血因子减少等原因。病人常表现为皮肤瘀斑、鼻出血、牙龈出血，女性可月经过多等，重者出现消化道出血、颅内出血等。

3）血栓形成倾向：透析病人动静脉瘘容易阻塞，可能与抗凝血酶Ⅲ活性下降、纤维溶解不足有关。

（5）皮肤变化：皮肤干燥伴有脱屑。尿毒症病人因贫血出现面色苍白或色素沉着异常呈黄褐色，为尿毒症病人特征性面容。皮肤瘙痒是慢性肾衰竭最常见症状之一，与继发性甲状旁腺功能亢进等因素有关。

（6）骨骼病变：慢性肾脏病病人存在钙、磷等矿物质代谢及内分泌功能紊乱，导致矿物质异常、骨病、血管钙化等临床综合征，称为慢性肾脏病-矿物质和骨异常（CKD-mineral and bone disorder，CKD-MBD）。慢性肾衰竭时骨矿化和代谢异常，简称肾性骨营养不良，包括纤维囊性骨炎、骨软化症、骨质疏松症和骨硬化症。早期有症状者少见，需依靠骨活检诊断。病人出现骨痛、行走不便和自发性骨折。

（7）神经、肌肉系统：中枢神经系统异常称为尿毒症脑病，早期表现为疲乏、失眠、注意力不集中等，后期可出现性格改变、抑郁、记忆力下降，判断力、计算力和定向力障碍，幻觉甚至昏迷等。周围神经病变以肢端袜套样分布的感觉丧失最常见，也可出现肢体麻木、下肢疼痛，深反射减弱或消失。尿毒症时可出现肌肉震颤、痉挛、不宁腿综合征、肌无力和肌萎缩等。

（8）内分泌紊乱：①慢性肾衰竭时肾产生的内分泌激素异常；②性激素紊乱（雌激素、雄激素水平下降，催乳素、黄体生成素水平升高等），男性病人表现为阳痿、不育，女性病人常表现为闭经、不孕等；③糖耐量异常和胰岛素抵抗；④部分病人甲状腺素水平降低，表现为基础代谢率下降等。

（9）免疫系统：慢性肾衰竭时机体免疫功能低下、白细胞功能异常、淋巴细胞和单核细胞功能障碍，病人常伴有感染。常见呼吸道感染，透析者可发生血管通路或腹膜透析导管出口感染等。

（四）实验室及其他检查

1. 尿液检查　可见蛋白尿，尿沉渣检查中可见红细胞、白细胞、颗粒管型和蜡样管型，尿渗透压下降。

2. 血液检查　①血常规：红细胞计数下降，绝对网织红细胞计数减少，血红蛋白浓度降低，白细胞计数可升高或降低；②肾功能：血肌酐、尿素氮升高，肾小球滤过率降低；③血生化：血浆清蛋白降低，血钙降低，血磷增高，甲状旁腺激素水平升高，血钾和血钠可增高或降低，可有代谢性酸中毒等；④可有出凝血功能障碍，出血时间延长；⑤缺铁时血清铁水平偏低，血清铁蛋白浓度 < 200 ng/mL，转铁蛋白饱和度 < 20%。

3. 影像学检查　B 超检查早期肾大小正常，回声增多不均匀，晚期皮质变薄，皮髓质分界不清，双肾缩小等。同位素 ECT 有助于了解肾功能受损程度。

（五）诊断要点

根据病史、临床表现，实验室检查见 GFR 下降，血肌酐、血尿素氮升高，影像学检查示双肾缩小，即可作出诊断。应进一步针对病因、GFR 和蛋白尿程度进行分级。对既往病史不明，或存在近期急性加重诱因的病人，需与急性肾损伤鉴别。

（六）治疗

CKD 的治疗原则为：早期治疗原发疾病和去除加重因素，以延缓肾功能减退，减少并发症，提高病人生活质量。根据 CKD 分期所处的不同阶段采取不同的防治策略（见表 6-7-1）。

1. 治疗原发病及去除加重因素　①积极治疗原发疾病，如狼疮性肾炎、高血压、糖尿病肾病等；②纠正使肾损害加重的可逆因素，如循环血容量不足、使用肾毒性药物、尿路梗阻、感染等；③阻断或抑制肾单位渐进性损害的途径，保护健存肾单位。血压、血糖、尿蛋白定量等指标控制在理想范围。

2. 营养治疗　限制蛋白饮食是治疗的重要环节，可以减少含氮废物产生，减轻尿毒症症状，延缓肾功能进展。为避免营养不良发生，低蛋白饮食需个体化，并进行营养监测。同时保证充足的热量摄入。低蛋白饮食 0.6 g/（kg·d）的基础上最好配合使用 α- 酮酸或必需氨基酸。必需氨基酸可补充机体需求，改善蛋白质合成，避免负氮平衡。α- 酮酸为氨基酸的前体，可利用体内的尿素通过转氨基作用转化为相应的氨基酸，既可减轻尿毒症毒素蓄积，也能改善蛋白质营养。

> 拓展阅读 6-7-3
> 慢性肾脏病营养不良

3. 控制高血压　严格、有效控制血压，可以保护心、脑、肾等靶器官，延缓慢性肾衰竭进展。血压控制目标一般为 < 130/80 mmHg，CKD5 期病人可控制在 140/90 mmHg 以下。ACEI 和 ARB、钙通道阻滞剂（CCB）、袢利尿剂及 β 受体阻断剂等降压药均可以选择。ACEI、ARB 类药物具有效降低肾小球内压、减轻蛋白尿的作用，临床应用广泛，但其可引起高钾血症和一过性血肌酐升高，使用过程中，需监测血清钾和肌酐水平的变化。

4. 治疗贫血　贫血治疗靶目标：Hb 110 ~ 120 g/L 即达标，不建议维持 Hb > 130 g/L。血红蛋白（Hb）< 100 g/L 时可给予促红细胞刺激剂（ESA）治疗。常用重组人类促红细胞生成素（rHuEPO）皮下注射；治疗期间，应同时口服或静脉补充铁剂（如蔗糖铁、右旋糖酐铁）、叶酸等造血原料。新型缺氧诱导因子脯氨酰羟化酶抑制剂是一种口服纠正贫血药物，为肾性贫血病人提供新的剂型选择。

5. 纠正水、电解质紊乱及酸碱失衡

（1）水、钠平衡失调：水肿者应限制水、钠的摄入，补液不宜过多过快。有明显水肿、高血压时，可使用袢利尿剂等；已透析者应加强超滤。严重水钠潴留、急性左心衰竭者，应尽早透析治疗。

（2）高钾血症：防治参照本章"第六节急性肾损伤病人的护理"。

（3）代谢性酸中毒：可通过口服碳酸氢钠纠正，严重者可采用碳酸氢钠静滴，但需注意避免输入速度过快过多，以免加重心脏负荷。

（4）钙、磷代谢失调和肾性骨营养不良：GFR < 30 mL/min，应限制磷的摄入，并使用磷结合剂，如碳酸钙、醋酸钙等，为含钙磷结合剂；司维拉姆、碳酸镧为不含钙的磷结合剂，能在降低血磷水平的同时不增加血钙水平。肾性骨病者血钙低、继发性甲状旁腺功能亢进明显时，可口服 $1,25-(OH)_2D_3$（骨化三醇），同时监测血钙、磷、全段甲状旁腺激素（iPTH）浓度。未透析者 iPTH 应维持于 35~110 pg/mL，透析者维持于 150~300 pg/mL。

6. 防治感染　注意各种病原体感染的预防；感染治疗时，应结合细菌培养和药物敏感试验及时使用无肾毒性或毒性低的抗生素治疗，并根据 GFR 调整药物剂量。

7. 治疗高脂血症　治疗与一般高血脂者相同，可使用他汀类或贝特类药物。应警惕降脂治疗导致的肌病。

8. 其他对症治疗

（1）糖尿病肾病肾衰竭病人随着 GFR 下降，因胰岛素灭活减少，需相应调整胰岛素用量，一般应逐渐减量。

（2）通过口服氧化淀粉、药用炭制剂、大黄制剂等，可促进尿毒症毒素由肠道排出，减轻氮质血症，缓解尿毒症症状，适用于未接受透析治疗的慢性肾衰竭病人。

（3）口服抗组胺药、控制高磷血症及强化透析对部分病人皮肤瘙痒有效。甲状旁腺次全切除术对部分顽固性皮肤瘙痒病人有效。

9. 肾脏替代治疗　包括血液透析、腹膜透析和肾移植。GFR < 15 mL/(min·1.73 m^2) 时根据原发病、残余肾功能、临床表现及并发症情况给予肾脏替代治疗。强化健康宣教，让病人在心理和经济上做好透析的准备，适时开始肾脏替代治疗。

（七）护理评估

1. 病史　发病前是否有原发性或继发性肾脏疾病史，近期有无感染、血压升高、使用肾毒性药物、高蛋白饮食等加重肾脏损害的因素；既往治疗及用药情况。

2. 身体评估　做好全身各系统的体检，包括病人精神意识状态及生命体征，有无贫血及出血倾向，有无水肿、胸腔积液、心包积液与腹水征，有无心力衰竭或心律失常，神经反射有无异常，肾区有无叩击痛等。

3. 实验室及其他检查　了解血尿常规、肾功能、电解质、血气分析及 B 超和 X 线等肾影像学检查等异常情况。

4. 心理社会状况　慢性肾衰竭病人因预后不佳，治疗费用昂贵，尤其是需要进行长期透析或做肾移植手术，易出现焦虑、绝望等不良心理反应，了解病人家庭经济情况、家属对病人的态度、病人的工作单位所能提供的支持等情况。

（八）常见护理诊断/问题

1. 营养失调：低于机体需要量　与食欲减退、消化吸收功能紊乱、长期限制蛋白质摄入等因素有关。

2. 体液过多　与肾小球滤过功能降低致水钠潴留有关。

3. 活动无耐力　与贫血、营养失调和心功能减退有关。

4. 有皮肤完整性受损的危险　与皮肤水肿、瘙痒，凝血机制异常、机体抵抗力下降有关。

5. 有感染的危险　与机体免疫功能低下、白细胞功能异常、透析等有关。

6. 有受伤的危险　与钙、磷代谢紊乱,肾性骨病有关。

7. 潜在并发症　水、电解质及酸碱平衡失调,贫血、上消化道出血、心力衰竭、肾性骨病、继发性甲状旁腺功能亢进。

8. 知识缺乏　缺乏慢性肾脏病用药、治疗、合理的饮食及生活方式等知识。

9. 预感性悲哀　与病情危重及预后不良有关。

(九) 护理目标

病人有足够的营养摄入,水肿减轻。贫血减轻,活动耐力增加,住院期间不发生感染、受伤。病人能配合医护治疗及护理,了解疾病的相关知识,自我管理能力提升。

(十) 护理措施

1. 休息与活动　病情平稳时,鼓励适当活动,避免劳累和受凉。活动时要有人陪伴,以不出现心慌、气喘、疲乏为宜。

2. 饮食指导　饮食原则为:优质低蛋白、充足热量、低盐、低脂、低磷饮食。水分摄入遵循"量出为入"。

(1) 蛋白质:具体摄入量应根据病人的 GFR 来调整,饮食中 50% 以上的蛋白质为优质蛋白。①非糖尿病肾病病人,当 GFR≥60 mL/(min·1.73 m^2) 时,蛋白质摄入量为 0.8 g/(kg·d);当 GFR<60 mL/(min·1.73 m^2) 时,蛋白质摄入量为 0.6 g/(kg·d)。②糖尿病肾病病人,从出现蛋白尿起,蛋白质摄入量应控制在 0.8 g/(kg·d);当出现 GFR 下降后,蛋白质摄入量减至 0.6 g/(kg·d)。③透析病人的蛋白摄入参见本章第八节泌尿系统常见诊疗技术及护理。

(2) 热量:供给病人足够的热量,以减少体内蛋白质的消耗。一般每天供应的热量为 126~147 kJ/kg(30~35 kcal/kg),摄入热量的 70% 由糖类供给。可选用热量高、蛋白质含量低的食物,如麦淀粉、藕粉、薯类、粉丝等。

(3) 其他:①钠:一般每天食盐摄入不超过 6 g,合并水肿、高血压需严格控制钠摄入量,包括含钠高的调味品和食物,如味精、腌制品等;②钾:CKD 病人出现高钾时,需限制饮食中钾的摄入,蔬菜经沸水煮后沥出,可有效减少钾的含量;③磷:低磷饮食,每天磷摄入量应限制在 800~1 000 mg;④补充水溶性维生素,如维生素 C、维生素 B$_6$、叶酸;⑤补充矿物质和微量元素,如铁、锌等。

3. 用药护理　遵医嘱合理使用降压药、纠正贫血药、利尿药、磷结合剂等,并观察药物的疗效和不良反应。

4. 病情观察

(1) 观察病人生命体征变化,监测肾功能及水、电解质、酸碱平衡。

(2) 监测感染征象:有无体温升高,有无寒战、咳嗽、咳痰、尿路刺激征、白细胞计数增高等。准确留取各种标本及时送检。

(3) 定期监测病人的体重变化、血清清蛋白和血红蛋白水平等,以了解其营养状况。

(4) 观察水肿部位、范围、程度,监测体重,限盐限水,控制入量,遵医嘱应用利尿药和血管扩张药并观察疗效。

(5) 晚期慢性肾衰竭病人有出血倾向,观察是否出现皮下或黏膜出血点、瘀斑,警惕胃肠道出血、脑出血等。

5. 皮肤及口腔护理

（1）评估皮肤情况：评估皮肤的颜色、弹性、温湿度及有无水肿、瘙痒，检查受压部位有无发红、水疱、感染、脱屑等。

（2）皮肤的一般护理：避免皮肤过于干燥，应以中性肥皂和沐浴液进行皮肤清洁，洗后涂上润肤剂，以避免皮肤瘙痒。修剪指甲，以防皮肤瘙痒时抓破皮肤，造成感染。必要时，按医嘱给予抗组胺类药物和止痒剂，如炉甘石洗剂等。

（3）水肿的护理：如病人有水肿，具体护理措施参见本章第二节中肾源性水肿的护理。

6. 心理护理　多数初诊病人往往都要经历震惊—伤感—退缩等心理时期。病人往往不接受现实，情绪波动比较大。由于疾病迁延不愈，易出现焦虑、抑郁等心理。掌握病人的心理状况，有针对性地进行疏导和帮助。

7. 肾脏替代治疗护理　参见本章第八节泌尿系统常见诊疗技术及护理。

（十一）健康指导

1. 疾病预防指导　早期发现和积极治疗各种可能导致肾损害的疾病，如高血压、糖尿病、系统性红斑狼疮等。讲解慢性肾衰竭的基本知识，鼓励配合治疗，消除或避免加重病情的各种因素，延缓病情进展，提高生存质量。

2. 疾病知识指导　指导病人严格遵从慢性肾衰竭的饮食原则，做好病情监测，遵医嘱用药，避免使用肾毒性药物，定期随访。出现下列情况时需及时就医：体重迅速增加超过 2 kg、水肿加重、血压显著增高、气促加剧或呼吸困难、发热、乏力或虚弱感加重、嗜睡或意识障碍等。对于慢性肾衰竭病人加强肾脏替代治疗相关知识宣教。

（十二）护理评价

1. 病人的营养状况有所好转，血浆清蛋白在正常范围。
2. 未出现水、电解质、酸碱失衡或失衡得到纠正。
3. 水肿减轻或消退，皮肤清洁、完整，未诉瘙痒等不适。
4. 贫血程度得到改善。
5. 体温正常，未发生感染。

（十三）预后

病人的预后受原发疾病治疗，是否存在加重肾损害的危险因素，如血压、血脂、血糖控制情况，以及病人的营养状况、并发症等多种因素影响。疾病缓慢进展，病程可长达数年或数十年，发展至尿毒症期死亡率较高。

拓展阅读6-7-4 慢性肾衰竭病人的护理流程

第八节　泌尿系统常见诊疗技术及护理

拓展阅读6-8-1 泌尿系统常见诊疗技术及护理重要知识点
拓展阅读6-8-2 慢性肾衰竭替代治疗现状

血液透析、腹膜透析、肾移植是肾脏替代治疗方法。血液透析和腹膜透析可替代肾脏部分排泄功能，临床上需根据病人病情选择合适的肾脏替代治疗方式。

肾穿刺活检是诊断肾脏疾病尤其是肾小球疾病必不可少的重要方法。

> **情景导入**
>
> 黄某，男性，50岁，肾功能异常8年，高血压病史13年。查体：T 36.5℃，P 78次/min，R 22次/min，重度贫血貌，全身重度水肿，轮椅推入病房。实验室检查：血肌酐 1 350 μmol/L，尿素氮 38 mmol/L，血钾 6.0 mmol/L。
>
> 请思考：
> 1. 该病人主要的护理问题有哪些？主要治疗方法有哪些？
> 2. 如何做好肾脏替代治疗护理？

一、血液透析护理

血液透析（hemodialysis，HD）简称血透，是最常用的血液净化方法之一。血透是将病人血液与含一定化学成分的透析液分别引入透析器内半透膜的两侧，根据膜平衡原理，经弥散、对流、超滤等作用，达到清除代谢废物及过多的液体，纠正水、电解质及酸碱平衡紊乱的一种治疗方法，可部分替代肾功能。治疗过程中也可补充身体所需物质。弥散是在布朗运动作用下，溶质从半透膜浓度高的一侧向浓度低的一侧移动，最后达到膜两侧浓度的平衡。对流是通过膜两侧的压力梯度使溶质随着水的跨膜移动而移动。血液透析还可通过半透膜两侧压力差产生的超滤作用去除病人体内过多的水分。

（一）血管通路建立

动静脉内瘘是目前最理想的永久性血管通路，包括自体血管和人造血管内瘘。常用自体动静脉内瘘。选择桡动脉或肱动脉与头静脉或贵要静脉吻合，使前臂浅静脉"动脉化"。对于无法建立自体动静脉内瘘者，可行人造血管内瘘，但血栓和感染发生率相对较高。

建立血管通路的另一途径是放置经皮双腔深静脉导管，按其用途可分为临时导管和长期导管，分别应用于短期紧急使用及无法行内瘘手术或手术失败的长期血液透析病人。深静脉置管可选择颈内静脉、股静脉或锁骨下静脉。深静脉导管主要并发症为感染、血栓形成和静脉狭窄。

（二）血液透析适应证和禁忌证

1. 适应证

（1）急性肾损伤：透析指征参见本章第六节急性肾损伤病人的护理。

（2）慢性肾衰竭：非糖尿病肾病病人 GFR < 10 mL/(min·1.73 m^2)、糖尿病肾病 GFR < 15 mL/(min·1.73 m^2) 时，根据病人情况可适时透析；如出现严重并发症，药物治疗不能有效控制（如急性左心衰竭、顽固性高血压），高钾血症、代谢性酸中毒等，可及时透析。

（3）毒物或药物中毒：巴比妥类、地西泮等镇静安眠药；阿米替林等三环类抗抑郁药；氨基糖苷类、万古霉素、多黏菌素等抗生素；海洛因；地高辛、有机磷、汞等毒物，分子量小、水溶性高、与组织蛋白结合率低、能通过透析膜析出，急性中毒时可以紧急血液透析治疗。

2. 相对禁忌证 药物难以纠正的严重休克、活动性出血、颅内出血或颅内压升高、心力衰竭、极度衰竭及精神障碍不合作者等。

(三)血液透析目的

1. 清除体内代谢废物及过多的液体,纠正水、电解质及酸碱平衡紊乱。
2. 治疗药物或毒物中毒。

(四)血液透析操作前准备

1. 评估病人并解释
(1)评估病人年龄、病情、意识、过敏史、用药史,包括生命体征、干体重、体重增长情况、出凝血、血管通路情况、心肺功能、合作程度等。
(2)了解病人的透析治疗方案及抗凝药应用情况。
(3)如有血液检查项目,一般在透析前取血标本送检。
(4)向病人介绍透析的有关知识,消除病人的恐惧心理,取得其配合。

2. 病人准备
(1)了解血液透析的目的、方法、注意事项及配合要点。
(2)取舒适、安全且易于操作的体位。

3. 护士准备 衣帽整洁、洗手、戴口罩、戴手套。

4. 环境准备 整洁、安静、温湿度适宜、光线充足,避免人员走动。

5. 用物准备 血透机器、A和B浓缩液、透析器及管路、生理钠盐水、抗凝剂、注射器、消毒用品。内瘘血管者备:内瘘穿刺针、内瘘穿刺包、止血带、输液贴等,中心静脉置管者备:换药碗、血管钳、无菌治疗巾、无菌纱布、胶布等。

(五)血液透析操作步骤

1. 开机自检
(1)检查透析机电源线连接是否正常,打开机器电源总开关。
(2)按照机器要求完成全部自检程序,严禁简化或跳过自检步骤,正确连接A、B浓缩液。

2. 血液透析器和管路的安装
(1)检查血液透析器及透析管路有无破损,外包装是否完好,查看有效日期、型号。
(2)按照无菌原则进行操作,管路安装顺序应按照体外循环的血流方向依次安装。

3. 密闭式管路预冲
(1)启动透析机血泵 80~100 mL/min,用生理盐水先排净透析管路和透析器皿室(膜内)气体。生理盐水流向为动脉端→透析器→静脉端,不得逆向预冲。
(2)将泵速调至 200~300 mL/min,连接透析液接头与透析器旁路,排净透析器透析液室(膜外)气体。
(3)若需要进行闭式循环或肝素生理盐水预冲,应在生理盐水预冲量达到后再进行。预冲生理盐水直接流入废液收集袋中,并且废液收集袋倒挂于机器液体架上。
(4)冲洗完毕后根据医嘱设置治疗参数。

4. 建立体外循环
(1)透析器及管路预冲完毕,安排病人有序进入透析治疗区。核对病人姓名、性别、血透通路、治疗方案。
(2)血管通路建立:①与病人进行有效沟通,减轻病人紧张、恐惧的心理,以取得病人的合作。②评估病人的血管通路情况：动静脉内瘘病人，"一看、二摸、三听"，看穿刺侧肢体有无红肿、渗血、硬结，皮肤是否完好；触摸内瘘血管震颤、搏动，评估血管弹性、深浅、走向；听诊血管杂音和震颤。中心静脉留置导管病人，观察穿刺部位有无红肿、渗血、渗液等，评估导管功能。③严格无菌技术操作下，建立血管通路，根据医嘱正确抗凝，连接体外循环管路。

5. 血液透析中的监测

（1）体外循环建立后，测血压、脉搏，询问病人自我感觉，协助病人取舒适卧位，整理床单位，处理用物，详细记录。

（2）自我查对：①按照体外循环管路走向的顺序，依次查对体外循环管路系统各连接处和管路开口处，未使用的管路开口应处于加帽密封和夹闭管夹的双保险状态；②根据医嘱查对机器治疗参数；③治疗开始后，应对机器控制面板和按键部位等高频接触部位进行消毒擦拭。

（3）双人查对：自我查对后，与另一名护士同时再次查对上述内容，并在治疗记录单上签字。

（4）血液透析治疗过程中，至少每小时1次仔细询问病人自我感觉，测量血压、脉搏，观察穿刺部位有无渗血、穿刺针有无脱出移位，各连接部位有无松动、渗血、漏气等，并及时处理、准确记录。

（5）如果病人血压、脉搏等生命体征出现明显变化，应随时监测，必要时进行心电监护。

（6）血液透析治疗中加强巡视，注意透析机及各部件运转是否正常，及时处理机器报警。

6. 治疗结束时正确回血

（1）密闭式回血：①调整血液流量至50~100 mL/min，打开动脉端预冲侧管，使用生理盐水将存留在动脉侧管内的血液回输20~30 s；②关闭血泵，靠重力将动脉侧管近心侧的血液回输入病人体内，夹闭动脉管路夹子和动脉穿刺针处夹子；③打开血泵，用生理盐水全程回血。回血过程中，可使用双手左右转动滤器，但不得用手挤压静脉端管路。当生理盐水回输至静脉壶、安全夹自动关闭后，停止继续回血。夹闭静脉管路夹子和静脉穿刺针处夹子，回血过程中禁止管路从安全夹中强制取出，否则易发生凝血块入血或空气栓塞。

（2）特殊回血法：对于少部分内瘘压力过高、凝血异常、进行无抗凝剂透析等情况，可采用特殊回血方法：①消毒用于回血的生理盐水的瓶塞和瓶口，插入无菌大针头，放置在机器顶部；②调整血液流量至50~100 mL/min，关闭血泵；③动脉管路与生理盐水上的无菌大针头连接，悬挂于输液架上，打开血泵，用生理盐水全程回血。

（3）夹闭静脉管路夹子和静脉穿刺针处夹子。内瘘血管病人，先拔出动脉内瘘穿刺针，再拔出静脉内瘘穿刺针，放入透析专用锐器盒，注意避免针刺伤和血、液体滴洒。指压法压迫穿刺部位5~10 min，用弹力绷带或胶布加压包扎动、静脉穿刺部位。中心静脉导管病人，双人操作，严格无菌操作，正确冲管、封管，夹闭导管夹子、导管口加帽使之处于双保险状态，无菌敷料包扎、固定。

（六）操作后护理

1. 整理用物。一次性透析用物按医疗废弃物管理办法严格分类处理，体外循环管路、滤器取下，就近放入医疗废弃物容器内，封闭转运。

2. 测量生命体征。嘱病人平卧10~20 min，如病人生命体征平稳，穿刺部位无出血，内瘘杂音良好，则向病人交代注意事项，宣教饮食、活动、服药、内瘘/深静脉插管护理知识。送病人离开血液净化中心。

视频6-8-1
血液透析技术

3. 透析单元物表擦拭消毒，透析机冲洗、除钙、消毒。
4. 脱手套，洗手。
5. 记录治疗单、签名。

（七）注意事项

1. 严密观察病人生命体征，监测透析的各项指标

（1）透析治疗中密切观察病人有无过敏反应、低血压、高血压、低血糖、失衡综合征、热源反应、头痛、呕吐、肌肉痉挛等现象。

（2）加强巡视：观察病人意识和生命体征的变化，询问病人有无不适主诉。病情危重者持续心电监护，监测血压、心率、呼吸、氧饱和度，密切观察病人神志、意识的变化。

（3）观察体外循环（血路管道和透析器等）是否正常、有无凝血或凝血倾向。

（4）检查透析系统各部位连接是否紧密，穿刺部位有无血肿及渗血，防止管道滑脱。

（5）注意透析机及各部件运转是否正常，观察动、静脉压及跨膜压是否正常，及时正确处理机器报警。

（6）及时、准确地记录血液净化治疗护理单，核对治疗参数并及时根据医嘱调整。

2. 严格落实各项感控措施 严格落实标准预防及手卫生、无菌技术操作、医疗废物规范处理，预防和控制乙肝、丙肝等感染性疾病的传播。

3. 透析结束后注意止血、封管 自体动静脉内瘘者穿刺部位压迫止血，中心静脉留置导管者使用肝素或枸橼酸钠封管。

4. 透析间期加强病人的管理和指导 以提高病人依从性，定期监测相关指标。

5. 血液透析并发症护理

（1）低血压：是血液透析最常见的并发症之一，指透析过程中收缩压下降≥20 mmHg，或平均动脉压下降≥10 mmHg。病人可出现恶心、呕吐、胸闷、面色苍白、出冷汗、头晕、心悸，甚至一过性意识丧失等。其主要原因是透析开始时部分循环血液进入透析器及其管路，而血管收缩反应低下引起有效循环血容量不足；或由于超滤过多、过快引起血容量不足；也见于病人自主神经功能紊乱、服用降压药、透析中进食、合并心肌病变、心律失常等情况。

1）预防措施：①严格控制透析间期体重增加，低钠饮食；②透析前停服一次降压药或减量，透析期间禁食或少量进食；③采用序贯透析，即单纯超滤与透析序贯进行；④采用可调钠透析方式。

2）处理措施：①立即减慢血流速度，停止超滤，协助病人平躺，抬高床尾，并给予吸氧；②输注生理盐水或高渗葡萄糖溶液等；③监测血压变化，必要时使用升压药，若血压仍不能回升，需停止透析。

（2）失衡综合征：指透析中或透析结束后不久出现的以神经精神症状为主的临床综合征。轻者表现为头痛、恶心、呕吐、躁动，重者表现为抽搐、昏迷等。主要是由于血液透析使血液中的毒素浓度迅速下降，血浆渗透压降低，而血脑屏障使脑脊液中的毒素下降较慢，以致脑脊液的渗透压高于血液的渗透压，水分由血液进入脑脊液中形成脑水肿，导致颅内压升高。

1）预防措施：①血清尿素氮下降水平控制在30%~40%；②减慢血流速度；③缩短透析时间，控制在2~3 h；④适当提高透析液钠浓度和葡萄糖浓度。

2）处理措施：①轻者减慢血流速度、吸氧，静脉输注高渗葡萄糖溶液、高渗盐水；②严重者立即终止透析，静滴甘露醇并进行相应抢救。

（3）肌肉痉挛：多出现在透析中后期，主要表现为足部肌肉、腓肠肌痉挛性疼痛。常见原因包括低血压、低血容量及电解质紊乱（低钠、低钙、低钾）、超滤速度过快、应用低钠透析液等。

1）预防措施：①防止透析低血压的发生，严格控制透析间期体重增加水平；②采用高钠透析、碳酸氢盐透析或序贯透析；③纠正电解质紊乱。

2）处理措施：①降低超滤速度，快速输入生理盐水 100～200 mL；②或输入高渗葡萄糖溶液。

（4）透析器反应：因使用新透析器产生的一组症状，又称为首次使用综合征。表现为透析开始 1 h 内出现皮肤瘙痒、荨麻疹、流涕、腹痛、胸痛、背痛，重者可发生呼吸困难，甚至休克、死亡。主要与透析器生物相容性差引起的Ⅰ型或Ⅱ型变态反应有关。

1）预防措施：采用生物相容性好的透析器或复用透析器可减少发生。

2）处理措施：一般给予吸氧、抗组胺药、止痛药等对症处理后可缓解，无须停止透析。但如明确为Ⅰ型变态反应，需立即停止透析，舍弃透析器和管路中的血液，并使用异丙嗪、糖皮质激素、肾上腺素等控制症状。

（5）其他：如心律失常、栓塞（如空气栓塞、血栓栓塞）、溶血、出血、发热、透析器破膜、体外循环凝血等。

（八）健康教育

1. **血透相关知识指导** 告诉病人血透的目的和意义及定期透析的重要性；帮助病人逐步适应血透带来的生理功能的变化，增强治疗依从性；指导病人监测并记录每天尿量、体重、血压情况，保持大便通畅；建立健康生活方式，如戒烟戒酒、生活规律；适当运动锻炼，参与社会活动和力所能及的工作，回归社会。

2. **血管通路护理指导**

（1）内瘘护理：①教会病人每天判断内瘘是否通畅，可用手触摸吻合口的静脉端，若扪及震颤，则提示通畅；②保持内瘘局部皮肤清洁，每次透析前清洁手臂；③透析结束当天保持穿刺部位清洁干燥，避免弄湿；④避免内瘘侧肢体受压、负重、戴手表，勿穿紧袖衣服，注意睡姿，避免压迫内瘘侧肢体，避免肢体暴露于过冷或过热的环境；⑤注意保护内瘘，避免碰撞等外伤，以延长其使用期。

（2）深静脉插管护理：①血液透析病人深静脉留置导管，一般不宜做抽血、输液用；②注意个人卫生，留置导管局部保持清洁干燥，避免潮湿与污染；③颈内静脉置管者尽量穿对襟上衣，以免脱衣服时将导管拔出；④股静脉置管者尽量避免屈髋 90°，不宜过多活动或过多坐位，以防导管滑脱或打折；⑤一旦导管滑脱或自行拔出，立即局部压迫止血，报告医生。

3. **饮食指导** 血液透析病人的营养状况直接影响病人的长期存活及生存质量的改善，因此要加强饮食指导，使病人合理调配饮食。

（1）热量：透析病人能量供给一般为 147 kJ/(kg·d)，亦即 35 kcal/(kg·d)，其中糖类占 60%～65%，脂肪占 35%～40%。

（2）蛋白质：推荐摄入量为 1.0～1.2 g/(kg·d) 为宜，其中 50% 以上为优质蛋白。

（3）控制液体摄入：两次透析之间，体重增加 < 干体重 5%，或每天体重增加不超过 1 kg。

（4）限制钠、钾、磷的摄入：给予低盐饮食，推荐食盐摄入 < 5 g/d，严重高血压、水肿或水钠潴留、无尿时，食盐摄入应 < 2 g/d。慎食含钾高的食物，如蘑菇、海带、豆类、莲子、卷心

菜、榨菜、香蕉、橘子等。推荐磷的摄入量应控制在 800~1 000 mg/d，避免含磷高的食物，如全麦面包、动物内脏、干豆类、坚果类、奶粉、乳酪、蛋黄、巧克力等。烹调前先将食物浸泡、过沸水后捞出，可去除食物中的部分钾和磷。

> 拓展阅读 6-8-3
> 血液透析病人护理流程

（5）维生素和矿物质：透析时水溶性维生素严重丢失，需补充维生素 C、B 族维生素、叶酸等。透析病人需根据血钙水平及同时使用的活性维生素 D、拟钙制剂等调整钙摄入量。

二、腹膜透析护理

> **情景导入**
>
> 洪某，男性，47 岁，主因腹痛、腹泻、腹透液浑浊 2 h 入院。病人维持性腹膜透析半年，昨日进食冰箱中西瓜，晚 7 点突发腹部剧痛，伴腹泻数次，腹透引流液外观浑浊，入院查体：T 38℃。
>
> **请思考：**
> 1. 该病人主要出现什么问题？下一步的处理措施有哪些？需要做哪些检查？
> 2. 该病人主要教育培训的内容有哪些？

腹膜透析（peritoneal dialysis，PD）是利用人体腹膜作为半透膜，以腹腔作为交换空间，通过弥散和对流作用，清除体内过多水分、代谢产物和毒素，达到血液净化、替代肾脏功能的治疗技术。

常见的腹膜透析方式包括：持续非卧床腹膜透析（continuous ambulatory peritoneal dialysis，CAPD）、间歇性腹膜透析（intermittent peritoneal dialysis，IPD）、夜间间歇性腹膜透析（nocturnal intermittent peritoneal dialysis，NIPD）、持续循环腹膜透析（continuous cycle peritoneal dialysis，CCPD）和潮式腹膜透析（tidal peritoneal dialysis，TPD）等。由自动循环式腹膜透析机操作时，又称为自动腹膜透析（automated peritoneal dialysis，APD），目前以手工操作使用双连袋可弃式 Y 形管道系统（简称双联系统），持续非卧床腹膜透析（CAPD）方式在临床应用最广，见图 6-8-1。

与血液透析相比腹膜透析具备下列特点：①持续性溶质交换，血流动力学稳定；②持续性超滤，利于残余肾功能的保护；③对中分子尿毒症毒素的清除效果好；④乙型病毒性肝炎、丙型病毒性肝炎等传染病的交叉感染危险性低；⑤采取持续非卧床腹膜透析（CAPD）的居家治疗方式，不需要特殊的医疗仪器，节约成本，降低治疗费用。

（一）适应证与禁忌证

1. **适应证** 同血液透析，有较好残余肾功能者、老年人、儿童可优先选择腹膜透析；更适合原有心、脑血管疾病或心血管系统功能不稳定，血管条件差或反复血管造瘘失败，凝血功能障碍及有明显出血倾向的病人。

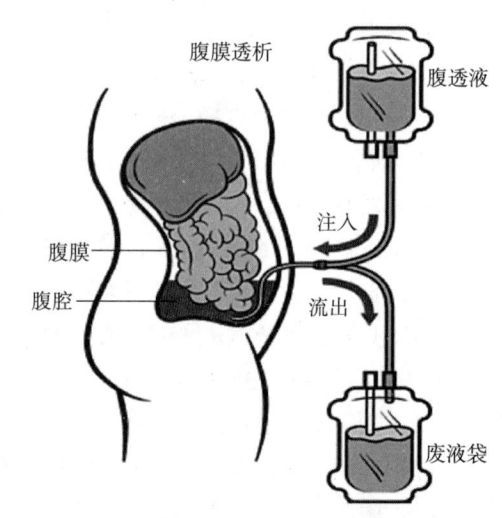

图 6-8-1 腹膜透析示意图

2. 绝对禁忌证

（1）慢性持续性或反复发作性腹腔感染或腹腔内肿瘤广泛腹膜转移导致病人腹膜广泛纤维化、粘连，透析面积减少，影响液体在腹腔内的流动，使腹膜的超滤功能减弱或丧失，溶质的转运效能降低。

（2）严重的皮肤病、腹壁广泛感染或腹部大面积烧伤病人，无合适部位置入腹膜透析导管。

（3）难以纠正的机械性问题，如外科难以修补的疝、脐突出、腹裂、膀胱外翻等，影响腹膜透析有效性或增加感染的风险。

（4）严重腹膜缺损。

（5）精神障碍又无合适助手的病人。

3. 相对禁忌证　腹腔内有新鲜异物（如腹腔内血管假体术后早期）；腹部手术3天内，腹腔置有外科引流管等。

（二）腹膜透析导管置入

常用置管方式有解剖置管法、腹腔镜置管法、超声引导下Seldinger法经皮穿刺置管术。术前做好病人病情、腹部皮肤、视力、学习能力、操作能力、家庭环境、社会支持等方面评估，做好围手术期护理及病人的培训教育。

拓展阅读6-8-4
腹膜透析置管设备与材料

（三）腹膜透析目的

清除体内代谢废物及过多的液体，纠正水、电解质及酸碱平衡紊乱。

（四）腹膜透析操作前准备

1. 评估病人并解释

（1）评估病人年龄、病情、意识、过敏史、用药史。评估病人的一般情况，包括生命体征、体重、水肿、心肺功能、出口情况、合作程度。评估腹透管路连接是否紧密。

（2）评估透析方案及用药方案。

（3）向病人介绍透析的有关知识，取得其配合。

2. 病人准备

（1）了解腹膜透析的目的、方法、注意事项及配合要点。

（2）取舒适、安全且易于操作的体位。

3. 护士准备　衣帽整洁、洗手、戴口罩。

4. 环境准备　整洁、安静、光线充足、门窗关闭，避免人员走动。

5. 用物准备　根据医嘱准备37℃腹膜透析液、蓝夹子2个、碘伏帽1个，备速效手消毒剂、弯盘、弹簧秤、输液架、浅色塑料盆1只。

（五）腹膜透析操作步骤

1. 核对、解释　备齐用物，携用物至病人床旁，核对病人床号、姓名、腕带，再次解释。

2. 环境准备　关闭门窗，避免人员走动。

3. 操作者洗手，戴口罩。

4. 体位　协助病人取舒适、安全、易于操作的体位。

5. 检查管路、出口及腹膜透析液　检查腹透短管旋钮开关，确保开关处于关闭状态，检查钛接头与短管连接处,防止松动。查看出口情况。仔细检查腹膜透析液的浓度、剂量、有效期,通过轻轻挤压查看腹透液有无渗漏(有问题的腹透液禁止使用)。

6. 换液操作　①连接:悬挂腹透液双联系统中的进液袋(气温较低时,注意保温),连接短管接口与腹透液接口,注意无菌操作,废液收集袋放置在浅色塑料盆中;②引流:打开腹透短管旋钮开关,引流腹腔内腹透液至废液袋中,观察透出液的性质、量、流速,引流完毕(一般 20 min 内可以引流完毕)后关闭腹透短管旋钮开关;③冲洗:折断悬挂的腹透液袋口绿色栓,冲洗腹透液管路 5 s,夹闭腹透液的出液端;④灌注:打开短管旋钮开关,将腹透液灌入腹腔,合理调整入液流速(通过短管旋钮开关来调整),灌注完毕关闭短管旋钮开关,取下空进液袋放入地上盆中;⑤分离:检查碘伏帽内碘液海绵,确保正常,断开短管接口与腹透液的连接,短管接口盖上碘伏帽。

(六)操作后护理

1. 协助病人妥善固定腹透管,并将腹透短管放入腹透固定带中。
2. 再次观察腹透引流液情况,称量腹透液重量。
3. 洗手,记录腹膜透析护理记录单。
4. 剪开腹透液袋,腹膜透析废液倒马桶处理,有传染性疾病病人按规定进行消毒。腹膜液空袋子按医疗废物处理。

视频6-8-2
腹膜透析技术

5. 宣教规范换液操作、感染性并发症预防、管路保护、饮食、活动、服药等相关知识。

(七)注意事项

1. 做好腹膜透析置管病人的培训及考核　重点是反复强调无菌操作、手卫生、腹膜透析换液规范操作、环境及空气消毒、透析管路保护、出口护理、饮食、活动、有保护下沐浴、腹透记录及心理辅导等。

2. 做好腹膜透析病人资料登记及延伸随访　加强管理和指导,定期评估病人的透析充分性及营养等指标。

3. 常见并发症的观察及护理

(1)透析液引流不畅:表现为腹透液流出总量减少、流入和(或)流出时不通畅。常见原因有腹膜透析管移位、受压、扭曲、纤维蛋白堵塞、大网膜包裹等。

处理方法:①行腹部 X 线平片了解导管位置;②改变体位,增加活动(如下楼梯);③排空膀胱及通便,必要时服用导泻药或灌肠,以促进肠蠕动并减轻腹胀;④腹膜透析液加压注入,生理盐水 50~60 mL 快速推注,尿激酶 1 万~2 万 U 加生理盐水 5~10 mL 注入透析管等(腹膜透析管禁止抽吸);⑤调整透析管的位置;⑥以上处理无效者可重新手术置管。

(2)腹膜炎:是主要感染性并发症,多由于在腹膜透析操作时接触污染、胃肠道炎症、腹透管出口处或皮下隧道感染引起。临床表现为腹透透出液变浑浊、腹痛、发热、腹部压痛、反跳痛等。

处理方法:①密切观察透出液,及时留取透出液标本,送常规检查及细菌、真菌培养加药敏试验;②用 2 000 mL 透析液连续腹腔冲洗直至透出液澄清;③腹膜炎诊断明确即开始抗感染治疗,包括经验治疗和后续治疗,腹膜透析液内加入抗生素及肝素,也可全身应用抗生素;④若治疗后感染仍无法控制,应考虑拔除透析管。

腹膜炎预防:①加强病人/家属培训教育;②规范腹膜透析换液操作,严格手卫生、戴口罩、环境空气消毒，规范出口护理；③预防接触污染，短管接口、腹透液接口及碘伏帽内部禁止碰触；④预防肠源性感染，及时治疗便秘、腹泻；⑤预防性抗感染治疗，出口处涂抹莫匹罗星软膏、牙科操作前预防使用抗生素，涉及腹部及盆腔操作（结肠镜检、子宫内膜活检等）之前应排空腹膜透析液，遵医嘱给予抗感染治疗。

（3）导管出口处感染和隧道感染：导管出口周围发红、肿胀、疼痛，甚至伴有脓性分泌物，沿隧道移行处压痛。常见原因为未规范出口护理，腹透管腹外段保护不当（反复、过度牵拉引起局部组织损伤等）。

处理方法：①出口处局部使用抗生素软膏或清创处理，每天换药；②根据药敏试验使用敏感抗生素，感染严重时可静脉用药；③继发腹膜炎、难治性皮下隧道感染、局部或全身用药2周后仍难以控制感染时考虑拔管。

导管出口处和隧道感染预防：①导管妥善固定，短管放入固定带内；②规范出口护理，保持出口清洁干燥，腹透管置入2周内避免淋浴或盆浴，置管2周后可人工肛袋保护导管出口及腹外段导管后淋浴，沐浴后立即更换导管出口敷料；③正确洗手，注意无菌操作；④重视出口评估，采取"一看二按三挤压"方法观察出口处有无异常；⑤不要牵拉腹透管、搔抓管口周围皮肤，局部不要涂粉及喷酒精，不要在管周使用锐器。

（4）腹痛、腹胀：常见原因为腹透液的温度过高或过低、渗透压过高、腹透液流入或流出的速度过快、腹透管置入位置过深、腹膜炎等。处理方法：注意调节适宜的腹透液温度、渗透压，控制腹透液进出的速度，积极治疗腹膜炎。

（5）其他并发症：如腹膜透析超滤过多引起脱水或低血压、腹腔出血、腹透管周或腹壁渗漏、营养不良、糖脂代谢紊乱、心血管并发症、钙磷代谢紊乱、腹膜功能衰竭等。

（八）健康教育

1. 腹膜透析相关知识指导　告诉病人腹膜透析目的和意义及定期随访和评估的重要性。有计划进行肾病相关知识、腹膜透析方式、腹膜透析换液操作、出口护理、预防突发事件、腹膜透析相关并发症预防、安全储备、合理饮食等培训教育考核，并且定期再培训。

拓展阅读6-8-5
腹膜透析病人随访

2. 居家腹膜透析注意事项　①换液场所清洁、相对独立、光线充足，定期进行紫外线消毒；②严格无菌操作；③规范换液操作；④透析液使用恒温箱干加热至37℃，禁止水煮；⑤加强自我管理及病情监测；⑥腹透管保护及出口护理；⑦合理饮食、活动、服药，定期随访评估。

3. 饮食指导　蛋白质的摄入量推荐：有残余肾功能病人蛋白质摄入量 $0.8\sim1.0\ g/(kg\cdot d)$，无残余肾功能病人蛋白质摄入量 $1.0\sim1.2\ g/(kg\cdot d)$，其中50%以上为高生物效价蛋白；热量摄入为 $147\ kJ/(kg\cdot d)$，即 $35\ kcal/(kg\cdot d)$；水的摄入应根据每天的出量而定，每天水分摄入量等于500 mL加上前一天尿量、腹透超滤量，水肿者应严格限水。其他无机盐、维生素摄入，同血液透析病人。除了注意饮食营养外，需重视饮食卫生，预防饮食不洁造成腹泻，引起腹膜炎。

拓展阅读6-8-6
腹膜透析病人护理流程

三、肾穿刺活检护理

> **情景导入**
>
> 吕某，男性，43岁，主因反复双下肢水肿半年，晨起眼睑水肿及小便泡沫增多入院。无尿频、尿急、尿痛及发热。门诊就诊，查尿常规：蛋白+++，尿RBC 10~20个/HP。

> **请思考：**
> 1. 该病人拟行肾穿刺活检，需要做哪些术前准备？
> 2. 肾活检并发症有哪些？如何预防及处理？

肾穿刺活检（renal biopsy，RB）简称肾活检，是诊断肾疾病尤其是肾小球疾病必不可少的重要方法，为临床医生提供病理学诊断依据，对确定诊断、指导治疗及评估预后均有重要意义。肾活检方法有开放性肾活检、腹腔镜肾活检、经静脉肾活检、经皮穿刺肾活检、经尿道肾活检等。目前临床最常用B超定位下经皮穿刺肾活检。穿刺部位多选择右肾下级的外侧缘。

（一）适应证与禁忌证

1. 适应证

（1）原发性肾小球疾病，如急性肾炎综合征、原发性肾病综合征、无症状性血尿、无症状性蛋白尿，持续性尿蛋白 > 1 g/d 等。

（2）继发性肾病，如狼疮肾炎、糖尿病肾病、肾淀粉样变性。

（3）遗传性家族性肾小球疾病，Alport 综合征、薄基底膜肾病、Fabry 病等。

（4）急性肾损伤病因不明或肾功能恢复迟缓。

（5）缓慢进展的肾小管、肾间质疾病。

（6）移植肾疾病。

（7）重复肾活检。在一些肾病的发展和治疗过程中，其病理表现会发生变化，重复肾活检对于判断治疗效果、疾病预后及调整治疗方案有着较大的意义。

2. 绝对禁忌证

（1）孤立肾。

（2）精神病人，不能配合者。

（3）严重高血压无法控制者。

（4）有明显出血倾向者。

（5）肾体积缩小。

3. 相对禁忌证

（1）泌尿系统感染，如肾盂肾炎、结核、肾盂积脓、肾周围脓肿等。

（2）肾恶性肿瘤或大动脉瘤。

（3）多囊肾或肾多发性囊肿。

（4）肾位置不佳，游离肾。

（5）慢性肾衰竭。

（6）过度肥胖、大量腹腔积液、妊娠等不宜穿刺。

（7）严重心衰、贫血、休克、低血容量及年迈者不宜穿刺。

（二）目的

协助疾病诊断，明确病理分型，对指导治疗及判断预后有重要意义。

(三)操作前准备

1. 评估病人并解释
（1）一般情况：包括生命体征、体重、水肿、心肺功能、合作程度、过敏史、用药史、免疫十项、有无出血倾向等。
（2）了解病人治疗情况，术前3日停用抗凝药。
（3）医生向病人介绍肾活检的有关知识，取得其配合，签署知情同意书。

2. 病人准备
（1）了解肾活检的目的、方法、注意事项及配合要点。
（2）清洁皮肤，注意保暖，避免感冒、感染等。
（3）肾活检前2天予清淡易消化饮食，保持大便通畅，练习床上排尿。
（4）练习俯卧位呼吸及憋气：病人俯卧在床上，腹部垫枕，使腰部平直，头面部、胸及肩膀紧贴床面，头偏向左侧，双手置于身体两侧。摆好位置后缓慢吸气，吸至最大量憋住，然后缓慢吐气、放松，重复练习。
（5）穿刺前嘱病人排空小便，注射止血药，监测生命体征，高血压及严重焦虑的病人遵医嘱给予对症处理。

3. 医护准备　医生护士衣帽整洁、洗手、戴口罩，B超人员准备好超声检查用物。

4. 环境准备　穿刺室整洁、安静、光线充足，穿刺前进行室内空气消毒，避免人员走动。

5. 用物准备　肾穿刺包、肾穿枪、肾穿针、无菌手套、无菌纱布、无菌敷贴、注射器、利多卡因、0.5%安多福、手术刀片、0.35%过氧乙酸、75%乙醇、生理盐水、抢救药品、腹带等。

(四)操作步骤

1. 查对　备齐用物，核对病人床号、姓名、腕带，再次解释。
2. 操作者手卫生，戴口罩。
3. 体位　协助病人取俯卧位，腹部垫枕。
4. 操作中配合
（1）协助病人取俯卧位，腹部垫枕。使肾推向背侧固定，避免穿刺时肾滑动移位。
（2）常规消毒皮肤，B超医生测量皮肾距离，标记穿刺点。
（3）打开肾穿刺包，铺洞巾，协助医生抽吸1%~2%利多卡因作局部麻醉。
（4）肾活检时嘱病人尽量放松，配合医生口令进行吸气、憋气及呼气，禁止说话、咳嗽或活动。当穿刺针到达肾表面时，医生嘱病人憋气，根据所测的皮肾距离到达穿刺位置后击发肾穿枪。拔出穿刺针后，嘱病人正常呼吸，以无菌纱布按压穿刺点，如有出血，延长按压时间，止血后用无菌敷贴覆盖穿刺点，腹带包扎，压迫止血。
（5）护士协助病人仰卧，观察病人面色，询问病人有无不适，发现病情变化及时协助抢救。
（6）督促参加穿刺人员严格无菌操作，注意消毒隔离、感染防控，预防交叉感染。

(五)操作后护理

1. 医护人员将病人安全转运至病房。
2. 嘱病人卧床休息24 h，平卧6 h后，可床上缓慢翻身。保持病人卧位舒适。
3. 密切观察血压变化，穿刺处有无渗血，有无腹痛、腹胀、腰痛等情况，监测有无活动性出血，给予相应处理。

4. 遵医嘱使用止血药、抗感染药。

5. 留取尿常规标本。注意观察尿液颜色，如有肉眼血尿，需延长卧床时间。出血严重者遵医嘱使用垂体后叶素，保留导尿，膀胱冲洗，碱化尿液等。

6. 无饮水禁忌者，嘱多饮水，勤排尿，以免血块阻塞尿路，达到冲洗尿路目的。饮食清淡，忌产气食物，保持大便通畅，避免肠胀气不适及腹内压增加行为，防止出血。

7. 记录生命体征、病情及处理措施，告知病人相关注意事项。

（六）常见并发症的观察及护理

1. 血尿　观察血压、小便颜色，及时送检尿常规。有60%~80%的病人出现不同程度的镜下血尿，部分病人可出现肉眼血尿，根据病情嘱病人适量饮水，延长卧床时间，遵医嘱静脉输液、应用止血药，一般24~72 h肉眼血尿可消失。出血严重者遵医嘱使用垂体后叶素，保留导尿，膀胱冲洗，碱化尿液等。必要时输血，严重活动性出血病人做好介入手术护理。

2. 肾周围血肿　术后B超检查发现肾周围血肿的病人应延长卧床时间，严密监测生命体征，预防感染，如有腹痛、腹胀、腰痛等情况，加强评估，给予相应处理。

3. 感染　遵医嘱予抗感染治疗，监测感染指标变化，高热病人做好高热护理。

4. 动静脉瘘　典型表现为严重血尿和（或）肾周围血肿。确诊需肾血管造影，根据病情给予对症处理。

> 拓展阅读6-8-7
> 肾活检出血预防及处理方法

（七）健康教育

1. 肾活检相关知识指导　告诉病人肾活检的目的、方法、注意事项及配合要点，使病人积极配合。

2. 肾活检术后注意事项

（1）穿刺后卧床休息24 h，平卧6 h后，可协助床上缓慢翻身。24 h后，若病情平稳、无肉眼血尿，可下床活动。1个月内禁止剧烈运动，如跑步、提重物等。避免大笑、用力咳嗽等增加腹压行为。

（2）饮食忌产气食物；术后无饮水禁忌者，可适量饮水，增加尿量，促进少量积血排出。

（3）如卧床排尿困难时可诱导排尿，必要时导尿。

（4）留取尿检标本。

（5）如有腹胀、腰痛等不适及时告知医护人员，予以对症处理。

（冯新玮　程光敏　李　锦）

数字课程学习

教学PPT　　　　自测题

第七章
内分泌和代谢性疾病病人的护理

【学习目标】

知识：

1. 掌握内分泌和代谢性疾病常见疾病的定义、诊断要点。
2. 掌握内分泌和代谢性疾病病人的常见临床表现和护理要点。
3. 掌握内分泌和代谢性疾病常见疾病的治疗原则和要点。
4. 掌握内分泌和代谢性疾病常用药物的作用、副作用/不良反应及注意事项。
5. 熟悉内分泌和代谢性疾病的基本病因。
6. 熟悉内分泌和代谢性疾病的促发因素和诱发因素。
7. 熟悉内分泌和代谢性疾病常见疾病的健康指导。
8. 熟悉内分泌和代谢性疾病常用诊疗技术及护理。
9. 了解内分泌和代谢性疾病的发病机制。
10. 了解内分泌和代谢性疾病主要辅助检查的内容和意义。

技能：

1. 应用护理程序对内分泌和代谢性疾病常见疾病病人进行正确护理评估、提出护理诊断/问题、实施有效护理及评价效果。
2. 正确运用所学知识对内分泌和代谢性疾病常见疾病病人进行个性化的健康教育。
3. 学习过程中培养慎独意识、临床思维、创新性思维及预见性护理的能力。

素质：

1. 结合内分泌和代谢性疾病特点，能够根据病人病情变化，开展个性化的护理，提高分析问题、解决问题的临床护理思维能力。
2. 能够与病人、医务人员进行高效沟通，具备高度的责任感、同情心、慎独精神和团结协作精神。

> **情景导入**
>
> 宗某，女性，35岁，主因怕热、心悸、手抖、双眼异物感、多食易饥3月余入院。查体：精神差，双眼球突出，双侧甲状腺Ⅱ度肿大，质软，触及震颤，可闻及血管杂音，双手震颤（+），HR：100次/min。

第一节 概　述

> **情境一：**
> 宗某刚入院，你作为她的责任护士。
> **请思考：**
> 1. 如何对宗某进行护理评估？
> 2. 需要注意哪些问题？

拓展阅读 7-1-1
内分泌和代谢性疾病
概述重要知识点

人体为适应不断变化着的外界环境，保持机体内环境的相对恒定，必须依赖神经系统、内分泌系统和免疫系统的共同调节，完成代谢、生长、发育、生殖、思维、运动等功能，抵御各种内外不良因素与病理变化的侵袭，维持人体的心身健康。内分泌系统由内分泌腺和分布于各组织的激素（hormone）分泌细胞（或细胞团）及它们所分泌的激素组成。

代谢（metabolism）是人体生命活动的基本形式，包括合成代谢和分解代谢两个过程。通过代谢，机体同外界进行物质交换和转化，体内对物质进行分解、利用与更新，为个体的生存、活动、生长、发育、生殖和维持内环境稳定提供物质与能量。营养性疾病和代谢性疾病的关系密切，相互影响。

一、内分泌系统

1. 内分泌腺　人体的内分泌腺主要有下丘脑、垂体、甲状腺、甲状旁腺、胰岛、肾上腺等。

（1）下丘脑：可以合成、释放促激素和抑制激素，这些激素主要对腺垂体起调节作用。主要分泌：促甲状腺激素释放激素（TRH）、促性腺激素释放激素（GnRH）、促肾上腺皮质激素释放激素（CRH）、生长激素释放抑制激素（GHRIH）、生长素释放激素（GHRH）、促黑素细胞激素释放因子（MRF）、促黑素细胞激素释放抑制因子（MIF）、催乳素释放因子（PRF）、催乳素释放抑制因子（PIF）。

（2）垂体：分为腺垂体和神经垂体两部分。腺垂体分泌下列激素：促甲状腺激素（TSH）、促肾上腺皮质激素（ACTH）、黄体生成激素（LH）和卵泡刺激素（促卵泡素）（FSH），LH及FSH又称促性腺激素，对周围相应靶腺合成及释放激素起调节作用；生长激素（GH）促进物质代谢与生长发育；催乳素（PRL）促进乳腺发育生长，刺激并维持泌乳等；促黑（素细胞）激素（MSH）主要生理作用是刺激黑色素细胞内的酪氨酸转化为黑色素。神经垂体中贮藏催产素（OT）和加压素（ADH）。

（3）甲状腺（thyroid gland）：为人体内最表浅的内分泌腺，控制使用能量的速度、制造蛋白质、调节身体对其他激素的敏感性。甲状腺依靠制造甲状腺素来调节这些反应，有三碘甲状腺原氨酸（T_3）和四碘甲状腺原氨酸（T_4）。T_3和T_4由碘和酪胺酸合成。甲状腺也产生降钙素，调节体内钙的平衡。

（4）甲状旁腺：一般有上下两对，位于甲状腺左右叶的背面。甲状旁腺分泌的甲状旁腺激素（PTH）与甲状腺C细胞分泌的降钙素（CT）及1,25-二羟维生素D_3共同调节钙磷代谢，控制血浆中钙和磷的水平。

（5）胰岛：是胰腺的内分泌部分，是分散在胰腺中的不规则的细胞群。有调节糖代谢的作用。

（6）肾上腺：肾上腺实质分为皮质和髓质两部分。肾上腺皮质分泌盐皮质激素（主要为醛固酮）、糖皮质激素（主要为皮质醇）和性激素（雄激素和少量雌激素）。醛固酮促进肾远曲小管和集合管重吸收钠、水和排出钾。皮质醇参与物质代谢，能抑制蛋白质合成，促进其分解，使脂肪重新分布，有抑制免疫功能、抗炎、抗过敏、抗病毒和抗休克作用。性激素具有促进蛋白质合成及骨骺愈合的作用。肾上腺髓质分泌肾上腺素和去甲肾上腺素，两种激素的比例约为4:1。肾上腺素作用于α和β受体，使皮肤、黏膜、肾血管收缩，骨骼肌动脉和冠状动脉扩张，改善心肌供血，提高心肌兴奋性，扩张支气管平滑肌，参与体内物质代谢。去甲肾上腺素主要作用于α受体，有强烈收缩血管作用，使血压升高。

（7）性腺：主要指男性的睾丸、女性的卵巢。睾丸可分泌男性激素睾酮，其主要功能是促进性腺及其附属结构的发育及副性征的出现，还有促进蛋白质合成的作用。卵巢是雌性动物的生殖器官，其主要功能是刺激子宫内膜增生，促使子宫增厚、乳腺变大和出现女副性征等，促进子宫上皮和子宫腺的增生，保持体内水、钠、钙的含量，并能降血糖，升高体温，促进宫颈和耻骨联合韧带松弛，有利于分娩，刺激并维持女性第二性征等。

拓展阅读7-1-2
参与内分泌调节的腺体及各自分泌的激素

（8）其他：包括由胃肠道分泌的胃泌素、胰泌素、肠抑素和由肾分泌的前列腺素、促红细胞生成素等，前者调节胃肠平滑肌运动及黏膜腺体内外分泌功能，后者具有调节血压和刺激骨髓红细胞产生的作用。

2. 内分泌系统的调节

（1）神经系统与内分泌系统的相互调节：内分泌系统直接由下丘脑所调控，合成、释放的促激素和抑制激素，通过垂体门静脉系统进入腺垂体，调节腺垂体各种分泌细胞激素的合成和分泌。下丘脑亦可直接对靶器官、靶细胞进行调节。下丘脑是联系神经系统和内分泌系统的枢纽，也受中枢神经系统其他各部位的调控。下丘脑和垂体之间已构成一个神经内分泌轴，以调节周围内分泌腺及靶组织。内分泌系统对中枢神经系统包括下丘脑也有直接调节其功能的作用，一种激素可作用于多个部位，而多种激素也可作用在同一器官组织，包括神经组织，发挥不同的作用。

拓展阅读7-1-3
以下丘脑-垂体-甲状腺轴为例简述内分泌系统的激素调节机制

（2）内分泌系统的反馈调节：下丘脑、垂体与靶腺之间存在反馈调节，包括正反馈和负反馈。反馈控制是内分泌系统的主要调节机制，使相隔较远的腺体相互联系，彼此配合，保持机体内环境的稳定性，并克服各种病理状态。如CRH刺激垂体分泌ACTH，ACTH水平增加可兴奋肾上腺皮质分泌皮质醇，使血液皮质醇浓度升高，升高的皮质醇可反过来作用于下丘脑，抑制CRH的分泌，并在垂体部位抑制ACTH的分泌，从而减少肾上腺分泌皮质醇，维持三者之间的动态平衡。

（3）免疫系统和内分泌功能：神经内分泌系统对机体免疫有调节作用，免疫系统在接受神经内分泌系调节的同时，亦有反向调节作用。且内分泌系统不但调控正常的免疫反应，在自身免疫反应中也起作用。在人类，自身免疫病好发于育龄妇女，肾上腺皮质激素治疗有效，也说明内分泌激素与自身免疫病的发病有关。

二、营养和代谢

营养素是人类后天所需的外源物质，是维持人体新陈代谢及正常生理功能的物质基础。水、糖类、蛋白质、脂肪、维生素、矿物质、膳食纤维及植物化学物质，称为营养素。这些营养素只能通过食物的摄入、消化、吸收和代谢来满足人体需要。

营养物质在人体经过生物氧化等一系列代谢，合成人体用以生长发育、修复、繁殖所需各种物质的代谢称为合成代谢，提供人体各种生理活动所需要的能量并产生废物的代谢称为分解代谢。伴随着物质代谢过程发生的能量产生、转移、储存和利用的过程称为能量代谢。物质代谢和能量代谢是相互联系不可分割的过程。健康人的能量产生与消耗在常态情况下应相对平衡。

三、护理评估

在全面收集病人主、客观资料的基础上，内分泌与代谢性疾病病人的护理评估重点内容归纳如下。

（一）病史

1. 患病及治疗经过

（1）患病经过：详细了解病人患病的起始时间，有无诱因，发病的缓急，主要症状及其特点。评估病人有无进食或营养异常，有无排泄功能异常和体力减退等。此外，还要评估病人有无失眠、嗜睡、记忆力下降、注意力不集中，有无畏寒、手足搐搦、四肢感觉异常或麻痹等。

（2）既往检查、治疗经过及效果：评估病人既往检查情况，是否遵从医嘱治疗，用药及治疗效果。目前使用药物的种类、剂量、用法、疗程。有无与内分泌与代谢性疾病相关的疾病，如冠心病、高血压等，是否已进行积极的治疗。

2. 生活史及家族史

（1）生活史：了解病人的出生地及生活环境，如单纯性甲状腺肿常与居住地缺碘有关。评估婚姻状况及生育情况，了解病人是否有性功能异常等问题；日常生活是否规律，有无烟酒嗜好、特殊的饮食喜好或禁忌。

（2）家族史：许多内分泌与代谢性疾病有家族倾向性，如甲状腺疾病、糖尿病、肥胖症等，应询问病人家族中有无类似疾病的发生。

3. 心理社会状况　护士应注意评估病人患病后的精神、心理变化，患病对日常生活、学习或工作、家庭的影响，是否适应病人角色转变；病人对疾病的性质、发展过程、预后及防治知识的认知程度；社会支持系统，如家庭成员组成、家庭经济状况、文化和教育情况，对疾病的认识和对病人的照顾情况；病人的医疗费用来源和支付方式等；社区卫生保健系统是否健全，能否满足病人出院后的医疗需求等，以便有针对性地给予心理疏导和支持。

（二）身体状况

1. 一般状况　病人的精神、意识状态、生命体征、身高、体重、体型、营养状态等有无异常。甲状腺功能亢进症病人常有烦躁、易激动、脉搏增快，而甲状腺功能减退症的病人常有精神淡漠、脉搏减慢；糖尿病酮症酸中毒、高渗性昏迷时常有意识改变；血压增高见于库欣综合征等，血压减低见于肾上腺功能减退；巨人症体格可异常高大，侏儒症体格可异常矮小，库欣综合征可出现向心性肥胖，呆小症病儿身高不能随年龄而正常长高，上半身与下半身的比例失调等；肥胖症病人可出现体内大量脂肪堆积，体重增加；神经性厌食症和甲状腺功能亢进症病人皮下脂肪减少，表现为消瘦、体重减轻等。

2. 皮肤黏膜　有无皮肤黏膜色素沉着、干燥、粗糙、潮热、多汗、水肿、感染、溃疡，有无毛发稀疏、脱落、多毛、痤疮等。

3. 头颈部检查　有无头颅及面容改变、突眼、眼球运动障碍、视力或视野异常、甲状腺肿大等改变。

4. 胸腹部检查　有无乳房溢乳、腹部皮肤紫纹。

5. 四肢、脊柱、骨关节检查　有无疼痛、畸形，肌力、腱反射有无异常。

6. 外生殖器检查　腺垂体疾病可导致外生殖器发育异常。

（三）实验室及其他检查

实验室检查包括血液和尿液生化测定，激素及其代谢产物测定，激素分泌的动态试验，X线、CT、MRI 检查，核素检查，B 超检查，静脉插管分段采血测定激素水平，选择性动脉造影检查等。

拓展阅读 7-1-4
常用内分泌与代谢性疾病实验室检查及注意事项

第二节　内分泌和代谢性疾病常见症状体征的评估和护理

> **情境二：**
> 宗某刚入院，你作为她的责任护士，已完成初步护理评估。
> **请思考：**
> 1. 该病人有哪些症状、体征？
> 2. 应该采取哪些护理措施？

一、身体外形的改变

身体外形的改变指包括面容、体型和身高、体态、毛发、皮肤色素等的异常变化。这些异常改变多与脑垂体、甲状腺、甲状旁腺、肾上腺或部分代谢性疾病有关，如侏儒症、肢端肥大症、巨人症、呆小症、库欣综合征、甲状腺功能减退症、甲状腺功能亢进症、希恩病、嗜铬细胞瘤、内分泌腺的恶性肿瘤等，是一组影响病人生理和心理状态的临床征象。

拓展阅读 7-2-1
内分泌和代谢性疾病病人常见症状体征的评估和护理重要知识点

（一）护理评估

1. 病史

（1）评估引起身体外形改变等症状的原因、发生的时间及进展的速度、主要症状及特点、有无伴随症状、治疗及用药情况等。

（2）重点询问既往有无颅脑手术及外伤史、肿瘤或自身免疫病病史、产后大出血和激素类药物服用史。

(3) 病人的生活方式和饮食习惯、家族史、女性病人月经史。

2. 身体评估　包括体形、毛发、面容、皮肤变化的特征，有无突眼，甲状腺是否肿大，其大小是否对称，质地及表面有无结节，有无压痛和震颤，听诊有无血管杂音。病人的全身情况，如生命体征、营养状况有无异常及男性乳腺的发育等。

(1) 体形异常：生长激素分泌过多，在骨骺闭合之前引起巨人症，身高可达 2 m 或以上。生长激素分泌不足引起侏儒症，身材矮小，但比例匀称，成年身高一般不超过 135 cm。库欣综合征病人可表现为向心性肥胖、满月脸、多血质、紫纹等。当营养高于机体需要时，多余的热量机体以脂肪的形式储存于体内，实际体重超过标准体重的 20% 或体重指数（BMI）≥ 25 kg/m^2 者称为肥胖，见于下丘脑疾病、库欣综合征、性腺功能减退症、甲状腺功能减退症等；反之低于标准体重的 10% 以上者称为消瘦，见于甲状腺功能亢进症，1 型和 2 型糖尿病（非肥胖型）、肾上腺皮质功能减退症、希恩病、嗜铬细胞瘤、内分泌腺的恶性肿瘤等。

(2) 毛发异常：皮质醇增多时由于雄性激素分泌增多，病人躯体和面部毛发增多；甲状腺功能减退时，病人可出现头发干燥、稀疏、脆弱，睫毛和眉毛脱落，男性胡须生长缓慢。

(3) 面容异常：生长激素分泌过多，在骨骺闭合之后导致肢端肥大症，出现唇肥厚、鼻唇沟隆起、鼻宽舌大、眉弓和颧骨高突、下颌增大前突、齿间隙增宽、咬合困难等异常面容；甲状腺功能减退症的黏液性水肿病人出现面颊及眼睑水肿、表情淡漠的"假面具样面容"；甲状腺功能亢进时病人出现眼裂增宽、眼球突出、表情惊愕的"甲亢面容"及库欣综合征病人的满月脸等。

(4) 皮肤色素沉着：是由于表皮基底层的黑色素增多以致皮肤色泽加深。如原发性慢性肾上腺皮质功能减退症的病人可出现皮肤、黏膜色素沉着，尤以摩擦处、掌纹、乳晕、瘢痕处明显；异位 ACTH 综合征病人可出现色素明显加深；重症垂体性库欣综合征病人皮肤色素也可较深。

3. 实验室及其他检查　包括垂体功能、甲状腺功能、甲状旁腺功能和肾上腺皮质功能有无异常，胰岛素水平是否发生变化；X 线检查、CT 和 MRI 对某些内分泌疾病有定位价值；B 超检查可用于甲状腺、肾上腺、胰腺、性腺和甲状旁腺肿瘤的定位。

4. 心理社会状况　身体外形改变可使病人产生自卑感、羞愧感、精神紧张、焦虑易怒等，严重时可发生精神分裂症。评估病人是否由于身体外形改变导致心理障碍，有无焦虑、自卑、抑郁、自我形象紊乱等。

(二) 常见护理诊断/问题

1. 营养失调　低于或高于机体需要量。
2. 身体意象紊乱　与疾病引起身体外形改变等因素有关。

(三) 护理目标

1. 病人的营养状况得到改善，体重接近标准体重或在标准体重范围内。
2. 病人能建立有效的调适机制和良好的人际关系。
3. 病人的身体外形逐渐恢复正常。

(四) 护理措施

1. 合理营养摄入　伴有身体外形改变的病人多有营养失调的情况存在，针对病人的具体情况，调节摄入的营养成分，制定饮食计划，以改善病人的营养状态。

2. 提供心理支持

（1）评估病人对其身体变化的感觉及认知，多与病人接触和交流，鼓励病人表达其感受，交谈时语言要温和，耐心倾听。

（2）讲解疾病的有关知识，给病人提供有关疾病的资料和患有相同疾病并已治疗成功病人的资料，向病人说明身体外形的改变是疾病发生、发展过程的表现，只要积极配合检查和治疗，部分改变可恢复正常。使其明确治疗效果及病情转归，消除紧张情绪，树立自信心。必要时安排心理医生给予心理疏导。

3. 恰当修饰　指导病人掌握恰当的方法自我修饰，改善自身形象，合适的衣着、适当的打扮可以增加病人外在的美观，提升自信心。如甲状腺功能亢进症病人有突眼征时外出可戴墨镜，肥胖病人选择宽松的衣着等。

4. 建立良好的家庭互动关系　家庭成员是病人最亲密的互动者，可给予病人最大的支持。鼓励家属主动与病人沟通，互相表达内心的感受，促进家人之间的联系，改善互动关系。鼓励家属主动参与对病人的护理，以减轻病人内心的抑郁感。

5. 促进病人社会交往　鼓励加入社区中的支持团体，帮助其增强社交技巧，改善社交状况。教育家属及周围人群不要歧视病人，避免伤害其自尊；注意病人的行为举止和心理动态，以免因自卑发生自杀等极端事件。

（五）护理评价

1. 病人的营养状况得到改善，体重接近标准体重或在标准体重范围内。
2. 病人能接受身体外形改变的事实，积极配合治疗。
3. 身体外观得到改善。

拓展阅读 7-2-2
学会利用体重指数（BMI）判断病人的体重情况

二、性生活型态改变

性生活改变指个体处于或有危险性健康改变的一种状态。内分泌和代谢疾病病人的性生活改变包括：生殖器官发育迟缓或发育过早、性欲减退或丧失，女性月经紊乱、溢乳、闭经或不孕，男性阳痿或出现乳房发育等女性化特征。

（一）护理评估

1. 病史　询问病人性功能异常的发生过程、主要症状、性欲改变等情况；了解女性病人的月经史和生育史，有无不孕不育、早产、流产、死胎、巨大儿等，男性病人有无阳痿等。

2. 身体评估　检查病人有无皮肤干燥、粗糙，毛发稀疏或脱落、增多或分布异常；有无子女、闭经、溢乳、男性乳房发育；外生殖器的发育是否正常，有无畸形。

3. 实验室及其他检查　测定性激素水平有无变化。

4. 心理社会状况　了解性功能异常及性器官改变对病人心理的影响，有无焦虑、自卑、忧郁等；评估其与配偶的关系，以及配偶的心理感受等，有无关系紧张、家庭不和睦甚至家庭暴力等不良表现。

（二）常见护理诊断/问题

性功能障碍　与内分泌功能紊乱性激素分泌异常有关。

(三)护理目标

1. 病人对存在的性问题有正确的认识。
2. 性功能逐渐恢复，能采取恰当的方式进行性生活，夫妻关系和谐。

(四)护理措施

1. **选择隐蔽的谈话环境** 提供一个隐蔽舒适的环境和恰当的时间，鼓励病人叙述目前的性功能状况、性生活型态，使病人正确表达出问题。
2. **心理辅导** ①尊重病人，理解病人对隐私问题所出现的焦虑和抑郁；②鼓励病人说出使其烦恼的有关性爱方面的问题，给病人讲解所患疾病及用药治疗对性功能的影响，使病人积极配合治疗；③提供可能的专业的信息咨询服务，如专业医师、心理健康专家、性问题咨询门诊等；④鼓励病人与配偶交谈彼此的感受，并一起参与性健康教育讲座和阅读相关指导书籍资料等。

(五)护理评价

1. 病人知晓其性功能障碍与疾病本身有关，能正确对待性问题。
2. 性功能逐渐恢复，能采取恰当的方式进行性生活，达到其希望的性满足。

三、进食或营养异常

多种内分泌和代谢性疾病可有进食或营养异常，表现为食欲亢进或减退、营养不良、肥胖或消瘦。护理病人时应评估病人的进食量、体重、皮下脂肪、毛发、皮肤、肌肉的发育情况等，对病人的营养状况作出综合判断。并通过健康饮食、合理运动等健康教育和心理辅导，帮助病人建立正确的饮食和运动习惯，培养健康的生活方式，保持良好的营养状态。

四、疲乏

疲乏为一种无法抵御的持续的精力衰竭感，以及体力和脑力的下降，是一种非特异性症状，也是内分泌和代谢性疾病的常见伴随症状，见于甲状腺功能亢进症和减退症、库欣综合征、肥胖症等。可通过询问病人从事日常活动的能力有无改变、是否感觉疲乏无力或睡眠时间延长等评估病人的体力水平。

五、排泄功能异常

将代谢过程中产生的废物和未消化的产物排出体外称为排泄。排泄对维持机体的体液、电解质和营养的平衡至关重要。内分泌系统功能改变常可影响排泄型态，如多尿是糖尿病的典型症状之一，多汗、排便次数增多、排稀软便可见于甲状腺功能亢进症，便秘则多见于甲状腺功能减退症病人。

六、骨痛与自发性骨折

骨痛为代谢性骨病的常见症状，严重者常发生自发性骨折，或轻微外伤即引起骨折。除绝经后骨质疏松外，糖尿病、甲状腺功能亢进症、性腺功能减退症、库欣综合征、甲状旁腺功能亢进症和催乳素瘤常伴有骨质疏松。

第三节 甲状腺疾病病人的护理

一、弥漫性非毒性甲状腺肿病人的护理

> **情景导入**
> 段某，女性，40岁，主因"颈部增粗6个月，加重伴咳嗽、气促1个月"入院。检查：生命体征平稳，病人诉颈部增粗影响美观，自己觉得很自卑。
> **请思考：**
> 1. 通过护理评估，该病人主要的护理诊断/问题有哪些？
> 2. 如何对该病人进行心理护理？

弥漫性非毒性甲状腺肿（diffuse nontoxic goiter）又称单纯性甲状腺肿（simple goiter），指甲状腺弥漫性肿大，不伴结节及甲状腺功能异常。该疾病的女性发病率是男性的3～5倍。单纯性甲状腺肿包括地方性甲状腺肿（endemic goiter）和散发性甲状腺肿（sporadic goiter）。一个地区的儿童中单纯性甲状腺肿患病率超过5%则称为地方性甲状腺肿。

拓展阅读7-3-1
弥漫性非毒性甲状腺肿病人的护理重要知识点

（一）病因及发病机制

1. **碘缺乏** 是引起地方性甲状腺肿的主要因素。碘缺乏时甲状腺激素合成不足，反馈性引起垂体分泌过量的TSH刺激甲状腺增生肥大。但临床上单纯性甲状腺肿病人TSH往往正常或只轻度升高，而且地方性甲状腺肿可见于非缺碘地区甚至高碘地区，严重碘缺乏地区也可不发生甲状腺肿，提示甲状腺对TSH敏感性增加或其他因素也参与了甲状腺肿的发生。

2. **遗传和环境因素** 散发性甲状腺肿病因复杂，遗传缺陷或基因突变可引起甲状腺激素合成障碍，导致甲状腺肿的发生。环境因素包括食物和水中的碘化物、致甲状腺肿物质（如卷心菜、白菜、花椰菜、甘蓝等）和某些药物（如硫脲类、硫氰酸盐、高氯酸盐、锂盐等），可通过抑制甲状腺激素合成或直接引起甲状腺肿大。嗜烟酒、胰岛素抵抗等也可能与甲状腺肿发生相关。

（二）病理

甲状腺呈弥漫性肿大。病变初期表现为腺体弥漫性滤泡增生，间质血管充血；随着病变进展，部分滤泡退化，部分滤泡增大且富含胶质，滤泡之间被纤维组织间隔，逐步形成大小不等、质地不一的结节。后期部分腺体可发生出血、坏死、囊性变、纤维化或钙化。

（三）临床表现

大多数病人无明显症状，重度肿大的甲状腺可压迫气管或食管而引起呼吸不畅或吞咽困难。甲状腺常呈轻、中度弥漫性肿大，质地较软，表面光滑；胸骨后甲状腺肿可致胸廓入口部分梗阻，引致头部和上肢静脉回流受阻，让病人双手上举在头顶合拢（Pemberton动作），可见面部充血和颈静脉怒张。

(四）实验室及其他检查

1. 甲状腺功能检查　血清 T_3、T_4 正常，TT_4/TT_3 的比值常增高。血清 TSH 水平一般正常。
2. 血清甲状腺球蛋白（Tg）测定　Tg 水平增高，增高的程度与甲状腺肿的体积呈正相关。
3. 甲状腺摄 ^{131}I 率及 T_3 抑制试验　摄 ^{131}I 率增高但无高峰前移，可被 T_3 所抑制。当甲状腺结节有自主功能时，可不被 T_3 抑制。
4. 影像学检查　B 超是确定甲状腺肿的最主要检查方法，可显示甲状腺的大小、形态、内部结构、结节及血流状况。核素扫描主要通过甲状腺摄取核素的能力评估甲状腺及甲状腺结节形态和功能。CT 或 MRI 主要用于明确甲状腺肿及结节与邻近组织的关系等。

（五）诊断

血清 T_4、T_3、TSH 基本正常。碘缺乏病人 TT_4 可轻度下降，T_3/T_4 比值增高。血清 Tg 水平正常或增高，增高的程度与甲状腺肿的体积呈正相关。TPO 抗体滴度测定有助于排除自身免疫性甲状腺炎。检测尿碘可了解碘营养水平。

（六）治疗

甲状腺肿本身一般不需要治疗，有压迫症状者可考虑手术治疗。碘缺乏者需改善碘营养状态，食盐碘化（universal salt iodization，USI，10～15 mg/kg 盐）是目前国际上公认的预防碘缺乏病的有效措施。由于妊娠和哺乳期妇女尿碘排泄增加和胎儿甲状腺对碘需求增加，可导致母体甲状腺激素相对不足。

> 拓展阅读 7-3-2
> 人体碘摄入量与碘营养状态的评价指标

（七）护理评估

1. 病史　了解病人是否来自缺碘的流行地区；是否为青春期、妊娠期及哺乳期女性；是否经常食用萝卜、黄豆和白菜等含致甲状腺肿物质的蔬菜；是否服用抑制甲状腺素合成的药物，如硫氰酸盐、过氧酸盐、磺胺类、对氨基水杨酸及保泰松等；有无寒冷、感染、创伤和精神刺激等诱因。
2. 身体评估　评估病人有无甲状腺轻度或中度肿大，中度肿大呈弥漫性，表面光滑，质软，无压痛，一般无震颤和血管杂音；重度肿大的甲状腺可出现压迫症状，如压迫气管可引起咳嗽、呼吸困难，压迫食管可引起吞咽困难，压迫喉返神经可引起声音嘶哑，胸骨后甲状腺肿压迫上腔静脉可出现上腔静脉阻塞，如面部青紫、水肿、颈部与胸部浅静脉扩张。
3. 实验室及其他检查　血液检查、甲状腺摄 ^{131}I 率及 T_3 抑制试验和甲状腺扫描。
4. 心理社会状况　明显肿大的甲状腺导致颈部外形改变，产生自卑感、挫折感，可导致焦虑、恐惧等情绪反应。在流行地区，因患病人数多，人们习以为常，不愿意配合治疗。

（八）常见护理诊断/问题

1. 知识缺乏　缺乏单纯性甲状腺肿的防治知识。
2. 自我形象紊乱　与颈部增粗，颈部外形改变有关。
3. 潜在并发症　呼吸困难、声音嘶哑、吞咽困难。

(九)护理目标

1. 病人能叙述本病的防治知识。
2. 病人甲状腺肿的程度减轻。
3. 病人无呼吸困难、声音嘶哑、吞咽困难等并发症发生。

(十)护理措施

1. **一般护理** 注意劳逸结合,适当休息。指导病人多食海带、紫菜等海产品及含碘丰富的食物,避免过多食用花生、萝卜等抑制甲状腺激素合成的食物。
2. **病情观察** 观察病人甲状腺肿大的程度、质地,有无结节及压痛,颈部增粗的进展情况及有无局部压迫的表现。
3. **用药护理** 指导病人遵医嘱准确服药,不能随意增多或减少。碘剂补充应适量,以免碘过量引起自身免疫性甲状腺炎和甲状腺功能减退症。
4. **心理护理** 病人可因颈部增粗而出现自卑心理及挫折感;由于缺乏疾病的相关知识,而怀疑肿瘤或癌变产生焦虑甚至恐惧的心理。护理中应向病人阐明单纯性甲状腺肿的病因和防治知识,与病人一起讨论引起甲状腺肿大的原因,使病人认识到经补碘等治疗后甲状腺肿可逐渐缩小或消失,消除病人的自卑与挫折感,正确认识疾病;帮助病人进行适当的修饰打扮,改善其自我形象,树立信心;积极与病人家属沟通,使家属给予病人心理支持。

(十一)健康指导

1. **饮食指导** 指导病人摄取含碘丰富的食物,并适当食用碘盐,以预防缺碘所致地方性甲状腺肿;避免摄入阻碍甲状腺激素合成的食物,如卷心菜、花生、菠菜、萝卜等。
2. **用药指导** 指导病人按医嘱服药,每日碘摄入量适当,必要时可用尿碘监测碘营养水平。对需长期使用甲状腺制剂的病人,应告知其要坚持长期服药,以免停药后复发。教会病人观察药物疗效及不良反应。避免摄入阻碍甲状腺激素合成的药物,如硫氰酸盐、保泰松、碳酸锂等。
3. **防治指导** 指导地方性甲状腺肿流行地区居民增加碘的食入量,补充足够的碘可预防本病,以碘化食盐最为有效和方便,此外还可采用碘油注射、碘油口服、碘化饮水或碘化食品。妊娠妇女于妊娠前或妊娠初期补充足够的碘可预防地方性呆小病的发生。甲状腺显著肿大出现呼吸困难等压迫症状者应及时就医。

(十二)预后

本病预后良好。

二、甲状腺功能亢进症病人的护理

情景导入

高某,女性,20岁,主因"怕热、多汗、心悸、消瘦2月余"于门诊收入院。病人自发病以来,精神、体力、睡眠差,大便次数增多,3次/天,不成形糊状便,双眼球轻度突出,T 36.2℃,P 130次/min,R 20次/min,BP 140/50 mmHg。住院期间,护士发现病人因情绪激动出现高热、恶心、呕吐、烦躁不安等甲状腺危象症状。

> **请思考：**
> 1. 如何与医生做好甲状腺危象紧急处理配合？
> 2. 如何对该病人进行眼部护理？

拓展阅读 7-3-3 甲状腺功能亢进症病人的护理重要知识点

甲状腺毒症（thyrotoxicosis）指血液循环中甲状腺激素过多，引起以神经、循环、消化等系统兴奋性增高和代谢亢进为主要表现的一组临床综合征。根据甲状腺的功能状态，甲状腺毒症可分为甲状腺功能亢进类型和非甲状腺功能亢进类型（表 7-3-1）。甲状腺功能亢进症（hyperthyroidism，简称甲亢）指甲状腺腺体本身产生甲状腺激素过多而引起的甲状腺毒症，其病因包括弥漫性毒性甲状腺肿（亦称格雷夫斯病，Graves disease，GD）、结节性毒性甲状腺肿和甲状腺自主高功能腺瘤等。本章主要讨论格雷夫斯病。非甲状腺功能亢进类型包括破坏性甲状腺毒症和服用外源性甲状腺激素。由于甲状腺滤泡被炎症（如亚急性甲状腺炎、无症状性甲状腺炎、产后甲状腺炎等）破坏，滤泡内储存的甲状腺激素过量而进入循环引起的甲状腺毒症称为破坏性甲状腺毒症。该组疾病甲状腺的功能并不亢进。根据甲状腺功能亢进的程度，还可以分为临床甲亢和亚临床甲亢，我国临床甲亢的患病率为 0.8%，其中 80% 以上是由格雷夫斯病引起的。

表 7-3-1　甲状腺毒症的常见原因

甲状腺功能亢进类型	非甲状腺功能亢进类型
1. 弥漫性毒性甲状腺肿（格雷夫斯病）	1. 亚急性甲状腺炎
2. 结节性毒性甲状腺肿	2. 无症状性甲状腺炎
3. 甲状腺自主高功能腺瘤（Plummer disease）	3. 桥本甲状腺炎
4. 碘致甲状腺功能亢进症（碘甲亢，IIH）	4. 产后甲状腺炎（PPT）
5. 桥本甲亢（Hashitoxicosis）	5. 外源甲状腺激素替代
6. 新生儿甲状腺功能亢进症	6. 异位甲状腺激素产生（卵巢甲状腺肿等）
7. 垂体 TSH 腺瘤	

格雷夫斯病又称 Parry 病、Basedow 病，占甲状腺毒症的 60%~90%，患病率为 1.1%~1.6%，我国学者报告是 1.2%，国内 5 年随访累计发病率在 (8.1~13.6)/1 000，女性高发，男女比例为 1:(4~6)，高发年龄为 20~50 岁。

（一）病因与发病机制

GD 的发病机制未明，目前公认是遗传因素和环境因素共同作用的自身免疫性甲状腺疾病。

1. **遗传因素**　GD 有显著的遗传倾向，部分病人有家族史。同胞兄妹发病危险为 11.6%，同卵双生相继发生 GD 者达 30%~60%（异卵双生 3%~9%）。GD 还是一个复杂的多基因疾病，目前发现与组织相容性复合体（MHC）基因相关。

2. **免疫因素**　本病以遗传易感性为背景，在感染、精神创伤等因素作用下诱发体内免疫功能紊乱。最明显的体液免疫特征是在病人血清中存在针对甲状腺细胞 TSH 受体的特异性自身抗体，即 TSH 受体抗体（TRAb）。TRAb 可与 TSH 受体结合，产生 TSH 的生物学效应，即甲状腺细胞增生、甲状腺激素合成及分泌增加。另外，在病人外周血及甲状腺内T淋巴细胞数量增多，功能发生改变。GD浸润性突眼主要与细胞免疫有关。

3. 环境因素　如细菌感染、应激和精神因素等，都对本病的发生和发展有影响。

（二）病理解剖

甲状腺呈不同程度的弥漫性肿大。甲状腺滤泡上皮增生，滤泡内的胶质减少或消失，滤泡间可见以T淋巴细胞为主的淋巴细胞浸润。浸润性突眼病人的眶后组织中有脂肪细胞浸润，纤维组织增生，淋巴细胞和浆细胞浸润，眼肌纤维增粗、纹理模糊、透明变性和断裂破坏。

（三）临床表现

多数起病缓慢，少数在感染或精神创伤等应激后急性起病。典型表现有甲状腺激素分泌过多所致的高代谢综合征、甲状腺肿及眼征。老年和小儿病人表现多不典型。

1. 甲状腺毒症表现

（1）高代谢综合征：由于甲状腺激素分泌增多导致交感神经兴奋性增高和新陈代谢加速，病人常有疲乏无力、多汗、怕热、低热（危象时可有高热）、体重显著下降等。

（2）精神神经系统：多言好动、紧张失眠、焦虑烦躁、易激动、易怒、注意力不集中、记忆力减退、腱反射活跃等，伸舌或双手向前平举时有细微震颤。

（3）心血管系统：心悸、持续性心动过速，睡眠和休息时有所降低但仍高于正常。甲状腺毒症可增强心脏对儿茶酚胺的敏感性，发挥正性肌力作用，出现外周血管扩张，心排血量代偿性增加等，导致甲状腺毒症性心脏病，亦称为甲亢性心脏病，主要表现为严重心律失常，如房颤、房扑等，以及心脏增大、心力衰竭、心绞痛、心肌梗死。

（4）消化系统：多出现食欲亢进，肠蠕动加快，腹泻，排便次数增多。重者可有肝大及肝功能异常，偶伴黄疸。

（5）肌肉与骨骼系统：主要表现为甲状腺毒症性周期性瘫痪，多见于亚洲青年男性。慢性肌病者主要累及近端肌群的肩、髋部肌群，肌无力为进行性，伴肌萎缩，尿肌酸排泄量增高，还可伴发重症肌无力。甲亢也可影响骨骼脱钙而发生骨质疏松。

（6）生殖系统：女性常有月经稀少，周期延长，甚至闭经。男性可出现阳痿，偶见乳腺发育。

（7）造血系统：外周血淋巴细胞比例增加，单核细胞增加，白细胞总数减低。血小板寿命缩短，可伴发血小板减少性紫癜。

（8）皮肤、毛发及肢端表现：皮肤温暖湿润，颜面潮红。部分病人色素减退，出现毛发脱落、白癜风或斑秃。

拓展阅读7-3-4
格雷夫斯病的特异性皮肤损害

（9）甲状腺危象（thyroid crisis）：也称甲亢危象，是甲状腺毒症急性加重的一个综合征，发生原因可能与短时间内大量T_3、T_4释放入血有关。本病多发生于甲亢较重而未给予治疗或治疗不充分的病人。

1）常见诱因：①应激状态，如感染、手术、放射性碘治疗、精神刺激、过度劳累、急性创伤等；②严重躯体疾病，如心力衰竭、低血糖、败血症、脑卒中、急腹症等；③口服过量甲状腺激素制剂；④甲状腺手术准备不充分或术中过度挤压甲状腺等。

2）典型临床表现：原有甲亢症状加重、高热、大汗、心动过速（140次/min以上），死亡原因多为高热虚脱，心力衰竭，肺水肿，严重水、电解质代谢紊乱等。诊断主要靠临床表现综合判断。

2. 甲状腺肿　多数病人有不同程度的甲状腺肿大，常为弥漫性、对称性肿大，质地中等、无压痛，随吞咽上下移动。肿大程度与甲亢病情轻重无明显关系。甲状腺血流增多，可触及震颤、闻及血管杂音，为 GD 的特异性体征。

3. 眼部表现　分为两类：一类为单纯性突眼，病因与甲状腺毒症所致的交感神经兴奋性增高有关；另一类为浸润性突眼，即格雷夫斯眼病（GO）。单纯性突眼表现为：眼球轻度突出，眼裂增宽，瞬目减少。浸润性突眼眼球明显突出，超过眼球突度参考值上限的 3 mm（中国人群突眼度女性 16 mm，男性 18.6 mm）。

4. 临床类型

（1）甲状腺毒症性心脏病（thyrotoxic heart disease）：主要表现为心房颤动和心力衰竭。有 10%~15% 的甲亢病人发生心房颤动。

（2）T_3 型甲状腺毒症（T_3 toxicosis）：多见于碘缺乏地区和老年人。是由于甲状腺功能亢进时，T_3 和 T_4 比例失调，T_3 显著多于 T_4 所致。GD、毒性结节性甲状腺肿和自主高功能性腺瘤都可以发生 T_3 型甲亢。

（3）淡漠型甲亢（apathetic hyperthyroidism）：多见于老年人，发病隐匿，高代谢综合征、眼征和甲状腺肿均不明显。全身症状较重，明显消瘦、心悸、乏力、腹泻、厌食、抑郁淡漠，有时神志模糊，甚至昏迷，可伴有心房颤动、震颤和肌病等体征。常易发生误诊。

（4）亚临床型甲亢（subclinical hyperthyroidism）：其特点是血清 T_3、T_4 正常，TSH 降低，不伴或伴有轻微的甲亢症状，主要依赖实验室检查结果诊断。本病可能发生于 GD 早期、GD 经手术或放射性碘治疗后、各种甲状腺炎恢复期，少数可进展为临床甲亢。

（5）其他特殊类型：妊娠期甲状腺功能亢进症、T_3 型和 T_4 型甲状腺功能亢进症，以及甲状腺功能"正常"的格雷夫斯眼病。

（6）胫前黏液性水肿：也称为格雷夫斯皮肤病变。见于少数 GD 病人，白种人多见。多发生在胫骨前下 1/3 部位，也见于足背、踝关节、肩部、手背等处，偶见于面部，皮损大多为对称性。早期皮肤增厚、变粗，有广泛大小不等的棕红色或红褐色或暗紫色突起不平的斑块或结节，边界清楚，直径 5~30 mm。皮损周围的表皮可有感觉过敏或减退，或伴痒感，后期皮肤粗厚如橘皮或树皮样。

（四）实验室和辅助检查

1. TSH 测定　甲状腺功能改变时，TSH 的变化较 T_3、T_4 迅速而显著，目前普遍采用的敏感 TSH 检测方法测得的 TSH 是筛查甲亢的首选指标，尤其对亚临床甲亢的诊断有重要意义。

2. 甲状腺激素测定　包括总 T_4（TT_4）、总 T_3（TT_3）和游离 T_4（FT_4）、游离 T_3（FT_3）。在甲亢初期、复发早期，T_3 上升往往更快，T_4 上升较缓。T_3 为早期 GD、治疗中疗效观察及停药后复发的较敏感指标。FT_3、FT_4 不受血甲状腺结合球蛋白（TBG）变化的影响，直接反映甲状腺功能状态，其敏感性和特异性高于 TT_3、TT_4，是诊断临床甲亢的首选指标。

3. TSAb 测定　未经治疗的 GD 病人，血 TSAb 阳性检出率可达 85%~100%，是鉴别甲亢病因、诊断 GD 的指标之一，对判断病情活动、治疗后是否停药、停药后是否复发有指导作用。

4. TRH 兴奋试验　目前已用敏感 TSH 取代了 TRH 刺激试验诊断不典型甲亢，仅用于鉴别诊断困难时。甲状腺性甲亢时，血 T_3、T_4 增高，反馈抑制 TSH，故 TSH 不受 TRH 兴奋，TSH 不增高（无反应）支持甲状腺性甲亢的诊断，TSH 有升高反应可排除甲状腺性甲亢。

5. ^{131}I 摄取率　是诊断甲亢的传统方法，目前已经被敏感 TSH 测定技术所代替。
6. 甲状腺放射性核素扫描　对于诊断甲状腺自主高功能腺瘤有意义。
7. 影像检查　多普勒彩色血流显像（CDFI）示甲状腺血流弥漫性分布，血流量明显增多，血管阻力降低。

（五）诊断

根据高代谢综合征、甲状腺肿大的表现，结合血清 TT_4、FT_4 增高，TSH 减低，即可诊断为甲亢。甲亢诊断的成立及弥漫性甲状腺肿大则是诊断 GD 的必备条件。早期轻症、小儿及老年人的不典型甲亢，则有赖于甲状腺功能检查和其他必要的特殊检查方可确诊，还要排除其他原因所致的甲亢。

（六）治疗

目前尚无针对 GD 的病因治疗。主要采用的治疗方法有抗甲状腺药（antithyroid drugs，ATD）、^{131}I 及手术治疗三种，各有优缺点。

1. 甲亢的治疗

（1）抗甲状腺药

1）适应证：①轻、中度病情病人；②甲状腺轻、中度肿大；③年龄在 20 岁以下，或孕妇、高龄或由于其他严重疾病不宜手术者；④术前或 ^{131}I 治疗前的准备；⑤手术后复发且不宜进行 ^{131}I 治疗者。

2）常用药物：常用的 ATD 分为硫脲类和咪唑类两类。硫脲类有甲硫氧嘧啶（methylthiouracil，MTU）及丙硫氧嘧啶（propylthiouracil，PTU）等，咪唑类有甲巯咪唑（methimazole，MMI，他巴唑，赛治）和卡比马唑（carbimazole，CMZ，甲亢平）等。目前常用 PTU 和 MMI。

3）治疗方案与疗程：治疗方案分初治期、减量期及维持期。以 MMI 为例：①初治期，MMI 10~30 mg/d，1 次/天口服，每 4 周复查甲状腺激素水平，至症状缓解或血甲状腺激素恢复正常时减量；②减量期：每 2~4 周减量 1 次，MMI 每次减量 5~10 mg，每 4 周复查甲状腺功能，待 TSH 正常后再减至最小维持量；③维持期：MMI 5~10 mg/d 或更少，维持 12~18 个月，每 2 个月复查血甲状腺激素。疗程中除非有较严重反应，一般不宜中断，疗程不能少于 1 年。

（2）^{131}I 治疗：甲状腺摄取 ^{131}I 后释放 β 射线，破坏甲状腺滤泡上皮而减少甲状腺激素的分泌。因 β 射线在组织内的射程仅有 2 mm，所以电离辐射仅局限于甲状腺局部，不会累及邻近组织。此法简单、经济，治疗有效率达 95%，临床治愈率达 85% 以上，复发率小于 1%，现已是欧美国家治疗成人甲亢的首选疗法。

（3）手术治疗：甲状腺次全切除术的治愈率可达 70% 以上，复发率为 8%。术后可引起多种并发症，主要为甲状旁腺功能减退和喉返神经损伤，有经验的医生发生率 <2%。

2. 甲状腺危象的防治　避免和去除诱因，积极治疗甲亢是预防甲状腺危象的关键，尤其是防治感染和做好充分的术前准备工作。一旦发生需积极抢救。

（1）抑制甲状腺激素合成：首选 PTU，首次剂量 500~1 000 mg，口服或胃管注入；以后每 4 h 给予 PTU 250 mg，待症状缓解后改用一般治疗剂量。

（2）抑制甲状腺激素释放：服 PTU 1 h 再加用复方碘口服溶液 5 滴（0.25 mL 或者 250 mg），每 6 h 一次，服用 PTU 1 h 后开始服用，以后视病情逐渐减量，一般使用 3~7 天停药。

（3）β 受体阻断药：普萘洛尔每次 60~80 mg，口服 4 h 一次，或 1 mg 经稀释后缓慢静脉注射。普萘洛尔有抑制外周组织 T_4 转换为 T_3 的作用。

（4）糖皮质激素：氢化可的松 300 mg 首次静滴，以后每次 100 mg，8 h 一次。

（5）降低和清除血浆甲状腺激素：上述治疗效果不满意时，可选用血液透析、腹膜透析或血浆置换等措施，迅速降低血浆甲状腺激素浓度。

（6）支持治疗：监测心、脑、肾功能，纠正水、电解质和酸碱平衡紊乱，降温、给氧、防治感染，积极治疗各种并发症。

3. 格雷夫斯眼病的治疗　治疗方法视病情程度而异，有效控制甲亢是治疗 GO 的关键。

（1）轻度 GO：控制甲亢是基础性治疗。一般治疗措施包括戒烟，低盐饮食，眼部保护如戴有色眼镜、人工泪液、睡眠时使用抗生素眼膏或眼罩、高枕卧位等。

（2）中度和重度 GO：活动期甲亢治疗首选 ATD，其他特殊治疗主要包括：①糖皮质激素，泼尼松 40~80 mg/d，分次口服，持续 2~4 周，随后每 2~4 周减量 2.5~10.0 mg/d，持续治疗 3~12 个月；②眶放射治疗：对近期的软组织炎症和眼肌功能障碍效果较好，与糖皮质激素联合使用可以增加疗效，有效率达 60%；③眶减压手术：目的是切除球后纤维脂肪组织，增加眶容积，可引起术后复视或加重术前复视。GO 稳定期可以做眼科矫正手术。

（七）护理评估

1. 病史

（1）患病及治疗经过：详细询问病人患病的起始时间、主要症状及其特点，如有无疲乏无力、怕热、多汗、低热、多食、消瘦、急躁易怒、排便次数增多等异常表现，询问患病后检查和治疗经过，目前用药情况和病情控制情况等。对育龄妇女要询问病人的月经史、生育情况。

（2）心理社会状况：评估病人患病后对日常生活的影响，是否有睡眠、活动量及活动耐力的改变。甲亢病人因神经过敏、急躁易怒、身体外形改变等，易与家人或同事发生争执，导致人际关系紧张，因此注意评估病人有无焦虑、多疑等心理变化。注意病人及家属对疾病知识的了解程度，病人所在社区的医疗保健服务情况等。

2. 身体评估　体检甲状腺多呈弥漫性肿大，可有震颤或血管杂音。伴有眼征者眼球可向前突出。病情严重变化时可出现甲状腺危象。

3. 实验室及其他检查

（1）血清甲状腺激素水平有无升高，TSH 有无降低。

（2）血中 TRAb 及其他自身抗体是否阳性。

（3）甲状腺摄 ^{131}I 率是否增高，T_3 抑制试验是否显示甲状腺摄 ^{131}I 率不能被明显抑制。

（八）常见护理诊断/问题

1. 营养失调：低于机体需要量　与基础代谢率增高导致代谢需求大于摄入有关。
2. 活动无耐力　与蛋白质分解增加、甲状腺毒症性心脏病、肌无力等有关。
3. 应对无效　与性格及情绪改变有关。
4. 组织完整性受损　与浸润性突眼有关。
5. 潜在并发症　甲状腺危象。

（九）护理目标

1. 病人能恢复并保持正常体重。

2. 能逐步增加活动量，活动时无明显不适。
3. 能恢复并保持足够的应对能力。
4. 能切实执行保护眼睛的措施，无感染发生，角膜无损伤。
5. 能积极避免可诱发甲状腺危象的因素，发生甲状腺危象能得到及时救治。

（十）护理措施

1. 营养失调：低于机体需要量

（1）监测体重：经常测量体重，根据病人体重变化调整饮食计划。

（2）饮食护理：因病人处于高代谢状况，能量消耗大，应给予高热量、高蛋白、高维生素及矿物质丰富的饮食。主食应足量，可以增加奶类、蛋类、瘦肉类等优质蛋白以纠正体内的负氮平衡，多摄取新鲜蔬菜和水果。鼓励病人多饮水，每天饮水 2 000~3 000 mL 以补充出汗、腹泻、呼吸加快等所丢失的水分，但对并发心脏疾病者应避免大量饮水，以防止因血容量增加而加重水肿和心力衰竭。禁止摄入刺激性的食物及饮料，如浓茶、咖啡等，以免引起病人精神兴奋。减少食物中粗纤维的摄入，以减少排便次数。避免进食含碘丰富的食物，应食用无碘盐，忌食海带、海鱼、紫菜等，慎食卷心菜、甘蓝等易致甲状腺肿的食物。

（3）用药护理：护士应指导病人正确用药，不可自行减量或停药，并密切观察药物的不良反应，及时处理。抗甲状腺药物的常见不良反应及处理措施：①粒细胞减少，多发生在用药后 2~3 个月内，严重者可致粒细胞缺乏症，因此必须指导病人定期复查血象。如病人伴有发热、咽痛、皮疹等症状，外周血白细胞低于 $3\times10^9/L$ 或中性粒细胞低于 $1.5\times10^9/L$ 应停药，并遵医嘱给予促进白细胞生成的药。②药疹，较常见，可用抗组胺药控制，不必停药。如出现皮肤瘙痒、团块状严重皮疹等则应立即停药，以免发生剥脱性皮炎。③其他：若发生中毒性肝炎、肝坏死、精神病、胆汁淤滞综合征、狼疮样综合征、味觉丧失等，应立即停药。β受体阻断药如普萘洛尔，对于支气管哮喘或喘息性支气管炎病人禁用。

2. 活动无耐力

（1）休息与活动：根据病人目前的活动量及日常生活习惯，与病人及家属共同制订个体化活动计划，活动不宜疲劳。适当增加休息时间，维持充足睡眠，防止病情加重。有心力衰竭或严重感染者应卧床休息。

（2）环境：保持环境安静，避免噪声和强光刺激，相对集中时间进行治疗、护理。甲亢病人因怕热多汗，应安排通风良好的环境，室温维持在 20℃ 左右。

（3）生活护理：指导和协助病人完成日常的生活自理，如洗漱、进餐、如厕等。对大量出汗的病人应加强皮肤护理，及时更换衣服及床单。

3. 应对无效

（1）心理护理：护士应向病人及家属解释病情，提高他们对疾病的认知水平，让病人及其亲属了解其情绪、性格的改变是暂时的，可因治疗而得到改善。鼓励病人表达内心感受，理解和同情病人，建立互信关系。与病人共同探讨控制情绪和减轻压力的方法，指导和帮助病人正确处理生活中的突发事件。

（2）家庭和社会支持：为病人提供有利于改善情绪的环境。如保持居室安静和轻松的气氛；避免提供兴奋、刺激的消息，以减轻病人激动、易怒的精神症状。鼓励病人参加团体活动，以免因社交障碍产生焦虑。

（3）病情观察：观察病人精神状态和手指震颤情况，注意有无焦虑、烦躁、心悸等甲亢加重的表现，必要时使用镇静药。

4. 组织完整性受损

（1）眼部护理：预防眼睛受到刺激和伤害。外出戴深色眼镜，减少光线、灰尘和异物的侵害。以眼药水湿润眼睛，避免干燥；睡前涂抗生素眼膏，眼睑不能闭合者用无菌纱布或眼罩覆盖双眼。指导病人当眼睛有异物感、刺痛或流泪时，勿用手直接揉眼睛，可用0.5%甲基纤维素或0.5%氢化可的松溶液滴眼，以减轻症状。睡眠或休息时抬高头部，以减轻球后水肿和眼睛胀痛。

（2）用药护理：限制钠盐摄入，遵医嘱适量使用利尿药，以减轻组织充血、水肿。

（3）病情观察：定期至眼科行角膜检查以防角膜溃疡造成失明，如有畏光、流泪、疼痛、视力改变等角膜炎、角膜溃疡先兆，应立即复诊。

5. 潜在并发症：甲状腺危象

（1）避免诱因：指导病人进行自我心理调整，避免感染、严重精神刺激、创伤等诱发因素。

（2）病情监测：观察生命体征和神志变化。若原有甲亢症状加重，并出现发热（体温>39℃）、严重乏力、烦躁、多汗、心悸、心率>140次/min、食欲减退、恶心、呕吐、腹泻、脱水等，应警惕甲状腺危象发生，立即报告医师并协助处理。

（3）紧急处理配合

1）立即吸氧：绝对卧床休息，呼吸困难时取半卧位，立即给予吸氧。

2）及时准确给药：迅速建立静脉通路。遵医嘱使用PTU、复方碘溶液、β受体阻断药、氢化可的松等药物。严格掌握碘剂的剂量，并观察中毒或过敏反应。准备好抢救药物，如镇静药、血管活性药、强心药等。

3）密切观察病情变化：定时测量生命体征，准确记录24h出入量，观察神志的变化。

（4）对症护理：体温过高者给予冰敷或酒精擦浴降温。躁动不安者使用床档保护病人安全。昏迷者加强皮肤、口腔护理，定时翻身，防止压疮、肺炎的发生。腹泻严重者应注意肛周护理，预防肛周感染。

拓展阅读7-3-5
甲状腺危象抢救流程

拓展阅读7-3-6
妊娠期甲状腺相关激素和甲状腺自身抗体的变化

（十一）健康指导

1. 疾病知识指导　告知病人有关甲亢的知识和保护眼睛的方法，教会其自我护理。指导病人注意加强自我保护，上衣领宜宽松，避免压迫甲状腺，严禁用手挤压甲状腺以免甲状腺激素分泌过多加重病情。

2. 用药指导与病情监测　指导病人坚持遵医嘱、按剂量、按疗程服药，不可随意减量和停药。服用抗甲状腺药物的最初3个月，每周查血常规1次，每隔1~2个月做甲状腺功能测定，每天清晨起床前自测脉搏，定期测量体重。

3. 社区-家庭支持指导　病人出院后到所属社区卫生服务中心建档，充分利用社区卫生资源，接受社区延续性护理服务。社区护士应对甲亢病人定期进行家访，给予相应的健康指导。鼓励家属主动关心病人并理解病人的情绪变化，促进病人与家属之间的良性互动，以促进病人的康复。

（十二）护理评价

1. 病人体重恢复至正常范围并保持稳定。
2. 能耐受日常活动，生活自理，活动耐力增加。

3. 能解释情绪和行为改变的原因，能正确处理生活突发事件。
4. 能采取各项保护眼睛的措施，无结膜炎、角膜炎等并发症出现。
5. 未发生甲状腺危象或发生甲状腺危象时能及时发现和处理。

（十三）预后

本病病程较长，经积极治疗预后较好，少数病人可自行缓解。单纯 ATD 治疗的病人，复发率较高。部分放射性碘治疗、甲状腺手术治疗所致甲减者需甲状腺激素终身替代治疗

三、甲状腺功能减退症病人的护理

> **情景导入**
>
> 冯某，女性，56岁，主因渐进性畏寒、乏力、颜面水肿6年，加重3个月于门诊入院。病人言语缓慢，皮肤粗糙、无汗、弹性差，有脱屑。生命体征：T 36.1℃，P 60 次/min，R 18 次/min，BP 110/70 mmHg。
>
> **请思考：**
> 1. 为明确诊断，该病人还需要做哪些辅助检查？
> 2. 该病人目前存在的主要护理诊断/问题及护理措施有哪些？

甲状腺功能减退症（hypothyroidism）简称甲减，指各种原因导致的低甲状腺激素血症或甲状腺激素抵抗而引起的全身性低代谢综合征，其病理特征是黏多糖在组织和皮肤堆积，表现为黏液性水肿（myxedema）。在引起甲减的病因中，原发性甲减约占 99%。起病于胎儿或新生儿的甲减称为呆小病（cretinism），又称克汀病，常伴有智力障碍和发育迟缓。起病于成人者称成年型甲减。

拓展阅读 7-3-7
甲状腺功能减退症病人的护理重要知识点

（一）病因与发病机制

成人甲减的主要病因是：

1. **自身免疫损伤** 最常见的是自身免疫性甲状腺炎，包括桥本甲状腺炎、萎缩性甲状腺炎和产后甲状腺炎等。
2. **甲状腺破坏** 包括甲状腺手术、^{131}I 治疗等导致甲状腺功能减退。
3. **碘过量** 可引起具有潜在性甲状腺疾病者发生甲减，也可诱发和加重自身免疫性甲状腺炎。
4. **抗甲状腺药** 如锂盐、硫脲类及咪唑类等。

（二）临床表现

1. **一般表现** 乏力、畏寒、体重增加、记忆力减退、表情呆滞、反应迟钝、嗜睡、精神抑郁等。体检可见面色苍白，眼睑、颜面和皮肤水肿，手足肿胀感，皮肤干燥发凉、粗糙脱屑，毛发稀疏，眉毛外 1/3 脱落。手足掌面呈姜黄色。
2. **肌肉与关节** 肌肉软弱乏力，可有暂时性肌强直、痉挛、疼痛等，部分肌肉可出现进行性肌萎缩。
3. **心血管系统** 表现为心动过缓、心排血量下降，易并发冠心病等。

4. 消化系统　厌食、腹胀、便秘等，严重者可出现麻痹性肠梗阻或黏液水肿性巨结肠。

5. 血液系统　可因甲状腺激素缺乏引起血红蛋白合成障碍或铁、叶酸、维生素 B_{12} 吸收障碍导致贫血。

6. 内分泌系统　女性常月经过多或闭经，部分病人有溢乳。

7. 黏液性水肿昏迷　常见于病情严重者。其诱发因素有寒冷、感染、手术、严重躯体疾病、中断甲状腺激素替代治疗和使用麻醉、镇静剂等。临床表现为嗜睡，低体温（体温<35℃），呼吸减慢，心动过缓，血压下降，四肢肌肉松弛，反射减弱或消失，甚至昏迷、休克，心肾功能不全而危及病人生命。

（三）实验室及其他检查

1. 一般检查　①血常规检查有轻、中度贫血；②血生化检查常有胆固醇、三酰甘油增高。

2. 甲状腺功能检查　血清 TSH 升高、FT_4 降低是诊断本病的必备条件；血清 TT_4 降低，TT_3、FT_3 常正常；甲状腺摄 ^{131}I 率降低。

3. TRH 兴奋试验　用于病变部位鉴定。静脉注射 TRH 后，血清 TSH 不增高提示垂体性甲减；延迟升高者提示下丘脑性甲减；TSH 在增高的基值上进一步增高，提示原发性甲减。

（四）诊断

根据临床表现、实验室检查，如血清 TSH 增高、FT_4/TT_4 减低，原发性甲减即可成立。如果血清 TSH 减低或者正常，TT_4、FT_4 减低，考虑中枢性甲减，可通过 TRH 兴奋试验证实。早期轻型甲减多不典型，需与贫血、垂体瘤、特发性水肿、肾病综合征、肾炎及冠心病等鉴别。

（五）治疗原则

本病一般不能治愈，需终生替代治疗。

1. 替代治疗　治疗的目标是用最小剂量纠正甲减而不产生明显不良反应，使血 TSH 和甲状腺激素水平恒定在正常范围内。甲减一般不能治愈，要用甲状腺激素终生替代治疗。首选左甲状腺素（$L-T_4$）单药口服。$L-T_4$ 治疗剂量取决于甲减的程度、病因、年龄、性别、体重和个体差异。起始剂量和达到完全替代剂量所需时间要根据病人年龄、心脏状态、特定状况确定。

2. 黏液性水肿昏迷的治疗　①补充甲状腺激素。$L-T_4$ 首次静脉注射 300~500 μg，以后每日 50~100 μg，待病人苏醒后改为口服；②如果病人在 24 h 无改善，可以给予 T_3 10 μg，4 h 一次，或者 25 μg，8 h 一次；③保暖、吸氧、保持呼吸道通畅，必要时行气管切开、机械通气等；④氢化可的松 200~300 mg/d 持续静滴，待病人清醒后逐渐减量；⑤根据需要补液，但补液量不宜过多；⑥控制感染，治疗原发病。

（六）常见护理诊断/问题

1. 排便异常：便秘　与代谢率降低及体力活动减少引起肠蠕动减慢有关。
2. 体温过低　与机体基础代谢率降低有关。
3. 有皮肤完整性受损的危险　与黏液在皮下堆积致黏液性水肿有关。
4. 社交障碍　与精神情绪改变造成反应迟钝、冷漠有关。
5. 潜在并发症　黏液性水肿昏迷。

（七）护理措施

1. 休息与环境　调节室温在 22~23℃，加强保暖。避免病床靠窗，以免病人受寒。
2. 饮食护理　给予高蛋白、高维生素、低钠、低脂肪饮食，细嚼慢咽、少量多餐，食物注重色、香、味，以增加病人食欲。桥本甲状腺炎所致甲状腺功能减退症者应避免摄取含碘食物和药物，以免诱发严重黏液性水肿。
3. 保证大便通畅　教育病人每日定时排便，以养成规律排便的习惯。为卧床病人创造良好的排便环境。指导病人促进便意的技巧，如适当按摩腹部，或以手指按摩肛门四周括约肌，以促进胃肠蠕动而促进排便。指导病人每日进行适度的运动，如散步、慢跑等。多进粗纤维食物，如蔬菜、水果或全麦制品。必要时根据医嘱给予轻泻剂。
4. 皮肤护理　皮肤干燥、粗糙时，可局部涂抹乳液或润肤油以保护皮肤。洗澡时避免使用肥皂。协助病人按摩受压部位，经常翻身或下床活动，避免血液循环不良造成压疮。
5. 病情观察

（1）观察神志、体温、脉搏、呼吸、血压的变化：每日记录病人体重。病人若出现体温低于 35℃、呼吸浅慢、心动过缓、血压降低、嗜睡等表现，或出现口唇发绀、呼吸深长、喉头水肿等黏液性水肿昏迷的症状，应迅速建立静脉通路，立即通知医师配合抢救。

（2）注意黏液性水肿变化：每日观察皮肤弹性与水肿情况，及服药后改善情况。观察皮肤有无发红、发绀、起水疱或破损等。

（3）观察大便：次数、性质、量的改变，观察有无腹胀、腹痛等麻痹性肠梗阻的表现。

6. 用药护理　指导病人按时服用药物，观察药物疗效及服用过量的症状。如出现多食消瘦、脉搏 > 100 次/min、发热、大汗、情绪激动等情况时，提示用药过量，应及时报告医师。替代治疗最佳的效果为血 TSH 恒定在正常范围内。长期替代者应每 6~12 个月检测一次。对心脏病、高血压、肾炎病人，应特别注意剂量的调整，不能随意增减剂量。同时服用利尿药时，需记录液体出入量。
7. 心理护理　建立良好的护患关系，以真挚、诚恳的态度与病人沟通，关心病人；鼓励病人倾诉自己的思想，说出对自己外观及性格改变的感受，及时给予鼓励，使病人保持乐观的心态和受到重视；鼓励病人家属及亲友与病人沟通，理解病人的行为，提供心理支持，使病人感到温暖和关怀，从而增强自信心。

（八）健康指导

1. 告知病人发病原因及注意事项，如药物引起者应调整剂量和停药；注意个人卫生，冬季要保暖，避免出入公共场所，以预防感染和创作。慎用镇静、安眠、镇痛、麻醉等药物。
2. 对需终生替代治疗者，向其解释终生服药的重要性和必要性，不可随意停药或变更剂量，否则可能导致心血管疾病，如心肌缺血、梗死或充血性心力衰竭。告知甲状腺激素服用过量的症状，指导其自我监测。
3. 给病人讲解甲减发生的原因、表现及黏性水肿发生的原因，使病人学会自我观察。若出现低血压、心动过缓、体温降低（体温 < 35℃）等，应立即就医。

（九）预后

永久性甲减者若坚持治疗可生活如常人，不及时治疗或中断治疗者可因严重并发症而死亡。

第四节 皮质醇增多症病人的护理

> **情景导入**
>
> 杨某，女性，35岁。3年前自觉面部及背部脂肪增多，自测血压升高，未予重视。半年前，病人下腹两侧、大腿外侧等处出现紫纹，月经紊乱，伴雄激素分泌过多的表现，体重明显增加。
>
> 请思考：
> 1. 皮质醇增多症病人常见临床表现有哪些？
> 2. 作为责任护士，你会对病人进行哪些方面的健康指导？

> 拓展阅读 7-4-1
> 皮质醇增多症病人的护理重要知识点

皮质醇增多症是一组因下丘脑－垂体－肾上腺（HPA）轴调控失常，分泌过多糖皮质激素而导致的以向心性肥胖、满月脸、多血质外貌、紫纹、高血压和骨质疏松等症状为表现的临床综合征。为纪念 Harvey Cushing 教授于 1921 年首次诊断垂体嗜碱性微小腺瘤所引起的皮质醇增多症，也称库欣综合征（Cushing syndrome），其中以垂体促肾上腺皮质激素（ACTH）分泌亢进所引起的临床类型最为多见，称为库欣病（Cushing disease）。库欣综合征多发于 20～45 岁，成人多于儿童，女性多于男性，男女之比为 1：（3～8）。

（一）病因与发病机制

1. **依赖 ACTH 的库欣综合征** 包括：①库欣病：最常见，约占库欣综合征的 70%，指垂体分泌 ACTH 过多，伴肾上腺皮质增多，多为垂体微腺瘤所致；②异位 ACTH 综合征：指垂体以外的恶性肿瘤分泌大量 ACTH，伴肾上腺皮质增生，致病的多种肿瘤中以肺癌最常见。

> 拓展阅读 7-4-2
> 库欣综合征的易感人群

2. **不依赖 ACTH 的库欣综合征** 包括：①肾上腺皮质腺瘤；②肾上腺皮质癌；③不依赖 ACTH 的双侧肾上腺小结节性增生；④不依赖 ACTH 的双侧肾上腺大结节性增生。

3. **其他类型库欣综合征** 医源性皮质醇增多症系长期或大量使用 ACTH 或糖皮质激素所致。糖皮质激素治疗达到具有临床效果的剂量即可引起库欣综合征的症状，与使用时间和剂量有关。

（二）临床表现

1. **库欣综合征**

（1）典型病例：主要表现为向心性肥胖、满月脸、多血质、紫纹等，多见于垂体性库欣病、肾上腺腺瘤、异位 ACTH 综合征中的缓进型。

（2）早期病例：以高血压为主，肥胖，但是向心性不显著，尿游离皮质醇明显增高。

（3）重型：主要特征为体重减轻、高血压、水肿、低血钾性碱中毒。因癌肿所致重症者，病情重，进展迅速。

（4）以并发症为主的病例：如心衰、脑卒中、病理性骨折、精神症状或肺部感染等，库欣综合征容易被忽略。

2. 典型病例具体表现

（1）向心性肥胖、满月脸、多血质外貌：多为轻度到中度肥胖，渐呈向心性分布。典型的向心性肥胖是指头面部、颈后部、锁骨上窝及腹部脂肪沉积增多，但四肢（包括臀部）正常或消瘦。病人面圆而呈暗红色，呈现特征性满月脸、水牛背和悬垂腹，而四肢相对瘦小。

（2）皮肤表现：皮肤薄，面部红润。皮质醇刺激骨髓造血，红细胞计数和血红蛋白含量增高，病人呈多血质面容。皮肤菲薄，皮下毛细血管清晰可见，血管脆性增加，轻微损伤可引起瘀斑。常见病人下腹部两侧、大腿外侧、臀部等处出现紫红色条纹。手、脚、指（趾）、肛周常出现真菌感染。异位ACTH综合征及较重库欣病病人多有明显的皮肤色素沉着，具有一定的临床提示意义。

（3）代谢障碍：糖代谢异常，高皮质醇血症使糖异生作用增强，拮抗胰岛素降血糖作用引起葡萄糖耐量减低，约20%的病人可出现继发性糖尿病，称类固醇性糖尿病。

（4）心血管表现：约80%的库欣综合征病人有高血压症状，因肾素－血管紧张素系统被激活，抑制血管舒张系统，使血压上升并有轻度水肿。同时，病人常伴有动脉硬化。长期高血压可并发左心室肥大、心力衰竭和脑血管意外。病人由于凝血功能异常、脂肪代谢紊乱，易发生静脉血栓，导致心血管并发症发生率增加。

（5）对感染抵抗力减弱：大量的皮质醇分泌可抑制机体的免疫功能，中性粒细胞移行能力减弱，自然杀伤细胞数目减少，病人容易发生各种感染，其中以肺部感染多见。

（6）性功能改变：性功能障碍，女性病人大多出现月经减少、月经不规则或停经、痤疮等，明显男性化者少见。男性病人性欲可减退、阴茎缩小、睾丸变软等。

（7）全身及神经系统：四肢肌肉可有萎缩，常表现为肌无力，下蹲后起立困难。约半数库欣综合征可有精神状态的改变，轻者表现为失眠、情绪不稳定、注意力不集中，少数病人表现为抑郁与狂躁交替发生。

拓展阅读7-4-3
常见致体重增加的疾病与临床特点

（三）实验室及其他检查

1. 皮质醇测定　血皮质醇水平增高且昼夜节律消失，即早晨血皮质醇浓度高于正常，而晚上不明显低于早晨。24 h 尿 17- 羟皮质类固醇、尿游离皮质醇升高。
2. 地塞米松抑制试验　血皮质醇不受地塞米松的明显抑制，不低于对照值的50%。
3. ACTH兴奋试验　垂体性库欣病和异位ACTH综合征者有反应，原发性肾上腺皮质肿瘤者多数无反应。
4. 影像学检查　肾上腺超声检查、蝶鞍区断层摄片、CT、MRI、放射性碘化胆固醇肾上腺扫描等，可协助病变部位的诊断。

拓展阅读7-4-4
皮质醇分泌的生理节律

（四）诊断

典型病例根据临床表现即可作出诊断。早期及不典型病例有赖于实验室及影像学检查。注意与单纯性肥胖、2型糖尿病进行鉴别。

（五）治疗

库欣综合征治疗取决于其病因，在病因治疗前，对病情严重的病人，宜先对症治疗。

1. 库欣病　目前有手术、放疗和药物3种方法。首选经蝶窦行腺瘤切除术，其治愈率为50%~90%。病人术后可能出现垂体功能减退症。如经蝶窦手术未发现或未摘除垂体微腺瘤，或某种原因不宜做垂体手术，且病情严重者，宜做一侧肾上腺全切，另一侧肾上腺大部分或全切除术，术后行激素替代治疗和垂体放疗。

2. 肾上腺皮质腺瘤　行患侧腺瘤手术摘除，可获根治，经腹腔镜切除更有利于术后的恢复。术后需较长时间使用氢化可的松或可的松作替代治疗，大多数病人于 6 个月至 1 年可逐渐停用替代治疗。肾上腺皮质癌应尽可能早期手术治疗，未能根治或已有转移者用肾上腺皮质激素合成阻滞药物治疗，以减少肾上腺皮质激素的分泌量。

3. 不依赖 ACTH 小结节性或大结节性双侧肾上腺增生　行双侧肾上腺切除术，术后行激素替代治疗。

4. 异位 ACTH 综合征　应治疗原发性恶性肿瘤，视具体病情选择手术、放疗和化疗。如不能根治，则需要用肾上腺皮质激素合成阻滞药。

> 拓展阅读 7-4-5
> 库欣综合征处理流程

（六）护理评估

1. 病史　询问病人既往健康状况，有无垂体瘤，有无垂体以外的肿瘤，以初步了解皮质醇增多的原因。

2. 身体评估　评估病人有无向心性肥胖、满月脸、多血质、紫纹等。有无糖尿病、高血压，容易发生各种感染，性功能障碍，下蹲后起立困难等肌无力表现。

3. 实验室及其他检查　血、尿皮质醇测定，地塞米松抑制试验，ACTH 兴奋试验，肾上腺超声检查，CT、MRI 等检查。

4. 心理社会状况　病人常因身体外观改变、肢体软弱无力而感到自卑、无助，表现得沉默寡言，孤独离群，焦虑不安。性征异常和性功能障碍又难以诉说，会加重病人的抑郁情绪。由于激素的作用可导致烦躁易怒、失眠、情绪不稳定、注意力不集中、记忆力减退等，严重者可出现严重的精神障碍。

（七）常见护理诊断/问题

1. 体像紊乱　与库欣综合征引起身体外观改变有关。
2. 体液过多　与皮质醇增多引起水钠潴留有关。
3. 有感染的危险　与皮质醇增多导致机体免疫力下降有关。
4. 潜在并发症　骨折。

（八）护理目标

愿意倾诉因身体外观改变而带来的心理感受，能够保持体液平衡，能正确判断自己日常活动能力，无并发症发生。

（九）护理措施

1. 一般护理

（1）休息与体位：合理的休息可避免水肿加重。平卧时可适当抬高双下肢，有利于静脉回流。

（2）饮食护理：进食低钠、高钾、高蛋白、低糖、低热量的食物，预防和控制水肿。鼓励病人多食柑橘类、枇杷、香蕉、南瓜等含钾高的食物。鼓励病人摄取富含钙及维生素 D 的食物，如牛奶、紫菜、虾皮、坚果等以预防骨质疏松。

（3）应用利尿药的护理：水肿严重时，遵医嘱给予利尿药，观察水肿消退情况及不良反应，如出现心律失常、恶心、呕吐、腹胀等低钾症状和体征时，及时处理。

（4）病情监测：监测病人水肿情况，每天测量体重的变化，记录24 h液体出入量，监测电解质浓度和心电图变化。

2. 心理社会支持

（1）提供心理支持：多与病人接触和交流，鼓励病人表达其感受，耐心倾听。

（2）恰当修饰：指导病人改善自身形象。

（3）建立良好的家庭互动关系：鼓励家属主动与病人沟通并参与对病人的护理，促进病人与家人之间的互动关系，以减轻病人内心的抑郁感。

（4）促进病人社会交往：鼓励病人加入社区中的各种社交活动；教育周围人群勿歧视病人，避免伤害其自尊。

3. 并发症的预防和护理

（1）预防感染：密切观察体温变化，定期检查血常规是否出现淋巴细胞和自然杀伤细胞减少。注意有无感染征象，尤其是呼吸系统。①保持病室环境清洁，室内温度、湿度适宜；②严格执行无菌操作，尽量减少侵入性治疗以降低感染及交叉感染的危险；③教导病人和家属预防感染的知识，如保暖、减少或避免到公共场所、预防上呼吸道感染。

（2）皮肤与口腔护理：协助病人做好个人卫生，避免皮肤擦伤和感染。长期卧床者应定期翻身，注意保护骨突处，预防压疮发生。病重者做好口腔护理。

（3）减少安全隐患：提供安全、舒适的环境，移除环境中不必要的家具或摆设，浴室应铺上防滑脚垫。避免剧烈运动，防止因跌倒或碰撞引起骨折。

（4）病情观察：观察病人有无关节痛或腰背痛等骨痛，及时报告医师，必要时使用助行器辅助行动。

（十）健康指导

1. 疾病知识指导　指导病人在日常生活中注意预防感染，保持皮肤清洁，防止外伤、骨折等各种可能导致病情加重或诱发并发症的因素，定期门诊复查。

2. 用药指导与病情监测　告知病人有关疾病的基本知识和治疗方法，指导病人正确用药并掌握对药物疗效和不良反应的观察，如发生虚弱、头晕、发热、恶心、呕吐等应立即就诊。

3. 心理指导　鼓励病人说出身体外形改变的感受，对病人进行心理指导以减轻疾病带来的焦虑等不良情绪。指导病人家属为其提供有效的心理、情感支持。教会病人自我护理措施，适当从事力所能及的活动，以增强病人的自信心和自尊感。

拓展阅读7-4-6
皮质醇增多症病人的护理流程

（十一）预后

垂体腺瘤经手术摘除后，病情在数月后逐渐好转，血压下降，向心性肥胖等症状减轻，女病人月经恢复，甚至可受孕。如病程已久，肾血管发生不可逆损害，则血压不易降至正常。肾上腺皮质腺瘤早期手术切除预后良好，肾上腺皮质癌的疗效取决于早期发现及能否完全切除，有转移者预后差。

第五节 糖尿病病人的护理

> **情景导入**
>
> 王某,男性,65岁,因"口干、多饮、多尿、消瘦2年余,加重伴呕吐、意识模糊2天"入院,病人呼吸中有烂苹果味,急查快速床边血糖示:High。
>
> **请思考:**
> 1. 初步护理评估后,对该病人应采取哪些急救措施?
> 2. 使用胰岛素降糖时,注意事项是什么?

拓展阅读 7-5-1
糖尿病病人的护理重要知识点
拓展阅读 7-5-2
糖尿病概述

糖尿病(diabetes mellitus,DM)是一组由多病因引起的以慢性高血糖为特征的代谢性疾病,是由于胰岛素分泌和(或)作用缺陷所引起。长期糖类及脂肪、蛋白质代谢紊乱可引起多系统损害,导致眼、肾、神经、心脏、血管等组织器官的慢性进行性病变、功能减退及衰竭;病情严重或应激时可发生急性严重代谢紊乱,如糖尿病酮症酸中毒(DKA)、高渗高血糖综合征。

(一)糖尿病分型

通用 WHO 糖尿病专家委员会提出的病因学分型标准(1999)。

1. **1型糖尿病(T1DM)** 胰岛 B 细胞破坏,常导致胰岛素绝对缺乏。

2. **2型糖尿病(T2DM)** 从以胰岛素抵抗为主伴胰岛素分泌不足到以胰岛素分泌不足为主伴胰岛素抵抗。糖尿病病人中以 T2DM 为主,占 90%~95%。

3. **其他特殊类型糖尿病** 胰岛 B 细胞功能的基因缺陷;胰岛素作用的基因缺陷;胰腺外分泌疾病,如胰腺炎、创伤/胰腺切除术等;内分泌病,如肢端肥大症、库欣综合征等;药物或化学品所致糖尿病,如烟酸、糖皮质激素、苯妥英钠等;感染,如先天性风疹、巨细胞病毒等。

4. **妊娠糖尿病(GDM)** 妊娠期间首次发生糖代谢异常,不包括妊娠前已诊断或已患糖尿病的病人,后者称为糖尿病合并妊娠。

(二)病因及发病机制

糖尿病的病因和发病机制极为复杂,至今未完全阐明。不同类型其病因不尽相同,即使在同一类型中也存在着异质性。总的来说,遗传因素及环境因素共同参与其发病过程。

1. **1型糖尿病** 绝大多数 T1DM 是自身免疫性疾病,遗传因素和环境因素共同参与其发病过程。某些外界因素作用于有遗传易感性的个体,引起胰岛 B 细胞破坏和功能衰竭,体内胰岛素分泌不足进行性加重,导致糖尿病。

(1)遗传因素:在同卵双生子中 T1DM 同病率达 30%~40%,提示遗传因素在 T1DM 发病中起重要作用。

(2)环境因素:①病毒感染,据报道与 T1DM 有关的病毒包括风疹病毒、腮腺炎病毒、柯萨奇病毒、脑心肌炎病毒和巨细胞病毒等;②化学毒性物质和饮食因素,链脲佐菌素和四氧嘧啶糖尿病动物模型及灭鼠剂吡甲硝苯脲所造成的人类糖尿病属于非自身免疫性胰岛 B 细胞破坏

（急性损伤）或自身免疫性胰岛 B 细胞破坏（小剂量、慢性损伤），但目前未识别出明确的致病因素。母乳喂养期短或缺乏母乳喂养的儿童 T1DM 发病率增高，认为血清中存在的与牛乳制品有关的抗体可能参与 B 细胞破坏过程。

（3）自身免疫：①体液免疫，已发现 90% 新诊断的 T1DM 病人血清中存在胰岛细胞抗体，比较重要的有胰岛细胞胞质抗体（ICA）、胰岛素自身抗体（IAA）、谷氨酸脱羧酶抗体（GADA）等。胰岛细胞自身抗体检测可预测 T1DM 的发病及确定高危人群，并可协助糖尿病分型及指导治疗。②细胞免疫：在 T1DM 的发病机制中，细胞免疫异常更为重要。T1DM 是 T 细胞介导的自身免疫病，免疫失调体现在免疫细胞比例失调及其所分泌细胞因子或其他介质相互作用紊乱，T1DM 胰岛 B 细胞破坏可由于坏死或凋亡，其中凋亡更为重要。

（4）自然史：T1DM 的发生发展经历以下阶段：①个体具有遗传易感性，在其生命的早期阶段并无任何异常；②某些触发事件如病毒感染引起少量胰岛 B 细胞破坏并启动自身免疫过程；③出现免疫异常，可检测出各种胰岛细胞抗体；④胰岛 B 细胞数目开始减少，仍能维持糖耐量正常；⑤胰岛 B 细胞持续损伤达到一定程度时（通常只残存 10% B 细胞），临床糖尿病，需用胰岛素治疗；⑥最后胰岛 B 细胞几乎完全消失，需依赖胰岛素维持生命。

2. 2 型糖尿病　是复杂的遗传因素和环境因素共同作用的结果，目前对 T2DM 的病因仍然认识不足，T2DM 可能是一组异质性情况。

（1）遗传因素与环境因素：同卵双生子中 T2DM 同病率接近 100%，但起病和病情进展则受环境因素的影响而变异甚大。T2DM 是由多个基因及环境因素综合引起的复杂病，环境因素包括人口老龄化、现代生活方式、营养过剩、体力活动不足、子宫内环境及应激、化学毒物等。在遗传因素和上述环境因素共同作用下所引起的肥胖，特别是中心性肥胖，与胰岛素抵抗和 T2DM 的发生有密切关系。

（2）胰岛素抵抗和 B 细胞功能缺陷：胰岛素抵抗是指胰岛素作用的靶器官（主要是肝、肌肉和脂肪组织）对胰岛素作用的敏感性降低。B 细胞功能缺陷在 T2DM 的发病中起关键作用，B 细胞对胰岛素抵抗的失代偿是导致 T2DM 发病的最后共同机制。

（3）胰岛细胞功能异常和胰高血糖素样肽-1（GLP-1）分泌缺陷：胰岛中细胞分泌胰高血糖素，在保持血糖稳态中起重要作用。GLP-1 由肠道 L 细胞分泌，主要生物作用包括刺激 B 细胞葡萄糖介导的胰岛素合成和分泌、抑制胰高血糖素分泌。胰岛细胞功能异常和 GLP-1 分泌缺陷可能在 T2DM 发病中也起着重要作用。

（4）自然史：T2DM 早期存在胰岛素抵抗而胰岛 B 细胞可代偿性增加胰岛素分泌时，血糖可维持正常；当 B 细胞功能缺陷、对胰岛素抵抗无法代偿时，才会进展为糖调节受损（IGR）和糖尿病。

拓展阅读 7-5-3
糖尿病自然进程

（三）临床表现

1. 基本临床表现

（1）代谢紊乱症状群：血糖升高后因渗透性利尿引起多尿，继而口渴多饮；外周组织对葡萄糖利用障碍，脂肪分解增多，蛋白质代谢负平衡，渐见乏力、消瘦，儿童生长发育受阻；病人常易饥、多食，故糖尿病的临床表现常被描述为"三多一少"，即多尿、多饮、多食和体重减轻。可有皮肤瘙痒，尤其外阴瘙痒。血糖升高较快时可使眼房水、晶体渗透压改变而引起屈光改变致视力模糊。许多病人无任何症状，仅于健康检查或因各种疾病就诊化验时发现高血糖。

（2）T1DM：多数青少年病人起病较急，症状较明显；若未及时诊断治疗，当胰岛素严重缺乏时，可出现糖尿病酮症酸中毒（DKA）。某些成年病人，起病缓慢，早期临床表现不明显，经历一段长短不一的不需胰岛素治疗的阶段，又称为"成人隐匿性自身免疫性糖尿病（LADA）"。这类病人多数血浆基础胰岛素水平低于正常，葡萄糖刺激后胰岛素分泌曲线低平。胰岛 B 细胞自身抗体检查可以阳性。

（3）T2DM：可发生在任何年龄，但多见于成人，常在 40 岁以后起病；多数发病隐匿，症状相对较轻，半数以上无任何症状，常有家族史。不少病人因慢性并发症、伴发病或仅于健康检查时发现，有的早期病人进食后胰岛素分泌高峰延迟，餐后 3~5 h 血浆胰岛素水平不适当地升高，引起反应性低血糖，可成为这些病人的首发临床表现。很少自发性发生 DKA，但在感染等应激情况下也可发生 DKA。

（4）妊娠糖尿病：通常是在妊娠中、末期出现，通常只有轻度无症状性血糖增高。GDM 妇女分娩后血糖一般可恢复正常，但未来发生 T2DM 的风险显著增加，故 GDM 病人应在产后 4~6 周后筛查糖尿病，并长期追踪观察。

2. 并发症

（1）急性严重代谢紊乱

1）糖尿病酮症酸中毒（DKA）：为最常见的糖尿病急症，临床常以高血糖、酮症和酸中毒为主要特征，因延误诊断和缺乏合理治疗可造成死亡。①常见诱因：T1DM 病人有自发 DKA 倾向，T2DM 病人在一定诱因下也可发生 DKA。DKA 常见诱因是感染，其他诱因有胰岛素治疗中断或不适当减量、各种应激、酗酒及某些药物如糖皮质激素等，有时无明显诱因。②临床表现：早期三多一少症状加重；酸中毒失代偿后，病情迅速恶化，疲乏、食欲减退、恶心呕吐、多尿、口干、头痛、嗜睡，呼吸深快，呼气中有烂苹果味（丙酮）；后期严重失水，尿量减少、眼眶下陷、皮肤黏膜干燥、血压下降、心率加快、四肢厥冷；晚期出现不同程度意识障碍、昏迷。

2）高渗高血糖综合征（HHS）：是糖尿病急性代谢紊乱的另一临床类型，以严重高血糖、高血浆渗透压、脱水为特点，无明显酮症，病人可有不同程度的意识障碍或昏迷。①常见诱因：急性感染、外伤、手术、脑血管意外等应激状态，使用糖皮质激素、免疫抑制剂、利尿剂、甘露醇等药物，水摄入不足或失水，透析治疗，静脉高营养疗法等。有时在病程早期因误诊而输入大量葡萄糖液或因口渴而摄入大量含糖饮料可诱发本病或使病情恶化。②临床表现：本病起病缓慢，最初表现为多尿、多饮，食欲减退。渐出现严重脱水和神经精神症状，病人反应迟钝、烦躁或淡漠、嗜睡，逐渐陷入昏迷、抽搐，晚期尿少甚至尿闭。

（2）感染性并发症：糖尿病病人可发生疖、痈等皮肤化脓性感染，有时可引起脓毒血症。皮肤真菌感染如足癣、体癣也常见，真菌性阴道炎和巴氏腺炎是女性病人常见并发症，糖尿病合并肺结核的发生率显著增高，肾盂肾炎和膀胱炎多见于女性病人，反复发作可转为慢性。

（3）慢性并发症：糖尿病的慢性并发症可遍及全身各重要器官，发病机制极其复杂，尚未完全阐明，认为与遗传易感性、胰岛素抵抗、高血糖、氧化应激等多方面因素的相互影响有关。各种并发症可单独出现或以不同组合同时或先后出现。并发症可在诊断糖尿病前已存在，有些病人因并发症作为线索而发现糖尿病。

1）微血管病变：微血管是指微小动脉和微小静脉之间、管腔直径在 100 μm 以下的毛细血管及微血管网。微血管病变是糖尿病的特异性并发症，其典型改变是微循环障碍和微血管基底膜增厚，发生机制极为复杂。微血管病变主要表现在视网膜、肾、神经和心肌组织，其中尤以糖尿病肾病和视网膜病变最为重要。

糖尿病肾病：常见于病史超过10年的病人，是T1DM病人的主要死亡原因，在T2DM，其严重性仅次于心、脑血管病。糖尿病肾损害的发生、发展可分五期：①Ⅰ期，为糖尿病初期，肾体积增大，肾小球入球小动脉扩张，肾血浆流量增加，肾小球内压增加，肾小球滤过率（GFR）明显升高；②Ⅱ期，肾小球毛细血管基底膜增厚及系膜基质轻度增宽，尿白蛋白排泄率（UAER）多数正常，可间歇性增高（如运动后、应激状态），GFR轻度增高；③Ⅲ期，早期糖尿病肾病期，出现微量白蛋白尿，即UAER持续在20~200 μg/min（正常<10 μg/min），GFR仍高于正常或正常；④Ⅳ期，临床糖尿病肾病期，尿蛋白逐渐增多，UAER>200 μg/min，相当于尿蛋白总量>0.5 g/24 h，GFR下降，可伴有水肿和高血压，肾功能逐渐减退；⑤Ⅴ期，尿毒症，多数肾单位闭锁，UAER降低，血肌酐升高，血压升高。肾血流动力学异常是本病早期的重要特点，表现为高灌注（肾血浆流量过多）状态，可促进病情进展。

糖尿病视网膜病变：糖尿病病程超过10年，大部分病人合并程度不等的视网膜病变，是失明的主要原因之一。视网膜改变可分为六期，分属两大类。Ⅰ期：微血管瘤、小出血点；Ⅱ期：出现硬性渗出；Ⅲ期：出现棉絮状软性渗出；Ⅳ期：新生血管形成、玻璃体积血；Ⅴ期：纤维血管增殖、玻璃体机化；Ⅵ期：牵拉性视网膜脱离、失明。以上Ⅰ~Ⅲ期为非增殖期视网膜病变（NPDR），Ⅳ~Ⅵ期为增殖期视网膜病变（PDR）。

其他：心脏微血管病变和心肌代谢紊乱可引起心肌广泛灶性坏死，称为糖尿病心肌病，可诱发心力衰竭、心律失常、心源性休克和猝死。可与其他心脏病共存，预后更差。

2）动脉粥样硬化性心血管病（ASCVD）：动脉粥样硬化的易患因素，如肥胖、高血压、脂代谢异常等，在糖尿病（主要是T2DM）人群中的发生率均明显增高。动脉粥样硬化主要侵犯主动脉、冠状动脉、脑动脉、肾动脉和肢体外周动脉等，引起冠心病、缺血性或出血性脑血管病、肾动脉硬化、肢体动脉硬化等。

3）神经系统并发症：可累及神经系统任何一部分。周围神经病变最为常见，通常为对称性，下肢较上肢严重，病情进展缓慢。先出现肢端感觉异常，可伴痛觉过敏、疼痛；后期可有运动神经受累，出现肌力减弱甚至肌萎缩和瘫痪。单一外周神经损害较少发生，主要累及脑神经。自主神经病变也较常见，并可较早出现，影响胃肠、心血管、泌尿生殖系统功能。临床表现为瞳孔改变（缩小且不规则、光反射消失、调节反射存在），排汗异常，胃排空延迟（胃轻瘫）、腹泻、便秘等，直立性低血压、持续心动过速等，以及残尿量增加、阳痿等。中枢神经系统表现为缺血性脑卒中，老年性痴呆危险性增高等。

4）糖尿病足：与下肢远端神经异常和不同程度周围血管病变相关的足部溃疡、感染和（或）深层组织破坏。轻者表现为足部畸形、皮肤干燥和发凉、胼胝（高危足），重者可出现足部溃疡、坏疽。

5）其他：糖尿病还可引起白内障、青光眼、屈光改变等其他眼部并发症。皮肤病变也很常见，某些为糖尿病特异性，大多数为非特异性，但临床表现和自觉症状较重。

（四）实验室检查

1. 糖代谢异常严重程度或控制程度的检查

（1）尿糖测定：尿糖阳性是诊断糖尿病的重要线索，但受肾糖阈影响尿糖阴性也不能排除糖尿病。

（2）血糖测定和口服葡萄糖耐量试验（OGTT）：血糖升高是诊断糖尿病的主要依据，也是判断糖尿病病情和控制情况的主要指标。血糖值反映的是瞬间血糖状态，可用血浆、血清或全血如血细胞比容正常，血浆、血清血糖比全血血糖可升高 15%。诊断糖尿病时必须用静脉血浆测定血糖，治疗过程中随访血糖控制程度时可用便携式血糖仪测定末梢血糖或 24 h 动态血糖监测。当血糖高于正常范围而又未达到诊断糖尿病标准时，需进行 OGTT，OGTT 应在未摄入任何热量 8 h 后，清晨空腹进行，成人口服 75 g 无水葡萄糖，溶于 250～300 mL 水中，5～10 min 内喝完，测定空腹及开始饮葡萄糖水后 0.5 h、1 h、2 h、3 h 静脉血浆葡萄糖。儿童服糖量按 1.75 g/kg 计算，总量不超过 75 g。

（3）糖化血红蛋白（HbA1c）和糖化血浆白蛋白测定：HbA1c 与血糖浓度呈正相关。由于红细胞在血液循环中的寿命约为 120 天，因此 HbA1c 反映病人近 8～12 周平均血糖水平，为糖尿病控制情况的主要监测指标之一。血浆白蛋白同样也可与葡萄糖发生非酶催化的糖化反应而形成果糖胺（FA），正常值为 1.7～2.8 mmol/L，由于白蛋白在血中半衰期为 19 天，故反映病人近 2～3 周平均血糖水平，为糖尿病病人近期病情监测的指标。

2. 胰岛 B 细胞功能检查

（1）胰岛素释放试验：正常人空腹基础血浆胰岛素为 35～145 pmol/L（5～20 mU/L），口服 75 g 无水葡萄糖（或 100 g 标准面粉制作的馒头）后，血浆胰岛素在 30～60 min 上升至高峰，峰值为基础值的 5～10 倍，3～4 h 恢复到基础水平。本试验反映基础和葡萄糖介导的胰岛素释放功能。胰岛素测定受血清中胰岛素抗体和外源性胰岛素干扰。

（2）C 肽释放试验：方法同上。基础值不小于 400 pmol/L。高峰时间同上，峰值为基础值 5～6 倍。C 肽测定不受血清中的胰岛素抗体和外源性胰岛素影响。

3. 并发症检查　急性严重代谢紊乱时的酮体、电解质、酸碱平衡检查，心、肝、肾、脑、眼科及神经系统的各项辅助检查等。

4. 有关病因和发病机制的检查　GAD65 抗体、IAA 及 IA-2 抗体的联合检测，胰岛素敏感性检查，基因分析等。

（五）诊断要点

大多数糖尿病病人，尤其是早期 T2DM，并无明显症状。在临床工作中要善于发现糖尿病，尽可能早期诊断和治疗。糖尿病诊断以血糖异常升高作为依据，应注意单纯空腹血糖正常不能排除糖尿病的可能性，应加验餐后血糖，必要时进行 OGTT。

1. 诊断线索

（1）三多一少症状。

（2）以糖尿病的并发症或伴发病首诊的病人。

（3）高危人群：有 IGR 史，年龄≥45 岁；肥胖或超重，T2DM 的一级亲属；GDM 史；多囊卵巢综合征；长期接受抗抑郁药治疗等。此外，45 岁以上健康体检或因各种疾病、手术住院时应常规排除糖尿病。

2. 诊断标准　糖尿病诊断标准见表 7-5-1，糖代谢状态分类见表 7-5-2。

（1）糖尿病诊断：是基于空腹（FPG）、随机血糖（任意时间点）或 OGTT 中 2 h 的血糖值（2hPG）。空腹指 8～10 h 内无任何热量摄入。任意时间指任何时间，无论上一次进餐时间及食物摄入量。糖尿病症状指多尿、烦渴多饮和难以解释的体重减轻。FPG：3.9～6.0 mmol/L 为正常，6.1～6.9 mmol/L 为 IFG，≥7.0 mmol/L 应考虑糖尿病。OGTT 2hPG：＜7.7 mmol/L 为正常糖耐量，7.8～11.0 mmol/L 为 IGT，≥11.1 mmol/L 应考虑糖尿病。

（2）对于临床诊断：推荐采用葡萄糖氧化酶法测定静脉血浆葡萄糖。

表 7-5-1 糖尿病诊断标准（WHO 糖尿病专家委员会报告，1999 年）

诊断标准	静脉血浆葡萄糖水平（mmol/L）
1. 糖尿病症状加随机血糖	≥11.1
或	
2. 空腹血糖	≥7.0
或	
3. OGTT 2 h 血糖	≥11.1

注：若无典型"三多一少"的症状，需再测一次予证实，诊断才能成立。随机血糖不能用来诊断 IFG 或 IGT。

表 7-5-2 糖代谢状态分类（WHO 糖尿病专家委员会报告，1999 年）

糖代谢分类	静脉血浆葡萄糖（mmol/L）	
	空腹血糖（FPG）	糖负荷后 2 h 血糖（2hPG）
正常血糖（NGR）	<6.1	<7.7
空腹血糖受损（IFG）	6.1~6.9	<7.8
糖耐量异常（IGT）	<7.0	7.8~11.0
糖尿病	≥7.0	≥11.1

注：2003 年 11 月 WHO 糖尿病专家委员会建议将 IFG 的界限值修订为 5.6~6.9 mmol/L。

（3）对于无糖尿病症状、仅一次血糖值达到糖尿病诊断标准者：必须在另一天复查核实而确定诊断。如复查结果未达到糖尿病诊断标准，应定期复查。在急性感染、创伤或各种应激情况下可出现血糖暂时升高，不能以此诊断为糖尿病。

（4）儿童糖尿病诊断：标准与成人相同。

（六）治疗

由于糖尿病的病因和发病机制尚未完全阐明，缺乏病因治疗。国际糖尿病联盟（IDF）提出了糖尿病综合管理"五驾马车"：糖尿病健康教育、医学营养治疗、运动治疗、病情监测和药物治疗。糖尿病治疗的近期目标是控制高血糖和相关代谢紊乱，以消除糖尿病症状和防止急性严重代谢紊乱；远期目标是预防和（或）缓解糖尿病慢性并发症的发生和发展，维持良好健康和学习、劳动能力，保障儿童生长发育，提高病人的生活质量，降低病死率和延长寿命。

1. 糖尿病健康教育　是糖尿病综合管理的基础措施之一，是决定糖尿病管理成败的关键。健康教育包括糖尿病防治专业人员的培训，医务人员的继续医学教育，病人及其家属和公众的卫生保健教育。每位糖尿病病人均应接受全面糖尿病教育，充分认识糖尿病并掌握自我管理技能。

2. 医学营养治疗　是糖尿病综合管理的基石，包括对病人进行个体化营养评估、营养诊断、制定相应饮食计划，并督促实施及监测。通过合理控制总热量，营养物质科学分配，合理餐次分配及定期随访，有利于血糖控制，有助于维持理想体重并预防营养不良发生，是糖尿病及其并发症的预防、治疗、自我管理和教育的重要组成部分。

3. 运动治疗　糖尿病病人应进行科学运动。根据年龄、性别、劳动强度、体力、病情及有无并发症等不同条件，循序渐进和长期坚持。成年 T2DM 病人每周至少 150 min 中等强度的有氧运动，运动前、后要监测血糖。运动量大或激烈运动时建议病人调整食物，以免发生低血糖。T1DM 病人为避免血糖波动过大，体育锻炼宜在餐后进行。有运动禁忌证时禁忌运动，病情控制稳定后方可逐步恢复运动。

4. 病情监测　定期监测血糖，落实慢病管理。建议病人应每日进行自我血糖监测；每 3~6 个月定期复查糖基化血红蛋白，了解血糖总体控制情况，及时调整治疗方案。每年 1~2 次全面复查，了解血脂及心、肾、神经和眼底情况，尽早发现有关并发症，给予相应治疗。

拓展阅读 7-5-4
2 型 DM 高血糖治疗的建议路径

5. 药物治疗　目前常用降糖药物种类有：促胰岛素分泌剂（磺脲类、格列奈类）、噻唑烷二酮类、双胍类、α-葡萄糖苷酶抑制剂、DPP-Ⅳ抑制剂、钠-葡萄糖共转运蛋白 2（SGLT-2）抑制剂，见表 7-5-3。

6. 胰岛素治疗

（1）适应证：① T1DM；②各种严重的糖尿病急性或慢性并发症；③手术、妊娠和分娩；④ T2DM B 细胞功能明显减退者；⑤新发病且与 T1DM 鉴别困难的消瘦糖尿病病人；⑥某些特殊类型糖尿病。

（2）胰岛素制剂：按作用起效快慢和维持时间，胰岛素制剂可分为短（速）效、中效、长效和预混胰岛素四类。短效有普通（正规）胰岛素（RI），皮下注射后发生作用快，但持续时间短，是可经静脉注射的胰岛素，可用于抢救 DKA。根据来源和化学结构的不同，胰岛素制剂可分为动物胰岛素、人胰岛素和胰岛素类似物。人胰岛素比动物来源的胰岛素更少引起免疫反应。

胰岛素类似物指氨基酸序列与人胰岛素不同，但仍能与胰岛素受体结合，功能及作用与人胰岛素相似的分子，目前已有多种不同氨基酸序列及作用特性的胰岛素类似物，可提供更符合临床需要的速效及长效制剂。已在国内上市的有以下几种：

1）速效胰岛素类似物：赖脯胰岛素、门冬胰岛素。皮下注射后吸收加快，通常 15 min 起效，30~60 min 达峰，持续 2~5 h。速效胰岛素类似物可于进餐前注射，起效快、达峰快、作用时间短，更符合进餐时的生理需求。

2）长效胰岛素类似物：甘精胰岛素、地特胰岛素。长效胰岛素类似物提供的基础胰岛素水平较稳定，血糖控制较好，低血糖发生减少。

（3）治疗原则和方法：胰岛素治疗应在综合治疗基础上进行。胰岛素治疗方案应力求模拟生理性胰岛素分泌模式，一般从小剂量开始，根据血糖水平逐渐调整至合适剂量。

T1DM：对病情相对稳定、无明显消瘦的病人，初始剂量为 0.5~1.0 U/(kg·d)。维持昼夜基础胰岛素水平需全天胰岛素剂量的 40%~50%，剩余部分分别用于每餐前。目前较普遍应用的强化胰岛素治疗方案是餐前多次注射速效胰岛素加睡前注射中效或长效胰岛素。应为病人制订试用方案，逐渐调整，至达到良好血糖控制。一部分 T1DM 病人在胰岛素治疗后一段时间内病情部分或完全缓解，胰岛素剂量减少或可以完全停用，称为"糖尿病蜜月期"，通常持续数周至数月。

T2DM：胰岛素作为补充治疗，用于经合理的饮食和口服降糖药治疗仍未达到良好控制目标的病人，通常白天继续服用口服降糖药，睡前注射中效胰岛素（早晨可加或不加小剂量）或每天注射 1~2 次长效胰岛素。胰岛素作为替代治疗（一线用药）的适应证为：T2DM 诊断时血糖水平较高，特别是体重明显减轻的病人；口服降糖药治疗反应差伴体重减轻或持续性高血糖的病人；难以分型的消瘦糖尿病病人。B 细胞功能极差的病人应按与 T1DM 类似的方案长期采用强化胰岛素治疗。

采用强化胰岛素治疗方案后，有时早晨空腹血糖仍然较高，可能的原因为：①夜间胰岛素

表 7-5-3 常用降糖药物分类、名称、剂量及用法

药物分类		药物名称	常用剂量（mg/d）	频次（次/日）	适应证	禁忌证	不良反应
促胰岛素分泌剂	磺脲类	格列本脲	2.5~15	1~3	单用饮食控制疗效不满意的轻、中度 T2DM	T1DM，有严重并发症或胰岛功能很差的 T2DM，儿童糖尿病，孕妇，哺乳期妇女，大手术围术期，全胰腺切除术后，过敏反应或有严重不良反应者等	低血糖、过敏反应、体重增加、消化道反应
		格列美脲	1~8	1			
		格列齐特	80~320	1~3			
		格列齐特缓释片	30~120	1			
		格列吡嗪	2.5~30	1~3			
		格列吡嗪控释片	5~20	1			
		格列喹酮	30~180	1~3			
	格列奈类	瑞格列奈	1~16	3			
		那格列奈	120~360	3			
噻唑烷二酮类		罗格列酮	4~8	1~2	胰岛素抵抗为主者	T1DM，孕妇，哺乳期妇女和儿童，有心脏病、心力衰竭倾向或肝病者不用或慎用	体重增加、水肿、心血管风险、肝毒性
		吡格列酮	15~30	1			
双胍类		二甲双胍及缓释片	500~2000	2~3（缓释片 1~2）	T2DM 控制高血糖一线用药，可单用或联合应用其他降糖药物，T1DM 与胰岛素联合应用可减少胰岛素用量和血糖波动	慢性胃肠疾病，慢性营养不良，消瘦者，T2DM 合并急性合并症，孕妇和哺乳期妇女，过敏或有严重不良反应者，GFR<45 mL/min 时	胃肠道反应、乳酸性酸中毒
α-葡萄糖苷酶抑制剂		阿卡波糖	50~300	3	以糖类为主要食物成分和餐后血糖升高者	胃肠功能紊乱者，孕妇，哺乳期妇女和儿童，肝肾功能不全者慎用	胃肠道反应
		伏格列波糖	0.2~0.9	3			
		米格列醇	100~300	3			
DPP-IV 抑制剂		西格列汀	100	1	T2DM，尤其肥胖者	孕妇，儿童，过敏，T1DM，DKA	超敏反应、胰腺炎
		沙格列汀	5	1			
		维格列汀	50~100	1~2			
SGLT-2 抑制剂		达格列净	5~10	1	T2DM	T1DM，T2DM GFR<45 mL/min 者	泌尿系感染、增加骨折风险

应用不足；②"黎明现象（dawn phenomenon）"：即夜间血糖控制良好，也无低血糖发生，仅于黎明短时间内出现高血糖，可能由于清晨皮质醇、生长激素等分泌增多所致；③Somogyi效应：即在夜间曾有低血糖，在睡眠中未被察觉，但导致体内胰岛素拮抗激素分泌增加，继而发生低血糖后的反跳性高血糖。夜间多次（于0、2、4、6、8时）测定血糖，有助于鉴别早晨高血糖的原因。

采用强化胰岛素治疗时，低血糖症发生率增加，应注意避免、及早识别和处理。2岁以下幼儿、老年病人、已有晚期严重并发症者不宜采用强化胰岛素治疗。持续皮下胰岛素输注（continuous subcutaneous insulin infusion，CSII，又称胰岛素泵）是一种更为完善的强化胰岛素治疗方法，放置短效胰岛素或速效胰岛素类似物的储药器通过导管分别与针头和胰岛素泵连接，针头置于皮下组织，胰岛素泵模拟生理性人体胰岛素分泌模式，持续给药控制血糖，低血糖发生风险较少。注意定期更换导管和注射部位以避免感染及针头堵塞。

糖尿病病人在急性应激时，如重症感染、急性心肌梗死、脑卒中或急症手术等，容易促使代谢紊乱迅速恶化。此时不论哪一种类型糖尿病，也不论原用哪一类药物，均应按实际需要，使用胰岛素治疗以渡过急性期，待急性并发症痊愈或缓解后再调整糖尿病治疗方案。上述情况下，如需静脉滴注葡萄糖液，可每2～4g葡萄糖加入1U短效胰岛素。

（4）胰岛素的抗药性和不良反应：各种胰岛素制剂因本身来源、结构、成分特点及含有一定量的杂质，故有抗原性和致敏性。胰岛素的主要不良反应是低血糖反应，与剂量过大和（或）饮食失调有关，多见于接受强化胰岛素治疗者。胰岛素治疗初期可因钠潴留而发生轻度水肿，可自行缓解；部分病人出现视力模糊，为晶状体屈光改变，常于数周内自然恢复。极少可出现胰岛素过敏反应，罕见严重过敏反应。

7. 胰高糖素样多肽-1受体激动剂　与胰岛B细胞的GLP-1受体结合后，可葡萄糖依赖性地刺激胰岛素合成和分泌，减少胰高血糖素释放；还可作用于中枢神经系统GLP-1受体，进而减少食物摄入；并通过促进棕色脂肪组织的生热作用和白色脂肪组织分解增加能量消耗；延迟胃排空。需皮下注射给药，可单独或与其他降糖药物合用治疗T2DM，尤其是肥胖、胰岛素抵抗明显者。

8. 胰腺移植和胰岛细胞移植　治疗对象主要为T1DM病人，目前尚局限于伴终末期肾病的T1DM病人。但目前仍处于试验阶段，许多问题有待解决。

9. 糖尿病慢性并发症的治疗原则　糖尿病慢性并发症是病人致残、致死的主要原因，强调早期防治。应定期进行各种慢性并发症筛查，以便早期诊断、处理。糖尿病各种慢性并发症的病因及发病机制十分复杂，存在共同危险因素及各自特殊的发病机制。防治策略首先应该是全面控制共同危险因素，包括积极控制高血糖、严格控制血压、纠正脂代谢紊乱、抗血小板治疗、控制体重、戒烟和改善胰岛素敏感性等并要求达标。严格代谢控制可显著推迟糖尿病微血管并发症和周围神经病变的发生与发展。

10. 糖尿病合并妊娠的治疗　受孕时和整个妊娠期糖尿病病情控制良好对确保母、婴安全至关重要。糖尿病妇女应于接受胰岛素治疗使血糖控制正常后才受孕，产前咨询极为重要。医学营养治疗原则与非妊娠病人相同，务必使孕妇体重正常增长。应选用胰岛素控制血糖，注意调节剂量。慎用口服降血糖药。在整个妊娠期间应密切监测孕妇血糖水平和胎儿情况。目前认为应根据胎儿和母亲的具体情况综合考虑，特别是妊娠期糖尿病，可争取足月妊娠自然分娩。产后注意对新生儿低血糖症的预防和处理。

11. 糖尿病酮症酸中毒的治疗　治疗糖尿病使病情得到良好控制，及时防治感染等并发症和其他诱因，是主要的预防措施。

治疗原则：尽快补液以恢复血容量、纠正失水状态，降低血糖，纠正电解质及酸碱平衡失调，同时积极寻找和消除诱因，防治并发症，降低病死率。

（1）补液：是治疗的关键环节。基本原则为"先快后慢，先盐后糖"，通常先使用生理盐水。一般根据病人体重和失水程度估计已失水量，开始时输液速度较快，在 1~2 h 内输入生理盐水 1 000~2 000 mL，前 4 h 输入所计算失水量 1/3 的液体，以便尽快补充血容量，改善周围循环和肾功能。如治疗前已有低血压或休克，快速输液不能有效升高血压，应输入胶体溶液并采用其他抗休克措施。以后根据血压、心率、每小时尿量、末梢循环情况及有无发热、吐泻等决定输液量和速度，老年病人及有心、肾疾病病人必要时监测中心静脉压指导治疗。24 h 输液量应包括已失水量和部分继续失水量，当血糖下降至 13.9 mmol/L 时改用 5% 葡萄糖液或葡萄糖生理盐水，并按每 2~4 g 葡萄糖加入 1 U 短效胰岛素。鼓励病人喝水，减少静脉补液量，也可配合使用胃管灌注温生理盐水或温开水，但不宜用于有呕吐、胃肠胀气或上消化道出血者。

（2）胰岛素治疗：目前均采用小剂量（短效）胰岛素治疗方案，即每小时给予 0.1 U/kg 胰岛素，通常将短效胰岛素加入生理盐水中持续静脉滴注（应另建输液途径）。血糖下降速度一般以每小时降低 3.9~6.1 mmol/L 为宜，每 1~2 h 复查血糖，当血糖降至 13.9 mmol/L 时开始输入 5% 葡萄糖溶液或葡萄糖生理盐水，并按比例加入胰岛素，此时仍需每 4~6 h 复查血糖，使血糖水平稳定在较安全的范围内。病情稳定后过渡到胰岛素常规皮下注射。

（3）纠正电解质及酸碱平衡失调：经输液和胰岛素治疗后，酮体水平下降，酸中毒可自行纠正，一般不必补碱。严重酸中毒影响心血管、呼吸和神经系统功能，应给予相应治疗，但补碱不宜过多、过快，补碱指征为血 pH < 7.1，HCO_3^- < 5 mmol/L。应采用等渗碳酸氢钠（1.25%~1.4%）溶液。补碱过多过快，可产生不利影响，包括脑脊液反常性酸中毒加重、组织缺氧加重、血钾下降和反跳性碱中毒等。

DKA 病人有不同程度失钾，治疗前的血钾水平不能真实反映体内缺钾程度，补钾应根据血钾和尿量：治疗前血钾低于正常，立即开始补钾；血钾正常、尿量 > 40 mL/h，也立即开始补钾；血钾正常、尿量 < 30 mL/h，暂缓补钾，待尿量增加后再开始补钾；血钾高于正常，暂缓补钾。前 24 h 内可补氯化钾达 6~8 g 或以上，部分稀释后静脉输入、部分口服。治疗过程中定时监测血钾和尿量，调整补钾量和速度。

（4）处理诱发病和防治并发症：在抢救过程中要注意重视防治重要并发症，特别是脑水肿和肾衰竭，维持重要脏器功能。脑水肿病死率甚高，常与脑缺氧、补碱不当、血糖下降过快等有关。如经治疗后，血糖有所下降，酸中毒改善，但昏迷反而加重，或虽然一度清醒，但烦躁、心率快、血压偏高、肌张力增高，应警惕脑水肿的可能。可给予地塞米松（同时观察血糖，必要时加大胰岛素剂量）、呋塞米。慎用甘露醇。肾衰竭是本症主要死亡原因之一，与原来有无肾病变、失水和休克程度、有无延误治疗等密切相关。强调注意预防，治疗过程中密切观察尿量变化，及时处理。合并心力衰竭、心律失常、冠状动脉病变（尤其是急性心肌梗死）者，补液过多可诱发或加重心力衰竭和肺水肿，可根据血压、心率、中心静脉压、尿量等调整输液量和速度，酌情应用利尿药和正性肌力药。

12. 高渗高血糖综合征的治疗　治疗原则同 DKA。本症失水比 DKA 更为严重，可达体重 10%~15%，输液要更为积极小心，24 h 补液量可达 6 000 mL~10 000 mL。关于补液的种类和浓度，目前多主张治疗开始时用等渗溶液如生理盐水，有利于恢复血容量，纠正休克，改善肾血流量。休克病人应另予血浆或全血。视病情可考虑同时给予胃肠道补液。胰岛素治疗方法与

DKA相似，应注意高血糖是维护病人血容量的重要因素，如血糖迅速降低而补液不足，将导致血容量和血压进一步下降。补钾要更及时，一般不补碱。积极消除诱因，治疗并发症，密切注意病情变化，及早发现和处理。

中国糖尿病防治指南2020年版提出的糖尿病综合控制目标见表7-5-4。

表7-5-4 糖尿病综合控制目标

检测指标	目标值
空腹血糖（mmol/L）	4.4～7.0
非空腹血糖（mmol/L）	<10
HbA1C（%）	<7.0
血压（mmHg）	<130/80
总胆固醇（mmol/L）	<4.5
高密度脂蛋白胆固醇（mmol/L）	
男性	>1.0
女性	>1.3
甘油三酯	<1.7
低密度脂蛋白胆固醇（mmol/L）	
未合并冠心病	<2.6
合并冠心病	<1.8
体重指数（kg/m^2）	<24
尿白蛋白/肌酐比值（mg/mmol）	
男性	<2.5（22 mg/g）
女性	<3.5（31 mg/g）
或尿白蛋白排泄率	<20 μg/min（30 mg/24 h）
有氧运动（min/周）	≥150

（七）护理评估

1. **病史** 详细询问病人的现病史及既往史、生活方式等与患病相关的因素，糖尿病原有症状是否加重，是否伴食欲减退、恶心、呕吐、头痛、嗜睡、烦躁，应警惕酮症酸中毒的发生，注意询问有无相关诱发因素。对病程长者要注意慢性并发症相关症状。了解病人的生活方式、饮食习惯、妊娠次数、新生儿出生体重等。了解病人患病后的检查和治疗经过，目前用药情况和病情控制情况等。

2. **身体评估**

（1）一般状况：评估病人生命体征、精神和神志状态。酮症酸中毒昏迷及高渗性昏迷者，应注意观察病人瞳孔、体温、血压、心率及心律，以及呼吸节律、频率、气味等。

（2）营养状况：有无消瘦或肥胖。

（3）皮肤和黏膜：有无皮肤湿度和温度的改变；有无足背动脉搏动减弱、足底胼胝形成；有无下肢痛觉、触觉、温度觉的异常；有无局部皮肤发绀、缺血性溃疡、坏疽，或其他感染灶的表现；有无不易愈合的伤口等。

（4）眼部：有无白内障、视力减退、失明等。

（5）神经和肌肉系统：有无肌力减弱、腱反射异常及间歇性跛行等，有无头痛、头晕、目眩、耳鸣、视物模糊等。

3. 实验室及其他检查：血糖、血脂、电解质、肾功能、HbA1c、甘油三酯、胆固醇、高密度脂蛋白胆固醇、血肌酐、尿素氮、蛋白尿，血钾、钠、氯、钙等。

4. 心理社会状况：了解病人对疾病的认知程度、个性特征、生活方式、病人及家庭成员的文化、信仰、经济收入等。患病后有无焦虑、恐惧等心理变化，家庭成员对本病的认识程度和态度，以及病人所在社区的医疗保健服务情况，经济状况等。

（八）常见护理诊断/问题

1. 营养失调：低于或高于机体需要量　与胰岛素分泌或作用缺陷有关。
2. 有感染的危险　与血糖增高、脂代谢紊乱、营养不良、微循环障碍等因素有关。
3. 知识缺乏：缺乏糖尿病的预防和自我管理知识　与病人文化程度或初次发病有关。
4. 舒适的改变　与血糖升高或用降糖药有关。
5. 潜在并发症　糖尿病酮症酸中毒、高渗高血糖综合征。
6. 潜在并发症　低血糖症。
7. 潜在并发症　糖尿病足。

（九）护理目标

通过合理饮食控制、规范的药物治疗、改变不良的生活方式、适当运动、加强血糖监测、保持健康心态等，病人的血糖控制达标，急慢性并发症得到控制，未发生糖尿病相关的潜在并发症或发生时能被及时发现和处理。

（十）护理措施

1. 饮食护理

（1）维持理想体重，计算总热量：首先按病人性别、年龄和身高查表或用简易公式计算理想体重［理想体重（kg）= 身高（cm）−105］，然后根据理想体重和工作劳动强度，参照原来生活习惯等，计算每日所需总热量。成年人休息状态下每日每公斤理想体重给予热量 105～125.5 kJ（25～30 kcal），轻体力劳动 125.5～146 kJ（30～35 kcal），中度体力劳动 146～167 kJ（35～40 kcal），重体力劳动 167 kJ（40 kcal）以上。儿童、孕妇、乳母、营养不良和消瘦及伴有消耗性疾病者应酌情增加，超重或肥胖者酌减，使体重逐渐恢复至理想体重的 ±5% 左右。每周定期测量体重1次，适时调整每日总热量。

（2）均衡膳食，计算营养物质含量：膳食中糖类所提供的能量应占总能量的 50%～60%，提倡主食加入一定量粗粮，忌食用葡萄糖、蔗糖、蜜糖及其制品。蛋白质含量占总热量 15%～20%，成人每日每公斤理想体重 0.8～1.2 g，儿童、孕妇、乳母、营养不良或伴有消耗性疾病者增至 1.5～2.0 g，伴有糖尿病肾病而肾功能正常者应限制至 0.8 g，血尿素氮升高者应限制在 0.6 g。蛋白质应至少有 1/3 来自动物蛋白质，以保证必需氨基酸的供给。脂肪占总热量的 20%～30%，饱和脂肪、多价不饱和脂肪与单价不饱和脂肪的比例应为 1∶1∶1，每日胆固醇摄入量宜在 300 mg 以下。

此外，建议糖尿病病人达到膳食纤维每日推荐摄入量，即 10～14 g/1 000 kcal，提倡食用绿叶蔬菜、豆类、块根类、粗谷物、含糖成分低的水果等。

（3）合理分配，定时定量进餐：根据每日饮食总热量和各类营养物质占比，按每克、蛋白质产热 16.7 kJ（4 kcal），每克脂肪产热 37.7 kJ（9 kcal），确定糖类、蛋白质、脂肪的量，将热量换算为食物后制订食谱，定时定量并根据生活习惯、病情和配合药物治疗需要进行安排。对病情稳定的糖尿病病人可按每天 3 餐 1/5、2/5、2/5 或各 1/3 分配；对注射胰岛素或口服降糖药且病情有波动的病人，可每天进食 5~6 餐，从 3 次正餐中匀出 25~50 g 主食作为加餐用。

（4）注意事项：①糖尿病病人忌吃油炸、油煎等高热量高脂肪食物，炒菜宜清淡少油，少食动物内脏、蟹黄、虾子、鱼子等高胆固醇食物；②戒烟限酒；③每天食盐 <6 g；④严格限制各种甜食，包括各种食用糖、糖果、甜点心、饼干及各种含糖饮料等，可少量使用非营养性甜味剂；⑤对于血糖控制理想的病人，可在两餐间或睡前加食适量水果，如苹果、橙子、梨等；⑥可根据营养评估结果适量补充维生素和微量营养素。

2. 运动护理

（1）运动的方式：有氧运动为主，如快走、骑自行车、做广播操、练太极拳、打乒乓球等。最佳运动时间是餐后 1 h（以进食开始计时）。如无禁忌证，每周最好进行 2 次抗阻运动，每次间隔至少 48 h。若有心、脑血管疾病或严重微血管病变者，应按具体情况选择运动方式。

（2）运动量的选择：合适的运动强度为活动时病人的心率达到个体 60% 的最大耗氧量（心率 =170- 年龄）。活动时间为每周至少 150 min，每次 30~40 min，包括运动前准备活动和运动结束整理运动时间，可根据病人具体情况逐渐延长。肥胖病人可适当增加活动次数。

（3）注意事项：①运动前评估糖尿病的控制情况，根据病人具体情况决定运动方式、时间及运动量；②运动中需注意补充水分；③在运动中若出现胸闷、胸痛、视力模糊等应立即停止运动，并及时处理；④运动后应做好运动日记，以便观察疗效和不良反应；⑤运动前后要加强血糖监测，如空腹血糖 >16.7 mmol/L、反复低血糖或血糖波动较大、有 DKA 等急性代谢并发症、合并急性感染、增殖性视网膜病变、严重肾病、严重心脑血管疾病等情况下禁忌运动，病情控制稳定后方可逐步恢复运动。

3. 用药护理　护士应掌握各类降糖、降压、降脂药物的作用、剂量、用法、不良反应和注意事项，正确评估病情，根据病人的治疗方案指导病人正确服用。

（1）口服用药的护理：①促胰岛素分泌剂的护理，包括磺脲类及格列奈类。目前应用的基本上是第二代磺脲类药物。指导病人早餐前半小时一次服用，根据血糖逐渐增加剂量，剂量较大时改为早、晚餐前两次服药，直到血糖达到良好控制。严密观察药物引起的低血糖反应。格列奈类是快速作用的促胰岛素分泌剂，可于餐前或进餐时口服。降血糖作用快而短，主要用于控制餐后高血糖，低血糖症发生率低、程度较轻而且限于餐后期间。可单独或与二甲双胍、胰岛素增敏剂等联合使用。②双胍类是目前广泛应用的一类降糖药物，单独用药极少引起低血糖，最常见不良反应为口干、口苦、恶心，腹泻等消化道反应，进餐时服药、从小剂量开始、逐渐增加剂量，可减少消化道不良反应；乳酸酸中毒为最严重的副作用，苯乙双胍用量较大或老年病人、肝肾心肺功能不好及缺氧等时易发生。准备作静脉注射碘造影剂检查的病人应事先暂停服用双胍类药物。③噻唑烷二酮类（格列酮类）主要不良反应为水肿、体重增加，有心脏病、心力衰竭倾向或肝病者应加强观察，密切观察有无水肿、体重增加、缺血性心血管疾病，一旦出现应立即停药。④α- 葡萄糖苷酶抑制剂应与第一口淀粉类食物同时嚼服，饮食成分中应有一定量的糖类，否则不能发挥作用。单用本药不引起低血糖，但如与磺脲类或胰岛素合用，仍可发生低血糖，且一旦发生，应直接给予葡萄糖口服或静脉注射，进食双糖或淀粉类食物无效。

⑤ DPP-Ⅳ抑制剂的主要不良反应为胃肠道反应，应晨起顿服；⑥ SGLT-2抑制剂易引起泌尿系统感染，少数病人有过敏反应。

（2）使用胰岛素的护理

1）胰岛素的注射途径：包括静脉注射和皮下注射两种。注射工具有胰岛素专用注射器、胰岛素笔和胰岛素泵3种。胰岛素注射装置的合理选择和正确的胰岛素注射技术是保证胰岛素治疗效果的重要环节。

2）使用胰岛素的注意事项：①准确用药，熟悉各种胰岛素的名称、剂型及作用特点。对于每毫升40 U和100 U两种规格的胰岛素，使用时应注意注射器与胰岛素药物浓度的匹配。使用胰岛素笔时要注意笔与笔芯相互匹配，每次注射前确认笔内是否有足够剂量，药液是否变质等。准确执行医嘱，按时按量注射，注射胰岛素后及时进餐，避免低血糖。②胰岛素的保存。未开封的胰岛素放于冰箱2~8℃冷藏保存；正在使用的胰岛素在常温下（不超过30℃）可使用28~30天，无须放入冰箱，室温超过30℃时，使用中的胰岛素应贮存在冰箱中，使用前需要回温；胰岛素运输储存均应避免环境温度过高或过低、潮湿、太阳直晒、剧烈晃动等，否则可因蛋白质凝固变性而失效。③注射部位的选择与轮换。胰岛素采用皮下注射时，可选择腹部，即耻骨联合以上约1 cm，最低肋缘以下约1 cm，脐周2.5 cm以外的双侧；双侧大腿前外侧上1/3；双侧臀部外上侧；上臂外侧的中1/3处，其中腹部吸收胰岛素最快，其次分别为上臂、大腿和臀部。如病人参加运动锻炼，不要选择在大腿、上臂等活动的部位注射胰岛素。注射部位要经常轮换，尽量每天同一时间在同一部位注射并进行腹部、上臂、大腿外侧和臀部的"大轮换"；在同一部位注射时，也需要进行"小轮换"，即与每次注射点相距1 cm以上。须避开皮下脂肪增生、炎症、水肿、溃疡或感染等部位。④监测血糖。注射胰岛素的病人一般常规监测血糖2~5次/天，如发现血糖波动过大、持续高血糖或低血糖，应及时通知医生。⑤防止感染。严格无菌操作，针头一次性使用。使用胰岛素泵时应定期更换导管及储药器、注射部位，以避免感染及针头堵塞。

3）胰岛素不良反应的观察及处理：①低血糖症，应立即进食糖果、主食等，及时纠正低血糖。②过敏反应，注射部位瘙痒或荨麻疹样皮疹，严重过敏反应罕见。应及时就医，更换胰岛素制剂、使用抗组胺药和糖皮质激素及脱敏疗法等，严重者需停止或暂时中断胰岛素治疗。③注射部位皮下脂肪萎缩或增生。规范注射部位轮换和针头一次性使用可预防其发生。若发生则停止该部位注射后可缓慢自然恢复。④水肿。胰岛素治疗初期可因水钠潴留而发生轻度水肿，可自行缓解。⑤视力模糊，部分病人出现，多为晶状体屈光改变，常于数周内自然恢复。

4. 病情监测　监控血糖、血脂、血压、体重，将血糖、血脂、血压、体重控制在理想范围，能显著减少糖尿病大血管病变和微血管病变发生的风险。

5. 休息与工作　糖尿病病人血糖平稳可正常参加社会生活与工作，生活规律，注意休息。

6. 酮症酸中毒的护理

（1）预防措施：合理用药，不要随意减量或停用药物，避免暴饮暴食。保证充足的水分摄入，特别是发生呕吐、腹泻、严重感染时。定期监测血糖，应激状况时每天监测，发生病情变化及早到医疗机构就医。

（2）急救配合与护理：①立即开放两条静脉通路，准确执行医嘱，大量补液、小剂量胰岛素静脉输注，同时对症处理；②绝对卧床休息，注意保暖，给予持续低流量吸氧；③加强生活护理，特别注意皮肤、口腔护理；④昏迷者按昏迷常规护理。

拓展阅读7-5-5
糖尿病酮症酸中毒急救护理流程

（3）病情监测：严密观察病情变化，观察病人症状有无加重或好转；记录病人的神志、生命体征、24 h出入量等。遵医嘱定时监测血气分析、电解质、酮体和渗透压等的变化，根据病情变化及时落实治疗措施。

7. 糖尿病病人足部护理

（1）评估病人足溃疡的危险因素并检查：①每日检查双足有无神经病变的症状或体征（如下肢麻木，刺痛尤其是夜间的疼痛，触觉、痛觉减退或消失）和（或）缺血性血管病变的体征（如间歇性跛行、静息痛、足背动脉搏动减弱或消失）。②注意检查足部皮肤，有无暗红、发紫等颜色改变、发凉等温度降低，趾甲、趾间、足底部皮肤有无胼胝、鸡眼、甲沟炎、甲癣，有无严重的足、关节畸形，是否发生红肿、青紫、水疱、溃疡、坏死等。③评估有无其他危险因素，如视力下降，膝、髋或脊柱关节炎，鞋袜不合适，赤足行走等；既往有无足溃疡史或截肢史；个人因素，如社会经济条件差、老年人或独居生活、不能享受医疗保险、拒绝治疗和护理等；高危人群应尽早干预。④糖尿病病人定期做足部保护性感觉的测试，及时了解足部感觉功能。常用尼龙单丝（SWM）测试。必要时可行多普勒超声踝肱动脉比值检查（ABI值）、经皮氧分压检查、血管造影等。

拓展阅读7-5-6
尼龙单丝（SWM）测试

（2）保持足部清洁并指导病人勤换鞋袜：每天清洗足部，水温在37~40℃，洗完后用柔软的浅色毛巾擦干，尤其是脚趾间。皮肤干燥者可涂油膏类护肤品。应选择轻巧柔软、透气性好、前端宽大、圆头、有带或鞋袢的鞋子，鞋底要平、厚，最好是下午买鞋，需穿袜子试穿，新鞋第一次穿20~30 min，之后再逐渐增加穿鞋时间。穿鞋前应检查鞋子，清除异物和保持里衬的平整。袜子选择以浅色、弹性好、吸汗、透气及散热性好的棉毛质地为佳，大小适中，不粗糙、无破洞、不穿过紧、有毛边的袜子或高过膝盖的袜子。

（3）预防外伤：指导病人不要赤脚走路，外出时不可穿拖鞋。应帮助视力不好的病人修剪指甲，指甲修剪与脚趾平齐，并锉圆边缘尖锐部分。避免自行修剪胼胝或用化学制剂进行处理，应及时寻求专业人员帮助。冬天不要使用热水袋、电热毯或烤灯保暖，谨防烫伤，同时应注意预防冻伤。夏天注意避免蚊虫叮咬。

（4）积极控制血糖，预防足病发生：足溃疡的预防教育应从早期指导病人控制和监测血糖开始，同时要说服病人戒烟，应避免盘腿坐或跷二郎腿，协助病人采用多种方法促进肢体血液循环，如步行和腿部运动。

8. 低血糖预防与护理

（1）加强预防：规范用药，并告知病人和家属不能随意更改降糖药物及其剂量。生活规律，按时进餐，定期运动，活动量增加时，要减少胰岛素的用量并及时加餐。自我血糖监测，初用各种降糖药时要从小剂量开始，然后根据血糖水平逐步调整药物剂量。

（2）症状观察和血糖监测：观察病人有无低血糖的临床表现，尤其是服用促胰岛素分泌剂和注射胰岛素的病人。老年病人常有自主神经功能紊乱而导致低血糖症状不明显，除应加强血糖监测外，对病人血糖不宜控制过严。强化治疗应做好血糖监测及记录，以便及时调整胰岛素或降糖药用量。

拓展阅读7-5-7
低血糖应急处理流程

（3）急救护理：一旦确定病人发生低血糖，应尽快按低血糖处理流程急救。同时了解低血糖发生的诱因，给予健康指导，以避免再次发生。

（十一）护理评价

病人经过正规的治疗和责任制整体优质护理，血糖得到控制，无护理并发症发生；病人掌握糖尿病发病危险因素、并发症诱发因素及疾病自护知识技能，代谢紊乱症状得到控制，血糖控制理想或较好，体重恢复或接近正常。

（十二）健康指导

1. 疾病预防指导　开展糖尿病社区预防，关键在于筛查出 IGT 人群，并进行干预性健康指导。40 岁以上人群健康体检或因各种疾病、手术住院时应常规排除糖尿病。

2. 疾病知识指导　采取多种方法，如健康大讲堂、一对一讲解、视频等，让病人和家属了解糖尿病的病因、临床表现、诊断与治疗方法、疾病自护技能，提高病人对治疗的依从性。教导病人外出时随身携带识别卡，以便发生紧急情况时及时处理。

3. 病情监测指导　指导病人每 3~6 个月复查 HbA1c。血脂异常者每 1~2 个月监测 1 次，如无异常每 6~12 个月监测 1 次。体重每 1~3 个月测 1 次。每年全面体检 1~2 次，以尽早防治慢性并发症。指导病人学习和掌握监测血糖、血压、体重指数的方法，了解糖尿病的控制目标。

4. 用药与自我护理指导　①告知病人口服降糖药及胰岛素的名称、剂量、给药时间和方法，教会其观察药物疗效和不良反应。使用胰岛素者，应教会病人或家属掌握正确的注射方法，开始治疗后还需进行随访。②指导病人掌握饮食、运动治疗具体实施及调整的原则和方法，生活应规律，戒烟酒，注意个人卫生。③指导病人及家属掌握糖尿病常见急性并发症的主要临床表现、观察方法及处理措施。④掌握糖尿病足的预防和护理知识。⑤指导病人正确处理疾病所致的生活压力，树立战胜疾病的信心。

（十三）预防

应在各级政府和卫生部门领导下，发动社会支持，共同参与糖尿病的预防、治疗、教育、保健计划。预防工作分为三级：一级预防是避免糖尿病发病，二级预防是及早检出并有效治疗糖尿病，三级预防是延缓和（或）防治糖尿病并发症。对 T2DM 的预防，关键在于筛查出 IGT 人群，在 IGT 阶段进行干预处理，有可能使其保持在 IGT 或转变为正常糖耐量状态。

（十四）预后

糖尿病为终身疾病，目前尚不能根治，并发大血管病变、微血管病变、神经病变、糖尿病足可致残、致死。如代谢控制良好，可减少或延迟并发症的发生和发展，提高生活质量。

第六节　痛风病人的护理

> **情景导入**
>
> 王某，男，50 岁，2 天前大量饮酒后出现右足疼痛伴有足背发红、肿胀，行走困难，急诊入院。既往有高血脂、高血压病史，实验室检查示：TC: 6.38 mmol/L，TG: 3.95 mmol/L，尿酸：459 μmol/L。T 36.8℃，HR 80 次/min，R 20 次/min，BP 150/90 mmHg。

> **请思考：**
> 1. 高尿酸血症的形成诱因有哪些？
> 2. 使用苯溴马隆、别嘌呤醇等降尿酸药时，注意事项有哪些？

拓展阅读 7-6-1
痛风病人的护理重要知识点

高尿酸血症（HUA）是一种常见的生化异常，由尿酸盐生成过量和（或）肾尿酸排泄减少，或两者共同存在而引起，少数病人可以发展为痛风（gout）。痛风是嘌呤代谢紊乱和（或）尿酸排泄障碍所致的一组异质性疾病，其临床特征为血清尿酸升高、反复发作性急性关节炎、痛风石及关节畸形、尿酸性肾结石，肾小球、肾小管、肾间质及血管性肾脏病变等。痛风可分为原发性、继发性和特发性3类，原发性痛风占绝大多数。

（一）病因及发病机制

本病病因和发病机制尚不清楚。

1. 高尿酸血症的形成　尿酸是嘌呤代谢的最终产物，主要由细胞代谢分解的核酸和其他嘌呤类化合物及食物中的嘌呤经酶的作用分解而来。根据尿酸形成的病理生理机制，将高尿酸血症分为尿酸生成增多和尿酸排泄减少两大类，有时二者并存。

（1）尿酸生成过多：食物引起的尿酸生成与食物中的嘌呤含量成比例。富含嘌呤的食物主要包括动物肝、肾、凤尾鱼等。机体内源性嘌呤的产生同样引起尿酸的升高。在嘌呤代谢过程中，各环节都有酶的参与调控。当嘌呤核苷酸代谢酶缺陷、功能异常时，则引起嘌呤合成增加而导致尿酸水平升高。

（2）尿酸排泄减少：尿酸约2/3通过肾排泄，其余1/3通过肠道、胆道等肾外途径排泄。约90%持续高尿酸血症的病人存在肾处理尿酸的缺陷而表现为尿酸排泄减少。

2. 痛风的发生　仅有5%~15%高尿酸血症者发展为痛风。当血尿酸浓度过高或在酸性环境下，尿酸可析出结晶，沉积在骨关节、肾和皮下组织等，造成组织病理学改变，导致痛风性关节炎、痛风肾和痛风石等。急性关节炎是由于尿酸盐结晶沉积引起的急性炎症反应。长期尿酸盐结晶沉积形成的异物结节即痛风石。

（二）临床表现

临床多见于40岁以上的男性，女性多在更年期后发病。近年发病有年轻化趋势。常有家族遗传史。表现为高尿酸血症、反复发作的痛风性关节炎、痛风石及慢性关节炎、尿酸性肾结石、痛风性肾病、急性肾衰竭。痛风自然病程分为以下3个阶段。

1. 无症状期　仅有波动性或持续性高尿酸血症。从血尿酸增高至症状出现的时间可长达数年至数十年，有些可终身不出现症状。

2. 急性关节炎期及间歇期　①常在午夜或清晨突然起病，关节剧痛，呈撕裂样、刀割样或咬噬样疼痛，数小时出现受累关节的红、肿、热、痛和功能障碍；②单侧第一跖趾关节最常受累；③发作常呈自限性，一般数天或2周自行缓解；④可伴高尿酸血症，但部分病人发作时血尿酸水平正常；⑤关节炎和痛风石中发现尿酸盐结晶；⑥秋水仙碱可迅速缓解症状；⑦可伴有发热等。间歇期是指两次痛风发作之间的无症状期。

3. 痛风石及慢性关节炎期　痛风石是痛风的一种特征性临床表现，典型部位在耳郭，也常见于反复发作的关节周围，以及鹰嘴、跟腱、髌骨滑囊等处，呈黄白色大小不一赘生物，表面菲薄，破溃后排出白色粉状或糊状物。慢性关节炎常见于未规范治疗的病人，受累关节非对称性不规则肿胀、疼痛，关节内大量沉积的痛风石可造成关节骨质破坏。

4. **肾病变期** 主要表现在3方面：①痛风性肾病，起病隐匿，临床表现为尿浓缩功能下降，出现夜尿增多、低比重尿、白细胞尿等，晚期可发生肾功能不全及高血压、水肿、贫血等；②尿酸性肾石病，可从无明显症状至肾绞痛、血尿、排尿困难、肾积水、肾盂肾炎或肾周围炎等表现不等；③急性肾衰期：大量尿酸盐结晶堵塞肾小管、肾盂甚至输尿管，病人突然出现少尿甚至无尿，可发展为急性肾衰竭。

（三）实验室及其他检查

1. **血尿酸测定** 成年男性血尿酸为208～416 μmol/L（3.5～7.0 mg/dL），成年女性为149～358 μmol/L（2.5～6.0 mg/dL），绝经期后接近男性。血尿酸存在反复波动，应反复监测。

2. **尿尿酸测定** 限制嘌呤饮食5天后，每天小便中尿酸排出量＞3.57 mmol（600 mg），则提示尿酸生成增多。

3. **关节炎或痛风石内容物检查** 在偏振光显微镜下可见双折光的针形尿酸盐结晶。

4. **其他检查** X线检查、CT检查、超声检查、MRI检查、关节镜等有助于发现骨、关节的相关病变或尿酸性尿路结石影。

（四）诊断要点

日常饮食下，非同日两次空腹血尿酸＞420 μmol/L（7.0 mg/d），即可诊断高尿酸血症。如出现特征性关节炎表现、尿路结石或肾绞痛发作，伴有高尿酸血症应考虑痛风，关节液穿刺或痛风石活检证实为尿酸盐结晶可作出诊断。急性关节炎期诊断有困难者，秋水仙碱试验性治疗有诊断意义。

（五）治疗

痛风的防治目的：①控制高尿酸血症，预防尿酸盐沉积；②迅速控制急性关节炎发作，防止复发；③防止尿酸结石形成和肾功能损害。

1. **非药物治疗** 痛风病人应遵循下述原则：①限酒；②减少高嘌呤食物摄入；③防止剧烈运动或突然受凉；④减少富含果糖饮料摄入；⑤大量饮水（每日2 000 mL以上）；⑥控制体重；⑦增加新鲜蔬菜摄入；⑧规律饮食和作息；⑨规律运动；⑩禁烟。

2. **高尿酸血症的治疗** 治疗目的是使血尿酸维持在正常水平。①排尿酸药：抑制近端肾小管对尿酸盐的重吸收，从而增加尿酸的排泄，降低尿酸水平，适合肾功能良好者，常用药物有苯溴马隆等；②抑制尿酸生成药物：通过抑制黄嘌呤氧化酶，使尿酸的生成减少，适用于尿酸生成过多或不适合使用排尿酸药物者，常用药物是别嘌醇；③碱性药物：可碱化尿液，使尿酸不易在酸性的尿液中积聚形成结晶，常用药物是碳酸氢钠。

3. **急性痛风性关节炎的治疗** ①非甾体抗炎药（NSAIDs）：各种NSAIDs均可有效缓解急性痛风症状，为急性痛风性关节炎的一线用药，常用药物有吲哚美辛、双氯芬酸、布洛芬、美洛昔康等；②秋水仙碱：小剂量秋水仙碱（1.5 mg/d）有效，且不良反应少，在48 h内使用效果更好；③糖皮质激素：治疗急性痛风有明显的疗效，通常用于不能耐受非甾体抗炎药或秋水仙碱或肾功能不全者。停药后容易出现症状"反跳"。

4. **发作间歇期和慢性期的处理** 目标是使血尿酸＜358 μmol/L（6.0 mg/dL），以减少或清除体内沉积的单钠尿酸盐晶体。使用降尿酸药物的指征是：急性痛风复发、多关节受累、出现痛风石、慢性痛风石性关节炎、受累关节出现影像学改变及并发尿酸性肾石病等。常用降尿酸药物有排尿酸药和抑制尿酸生成药物，均应在急性发作缓解2周后从小剂量开始，逐渐加量，根据血尿酸的目标水平调整至最小有效剂量并长期维持。在开始使用降尿酸药物时，可服用NSAIDs 2~4周，以预防急性关节炎复发。

拓展阅读7-6-2 高尿酸血症与高血压密切相关

5. 继发性痛风的治疗　除治疗原发病外，对痛风的治疗原则同前。

（六）护理评估

1. 病史　病人患病的起始情况和时间、有无诱因、主要症状、疼痛的特点，有无糖类、脂质代谢紊乱，有无家族史，既往检查、治疗经过及效果等。

2. 身体评估　评估病人关节疼痛的频率、性质和受累关节部位及顺序、发病诱因，病人体温、体型、营养状况、皮肤情况、步态，观察各关节有无红、肿、热、痛和功能障碍，有无痛风石体征等。

3. 实验室及其他检查　检查高尿酸血症，其他检查符合痛风诊断。

4. 心理社会状况　了解病人对疾病知识的认知程度，评估病人对饮食控制要求及对疾病的心理活动特点和情绪反应，评估病人的教育背景、家庭对病人病情的了解及关心、支持程度等。

（七）常见护理诊断/问题

1. 疼痛：关节痛　与尿酸盐结晶沉积在关节引起炎症反应有关。
2. 躯体活动障碍　与关节受累、关节畸形有关。
3. 知识缺乏　缺乏与高尿酸血症和痛风有关的饮食、运动、用药等知识。

（八）护理目标

病人关节疼痛减轻，了解饮食、运动、用药等疾病的相关知识。

（九）护理措施

1. 休息与体位　急性关节炎期，病人关节出现红肿热痛和功能障碍，还伴有发热，应卧床休息，在病床上安放支架支托盖被，抬高患肢，避免受累关节负重，也可减少患部受压。待关节肿痛缓解72 h后，方可下床活动。

拓展阅读7-6-3 高尿酸血症与痛风病人饮食五大误区与分析建议

2. 饮食护理　限制热量摄入，每天进食总热量应限制在1 200~1 500 kcal。蛋白质控制在1 g/(kg·d)。多进食碱性食物，如牛奶、鸡蛋、马铃薯、各类蔬菜、柑橘类水果，使尿液的pH在7.0或以上，减少尿酸盐结晶的沉积。避免进食高嘌呤食物，如动物内脏、鱼虾类、蛤蟹、肉类、菠菜、蘑菇、黄豆、扁豆、豌豆、浓茶等。饮食宜清淡、易消化，忌辛辣和刺激性食物，严禁饮酒。

3. 病情观察　①观察疼痛的部位、性质、间隔时间，有无午夜因剧痛而醒等；②受累关节有无红肿和功能障碍；③有无过度疲劳、寒冷、潮湿、紧张、饮酒、饱餐、脚扭伤等诱发因素；④有无痛风石的体征，了解结石的部位及有无症状；⑤观察病人的体温变化，有无发热等；⑥监测尿酸的变化。

4. 用药护理　指导病人正确用药，观察药物疗效，及时处理不良反应。①秋水仙碱控制炎症、疼痛有特效，口服常有胃肠道反应，若病人一开始口服即出现恶心、呕吐、水样腹泻等严重胃肠道反应，应立即停药。还可引起白细胞减少、血小板减少等骨髓抑制表现。若静脉使用可引起肝损害、骨髓抑制、DIC、脱发、肾衰竭、癫痫样发作甚至死亡。静脉注射时避免药液外漏，以免引起剧烈疼痛和组织坏死。②丙磺舒、磺吡酮、苯溴马隆等可有皮疹、发热、胃肠道反应等不良反应。使用期间，嘱病人多饮水、口服碳酸氢钠等碱性药。别嘌醇除上述不良反应外还可引起骨髓抑制、肝损害；肾功能不全者，宜减半量应用。③应用 NSAIDs 时，注意观察有无活动性消化性溃疡或消化道出血发生。④使用糖皮质激素时，应观察其疗效，密切注意有无症状的"反跳"现象。

5. 局部护理　为减轻疼痛，手、腕或肘关节受累时，可用夹板固定制动，也可给予局部硫酸镁湿敷或金黄散外用，消除关节的肿胀和疼痛。痛风石严重时，可导致局部皮肤破溃，要注意局部清洁，避免局部感染。

6. 心理护理　由于本病发病急，常伴有剧烈疼痛，活动受限，病人常有紧张、焦虑不安等心理反应，护理人员要主动关心、询问病人，向其讲解痛风的有关知识、饮食与疾病的关系，及时解决躯体不适，给予精神上的安慰和鼓励。

> 拓展阅读 7-6-4
> 痛风急性发作病人护理流程

（十）健康指导

1. 疾病知识指导　给病人和家属讲解高尿酸血症和痛风是终身性疾病，但经积极有效治疗，病人可正常生活和工作。应保持心情愉快，避免情绪紧张；生活要有规律；肥胖者应减轻体重；防止受凉、劳累、感染、外伤等诱发因素。指导病人严格控制饮食，避免进食高蛋白和高嘌呤的食物，禁饮酒，每天饮水 2 000 mL 以上，在服用排尿酸药时更应注意多饮水，有助于尿酸随尿液排出。

2. 保护关节指导　指导痛风病人日常生活中应注意：①尽量使用大肌群，如能用肩部负重者不用手提，能用手臂者不要用手指；②避免长时间持续进行重体力劳动；③经常改变姿势，保持受累关节舒适；④若有关节局部温热和肿胀，尽可能避免其活动；⑤如运动后疼痛超过 1 h，应暂时停止此项运动。

3. 病情监测指导　平时用手触摸耳轮及手足关节处，检查是否产生痛风石。定期复查血尿酸，门诊随访。

（十一）护理评价

病人症状明显改善，了解疾病知识及相关发病诱因。

（十二）预后

高尿酸血症和痛风是终身性疾病。痛风无肾功能损害及关节畸形者，经有效治疗可正常生活和工作。急性关节炎和关节畸形会严重影响病人生活质量，伴发高血压、糖尿病或其他肾病者，肾功能不全的风险增加，可危及生命。

第七节 内分泌和代谢性疾病常见诊疗技术及护理

> **情景导入**
> 宋某，男，45岁，2型糖尿病病史7年，自述近2周口渴、多饮、多尿、乏力、体重下降症状明显加重。查体：T 36.5℃，P 74次/min，R 18次/min，静脉空腹血糖10.8 mmol/L，糖负荷2 h后血糖21.0 mmol/L，糖化血红蛋白11.4%，尿糖（++）。病人既往口服药进行降糖，未使用过胰岛素治疗。医生根据其化验指标，建议启用胰岛素强化治疗方案：门冬胰岛素8 U三餐前即刻皮下注射，地特胰岛素10 U睡前皮下注射，每日1次。
> **请思考：**
> 1. 该病人适合使用何种胰岛素注射方式？
> 2. 如何正确进行胰岛素笔注射？
> 3. 病人在使用胰岛素期间有哪些注意事项？

拓展阅读7-7-1
内分泌和代谢性疾病常见诊疗技术及护理重要知识点

一、胰岛素笔注射治疗技术及护理

胰岛素笔注射技术是通过使用胰岛素笔为病人完成胰岛素注射的过程。胰岛素笔是一种笔形的胰岛素注射装置，它的类型主要分为特充注射笔和笔芯可替换的胰岛素笔。使用胰岛素注射笔时，可将胰岛素与注射笔装置合二为一，胰岛素药液作为笔芯，被储存在（或安装在）笔芯架中，安装专用胰岛素针头后，通过笔身可以调节所需的剂量单位，将针头扎入皮下组织，进行胰岛素皮下注射。胰岛素笔注射技术以携带方便、操作简便、剂量准确为优点，广泛应用于临床糖尿病治疗领域。

（一）适应证

1. 1型糖尿病。
2. 需要长期胰岛素治疗的2型糖尿病。
3. 需要短期胰岛素治疗的新诊断或已诊断的2型糖尿病。
4. 2型糖尿病病人应激状态伴血糖控制不佳。
5. 妊娠糖尿病、糖尿病合并妊娠及计划受孕的糖尿病病人伴血糖控制不佳。
6. 糖尿病病人围术期血糖控制不佳。
7. 2型糖尿病需暂时应用大量糖皮质激素病人伴血糖控制不佳。

（二）相对禁忌证

1. 低血糖病人。
2. 胰岛素过敏。
3. 针头恐惧症（晕针）。
4. 培训后无法正确使用胰岛素笔者。

5. 有严重心理障碍或精神异常无法正常使用胰岛素笔者。
6. 年幼或年长无监护人陪伴，生活不能自理，无法正确使用胰岛素笔者。

（三）胰岛素笔注射操作前准备

1. 评估并解释
（1）评估病人意识、病情、过敏史、用药史、合作程度，对胰岛素笔注射的认知与了解程度，是否存在焦虑、恐惧的心理障碍等。
（2）评估病人注射部位皮肤情况，是否清洁，有无硬结、脂肪增生、脂肪萎缩、溃疡、瘢痕、红肿、感染、疼痛等。
（3）评估病人饮食情况和进餐时间，确定正确的胰岛素注射时间。
（4）评估胰岛素质量及剂型，检查笔芯中的药液性状，有无杂质、破损或漏液，是否为预混胰岛素，确认药品在有效期内。
（5）评估胰岛素笔的类型，胰岛素笔与胰岛素笔芯必须匹配。评估胰岛素笔性能情况，胰岛素笔剂量选择环窗口清晰、助推键灵活。
（6）向病人解释胰岛素笔皮下注射的有关知识，消除病人的恐惧心理，取得其配合。
2. 病人准备
（1）了解胰岛素笔皮下注射的目的、方法、注意事项及配合要点。
（2）取舒适、安全且易于操作的体位。
（3）准备好用餐。
3. 护士准备　衣帽整洁、洗手、戴口罩、戴手套。
4. 环境准备　整洁、安静、温湿度适宜、光线充足，避免人员走动。
5. 用物准备　治疗盘、75% 乙醇、无菌棉签、胰岛素笔、胰岛素注射液、一次性使用胰岛素笔用针头、手消液、医嘱单、医疗废物桶、生活垃圾桶、锐器盒。
6. 操作前准备（安装胰岛素笔芯，已安装好笔芯的胰岛素笔可忽略此步骤）
（1）安装前检查胰岛素笔芯是否完整，有无裂缝，如有破损等异常应更换。
（2）旋开笔帽，拧开笔芯架。
（3）备用活塞杆复位。
（4）将胰岛素笔芯装入笔芯架，拧紧。

（四）操作步骤

1. 操作前查对　查对病人床号、姓名、腕带与医嘱单一致（有条件可使用 PDA 核对），向病人做好解释工作。
2. 操作者手卫生、戴口罩。
3. 消毒　第一次消毒皮肤，75% 医用乙醇擦拭注射部位，以注射点为中心环形消毒，消毒范围为大于 5 cm×5 cm，不可使用碘伏消毒液。
4. 预混胰岛素混匀　在使用中效胰岛素或预混胰岛素之前，应将胰岛素充分混匀。将胰岛素笔平放在手心中，水平滚动 10 次，然后用手握住胰岛素笔，通过肘关节和前臂的上下摆动，上下翻动 10 次，使瓶内药液充分混匀，直至胰岛素转变成均匀的云雾状白色液体。
5. 消毒　第二次消毒皮肤，75% 医用乙醇以穿刺点为中心反向环形消毒，告知病人不可触碰消毒部位。

6. 正确安装一次性使用注射笔用针头　用酒精棉签消毒胰岛素笔芯前端的橡胶封条，对准笔芯架前端旋转安装针头。注意针头的一次一换，应选择合适的针头长度。

7. 排气　注射前需排尽笔芯内空气，将剂量调节旋钮拨至 2 U，针尖向上直立，手指轻弹笔芯架数次，使空气聚集在上部后，按压注射键，直至一滴胰岛素液从针头溢出，表示排气成功。

8. 调节胰岛素剂量　将剂量旋钮旋至所需刻度。

9. 操作中查对　再次核对医嘱单、病人床号及姓名，与腕带相一致。

10. 注射　快速进针，缓慢推药，进行胰岛素注射。一手固定笔体并用大拇指将注射推键按钮慢压到底，读数归零，针头在皮下组织内至少停留 10 s（切忌注射完成后直接拔针），从而确保药物全部注入体内，同时减少拔针后漏液问题，观察病人反应。对于皮下组织相对较少或针头较长的，可采用捏皮的手法辅助皮下注射，捏皮正确手法是用拇指、食指和中指提捏皮肤，可有效提高注射安全性。

11. 针头的处理　注射完成后，立即旋上外针帽，将针头从注射笔取下，丢入专用医疗锐器盒内。

12. 操作后查对　再次核对医嘱单、床号及姓名，与腕带相一致。

13. 整理床单位及用物，手卫生。

（五）操作后护理

1. 记录操作日期、时间及操作者。
2. 告知病人胰岛素注射剂量，相关注意事项。
3. 告知病人进餐时间，必要时协助病人进餐。
4. 向病人宣教低血糖的识别与处理，如出现低血糖症状时及时通知医护人员。
5. 注意观察病人注射部位皮肤，有无明显疼痛、过敏反应等。

（六）注意事项

1. 胰岛素副作用　胰岛素会引起低血糖、体重增加、水肿、过敏、局部皮下脂肪萎缩或增生、皮下硬结等。

2. 注射部位的选择　胰岛素注射为皮下注射，根据医护人员可操作性、神经及主要血管之间的走形、皮下脂肪的状况等，人体适合注射的部位有腹部、上臂外侧面、大腿前外侧面和臀部外上侧面。选择腹部注射为耻骨联合以上约 1 cm，最低肋缘以下约 1 cm，脐周 2.5 cm 以外的双侧腹部；选择腿部注射为双侧大腿前外侧的上 1/3 区域；选择上臂注射为上臂外侧的中 1/3 区域；选择臀部注射为双侧臀部外上侧区域。

3. 注射部位的轮换　指导病人科学地进行注射部位的轮换。同一注射点多次注射可形成皮下硬结及脂肪萎缩，影响胰岛素吸收，不利于控制血糖；影响个人外观形象；引起对注射的恐惧或抵抗，降低对胰岛素治疗的依从性。因此注射部位要轮换，避免以上问题。在腹部、上臂、大腿外侧和臀部这四个区域之间的轮流注射叫"大轮换"。在每个注射部位内的小范围轮换叫"小轮换"。每次的注射点之间应相距 1.0 cm，尽量避免在一个月内重复使用一个注射点。

4. 胰岛素注射专用针头的选择　针头的长度为 4 mm、5 mm、6 mm、8 mm 及 12.7 mm，目前 4 mm、5 mm 长度的针头最常见。针头须一次一换，用过的针头一定要卸下，重复使用针头危害很多，可导致注射疼痛、针头堵塞、计量错误、断针、出血、感染、漏液、皮下脂肪增生或萎缩等。

5. 胰岛素笔及胰岛素的储存　胰岛素笔不放入冰箱冷藏储存，因其可引起胰岛素笔相关功能键受损。通常胰岛素的保存方法分为以下两种情况：

（1）未开封：保存在 2~8℃的冰箱冷藏储存。

（2）已开封：室温（20℃左右）保存 1 个月内，避免阳光直射。（注意：不同胰岛素产品有效期和储存要求不尽相同，需参照各自说明书。）无论使用中的还是未使用的胰岛素，一旦超出有效期或使用期限，必须丢弃不得使用。储存中避免过冷或过热及剧烈震荡，外出旅行乘飞机时随身携带，避免行李托运。

6. 如何避免注射疼痛

（1）已使用的胰岛素室温放置，过凉的药物注射时会增大痛感。

（2）待乙醇挥发后再注射。

（3）笔芯内无气泡。

（4）进针要快，注射缓慢。

（5）进针和拔针时方向相同。

（6）指导病人注射时放松。

（7）每次检查注射部位并更换注射部位。

（8）每次注射更换针头，使用较短较细的专用针头。

（9）避免在瘢痕或硬结的部位注射。

（10）避免在毛发根部注射。

7. 末梢血糖的监测　使用胰岛素笔皮下注射的病人，须同时监测末梢血糖，根据情况进行胰岛素剂量调整。预防低血糖，做好低血糖的相关教育和指导，注意低血糖早期识别，出现低血糖及时处理。

8. 胰岛素笔与胰岛素笔芯的匹配　不同的胰岛素与不同的胰岛素笔注射装置相匹配，不可随意通用。根据医生所选胰岛素药物，选择正确的胰岛素笔进行注射。同一制造商出品的不同类型胰岛素，可通用于同一种胰岛素笔注射装置。

9. 规范操作　遵照胰岛素笔及胰岛素制造商提供的说明书要求和操作规程进行规范使用。

10. 使用胰岛素笔在排气的过程中如发现没有药液流出　须分析原因，是针头问题还是胰岛素笔注射装置的问题，必要时重新更换针头，或更换胰岛素笔注射装置。

11. 不能多人共用胰岛素笔或笔芯　为防止传染性疾病的传播，不能多人共用胰岛素笔或笔芯，需要专人专用。

12. 培训与考核　定期对医疗卫生人员进行相关培训与考核。

13. 病人学会使用胰岛素笔进行皮下注射　指导病人学会居家正确使用胰岛素笔的注射方法，做好相关健康教育。

视频 7-7-1 胰岛素笔注射技术操作

二、胰岛素泵持续皮下治疗技术及护理

情景导人

张某，女，23 岁，1 型糖尿病病史 3 年。查体：T 36.2℃，P 80 次/min，R 16 次/min，空腹血糖 7.2 mmol/L，餐后 2 h 血糖 15.4 mmol/L，糖化血红蛋白 13.7%。

请思考：

此病人的后续治疗方案是什么？

胰岛素泵治疗是采用人工智能控制的胰岛素输入装置，通过持续皮下输注胰岛素的方式，最大程度模拟胰岛素的生理性分泌模式，同时在进餐时，根据食物种类和总量设定餐前胰岛素及输注模式以控制餐后血糖，从而达到更好控制血糖的一种胰岛素治疗方法。

（一）适应证

1. 短期胰岛素泵治疗的适应证
（1）1型糖尿病病人和需要长期胰岛素强化治疗控制血糖的2型糖尿病病人。
（2）需要短期胰岛素强化治疗的新诊断或已诊断的2型糖尿病病人。
（3）2型糖尿病病人伴应激状态。
（4）妊娠糖尿病、糖尿病合并妊娠及计划受孕的糖尿病病人。
（5）糖尿病病人围术期的血糖控制。
（6）2型糖尿病需暂时应用大量糖皮质激素的病人。

2. 长期胰岛素泵治疗的适应证
（1）1型糖尿病病人。
（2）需要长期使用胰岛素强化治疗的2型糖尿病病人，特别是：血糖波动大，虽采用多次胰岛素皮下注射方案，血糖仍然无法得到平稳控制者；黎明现象严重导致血糖总体控制不佳者；频发低血糖，尤其是夜间低血糖、无感知低血糖和严重低血糖者；作息时间不规律，不能按时进餐者；不愿意接受胰岛素每日多次注射，要求提高生活质量者；胃轻瘫或进食时间长的病人。
（3）需要长期胰岛素替代治疗的其他类型糖尿病，如胰腺切除术后等。

（二）相对禁忌证

1. 不宜短期使用胰岛素泵治疗者　如酮症酸中毒、高血糖高渗性昏迷或伴严重循环障碍的高血糖病人。
2. 不宜长期使用胰岛素泵治疗者　①有皮下输注管过敏者；②不愿长期皮下埋置输注管或不愿长期佩戴泵者；③经培训后仍然无法正确掌握使用胰岛素泵者；④伴有严重心理障碍或精神异常者；⑤年幼或年长无监护人陪伴，生活不能自理者。

（三）胰岛素泵操作前准备

1. 病人评估并解释　对病人的家庭背景、文化程度、生活习惯、病情和治疗情况、对糖尿病知识和胰岛素泵的认知程度、存在的心理问题等进行全面的评估。
（1）解释：在为病人安装胰岛素泵前，胰岛素泵师应该跟病人及家属进行充分沟通，告知胰岛素泵治疗的目的，介绍胰岛素泵植入过程及使用注意事项。
（2）植入部位评估：首选腹部，其次可依次选择上臂、大腿外侧、后腰、臀部等，需避开腹中线、瘢痕、胰岛素注射硬结、腰带位置、妊娠纹和脐周2~3cm以内。妊娠中晚期的病人慎选腹部，可换为大腿外侧和髂骨上方，或者上臂外侧。输注管路和植入部位在怀孕期间需勤更换。距离上一次管路植入距离3cm以上，对于使用实时动态血糖监测的病人管路植入部位应该距离探头植入部位7.5cm以上。
（3）环境评估：病室保持清洁、整齐、明亮、安静、舒适，室内空气保持新鲜。必要时，拉上屏风，给予病人必要的遮挡，保证病人隐私。

2. 胰岛素准备

（1）剂型：速效胰岛素类似物或短效人胰岛素（浓度为 100 U/mL）。

（2）检查：有效期、瓶身是否有裂痕、瓶内液体是否有污染和絮状物等。

（3）复温：在 2~8℃冰箱取出时应复温，在常温下放置 30~60 min。

3. 胰岛素泵和耗材准备

（1）胰岛素泵准备

1）设定：时间和日期。

2）检查：自检是否运行正常，当泵有摔落或浸水等情况时需再次自检。

3）电量：检查电量，必要时更换新电池，更换后必须检查电量。

（2）耗材准备

1）储药器、输注管路、助针器、泵套、泵夹等。

2）乙醇、棉签、胶布（必要时或年龄小的患儿使用）。

（四）操作步骤

1. 基础率设定

（1）从 0：00 开始设置，最多可设置 48 个基础率，可参考 24 h 6 段法或 24 段法。

（2）双人核对并记录。

2. 输注管路植入

（1）清洁洗手。

（2）储药器装液：连接胰岛素和储药器，拉动针栓，向储药器内缓慢抽取胰岛素，抽药完毕后排空储药器内的空气。

（3）连接输注管路：将抽完胰岛素的储药器与输注管路连接，确保无漏液，注意部分型号此步骤在储药器安装进入胰岛素泵后操作。

（4）马达复位（部分型号胰岛素泵需要）：请根据所选用胰岛素泵的说明书进行操作。

（5）连接胰岛素泵：将连接好的储药器安装进入胰岛素泵。

（6）充盈管路：根据所选用胰岛素泵，使胰岛素充满输注管路，确保管路中没有空气；定量充盈时按下 ACT，选择定量充盈，针长 9 mm 充盈 0.5 U，针长 6 mm 充盈 0.3 U。

（7）消毒皮肤：用 75% 乙醇，消毒范围直径应≥5 cm，消毒 3 遍，自然待干。

（8）植入：将输注管路的针头埋入皮下，包括手动植入和助针器植入两种方式（植入软针后需拔除引导针）。

（9）固定：抚平胶贴，必要时加用透明贴膜覆盖加强固定。

（五）操作后护理

1. 观察屏幕显示情况，有无报警。

2. 电池电量是否足够。

3. 回顾基础率、大剂量历史是否正确。

4. 储药器内胰岛素剩余量是否足够。

5. 输注管路是否通畅，有无裂痕或连接松动，快速分离器是否紧固，胰岛素有无溢漏。

6. 观察注射部位皮肤有无红肿、硬结或疼痛，针头有无脱出。

7. 检查管路植入时间，按要求更换。

8. 检查胰岛素泵清洁程度。

（六）注意事项

1. 植入过程中　注意观察病人的精神、反应、对疼痛是否耐受，注射部位有无出血。

2. 泵的佩戴　泵应夹在腰带上或放在口袋里，防止管道过度扭曲、折叠，避免受潮、损坏，保证日常生活和活动不受影响。

3. 注射胰岛素　三餐前注射胰岛素，注射后立即进餐，不能超过 10 min，避免低血糖发生。

4. 饮食　按糖尿病饮食原则进餐，饮食应规律，避免摄入零食、饮料及含糖高的水果，限制饮酒量。

5. 预防低血糖　每日监测三餐前、三餐后 2 h、睡前血糖，必要时监测凌晨 3 点血糖，也可使用动态血糖监测。带泵期间避免剧烈运动，饮食规律，如出现饥饿感、心慌、出冷汗等低血糖症状立即进食糖果、饼干，并告知医务人员。

6. 以下情况应取下泵以免损坏　洗澡、游泳前及照射 X 片、CT、MRI、空腹 B 超、OGTT 试验前应取下快速分离器，检查及试验结束后重新连接上。

7. 当胰岛素泵在输注胰岛素的环节出现问题时　会发出报警蜂鸣，屏幕上出现相应的信息提示，此时应立即仔细检查并及时排除故障。

（林　琳　孙小红　李　敏）

拓展阅读 7-7-2　胰岛素泵持续皮下治疗技术及护理流程

数字课程学习

　教学 PPT　　　　自测题

第八章
风湿性疾病病人的护理

【学习目标】

知识：

1. 掌握常见风湿性疾病的定义、症状、体征、护理要点及健康指导。
2. 掌握专科药物作用、副作用、不良反应。
3. 熟悉常见风湿性疾病主要辅助检查。
4. 熟悉常见风湿性疾病的诊断要点、常用诊疗技术及护理。
5. 了解常见风湿性疾病的基本病因及发病机制。

技能：

1. 正确运用所学知识，对常见风湿性疾病进行护理评估、提出护理诊断、实施有效护理和健康教育。
2. 正确运用所学知识，做好关节炎物理治疗，预防相关并发症。
3. 正确运用所学知识，实施风湿病诊疗技术的配合和护理。

素质：

1. 具备良好的护患沟通能力和团结协作精神。
2. 具有发现、分析、解决问题和预见性护理的能力。
3. 具备高度的同理心、责任心和慎独精神。

情景导入

王某，女，24岁，产后1个月，不规则发热10余天，面部蝶形皮疹、关节痛、乏力、食欲减退1周入院。病人既往有反复口腔溃疡病史，门诊尿常规提示：三系减少，尿蛋白+++。HR 86次/min，R 23次/min，BP 110/70 mmHg。

第一节 概 述

情境一：

王某刚入院，作为一名责任护士。

请思考：

1. 如何对张某进行护理评估？
2. 你需要注意哪些护理问题？

拓展阅读 8-1-1
风湿性疾病概述重要知识点

风湿性疾病（rheumatic diseases）简称风湿病，泛指由于免疫紊乱引起的多器官尤其是骨关节及其周围软组织（如肌腱、滑囊、筋膜等）病变的一组复杂的、涉及全身多系统的慢性自身免疫，包括10大类100余种疾病。风湿病病因不明，但多数与自身免疫反应密切相关。风湿病病程长，治疗困难，如不早期诊断与干预，给病人带来生理和心理痛苦，严重影响病人家庭和社会生活。

一、风湿病分类

根据其发病机制、病理及临床特点，可将风湿病分为十大类（表 8-1-1）。

表 8-1-1 风湿病的范畴和分类

疾病分类	疾病名称
1. 弥漫性结缔组织病	类风湿关节炎、（系统性）红斑狼疮、（系统性）硬皮病、多肌炎/皮肌炎、抗磷脂综合征、系统性血管炎综合征（大动脉炎、结节性多动脉炎、肉芽肿多血管炎）等
2. 脊柱关节病	强直性脊柱炎、反应性关节炎、肠病性关节炎、银屑病关节炎、未分化脊柱关节病等
3. 退行性病	（原发性，继发性）骨关节炎
4. 遗传、代谢和内分泌相关的风湿病	马方综合征、先天性或获得性免疫缺陷病、痛风、假性痛风、肢端肥大症、甲减、甲旁亢相关关节病等
5. 感染相关风湿病	反应性关节炎、风湿热等
6. 肿瘤相关风湿病	A. 原发性，如滑膜瘤、滑膜肉瘤；B. 继发性，如多发性骨髓瘤、转移瘤等
7. 神经血管疾病	神经性关节病、压迫性神经病变（周围神经受压、神经根受压等）、反射性交感神经营养不良等

续表

疾病分类	疾病名称
8. 骨与软骨病变	骨质疏松、骨软化、肥大性骨关节病、弥漫性原发性骨肥厚、骨炎等
9. 非关节性风湿病	关节周围病变（滑囊炎、肌腱炎等）、椎间盘病变、特发性腰痛、其他疼痛综合征（如纤维肌痛综合征）等
10. 其他有关节症状的疾病	周期性风湿病、间歇性关节积液、药物相关的风湿综合征、慢性肝炎等

二、风湿病共同临床特征

1. 慢性迁延　病人疾病呈发作与缓解相交替的慢性病程，终身不愈。
2. 异质性　即同一疾病，每个病人的临床表现，对药物的敏感性、耐受性、不良反应及预后等均有很大差异；甚至同一病人在不同的病期可有不同的表现，不同的疾病可有相同的临床表现，临床表现重叠致鉴别诊断困难。
3. 免疫学及生化检查异常　风湿病病人常有生化和免疫学检查的异常。
4. 多系统受累　风湿病其靶组织不仅仅是细胞之间、器官之间的疏松结缔组织，还囊括了血管、血液、肌肉、神经、骨骼等，可表现为多系统多脏器受累。

三、护理评估

护理评估包括病史采集、体格检查、实验室检查、影像学及其他检查。

（一）病史

1. 患病及治疗经过　发病年龄、性别、家族史、既往史、检查及治疗情况。
2. 主要症状及主诉。

（二）身体评估

1. 一般状态　病人的生命体征、精神、意识、营养状况。
2. 专科评估　皮肤、黏膜、肌肉、关节、皮疹形态及分布特征。

（三）心理社会状况

病人对疾病的认知、性格、精神心理状态、社会文化背景、家庭支持状况、医保类型等。

（四）实验室及其他检查

1. 实验室检查　包括血常规、尿常规、大便常规、肝肾功能、红细胞沉降率、C反应蛋白、补体含量，各种抗体如类风湿因子（RF）、抗核抗体谱、抗ds-DNA抗体、抗Sm抗体、抗SSA和SSB抗体、抗Scl-70抗体、抗Jo-1抗体、抗磷脂抗体等。
2. 影像学检查　包括X线、CT、MRI、B超、PET-CT、骨密度等。定期进行影像学检查，可监测病情。
3. 侵入性检查　包括关节腔穿刺、肾穿刺（B超引导）、胸腔及腰椎穿刺、关节镜，取活体组织进行病理检查等。
4. 特殊检查　包括腮腺ECT、味觉、溢泪实验、肌电图、脑电图等。

第二节 风湿性疾病常见症状体征的评估和护理

> **情境二：**
> 入院第二天，病人自述关节疼痛。
> **请思考：**
> 1. 如何评估病人的症状？
> 2. 应该采取哪些护理措施？

拓展阅读 8-2-1
风湿性疾病常见症状体征的评估和护理重要知识点

一、关节疼痛与肿胀

关节疼痛是关节受累的首发症状，也是风湿病病人就诊的主要原因。类风湿关节炎、强直性脊柱炎、系统性红斑狼疮、特发性炎性肌病等风湿病均可导致关节疼痛，疼痛的关节均可有肿胀和压痛，但不同疾病受累关节疼痛的部位和性质不同。

（一）护理评估

1. **病史** 询问病人家族史，关节疼痛起始时间、诱发因素、疼痛部位、性质及规律，疼痛与活动的关系，疼痛对饮食和睡眠的影响，有无关节畸形和功能障碍，是否伴随其他症状等。

2. **身体评估** 生命体征，营养状况，关节肿胀程度，受累关节有无压痛、触痛、局部发热及活动受限情况。

3. **实验室及其他检查** 自身抗体测定、滑液检查及影像学检查。

（二）常见护理诊断/问题

1. **疼痛** 与关节炎性反应有关。
2. **躯体活动障碍** 与关节活动障碍有关。
3. **焦虑** 与疾病迁延不愈有关。

（三）护理目标

1. 病人疼痛减轻。
2. 最大限度地保持躯体活动水平。
3. 病人焦虑程度减轻。

（四）护理措施

1. **休息与活动** 急性期应卧床休息，保持关节功能位，避免疼痛部位受压。缓解期活动量以病人能够忍受为限度，循序渐进进行太极拳、慢走、保健操等锻炼。

2. **缓解疼痛的护理** 遵医嘱使用非甾体抗炎药，告知按医嘱服药的重要性和药物不良反应；指导使用非药物性缓解疼痛措施，如关节保暖、分散注意力、松弛术等。

3. **心理护理** 鼓励家属多陪伴、关心病人，使其保持最佳的心理状态。向病人介绍治疗成功的病例及治疗进展，树立战胜疾病的信心。

（五）护理评价

1. 病人能正确运用减轻疼痛的技术和方法，疼痛减轻。
2. 病人能够进行适当运动，躯体活动水平得到改善。
3. 能够运用适当的应对技术，减轻焦虑程度。

二、关节僵硬与活动受限

晨僵（morning stiffness）是指病人晨间清醒后或长时间不活动导致关节出现的发僵和紧缩感，活动后稍有缓解。晨僵是判断病情活动性的重要指标，其持续时间与炎症的严重程度呈正相关。早期关节活动受限主要由关节疼痛、肿胀引起，晚期主要由关节骨质破坏、纤维骨质粘连和关节半脱位引起。

（一）护理评估

1. **病史** 评估关节僵硬与活动受限发生的时间、部位、持续时间、缓解方式，关节僵硬与活动的关系，僵硬对病人生活的影响，既往减轻僵硬的措施是否有效。评估病人生活自理能力、活动能力和安全性。
2. **身体评估** 受累关节有无畸形和功能障碍。评估肌力、皮肤的完整性、有无血栓性静脉炎、腓肠肌痛、局部肿胀等。
3. **实验室及其他检查** 关节影像学和关节镜检查、自身抗体测定、病变组织活检、关节滑液等检查。

（二）常见护理诊断/问题

躯体活动障碍 与关节疼痛、僵硬及关节、肌肉功能障碍等有关。

（三）护理目标

病人关节僵硬和活动受限程度减轻，能进行基本的生活自理活动和工作。

（四）护理措施

1. **生活护理** 协助生活护理，将经常使用的物品放在病人健侧手容易触及的地方，鼓励病人使用健侧肢体进行自我照顾。
2. **休息与活动** 注意对病变关节保暖。关节肿痛时，限制活动。缓解期进行被动和主动的全关节活动锻炼，以恢复关节功能，增强肌肉的力量与耐力。
3. **病情观察** 严密观察患病肢体，防止肌肉萎缩，保持关节功能位。
4. **心理护理** 帮助病人正视疾病，重视发挥自身现有的活动能力增进病人自我效能。

（五）护理评价

1. 病人能掌握缓解关节僵硬的方法，关节疼痛、僵硬程度减轻，能进行适度的关节活动。卧床病人未发生压疮等并发症。

2. 能自己进行穿衣、洗漱、进食、如厕等日常生活活动或参加工作。

三、皮肤损害

皮肤含有丰富的结缔组织和血管,在风湿病中是重要的靶器官。皮肤血管炎是系统血管炎或系统疾病的一种外在皮肤表现,其基本病理损害为血管壁变性、坏死、血栓形成及炎症细胞浸润。系统性红斑狼疮、类风湿关节炎、干燥综合征、白塞病、皮肌炎等常会有皮肤血管炎的表现。病人皮肤损害的深浅程度与受累血管的大小是一致的,以皮肤浅层、中层的小静脉受损为主,严重者会出现真皮深层或皮下脂肪层中等或较大静脉的血管炎症,临床表现有皮疹、红斑、网状青斑、斑丘疹、坏死、糜烂、溃疡或萎缩等。

(一) 护理评估

1. 病史 了解皮肤受损的起始时间、演变特点,有无日光过敏等症状。
2. 身体评估 评估有无口腔、鼻、指尖和肢体的溃疡,皮损的部位、形态、面积大小,手、足的皮肤颜色和温度。
3. 实验室及其他检查 免疫学检查、皮肤狼疮带试验、病变组织活检等。

(二) 常见护理诊断/问题

1. 皮肤完整性受损 与血管炎性反应及应用免疫抑制剂等因素有关。
2. 外周血管灌注量改变 与肢端血管痉挛、血管舒缩功能调节障碍有关。

(三) 护理目标

1. 病人受损皮肤面积缩小或完全修复。
2. 指导其正确地处理皮损,学会自我护理皮肤的方法。
3. 外周血管灌注量得到改善,手指和足趾颜色正常。

(四) 护理措施

1. 基础护理 保持床单位清洁、干燥;周围环境适宜的温湿度,定期开窗通风。
2. 饮食护理 给予清淡易消化、高蛋白质、高热量、维生素饮食,以维持正氮平衡,满足组织修复的需要。避免辛辣、刺激及易引起过敏的食物。
3. 皮肤护理 避免阳光直射;保持皮肤破损处清洁,遵医嘱局部使用外用药;避免服用诱发皮疹的药物;避免接触刺激性物品。
4. 皮损处理 皮肤未破者可用中性清洁剂或温水清洗,勿用化妆品,勿用热水或肥皂清洗皮损处;重度皮损伴有皮肤溃疡的应评估溃疡大小及深度;选择正确的清创方法和辅料。
5. 心理护理 避免精神紧张、情绪激动,保持良好的心理状态。

(五) 护理评价

病人知晓皮肤防护及避免血管收缩的方法,皮肤受损面积缩小并逐渐愈合。

四、雷诺现象

雷诺现象是一组因血管神经功能紊乱而引起的阵发性末梢动脉痉挛性症状,发病机制尚不明确。可分为原发性与继发性两种类型,前者无潜在疾病,肢端血管多无器质性病变;后者继发于某种全身性疾病,常是结缔组织病的首发或伴发症状。突出表现为寒冷或情绪诱发后的肢端皮肤出现苍白—发绀—潮红—正常的规律性颜色变化,呈对称性,严重者可以发生肢端坏疽。

(一)护理评估

1. 病史　性别、年龄(多为年轻女性,20~40岁好发),职业(有害物质及化学物质接触史,如聚氯乙烯、酸碱溶剂等),手术史或药物过敏史,家族史。
2. 症状　是否伴有疼痛、麻木、烧灼感,是否有指(趾)端变白、发绀、变红的现象,部位、诱因、发生和缓解时间,有无指(趾)端硬化、溃疡及营养状态。

(二)常见护理诊断/问题

1. 疼痛　与指(趾)端动脉缺血、痉挛有关。
2. 皮肤完整性受损　与皮肤营养障碍、动脉缺血有关。

(三)护理目标

1. 病人雷诺现象发作频率减少。
2. 病人未发生进一步的肢端皮肤损坏。
3. 病人掌握预防雷诺现象发生的自我护理措施。

(四)护理措施

1. 休息与活动　指导病人每日进行肢体功能锻炼,如保健操、太极拳等,促进血液循环,减少雷诺现象的发生。
2. 饮食护理　给予富含维生素的饮食,避免辛辣、油腻、生冷食物,戒烟,禁饮咖啡及浓茶,以防交感神经兴奋,刺激血管收缩,诱发或加重雷诺现象。
3. 避免诱发因素　周围环境保持适宜的温湿度,外出时增添衣服,戴帽子、口罩,穿保暖袜等,天气寒冷时减少户外活动或工作,平时注意肢体保暖,禁用冷水。避免强烈的紫外线照射。
4. 心理护理　保持良好的心理状态,避免情绪激动。

(五)护理评价

病人掌握雷诺现象的诱发因素,发作次数减少。

第三节　类风湿关节炎病人的护理

情景导入

王某,女,45岁,主诉乏力2年,1年前出现腕、掌指关节对称性肿胀疼痛,晨起关节僵硬明显，活动后症状减轻，反复发作。1周前关节肿胀疼痛加重来院就诊。实验室检查：类风湿因子 21.3 IU/mL，C 反应蛋白 43.60 mg/L，红细胞沉降率 86 mm/h，抗 CCP 抗体 960 RU/mL。

请思考：
1. 该病人的疾病诊断可能是什么？诊断依据是什么？
2. 存在哪些主要的护理诊断/问题？
3. 应如何进行健康指导？

拓展阅读 8-3-1
类风湿关节炎病人护理的重要知识点

类风湿关节炎（rheumatoid arthritis，RA）是一种以侵蚀性、对称性多关节炎为主要临床表现的慢性、全身性自身免疫病。基本病理改变为关节滑膜的慢性炎症、血管翳形成，并逐渐出现关节软骨和骨破坏，最终导致关节畸形和功能丧失。全球发病率为 0.5%～1%，我国为 0.42%。RA 可发生于任何年龄，发病高峰年龄在 30～50 岁。女性高于男性 2～3 倍。

（一）病因及发病机制

发病机制复杂，尚不明确。RA 发生和发展的基础，是在遗传、环境等因素共同作用下发生的自身免疫反应所导致的免疫损伤和修复。

1. 遗传因素　流行病学研究显示，RA 的发病与遗传因素密切相关，家系调查显示 RA 现症者的一级亲属患 RA 的概率为 11%。也有研究发现，携带 HLA-DR4 基因的个体对 RA 易感性高，HLA-DRB1 等位基因突变与 RA 发病相关。

2. 环境因素

（1）感染：研究显示 T 细胞和 B 细胞可以被细菌、支原体和病毒的感染所激活，分泌炎症因子，产生自身抗体，影响 RA 的发病和病情进展。

（2）吸烟：流行病学研究显示，吸烟能够显著增加 RA 发生的风险。

3. 免疫因素　免疫紊乱是 RA 主要的发病机制，活化的 $CD4^+$ T 细胞和 MHC-Ⅱ型阳性的抗原提呈细胞（antigen presenting cell，APC）浸润关节滑膜，关节滑膜组织的某些特殊成分或体内产生的内源性物质也可能作为自身抗原被 APC 提呈给活化的 $CD4^+$ T 细胞，启动特异性免疫应答，导致关节炎症状。此外，活化的 B 细胞、巨噬细胞等作为抗原提呈及自身抗体来源细胞，在 RA 滑膜炎症性病变的发生及演化中发挥了重要作用。

（二）病理

RA 的基本病理改变是滑膜炎。急性期，滑膜表现为渗出和细胞浸润，滑膜下层小血管扩张充血，内皮细胞肿胀，间质水肿和中性粒细胞浸润。慢性期，滑膜逐渐增厚，形成许多绒毛样突起，伸入关节腔或侵入软骨或软骨下的骨质。显微镜下，这种绒毛的细胞构成主要为具有吞噬细胞功能的 A 型细胞及成纤维样细胞的 B 型细胞。绒毛又称血管翳，有很强的破坏作用，是造成关节破坏、畸形和功能障碍的病理基础。血管炎可发生于 RA 病人关节外的任何组织，累及中、小动脉和静脉，类风湿结节就是血管炎的一种表现。

（三）临床表现

病人多慢性起病，以对称性关节肿痛为首发症状，可伴有乏力、低热、体重下降等全身症状，少数急性起病，在短期内出现典型的关节症状。

1. **关节表现** 典型表现是对称性多关节炎。主要侵犯小关节，尤其是手关节，如腕、掌指和近端指间关节，其次是趾、膝、踝、肘、肩等关节。病变关节表现为晨僵、疼痛、肿胀、关节畸形和功能障碍。

（1）晨僵：指关节部位的僵硬和胶着感。晨起或关节休息后明显，活动后减轻，持续超过1h意义较大，视为疾病活动的指标之一。

（2）关节痛与压痛：关节痛往往是RA最早的症状，多呈对称性、持续性疼痛，但时轻时重，疼痛关节常伴有压痛。

（3）关节肿胀：由于关节腔积液、滑膜增生及关节周围软组织炎症，导致受累关节肿胀，与关节疼痛部位一致，多呈对称性。

（4）关节畸形：常出现于晚期病人，由于骨质破坏、关节周围肌肉萎缩痉挛及韧带损害，造成关节畸形。常见的关节畸形有手指向尺侧偏斜、呈天鹅颈样和纽扣花样表现及腕和肘关节强直。

（5）特殊关节受累：颈椎关节受累时表现为颈部疼痛、活动受限，严重者可导致脊髓受压；髋关节受累常表现为臀部及腰部疼痛；颞颌关节受累时表现为说话或咀嚼时疼痛或张口受限。

（6）关节功能障碍：关节肿痛和结构破坏都引起关节活动障碍，影响到病人的生活自理和工作能力。

拓展阅读8-3-2
关节功能障碍分级

2. **关节外表现**

（1）类风湿结节：属于RA常见的关节外表现，30%~40%的病人会出现类风湿结节。多发于经常受压和关节隆突部位的皮下，如前臂伸面、尺骨鹰嘴下方、足跟腱鞘等部位。结节大小不一，质硬无压痛，呈对称性分布。类风湿结节往往提示病情活动。

（2）类风湿血管炎：常见于类风湿因子阳性且病情活动的病人。皮肤表现各异，包括瘀点、瘀斑、紫癜、网状青斑、肢端坏疽等。少数可引起局部组织缺血坏死。

（3）器官系统受累

1）呼吸系统：肺部受累常见。①约30%的病人可发生肺间质病变，主要表现为活动后气短，肺纤维化。肺功能和肺部高分辨CT有助于早期诊断。②胸膜炎见于约10%的病人，为单侧或双侧少量胸腔积液，偶为大量胸腔积液。③结节样改变，肺内出现单个或多个结节，是肺内的类风湿结节表现。

2）循环系统：以心包受累最为常见，不足10%的病人出现临床症状，近半数病人可通过超声心动图检查发现。

3）神经系统：神经受压是RA病人出现神经系统病变的常见原因。正中神经在腕关节处受压可出现腕管综合征，胫后神经在踝关节处受压可出现跗管综合征。继发血管炎可以导致手足麻木或多发性单神经炎，C1~C2颈椎受累可出现脊髓病变，均提示需要更积极的治疗。

4）血液系统：正细胞正色素性贫血是最常见的血液系统表现，贫血可因病变本身或因服用非甾体抗炎药造成胃肠道长期少量出血所致。RA病人伴有脾大、中性粒细胞减少，甚至有贫血和血小板减少，称为Felty综合征。

5）肾：本病的血管炎很少累及肾，偶有轻微膜性肾病、肾小球肾炎、肾内小血管炎及肾脏的淀粉样变等报道。

6）眼：最常见的表现为继发干燥综合征所致的干眼症，可能合并口干、淋巴结肿大，需结合自身抗体，经口腔科及眼科检查进一步明确诊断。

(四)实验室及其他检查

1. 血常规 轻至中度贫血,以正细胞正色素性贫血常见,多与病情活动程度相关。疾病活动期病人血小板计数可增高。白细胞计数及分类大多正常。

2. 炎症指标 红细胞沉降率(ESR)和C反应蛋白(CRP)升高是反映RA病情活动度的主要指标,病情缓解时可降至正常。

3. 自身抗体

(1)类风湿因子(RF):是一类自身抗体,可分为IgM型、IgG型及IgA型。RA病人中阳性率为75%~80%。但RF并非RA的特异性抗体,其他慢性感染、自身免疫病及1%~5%的健康人群也可出现RF阳性,RF阴性亦不能排除RA的诊断相关。

(2)抗瓜氨酸化蛋白抗体(ACPA):是一类针对含有瓜氨酸化表位自身抗原的抗体的统称,其中抗环瓜氨酸(CCP)抗体敏感性和特异性均很高,约75%的RA病人出现,且具有很高的特异性(93%~98%)。约15%的RA病人RF和ACPA均为阴性,称为血清学阴性RA。

4. 关节滑液 正常人关节腔内的滑液不超过3.5mL,病情活动时滑液量增多,呈淡黄色透明、黏稠状,滑液中的白细胞明显增多,达5 000~50 000/μL。

5. 影像学检查

(1)X线检查:双手及腕关节的X线片对RA诊断、关节病变分期、疾病进展的监测均发挥重要作用。早期X线表现为关节周围软组织肿胀及关节附近骨质疏松,随疾病进展可出现关节面破坏、关节间隙狭窄、关节融合或脱位。

(2)关节MRI:是检测早期RA病变最敏感的工具,可早期发现滑膜增厚、骨髓水肿和轻微关节面侵蚀。

(3)关节超声:多普勒超声可清晰显示关节腔、关节腔积液、关节滑膜、关节软骨厚度及形态等,可监测疾病活动和进展,评估炎症情况,指导关节穿刺及治疗。

(4)CT检查:对大关节病变及肺部疾病的检测有一定价值。

6. 关节镜及针刺活检 关节镜有助于诊断及治疗,针刺活检是一种操作简单、创伤小的检查方法。

(五)诊断

目前国际上有两种分类标准来帮助RA的诊断,见表8-3-1和表8-3-2。两种分类标准在敏感度和特异度方面各有优势,《2018年中国类风湿关节炎诊疗指南》建议同时参考这两种RA分类标准对RA做出准确诊断。

表8-3-1 1987年美国风湿病学会(ACR)的RA分类标准

症状体征	表现
1. 晨僵	晨僵持续至少1h
2. ≥3个关节区的关节炎	14个关节区(两侧的近端指间关节、掌指关节、腕、肘、膝、踝及跖趾关节)中至少有3个关节区软组织肿胀或积液
3. 手关节炎	腕、掌指或近端指间关节区中,至少有一个关节区肿胀
4. 对称性关节炎	左右两侧关节同时受累

续表

症状体征	表现
5. 类风湿结节	骨突部位、伸肌表面或关节周围有皮下结节
6. 血清 RF 阳性	血清中 RF 含量升高
7. 影像学改变	典型的 RA 影像学改变，必须包括骨质侵蚀或受累关节有明确的骨质脱钙

注：以上 7 项中满足 4 项或 4 项以上，除外其他关节炎可诊断 RA（1~4 项至少持续 6 周）。

表 8-3-2　2010 年 ACR/EULAR 的 RA 分类标准

项目		评分
关节受累情况		（0~5 分）
中大关节	1 个	0
	2~10 个	1
小关节	1~3 个	2
	4~10 个	3
至少一个为小关节	>10 个	5
血清学指标		（0~3 分）
RF 和抗 CCP 抗体均阴性		0
RF 和抗 CCP 抗休低滴度阳性		2
RF 和抗 CCP 抗体高滴度阳性（正常上限 3 倍）		3
滑膜炎持续时间		（0~1 分）
<6 周		0
≥6 周		1
急性时相反应物		（0~1 分）
CPR 和 ESR 均正常		0
CPR 和 ESR 异常		1

注：总分≥6 分可确诊 RA。受累关节指关节肿胀疼痛，小关节包括：掌指关节、近端指间关节、第 2~5 跖趾关节、腕关节，不包括第 1 腕掌关节、第 1 跖趾关节和远端指间关节；大关节指肩、肘、髋、膝和踝关节。

（六）治疗

RA 至今无法根治。治疗原则为早期、规范治疗，定期监测与随访。治疗目标是达到疾病缓解或低疾病活动度，即达标治疗，最终目的为控制病情、减少致残率，改善病人生活质量。

1. 一般治疗　包括病人教育、休息、急性期关节制动、缓解期关节功能锻炼、物理疗法、定期监测疾病活动度等。

2. 药物治疗

（1）非甾体抗炎药（NSAIDs）：具有镇痛抗炎作用，可控制严重的疼痛和晨僵，但控制病情方面作用有限，应与缓解病情抗风湿药（DMARDs）同服，需注意胃肠道、肾功能损伤等不良反应，应避免两种或两种以上 NSAIDs 同时服用。

（2）传统合成 DMARDs：可延缓和控制病情进展，但该类药物起效慢，需 1~6 个月，故

RA 确诊后，应早期使用，视病情可单用也可联合使用两种及以上 DMARDs 药物。

1）甲氨蝶呤（methotrexate，MTX）：是 RA 治疗的首选用药，每周 7.5~20 mg，以口服为主，亦可静注或肌注，需强调每周一次的给药频率，通常 4~6 周起效，疗程至少半年。不良反应有肝损害、胃肠道反应、骨髓抑制和口炎等，肾功能不全者需减量。MTX 治疗期间补充叶酸可减少胃肠道反应、肝功能损害等不良反应。

2）来氟米特（leflunomide，LEF）：口服每日 10~20 mg。不良反应有胃肠道反应、肝损伤、脱发、骨髓抑制和高血压等。也有致畸作用，孕妇禁用。

3）抗疟药：包括羟氯喹和氯喹，前者应用较多，每日 0.2~0.4 g，分两次服。该药可能导致视网膜损害，用药前和治疗期间需检查眼底。

4）柳氮磺吡啶：每日 1~3 g，分 2~3 次服用，由小剂量开始，磺胺类药物过敏者慎用。

5）其他：其他传统合成 DMARDs 药物有环孢素、硫唑嘌呤、金制剂和青霉胺等。

（3）生物 DMARDs：是 RA 治疗的革命性进展，主要包括 TNF-α 拮抗剂、IL-1 拮抗剂、IL-6 拮抗剂、CD20 单克隆抗体、细胞毒 T 细胞活化抗原-4（CTLA-4）抗体。若最初 DMARDs 方案治疗未能达标，或存在预后不良等因素时应考虑加用生物制剂。副作用包括注射部位局部反应和输液反应，可能增加肿瘤和感染的风险，尤其是结核感染，用药前需筛查。

（4）靶向合成 DMARDs：是一类具有新作用机制的抗风湿药，目前仅指 JAK（Janus kinase）抑制剂，如托法替布。

（5）糖皮质激素（GC）：具有高效抗炎和免疫抑制作用，能够迅速缓解关节肿痛症状和全身炎症，其治疗 RA 的原则是小剂量、短疗程。关节腔注射 GC 有利于减轻关节炎症状。使用 GC 病人均应补充钙剂和维生素 D，避免骨质疏松。

（6）植物药制剂：如雷公藤多苷、白芍总苷等，对缓解关节症状有较好作用。其中雷公藤多苷最为常用，应注意其性腺抑制、骨髓抑制、肝损伤等副作用。

3. 外科治疗　晚期有畸形并失去功能的关节可行人工关节置换治疗。滑膜切除术可使病情得到一定的缓解，但病情会因滑膜再次增生而复发，所以必须同时应用 DMARDs。

（七）护理评估

1. 病史　了解有无感染、疲劳等疾病诱发因素，主要症状与主诉、既往诊疗经过、治疗方案及生活方式。

2. 身体评估　有无低热、乏力、肌肉酸痛、体重下降和食欲减退等全身症状；有无关节疼痛、肿胀、晨僵、畸形、功能障碍等表现；有无关节外症状，如贫血、类风湿结节、口干、眼干、慢性咳嗽等。评估病人疼痛程度、关节活动度、肌力、生活自理能力。

3. 实验室及其他检查　血常规、尿常规、肝肾功能、ESR、C 反应蛋白、RF、抗 CCP 抗体等自身抗体及影像学检查、类风湿结节活检及关节滑液检查，明确诊断及疾病进展情况。

4. 心理社会状况　评估病人有无紧张、焦虑、抑郁等不良情绪，了解病人医疗保险情况、家庭经济状况和家庭支持情况。

（八）常见护理诊断/问题

1. 疼痛　与关节炎症反应有关。
2. 自理缺陷　与关节畸形与功能障碍有关。
3. 焦虑或抑郁　与病人性格、经济压力、病程迁延影响生活质量有关。

4. 知识缺乏　与缺乏疾病自我管理知识有关。

（九）护理目标

病人关节疼痛减轻或消失；延缓疾病进展，能够维持关节功能，最大程度保持自理能力和生活质量；降低病人焦虑、抑郁水平；提高病人疾病自我管理能力。

（十）护理措施

1. 休息与活动　急性期卧床休息，保持关节功能位，可选择关节活动度训练如手、腕关节等锻炼，以及等长收缩运动，如四肢肌肉的运动。缓解期可选择柔韧性训练，如瑜伽、水上运动；平衡训练，如太极；力量训练，如负重锻炼、阻力训练；有氧运动，如步行、跳舞、游泳、骑行等。

2. 饮食护理　应戒烟限酒，减少或避免食用高糖、反式脂肪酸、人造黄油、动物脂肪、油炸食品、加工肉类、过量的酒精和咖啡，提倡地中海抗炎饮食，多食全谷物食物、新鲜蔬菜、豆类、坚果、奶制品、橄榄油和菜籽油，适当补充富含多不饱和脂肪酸的鱼油。

3. 病情观察　了解关节疼痛程度、部位及性质，关节肿胀、活动受限和晨僵的程度，有无关节畸形。注意关节外表现，如胸闷、气短、心前区疼痛、腹痛、消化道出血、头痛、发热、咳嗽、呼吸困难、贫血等，提示疾病进展累及其他系统器官，及早给予适当的治疗和处理。

4. 用药护理　评估病人治疗方案和治疗效果，识别药物的不良反应，定期监测血、尿常规及肝、肾功能等，教会病人不良反应发生时的正确应对方法。

5. 对症护理

（1）晨僵：详见本章第二节风湿性疾病常见症状体征的评估和护理。

（2）疼痛：详见本章第二节风湿性疾病常见症状体征的评估和护理。

6. 心理护理

（1）30%～60%的病人伴有不同程度的焦虑、抑郁情绪，需要经过科学评估，及时识别病人的心理问题并提供专业帮助。

（2）加强对疾病的学习和认知使病人正确认识和对待疾病，积极配合治疗。

（3）鼓励病人维持和促进其社会参与和生活自理能力，提高生活质量。

（4）鼓励病人参加病友会活动，获取同伴支持，取得情感和信息支持。

（5）建立社会支持系统，帮助病人获取家属、亲友物质上和精神上的支持，以缓解其不良心理状态，增强病人战胜疾病的信心。

（十一）健康指导

1. 建立良好的生活方式　指导戒烟限酒，合理饮食，适量运动，控制体重。合理饮食有助于控制病情，每周坚持适量的运动有助于维持和改善关节功能、缓解疲劳和提高生活质量。

2. 提高病人疾病自我管理能力

（1）给予不同疾病时期药物治疗方案的科学用药指导，使病人正确认识药物的疗效、不良反应，并学会不良事件发生时正确的应对方法。

（2）帮助病人学会疼痛、疲劳、疾病活动度、疾病症状的评估方法，自我监测疾病活动度和症状，既有助于提高病人参与治疗的主动性和依从性，也有助于医生适时调整治疗方案以达到最佳的治疗效果。

> 拓展阅读 8-3-3
> RA 病人的疾病活动度评估
> 视频 8-3-1
> 类风湿关节炎病人手腕部关节操

（3）鼓励病人从正规渠道搜寻疾病相关信息，帮助病人提高辨别信息真伪的能力。

（十二）护理评价

病人能够正确运用减轻疼痛及缓解僵硬的方法，疼痛减轻或消失；情绪稳定，能够积极配合规范治疗；学会疾病自我监测，发现问题及早就医；减少疾病对病人日常生活和工作造成的不良影响；能够采取健康行为和良好生活方式。

（十三）预后

早期诊断、规范治疗，80%的病人能够实现病情缓解。

拓展阅读8-3-4
类风湿关节炎病人护理流程

第四节　系统性红斑狼疮病人的护理

> **情景导入**
>
> 李某，女，27岁，主诉乏力1年，伴有脱发和口腔溃疡，面颊部和鼻梁部有蝶形分布的红斑，日晒后加重。
>
> 请思考：
> 1. 该病人的疾病诊断可能是什么？确诊需要进行哪些实验室检查？
> 2. 如何指导病人进行皮肤护理？
> 3. 该疾病常用药物的副作用有哪些？

拓展阅读8-4-1
系统性红斑狼疮病人的护理重要知识点

系统性红斑狼疮（systemic lupus erythematosus，SLE）是以多种自身抗体导致不同靶器官损害为特点，病情缓解和活动相交替的慢性自身免疫病，其基本病理改变是免疫复合物介导的血管炎，临床可出现各个系统和器官损伤。本病异质性极强，以女性多见，尤其是20~40岁的育龄女性，男女患病比为1：(10~12)，患病率地域差异较大，全球患病率为(0~241)/10万，我国为(30~70)/10万。

（一）病因及发病机制

1. **病因**　病因未明，可能与遗传、性激素、环境等因素有关。

（1）遗传因素：SLE的发病与遗传有一定的关系，多年研究已证明是多基因相关疾病，其有明显的家族聚集性。

（2）雌激素：在各年龄段和种族中，女性发病率均明显高于男性，且妊娠可诱发本病或加重病情，提示雌激素水平与SLE的发病相关。

（3）环境因素：日光、食物、药物、化学试剂及病原微生物等环境因素与SLE有关。

2. **发病机制**　本病发病机制复杂，涉及多种免疫异常，包括自身免疫耐受性降低、细胞因子谱的改变、凋亡细胞的清除障碍、B细胞和T细胞的异常活化及自身抗体的产生，从而形成急、慢性炎症，导致组织损伤。

（二）病理

病理改变为炎症反应和血管异常，可以出现在身体任何器官。病理形态因累及部位不同而异。特征性病理改变有以下几个方面：

1. 狼疮小体（苏木紫小体） 是由于细胞核受抗体作用变性为嗜酸性团块，为特征性诊断依据。

2. "洋葱皮样"病变 即小动脉周围有显著向心性纤维组织增生，尤以脾中央动脉为明显。心瓣膜的结缔组织反复发生纤维蛋白样变性，而形成赘生物。

3. 狼疮性肾炎（lupus nephritis，LN） 肾活组织免疫荧光及电镜检查，几乎均可发现位于肾小球、肾间质、肾小管及肾血管等部位具有特征性的病理改变。

（三）临床表现

临床症状多样，早期往往不典型。

1. 全身症状 活动期病人大多有全身症状，主要有发热、疲倦、乏力、体重下降等。约90%的病人在病程中出现各种热型的发热，尤以低、中度热为常见。

2. 皮肤与黏膜 80%的病人在病程中会出现皮疹，包括颧部呈蝶形分布的红斑、盘状红斑，指掌部红斑和甲周红斑，面部及躯干部皮疹，其中以鼻梁和双颧颊部呈蝶形分布的红斑最具有特征性。皮疹多无明显瘙痒。口腔及鼻黏膜无痛性溃疡和脱发（弥漫性或斑秃）较常见，常提示疾病活动。

3. 肌肉与骨骼 约85%的病人有关节痛，常见于指、腕、膝关节，多不引起骨质破坏。肌痛和肌无力亦常见，5%～10%出现肌炎。

4. 肾损害 肾活检显示肾受累几乎为100%，其中45%～85%有肾损害的临床表现。早期多无症状，随着病情进展，病人可出现大量蛋白尿、血尿、管型尿、氮质血症、水肿和高血压等，晚期发生尿毒症。

5. 神经系统 神经精神狼疮（neuropsychiatric lupus，NP-SLE）又称"狼疮脑病"，轻者仅有偏头痛、性格改变、记忆力减退或轻度认知障碍；重者可表现为脑血管意外、不同程度的意识障碍、癫痫持续状态及颅内高压等；少数病人出现脊髓损伤，表现为截瘫、大小便失禁等。

6. 血液系统 血红蛋白下降、白细胞及血小板减少在活动性 SLE 中常见。

7. 肺与胸膜 胸膜炎：约35%病人有胸腔积液，多为中小量、双侧性；狼疮肺炎：约10%的病人发生狼疮肺炎，表现为发热、干咳、气促；肺间质病变：表现为活动后气促、干咳、低氧血症，X线表现为肺纹理增粗，肺功能示弥散功能下降；肺动脉高压：多出现在有肺血管炎或有雷诺现象的病人；弥漫性肺泡出血：主要表现为咳嗽、咯血、低氧血症、呼吸困难。

8. 心血管 约30%病人有心血管表现，如心包炎、心肌炎、心内膜炎、心肌缺血等。

9. 消化系统 约50%的病人会出现胃肠道症状，表现为腹痛、腹泻、水肿、恶心呕吐、便血等。同时伴有肝损害、胰腺炎、肠穿孔、肠梗阻等。

10. 眼睛 可引起多种眼部并发症，如葡萄膜炎、视网膜病变、视神经病变等。视网膜病变主要表现为棉絮斑、视网膜下出血等，视神经病变可以导致突然的失明，与视网膜血管炎有关。

11. 继发性干燥综合征 见于30%病人，主要是由于外分泌腺受累所致，常伴有血清抗 SSB、抗 SSA 抗体阳性。

(四)实验室及其他检查

1. 血液检查 周围血象表现为红细胞、白细胞和血小板减少;约10%的病人有溶血性贫血,Coomb's 试验阳性;病情活动时 ESR 增快,血清冷球蛋白和丙种球蛋白增高。

2. 免疫学检查

(1)抗核抗体谱:出现在 SLE 病人血清中的有抗核抗体(ANA)、抗双链 DNA(dsDNA)抗体、抗 ENA 抗体。① ANA:是目前 SLE 首选的筛查项目,特异性低,结果阳性并不能作为 SLE 与其他结缔组织病的鉴别;②抗双链 DNA 抗体:诊断 SLE 的标记抗体之一,抗体的含量与疾病活动性密切相关,也与疾病的预后有关;③抗 ENA 抗体谱:是一组临床意义不相同的抗体。A. 抗 Sm 抗体:诊断 SLE 的标记抗体之一,特异性达99%,但敏感性仅25%。B. 抗 RNP 抗体:对 SLE 诊断特异性不高,往往与 SLE 的雷诺现象和肌炎相关。C. 抗 SSA(Ro)抗体及抗 SSB(La)抗体:阳性有助于 SLE 或合并干燥综合征病人的临床诊断。D. 抗 rRNP 抗体:代表 SLE 的活动,同时往往提示有 NP-SLE 或其他重要内脏的损害。

(2)抗磷脂抗体:包括抗心磷脂抗体、狼疮抗凝物、梅毒血清试验假阳性等对自身不同磷脂成分的自身抗体。

(3)抗组织细胞抗体:抗红细胞膜抗体与溶血性贫血有关、抗血小板相关抗体与血小板减少有关、抗中性粒细胞胞质抗体与白细胞减少有关。

(4)抗神经元抗体:抗神经元抗体多见于 NP-SLE。

(5)补体:在 SLE 活动期,血清补体总溶血能力(CH50)、C3、C4 含量减低。补体低下,尤其是 C3 下降表示 SLE 活动的指标之一。

(6)狼疮带试验:用免疫荧光法检测皮肤的真皮和表皮交界处有否免疫球蛋白(IgG)和补体沉积带。SLE 的阳性率约为50%,狼疮带试验阳性代表 SLE 活动性。

3. 肾活检病理 狼疮性肾炎是常见的继发性肾小球肾炎之一,肾活检病理可见肾组织活动性病变,如肾小球坏死、细胞性新月体、透明血栓、肾间质炎症浸润、坏死性血管炎等。

(五)诊断要点

目前普遍采用美国风湿病学会(ACR)1997 年推荐的 SLE 分类标准(表 8-4-1)。该分类标准的 11 项中,符合 4 项或 4 项以上者,在除外感染、肿瘤和其他结缔组织病后,可诊断 SLE。

表 8-4-1 美国风湿病学会(ACR)1997 年推荐的 SLE 分类标准

症状体征	表现
1. 颊部红斑	固定红斑,扁平或高起,在两颧突出部位
2. 盘状红斑	片状高起于皮肤的红斑,黏附有角质脱屑和毛囊栓;陈旧病变可发生萎缩性瘢痕
3. 光过敏	对日光有明显的反应,引起皮疹,从病史中得知或医生观察到
4. 口腔溃疡	经医生观察到的口腔或鼻咽部溃疡,一般为无痛性
5. 关节炎	非侵蚀性关节炎,累及 2 个或更多的外周关节,有压痛、肿胀或积液
6. 浆膜炎	胸膜炎或心包炎
7. 肾病变	尿蛋白定量(24 h)>0.5 g 或 +++,或管型(红细胞、血红蛋白、颗粒或混合管型)
8. 神经病变	癫痫发作或精神病,除外药物或已知的代谢紊乱

续表

症状体征	表现
9. 血液学疾病	溶血性贫血，或白细胞减少，或淋巴细胞减少，或血小板减少
10. 免疫学异常	抗 dsDNA 抗体阳性，或抗 Sm 抗体阳性，或抗磷脂抗体阳性（包括抗心磷脂抗体、狼疮抗凝物、至少持续 6 个月的梅毒血清试验假阳性三者中具备一项阳性）
11. 抗核抗体	在任何时候和未用药物诱发"药物性狼疮"的情况下，抗核抗体滴度异常

拓展阅读 8-4-2
系统性红斑狼疮病人的疾病活动度评估

（六）治疗原则

早期诊断、早期个体化治疗，最大限度地延缓疾病进展，降低器官损害，改善预后。

1. **一般治疗** 非药物治疗对于稳定 SLE 病情非常重要。正确面对疾病，保持病人乐观情绪；保证充足睡眠，避免劳累，急性活动期卧床休息为主，稳定期可进行适当活动和工作；避免疾病诱发因素，如感染、阳光暴晒等，在医生专业指导下用药、备孕和妊娠。

2. **糖皮质激素** 是目前治疗 SLE 的首选用药，在诱导缓解期，根据病情泼尼松剂量为每日 0.5~1 mg/kg，病情稳定 2 周或 6 周后缓慢减量。如果病情允许，以 <10 mg/d 泼尼松的小剂量长期维持。出现狼疮危象者应尽量进行激素冲击治疗，即甲泼尼龙 500~1 000 mg，静脉滴注 1 次/天，连用 3~5 天为 1 疗程。如病情需要，1~2 周后可重复使用，这样能较快控制病情活动，达到诱导缓解的目的。

3. **免疫抑制剂** 联合使用免疫抑制剂有利于更好地控制病情活动及减少激素的剂量。

（1）环磷酰胺（CTX）：是目前治疗重症 SLE 最有效的药物之一，它能有效地诱导疾病缓解，阻止和逆转病变的发展，改善远期预后。环磷酰胺冲击治疗的副作用主要包括恶心、呕吐、脱发、肝损害、骨髓抑制等。

（2）硫唑嘌呤（AZA）：主要用于 SLE 的维持期治疗。孕期安全性较高，且严重感染发生率较低，副作用包括骨髓抑制、胃肠道反应、肝功能损害等，需检测硫嘌呤甲基转移酶活性。

（3）甲氨蝶呤（MTX）：主要用于关节炎、肌炎、浆膜炎、皮肤损害为主的 SLE。

（4）雷公藤制剂：对本病有一定疗效。最主要的副作用是性腺毒性、胃肠道反应、肝功能损害、粒细胞减少等。

（5）环孢素 A（CyA）：是一种非细胞毒免疫抑制剂，用于激素和环磷酰胺治疗无效的顽固性 SLE 病人，用药期间注意肝、肾功能及高血压、高尿酸血症、高血钾、感染等。

（6）羟氯喹：长期服用可降低疾病活动度及受累器官损伤和血栓的风险，改善血脂情况，提高生存率。对无禁忌的 SLE 病人，推荐长期使用羟氯喹作为基础治疗，服用期间建议每年进行 1 次眼科检查。

4. **其他方法**

（1）免疫球蛋白（IVIG）：适用于某些病情严重或（和）并发全身性严重感染者，对重症血小板减少性紫癜有效。

（2）血浆置换：通过清除血浆中循环免疫复合物、游离的抗体、免疫球蛋白及补体成分，使血浆中抗体滴度减低，并改变单核吞噬细胞系统的吞噬功能。

（3）人造血干细胞移植：通过异体或自体的造血干细胞植入受体内而获得造血和免疫功能重建的医疗手段。

（4）生物制剂：目前贝利尤单抗已经获得批准用于治疗 SLE。

拓展阅读 8-4-3
系统性红斑狼疮与妊娠

5. 巩固治疗　病情控制后，尚须接受长期维持治疗。长期随访是治疗 SLE 成功的关键。

（七）护理评估

1. 病史　有无家族史、妊娠、日光紫外线照射、使用某些化学药品（如肼屈嗪、青霉胺、磺胺类等）、病毒感染等，女病人的月经生育史，既往诊疗及用药情况。

2. 身体评估　评估病人全身症状，如发热、疲乏；骨关节和肌肉表现，如关节疼痛的部位、性质及特点等；皮肤黏膜表现，如面部蝶形红斑、皮疹及出现的时间和规律，相关器官损害表现等。

3. 实验室及其他检查　如血常规、ESR、免疫学检测等结果。

4. 心理社会状况　评估病人及家属对疾病的认知程度、心理状态及家庭经济状况。

（八）常见护理诊断/问题

1. 皮肤完整性受损　与疾病所致的血管炎性反应等因素有关。
2. 疼痛：慢性关节疼痛　与自身免疫反应有关。
3. 知识缺乏　与病人文化程度或初次发病有关。
4. 焦虑或抑郁　与病情反复发作、迁延不愈、面容毁损及多器官功能损害有关。

（九）护理目标

病人皮肤受损减轻或好转；关节及肌肉疼痛减轻或消失；口腔黏膜溃疡逐步愈合；学会避免加重肾损害的自我护理方法；能正确应对病情的变化，情绪稳定。

（十）护理措施

1. 休息与活动　病床宜安排在无阳光直射的地方。急性活动期的病人应以卧床休息为主，病情缓解后可正常学习、工作，但应避免过度劳累。

2. 饮食护理　优质蛋白质、高维生素、低饱和脂肪酸、易消化饮食，根据肾功能损害程度选择蛋白质的种类及量。戒烟酒，禁饮咖啡，不宜进食生冷的食品和饮料。激素治疗后应注意规律饮食，避免暴饮暴食。

3. 对症护理

（1）一般护理：病室温湿度适宜，避免阳光直射；实施预防感染措施，如病室定时通风和消毒、严格手卫生、限制探视等，指导病人避免接触刺激性物品，如染发、烫发剂、定型发胶、农药等。

（2）合并症护理：若有肾功能不全，应限制水钠和蛋白质摄入，给予低盐及优质低蛋白饮食，每日监测体重及腹围，严格记录 24 h 出入量；有心肺合并症者，严格控制输液的速度和量；重度肺动脉高压者，应少吃多餐，洗澡时间不宜过长，水温不宜过热；病变累及血液系统者，应动态观察白细胞、血小板变化。

4. 用药护理

（1）糖皮质激素：指导病人遵医嘱按时按量正确用药，勿随意减药、停药，病情缓解后，遵医嘱逐渐减量至维持剂量，减量速度宜慢。长期激素治疗应注意以下副作用：①库欣综合征，又称皮质醇增多症，表现为向心性肥胖、满月脸、水牛背、皮肤菲薄、皮肤紫纹、多毛、痤疮、高血压、低血钾等一系列症状；②诱发和加重感染；③消化系统，胃肠道出血、穿孔、消化性溃疡、肝酶升高或胰腺炎等；④内分泌代谢系统，血糖、血脂代谢异常，肾上腺皮质功能低下、垂体功能减退等；⑤神经系统，头痛、认知障碍、睡眠紊乱、情绪不稳、性格改变、精神异常等；⑥骨骼肌肉，肌痛、肌无力、肌肉萎缩、骨质疏松、无菌性股骨头坏死、病理性骨折等；⑦眼，青光眼、白内障等；⑧其他，女性月经失调等。针对外貌改变，告知病人减药停药后可自行恢复，以缓解病人焦虑情绪，用药过程密切监测副作用的发生，及时给予有效应对。

（2）免疫抑制剂：主要的不良反应有骨髓抑制，胃肠道反应，黏膜溃疡，皮疹，肝肾损害，出血性膀胱炎，脱发，致畸等。鼓励病人多饮水，观察尿色，注意口腔卫生，育龄女性指导避孕等。

（3）非甾体抗炎药：胃肠道反应较多，宜饭后服用，有肾炎者慎用。

（4）避免使用可诱发本病的药物：如肼苯哒嗪、避孕药、普鲁卡因胺等。

5. 心理护理　引导病人正确地对待疾病，保持乐观情绪，树立战胜疾病的信心。

（十一）健康指导

1. 疾病知识指导　避免诱发因素，如阳光照射、妊娠、药物、劳累、精神刺激等；少到公共场所去，注意保暖，预防感冒；注意个人卫生，保持口腔、皮肤的清洁，忌用各种化妆品。

2. 生活指导　保持病室适宜的温、湿度，温度保持 18~20℃，湿度保持 50%~60%，光线宜暗，可用深色窗帘。

3. 用药指导　告知药物用法、用量及不良反应，指导按医嘱服药，不得擅自加量、减量或停药，定期复诊。

4. 生育指导　育龄妇女注意避孕，避免服用避孕药物。病情处于缓解期达半年以上，无重要脏器受累，妊娠前 3 个月停用除激素外的免疫抑制剂，泼尼松用量每天小于 15 mg 可允许怀孕。

5. 复诊指导　定时复查，如有失眠、脱发、新鲜皮疹、关节痛、乏力、不明原因发热等及时就诊。

6. 功能锻炼　活动期应卧床休息，以减少机体消耗和预防并发症。缓解期可逐步增加活动，适当锻炼，以增强体质。

（十二）护理评价

病人能自觉避免各种加重皮肤和肾损害的因素；关节及肌肉疼痛减轻或消失；皮损和口腔溃疡面积变小或愈合；能接受患病的事实，情绪稳定，主动配合治疗。

（十三）预后

随着SLE诊疗水平的提高，病人教育和管理策略的加强，SLE的预后已有显著提高，10年存活率已超过90%。急性期病人的死亡原因主要是多脏器严重损害和感染，慢性肾功能不全和药物（尤其是长期使用大剂量激素）的不良反应等是SLE远期死亡的主要原因。

拓展阅读 8-4-4
系统性红斑狼疮病人护理流程

第五节 特发性炎性肌病病人的护理

> **情景导入**
>
> 李某，女性，56岁，2个月前无明显诱因下出现眶周水肿，前胸"V"形暗红色皮疹，双肘关节伸面有鳞屑样皮疹，双手掌面及侧面过度角化皮肤粗糙。
>
> 请思考：
> 1. 该病人考虑什么疾病？
> 2. 需要做哪些检查以明确诊断？
> 3. 该如何做健康宣教？

拓展阅读 8-5-1
特发性炎性肌病病人的护理重要知识点

特发性炎性肌病（idiopathic inflammatory myositis，IIM）是以一组病因未明的以四肢近端肌无力为主的骨骼肌非化脓性炎症性疾病，病程表现模式多样，可呈急性、慢性、隐匿性或者是复发与缓解交替进行。其包含多发性肌炎（polymyositis，PM）、皮肌炎（dermatomyositis，DM）、非特异性肌炎（nonspecific myositis，NSM）、包涵体肌炎（inclusion body myositis，IBM）和免疫介导的坏死性肌病（immune-mediated necrotizing myopathy，IMNM）。本组疾病发病率为0.5/10万~8.4/10万人口，有10~15岁和45~60岁两个发病高峰。除包涵体肌炎外，其他炎性肌病女性患病率为男性的2倍，而包涵体肌炎的男性患病率是女性的2倍。临床上 IIM 约70%是成人 PM 和 DM，本章将做重点讨论。

（一）病因及发病机制

本病病因与发病机制不明，可能有遗传易感性的个体在特定的环境（感染因素，如细菌和病毒的感染；非感染因素，如药物等）的作用下，由免疫介导而诱发起病。

（二）病理

IIM 的病理特点为肌纤维肿胀，横纹消失，肌质透明化，肌纤维膜细胞核增多，肌组织内炎症细胞浸润。PM 主要是细胞免疫，典型的浸润细胞为 $CD8^+$ T 细胞，常聚集于肌纤维周围的肌内膜区，是 PM 较特征性的表现。体液免疫在 DM 发病中起更大作用，主要为 B 细胞和 $CD4^+$ T 细胞浸润肌束膜、肌外膜和血管周围，导致肌束周围萎缩是 DM 的特征性表现。免疫介导的坏死性肌病的特征为大量肌细胞坏死和（或）再生，常伴有膜攻击复合物（MAC）的沉积。皮肤病理改变无显著特异性，主要表现为表皮轻度棘层增厚或萎缩，基底细胞液化变性。

（三）临床表现

本病以对称性四肢近端肌无力为特征。全身症状有发热、乏力、关节肿痛及体重减轻。

1. 骨骼肌　主要以四肢近端肌无力和肌肉耐力下降为主，远端肌肉受累少见。肌无力通常呈亚急性或隐匿性发作，如不及时治疗，肌无力症状会逐渐加重。肌无力呈现对称性分布，主要累及近端肌群，往往表现为颈屈肌无力、上臂难以上举、无力上楼、不能行走、甚至难以站立等。如累及咽和食管上端横纹肌，可出现声音嘶哑、吞咽困难、饮水呛咳、营养障碍，并可引起吸入性肺炎等，膈肌和胸廓肌肉受累时可并发呼吸困难。部分病人可出现横纹肌溶解，表现为酱油色尿；慢性期可出现不同程度的肌肉萎缩。

2. 皮肤　皮疹通常为局部红斑，无瘙痒及疼痛，少数情况下可能出现严重而弥散红斑（红皮病），可伴有水泡性大疱疹或溃疡病，皮疹的出现与肌肉受累的程度常不平行，典型的皮疹包括以下几种：

（1）向阳性皮疹：单侧或双侧以眼睑为中心的眶周水肿性紫红色红斑。

（2）Gottron疹：出现在腕、肘、膝、掌指关节、指间关节的伸面，呈微隆起的紫红色丘疹，这些丘疹有时可融合成片，并伴有局部的毛细血管扩张、潮红和鳞屑，与Gottron疹分布相同的斑疹称为Gottron征。

（3）多数病人也会出现头、面、颈前的光敏感性皮疹（V形征）和肩部（披肩征）、臀部（枪套征）皮疹。

（4）技工手：通常与抗合成酶抗体有关，PM和DM病人均可见到。是指双手外侧掌面皮肤出现过度角化、裂纹、粗糙脱屑、色素沉着等。

（5）甲周病变：甲根褶处可见毛细血管扩张性的红斑或瘀点、表皮过度角化等。

（6）钙质沉着：主要见于青少年DM，也可见于成年病人。钙质沉积见于肘部或膝部等易摩擦或创伤部位发生钙化小结节。

3. 其他　肺部受累是PM和DM最常见的，是影响其发病率和死亡率的主要因素。临床表现为呼吸困难和咳嗽，多由呼吸肌无力或间质性肺疾病（interstitial lung disease，ILD）引起，多数ILD较轻微，病程缓慢进展，部分病人可表现为快速进展的ILD，危及生命。抗MDA5抗体和抗合成酶抗体与ILD的发生有密切关系。病变还会累及心脏、消化道、肾、关节等，表现为心律不齐、充血性心力衰竭、吞咽困难、饮水呛咳、肾功能损害、对称性手足小关节炎等。

4. 包涵体肌炎　被认为是特殊类型的IIM，好发于50岁以上的中老年人，男性多于女性，其典型的组织病理学特点为胞质和核内出现包涵体和镶边空泡，临床表现为隐匿、缓慢进展的无痛性肌萎缩和肌无力，肌无力的特点为进行性非对称性，多累及大腿肌群和手指屈肌，对糖皮质激素的治疗不敏感。

（四）辅助检查

1. 一般检查　可见轻度的贫血，白细胞计数增高，ESR增快，血尿、蛋白尿、管型尿。

2. 血清肌酶谱　肌酸激酶（creatine kinase，CK）、醛缩酶、天冬氨酸氨基转移酶（AST）、丙氨酸氨基转移酶（ALT）、乳酸脱氢酶（LDH）增高，其中以CK升高更为明显，CK水平持续升高提示疾病整体活动度有相关性，用来判断疾病的进展及治疗效果，但与肌无力不相平行，需结合临床症状。

3. 血清自身抗体　主要包括肌炎相关性抗体（myositis associated autoantibody，MAA）和肌炎特异性抗体（myositis-specific autoantibody，MSA），其中检出率较高的有：抗Jo-1抗体，阳性者常表现为肺间质病变、发热、关节炎、"技工手"和雷诺现象，称之为"抗合成酶综合征"；抗Mi-2抗体，阳性者95%可见皮疹，但少见肺间质病变，预后较好；抗MDA5抗体，阳性常见于无肌病皮肌炎者，提示肺间质病变进展迅速，预后差；抗TIF1-g抗体，阳性提示与肿瘤相关；抗NXP2抗体，阳性与皮下钙化和肿瘤相关，皮疹和肌肉病变较重，多见于年轻人；抗SRP抗体，肌酶明显升高，肌力差，对激素与免疫抑制剂治疗均不敏感。

> 拓展阅读8-5-2
> 抗MDA5相关知识

4. **肌电图** 本病90%的病人出现肌电图异常，典型肌电图呈肌源性损害。

5. **肌肉活检** 约2/3的病人呈典型肌炎病理改变；另1/3的病人肌肉活检呈非典型变化，甚至正常。免疫病理学检查有利于进一步诊断。

6. **影像学检查** 如MRI、CT、超声。MRI能够协助判断是否有肌肉病变，胸部高分辨CT是检测病人肺部受累的重要手段。

（五）诊断要点

PM/DM诊断要点：①对称性四肢近端肌无力。②肌酶谱升高。③肌电图示肌源性改变。④肌活检异常。⑤皮肤特征性表现。前4条具备3条加第5条可确诊皮肌炎。仅具备前4条可确诊多发性肌炎。前4条具备2条加第5条为"很可能皮肌炎"。具备前4条中3条为"很可能多发性肌炎"。前4条中1条加第5条为"可能皮肌炎"。仅具备前4条中2条者为"可能多发性肌炎"。在诊断前应排除肌营养不良、肉芽肿性肌炎、感染、横纹肌溶解、代谢性疾病、内分泌疾病、重症肌无力、药物和毒物诱导的肌病症状等。

（六）治疗原则

遵循个体化治疗原则，在治疗早期应积极、足量给予抗免疫治疗，一般首选糖皮质激素，病情危重的病人可给予甲强龙1 000 mg或500 mg，静脉滴注3天，后缓慢减量；病情较轻者可口服泼尼松1.0~1.5 mg/(kg·d)，晨起顿服，缓慢减量至10~20 mg作为维持量，当口服药减至维持量后，可以长期服用，短期者2~3年，长期者达10年以上；也可联合静脉注射人血免疫球蛋白，或应用免疫抑制剂如环磷酰胺、环孢素、甲氨蝶呤、羟氯喹、吗替麦考酚酯等；对于激素、免疫抑制剂治疗无效且病情严重者可行血浆置换治疗，近年来生物制剂及靶向药物（小分子化合物如托法替布）在小样本治疗IIM上也有一定的疗效。过去认为运动会加重病人的肌肉损伤，但有新研究表明低于极限运动量的运动有助于肌肉的恢复。

（七）护理评估

1. **病史** 了解皮肤损害的起始时间、部位、形态、大小、有无光过敏，皮肤损害程度与肌肉受累情况是否有时间先后关联，家族史等。

2. **身体评估** 评估生命体征、肌无力、关节疼痛、发热、呼吸困难、皮疹、吞咽困难等，有无营养不良、肌肉萎缩、有无发绀等。

3. **实验室及其他检查** 血清肌酶谱、自身抗体、血常规、肝肾功能、肌电图、肌肉活检、MRI、CT、B超等。

4. **心理社会状况** 了解病人的生活史、家族史、对疾病的认知程度，病人及家庭成员的文化、信仰、经济收入和支持水平等。

（八）常见护理诊断/问题

1. **自理能力缺陷** 与肌无力有关。
2. **皮肤完整性受损** 与皮疹有关。
3. **营养失调** 与消化道受累有关。
4. **低效性呼吸型态** 与呼吸肌无力有关。
5. **有感染的危险** 与吸入性肺炎及激素等用药有关。

(九) 护理目标

病人通过激素及免疫抑制剂的治疗及积极的护理，肌无力、皮疹症状较前好转，无相关并发症的发生。

(十) 护理措施

1. **休息与活动**　急性期卧床休息，避免活动以减轻肌肉负荷；稳定期指导病人进行运动康复训练，推荐的有氧康复运动如原地自行车运动和在跑步机上慢跑，运动强度需个体化制定，循序渐进。

2. **饮食护理**　在饮食上给以高维生素、高蛋白、易消化的软食，注意补钙。对于有进食呛咳的病人进餐时尽量采取坐位或半坐卧位，进餐后 30~60 min 内避免平卧。

3. **病情观察**

(1) 观察肌力，病人肌痛、肌无力明显时，需认真倾听病人主诉，讲解成功病例，增强病人战胜疾病的信心。

(2) 观察皮疹，出现皮疹时，指导病人避免阳光直射，修剪指（趾）甲，避免搔抓皮肤；若伴有皮损，应保持皮肤清洁干燥，不涂化妆品，避免接触刺激性物品如染发剂、烫发剂等，不使用过热的水和碱性皂液，穿着棉质、宽松的衣物。

(3) 进食困难的病人，给予软烂易吞咽及消化的食物，营养搭配均衡，宜缓慢进食，避免呛咳，进食时取坐位或者半卧位。严重吞咽困难和进食呛咳者可予以鼻饲饮食或肠外营养。

(4) 肺部受累病人，应加强翻身、拍背，鼓励咳嗽咳痰，雾化治疗。加强口腔护理及鼻饲护理，必要时予以吸氧，监测氧饱和度变化，做好痰液标本的留取。

(5) 肌肉活检术后，注意伤口渗血情况，定期更换伤口敷料，保持敷料清洁、干燥，观察伤口愈合情况。

4. **用药护理**　观察药物作用及不良反应，注意有无感染、消化性溃疡、高血压、无菌性骨坏死、骨质疏松等，对大剂量使用激素冲击治疗的病人，应密切关注精神状况及是否发生感染，采取有效预防感染的护理措施。

5. **心理护理**　此病病程长、迁延难愈，告知病人积极配合治疗和护理可控制病情发展，稳定期可正常生活、工作。护士要采取鼓励、安慰等方法帮助病人走出疾病的阴影，缓解紧张、焦虑情绪，建立社会支持系统，强调家庭支持的重要性。

(十一) 健康指导

1. **疾病知识指导**　帮助病人及家属了解疾病的性质、病程和治疗方案，鼓励其积极面对，通过治疗病情可长期处于缓解状态；注意劳逸结合，缓解期注意休息并做适当活动；合理膳食，应选用优质蛋白、高维生素、易消化的软食；皮损病人宜穿棉质、宽松衣物，避免阳光直射及使用碱性皂液。

2. **用药指导与病情监测**　指导病人按时、按量、规律服药，切不可私自停药。定期门诊随访及学会自我病情监测，密切观察疗效及不良反应，若出现吞咽困难、呼吸无力等症状，应及时就医。

（十二）护理评价

肌无力、皮疹症状较前好转，未见营养不良、吸入性肺炎及感染并发症等。

（十三）预后

本病为慢性渐进性疾病，但早期诊断、积极治疗，结局良好。病人死亡原因多为呼吸肌受累而出现肺间质病变、呼吸衰竭及激素和免疫抑制剂使用导致的感染，部分病人死于合并肿瘤及心脑并发症。

拓展阅读8-5-3
特发性炎性肌病病人护理流程

第六节　强直性脊柱炎病人的护理

情景导入

辛某，男性，24岁，1年无明显诱因下右髋关节疼痛，一直未予以重视。3个月前再次出现髋关节及腰椎等多关节疼痛，夜间休息后疼痛明显，门诊查HLA-B27阳性入院。住院期间病人想了解该疾病是如何治疗及日常生活有哪些注意事项。

请思考：
1. 该疾病的诊断是什么？
2. 治疗原则有哪些？
3. 日常生活中有哪些注意事项？

拓展阅读8-6-1
强直性脊柱炎病人的护理重要知识点

强直性脊柱炎（ankylosing spondylitis，AS）属于脊柱关节病的常见临床类型，是以骶髂关节和中轴关节受累为主的慢性、炎症性、进行性疾病，也可累及外周关节及关节外组织，如眼、心血管系统、肺、肌肉、骨骼等。本病好发于20~30岁的中青年男性，有一定遗传倾向。发病率存在种族差异，有研究显示，总发病率为0.73%，病程长、迁延难愈，致残率高，影响生活，甚至丧失劳动能力。

（一）病因及发病机制

拓展阅读8-6-2
HLA-B27相关知识

本病病因不明，存在一定的遗传易感性，与HLA-B27呈现强相关；某些环境因素，如感染可激发人体的炎症反应及免疫应答，从而引起疾病的发生发展。

（二）病理

本病主要病理改变是附着点炎，指肌腱、韧带和关节囊等附着于骨关节部位的非特异性炎症、纤维化，甚至骨化。最早累及的部位是骶髂关节，病理表现为滑膜炎，软骨变性、破坏，软骨下骨板破坏及炎症细胞浸润等。反复的炎症可导致附着点侵蚀、附近骨髓炎症、水肿乃至受累部位新骨形成、关节间隙消失。典型的晚期表现是出现椎体方形变、韧带钙化、脊柱"竹节样"变等。

葡萄膜炎和虹膜炎不少见，主动脉根炎和心肌及传导系统病变较少见。骨折一般认为是继发性病变。

(三) 临床表现

本病起病隐匿，少数病人出现全身症状，如乏力、食欲减退、低热、体重减轻等。

1. 关节表现

(1) 骶髂关节：腰背痛是 AS 最早、最常见的症状。早期表现为难以定位的臀区深部疼痛、晨僵、腰骶部疼痛不适等，起初可以是单侧或间歇性的发作，随着病程进展可演变成持续性、双侧疼痛。部分病人可能从夜间睡眠中痛醒，休息后不能缓解。

(2) 脊柱关节：病变累及胸椎、颈椎，胸痛、腰背（颈）部疼痛及活动受限，部分病人可为首发症状，腰椎病变是导致病人下肢残疾的重要原因；AS 早期可出现轻、中度的胸廓活动度减低；随着疾病进展，腰椎生理性弯曲逐渐消失直至晚期出现脊柱强直。

(3) 附着点炎和外周关节疼痛：因附着点炎而出现关节外特定部位的疼痛和压痛，常见的压痛点有足跟、胸肋关节、脊柱骨突、大转子和坐骨结节等；部分病人出现以非对称肩、髋、膝、踝关节的疼痛，活动受限等。

2. 关节外表现　25%～30% 病人可出现葡萄膜炎或虹膜睫状体炎，可为单侧或双侧交替发作；部分病人病变累及心脏时，可出现升主动脉炎和主动脉关闭不全、心脏传导异常等；累及肾可引起 IgA 肾病；少数会出现肺上叶纤维化、马尾综合征等肺部及运动神经症状；晚期病人常因骨质疏松而发生骨折。

(四) 辅助检查

1. 血液检查　无特异性血液检查指标。ESR 和 CRP 与病情活动度相关性不大，部分病人可出现轻度正细胞贫血、碱性磷酸酶升高；血清 IgA 升高；HLA-27 阳性与 AS 存在一定的相关性，但无诊断特异性。

2. 影像学检查　放射学骶髂关节炎是诊断 AS 的关键指标，主要包括 X 线，CT，MRI。X 线典型改变：①骶髂关节，最早发生，X 线显示骨面模糊，骨质破坏，骨侵蚀及关节出现融合。②脊柱关节，受累关节出现"胡须样""方形变"，最终出现脊柱关节完全融合呈"竹节样"和脊柱生理弯曲消失。通常 X 线可将骶髂关节炎分为 5 级：0 级，正常；1 级，可疑；2 级，有轻度骶髂关节炎，可见局限性侵蚀、硬化，但关节间隙正常；3 级，有中度骶髂关节炎，存在侵蚀、硬化、关节间隙增宽或狭窄、部分强直等一项或一项以上改变；4 级，出现关节的强直融合。对于 X 线难以确诊的病例，CT 分辨率优于 X 线。MRI 能够早期发现关节的炎症、骨髓水肿，利于早诊断。

3. 主要体格检查

(1) Schober 试验：用于测量腰椎活动度。方法：病人直立，在背部正中线髂嵴水平作一标记为 0，向下作 5 cm 标记一，向上作 10 cm 标记二。两个标记相距 15 cm，双腿直立病人弯腰，测量一、二两个标记间距离，增加少于 4 cm 者则提示腰椎活动度降低。

(2) 胸廓活动度检查：嘱病人直立，用软尺测其第 4 肋间隙水平（女性乳房下缘）深吸气和深呼气的测量差值。小于 5 cm 提示胸廓活动度减低。

(3) 指-地距：病人双腿直立弯腰伸臂，测量手指与地面的距离。

(4) 枕-墙距：病人直立，足跟、臀部、后背贴墙，收颌，目视前方，测量枕骨结节和墙之间的距离，大于 0 则为异常。

(5)骨盆按压:嘱病人侧卧,从一侧按压骨盆可引起骶髂关节部位的疼痛。

(五)诊断要点

常用1984年修订的纽约分类标准。

1. 临床标准
(1)腰背痛、晨僵3个月以上,活动改善,休息无改善。
(2)腰椎前后及侧弯活动受限。
(3)胸廓活动度低于相同年龄和性别的正常人。

2. 影像学标准　骶髂关节炎X线表现分级:双侧≥Ⅱ级或单侧Ⅲ~Ⅳ级。

3. 诊断
(1)肯定AS:符合影像学标准和1项(及以上)临床标准。
(2)可能AS:符合3项临床标准,或符合影像学标准而不伴有任何临床标准者。

(六)治疗原则

原则是缓解关节症状,延缓病情进展,维持关节功能及减少远期关节畸形,提高生活质量。治疗包括非药物治疗、药物治疗和外科手术治疗。

1. 非药物治疗　主要是物理治疗和病人健康教育,已经被列为AS的一线治疗。有计划的体育锻炼、水疗对改善病人的健康状况和延缓关节僵硬有重要的作用。

2. 药物治疗
(1)非甾体抗炎药:属于治疗AS的一线药物,连续使用非甾体抗炎药对缓解关节症状、脊柱活动度有明确的作用,常见的药物有双氯芬酸钠、塞来昔布、萘普生等,对于有消化道溃疡风险的病人可使用选择性环氧化物酶2抑制剂(COX-2)。
(2)缓解病情药物:属于治疗AS的二线药物,用于控制AS病情进展,常见药物有柳氮磺吡啶、沙利度胺等。柳氮磺吡啶主要用于伴有外周关节炎且对一线药物不敏感者;使用沙利度胺时须注意其不良反应,如致畸和周围神经病变等。
(3)糖皮质激素:不作为AS治疗的首选药物,可局部关节腔内注射。
(4)生物制剂:TNF-α拮抗剂用于治疗AS病人,疗效确切,主要有英夫利昔单抗、阿达木单抗、依那西普、戈利木单抗等。

3. 外科手术治疗　髋关节受累可导致病人出现严重残疾,影响生活质量。人工全髋关节置换对提高病人关节功能有重要的意义,有研究显示,骨水泥较其他植入物效果更好。

(七)护理评估

1. 病史　询问病人家族史,有无肠道、泌尿系感染及眼炎病史等。

2. 身体评估　评估病人营养状况、生命体征、有无发热、乏力等症状;了解关节疼痛的部位,僵硬的程度,持续时间,与活动、休息的关系,缓解方式等;测量病人的枕墙距、胸廓活动度;评估有无骶髂关节压痛,脊柱前屈、后伸、侧弯、转动的受限等。

3. 实验室及其他检查　血常规、ESR、C反应蛋白、免疫球蛋白(血清IgA)、碱性磷酸酶、HLA-B27等。

4. 心理社会状况　了解病人的文化水平、个性特征、经济收入、心理状况及信仰,病人对疾病的认知程度,疾病对病人生活、工作的影响,家庭成员对病人病情的了解、支持水平等。

（八）常见护理诊断/问题

1. 疼痛　与关节局部炎症反应有关。
2. 躯体活动障碍　与疾病导致骶髂关节疼痛及关节结构改变有关。
3. 睡眠型态紊乱　与关节夜间休息后炎性发作有关
4. 自理缺陷　与关节炎性反应、关节结构改变有关。
5. 焦虑　与疾病迁延难愈、可能致残的危险有关。

（九）护理目标

病人关节疼痛减轻或消失；学会功能锻炼的方法，能够维持关节功能；紧张、焦虑情绪水平较前减轻，生活自理能力及睡眠质量较前提高。

（十）护理措施

1. 休息与活动　急性期以卧床休息为主，避免负重；缓解期可适量活动，但应避免剧烈运动。可选择游泳、慢跑等运动方式，坐姿、站姿要端正，尽量腰背挺直，睡硬板床，不枕或低枕卧床。
2. 饮食护理　清淡易消化、富含高蛋白质和维生素、钙质饮食，如水果、蔬菜和豆制品、牛奶、瘦肉等，避免生冷、辛辣刺激饮食。
3. 病情观察　观察并评估晨僵及疼痛的部位、性质、持续时间、严重程度，注意关节受限的范围，是否出现呼吸困难、发热、眼炎等关节外受累症状。
4. 用药护理　进行用药依从性宣教，告知按时、按量服药的重要性及服药的方法，注意监测药物的不良反应，观察有无胃肠道损伤、皮疹、月经紊乱等，定期监测血象及肝肾功能。
5. 心理护理　AS病程长，无根治方法，可致残，病人易出现悲观情绪，告知病人积极配合治疗和体育锻炼可控制病情发展，采取鼓励、开导、安慰等方法帮助病人，建立社会支持系统，强调家庭支持的重要性。

（十一）护理评价

病人能够正确运用减轻疼痛的方法，疼痛减轻或消失；掌握功能锻炼的方法；情绪稳定，能够积极地配合治疗；睡眠质量良好，生活质量较前提高。

（十二）健康指导

1. 疾病知识指导　正确对待疾病，保持良好的心态积极配合治疗和锻炼；日常生活应注意正确的站、坐、卧姿势，睡硬板床，低枕仰卧，避免长期弯腰活动；锻炼计划循序渐进，锻炼项目主要有游泳、打太极拳、散步、俯卧撑、瑜伽等；作息规律，戒烟酒，注意眼部清洁卫生，坚持力所能及的劳动；避免各种诱因，如疲劳、寒冷、感染、过度负重和剧烈运动等。

视频 8-6-1
强直性脊柱炎病人核心肌群锻炼

2. 用药指导与病情监测　指导病人规律、坚持服药的重要性。教会病人自我病情监测及定期门诊随访，出现病情复发应及时就医。

（十三）预后

拓展阅读 8-6-3
强直性脊柱炎病人护理流程

本病一般不会危及生命，但严重者可致残，影响生活质量，早期诊断及规律治疗，多数病人的预后良好。

第七节 生物制剂的应用与护理

> **情景导入**
>
> 王某，男，23岁，3年前无明显诱因下出现腰骶部疼痛不适，未予以重视。近1年出现腰骶部疼痛明显，门诊查HLA-B27（+），诊断为"强直性脊柱炎"，医嘱予以使用生物制剂治疗。
>
> 请思考：
> 1. 该病人主要的护理操作需要注意哪些？
> 2. 如何做好病人的健康教育？

拓展阅读8-7-1 生物制剂的应用与护理重要知识点

生物制剂是通过基因生物工程技术制造的单克隆抗体，具有抗病毒和免疫调节活性，能特异性针对某一炎症介质或免疫应答反应的某一环节发挥作用，阻断疾病发展进程。生物制剂的应用是近十年来风湿免疫领域最大的进展之一，目前已有十余种生物制剂用于风湿免疫疾病的治疗，使风湿性疾病病人的预后大为改观。现以英夫利昔单抗和注射用Ⅱ型肿瘤坏死因子受体-抗体融合蛋白的应用为例。

一、英夫利昔单抗

英夫利昔单抗是人-鼠嵌合的单克隆抗体，属于抗TNF-α抑制剂的一种，是最早进入临床使用的生物制剂之一，可以抑制体内炎症反应。在风湿科主要用于治疗类风湿关节炎、强直性脊柱炎、银屑病等，不仅可以迅速减轻关节疼痛、肿胀、晨僵等症状，还可以减缓和阻止骨破坏，减少关节畸形，增加关节活动度，改善身体机能和生活质量。

（一）适应证

类风湿关节炎、强直性脊柱炎、银屑病、瘘管性克罗恩病、成人溃疡性结肠炎。

（二）配置及输注流程

1. 评估

（1）病人评估：评估病人一般情况、关节症状及心理状态，详细问问过敏史、家族史及有无高血压、心律失常、肿瘤、结核等既往病史，评估近期有无感染、接种活疫苗、近1周的血常规、肝肾功能、X线胸片等检查结果，评估病人生命体征、注射部位血管情况及配合程度。

（2）环境评估：清洁、安静，温湿度适宜，配置病床及中心吸氧、负压吸引、急救车等抢救设施和药物。

2. 准备

（1）护士准备：着装整齐，洗手、戴口罩。

（2）用物准备：输液盘、药物、生理盐水、可调节输液器、低蛋白结合率的滤膜、输液贴、治疗巾、止血带、垫枕、输液架、手表、心电监护仪，必要时备夹板及绷带等。

（3）病人准备：排空大小便，取舒适卧位，了解输液目的及配合要点。

3. 操作程序

（1）核对并配液，按医嘱填写输液卡。按查对要求查对输注液体及药品。

（2）配置药液：选择配有21号或者更小针头的注射器，将每瓶药品用10 mL无菌注射用水溶解，轻轻旋转摇匀，严禁震荡，以减少泡沫产生。从250 mL生理盐水注射液中抽取与本药物溶媒相同液量弃去，将充分溶解的药液缓慢地沿瓶壁加入输液瓶里轻轻混匀。

（3）用250 mL生理盐水注射液及有滤膜（孔径≤1.2 μm）的可调节输液器建立静脉通路。必要时可遵医嘱在用药前予以静脉注射地塞米松5 mg或肌内注射苯海拉明20 mg。

（4）同静脉输液流程，输注速度调节：① 0~15 min滴速10 mL/h；② 15~30 min滴速20 mL/h；③ 30~45 min滴速40 mL/h；④ 45~60 min滴速80 mL/h；⑤ 60~90 min滴速150 mL/h；⑥ 90~120 min滴速250 mL/h，直至结束。

（5）再次评估生命体征；询问并解决病人需求，交代注意事项。

（6）整理用物，垃圾分类处理，洗手，记录。

（三）观察及注意事项

1. 首次输注应进行结核及其他活动性感染、其他鼠源蛋白过敏者筛查。
2. 未输注前药品避光应放于2~8℃冰箱保存，严禁冷冻。
3. 配制药物时不可用力摇晃，确认有负压后再注入灭菌用水，否则不可使用。
4. 配置好的溶液为无色或淡黄色，如果溶液中出现不透明颗粒、其他物质或变色，则不能继续使用。
5. 不建议与其他药物同时使用。
6. 输注过程中密切观察生命体征及病情变化，观察有无发热、皮疹、呼吸困难等，倾听主诉，出现异常及时通知医生并配合处理，备用抗过敏药物或急救药物。
7. 药液输完后应用生理盐水冲管，输液结束应再次监测生命体征并观察30 min。
8. 指导病人预防感染，注意休息，增加营养、适当运动，增强体质，学会自我监测病情，如有发热、咳嗽、咳痰等症状及时就诊，遵医嘱定期复查。

（四）不良反应处理

一旦出现发热寒战、呼吸困难、荨麻疹及其他严重的过敏反应，应中止输注，并予以抗过敏治疗及急救。

二、注射用Ⅱ型肿瘤坏死因子受体-抗体融合蛋白（益赛普）

在风湿病中主要用于治疗类风湿关节炎、强直性脊柱炎、银屑病关节炎等自身免疫病，病人的关节内含有大量的肿瘤坏死因子（TNF-α），TNF-α在疾病的发生、发展过程中起着桥梁作用，而TNF拮抗剂的作用机制为竞争性地与血中TNF-α结合，阻断它和细胞表面TNF受体结合，降低其活性，有效缓解病人关节的晨僵、肿痛等，保护骨关节，减少关节畸形。益赛普是我国第一个人源化单克隆抗体药物。

（一）适应证

类风湿关节炎、银屑病关节炎、强直性脊柱炎。

（二）配置及注射流程

1. 评估

（1）病人评估：评估病人一般情况、关节症状及心理状态，详细询问过敏史、家族史及有无高血压、心律失常、肿瘤、结核等既往病史，评估近期有无感染、接种活疫苗、近1周的血常规、肝肾功能、X线胸片等检查结果，评估病人生命体征、注射部位皮肤情况及配合程度。

（2）环境评估：同英夫利单抗输注的环境评估。

2. 准备

（1）护士准备：着装整齐，洗手、戴口罩。

（2）用物准备：注射盘、药物、灭菌用水、1 mL或2 mL注射器。

（3）病人准备：排空大小便，取舒适卧位，了解注射目的及配合要点。

3. 操作程序

（1）配制药液：打开瓶盖，用蘸有乙醇或碘伏的棉签消毒瓶口，将注射用水沿瓶壁注入瓶内，缓慢地晃动瓶身，以减少泡沫产生，抽吸出药液。

（2）同皮下注射流程注射，注射部位可以选择上臂外侧、大腿前侧中部、腹部（脐周外3 cm）。

（3）询问并解决病人需求，交代注意事项。

（4）整理用物，垃圾分类处理，洗手，记录。

（三）观察及注意事项

1. 药品避光应放于2~8℃冰箱保存，严禁冷冻。

2. 现配现用，不能立即使用者，应置于2~8℃冷藏，尽量在72 h内使用。

3. 注射部位若出现红肿、瘙痒，切勿搔抓，以免造成感染，保持注射部位皮肤清洁，穿棉质宽松内衣。

4. 在用药期间不可接种疫苗。

5. 不良反应处理：一旦出现荨麻疹及其他严重的过敏反应，应予以抗过敏治疗及急救。

（四）健康指导

1. 指导病人保持良好的心态及稳定的情绪，劳逸结合。

2. 尽量避免去人多拥挤的地方，保持居住环境空气流通，避免寒冷及潮湿，使用生物制剂期间不可接种疫苗。

3. 适量的活动肢体和保持充足的睡眠有利于疾病的恢复，避免生冷刺激饮食，忌烟酒，保持营养均衡。

4. 定期复查，学会自我病情监测，出现感染迹象及时就医。

（陈佩玲　郝　敏　朱庆云）

数字课程学习

教学PPT　　自测题

▶▶▶ 第九章

神经系统疾病病人的护理

【学习目标】

知识：

1. 掌握神经系统常见疾病的定义、诊断要点。
2. 掌握神经系统疾病病人的常见临床表现、护理要点及疾病的健康指导。
3. 掌握神经系统常见疾病的治疗原则和要点，常用药物的作用、副作用、不良反应及注意事项。
4. 掌握应用护理程序正确评估病人、提出护理诊断、实施有效护理及评价效果。
5. 熟悉神经系统疾病的病因。
6. 熟悉神经系统疾病的促发因素和诱发因素。
7. 熟悉神经系统常用诊疗技术及护理。
8. 了解神经系统疾病的发病机制。
9. 了解神经系统疾病主要辅助检查的内容和意义。
10. 了解神经系统疾病概述。

技能：

1. 应用护理程序对神经系统常见病病人进行正确护理评估、提出护理诊断/问题、实施有效护理及评价效果。
2. 正确运用所学知识对神经系统常见疾病病人进行个性化的健康教育。
3. 具备应对神经系统各种急危重症病人、突发病情变化病人如脑卒中、癫痫持续状态、上升性麻痹等应急处理能力。

素质：

1. 结合神经系统疾病特点，能够根据病人病情变化，开展个性化的护理，提高分析问题、解决问题的临床护理思维能力。
2. 能够与病人、医务人员进行高效沟通，具备高度的责任感、同情心、慎独精神和团结协作精神。
3. 学习过程中培养慎独意识、爱伤观念、临床思维、创新性思维、预见性护理的能力及突发事件应急能力。

> **情景导入**
>
> 李某，男，80岁，因右侧肢体无力入院。查体：意识清楚，查体配合。生命体征平稳，BP 129/87 mmHg。右侧肌力Ⅱ级，肌张力减退，腱反射消失。既往史：30年高血压病史，血压最高 180/120 mmHg。

第一节 概　述

> **情境一：**
> 李某刚入院，你作为她的责任护士。
> **请思考：**
> 1. 如何对张某进行护理评估？
> 2. 你需要注意哪些问题？

拓展阅读 9-1-1 神经系统概述重要知识点

神经系统是人体结构最精细和功能最复杂的系统，按解剖结构分为中枢神经系统（脑、脊髓）和周围神经系统（脑神经、脊神经），按其功能又分为躯体神经系统和自主神经系统。神经系统疾病指神经系统与骨骼肌由于血管病变、外伤、感染、中毒、先天发育异常、遗传、免疫障碍、营养缺陷和代谢障碍等所致的疾病。

一、神经系统的结构与功能

神经系统由中枢神经系统和周围神经系统组成。由大脑和脊髓组成的中枢神经系统，是神经系统中最重要的部分。周围神经系统由脑神经和脊神经组成。

（一）中枢神经系统

中枢神经系统由脑和脊髓组成。脑分为大脑、间脑、脑干和小脑（图 9-1-1）。

1. **大脑** 由大脑半球、基底核和侧脑室组成。大脑表面被大脑皮质覆盖，皮质表面有脑沟和脑回，大脑半球分为额叶、颞叶、顶叶、枕叶、岛叶和边缘系统。

大脑半球的功能存在双侧不对称，按功能分优势半球和非优势半球，优势半球在语言、逻辑思维、分析和计算能力方面起着决定性作用，多位于左侧；非优势半球多为右侧大脑半球，主要在音乐、美术、空间和形状的识别、综合能力、短暂的视觉记忆等方面占优势。

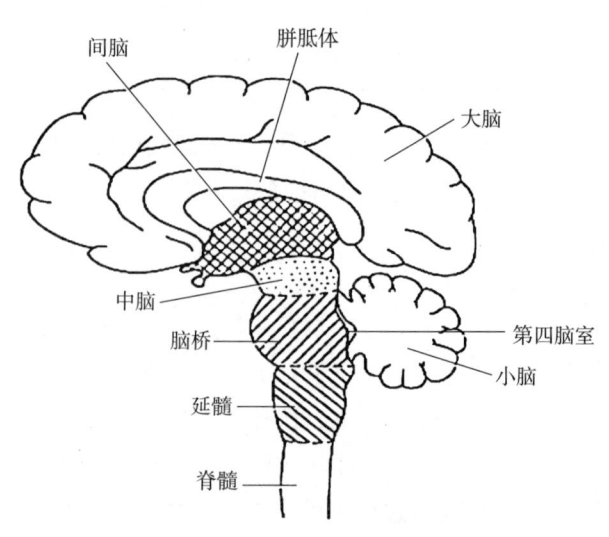

图 9-1-1　中枢神经系统组成

大脑半球各组成部分的功能为：额叶与语言、随意运动及高级思维有关，颞叶与听觉、语言、记忆和内脏功能有关，顶叶与躯体感觉、味觉、语言等有关，枕叶与视觉信息的整合有关，岛叶与内脏感觉有关，边缘系统与情绪、幻觉、行为和内脏活动障碍有关。

基底核区包括基底神经节、内囊、丘脑等重要结构，基底神经核包括豆状核、尾状核、杏仁核、尾状核、脚间核。丘脑受损可引起一系列心理、神经功能紊乱。内囊是多种传入、传出神经纤维聚集的地方，其损伤可引起不同程度的运动、感知觉障碍。

侧脑室由额角、体部、颞角、枕角组成。每侧脑室均通过室间孔，链接第三脑室，故亦间接相通。

大脑的整体功能非常重要，大脑皮质各部分在整体功能的基础上各有其独特的生理作用，缺一不可。

2. 间脑　位于两个大脑半球与中脑之间，是脑干和大脑半球之间的连接站。分为丘脑和下丘脑。丘脑是间脑中最大的神经核团，在语言形成和与基底神经节互补中起着重要作用，其损失可引起一系列神经、心理功能紊乱。下丘脑位于间脑腹侧，与垂体相接，与某些激素的分泌、情绪反应、某些代谢（如水、电解质、糖、脂肪等代谢）的调节有关系。同时对体温、心血管运动、呼吸运动及食欲、睡眠、觉醒、生物钟（或昼夜节律）等的调节也起作用。

3. 脑干　上与间脑下与脊髓相连，包括延髓、脑桥、中脑，脑干是生命中枢。脑干病变多见于血管病、肿瘤和多发性硬化等。

4. 小脑　位于大脑的后下方，颅后窝内，延髓和脑桥的背面。其功能是调节肌肉张力，维持身体平衡，控制姿势步态和协调随意动作。小脑病变可引发共济失调、平衡障碍和言语障碍等，见于肿瘤、脑血管病、遗传变性疾病等。

5. 脊髓　是中枢神经的低级部分，是神经系统初级反射中枢。脊髓损伤的临床表现为运动障碍、感觉障碍、反射异常、自主神经功能障碍等。脊髓具有传导和反射功能。

（二）周围神经系统

1. 脑神经　与脑相连，共12对，按出入颅腔的前后顺序为Ⅰ嗅神经、Ⅱ视神经、Ⅲ动眼神经、Ⅳ滑车神经、Ⅴ三叉神经、Ⅵ展神经、Ⅶ面神经、Ⅷ前庭蜗神经、Ⅸ舌咽神经、Ⅹ迷走神经、Ⅺ副神经、Ⅻ舌下神经。除嗅神经连于大脑的嗅球、视神经连于间脑视交叉外，其余10对均与脑干相连（图9-1-2）。脑神经损害，会产生许多病症，如视觉障碍、听觉障碍、面肌麻痹、构音障碍、味觉丧失和吞咽困难等。

2. 脊神经　脊神经共有31对，分为8对颈神经、12对胸神经、5

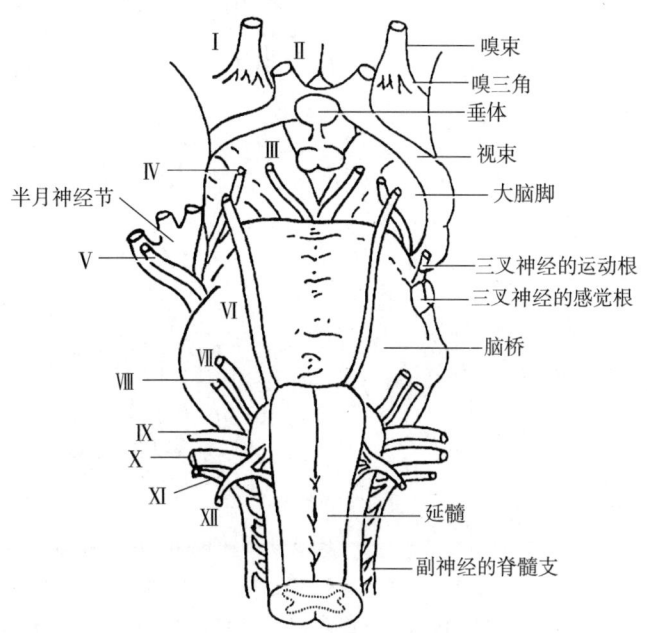

图9-1-2　脑底各脑神经的穿出部位
Ⅰ. 嗅神经；Ⅱ. 视神经；Ⅲ. 动眼神经；Ⅳ. 滑车神经；Ⅴ. 三叉神经；Ⅵ. 展神经；Ⅶ. 面神经；Ⅷ. 前庭蜗神经；Ⅸ. 舌咽神经；Ⅹ. 迷走神经；Ⅺ. 副神经；Ⅻ. 舌下神经

对腰神经、5对骶神经和1对尾神经。脊神经病变的临床表现是受损神经支配范围内的感觉、运动、反射和自主神经功能障碍,其部位和范围随受损神经的分布而异,但又具有共同的特性。临床根据不同部位的感觉障碍水平判断脊髓病变的平面,这对定位诊断具有重要意义。如乳头线为胸4,剑突为胸6,肋弓下缘为胸8,脐孔为胸10,腹股沟为腰1。人体体表部位的感觉分布见图9-1-3和图9-1-4。

3. **自主神经** 包括交感神经和副交感神经。

人体内大多数组织器官均受到副交感神经与交感神经的双重支配,在功能上起拮抗作用。从整体上看,是在大脑皮质管理下使内脏活动相互协调和相互促进。

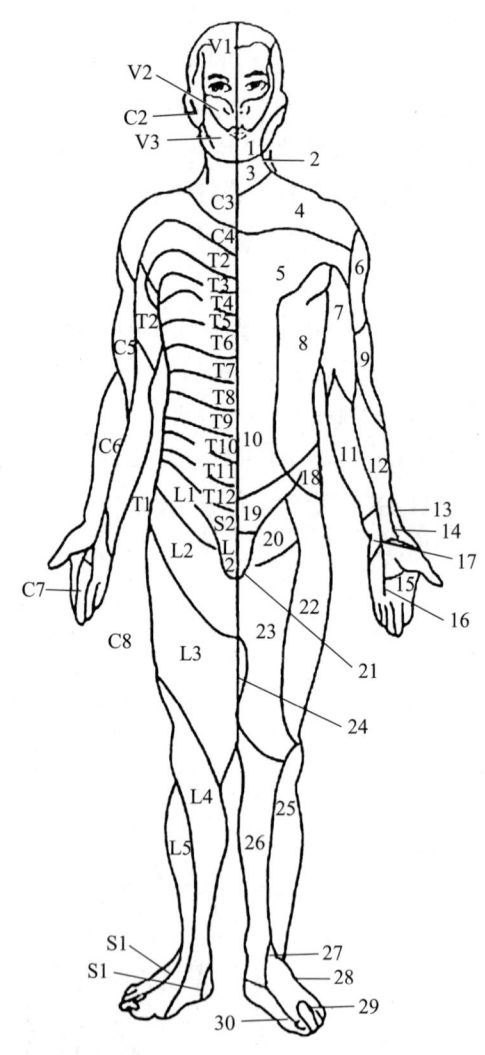

图9-1-3 体表的节段性和周围性感觉支配(前面)

1. 三叉神经;2. 耳大神经;3. 颈皮神经;4. 锁骨上神经;5. 胸神经的前皮支;6. 腋神经;7. 臂内侧皮神经;8. 胸神经的外侧皮支;9. 前臂外侧皮神经;10. 胸神经的前皮支;11. 前臂内侧皮神经;12. 前臂外侧皮神经;13. 桡神经浅支;14. 正中神经浅支;15. 正中神经;16. 尺神经;17. 尺神经掌支;18. 髂腹下神经的外侧皮支;19. 髂腹下神经的前皮支;20. 生殖股神经的股支;21. 髂腹股沟神经;22. 股外侧皮神经;23. 股神经的前皮支;24. 闭孔神经的皮支;25. 小腿外侧皮神经;26. 隐神经;27. 腓浅神经;28. 腓肠神经;29. 腓深神经;30. 胫神经的跟支

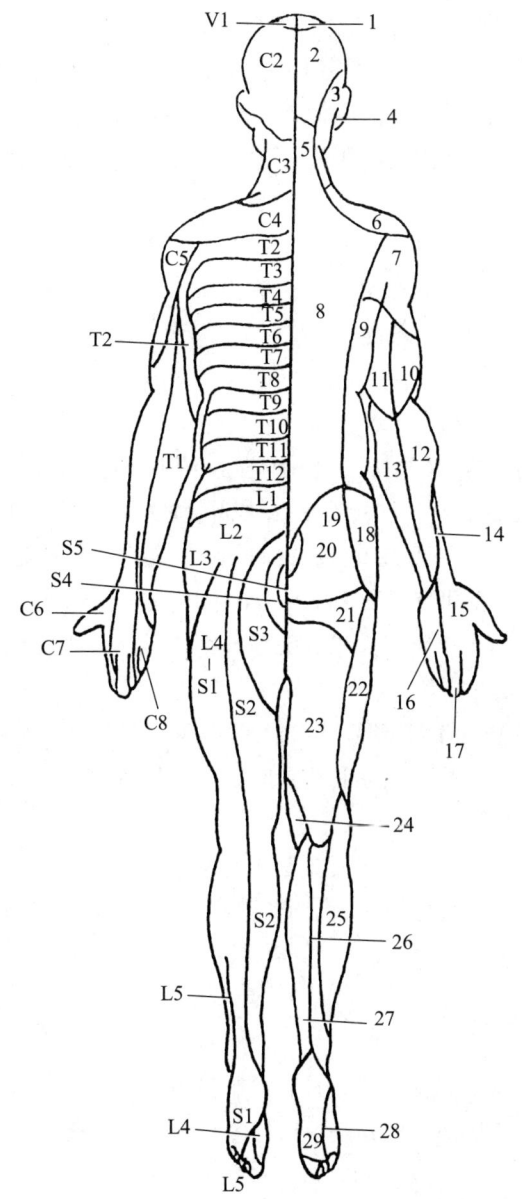

图 9-1-4 体表的节段性和周围性感觉支配（后面）

1. 额神经；2. 枕大神经；3. 枕小神经；4. 耳大神经；5. 颈神经之后支；6. 锁骨上神经；7. 臂内侧皮神经；
8. 胸神经的后皮支；9. 胸神经的外侧皮支；10. 臂后侧皮神经；11. 臂内侧皮神经；12. 前臂后侧皮神经；
13. 前臂内侧皮神经；14. 前臂外侧皮神经；15. 桡神经的浅支；16. 尺神经；17. 正中神经；18. 髂腹下神经；
19. 臀上神经；20. 臀中神经；21. 臀下神经；22. 股外侧皮神经；23. 股后侧皮神经；24. 闭孔神经的皮支；
25. 小腿外侧皮神经；26. 腓肠神经；27. 隐神经；28. 足底外侧皮神经；29. 足底内侧皮神经

二、护理评估

在全面收集病人的主、客观资料的基础上，对神经系统疾病病人的护理评估重点内容归纳如下：

（一）病史

1. **患病及治疗经过**　了解病人患病情况及治疗经过，明确病因及诱因，主要症状及其特点，伴随症状及相互关联，既往检查、治疗及用药情况。

2. 目前病情与一般状况　目前主要不适及病情变化，有无意识障碍、精神障碍、言语障碍、吞咽障碍、认知障碍、脑神经障碍等，其症状、体征有无特征性。

3. 既往史、家族史及个人史　既往史要了解有无头部外伤、脑肿瘤及手术史；有无相关感染病史；有无与神经系统疾病相关的疾病，如高血压、糖尿病、心脏病、高脂血症等；追问有无颈椎病及腰椎管狭窄病史等。个人史最主要是要了解个人心理社会状况、生长发育史，主要经历，生活方式及饮食习惯。家族史要了解家庭成员，尤其是直系亲属中，有无该病或类似疾病。了解该病或类似疾病的患病年限及分布情况（男女比例）。

（二）身体评估

1. 一般检查　包括病人的一般情况、生命体征、精神与意识状态等。

2. 头颈部检查　包括面部及五官、头颅、颈部的检查。主要观察瞳孔的直径大小，两侧是否等大、等圆及瞳孔对光反射是否灵敏。观察面部有无畸形、面肌抽动；额纹和鼻唇沟是否对称或变浅；伸舌是否居中，舌肌有无萎缩；有无吞咽困难、饮水呛咳；咽反射是否存在或消失；有无声嘶、发声低哑或其他言语障碍。检查头颅大小、形状，注意有无头部活动受限、不自主活动及抬头无力，颈部有无抵抗等。

3. 四肢及躯干　检查脊柱有无畸形、压痛及叩击痛，有无活动受限。四肢有无震颤、抽搐、肌阵挛等不自主运动或瘫痪，病人站立和行走时步态姿势有无异常。四肢肌力、肌张力、肢端感觉是否正常，腱反射是否存在。

4. 神经反射　有无深、浅反射的异常，是否有病理反射和脑膜刺激征。颈上节段的神经根受刺激引起颈强直，腰骶节段脊神经受刺激出现克尼格（Kernig）征和布鲁津斯基（Brudzinski）征（图9-1-5和图9-1-6）。

（三）实验室及其他检查

1. 化验检查　包括血液、尿液、粪便检查及脑脊液检查，其中脑积液常规、生化、细胞学及免疫等检查，对神经系统疾病，尤其是中枢神经系统感染性疾病的诊断和预后判断具有重要意义。

2. 神经电生理检查　包括脑电图、肌电图、诱发电位检查，其主要作用是了解大脑功能有

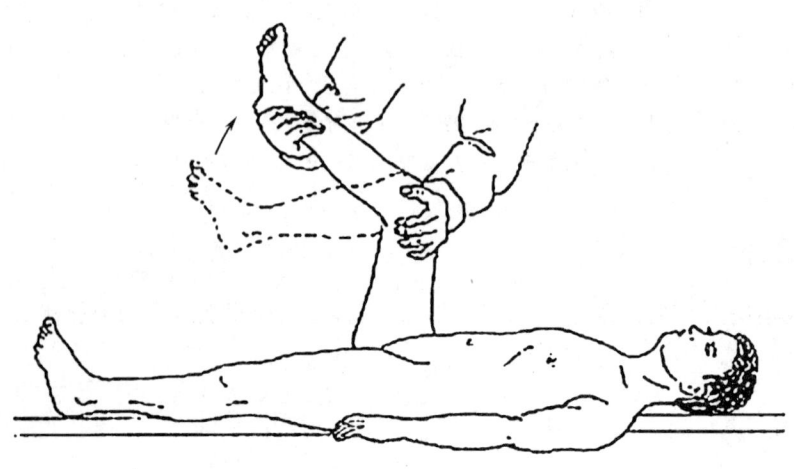

图9-1-5　克尼格征

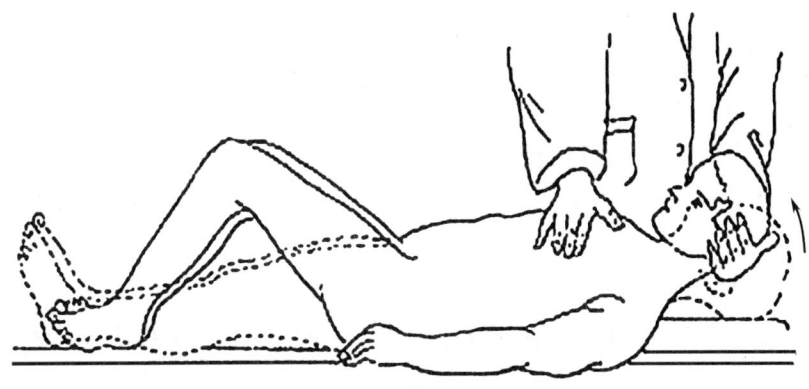

图 9-1-6 布鲁津斯基征

无障碍,判定神经肌肉所处的功能状态,以及观察特异性传入神经通路的功能状态。

3. 影像学检查

(1)计算机断层扫描(CT):图像可显示脑室、脑池、脑实质在不同平面的形态和位置。目前主要用于脑血管病、颅内肿瘤、脊髓和脊柱病变的诊断。

(2)磁共振显像(MRI):能清楚显示 CT 不易检出的脑干和后颅窝病变。常用于诊断脱髓鞘疾病、脑变性疾病、脑肿瘤、脑血管疾病、颅脑外伤和颅内感染等。

(3)头颈部血管超声检查:可客观检测和评价颈部动脉的结构、功能状态或血流动力学的改变。对头颈部血管病变,特别是缺血性脑血管疾病的诊断具有重要意义。

(4)数字减影血管造影(digital subtraction angiography,DSA):主要适用于颅内动脉瘤、动静脉畸形、动脉狭窄闭塞、动脉痉挛等的诊断及检查,适用于颅内占位病变的血供与邻近血管的关系及某些肿瘤的定性。

拓展阅读 9-1-2
神经系统常见疾病

第二节 神经系统疾病常见症状体征的评估和护理

情境二:
李某刚入院,你作为他的责任护士,已完成初步护理评估。
请思考:
1. 该病人有哪些症状、体征?
2. 应该采取哪些护理措施?

一、头痛

头痛(headache)为临床常见的症状,通常指局限于头颅上半部,包括眉弓、耳轮上缘和枕外隆凸连线以上部位的疼痛。各种原因刺激颅内外的疼痛敏感结构都可引起头痛。头痛主要分为偏头痛、高颅压性头痛、紧张性头痛、低颅压性头痛和颅外局部因素所致头痛等。

拓展阅读 9-2-1
神经系统疾病常见症状体征的重要知识点
拓展阅读 9-2-2
心脏右向左分流所导致的偏头痛

二、意识障碍

（一）概述

意识障碍指人对外界环境刺激缺乏反应的一种精神状态。意识障碍可表现为觉醒度下降和意识内容变化。

1. 以觉醒度改变为主的意识障碍

（1）嗜睡：病人表现为睡眠时间过度延长，但能被唤醒，醒后回答简单问题，停止刺激后继续入睡。

（2）昏睡：正常的外界刺激不能唤醒，需大声呼唤或较强烈的刺激才能使其觉醒，可作含糊、简单而不完全的答话，停止刺激后很快入睡。

（3）浅昏迷：意识完全丧失，对周围事物及声、光刺激全无反应，对强烈的疼痛刺激可有回避动作及痛苦表情，但不能觉醒。吞咽反射、咳嗽反射、角膜反射及瞳孔对光反射存在，生命体征无明显改变。

（4）中昏迷：对外界正常刺激均无反应，自发动作少。对强刺激的反射减弱，大小便潴留或失禁。生命体征发生变化。

（5）深昏迷：对外界任何刺激均无反应，各种反射消失，生命体征明显变化。

2. 以意识内容改变为主的意识障碍

（1）意识模糊：情感反应淡漠，定向力障碍，活动减少，对外界刺激反应低于正常水平。

（2）谵妄：认知、注意力、定向与记忆功能受损，思维推理迟钝，语言功能障碍，错觉、幻觉、睡眠觉醒周期紊乱等。

3. 特殊类型的意识障碍　如去皮质综合征、无动性缄默症、植物状态及脑死亡。

拓展阅读 9-2-3
中国成人脑死亡判定标准（第二版）

（二）护理评估

1. 病史　详细了解病人的发病方式、过程及既往健康状况。

2. 身体评估

（1）了解有无意识障碍及其类型。

（2）判断意识障碍的程度：为较准确地评价意识障碍的程度，国际通用 Glasgow 昏迷评定量表。

（3）全身情况评估：检查瞳孔，观察生命体征变化，评估脑膜刺激征是否阳性。

3. 实验室检查及其他检查。

（三）常见护理诊断/问题

有受伤的危险　与脑组织受损导致的意识障碍有关。

（四）护理目标

1. 病人不发生误吸、窒息、感染和压力性损伤等并发症。
2. 未发生吞咽功能障碍引起的营养不良。

（五）护理措施

1. 生活护理　保持床单位整洁，定时给予翻身，做好大小便的护理；慎用热水袋；防止坠床和自伤、伤人。
2. 饮食护理　根据病人病情给予合理膳食。
3. 保持呼吸道通畅　及时清除口鼻分泌物和吸痰，防止舌根后坠、窒息、误吸或肺部感染。
4. 病情监测　严密监测并记录生命体征及意识、瞳孔变化。
5. 预防并发症　预防压力性损伤、尿路感染、口腔感染和肺部感染等。

（六）护理评价

1. 未发生误吸、压力性损伤、感染和深静脉血栓等并发症。
2. 生活需要得到满足，营养状态良好。

三、言语障碍

（一）概述

言语障碍可分为失语症和构音障碍。失语症是由于脑损害所致的语言交流能力障碍，构音障碍则是因为神经肌肉的器质性病变，造成发音器官的肌无力及运动不协调所致。

（二）护理评估

1. 病史　评估病人的职业、文化水平、语言背景、意识水平、精神状态及行为表现等。
2. 身体评估　评估病人言语障碍的程度、类型和残存能力。
3. 实验室及其他检查　头部 CT、MRI 检查及肌电图检查有无异常，新斯的明试验是否为阳性反应等。

（三）常见护理诊/问题

语言沟通障碍　与大脑语言中枢病变或发音器官的神经肌肉受损有关。

（四）护理目标

1. 能最大限度地保持沟通能力，采取有效的沟通方式表达自己的需要。
2. 能配合语言训练，语言功能逐渐恢复正常。

（五）护理措施

1. 心理护理　关心、体贴、尊重病人，营造和谐的亲情氛围和轻松、安静的语言交流环境。
2. 沟通方法指导　鼓励病人采取任何方式向医护人员或家属表达自己的需要，可借助符号、描画、图片、表情、手势、交流板等。
3. 语言康复训练　制定个体化的全面语言康复计划，如肌群运动训练、发音训练、复述训练和命名训练等，并组织实施。

（六）护理评价

1. 能正确地使用文字、表情或手势等交流方式进行有效沟通。
2. 能主动参与和配合语言训练，口语表达、理解、阅读及书写能力逐步增强。

四、感觉障碍

（一）概述

感觉障碍指机体对各种形式刺激（如痛、温度、触、压、位置、振动等）无感知、感知减退或异常的一组综合征。

1. 感觉障碍的临床表现　临床上将感觉障碍分为抑制性症状和刺激性症状两大类。

（1）抑制性症状：感觉传导通路受到破坏或功能受到抑制时，出现感觉缺失或感觉减退。

（2）刺激性症状：感觉传导通路受刺激或兴奋性增高时出现刺激性症状。常见的刺激性症状有感觉过敏、感觉过度、感觉异常、感觉倒错和疼痛。

2. 感觉障碍的定位诊断　不同部位的损害产生不同类型的感觉障碍，如脊髓某些节段的神经根病变可产生受累节段的感觉缺失，导致节段型感觉障碍；脑干病变导致交叉型感觉障碍；感觉传导束损害时，出现受损以下部位传导束型感觉障碍等。典型的感觉障碍的类型具有特殊的定位诊断价值。

（二）护理评估

1. 病史　了解感觉障碍出现的时间、发展的过程、传播的方式、加重或缓解的因素等。
2. 身体评估　评估病人的浅感觉、深感觉和复合感觉，并注意观察病人的全身情况及伴随症状。
3. 实验室及其他检查　肌电图、诱发电位及 MRI 检查有无异常，可以帮助诊断。

（三）常见护理诊断 / 问题

感知觉紊乱　与脑、脊髓病变及周围神经受损有关。

（四）护理目标

1. 病人能适应感觉障碍的状态，感觉障碍减轻或逐渐消失。
2. 生活需要得到满足，不发生因感觉障碍引起的各种损伤。

（五）护理措施

1. 日常生活护理　保持床单位整洁，避免高温或过冷刺激，对感觉过敏的病人尽量避免不必要的刺激。
2. 心理护理　关心、体贴病人，主动协助日常生活活动；多与病人沟通，使其积极配合治疗和训练。
3. 感觉训练　建立感觉运动训练一体化的概念，制定行之有效的感觉训练方案。

(六)护理评价

1. 病人感觉障碍减轻,舒适感增强,能配合感觉训练,感觉功能逐渐恢复正常。
2. 日常生活活动能力增强,未发生烫伤、冻伤和其他损伤。

拓展阅读 9-2-4
促进感觉功能康复的新方法——高频重复经颅磁刺激

五、运动障碍

(一)概述

运动障碍指运动系统的任何部位受损所导致的骨骼肌活动异常,可分为瘫痪、不自主运动及共济失调等。

1. **瘫痪** 指肌力下降或丧失而导致的运动障碍,系运动神经元损害所引起。按瘫痪的程度分为完全性瘫痪(肌力完全丧失)和不完全性瘫痪(肌力减弱),按瘫痪的分布可分为偏瘫、交叉瘫、四肢瘫、截瘫、单瘫等。临床常见的瘫痪表现形式见图 9-2-1。

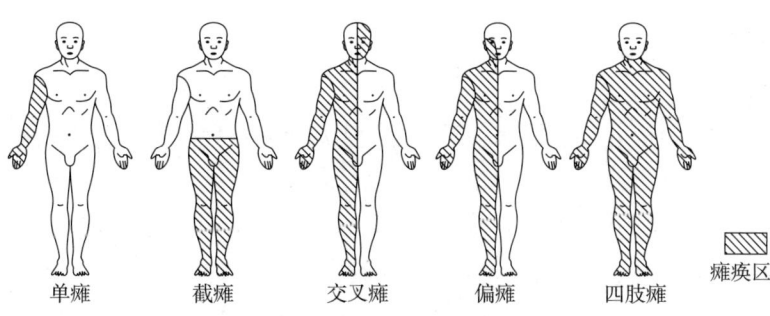

图 9-2-1 瘫痪的临床常见形式

2. **不自主运动** 指病人在意识清醒的情况下,出现不受主观控制的无目的的异常运动。临床上可分为震颤、舞蹈、手足徐动、扭转痉挛、投掷动作等。所有不随意运动的症状随睡眠而消失。

3. **共济失调** 指由小脑、本体感觉及前庭功能障碍导致的运动笨拙和不协调,累及躯干、四肢和咽喉肌时可引起身体平衡、姿势、步态及言语障碍。

(二)护理评估

1. **病史** 了解病人运动障碍的性质、分布、程度及伴发症状。
2. **身体评估** 评估病人的肌容积、肌张力、肌力、协调和平衡能力、姿势和步态、日常生活活动能力及全身情况等。肌力的评估采用 0~5 级共 6 级肌力记录法,具体分级见表 9-2-1。
3. **实验室及其他检查** CT、MRI、肌电图及神经肌肉活检可检测发病原因。

(三)常见护理诊断/问题

1. **躯体活动障碍** 与大脑、小脑、脊髓病变及神经肌肉受损、肢体瘫痪或协调能力异常有关。
2. **有失用综合征的危险** 与肢体瘫痪、僵硬、长期卧床、体位不当或异常运动模式有关。

表 9-2-1　肌力的分级

分级	临床表现
0 级	完全瘫痪，肌肉无收缩
1 级	肌肉可轻微收缩，但不能产生动作
2 级	肢体能在床面移动，但不能抵抗自身重力，即无力抬起
3 级	肢体能抵抗重力离开床面，但不能抵抗阻力
4 级	肢体能做抗阻力运动，但未达到正常
5 级	正常肌力

（四）护理目标

1. 病人能够适应自理缺陷的状态，能配合运动训练，日常生活活动能力逐渐增强。
2. 不发生受伤、压力性损伤、深静脉血栓形成等并发症。

（五）护理措施

1. 躯体活动障碍

（1）生活护理：可根据 Barthel 指数评分确定病人的日常生活活动能力，并根据自理程度给予相应的协助。

（2）运动训练：应考虑实际情况，选择合适的运动方式、持续时间、运动频度和进展速度。

（3）安全护理：运动障碍的病人重点要防止坠床和跌倒，确保安全。

（4）心理护理：关心、尊重病人，多与病人交谈，避免任何不良刺激和伤害病人自尊的言行，营造和谐的亲情氛围和舒适的休养环境。

2. 有失用/误用综合征的危险

（1）早期康复干预：告知病人及家属早期康复的重要性、训练内容与开始的时间。早期康复护理的内容包括重视患侧刺激、保持良好的肢体位置、体位变换（翻身）和进行床上运动训练，如 Bobath 握手、桥式运动和关节被动运动等。

（2）恢复期运动训练：主要包括转移动作训练、坐位训练、站立训练、步行和实用步行训练、平衡共济训练、日常生活活动训练等。

（3）综合康复治疗：根据病情，指导病人合理选用针灸、理疗、按摩等辅助治疗，以促进运动功能的恢复。

（六）护理评价

1. 病人能适应运动障碍的状态，能配合和坚持肢体功能康复训练，日常生活活动能力逐渐增强或恢复正常。
2. 未发生压力性损伤、感染和外伤等并发症。

拓展阅读 9-2-5
重视神经系统疾病遗留肢体功能障碍，提倡早期康复

第三节　急性炎症性脱髓鞘性多发性神经病病人的护理

> **情景导入**
> 成某，女性，20岁。主因四肢进行性无力、感觉异常2周，加重伴呼吸困难1天入院。病人发病前3周内曾接种疫苗，2周前出现双下肢麻木无力，有刺痛感，症状逐渐加重，下肢无力呈上行性渐进发展。1天前出现呼吸费力，口唇发绀、咳嗽无力。
> **请思考：**
> 1. 结合以上临床表现，该病人最有可能的诊断是什么？该病常见的治疗方式有哪些？
> 2. 急性炎症性脱髓鞘性多发性神经病病人应如何护理？

急性炎症性脱髓鞘性多发性神经病（acute inflammatory demyelinating polyneuropathy，AIDP）是一种自身免疫介导的周围神经病，是吉兰-巴雷综合征（Guillain-Barré syndrome，GBS）中最常见的类型，故也称经典型 GBS，主要损害多数脊神经根和周围神经，也常累及脑神经，主要病理改变为周围神经组织小血管周围淋巴细胞、巨噬细胞浸润，神经纤维脱髓鞘，严重者可继发轴突变性。

拓展阅读 9-3-1　吉兰-巴雷综合征重要知识点

（一）病因与发病机制

1. **病因**　大部分病例发病可能与空肠弯曲菌感染有关，还可能与巨细胞病毒、EB病毒、水痘-带状疱疹病毒、肺炎支原体、乙型肝炎病毒、HIV感染相关。此外，白血病、淋巴瘤、器官移植后使用免疫抑制剂或合并有自身免疫病亦与本病呈相关性。

2. **发病机制**　分子模拟学说认为病原体某些组分与周围神经某些成分结构相同，机体免疫系统发生识别错误，对正常的周围神经组分进行免疫攻击，致周围神经脱髓鞘病变。

（二）临床表现

1. **发病情况**　任何年龄、任何季节均可发病，男性略高于女性。发病前1~3周有呼吸道或胃肠道感染症状或疫苗接种史。

2. **起病形式**　急性起病，病情多在2周左右达到高峰，多为单相病程，病程中可有短暂波动。

3. **迟缓性瘫痪**　首发症状多为四肢对称性迟缓性肌无力，自远端渐向近端发展或相反，常由双下肢开始逐渐累及躯干肌、脑神经，严重者可累及肋间肌和膈肌致呼吸麻痹。四肢腱反射常减弱或消失。

4. **感觉障碍**　多有肢体感觉异常，如烧灼感、麻木、刺痛和不适感等。感觉缺失相对轻，呈手套-袜套样分布。

5. **脑神经受累**　以双侧面神经麻痹最常见，其次为舌咽、迷走神经，动眼、展、舌下、三叉神经受累较少见。

6. **自主神经功能障碍**　部分病人表现为皮肤潮红、汗多、心动过速、直立性低血压、营养障碍、手足肿胀及尿便障碍等。

（三）实验室及其他检查

1. 脑脊液检查　脑脊液蛋白-细胞分离现象是本病的特征之一，即蛋白不同程度升高，而细胞数正常，通常在2～4周内最明显。

2. 神经电生理　肌电图早期可见F波或H反射延迟（提示神经近端或神经根损害）。

（四）诊断标准

急性起病，常有前驱感染史，病情进行性加重，多在2周左右达高峰。对称性迟缓性瘫痪，自主神经功能障碍，重者累及呼吸肌，四肢腱反射降低或消失。脑脊液呈现蛋白-细胞分离现象，可诊断本病。

（五）治疗原则及要点

1. 一般治疗

（1）呼吸道管理：呼吸肌麻痹是本病的主要死亡原因，故应严密监测呼吸情况、血气分析结果，当血氧饱和度、动脉血氧分压明显降低时，应尽早行气管插管或气管切开，呼吸机辅助通气。加强气道管理，预防感染。

（2）对症处理

1）吞咽困难者予鼻饲营养，以保证每日足够热量、维生素，防止水、电解质紊乱，合并有消化道出血或胃肠麻痹者，给予静脉营养支持。

2）病人如出现尿潴留，予留置尿管；便秘可给予缓泻剂和润肠剂。

3）神经痛的病人，适当应用药物缓解疼痛。

4）如出现肺部感染、泌尿系感染、压力性损伤、下肢深静脉血栓形成，给予相应的积极处理，以防止病情加重。

（3）抗感染：空肠弯曲菌感染者，可用大环内酯类抗生素治疗。

2. 免疫治疗　血浆交换和免疫球蛋白静脉注射均为一线治疗方法，但联合治疗并不增加疗效，故推荐单一使用。

（1）血浆交换（PE）：直接去除血浆中致病因子如抗体。每次交换量为30～50 mL/kg，在1～2周内进行3～5次。禁忌证包括严重感染、心律失常、心功能不全和凝血功能障碍等。

（2）免疫球蛋白静脉注射（IVIG）：成人剂量0.4 g/(kg·d)，连用5天。免疫球蛋白过敏或先天性IgA缺乏病人禁用。发热、面红为常见的不良反应，减慢输液速度可减轻。

（3）糖皮质激素：目前国内外对糖皮质激素治疗本病仍有争议。对于无条件行IVIG和PE治疗的病人可试用甲泼尼龙500 mg/d，静脉滴注，连用5天后逐渐减量，或地塞米松10 mg/d，静脉滴注，7～10天为一个疗程。

> 拓展阅读 9-3-2
> 吉兰-巴雷综合征治疗指南推荐意见

3. 神经营养　应用B族维生素治疗，包括维生素B_1、维生素B_{12}、维生素B_6等。

4. 康复治疗　病情稳定后，早期进行神经功能康复锻炼，以预防失用性肌萎缩和关节挛缩。

（六）护理评估

1. 病史　询问病人发病前有无肠道感染或呼吸道感染症状，有无疫苗接种史及其他免疫性疾病。

2. 身体评估　病人有无对称性四肢无力，感觉异常，呼吸费力或吞咽困难等。
3. 实验室及其他检查　评估脑脊液、肌电图等有无特征性改变。
4. 心理社会状况　了解有无焦虑、抑郁等不良情绪，根据病人家庭经济状况选择合适的治疗方案，家庭成员对病人的关心、支持程度等。

（七）常见护理诊断/问题

1. 低效型呼吸型态　与周围神经损害致呼吸肌麻痹有关。
2. 躯体活动障碍　与四肢肌肉进行性瘫痪有关。
3. 恐惧　与呼吸困难、濒死感或害怕气管切开有关。
4. 吞咽障碍　与脑神经受损所致延髓麻痹，咀嚼肌无力及气管切开等有关。
5. 清理呼吸道无效　与肌麻痹致咳嗽无力、肺部感染所致气道分泌物增多等有关。
6. 潜在并发症　深静脉血栓形成、营养失调。

（八）护理目标

病人无呼吸困难，肺部感染控制，呼吸频率、节律逐渐恢复至正常范围；肢体运动逐渐恢复正常，可自行进食，积极应对疾病并配合治疗，无护理并发症。

（九）护理措施

1. 一般护理
（1）休息与活动：环境安静、整洁，温湿度适宜。指导病人卧床休息，取舒适卧位，定时翻身、拍背、按摩，瘫痪肢体被动运动，预防并发症。
（2）饮食护理：给予高热量、高维生素（B族维生素为主）易消化软食，多食水果、蔬菜。吞咽困难者喂食速度宜慢，温度适宜，避免发生呛咳；吞咽困难严重或气管切开者，应及早给予鼻饲流质，保证病人摄入足够营养，进食时到进食后30 min 宜抬高床头，预防误吸、窒息。

2. 病情观察
（1）观察病人四肢肌力及感觉变化：如症状持续进展，及时报告医生，配合处理。
（2）观察病人呼吸和吞咽功能变化：严密观察呼吸的频率、节律、深度等；观察有无胸闷、气短、呼吸费力等呼吸困难的表现，以及咳嗽是否有力，咳痰是否顺利。如果出现吞咽功能障碍或咳嗽反射减弱、严重的呼吸功能不全、动脉血氧分压 < 70 mmHg、末梢血氧饱和度测量异常等，常提示病人病情危重，应立即报告医生。
（3）观察自主神经功能情况：观察病人是否有心动过速或过缓、低血压、皮肤潮红、出汗、手足肿胀等情况发生。

3. 对症护理
（1）保持呼吸道通畅：鼓励病人进行有效咳嗽，以清除积痰，如咳嗽无力，及时吸痰。备好抢救用物，如气管插管、气管切开器械或人工呼吸机等，以备病人呼吸肌麻痹时急救所需。
（2）氧疗：呼吸肌轻度麻痹者，予鼻导管吸氧，预防缺氧和呼吸中枢抑制。根据病情调节氧流量，一般为 2～4 L/min。
（3）心电监护：危重病人给予心电监护，监测病人心率、呼吸、血压、血氧饱和度，及时发现病情变化。
（4）预防并发症：对于压力性损伤、肺部感染、尿路感染和深静脉血栓形成，采用标准的预防措施和治疗。本病特有的并发症，延髓麻痹者予吞咽指导，必要时予鼻饲补充营养，预防误吸、窒息；面瘫者予凡士林纱布外敷保护角膜，预防角膜溃疡；肢体瘫痪者保持瘫痪肢体功能位，早期做好关节的主动及被动运动训练，预防肌肉失用性萎缩、肢体挛缩和深静脉血栓形成，尿潴留、便秘予导尿及灌肠。

4. 用药护理　护士应指导病人遵医嘱正确服药，告知药物的作用、不良反应、使用时间、方法及注意事项。如使用糖皮质激素治疗可能出现应激性溃疡所致消化道出血，应观察有无胃部疼痛不适和柏油样大便等，留置鼻胃管的病人应定时回抽胃液，注意胃液的颜色、性质；使用免疫球蛋白治疗时常导致发热、面红，减慢输液速度可减轻症状；某些镇静安眠类药物可产生呼吸抑制，不能轻易使用，以免掩盖或加重病情。

5. 心理护理　本病起病急、进展快、恢复期长，病人易产生恐惧、焦虑情绪，应及时了解病人的心理状况，关心、尊重病人，增强病人信心，使其积极配合治疗。

（十）健康指导

1. 预防疾病　指导病人及家属了解本病的病因、进展、常见并发症及预后；保持情绪稳定和健康心态；加强营养，增强体质和机体抵抗力；避免淋雨、受寒、疲劳和创伤，防止复发。

2. 管理疾病

（1）并发症管理：告知消化道出血、营养失调、压力性损伤、下肢静脉血栓形成的表现，以及预防窒息的方法，当病人出现胃部不适、腹痛、柏油样大便，肢体肿胀疼痛，以及咳嗽、咳痰、发热、外伤等情况时立即就诊。

（2）康复管理：持之以恒进行功能锻炼和日常生活训练，减少并发症，促进康复。肢体被动和主动运动均应保持关节的最大活动度。运动锻炼过程中应有家人陪同，防止跌倒、受伤。本病恢复过程长，需要数周或数月，家属应理解和关心病人，督促病人坚持运动锻炼。

（十一）护理评价

病人呼吸频率、节律逐渐恢复至正常范围；肢体运动逐渐恢复正常；情绪平稳，积极配合治疗和护理。

（十二）预后

本病具有自限性，预后大多良好，瘫痪多在2~4周开始恢复，多数病例2个月至1年内可完全或接近完全康复，约10%病人可遗留神经功能缺损。预后不良的危险因素包括：年龄大于60岁、病情进展迅速、呼吸肌麻痹、肌电图检查运动神经波幅降低等。本病死亡率约为5%，主要死因为呼吸肌麻痹、肺部感染及心力衰竭，2%的病例可复发。

拓展阅读9-3-3
呼吸肌麻痹的抢救流程

第四节　脑血管疾病病人的护理

拓展阅读9-4-1
脑血管疾病病人护理
概述重要知识点

一、概述

脑血管疾病（cerebrovascular disease，CVD）是脑血管病变导致脑功能障碍的一类疾病的总称，包括血管腔闭塞或狭窄、血管破裂、血管畸形、血管壁损伤或通透性发生改变等各种脑血管病变引发的局限性或弥漫性脑功能障碍。脑卒中（stroke）为脑血管疾病的主要临床类型，包括缺血性脑卒中和出血性脑卒中，以突然发病、迅速出现局限性或弥散性脑功能缺损为共同临床特征，为一组器质性脑损伤导致的脑血管病。

CVD 是危害中老年人身体健康和生命的主要疾病之一，也是成人首要的致残疾病，约 2/3 幸存者遗留有不同程度的功能障碍。全世界每 6 s 就有 1 人死于脑卒中，每 6 min 就有 1 人因脑卒中而永久致残。脑血管疾病的发病率、患病率和死亡率随着年龄的增长而增高。

我国脑血管疾病的发病呈现北高南低的地理分布特征，且寒冷季节发病率高。我国卒中年发病率为 345.1/10 万，年死亡率为 159.2/10 万，年患病率为 1 596.0/10 万，每年新发病例约 240 万，每年死亡病例约 110 万，存活者约 1 100 万。有研究表明，社会经济状况、职业和种族等，均与脑血管疾病的发病有关。

（一）脑血管疾病的分类

脑血管疾病有不同的分类方法。

1. **依据症状持续时间**　将不足 24 h 者称为短暂性脑缺血发作（TIA），超过 24 h 者称为脑卒中。
2. **依据发病急缓**　分为急性脑血管疾病和慢性脑血管疾病，前者包括 TIA、脑梗死、脑栓塞、脑出血、蛛网膜下腔出血，后者包括脑动脉硬化症和血管性痴呆。
3. **依据病理性质**　可分为缺血性脑卒中和出血性脑卒中，前者包括脑血栓形成和脑栓塞，统称为脑梗死；后者包括脑出血和蛛网膜下腔出血。

我国 2015 年将脑血管疾病分为 13 类（表 9-4-1）。

表 9-4-1　2015 年中国脑血管疾病分类

一、缺血性脑血管疾病	二、出血性脑血管疾病
（一）短暂性脑缺血发作	（一）蛛网膜下腔出血
1. 颈动脉系统	（二）脑出血
2. 椎-基底动脉系统	（三）其他颅内出血
（二）脑梗死（急性缺血性脑卒中）	三、头颈部动脉粥样硬化、狭窄或闭塞（未导致脑梗死）
1. 大动脉粥样硬化性脑梗死	四、高血压脑病
2. 脑栓塞	五、颅内动脉瘤
3. 小动脉闭塞性脑梗死	六、颅内血管畸形
4. 脑分水岭梗死	七、脑血管炎
5. 出血性脑梗死	八、其他脑血管病
6. 其他原因所致脑梗死	九、颅内静脉系统血栓形成
7. 原因未明脑梗死	十、无急性局灶性神经功能缺损症状的脑血管病
（三）脑动脉盗血综合征	十一、脑卒中后遗症
（四）慢性脑缺血	十二、血管性认知障碍
	十三、脑卒中后情感障碍

(二)脑血管疾病的病因

根据解剖结构和发病机制,可将脑血管疾病的病因归为以下几类:

1. **血管壁病变** 高血压性动脉硬化和动脉粥样硬化最常见,其次是动脉炎、先天性血管病、血管损伤等。

2. **心脏病和血流动力学改变** 高血压、低血压或血压的急骤波动,以及心功能障碍、传导阻滞、风湿性或非风湿性心脏瓣膜病、心肌病及心律失常,特别是心房颤动(简称房颤)。

3. **血液成分异常和血流流变学改变** 高脂血症、高糖血症、高蛋白血症、白血病、红细胞增多症等所致的血液黏滞度增高,血小板减少性紫癜、血友病、DIC等所致凝血机制异常。

4. **其他病因** 包括空气、脂肪、癌细胞和寄生虫等栓子进入颅内,脑血管受压、外伤、痉挛等。

(三)脑血管疾病的危险因素

1. **不可干预因素** 包括年龄、性别、性格、种族、遗传等。55岁以后发病率明显增加,年龄每增加10岁,发生率约增加1倍;父母双方有脑卒中史的子女卒中风险增加。

2. **可干预因素** 高血压、高血脂、心脏病、糖尿病、高同型半胱氨酸血症、吸烟、酗酒、体力活动少、高盐饮食、超重、感染等。

在可干预危险因素中,高血压是各类脑卒中最重要的独立危险因素。糖尿病、吸烟、酗酒等均为重要的危险因素。

(四)脑血管疾病的预防

对危险因素进行早期干预,可以有效降低CVD的发病率。

1. **一级预防** 是对有脑卒中倾向,尚无脑卒中病史的个体,在发病前通过早期改变不健康的生活方式,积极主动地控制各种危险因素,达到使脑血管疾病不发生或推迟发生的目的。

(1)防治高血压:高血压是脑卒中的头号危险因素,因此控制高血压是预防脑卒中发生的核心环节。预防措施包括坚持服用降压药、限制食盐的摄入量、减少膳食中脂肪含量、控制体重、戒烟、限酒、保持乐观的情绪、进行适当的体育锻炼等。

(2)防治糖尿病:糖尿病是缺血性脑卒中发病的独立危险因素,脑卒中病情的轻重和预后与糖尿病病人血糖水平及病情控制情况有关。美国短暂性脑缺血发作(TIA)防治指南建议空腹血糖应<7.0 mmol/L,因此,应在人群中筛查糖尿病病人并积极治疗。

(3)防治高脂血症:胆固醇、甘油三酯升高和高密度脂蛋白降低是动脉粥样硬化的危险因素。防治措施应强调以控制饮食和体育锻炼为主,辅以他汀类药物治疗并定期复查血脂水平。

(4)预防心源性脑卒中:风湿性心脏瓣膜病、心房颤动及心肌梗死病人,是心源性脑梗死病人的高危人群,应长期口服抗凝药或抗血小板聚集药以预防脑卒中,有手术指征时,需尽早手术治疗。

(5)饮食与生活方式:每日三餐应正常饮食,尽量少吃或不吃油炸、富含动物脂肪的食物,如动物内脏、肥肉等。避免过咸、过甜的食物,以及腌制的肉、酱、菜等。同时注意戒烟、限酒、起居规律,并养成运动的习惯,每日运动至少30 min。

(6)其他:将体重指数控制在<28 kg/m^2 或腰围/臀围<1。应用叶酸、维生素 B_6 和维生素 B_{12} 联合治疗降低血浆同型半胱氨酸水平。

2. 二级预防　是针对发生过一次或多次脑卒中的病人，通过寻找卒中事件发生的原因，对所有可干预的危险因素进行治疗，以降低再次发生卒中的危险，减轻残疾程度。

（1）预防病因：对可干预的危险因素进行病因预防，包括一级预防中的所有措施。

（2）抗血小板聚集：对于发生过缺血性脑卒中的病人，建议应用抗血小板药如阿司匹林、双嘧达莫和氯吡格雷等。

（3）治疗TIA：反复发作TIA的病人发生完全性脑卒中的风险极大，应积极寻找病因并进行治疗。

（4）防止卒中后认知障碍：卒中后认知障碍及血管性痴呆发生率较高。卒中发生后早期应用阿司匹林有助于防止痴呆的发生。

在对高危人群和病人进行脑血管疾病预防的同时，应对公众加强宣传教育，针对不同的危险因素制订个体化的健康教育方案，使公众充分了解罹患脑卒中的高危因素，从而加强自我保健意识，采取戒烟、限酒、低脂肪和充足维生素及微量元素饮食、规律的体育锻炼等合理的生活方式。对高危病人应定期体检，指导病人增加对药物治疗的依从性。

二、短暂性脑缺血发作病人的护理

> **情景导入**
>
> 方某，男性，58岁，主因反复发作左侧肢体无力急诊入院。病人既往有高血压、糖尿病病史。查体：神志清楚，呼吸平稳，无明显神经系统阳性体征。门诊头颅CT未见出血。T 36.4℃，P 86次/min，R 23次/min，BP 152/87 mmHg。
>
> 住院期间，病人再次发作左侧肢体无力。
>
> 请思考：
> 1. 不同动脉系统TIA的临床表现有哪些？
> 2. TIA反复发作时，护理注意事项是什么？

短暂性脑缺血发作（transient ischemic attack，TIA）是由于局部脑组织或视网膜缺血引起的短暂性神经功能缺损，临床症状一般不超过1 h，最长不超过24 h，且无责任病灶的证据。凡神经影像学检查有神经功能缺损对应的明确病灶者不宜称为TIA。我国TIA的年人群患病率为180/10万，男女之比约为3:1，发病率随年龄的增长而增高。

拓展阅读9-4-2
短暂性脑缺血发作病人护理的重要知识点

（一）病因及发病机制

1. 病因　TIA的发病与动脉粥样硬化、动脉狭窄、心脏病、血液成分改变及血流动力学变化等多种病因有关。

2. 发病机制

（1）血流动力学改变：是在各种原因（如动脉硬化和动脉炎等）所致的颈内动脉系统或椎-基底动脉系统的动脉严重狭窄基础上，血压的急剧波动和下降导致原来靠侧支循环维持血液供应的脑区发生的一过性缺血。血流动力型TIA的临床症状比较刻板，发作频率通常密集，每次发作持续时间短暂，一般不超过10 min。

（2）微栓塞：主要来源于动脉粥样硬化的不稳定斑块或附壁血栓的破碎脱落、瓣膜性或非瓣膜性心源性栓子及胆固醇结晶等。微栓子阻塞小动脉常导致其供血区域脑组织缺血，当栓子破碎移向远端或自发溶解时,血流恢复,症状缓解。微栓塞型 TIA 的临床症状多变,发作频率通常稀疏,每次发作持续时间一般较长。

(二)临床表现

1. 一般特点

(1)好发于中老年人(50~70 岁),男性多于女性。

(2)病人多伴有高血压、动脉粥样硬化、糖尿病、高血脂、心脏病等脑血管疾病的危险因素。

(3)发病突然,局部脑或视网膜功能障碍,历时短暂,最长时间不超过 24 h,不遗留神经功能缺损体征。

(4)常反复发作。

2. 不同动脉系统 TIA 表现

(1)颈内动脉系统 TIA:临床表现与受累血管分布有关。可出现缺血对侧肢体的单瘫、偏瘫和面舌瘫,可伴有偏身感觉障碍和对侧同向偏盲,病变侧单眼一过性黑矇、失明,人格和情感障碍等。颈内动脉主干供血区缺血可表现为眼动脉交叉瘫、霍纳交叉瘫。

(2)椎 – 基底动脉系统 TIA:最常见表现是眩晕、平衡障碍、眼球运动异常和复视。可有单侧或双侧面部、口周麻木,单独出现或伴有对侧肢体瘫痪、感觉障碍,呈现典型或不典型的脑干缺血综合征。此外,椎 – 基底动脉系统 TIA 还可出现下列几种特殊表现的临床综合征:

1)跌倒发作:表现为下肢突然失去张力而跌倒,无意识丧失,常可很快自行站起,系脑干下部网状结构缺血所致。

2)短暂性全面遗忘症:发作时出现短时间记忆丧失,对时间、地点定向障碍,但谈话、书写和计算能力正常,一般症状持续数分钟至数小时,然后完全好转,不遗留记忆损害。

3)双眼视力障碍发作:双侧大脑后动脉距状支缺血导致枕叶视皮质受累,引起暂时性皮质盲。

椎 – 基底动脉系统 TIA 病人很少出现孤立的眩晕、耳鸣、恶心、晕厥、头痛、尿便失禁、嗜睡或癫痫等症状,往往合并有其他脑干或大脑后动脉供血区缺血的症状和(或)体征。

(三)实验室及其他检查

1. 实验室检查　血常规、血糖、血脂和同型半胱氨酸等,有助于发现病因。

2. 影像学检查　磁共振血管成像(MRA)可见颅内动脉狭窄,数字减影血管造影(DSA)可明确颅内外动脉的狭窄程度。

3. 彩色经颅多普勒(TCD)检查　可见血管狭窄、动脉粥样硬化斑块等,并可进行血流状况评估和微栓子监测。

(四)诊断要点

大多数 TIA 病人就诊时临床症状已消失,故诊断主要依靠病史。中老年病人突然出现局灶性脑功能损害症状,符合颈内动脉或椎 – 基底动脉系统及其分支缺血表现,并在短时间内症状完全恢复(多不超过 1 h),应高度怀疑为 TIA。神经影像学未发现神经功能缺损相对应的病灶,临床即可确诊。

（五）治疗

TIA 治疗的目的是消除病因、减少及预防复发、保护脑功能。

1. 病因治疗　是预防 TIA 复发的关键，应积极查找病因，针对可能存在的危险因素进行治疗，如控制血压、降低血脂和血糖、治疗心律失常、改善心功能、纠正血液成分异常、防止颈部过度活动等。

2. 药物治疗　TIA 应看做是脑卒中的重要危险因素而进行适当的药物治疗。对于在短期内频发的，应视为神经科急症，迅速控制其发作。

（1）抗血小板聚集治疗：阿司匹林是治疗 TIA 首选的抗血小板药，可单独或联合氯吡格雷使用。

（2）抗凝治疗：心源性栓塞性 TIA 及对抗血小板聚集治疗无效的病例一般推荐抗凝治疗。主要包括肝素、低分子肝素、华法林及新型口服抗凝药（如达比加群、利伐沙班、阿哌沙班、依度沙班等）。一般短期使用肝素后改为口服抗凝药华法林治疗，华法林治疗目标为国际标准化比值（international normalized ratio, INR）达到 2~3，用药量根据结果调整。

（3）扩容治疗：纠正低灌注，适用于血流动力型 TIA。

（4）其他：对有高纤维蛋白原血症的 TIA 病人，可选用降纤酶治疗。活血化瘀性中药制剂对 TIA 病人也可能有一定的治疗作用。

3. 外科治疗和血管介入治疗　可行颈动脉内膜切除术（carotid endarterectomy, CEA）或颈动脉血管成形和支架置入术（carotid angioplasty and stenting, CAS）等。

（六）护理评估

1. 病史　了解是否有原发性高血压、心脏病、高脂血症及糖尿病病史，用药情况，以及病人是否吸烟、酗酒和长期摄入高胆固醇饮食，有无脑血管病的家族史。

2. 身体评估　评估病人有无一过性或短暂性、局灶性脑或视网膜功能障碍等 TIA 的症状和体征。

3. 实验室及其他检查　血常规、血流动力学等实验室及 MRA、TCD 等其他检查结果有无异常。

4. 心理社会状况　了解病人有无焦虑、抑郁等不良情绪改变、病人及家属对所患疾病的认知情况、家庭与社会对病人的理解和支持程度。

（七）常见护理诊断/问题

1. 有受伤的危险　与突发偏瘫、眩晕、平衡障碍、一过性失明等有关。
2. 潜在并发症　脑卒中。
3. 焦虑　与 TIA 突然发病或反复发作有关。
4. 知识缺乏：缺乏疾病的防治知识　与病人文化程度或初次发病有关。

（八）护理目标

通过正规的药物治疗、改变不良的生活方式、调整饮食结构、适当运动、降低体重、放松心情等，减少或控制 TIA 的发作。

(九)护理措施

1. 避免病人受伤的护理

(1)防范措施:建立预防坠床/跌倒风险评估表,床头放置安全标识,责任护士要加强巡视,告诉病人和家属防范措施。

(2)避免受伤:发作时卧床休息,注意枕头不要太高,以15°~20°为宜,以免影响头部的血液供应;转动头部时动作应缓慢,且转动幅度不宜太大,防止颈部活动过度诱发TIA。频繁发作者避免重体力劳动,沐浴和外出应有家人陪伴,以防发生跌倒和外伤。

2. 饮食护理　指导病人进食低盐、低脂、低热量、清淡、易消化、富含蛋白质和维生素的饮食,多吃蔬菜、水果,戒烟酒,忌辛辣、油炸食物和暴饮暴食。合并糖尿病的病人应按照糖尿病治疗饮食。

3. 用药护理　指导病人遵医嘱用药,并告知药物机制和不良反应。肝素抗凝治疗时,应注意观察有无出血倾向,有消化性溃疡和严重高血压者禁用。使用抗血小板药治疗时,要注意观察有无皮疹或白细胞减少等不良反应,一旦发现异常应及时报告医生,并做好相应护理。

4. 病情观察　注意观察发作次数、发作持续时间、间隔时间、伴随症状和体征改善情况。观察病人有无头痛、头晕或其他脑功能受损的表现,警惕完全性缺血性脑卒中的发生。

5. 心理护理　耐心向病人解释病情,并指出积极配合治疗和护理的重要性,以降低其焦虑程度,保持情绪稳定。

(十)护理评价

病人了解疾病相关知识,情绪稳定,能以良好的心态应对病情变化;未因TIA发作而受伤。

(十一)健康指导

1. 预防疾病　向病人及家属宣传TIA的基本知识,告知积极治疗原发病的重要性。合理饮食,戒烟酒,生活起居有规律,养成良好的生活习惯,坚持适度运动和锻炼,注意劳逸结合。保持心情愉快、情绪稳定,避免精神紧张和过度疲劳。帮助病人寻找和去除诱发TIA的高危因素。

2. 管理疾病　按医嘱正确服药,定期门诊复查,掌握自我护理的方法。出现肢体麻木、乏力、眩晕、复视或突然跌倒时应随时就医。

(十二)预后

拓展阅读9-4-3 短暂性脑缺血发作病人护理流程

TIA病人早期发生脑卒中的风险很高,发病7天内脑梗死的发生率为4%~10%,发病90天内发生率为10%~20%(平均11%)。TIA病人不仅易发生脑梗死,也易发生心肌梗死和猝死。最终TIA部分发展为脑梗死,部分继续发作,部分自行缓解。

三、脑梗死病人的护理

脑梗死(cerebral infarction)又称缺血性脑卒中,指局部脑组织血液供应中断而发生的缺血性坏死或脑软化,出现相应的神经功能缺损。脑梗死是脑血管疾病的最常见类型,脑梗死可分为脑血栓形成、脑栓塞、腔隙性脑梗死及分水岭梗死。临床上常见的类型有脑血栓形成和脑栓塞。

（一）脑血栓形成病人的护理

> **情景导入**
>
> 陈某，男性，62岁，主因突发言语不清伴右侧肢体无力3h入院。病人既往有糖尿病、高血压病史。查体：神志清楚，呼吸平稳，混合性失语，右侧肢体肌力Ⅲ级，右侧巴氏征（+）。急诊头颅CT：未见出血。T 36.6℃，P 86次/min，R 23次/min，BP 165/82 mmHg。
>
> **请思考：**
> 1. 该病人的主要护理诊断有哪些？
> 2. 该病人的护理要点有哪些？

脑血栓形成（cerebral thrombosis，CT）即大动脉粥样硬化型脑梗死，是在颅内外供应脑部的动脉血管壁发生病理性改变的基础上血栓形成，使动脉管腔狭窄、闭塞，血流受阻而引起的局部脑组织缺血、软化、坏死，引起偏瘫、失语等神经症状和体征。脑血栓形成是临床最常见的脑血管疾病，约占全部脑梗死的60%。

拓展阅读9-4-4
脑血栓形成病人护理的重要知识点

1. 病因及发病机制

（1）病因：动脉粥样硬化是本病的根本病因，动脉粥样硬化随年龄增长而加重，高龄、高血压、高脂血症、糖尿病等是其重要危险因素。其他病因有动脉炎、红细胞增多症、血小板增多症、弥散性血管内凝血、镰状细胞贫血、脑淀粉样血管病等，部分病人病因不明。

（2）发病机制：在颅内血管壁病变的基础上，如动脉内膜损伤、破裂或形成溃疡，在睡眠、脱水、心力衰竭、心律失常、红细胞增多等情况时，引起血压下降、血流缓慢，使胆固醇易于沉积在内膜下层，引起血管壁脂肪透明变性、纤维增生，动脉变硬、迂曲，血小板及纤维素等血液中有形成分黏附、聚集、沉着，形成血栓。血栓逐渐扩大使动脉管腔变狭窄，最后引起动脉完全闭塞，或者栓子脱落，随血流阻断远端血管。血管闭塞后，血流受阻或完全被中断，若侧支循环不能及时代偿，受累血管供应区的脑组织将受到影响。经数周后，坏死组织被吸收，胶质纤维增生或瘢痕形成。

2. 临床表现

（1）临床特点

1）本病好发于50岁以上有动脉粥样硬化、高血压、高血脂、糖尿病等的中老年人。

2）多在静息状态时发病，部分病人发病前有肢体麻木、无力等前驱症状或TIA发作。

3）起病缓慢，症状通常在发病后10h或1~2天达高峰。

4）以偏瘫、失语、偏身感觉障碍和共济失调等局灶定位症状为主。

5）部分病人可有头痛、呕吐、意识障碍等全脑表现。

（2）不同脑血管闭塞的临床表现

1）颈内动脉闭塞：可出现一过性黑蒙、霍纳征、颈动脉波动减弱或消失等。

2）大脑中动脉闭塞：导致三偏症状，优势半球受累出现失语。

3）椎-基底动脉闭塞：引起闭锁综合征、基底动脉尖综合征等，出现意识障碍、眼球运动障碍、瞳孔异常、吞咽障碍、四肢瘫痪等。

（3）临床类型：根据起病形式和病程可分为以下临床类型：

1）完全型：发病后6h内达到高峰，表现为一侧肢体完全瘫痪甚至昏迷，需要与脑出血进行鉴别。

2）进展型：发病后症状在48h内逐渐进展或呈阶梯式加重。

3）缓慢进展型：起病2周之后症状仍逐渐发展，应注意与颅内肿瘤、硬膜下血肿等进行鉴别。

4）可逆性缺血性神经功能缺失：症状和体征持续24h以上，但可于1~3周内恢复，不留任何后遗症。

3. 实验室及其他检查

（1）实验室检查：包括血常规、血流动力学、血糖、血脂、肾功能、凝血功能等。这些检查有助于发现脑梗死的危险因素并对病因进行鉴别。

（2）影像学检查：可直观显示脑梗死的部位、范围、血管分布、陈旧和新鲜梗死等，帮助临床判断组织缺血后是否可逆、血管状况，以及血流动力学改变。帮助选择溶栓病人、评估继发出血的危险程度。

1）头颅CT：是最常用的检查。脑梗死发病24h内一般无影像学改变，24h后梗死区呈低密度影像（图9-4-1）。发病后尽快进行CT检查，有助于早期脑梗死与脑出血的鉴别。脑干和小脑梗死及较小梗死灶，CT难以检出。

2）MRI：与CT相比，此检查可以发现脑干、小脑梗死及小灶梗死。

3）血管造影：DSA和MRA可以发现血管狭窄、闭塞和其他血管病变，如动脉炎、动脉瘤、动静脉畸形等。DSA是脑血管病变检查的"金标准"，缺点为有创和存在一定风险。

4）经颅多普勒超声检查（TCD）：对评估颅内外血管狭窄、闭塞、血管痉挛或侧支循环建立的程度有帮助。用于溶栓治疗监测，对判断预后有参考意义。

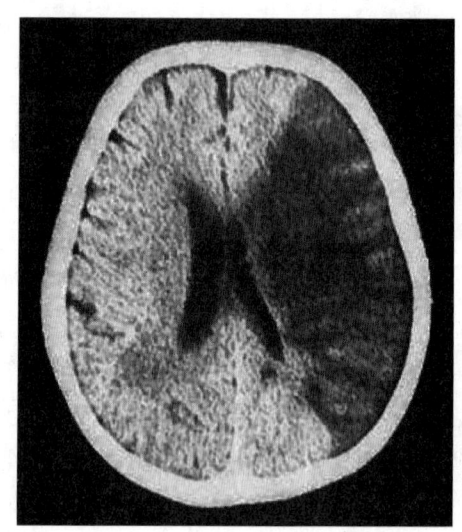

图9-4-1 动脉硬化性血栓性脑梗死

5）颈动脉超声：对发现颅外颈动脉血管病变，特别是狭窄和斑块，很有帮助。

4. 诊断要点

（1）中老年病人、有动脉粥样硬化、高血压、糖尿病等病史。

（2）在静息状态时发病，病前有反复发作的TIA发作史。

（3）偏瘫、失语、偏身感觉障碍和共济失调等局灶性神经功能缺损的症状和体征在数小时或数日内达高峰，多无意识障碍。

（4）结合CT或MRI可明确诊断。注意需要与脑栓塞和脑出血进行鉴别。

5. 治疗要点 治疗应遵循超早期、个体化和整体化的原则。

（1）急性期治疗：挽救缺血半暗带，避免或减轻原发性脑损伤，是急性脑梗死治疗的最根本目标。

1）早期溶栓：在发病4.5h内进行溶栓使血管再通，及时恢复血流灌注，挽救梗死周围仅有功能改变的缺血半暗带组织，避免坏死范围扩大。重组组织型纤溶酶原激活剂（recombinant tissue type plasminogen activator，rt-PA）和尿激酶（urokinase，UK）是我国目前使用的主要溶栓药。迄今为止，发病3h内rt-PA标准静脉溶栓疗法是唯一被批准应用于临床的急性脑梗死药物治疗方法。应用溶栓药期间应严密监护病人，防止出现脑梗死病灶继发性出血等并发症。

2）血管内介入治疗：包括动脉溶栓、桥接、机械取栓、血管成形和支架术等。

3）调整血压：急性脑梗死血压的调控应遵循个体化、慎重、适度原则。急性期病人的血压应维持在比发病前稍高水平，除非血压过高（通常收缩压≥200 mmHg或舒张压≥110 mmHg），一般不使用降压药。对卒中后低血压和低血容量，应积极寻找和处理原因，必要时采用扩容升压措施，以保证脑灌注，防止梗死面积扩大。

4）控制血糖：急性期病人血糖升高较常见，可能是原有糖尿病的表现或应激反应。应根据具体情况，及时处理。血糖值可控制在7.7~10 mmol/L之间。

5）防治脑水肿：脑水肿高峰期为发病后3~5天，多见于大面积梗死。严重脑水肿和颅内压增高是急性重症脑梗死的常见并发症和主要死亡原因。常给予甘露醇快速静脉滴注，或呋塞米静脉注射。可酌情同时应用甘油果糖，还可用注射用七叶皂苷钠和白蛋白辅助治疗。

6）抗血小板治疗：常用的抗血小板药包括阿司匹林和氯吡格雷。未行溶栓的急性脑梗死病人应在48 h之内尽早服用阿司匹林（150~325 mg/d），在阿司匹林过敏或不能使用时，可用氯吡格雷替代。在溶栓后24 h内不推荐抗血小板或抗凝治疗，以免增加脑出血风险。

7）抗凝治疗：目的在于防止血栓扩展和新血栓形成。常用药物有肝素、低分子肝素及华法林等。一般不推荐发病后急性期应用，可用于进展性卒中、溶栓治疗后短期使用，防止再闭塞。治疗期间应监测凝血时间和凝血酶原时间，防止出血。

8）脑保护治疗法：可通过降低脑代谢、干预缺血引发细胞毒性机制减轻缺血性脑损伤。脑保护剂包括自由基清除剂、阿片受体阻断剂、钙通道阻滞剂和他汀类药物等。

9）高压氧治疗：如果脑血栓形成的病人呼吸正常，呼吸道没有明显分泌物，无抽搐且血压正常，宜及早进行高压氧治疗。

10）外科治疗：急性小脑梗死产生脑肿胀和脑积水者，可行脑室引流术或去除坏死组织以挽救生命；对大面积脑梗死所致颅内高压危象者，可行开颅切除坏死组织和去颅骨减压。

11）早期康复治疗：如果病人神经功能缺损的症状和体征不再加重，生命体征稳定，即可进行早期康复治疗，目的是减少并发症出现和纠正功能障碍，调控心理状态，为提高病人的生活质量打好基础。

12）其他治疗

① 降纤治疗：疗效尚不明确。可选药物有巴曲酶、降纤酶和安克洛酶等，使用中应注意出血并发症。

② 中药制剂：临床上常应用丹参、三七和葛根素等，以通过活血化瘀改善脑梗死症状，但目前尚缺乏大规模临床试验证据。

③ 丁苯肽、人尿激肽原酶：是近年国内开发的两个Ⅰ类新药，对脑缺血和微循环均有一定改善作用。

（2）恢复期治疗：继续稳定病人的病情，高血压病人控制血压，高血脂病人控制血脂等。恢复期病人的患侧肢体由迟缓性瘫痪逐渐进入痉挛性瘫痪，康复治疗是重要的治疗手段。原则是综合各种康复手段如物理疗法、针灸、言语训练、认知训练、吞咽功能训练，合理使用各种支具，促进病人患肢随意运动的出现，强化日常生活活动能力（ADL）训练。常规进行卒中后抑郁的筛查，并对无禁忌证的卒中后抑郁病人进行抗抑郁治疗，目的是尽量恢复病人日常生活自理能力，为病人早日回归家庭和社会做好必要的准备。

拓展阅读9-4-5 静脉使用rt-PA治疗急性缺血性卒中的观察和治疗方法

拓展阅读9-4-6 偏瘫治疗仪

6. 护理评估

（1）病史：了解病人既往是否有高血压、高脂血症、糖尿病、动脉粥样硬化、颈动脉狭窄等病史；了解病人的生活方式、饮食习惯，有无长期摄入高盐、高动物脂肪，有无吸烟、饮酒的嗜好；有无家族史等。

（2）身体评估：评估意识状态、生命体征。起病时间，有无 TIA、饮水呛咳、吞咽困难、偏瘫、失语、偏身感觉障碍和共济失调等症状和体征。

（3）实验室及其他检查：了解病人的实验室及其他检查的结果有无异常。

（4）心理社会情况：了解有无因疾病所致焦虑、抑郁等不良情绪，病人和家属对疾病发生的相关因素、治疗和护理方法、预后、如何预防复发等知识的认知程度，病人家庭条件、经济状况及家属对病人的关心和支持度。

7. 常见护理诊断/问题

（1）躯体移动障碍：与运动中枢损害致肢体瘫痪有关。

（2）语言沟通障碍：与语言中枢功能受损有关。

（3）吞咽障碍：与意识障碍或延髓麻痹有关。

（4）生活自理缺陷：与偏瘫、认知障碍有关。

（5）焦虑：与偏瘫、失语有关。

8. 护理目标　能掌握肢体功能训练的方法，主动配合肢体功能康复训练，躯体活动能力逐步增强。能采取有效的沟通方式表达自己的需要，积极配合语言训练，语言表达能力逐步增强。能掌握进食的正确方法，维持正常的营养供给，不发生误吸，吞咽功能逐步恢复正常。能掌握日常生活活动能力（ADL）训练方法，恢复日常生活自理能力。能正确对待疾病，焦虑减轻或消失，情绪稳定。

9. 护理措施

（1）休息与环境：急性期病人应卧床休息，头偏向一侧。注意保持环境的安静、舒适。

（2）饮食护理：对于不能吞咽的病人，应给予鼻饲饮食。若病人能经口进食，应给予低盐、低脂、低胆固醇、高维生素及易消化饮食。

（3）做好基础护理：予口腔护理、会阴护理、皮肤护理等，防止压力性损伤、感染等并发症的发生。

（4）对症护理

1）躯体移动障碍的护理：早期康复有助于抑制和减轻肢体痉挛姿势的出现与发展，能预防并发症、促进康复、减轻致残程度和提高生活质量。一般认为，缺血性脑卒中病人只要意识清楚，生命体征平稳，病情不再发展后 48 h 即可进行。早期康复护理的内容包括：重视患侧刺激、保持良好的肢体位置、体位变换（翻身）、床上运动训练等。

2）语言沟通障碍的护理：制定个体化的全面语言康复计划，并组织实施；构音障碍的康复以发音训练为主，遵循由易到难的原则。循序渐进地进行训练，切忌复杂化、多样化，避免产生疲劳感、厌烦或失望情绪，使其体会到成功的乐趣，从而坚持训练。

3）吞咽障碍的护理：病人开始进食、饮水或口服药物之前应筛查吞咽困难，识别高危误吸病人，对怀疑误吸的病人，可进行造影、光纤内镜等检查来确定误吸是否存在。喂食时选择合适的体位和食物，防止窒息。

拓展阅读 9-4-7
吞咽障碍的饮食护理

（5）用药护理：遵医嘱用药，观察药物疗效及不良反应。使用溶栓、抗凝药时，严格掌握药物剂量，监测出凝血时间、凝血酶原时间，观察有无颅内、皮肤及消化道出血倾向。抗凝、扩血管及溶栓治疗过程中，注意有无原有症状加重或出现新症状，警惕梗死范围扩大、出血、栓子脱落等。使用脱水剂易出现肾损害、电解质紊乱，应注意观察用药后尿量及尿液颜色，定时复查尿常规及肾功能。

（6）病情观察：密切监测生命体征、神志、瞳孔的变化。观察有无吞咽障碍、偏瘫、失语、偏身感觉障碍和共济失调等症状和体征。

（7）康复护理：与病人及家属共同制定肢体功能锻炼和语言、感觉康复等康复训练计划，并指导病人循序渐进地完成。

（8）心理护理：提供有关疾病、治疗及预后的相关信息，关心、尊重病人，指导病人正确面对疾病，保持平和的心态，避免过分依赖心理，增强病人自我照顾的能力与信心。鼓励病人和家属主动参与治疗、护理活动。

10. 护理评价

（1）病人掌握肢体功能训练的方法并在医护人员和家属协助下主动活动，肌力增强，生活自理能力提高，无压力性损伤和坠积性肺炎等并发症。

（2）能通过非语言沟通表达自己的需求，积极配合语言训练，语言表达能力逐步增强。

（3）能掌握正确的进食方法，吞咽功能逐步恢复，未发生营养不良、误吸、窒息等并发症。

（4）掌握日常生活活动能力（ADL）训练方法，日常生活自理能力逐步恢复。

（5）能正确对待疾病，焦虑减轻或消失，情绪稳定。

11. 健康指导

（1）预防疾病

1）向病人和家属介绍脑血栓形成的基本知识，说明积极治疗原发病、去除诱因、养成良好的生活习惯的重要性，合理饮食、生活规律，戒烟酒。

2）鼓励病人从事力所能及的家务，日常活动不要依赖家人，避免病人产生依赖心理，增强自我照顾能力。克服急于求成的心理，做到坚持锻炼，循序渐进。

（2）管理疾病

1）教会病人和家属康复治疗的知识和功能锻炼的基本方法，通过感觉、运动及言语功能等身体康复，促进神经功能恢复。重视心理康复、自我调节情绪，逐步达到职业康复和社会康复。

2）指导病人遵医嘱用药，定期复查。出现头昏、视物模糊、言语障碍等症状时，应及时就医。

12. 预后 脑血栓形成急性期病死率约为10%，致残率达50%以上，存活者40%以上可复发，且复发次数越多，病死率和致残率越高。积极处理各项可干预的脑卒中危险因素和应用抗血小板聚集药物，可降低卒中复发的危险性。

拓展阅读9-4-8
脑血栓形成病人护理流程
微课9-4-1
脑血栓形成病人的护理

（二）脑栓塞病人的护理

情景导入

林某，男性，48岁，主因口角歪斜伴左侧肢体无力10h入院。病人既往有风湿性心脏病伴心房颤动病史。急诊头颅CT：未见出血。生命体征：T 36.6℃，P 86次/min，R 23次/min，BP 165/82 mmHg。

> **请思考:**
> 1. 该病人的护理诊断有哪些?
> 2. 该病人的护理措施有哪些?

拓展阅读9-4-9
脑栓塞病人护理的重要知识点

脑栓塞(cerebral embolism)指血液中的各种栓子(如心脏内的附壁血栓、动脉粥样硬化的斑块、脂肪、肿瘤细胞、空气等)随血流进入脑动脉,使血管急性闭塞或严重狭窄,当侧支循环不能代偿时,引起该动脉供血区脑组织缺血、缺氧性坏死,迅速出现局灶性神经功能缺损。脑栓塞常发生于颈内动脉系统,椎-基底动脉系统相对少见。脑栓塞占脑梗死的15%~20%。

1. 病因及发病机制　脑栓塞根据栓子来源不同,可分为:

(1)心源性:是脑栓塞最常见的病因,约80%心源性脑栓塞见于颈内动脉系统,其中大脑中动脉尤为多见;约20%心源性脑栓塞见于椎-基底动脉系统。引起脑栓塞的常见的心脏疾病有心房颤动、心脏瓣膜病、感染性心内膜炎、扩张性心肌病、心肌梗死的附壁血栓、先天性心脏病等。其中以心房颤动最常见,心房颤动时左心房收缩性降低,血流缓慢淤滞,易导致附壁血栓,栓子脱落随血流到达颅内引起栓塞。

(2)非心源性:心脏以外的栓子随血流进入颅内引起栓塞。栓子来源包括主动脉弓和颅外动脉(颈动脉和椎动脉)的动脉粥样硬化性病变,斑块破裂及粥样物进入血流导致栓塞;同时,损伤的动脉壁易形成附壁血栓,当血栓脱落时也可致脑栓塞;其他少见的栓子有脂肪滴、空气、肿瘤细胞、寄生虫卵、羊水和异物等。

(3)来源不明:有些脑栓塞虽经仔细检查也未能找到栓子来源。脑栓塞的病理改变与脑血栓形成基本相同,但由于脑动脉突然阻塞,易引起脑血管痉挛而加重脑组织缺血;又因无充足的时间建立侧支循环,所以,栓塞较发生在同一动脉的血栓形成病变范围更大。

2. 临床表现

(1)任何年龄均可发病,风湿性心脏瓣膜病所致以青年女性为多,冠心病及大动脉病变所致以中老年多见。

(2)安静和活动时均可发病,典型脑栓塞多在活动中急骤发病,一般发病无明显诱因,也很少有前驱症状,局灶性神经功能缺损体征在数秒至数分钟即达高峰,是所有急性脑血管病中发病速度最快者。

(3)以偏瘫、失语等局灶定位症状为主要表现,有无意识障碍及其程度取决于栓塞血管的大小和梗死的部位和面积,重者可表现为突然昏迷、全身抽搐,因脑水肿或颅内高压继发脑疝而死亡。

(4)多有导致栓塞的原发病和同时并发的脑外栓塞的表现。

3. 实验室及其他检查

(1)实验室检查:包括血常规、血液流变学、血糖、血脂、肾功能、凝血功能等。

(2)影像学检查

1)头颅CT:对于明确脑栓塞的部位、大小、周围脑水肿情况有较大价值。发病24~48h CT可见栓塞部位呈低密度影像。若为出血性梗死,在低密度灶内可见高密度影像(图9-4-2)。对于患病早期和怀疑病变部位在颅后窝或病变部位较小者应选择头颅MRI检查。

2)头颅MRI检查:可清晰显示早期缺血性梗死,在识别急性小梗死灶和后颅窝梗死方面明显优于头颅CT平扫。

3）DSA、MRA：可以发现血管狭窄、闭塞和其他血管病变，如动脉炎、动脉瘤、动静脉畸形等。

4）超声心动图、经颅多普勒超声发泡实验：可用于探查卵圆孔未闭和右向左分流通道。

（3）脑脊液检查：一般不作为缺血性脑血管病的常规检查，亚急性感染性心内膜炎所致脑脊液含细菌栓子，白细胞增高；脂肪栓塞所致脑脊液可见脂肪球；出血性梗死时，脑脊液呈血性。

（4）心电图检查：可作为确定心肌梗死、心房颤动和其他心律失常的依据。阵发性心房颤动有时可能需要长时程连续动态心电图监测才能发现。

4. 诊断要点 有风湿性心脏病、心房颤动及大动脉粥样硬化、严重骨折等病史，突发偏瘫、失语等局灶性神经功能缺损，症状在数秒至数分钟内达到高峰，即可做出临床诊断。头颅CT和MRI检查可确定栓塞的部位、数量及是否伴发出血，有助于明确诊断。应注意与脑血栓形成和脑出血等相鉴别。

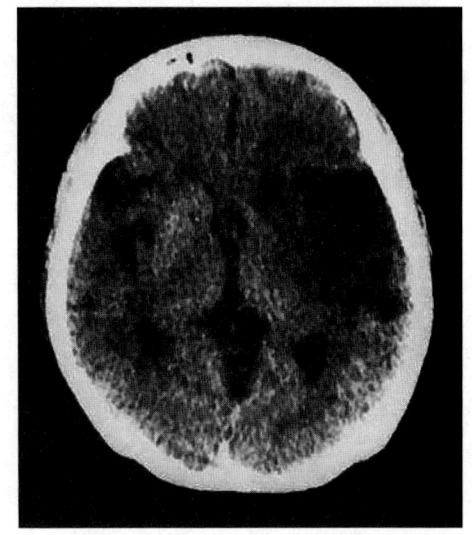

图 9-4-2 大脑中动脉栓塞

5. 治疗要点

（1）脑栓塞治疗：与脑血栓形成基本相同。但由于梗死面积大，更强调早期脱水降颅压治疗；心源性脑栓塞的梗死区极易出血，故抗凝治疗慎用。

（2）原发病治疗：在于根除栓子来源，防止脑栓塞复发。有心律失常者，应予以纠正。对感染性栓塞应使用抗生素，并禁用溶栓和抗凝治疗，防止感染扩散；对非细菌性血栓性心内膜炎，采用肝素或低分子肝素治疗。心房黏液瘤可行手术切除。反常栓塞在卵圆孔未闭和深静脉血栓并存的情况下，可以考虑经导管卵圆孔封堵术治疗。

6. 护理评估

（1）病史：是否有风湿性心脏病、心房颤动及大动脉粥样硬化、严重骨折等病史。

（2）身体评估：评估意识状态、生命体征，起病时间，有无饮水呛咳、吞咽困难、偏瘫、失语、偏身感觉障碍等症状和体征。

（3）实验室及其他检查：实验室及其他检查的结果有无异常。

（4）心理社会状况：评估病人对疾病的认知和心理状态，文化程度、经济收入及社会支持情况。

7. 护理诊断/问题、措施、评价 同本节"脑血栓形成病人的护理"。

8. 健康指导 告知病人和家属本病的常见病因和控制原发病的重要性；指导病人遵医嘱长期抗凝治疗，预防复发；定期门诊复诊，监测凝血功能；及时在医护人员指导下调整药物剂量。其他详见本节"脑血栓形成病人的护理"。

9. 预后 脑栓塞的预后取决于栓塞脑血管的大小、部位和栓子的数量及原发病的严重程度。急性期病死率为5%~15%，多死于严重脑水肿引起的脑疝、肺部感染和心力衰竭等。如栓子来源不能消除，10%~20%的脑栓塞病人可能在病后1~2周内再发，再发病死率更高。

拓展阅读 9-4-10 脑栓塞病人护理流程

四、脑出血病人的护理

> **情景导入**
> 房某，女性，56岁，主因言语不清伴右侧肢体活动不便4h入院。入院时神志清楚，T 36.5℃，P 78次/min，R 20次/min，BP 168/75 mmHg。急诊头颅CT：左侧基底节区片状高密度影。病人既往高血压病史8年，自服药物控制。住院期间，护士发现病人用力大便后出现意识不清，双侧瞳孔不等大，躯体活动障碍加重。
> 请思考：
> 1. 该病人可能出现了哪种病情变化？
> 2. 应采取哪些急救护理措施？

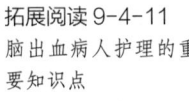
拓展阅读9-4-11
脑出血病人护理的重要知识点

脑出血（intracerebral hemorrhage，ICH）又称自发性脑出血，指原发性非外伤性脑实质内出血，发病率为每年（60~80）/10万，致死率高于脑梗死，急性期病死率为30%~40%。

（一）病因及发病机制

1. 病因　最常见病因为高血压合并细小动脉硬化，其他病因包括脑动脉粥样硬化、颅内动脉瘤和动静脉畸形、脑动脉炎、血液系统疾病、梗死后出血、脑淀粉样血管病、脑底异常血管网病（烟雾病）、抗凝及溶栓治疗等。

2. 发病机制　颅内动脉壁薄弱，中层肌细胞和外膜结缔组织较少，且无外弹力层。

（1）高血压致脑细、小动脉发生玻璃样变性及纤维素样坏死，管壁弹性减弱，当血压骤然升高时，血管易破裂出血。

（2）在血流冲击下，弹性减弱的病变血管壁向外膨出形成微小动脉瘤或夹层动脉瘤，当血压剧烈波动时，微小动脉瘤破裂导致出血。

（3）高血压可致远端血管痉挛，引起小血管缺血、缺氧、坏死而发生出血。

（4）高血压脑出血的发病部位以基底核区多见，是因为供应此处的豆纹动脉从大脑中动脉呈直角发出，在原有血管病变的基础上，承受压力较高的血流冲击，易导致血管破裂（图9-4-3）。

（二）临床表现

临床表现的轻重主要取决于出血量和出血部位。

1. 临床特点

（1）多见于50岁以上有高血压病史者，男性较女性多见，冬季发病率较高。

（2）体力活动或情绪激动时发病，多无前驱症状，少数有头痛、头晕、肢体麻木等。

（3）起病较急，症状于数分钟至数小时达高峰。

（4）有肢体瘫痪、失语等局灶定位症状和剧烈头痛、喷射性呕吐、意识障碍等全脑症状。

（5）发病时血压明显升高。

2. 不同部位出血的表现

（1）壳核出血：占脑出血的50%~60%，系豆纹动脉尤其是外侧支破裂所致。壳核出血最常累及内囊，病人常出现病灶对侧偏瘫、偏身感觉障碍和同向性偏盲（三偏征）。

（2）丘脑出血：占脑出血的10%~15%，系丘脑穿通动脉和丘脑膝状体动脉破裂所致。病人除了有壳核出血的症状如三偏征以外，还可出现丘脑性痴呆，如记忆力减退、计算力下降、情感障碍、人格改变等。

（3）脑干出血：约占脑出血的10%，多数为脑桥出血，系基底动脉脑桥支破裂所致。偶见中脑出血，延髓出血罕见。脑桥出血＞5 mL即可出现昏迷、四肢瘫痪、呼吸困难、双侧瞳孔缩小如针尖样等症状，还可出现应激性溃疡，中枢性高热，病情危重。

（4）小脑出血：约占脑出血的10%，多由小脑上动脉破裂所致。发病突然，眩晕和共济失调明显，可伴频繁呕吐和枕部疼痛，一般无肢体瘫痪。出血量较大者，尤其是小脑蚓部出血，发病时或发病后12～24 h内出现颅内压迅速增高、昏迷及脑干受压征象而死亡。

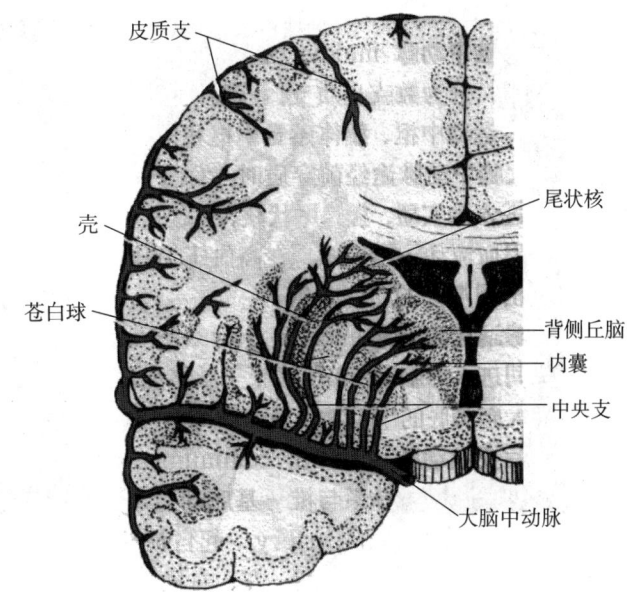

图9-4-3　豆纹动脉解剖示意图

（5）脑室出血：占脑出血的3%～5%，分为原发性和继发性。原发性脑室出血多由脉络丛血管或室管膜下动脉破裂所致，继发性脑室出血指脑实质出血破入脑室。原发性脑室出血出血量较少时，病人多为脑膜刺激征的表现，多无意识障碍及功能障碍。出血量大时，病人很快进入昏迷或昏迷逐渐加深，预后差。

（6）脑叶出血：占脑出血的5%～10%，常由脑动静脉畸形、高血压、血液病等所致。出血以顶叶最为常见，根据不同的出血部位，临床表现多样，如偏瘫、失语、尿失禁等。

（三）实验室及其他检查

1. 实验室检查　血常规、血生化、凝血功能等。
2. 头颅CT　是确诊脑出血的首选检查方法，发病后即刻出现边界清楚的高密度影像（图9-4-4至图9-4-9）。
3. 头颅MRI　能分辨脑血管畸形、肿瘤及血管瘤等病变。
4. DSA　疑有血管畸形、血管炎或烟雾病可行DSA进一步检查。

（四）诊断要点

50岁以上有长期高血压病史的中老年病人，动态下发病，迅速出现头痛、呕吐、偏瘫、失语等症状，可伴有意识障碍，头颅CT检查有助于明确诊断。

（五）治疗要点

治疗原则为脱水降颅压、调整血压、防止再出血、维持生命机能、加强护理、防治并发症。

1. 一般治疗　绝对卧床休息2～4周，减少刺激，保持呼吸道通畅，有意识障碍、消化道出血宜禁食24～48 h，必要时胃肠减压。维持营养、水、电解质平衡，烦躁予镇静药，便秘予缓泻剂等。

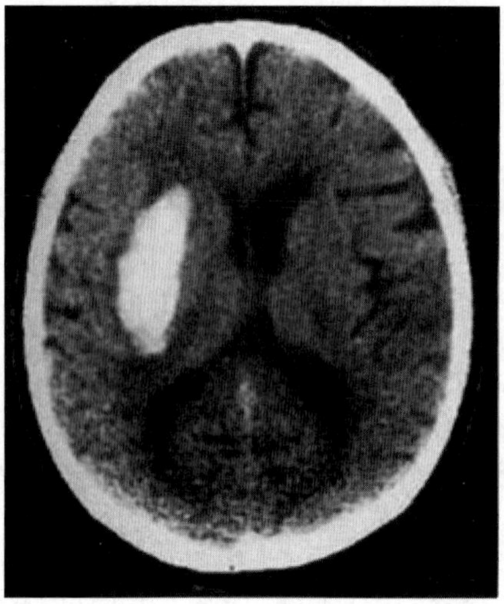

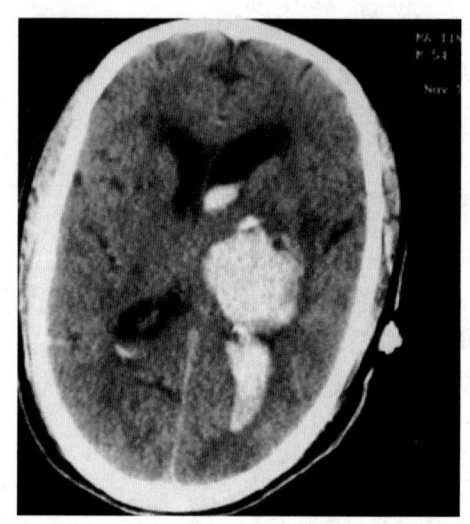

图9-4-4 壳核出血

图9-4-5 丘脑出血

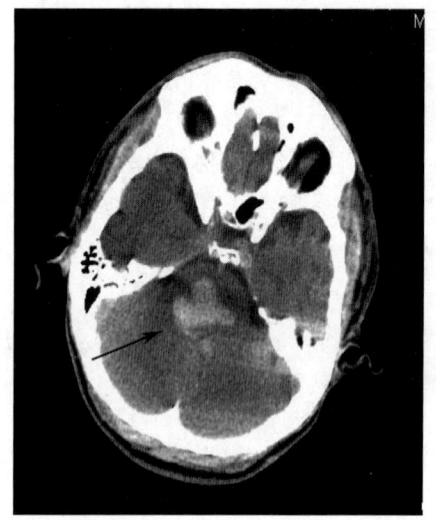

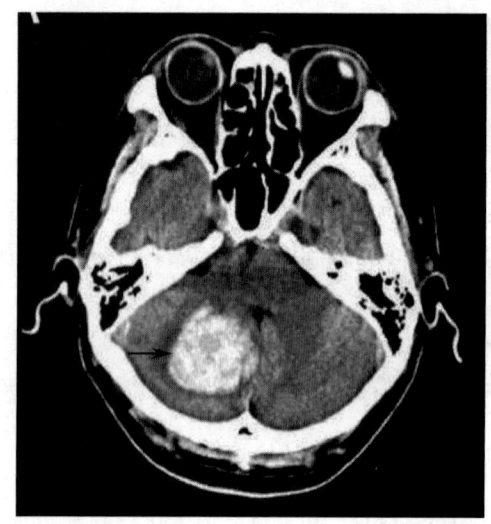

图9-4-6 脑干出血

图9-4-7 小脑出血

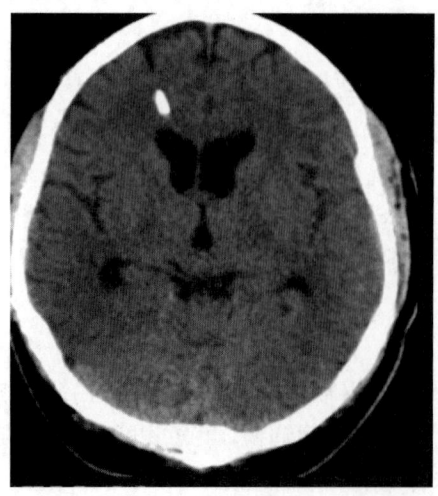

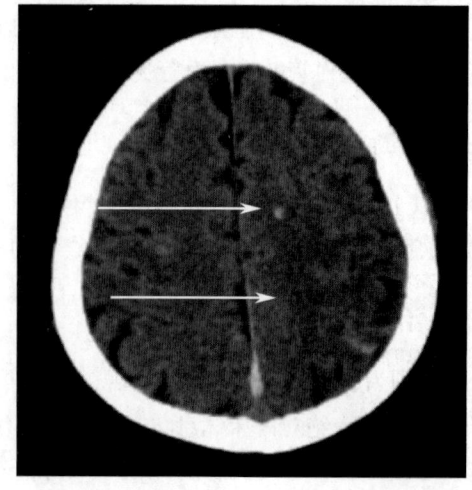

图9-4-8 脑室出血

图9-4-9 脑叶出血

2. 脱水降颅压　可选用20%甘露醇125～250 mL，15～30 min快速静滴，或呋塞米20～40 mg静注，或甘油果糖250 mL静滴。

3. 调控血压　脑出血急性期一般不予应用降压药，而以脱水降颅压治疗为基础。

拓展阅读9-4-12
脑出血的降压原则

4. 止血和凝血治疗　应激性溃疡导致消化道出血时，可用西咪替丁、奥美拉唑等药物。

5. 亚低温疗法　采用降温毯、降温仪、降温头盔等进行全身和头部局部降温，温度控制在32～35℃。

6. 防治并发症　肺部感染、尿路感染等，可遵医嘱应用抗生素治疗。

7. 外科治疗　壳核出血量≥30 mL，丘脑出血≥15 mL；小脑出血≥10 mL或直径≥3 cm，或合并明显脑积水；重症脑室出血（脑室铸型）；合并脑血管畸形、动脉瘤等血管病变；或颅内压明显增高和危及生命，内科治疗无效者，可考虑行开颅血肿清除、脑室穿刺引流、经皮钻孔血肿穿刺抽吸等手术治疗，宜在发病后6～24 h内进行。

8. 康复治疗　病人生命体征平稳、病情不再进展，可及早进行康复治疗，早期将患肢置于功能位。早期分阶段综合康复治疗可促进神经功能恢复，提高病人的生活质量。

（六）护理评估

1. 病史

（1）病因和危险因素：询问病人既往有无高血压、动脉粥样硬化、血液病和家族脑卒中病史，是否遵医嘱进行降压、抗凝等治疗和治疗效果及目前用药情况。

（2）起病情况和临床表现：发病前有无情绪激动、活动过度、疲劳、用力排便等诱因和头晕、头痛、肢体麻木等前驱症状等。

2. 身体评估　评估生命体征、瞳孔、血压、肢体活动、机体营养状况，有无吞咽困难和饮水呛咳、高热、排便、排尿障碍等。

3. 实验室及其他检查　头颅CT、血液检查是否符合脑出血的改变。

4. 心理社会状况　神志清楚的病人，了解其对疾病的病因和诱因、治疗及护理经过、防治知识及预后的了解程度及心理状况、教育程度、社会支持程度等。

（七）常见护理诊断/问题

1. 急性意识障碍　与脑出血、脑水肿有关。
2. 潜在并发症　脑疝、上消化道出血、坠积性肺炎等。
3. 有失用综合征的危险　与脑出血所致意识障碍、功能障碍或长期卧床有关。
4. 焦虑　与疾病所致的功能障碍、预后不良、家庭经济压力大等有关。

（八）护理目标

1. 病人生命体征平稳，意识障碍未加重或逐渐清醒。
2. 无脑疝、上消化道出血等并发症，无焦虑、抑郁等不良心理。
3. 配合药物治疗，预防脑疝发生，发生脑疝、消化道出血时能及时识别并配合抢救。

（九）护理措施

1. 一般护理

（1）休息与活动：急性期绝对卧床休息2～4周，适当抬高床头15°～30°，避免一切用力因素。若病人出现烦躁不安、谵妄等症状，遵医嘱予适当镇静。保持环境安静，减少探视，各项治疗护理集中进行。

（2）呼吸道护理：保持呼吸道通畅，及时清除口鼻分泌物和吸痰，防止舌根后坠、窒息、误吸或肺部感染。

（3）饮食护理：给予高维生素、高热量饮食，补充足够的水分；意识障碍或吞咽障碍的病人遵医嘱鼻饲流质，保证足够的营养供给；若病人发生应激性溃疡，应暂禁食。

（4）用药护理：脱水降颅压药物使用期间，应注意监测病人的水、电解质及尿量的变化；密切观察血压变化，避免血压降得过快、过低；使用甘露醇时，防止药物外渗导致组织坏死。

（5）病情监测：严密监测并记录生命体征及意识、瞳孔、尿量及电解质的变化；观察有无头痛、恶心、呕吐及呕吐物的颜色、性状等，警惕脑疝及上消化道出血的发生。

（6）基础护理：卧气垫床或按摩床，保持床单位清洁、干燥，减少对皮肤的机械性刺激，定时给予翻身、拍背，预防压力性损伤；做好大小便的护理，保持外阴部皮肤清洁，预防尿路感染；注意口腔卫生，不能经口进食者应每天口腔护理2~3次，防止口腔感染；慎用热水袋，防止烫伤。

2. 潜在并发症：脑疝

（1）病情评估：密切观察瞳孔、意识、体温、脉搏、呼吸、血压等生命体征，如病人出现剧烈头痛、喷射性呕吐、烦躁不安、血压升高、脉搏减慢、意识障碍进行性加重、双侧瞳孔不等大、呼吸不规则等脑疝的先兆表现，应立即报告医生。

（2）配合抢救：迅速建立静脉通道，遵医嘱快速静脉滴注甘露醇或静脉注射呋塞米。注意甘露醇的致肾衰作用，观察尿量和尿液颜色，定期复查电解质。备好气管切开包、脑室穿刺引流包、呼吸机、监护仪和抢救药品等。

3. 潜在并发症：上消化道出血

（1）病情监测：观察病人有无恶心、上腹部疼痛、饱胀、呕血、黑便、尿量减少等症状和体征。鼻饲的病人，每次鼻饲前先抽吸胃液，并观察其颜色，如为咖啡色或血性，提示发生出血。观察病人大便的量、颜色和性状，进行大便隐血试验以及时发现小量出血。观察病人有无面色苍白、口唇发绀、皮肤湿冷、烦躁不安、尿量减少、血压下降等失血性休克的表现，如有则配合抢救，迅速建立静脉通道，遵医嘱补充血容量、纠正酸中毒、应用血管活性药物和H_2受体拮抗药或质子泵抑制药。

（2）心理护理：告知病人和家属上消化道出血的原因。安慰病人，消除其紧张情绪，创造安静舒适的环境，保证病人休息。

（3）饮食护理：遵医嘱暂禁食，出血停止后给予清淡、易消化、无刺激性、营养丰富的温凉流质饮食，少量多餐，防止胃黏膜损伤及加重出血。

4. 康复护理 教会病人和家属自我护理的方法和康复训练技巧，使病人和家属认识到坚持主动或被动康复训练的重要性，帮助病人早期更好地回归社会。

5. 心理护理 向病人及家属介绍疾病相关知识，指导病人尽量保持情绪稳定，避免过度喜悦、愤怒等不良情绪。教育家属充分理解病人、支持病人，帮助其建立战胜疾病的信心。

（十）护理评价

1. 病人生命体征平稳，意识障碍未进一步加重或逐渐清醒。
2. 未发生并发症或发生得到及时处理。

3. 情绪稳定，能积极配合治疗。
4. 能适应长期卧床的状态，生活需要得到满足。

（十一）健康指导

1. **预防疾病**　高血压病人避免引起血压骤然升高的各种因素，保持情绪稳定和心态平和；建立健康的生活方式，保证充足睡眠，适当运动；低盐、低脂、高蛋白、高维生素饮食；戒烟酒；养成定时排便的习惯，保持大便通畅。

2. **管理疾病**　告知病人和家属关于疾病的基本病因、主要危险因素和防治原则。与病人及家属制定康复训练计划，尽量使其早日生活自理，训练过程中，要循序渐进，持之以恒，避免急于求成。定期门诊随访。教会病人及家属测量血压的方法和对疾病早期表现的识别，发现血压异常波动或无诱因的剧烈头痛、头晕、晕厥、肢体麻木、乏力或语言交流困难等症状，应及时就医。

（十二）预后

脑出血总体预后较差，死亡率约为40%，脑水肿、颅内压增高和脑疝形成是导致病人死亡的主要原因。预后与出血量、出血部位及有无并发症有关。轻型病例治疗后可明显好转，甚至恢复工作；脑干、丘脑和脑室大量出血预后较差。

拓展阅读9-4-13
脑出血发生脑疝病人急救护理流程

五、蛛网膜下腔出血病人的护理

> **情景导入**
>
> 段某，女性，48岁，主因突发剧烈头痛伴恶心、呕吐半天入院。神志清楚，脑膜刺激征阳性，既往有高血压病3级（极高危），BP 150/90 mmHg。头颅CT：蛛网膜下腔出现高密度影像。
>
> **请思考：**
> 1. 该病人的主要护理诊断是什么？
> 2. 该病的主要临床特点及护理重点是什么？

蛛网膜下腔出血（subarachnoid hemorrhage，SAH）又称原发性蛛网膜下腔出血，指脑底或脑表面血管病变（如先天性动脉瘤、脑血管畸形、高血压脑动脉硬化所致的微动脉瘤等）破裂后，血液流入到蛛网膜下腔引起相应临床症状的一种脑卒中，占急性脑卒中的10%左右（图9-4-10）。

拓展阅读9-4-14
蛛网膜下腔出血的重要知识点

（一）病因及发病机制

1. **病因**

（1）颅内动脉瘤：为最常见病因（75%~80%），包括先天性动脉瘤（75%）、高血压和动脉粥样硬化所致动脉瘤。

（2）脑血管畸形：约占SAH病因的10%，主要是动静脉畸形，青少年多见。

（3）其他：如烟雾病（占儿童SAH的20%）、夹层动脉瘤、血管炎、颅内静脉系统血栓形成、颅内肿瘤、血液病、结缔组织病等。约10%的病人出血原因不明。

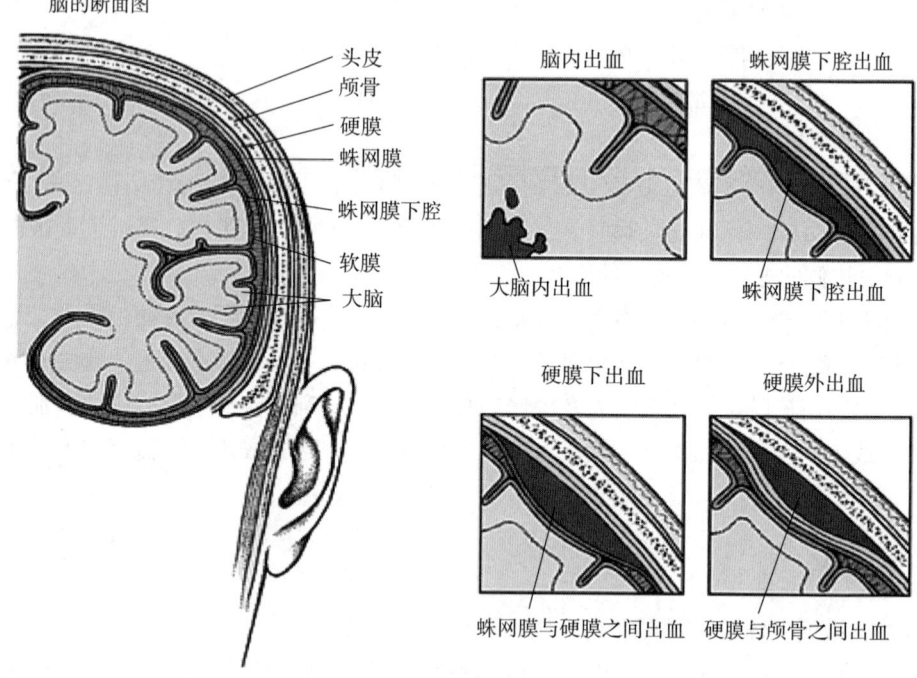

图 9-4-10 蛛网膜下腔解剖示意图

2. 发病机制

（1）动脉瘤：囊性动脉瘤可能与遗传和先天性发育缺陷有关，随着年龄增长由于动脉壁粥样硬化、高血压和血涡流冲击等因素影响，动脉壁弹性减弱，管壁薄弱处逐渐向外膨胀突出，形成囊状动脉瘤，好发于 Willis 环的分支部位。体积 2~30 mm 不等，平均 7.5 mm。

（2）脑动静脉畸形：是发育异常形成的畸形血管团，血管壁薄弱处于破裂临界状态，激动或不明显诱因可导致破裂。

（3）其他：如肿瘤或转移癌直接侵蚀血管，引起血管壁病变，最终导致破裂出血。

（二）临床表现

SAH 临床表现差异较大，轻者可无明显的临床症状和体征，重者可突然昏迷甚至死亡。

1. 临床特点

（1）发病年龄：可见于各年龄组，青壮年多见，女性多于男性。

（2）发病特点：起病急骤，数秒或数分钟内发生，多有剧烈运动、极度情绪激动、用力咳嗽和排便等诱因。

（3）临床表现

1）头痛：动脉瘤性 SAH 的典型表现是突发异常剧烈全头痛，多伴发一过性意识障碍和恶心、呕吐。但动静脉畸形破裂所致 SAH 头痛常不严重。局部头痛常可提示破裂动脉瘤的部位。

2）脑膜刺激征：病人出现颈强直、克尼格征和布鲁津斯基征等脑膜刺激征，以颈强直最多见，而老年、衰弱病人或小量出血者，可无明显脑膜刺激征。

3）眼部症状：20% 病人眼底可见玻璃体下片状出血，眼球活动障碍可提示动脉瘤所在的位置。

4）精神症状：约 25% 病人可出现精神症状，如欣快、谵妄和幻觉等。

5)其他症状:部分病人可以出现脑心综合征、局限性神经功能缺损症状等。

2. 并发症 本病常见并发症为再出血、脑血管痉挛和脑积水。

(1)再出血:是 SAH 主要的急性并发症,系出血破裂口修复尚未完好而诱因存在所致,病死率约为 50%。临床表现为在病情稳定和好转的情况下,再次出现剧烈头痛、恶心、呕吐、意识障碍加深、抽搐或原有症状和体征加重,CT 和脑脊液检查提示新的出血。

(2)脑血管痉挛:是 SAH 病人死亡和伤残的重要原因。其临床症状取决于发生痉挛的血管,常表现为局灶神经功能损害,如轻偏瘫和失语等,痉挛严重程度与出血量相关。

(3)脑积水:系蛛网膜下腔和脑室内血凝块堵塞脑脊液循环通路所致,轻者表现为嗜睡、思维缓慢和近记忆损害,严重者出现头痛、呕吐、意识障碍等,多随出血被吸收而好转。

(4)其他:5%~10% 的病人发生癫痫发作。

(三)实验室及其他检查

1. 头颅 CT 是确诊 SAH 的首选检查方法,表现为蛛网膜下腔出现高密度影像(图 9-4-11)。

2. 头颅 MRI SAH 发病后数天,MRI 可提示有无动静脉畸形存在。当颅内未发现出血原因时,行脊柱 MRI 检查排除脊髓海绵状血管瘤或动静脉畸形等。

3. CT 血管成像和 MRA 血管成像 主要用于有动脉瘤家族史或破裂先兆者的筛查,动脉瘤病人的随访及 DSA 不能进行及时检查时的替代方法。

4. DSA 是临床明确有无动脉瘤的诊断"金标准",可清晰显示动脉瘤的位置、大小、与载瘤动脉的关系(图 9-4-12),有无血管痉挛等解剖学特点。宜在发病 3 天内或 3 周后进行,以避开脑血管痉挛和再出血的高峰期。

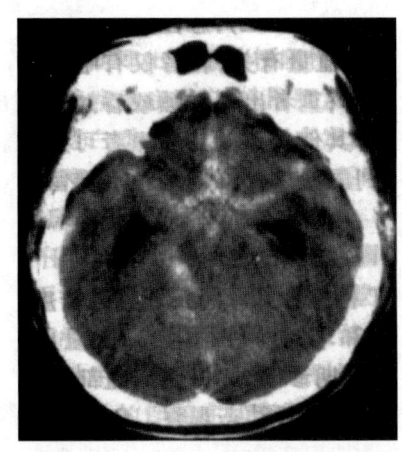 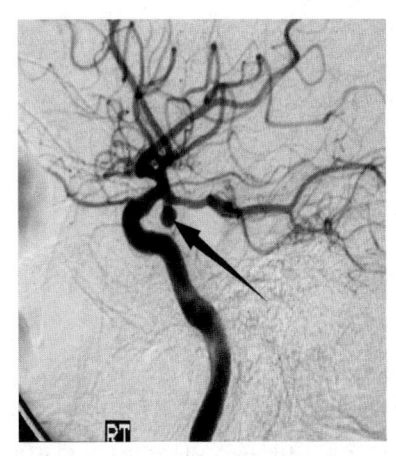

图 9-4-11 CT 示蛛网膜下腔出血　　图 9-4-12 DSA 示颅内动脉瘤

5. 腰椎穿刺 脑脊液均匀血性是 SAH 的特征性表现,镜检可见大量红细胞。

6. 其他 血常规、凝血功能和肝功能等检查有助于寻找其他出血原因,心电图可显示 T 波高尖或明显倒置、P-R 间期缩短和出现高 U 波等异常。

(四)诊断要点

突然发生的剧烈头痛、呕吐、脑膜刺激征阳性,伴或不伴意识障碍,检查无局灶性神经系统体征,应高度怀疑蛛网膜下腔出血。同时 CT 证实脑池和蛛网膜下腔高密度征象或脑脊液检查示压力增高和均匀血性等可临床确诊。

(五)治疗要点

急性期治疗目的是防治再出血、降低颅内压、减少并发症,治疗原发病和预防复发。

1. 一般治疗　脱水降颅压、避免诱因、维持水电解质和酸碱平衡、预防感染。

(1) 保持生命体征平稳:监测生命体征和神经系统体征的变化,保持呼吸道通畅。

(2) 降颅压:使用甘露醇、呋塞米、甘油果糖等,也可以酌情选用白蛋白。

(3) 避免用力和情绪波动:保持大便通畅,必要时用缓泻剂;头痛予止痛药,烦躁予镇静药,保持情绪稳定。

(4) 其他:给予高纤维、高能量饮食,维持水电解质和酸碱平衡,预防尿路感染及吸入性肺炎等。

2. 预防再出血

(1) 绝对卧床休息4~6周,保持安静,避免一切用力因素。

(2) 调控血压,同时注意维持脑灌注压。

(3) 应用止血药物,如氨基己酸、氨甲苯酸和酚磺乙胺等。

(4) 手术治疗,采用血管内介入治疗或动脉瘤切除术。

3. 防治脑血管痉挛　早期口服或静脉泵入尼莫地平可预防脑血管痉挛,改善病人预后。

4. 防治脑积水　SAH急性期合并症状性脑积水应进行脑脊液分流术治疗。对SAH后合并慢性症状性脑积水者,推荐进行永久的脑脊液分流术。

5. 防治癫痫　可在SAH出血后的早期,对病人预防性应用抗惊厥药。

(六)护理评估

1. 病史

(1) 询问病人有无颅内动脉瘤、脑血管畸形、高血压、动脉粥样硬化、血液系统疾病和卒中家族史。

(2) 发病前有无情绪激动、疲劳、用力等诱因,是否有头痛、喷射性呕吐、意识障碍等表现。

2. 身体评估　检查病人意识、瞳孔、生命体征是否正常,有无颈部抵抗等,有无失语、肢体瘫痪、吞咽困难和饮水呛咳等。

3. 实验室及其他检查　头颅CT、脑脊液、血液检查是否符合SAH的改变。

4. 心理社会状况　神志清楚的病人,了解其对疾病的病因和诱因、治疗及护理经过、防治知识及预后的了解程度及心理状况、教育程度、社会支持程度等。

(七)常见护理诊断/问题

1. 疼痛:头痛　与颅内高压、血液刺激脑膜等有关。
2. 潜在并发症　再出血。
3. 恐惧　与剧烈头痛、担心再次出血有关。
4. 知识缺乏　缺乏对疾病治疗及预防相关知识。

(八)护理目标

病人头痛减轻或消失;能正确认识和对待疾病,掌握疾病的预防及护理知识;情绪稳定,恐惧感减轻或消失；无再出血、血管痉挛等并发症的发生。

（九）护理措施

1. 头痛的护理

（1）采用缓解疼痛的方法：如缓慢深呼吸、听音乐、转移注意力等，必要时遵医嘱应用镇痛镇静药。

（2）用药护理：遵医嘱用药，密切观察甘露醇、尼莫地平的不良反应，定期复查电解质。

（3）心理护理：向病人及家属解释疾病的过程与预后、头痛发生的原因及可能持续的时间。告知病人 DSA 检查可明确病因，指导治疗，使病人消除紧张、恐惧和焦虑心理。

2. 预防再出血的护理

（1）绝对卧床 4~6 周并抬高床头 15°~20°，告知病人和家属绝对卧床休息的重要性，避免不良的声、光刺激，严格限制探视，治疗和护理活动集中进行。

（2）给予少渣饮食或流质。多食蔬菜和水果，以免发生再出血。

（3）告知病人和家属应避免精神紧张、情绪激动、剧烈咳嗽、用力排便、屏气等一切用力因素，以免导致血压和颅内压升高，诱发再出血。

（4）密切观察病人，有无再次剧烈头痛、恶心、呕吐、意识障碍加重等，发现异常及时报告医生处理。

3. 恢复期的护理　指导病人和家属正确对待病情，根据病人的自理能力，与病人和家属一起制定自理活动计划和康复训练计划。执行时应遵循循序渐进的原则，鼓励病人独立完成自理活动。

（十）护理评价

病人头痛减轻或消失；知晓疾病相关知识；情绪稳定，恐惧感减轻或消失；无再出血、血管痉挛等并发症的发生。

（十一）健康指导

1. 预防疾病　告知病人情绪稳定对疾病恢复和减少复发的意义，使病人了解遵医嘱绝对卧床休息并积极配合治疗和护理的重要性。指导家属关心、体贴病人，在精神和物质上对病人给予支持，减轻病人的焦虑、恐惧等不良心理反应。控制危险因素，如高血压、吸烟、酗酒等。

2. 管理疾病　向病人和家属介绍疾病的病因、诱因、临床表现、应进行的相关检查、病程和预后、防治原则和自我护理的方法。发现异常，及时就诊。育龄妇女 1~2 年内避孕。

（十二）预后

SAH 总体预后较差，其预后与病因、出血量、出血部位、有无并发症及是否得到及时和有效治疗有关，而发病后的时间间隔和意识水平是影响预后最重要的因素。动脉瘤破裂引起的蛛网膜下腔出血预后较差，脑血管畸形所致的蛛网膜下腔出血常较易于恢复。年老体弱、意识障碍进行性加重、血压增高和颅内压明显增高或偏瘫、失语、抽搐者预后均较差。

拓展阅读 9-4-15
蛛网膜下腔出血病人护理流程

第五节 帕金森病病人的护理

> **情景导入**
>
> 代某，男性，66岁，主因左下肢不自主抖动伴行动迟缓4年余，加重1个月入院。病人4年前无明显诱因下出现左下肢不自主抖动，静止时明显，后逐渐出现行动迟缓。近1个月来肢体抖动加重，伴反应迟钝入院。
>
> **请思考：**
> 1. 该病人的诊断是什么？
> 2. 病人目前主要的护理问题有哪些？
> 3. 服用药物治疗期间有哪些注意事项？

拓展阅读9-5-1
帕金森病病人护理的重要知识点

帕金森病（Parkinson disease，PD）又称震颤麻痹（paralysis agitans），是中老年常见的神经系统退行性疾病，主要以静止性震颤、运动迟缓、肌强直和姿势平衡障碍为临床特征。主要病理改变是黑质多巴胺（DA）能神经元进行性退变和路易小体形成。我国65岁以上人群患病率达1 700/10万，男性稍高于女性。

（一）病因及发病机制

本病发病机制复杂，病因未明。目前认为PD非单因素引起，而是在以下多种因素交互作用下发病。

1. **环境因素** 20世纪80年代初发现的一种嗜神经毒1-甲基4-苯基-1,2,3,6-四氢吡啶（MPTP）在人和灵长类均可诱发典型的帕金森综合征。有学者认为环境中的某些物质，如杀虫剂、除草剂或某些工业化学品等与MPTP结构类似，可能是PD的发病原因之一。

2. **遗传因素** 流行病学资料显示，约10%的PD病人有家族史，包括常染色体显性遗传和常染色体隐性遗传，绝大多数病人为散发性。

3. **神经系统老化** PD主要发生于中老年人，40岁前很少发病，提示神经系统老化与发病相关。有资料显示，30岁后，随年龄增长，黑质多巴胺能神经元开始呈退行性变，多巴胺能神经元进行性减少。

（二）临床表现

PD常60岁以后发病，男性略高于女性，隐匿起病，缓慢进展，进行性加重，首发症状多为震颤（60%~70%），其次为步行障碍（12%）、肌强直（10%）和运动迟缓（10%）。

1. **运动症状**

（1）静止性震颤：常为PD的首发症状，多始于一侧上肢，典型表现是拇指与食指呈"搓丸"样动作。具有静止时明显，动作时减轻，入睡后消失等特征，故称为"静止性震颤"；随病程进展，震颤可逐步波及下颌、唇、面和四肢。

（2）肌强直：被动运动关节时阻力增高，且呈一致性，类似弯曲软铅管的感觉，故称"铅管样肌强直"。多数病人因伴有震颤检查时感到均匀的阻力中出现断续停顿，如同转动齿轮感，称为"齿轮样肌强直"，这是由于肌强直与静止性震颤叠加所致。

（3）运动迟缓：随意动作减少，动作缓慢、笨拙。面肌强直使面部表情呆板，双眼凝视和瞬目动作减少，笑容出现和消失减慢，造成"面具脸"。手指精细动作如解或扣纽扣、系鞋带等很难进行；有书写时字越写越小的倾向，称为"写字过小征"。口、咽、腭肌运动徐缓时，表现语速变慢，语音低调。

（4）姿势步态异常：早期走路时患侧上肢摆臂幅度减小或消失，下肢拖曳；随病情进展，步伐逐渐变小变慢，启动、转弯时步态障碍尤为明显；晚期有坐位、卧位起立困难，有时行走中全身僵住，不能动弹，称为"冻结"现象；有时迈步后碎步、往前冲，越走越快，不能及时止步，称为"慌张步态"。

2. 非运动症状　PD 的非运动症状包括早期常出现的嗅觉减退、快速眼动期睡眠行为障碍、认知功能损害、自主神经功能障碍，如便秘、多汗、流涎、性功能减退等，约半数病人伴有抑郁症。

（三）实验室及其他检查

1. 实验室检查　常规检查均无异常。在少数病人中可以发现血 DNA 基因突变，脑脊液和唾液中 α- 突触核蛋白、DJ-1 蛋白含量有改变。

2. 经颅超声　可以发现绝大多数 PD 病人的黑质回声异常增强。

3. 影像学　CT、MRI 检查无特征性改变；PET 或 SPECT 检查在疾病早期甚至亚临床期即能显示异常，有较高的诊断价值。

4. 病理　外周组织，如胃窦部和结肠黏膜、下颌下腺、周围神经等部位可以检见 α- 突触核蛋白异常聚集。

（四）诊断要点

中年以后发病，进行性加重的静止性震颤、肌强直、运动迟缓和体位不稳等典型症状和体征，结合对多巴胺治疗敏感即可诊断。但必须与帕金森综合征鉴别。该病必须早诊断、早治疗。

（五）治疗

目前 PD 的治疗主要包括药物治疗、手术治疗、运动疗法、心理干预、照料护理等。

1. 药物治疗　疾病早期若未影响病人的生活和工作，无须用药，若有影响，首选药物治疗，以替代药物如复方左旋多巴、多巴胺受体（DR）激动剂效果较好。

（1）抗胆碱能药：适用于震颤明显的年轻病人，老年人慎用，对运动迟缓疗效较差。常用药物有苯海索（安坦），1~2 mg 口服，3 次/天；或东莨菪碱等。

（2）金刚烷胺：能促进神经末梢释放多巴胺，并阻止其再吸收，对少动、强直、震颤均有改善作用，可与左旋多巴等药合用，50~100 mg 口服，2~3 次/天，末次应在下午 4 时前服用。

（3）复方左旋多巴：是治疗 PD 最基本、最有效的药物。常用药物为多巴丝肼口服，自 62.5 mg 开始，2~3 次/天，视症状控制情况，缓慢增加其剂量和服药次数，最大剂量不应超过 250 mg，3~4 次/天。

（4）多巴胺受体（DR）激动剂：能直接激动纹状体，产生和多巴胺相同作用的药物，从而减少和推迟运动并发症的发生。常用药物有普拉克索和吡贝地尔。

（5）儿茶酚-氧位-甲基转移酶（COMT）抑制药：COMT是由脑胶质细胞分泌参与DA分解的酶之一。一般与复方左旋多巴制剂合用，可改善其疗效，改善症状波动。常用药物为恩他卡朋。

（6）单胺氧化酶B（MAO-B）抑制药：通过抑制多巴胺分解代谢，增加脑内多巴胺含量。与复方左旋多巴制剂合用可增加疗效，同时对多巴胺能神经元有保护作用，常用药物为司来吉兰。

2. 手术治疗　长期药物治疗疗效明显减退，可考虑手术治疗，仅改善症状，不能根治，手术方法有立体定向神经核毁损术和脑深部电刺激术（DBS）。DBS因其微创、安全和可控性高而作为主要选择。目前正在探索采用干细胞移植结合基因治疗的新疗法。

3. 中医、康复及心理疗法　PD的康复治疗可贯穿于疾病的全过程。根据不同的功能障碍进行相应的康复训练，中药、针灸或心理治疗作为辅助手段对改善症状也可以起到一定作用。

（六）护理评估

1. 病史　询问病人的职业，家族遗传史，评估病人生活、居住、工作环境，既往有无高血压、脑动脉硬化、脑炎、脑外伤、中毒等基础疾病，有无吩噻嗪类药物应用史。

2. 身体状况　发病时有无静止性震颤、肌强直、运动迟缓、姿势平衡障碍等典型的PD症状，有无便秘、多汗、流涎、性功能减退和脂溢性皮炎等症状。

3. 实验室及其他检查　常规检查均无异常。在少数病人中可以发现血DNA基因突变，脑脊液和唾液中α-突触核蛋白、DJ-1蛋白含量有改变，CT、MRI检查通常无特征性异常。

4. 心理社会状况　了解病人是否存在因疾病导致的焦虑、抑郁等心理，社会支持情况及经济状况和家属对病人的关心、支持程度等。

（七）常见护理诊断/问题

1. 躯体活动障碍　与黑质病变、锥体外系功能障碍所致震颤、肌强直、体位不稳、随意运动异常有关。

2. 自尊低下　与震颤、流涎、面肌强直等身体形象改变和言语障碍、生活依赖他人有关。

3. 知识缺乏　缺乏本病相关知识与药物治疗知识。

4. 营养失调：低于机体需要量　与吞咽困难、饮食减少和肌强直、震颤所致机体消耗量增加等有关。

5. 便秘　与消化功能障碍或活动量减少等有关。

6. 语言沟通障碍　与咽喉部、面部肌肉强直，运动减少、减慢有关。

7. 无能性家庭应对　与疾病进行性加重，病人需要长期照顾，经济或人力困难有关。

8. 潜在并发症　外伤、压力性损伤、感染。

（八）护理目标

通过正规的药物治疗、改变不良的生活方式、调整饮食结构、适当运动、规范用药、放松心情等，延缓PD症状的发展。

（九）护理措施

1. 生活护理　加强巡视，主动了解病人的需要，指导和鼓励病人自我护理；协助病人洗漱、进食、沐浴、大小便料理和做好安全防护；增进病人的舒适，预防并发症。

（1）个人卫生：对于出汗多、皮脂腺分泌亢进的病人，要指导其穿柔软、宽松的棉布衣服；经常清洁皮肤，勤换被褥、衣服，勤洗澡。

（2）预防压力性损伤：卧床病人垫气垫床，保持床单位整洁，定时翻身、拍背，并注意做好骨突处保护，避免发生压力性损伤。

（3）提供生活方便：对于行动不便者，应配备高位坐厕、坚固且带有扶手的高脚椅、手杖、床铺护栏、卫生间和走道扶手等必要的辅助设施；保证床的高度适中（以坐位脚能着地为佳）；传呼器置于病人床边；提供无须系鞋带的鞋，便于穿脱的衣服，使用粗柄牙刷、吸水管、固定碗碟的防滑垫、大手柄的餐具等；生活日用品固定放置于病人伸手可及处。

（4）采取有效沟通方式：对言语不清、构音障碍者，应耐心倾听病人的主诉，了解病人的生活和情感需要，可指导病人采用手势、纸笔、画板等沟通方式与他人交流；在与病人沟通时应态度和蔼、诚恳，尊重病人，不可随意打断病人说话。

（5）保持大小便通畅：顽固性便秘者，应多进食高纤维素食物，多吃新鲜蔬菜、水果，多喝水，每天按摩腹部，促进肠蠕动；可适量服用蜂蜜、麻油等帮助通便；必要时遵医嘱口服缓泻药，或给予开塞露纳肛、灌肠、人工排便等。对于排尿困难的病人指导放松精神，腹部按摩、热敷以刺激排尿；尿潴留予保留导尿。

2. 饮食护理　告知饮食治疗的原则及目的，指导其合理选择食物和正确进食。

（1）饮食原则：给予高热量、高维生素、高纤维素、低盐、低脂、适量优质蛋白的易消化饮食，并根据病情变化及时调整和补充各种营养素，戒烟、酒。高蛋白饮食会降低左旋多巴类药物的疗效，不宜盲目给予过多的蛋白质；槟榔为拟胆碱能食物，也应避免食用。

（2）饮食内容：主食以五谷类为主，多选粗粮，多食新鲜蔬菜、水果，多喝水（每天 2 000 mL 以上）；适当的奶制品（2 杯脱脂奶）和肉类（全瘦）、家禽（去皮）、蛋、豆类；少吃油、盐、糖，每天应补充 1 000～1 500 mg 钙质。

（3）进食方法：进食或饮水时抬高床头，保持坐位或半坐位；给予病人充足的时间和安静的进食环境；对于咀嚼能力和消化功能减退的病人应给予细软、无刺激性的软食或半流质食物；对于咀嚼和吞咽功能障碍者应选用稀粥、面片、蒸蛋等小块食物或黏稠不易反流的食物，少量分次吞咽，避免吃坚硬、滑溜及圆形的食物等；对于进食困难的病人要及时插胃管给予鼻饲，防止经口进食引起误吸、窒息或吸入性肺炎。

（4）营养支持：根据病情需要给予鼻饲流质或经皮胃管（胃造瘘术）进食，遵医嘱给予静脉补充足够的营养如脂肪乳等。

（5）营养状况监测：评估病人饮食和营养状况，注意每天进食量和食品的组成，了解病人的精神状态与体重变化，评估病人的皮肤、尿量及实验室指标变化情况等。

拓展阅读 9-5-2　帕金森病吞咽障碍评估的常用方法

3. 运动护理　运动锻炼的目的在于预防和延迟关节强直与肢体挛缩，有助于维持身体的灵活性，增加肺活量，防止便秘，保持并增强自我照顾能力。

（1）疾病早期：起病初期指导病人维持和增加业余爱好，鼓励积极参与家居活动和社交活动，坚持适当运动锻炼，保持身体和各关节的活动强度与最大活动范围。

（2）疾病中期：对于已出现某些功能障碍者要有计划、有目的地锻炼。如病人起立或坐下困难，应每天反复多次练习起坐动作；起步困难者可以在病人脚前放置一个小的障碍物作为视觉提示，帮助起步；练习走路，步行时要目视前方，鼓励病人步行时两腿尽量保持一定距离，双臂要摆动，以增加平衡；转身时要以弧形线形式前移，避免跌倒。

（3）疾病晚期：卧床不起时，应帮助病人采取舒适体位，被动活动关节，注意动作轻柔，勿造成病人疼痛和骨折。

4. **安全护理** 对于上肢震颤未能控制、日常生活动作笨拙的病人，避免拿热水、热汤，谨防烧伤、烫伤等。对有幻觉、错觉、欣快、抑郁、精神错乱、意识模糊或智能障碍的病人，应特别强调专人陪护。认真查对病人是否按时服药，有无错服或误服；禁止病人自行使用锐利器械和危险品；智能障碍的病人应安置在有严密监控的区域，避免自伤、坠床、坠楼、走失、伤人等意外发生。

5. **疾病知识指导** 早期主要是鼓励病人进行适当的活动与体育锻炼；当疾病影响日常生活和工作能力时，适当的药物治疗可以不同程度减轻症状。指导病人及家属了解本病的临床表现、病程进展和主要并发症，帮助病人和照顾者适应角色的转变，掌握自我护理知识。

6. **用药护理** 本病需要长期或终身服药，让病人了解用药原则、服药注意事项、疗效及不良反应的观察与处理。

（1）用药原则：从小剂量开始，逐步缓慢加量直至有效维持；服药期间尽量避免使用维生素B_6、氯氮䓬、利血平、氯丙嗪、奋乃静等药物，以免降低药物疗效或导致直立性低血压。

（2）疗效观察：服药过程中要仔细观察震颤、肌强直和其他运动功能、言语功能的改善程度，观察病人起坐的速度、步行的姿态、讲话的音调与流利程度、写字、梳头、扣纽扣、系鞋带及进食动作等，以确定药物疗效。

（3）药物不良反应及处理方法

1）复方左旋多巴

"开-关现象"：指症状在突然缓解（开期，常伴异动症）与加重（关期）两种状态之间波动，一般"关期"表现为严重的PD症状，持续数秒或数分钟后突然转为"开期"，多见于病情严重者，一般与服药时间和剂量无关，不可预料，处理比较困难，适当加用多巴胺受体激动药，可以防止或减少发生。

剂末恶化：又称疗效减退，指每次服药后药物作用时间逐渐缩短，表现为症状随血药浓度发生规律性波动，适当增加服药次数或增加每次服药剂量，或改用缓释剂，或调整服药时间为饭前1h或饭后1.5h，以避免蛋白质饮食影响药物的吸收等，可以预防。

异动症：表现为舞蹈症或手足徐动样不自主运动、肌强直或肌阵挛，可累及头面部、四肢和躯干，有时表现为单调刻板的不自主动作或肌张力障碍。主要有3种表现形式：①剂峰异动症：出现在用药12h的血药浓度高峰期，与用药过量或多巴胺受体超敏有关，减少复方左旋多巴的剂量并加用多巴胺受体激动药或COMT抑制药可改善；②双相异动症：指剂初和剂末异动症，目前机制不清，更换左旋多巴控释片为标准片或加用多巴胺受体激动药可缓解；③肌张力障碍：表现为足或小腿痛性肌阵挛，多发生于清晨服药之前，睡前加用复方左旋多巴控释片或起床前服用复方左旋多巴标准片可缓解。

2）抗胆碱能药物：常见不良反应为视力模糊、口干、便秘、小便困难等。不可立即停药，需缓慢减量，以免症状恶化；服药期间发现认知功能下降应立即停药；≥60岁者最好不用。

3）多巴胺受体激动剂：常见不良反应有恶心、呕吐、眩晕、直立性低血压、幻觉与精神障碍等。首次服药后应卧床休息，避免开车或操作机械；有轻微兴奋作用，尽量在上午服药，以免影响睡眠。

4）单胺氧化酶B抑制剂：可引起恶心、呕吐、眩晕、做梦等。有轻微兴奋作用，尽量在上午服药，以免影响睡眠；溃疡病人慎用。

5）金刚烷胺：不良反应有失眠、水肿、惊厥、玫瑰斑等。尽量在下午4时前服用，避免失眠。肾功能不全、癫痫、严重胃溃疡、肝病病人慎用，哺乳期妇女禁用。

6）恩他卡朋：可引起神志混乱、不自主动作、转氨酶升高等。常与多巴丝肼或息宁一起服用，单用无效。

7. 自我修饰指导　指导病人进行面肌功能锻炼，可以改善面部表情及吞咽障碍；进食后及时清洁口腔，维护自我形象。

8. 心理护理　早期产生自卑、脾气暴躁心理，回避人际交往，整日沉默寡言；随着病情进行性加重，病人会产生焦虑、恐惧甚至绝望心理。护士应细心观察病人的心理反应，鼓励病人表达并注意倾听他们的心理感受，及时给予正确的信息和引导。鼓励病人尽量维持过去的兴趣与爱好，多与他人交往；指导家属关心体贴病人，多鼓励，为病人创造良好的亲情氛围，减轻他们的心理压力。告诉病人本病病程长、治疗周期长，而疗效的好坏常与病人精神情绪有关，鼓励他们保持良好心态。

（十）护理评价

病人了解疾病相关知识，情绪稳定，能以良好的心态应对病情变化，延缓PD症状的发展。

（十一）健康指导

1. 预防疾病　避免接触环境中与MPTP分子结构类似的工业毒物和某些杀虫剂、除草剂。加强体育锻炼，推延老化。

2. 管理疾病

（1）安全指导

1）避免登高和操作高速运转的机器，不要单独使用煤气及锐利器械，防止受伤。

2）直立性低血压病人睡眠时应抬高床头，避免快速坐起或下床活动，防止跌倒。

3）外出时需人陪伴，精神认知障碍者专人陪护，衣服口袋内要放置病人信息卡片，或佩戴手腕识别牌，以防走失。

4）对于上肢震颤未能控制、日常生活动作笨拙的病人，避免拿热水、热汤，谨防烫伤。

（2）用药指导：药物治疗可缓解症状，但不能阻止病变的进展，需长期或终身服药；让病人学会观察药物的疗效和不良反应；定期复查肝功能、肾功能、血常规，定期监测血压变化。

（3）活动与休息指导：鼓励病人坚持适当的运动和体育锻炼，做力所能及的家务劳动等。坚持主动运动，保持关节活动的最大范围；加强日常生活动作训练；卧床病人协助被动活动关节和按摩肢体，预防关节僵硬和肢体挛缩。当病人出现发热、外伤、骨折、吞咽困难或运动障碍、精神智能障碍加重时，应及时就诊。

（十二）预后

PD为慢性进展性疾病，无法治愈。多数病人发病数年内尚能继续工作，也有迅速发展至功能残障者，生存期为5~20年。本病晚期常因全身僵硬、活动困难而卧床不起，最后死于肺炎等并发症。

拓展阅读9-5-3
PD误吸病人急救护理流程

第六节 重症肌无力病人的护理

> **情景导入**
>
> 庄某，男性，36岁，主因双侧眼睑下垂伴复视2年，加重伴胸闷3天入院。病人2年前无明显诱因下出现双侧眼睑下垂伴复视，在劳动后及傍晚时更明显，清晨及休息后减轻。口服溴吡斯的明片后症状好转。3天前，病人自觉眼睑下垂症状加重，伴有胸闷，遂就诊于我院。
>
> **请思考：**
> 1. 该病人目前的诊断是什么？
> 2. 该病人目前的主要护理问题有哪些？

拓展阅读 9-6-1
重症肌无力重要知识点

重症肌无力（myasthenia gravis，MG）是一种神经肌肉接头传递功能障碍所引起的自身免疫病，主要临床表现为骨骼肌无力或易疲劳，活动后症状加重，休息和胆碱酯酶抑制剂治疗后症状减轻。发病率每年（8~20）/10万，患病率50/10万。

（一）病因及发病机制

1. 病因 重症肌无力是获得性自身免疫病，主要与自身抗体介导的突触后膜乙酰胆碱受体（AChR）损害有关。80%~90%的MG病人血清中可以检测到AChR抗体，80%的MG病人胸腺肥大，淋巴滤泡增生，10%~20%的病人有胸腺瘤。胸腺切除后70%病人的临床症状可得到改善或痊愈。另外，重症肌无力病人常合并甲状腺功能亢进症、甲状腺炎、系统性红斑狼疮、类风湿关节炎和天疱疮等其他自身免疫病。

2. 发病机制 主要由AChR抗体介导，在细胞免疫和补体参与下突触后膜的AChR被大量破坏，不能产生足够的终板电位，导致突触后膜传递功能障碍而发生肌无力。

（二）临床表现

任何年龄均可发病，20~40岁发病者以女性多见，40岁以后发病者以男性居多，且多合并胸腺瘤。少数病人有家族史。

1. 临床特征

（1）起病形式和诱因：多数起病隐匿，呈进展性或缓解与复发交替性发展。部分初发或复发病人有感染、过度劳累、妊娠等诱因。

（2）肌无力分布：全身骨骼肌均可受累，以脑神经支配的肌肉更易受累。多数病人眼外肌最先受累，表现为上睑下垂、斜视和复视、眼球活动受限甚至固定，但瞳孔不受影响。面部和口咽肌肉受累时出现表情淡漠、连续咀嚼无力、饮水呛咳和发音障碍。四肢受累以近端无力为主。表现为抬臂、上楼梯困难，腱反射不受影响，感觉功能正常。

（3）受累骨骼肌病态疲劳：多表现为肌肉持续收缩后出现肌无力甚至瘫痪，休息后症状减轻或缓解；晨起肌力正常或肌无力症状减轻，下午或傍晚肌无力明显加重，称为"晨轻暮重"

现象。

（4）重症肌无力危象：指呼吸肌受累时出现咳嗽无力和呼吸困难，需用呼吸机辅助通气，是本病致死的主要原因。口咽肌和呼吸肌无力者易发生危象，可由感染、手术、全身疾病等诱发。心肌偶可受累，可引起突发死亡。

2. 临床分型

（1）成年型：分为Ⅰ~Ⅴ型。

Ⅰ型：眼肌型（15%~20%）。病变仅限于眼外肌，表现为上睑下垂和复视。对药物治疗的敏感性较差，但预后好。

Ⅱa型：轻度全身型（30%）。可累及眼、面、四肢肌肉，呼吸肌常不受累，生活能自理，一般不出现危象。

Ⅱb型：中度全身型（25%）。四肢肌群受累明显，除眼外肌受累外，还有咽喉肌无力症状，如说话含糊不清、吞咽困难、饮水呛咳、咀嚼无力，呼吸肌受累不明显，无危象出现。

Ⅲ型：急性重症型（15%）。发病急，多在数周内累及延髓肌、肢带肌、躯干肌和呼吸肌，有重症肌无力危象，需气管切开，且死亡率高。

Ⅳ型：迟发重症型（10%）。潜隐性起病，缓慢进展，病程达2年以上，由Ⅰ，Ⅱa，Ⅱb型发展而来，常合并有胸腺瘤，预后差。

Ⅴ型：肌萎缩型。少数病人肌无力伴肌萎缩。

（2）儿童型：约占我国重症肌无力病人的10%，大多数仅限于眼外肌麻痹，双眼睑下垂可交替出现。约1/4可自然缓解，仅少数累及全身骨骼肌。

（3）少年型：常在10岁左右起病，多为单纯眼外肌麻痹，部分伴吞咽困难及四肢无力。

（三）实验室及其他检查

1. 疲劳试验（Jolly试验） 嘱病人持续上视出现上睑下垂或两臂持续平举后出现手上臂下垂，休息后恢复正常者为阳性。

2. 新斯的明试验 新斯的明0.5~1 mg肌内注射，20 min后症状改善为阳性，可持续2 h左右，同时注射阿托品可减少不良反应。

3. 重复神经电刺激 是常用的具有诊断价值的检查方法。应在停用新斯的明17 h后进行，以免发生假阳性。重复低频电刺激后动作电位波递减程度在15%以上，高频电刺激递减程度在30%以上为阳性，支持诊断。

4. AChR抗体滴度检测 对MG的诊断具有特征性意义。85%以上全身型病人AChR抗体滴度增高。但眼肌型病人增高不明显，且抗体滴度与临床症状的严重程度并不完全一致。

5. 其他 血、尿、脑脊液正常，胸腺CT、MRI检查可发现胸腺增生和肥大。

（四）诊断要点

根据病变主要累及骨骼肌，活动后加剧，休息后减轻，晨轻暮重的特点，结合辅助检查，可做出诊断。

（五）治疗要点

1. 药物治疗

（1）抗胆碱酯酶药：主要是改善症状，是治疗MG的基本药物，通过抑制胆碱酯酶的活性，使释放至突触间隙的 ACh 存活时间延长而发挥效应。从小剂量开始，逐渐加量，以能维持正常起居为宜。常用药物有溴吡斯的明、新斯的明等。

（2）糖皮质激素：可抑制自身免疫反应，减少 AChR 抗体的生成，适用于各种类型的 MG，可采用冲击疗法和小剂量递增法。

（3）免疫抑制剂：适用于不能耐受大剂量激素或疗效不佳的病人，首选硫唑嘌呤，亦可用环磷酰胺或环孢素 A。

2. 胸腺治疗　包括胸腺切除术和胸腺放射治疗。可通过胸腺切除术去除病人自身免疫反应的始动抗原，减少参与自身免疫反应的 T 细胞、B 细胞和细胞因子，对不适合做胸腺切除术的病人可以选择胸腺放射治疗。

3. 血浆置换　适用于肌无力危象和难治型重症肌无力的病人。用正常人的血浆或血浆代用品置换重症肌无力病人血浆，能清除病人血浆中的 AChR 抗体、补体及免疫复合物。虽起效快，近期疗效好，但不能持久，仅维持 1 周至 2 个月，且需要重复进行。

4. 免疫球蛋白　大剂量注射免疫球蛋白可作为辅助治疗，缓解病情。

5. 危象处理　危象指 MG 病人在某种因素作用下，突然发生严重呼吸困难，甚至危及生命，须紧急抢救。危象分三种类型：

（1）肌无力危象：是最常见的危象，由抗胆碱酯酶药剂量不足所致，注射新斯的明后显著好转为其特点。

（2）胆碱能危象：很少见，由抗胆碱酯酶药过量引起，注射新斯的明无效或症状加重，常伴有多汗、瞳孔缩小、唾液分泌增多等。

（3）反拗危象：因病人对抗胆碱酯酶药不敏感而出现严重呼吸困难。注射新斯的明无效，也不加重症状。

（六）护理评估

1. 病史　是否有胸腺瘤、胸腺肥大等病史。是否有家族史。有无感染、过度劳累、妊娠等诱因。

2. 身体评估　评估意识状态、生命体征，起病时间，有无上睑下垂、斜视和复视、眼球活动受限甚至固定、饮水呛咳、吞咽困难、肌肉无力、呼吸困难等症状和体征。

3. 实验室及其他检查　结果有无异常。

4. 心理社会状况　评估病人对疾病的认知程度、生活方式，病人及家庭成员的文化程度、经济收入等，有无焦虑、抑郁、自卑等。

（七）常见护理诊断 / 问题

1. 生活自理缺陷　与全身肌无力所致运动、语言障碍有关。
2. 恐惧　与呼吸无力、濒死感或害怕气管切开有关。
3. 潜在并发症　重症肌无力危象、呼吸衰竭、吸入性肺炎。

（八）护理目标

病人能了解疾病相关知识，按医嘱正规用药，防止复发；多关心病人，鼓励生活尽量自理；减轻病人焦虑、恐惧心理，积极配合治疗，减少危象发生。

（九）护理措施

1. 生活护理　评估病人日常生活能力，鼓励病人做力所能及的事情，尽量生活自理。症状明显时协助病人洗漱、进食、穿衣、个人卫生等，不能自理者予口腔护理、会阴护理、翻身拍背、温水擦浴、更换衣裤等，同时做好大小便护理。

2. 心理护理　耐心向病人解释疾病的相关知识，多鼓励病人，采取同伴支持，使其树立战胜疾病的信心。鼓励病人采取有效的方式向医护人员或家属表达自己的需求。给予个性化的心理疏导，消除焦虑、自卑、恐惧心理。

3. 饮食护理　给予高热量、高蛋白、高维生素的食物，必要时遵医嘱给予静脉营养；避免摄入粗糙的食物；对吞咽功能障碍的病人应注意食物的性状，以易吞咽的流质或半流质饮食为宜，不能进食予鼻饲流质，喂食时抬高床头或半卧位，防止吸入性肺炎发生。

4. 用药护理　严格遵医嘱用药，该病病程长，需长期服药，告知病人常用药的服用方法、不良反应及用药的注意事项，避免因用药不当而诱发肌无力危象和胆碱能危象。

（1）抗胆碱酯酶药：从小剂量开始，以保证最佳效果和维持进食能力为度。严格掌握用药剂量，避免用药不足或过量而导致肌无力危象或胆碱能危象；如发生恶心、呕吐、腹泻、腹痛、出汗、流涎等不良反应，可用阿托品拮抗。餐前 30~40 min 服药。

（2）糖皮质激素：多从大剂量开始，病人在用药的早期应严密观察呼吸情况，并做好气管切开和机械辅助通气的准备。对长期服药的病人，要注意观察有无消化道出血、股骨头坏死、骨质疏松等并发症。可选用抗溃疡治疗、补充钙剂等。

（3）免疫抑制剂：定期检查血象，注意肝、肾功能的变化，若出现全血细胞减少、出血性膀胱炎、胃肠道反应等要及时停药。并加强对病人的保护性隔离，减少医源性感染。

（4）注意用药禁忌，避免应用可使肌无力症状加重甚至诱发危象的药物，如氨基糖苷类抗生素、奎宁、普萘洛尔、氯丙嗪、各种肌肉松弛药和地西泮、苯巴比妥等镇静药。

5. 对症护理

（1）密切观察病情：注意呼吸频率及节律的改变，注意有无呼吸困难加重、咳嗽无力、出汗、唾液或喉头分泌物增多等情况，病情加重及时报告医生。

（2）症状护理：抬高床头，鼓励病人咳嗽和深呼吸，及时清除口腔分泌物；遵医嘱予氧气吸入；重症病人在床旁备新斯的明、呼吸机等抢救物品，必要时配合行气管插管、气管切开和人工辅助呼吸；遵医嘱用药，以尽快解除危象。

（3）消除诱因：避免感染、疲劳和过度紧张等诱发重症肌无力危象的因素。

（十）护理评价

病人经过规范治疗和护理，肌无力症状是否加重，有无并发症发生，病人是否了解重症肌无力发病的相关因素及自我护理要点，对疾病的恐惧感是否减轻。

（十一）健康指导

1. 预防疾病　帮助病人及家属认识疾病，指导病人建立健康的生活方式，规律生活，保证充足的睡眠，避免精神创伤、外伤等诱发因素，保持乐观的生活态度及情绪稳定，勿受凉感冒，育龄女性应做好避孕措施。

2. 管理疾病

（1）用药指导与病情观察：向病人及家属介绍本病相关知识，教会病人及家属观察病情和护理的方法。告知病人及家属遵医嘱用药的重要性，不得自行增减药物剂量或私自停药，防止因用药不足或过量致使危象发生或加重病情。在就诊治疗其他疾病时，应主动告知患有本病，避免误用药物而加重病情。告知病人及家属出现饮食呛咳、呼吸困难等立即就医。

（2）生活指导：指导病人保证充足的睡眠，做一些力所能及的事情。教会病人及家属自我观察营养状况的方法，出现食物摄入明显减少、体重减轻或消瘦、精神不振、皮肤弹性减退等营养不良表现时，应及时就诊。

拓展阅读9-6-2 重症肌无力病人锻炼方法

（3）运动指导：不提倡过度锻炼，只有经过免疫治疗病情好转后，才建议病人开始适度的锻炼。可以指导病人吹气球、仰卧起坐等，对腹肌及呼吸肌的力量都有帮助。

（十二）预后

拓展阅读9-6-3 重症肌无力护理流程

无论何种类型的重症肌无力，除儿童可自行缓解外，一般可将临床过程分为波动期、稳定期和慢性期。波动期为发病后5年内，特别是1~2年内，病情有较大幅度的波动，易发生肌无力危象，常死于呼吸系统并发症；发病5年后为稳定期，发病10年以上为慢性期，此两期病人极少发生危象，预后良好。

第七节 癫痫病人的护理

> **情景导人**
>
> 门某，女性，20岁，主因发作性四肢抽搐、双眼上翻伴口吐白沫、意识丧失3次入院。查体：浅昏迷。
>
> 请思考：
> 1. 该病人最有可能是什么诊断？
> 2. 应该采取什么护理措施？

拓展阅读9-7-1 癫痫病人护理的重要知识点

癫痫（epilepsy）是由于各种原因所致脑部神经元高度同步化异常放电所致的临床综合征，临床表现具有发作性、短暂性、重复性和刻板性的特点。异常放电神经元的部位不同及异常放电波所及的范围差异，导致发作形式不一，可表现运动、意识、感觉、精神、行为、自主神经障碍或兼而有之。每次发作或每种发作的过程称为痫性发作。在癫痫发作中，一组具有相似症状和体征所组成的特定癫痫现象统称为癫痫综合征。

癫痫是神经系统常见疾病，流行病学资料提示，全世界大约有7千万癫痫病人，我国有9百万以上，我国难治性癫痫病人在2百万以上。

（一）病因和发病机制

1. 病因　根据病因学不同，分为三大类。

（1）特发性癫痫：又称原发性癫痫。病因不明，未发现脑部有足以引起癫痫发作的结构性损伤或功能异常，可能和遗传因素关系密切。

（2）症状性癫痫：多见于各种脑部损害和代谢障碍，如颅内先天性疾病、损伤、肿瘤、感染、变性、中毒、营养代谢障碍、自身免疫病。

（3）隐源性癫痫：临床表现提示为症状性癫痫，但现有的检查手段不能明确发病原因，占全部癫痫的 60%~70%。

2. 发病机制　目前癫痫发病机制并不完全清楚，熟知的是中枢神经系统兴奋与抑制的失衡，与神经递质、离子通道、细胞因子等密切相关，遗传、免疫、内分泌等参与其中。共性病变基础是离子跨膜运动异常导致的高度同步化异常放电，从而引起癫痫发作。

3. 影响癫痫发作的因素

（1）年龄：特发性癫痫与年龄密切相关。

（2）遗传因素：在特发性和症状性癫痫的近亲中，癫痫的患病率分别为 1%~6% 和 1.5%，高于普通人群。

（3）睡眠：癫痫发作与睡眠觉醒周期关系密切。全面强直阵挛发作常发生于晨醒后，婴儿痉挛症多于醒后和睡前发作。

（4）内环境改变：睡眠不足、疲劳、饥饿、便秘、饮酒、情绪激动等均可诱发癫痫发作，内分泌失调、电解质紊乱和代谢异常均可影响神经元放电阈值而导致癫痫发作。少数病人仅在月经期或妊娠早期发作，称为月经期癫痫和妊娠性癫痫；部分病人仅在闪光、音乐、下棋、阅读、沐浴、刷牙等特定条件下发作，称为反射性癫痫。

（二）临床表现

癫痫发作有两个主要特征，即共性和个性。共性特征有：①发作性，症状突然发生，持续一段时间后迅速恢复，间歇期正常；②短暂性，每次发作持续时间为数秒或数分钟，除癫痫持续状态外，很少超过 30 min；③重复性，第一次发作后，经过不同间隔时间会有第二次或更多次的发作；④刻板性，每次发作的临床表现几乎一样。"个性"即不同临床类型癫痫所具有的特征。

1. 痫性发作　癫痫每次发作及每种发作的短暂过程称为痫性发作。依据发作时的临床表现和脑电图特征可将痫性发作分为不同临床类型（表 9-7-1）。

表 9-7-1　国际抗癫痫联盟（ILAE，1981）癫痫发作分类

1. 部分性发作	2. 全面性发作	3. 不能分类的发作
（1）单纯部分性发作：无意识障碍	（1）失神发作：典型失神发作、非典型失神发作	
（2）复杂部分性发作：有意识障碍	（2）强直性发作	
（3）部分性发作继发全面性发作：部分性发作起始发展为全面性发作	（3）阵挛性发作	
	（4）强直阵挛发作	
	（5）肌阵挛发作	
	（6）失张力发作	

（1）部分性发作（partial seizures）：是痫性发作的最常见类型，源于大脑半球局部神经元的异常放电。

1）单纯部分性发作：发作时程短，一般不超过 1 min，发作起始与结束均较突然，无意识障碍。可分为以下四种类型：

部分运动性发作：表现为身体的某一局部发生不自主抽动，多见于一侧眼睑、口角、手指或足趾，也可波及一侧面部、肢体。常见以下几种发作形式：①Jackson 发作：发作从局部开始沿大脑皮质运动区移动，临床表现抽搐自手指—腕部—前臂—肘—肩—口角—面部逐渐扩展，严重部分运动性发作病人发作后可遗留短暂性（30 min～36 h）肢体瘫痪，称为 Todd 麻痹；②旋转性发作：表现为双眼突然向一侧偏斜，继之头部不自主同向转动，伴有身体的扭转，但很少超过 180°，部分病人过度旋转可引起跌倒，出现继发性全面性发作；③姿势性发作：表现为发作一侧上肢外展、肘部屈曲、头向同侧扭转、眼睛注视着同侧；④发音性发作：表现为不自主重复发作前的单音或单词，偶可有语言抑制。

部分感觉性发作：躯体感觉性发作表现为一侧肢体麻木感和针刺感，多发生于口角、手指、足趾等部位；特殊感觉性发作可表现为视觉性、听觉性、嗅觉性和味觉性发作；眩晕性发作表现为坠落感、飘动感或水平/垂直运动感等。

自主神经性发作：出现全身潮红、多汗、呕吐、腹痛、面色苍白、瞳孔散大等，易扩散出现意识障碍，成为复杂部分性发作的一部分。

精神性发作：表现为各种类型的记忆障碍、情感障碍、错觉、复杂幻觉等。精神性发作虽可单独出现，但常为复杂部分性发作的先兆，也可继发全面强直阵挛发作。

2）复杂部分性发作：占成人癫痫发作的 50% 以上。有意识障碍，发作时对外界刺激无反应，以精神症状及自动症为特征，也称为精神运动性发作。病灶多在颞叶，故又称颞叶癫痫。

3）部分性发作继发全面性发作：单纯部分性发作可发展为复杂部分性发作，单纯或复杂部分性发作均可泛化为全面强直阵挛发作。

（2）全面性发作（generalized seizures）：最初的症状学和脑电图提示发作起源于双侧脑部，多在发作初期就有意识丧失。

1）强直阵挛发作：意识丧失、双侧强直后出现阵挛为此类型的主要临床特征。发作前可有瞬间疲乏、麻木、恐惧或无意识动作等先兆表现。早期出现意识丧失、跌倒在地，其后的发作过程分为三期：

强直期：表现为全身骨骼肌持续收缩，眼肌收缩致眼睑上牵，眼球上翻或凝视；咀嚼肌出现张口，随后突然闭合，可咬伤舌尖；喉部肌肉和呼吸肌收缩致病人尖叫一声，呼吸停止；颈部和躯干肌肉收缩使颈和躯干先屈曲、后反张等。常持续 10～20 s 转入阵挛期。

阵挛期：不同肌群收缩和松弛交替出现，由肢端延及全身。阵挛频率逐渐减慢，松弛期逐渐延长，在一次剧烈阵挛后发作停止，进入发作后期。此期持续 30～60 s。

发作后期：此期尚有短暂阵挛，以面肌和咬肌为主，造成牙关紧闭。本期全身肌肉松弛可发生大小便失禁。呼吸首先恢复，心率、血压和瞳孔渐至正常。肌张力松弛，意识逐渐清醒。从发作开始至意识恢复历时 5～10 min。清醒后病人常感头痛、头晕和疲乏无力，对抽搐过程不能回忆。部分病人有意识模糊，如强行约束病人可能发生自伤或伤人。

2）失神发作

典型失神发作：儿童期起病，青春期前停止发作。发作时病人意识短暂丧失，停止正在进行的活动，呼之不应，两眼凝视不动，可伴咀嚼、吞咽等简单的不自主动作，或伴失张力。发作过程持续 5～10 s，清醒后无明显不适，继续原来的活动，对发作无记忆。每天发作数次至数百次不等。

非典型失神发作：起始和终止均较典型失神发作缓慢，除意识丧失外，常伴肌张力降低，偶有肌阵挛。多见于有弥漫性脑损害患儿，预后较差。

3）强直性发作：多见于弥漫性脑损害的儿童，睡眠中发作较多。表现为与强直阵挛发作中强直期相似的全身骨骼肌强直性收缩，常伴有面色苍白或潮红、瞳孔散大等自主神经症状，发作时处于站立位者可突然倒地。发作持续数秒至数十秒。

4）阵挛性发作：几乎都发生于婴幼儿。特征为重复阵挛性抽动伴意识丧失，之前无强直期，持续1 min至数分钟。

5）肌阵挛发作：可见于任何年龄，常见于预后较好的特发性癫痫病人。表现为快速、短暂、触电样肌肉收缩，可遍及全身或限于某个肌群、某个肢体，常成簇发生，声、光刺激可诱发。

6）失张力发作：是姿势性张力丧失所致。部分或全身肌肉张力突然降低导致垂颈、张口、肢体下垂和跌倒。持续数秒至1 min。

（3）癫痫持续状态（status epilepticus，SE）：又称癫痫状态，传统意义指癫痫连续发作之间意识尚未完全恢复又频繁再发，或癫痫发作持续30 min以上未自行停止。目前认为，如果病人出现全面强直阵挛发作持续5 min以上即考虑癫痫持续状态。常见原因为不规范的抗癫痫药治疗（如自行停用），其他如脑卒中、外伤、感染、肿瘤、药物中毒、精神紧张、过度疲劳及饮酒等亦可导致，个别病人原因不明。

（4）难治性癫痫：指频繁的癫痫发作至少每月4次，适当的抗癫痫药正规治疗其药物浓度在有效范围以内，至少观察2年仍不能控制，并且影响日常生活，除外进行性中枢神经系统疾病或颅内占位性病变者。

2. 癫痫综合征

（1）与部位有关的癫痫

1）特发性癫痫：发病与年龄有关，多为儿童期癫痫。

伴中央-颞部棘波的良性儿童癫痫：好发于3~13岁，通常为局灶性发作，可不经治疗于16岁前自愈。表现为一侧面部和口角的阵挛性抽搐，常伴舌部僵硬、言语和吞咽困难。多在夜间发作，使患儿易惊醒。每月或数月发作1次。

伴有枕区放电的良性儿童癫痫：好发于1~14岁。发作开始表现为视物模糊和幻视等视觉症状，继之出现眼肌阵挛、偏侧阵挛，也可合并全面强直阵挛发作及自动症。

原发性阅读性癫痫：较少见，由阅读诱发，无自发性发作。表现为阅读时出现下颌阵挛，常伴手臂痉挛，继续阅读会出现全面强直阵挛发作。

2）症状性癫痫：病灶部位不同可致不同类型的发作。

颞叶癫痫：起于颞叶，可表现为单纯或复杂部分性发作及继发全身性发作。常在儿童和青年期起病，癫痫发作持续时间长于1 min，常有发作后朦胧，事后不能回忆，逐渐恢复。

额叶癫痫：丛集性出现，每次发作时间短暂，刻板性突出，强直或姿势性发作及下肢双侧复杂的运动性自动症明显，易出现癫痫持续状态。

枕叶癫痫：表现为伴有视觉症状的单纯部分性发作，可有或无继发性全身性发作。

顶叶癫痫：为单纯部分性发作，主要表现为感觉刺激症状，偶有烧灼样疼痛。

持续性部分性癫痫：表现为持续数小时、数日甚至数年，仅影响躯体某部分的节律性阵挛。

特殊促发方式的癫痫综合征：发作可由不眠、戒酒或过度换气等非特殊因素促发，也可由某些特殊感觉或知觉及突然呼唤促发。表现为惊跳，随后出现短暂、不对称的强直，多有跌倒，也可有阵挛，持续时间少于30 s。

3）隐源性癫痫：从癫痫发作类型、临床特征、常见部位推测其是继发性癫痫，但病因不明。

（2）全面性癫痫和癫痫综合征

1）特发性癫痫：发病与年龄有关，多在儿童、青少年期发病。

良性婴儿肌阵挛癫痫：1~2岁发病，有癫痫家族史。表现为发作性、短暂性、全身性肌阵挛。

儿童期失神癫痫：6~7岁发病，女性多见，与遗传因素关系密切。表现为频繁的典型失神发作，每天达数十次。

青少年期失神癫痫：青春早期发病，男女间无明显差异。80%以上的病人出现全面强直阵挛发作。

青少年肌阵挛癫痫：好发于8~18岁，表现为肢体阵挛性抽动，多合并全面强直阵挛发作和失神发作。

觉醒时全面强直阵挛性癫痫：好发于10~20岁，清晨醒来或傍晚休息时发病，表现为全面强直阵挛发作。

2）隐源性或症状性：推测其是症状性，但病史及现有检测手段未能发现病因。

（三）实验室及其他检查

1. **血液检查** 血常规、血糖、寄生虫、血液免疫学等检查，可了解有无贫血、低血糖、寄生虫病、免疫疾病，明确癫痫病因。

2. **脑电图（EEG）检查** 是诊断癫痫最重要的辅助检查方法。EEG对发作性症状的诊断有很大的价值，有助于明确癫痫的诊断及分型和确定特殊综合征。

3. **影像学检查** 包括CT和MRI，可确定脑结构异常或者病变，对癫痫及癫痫综合征诊断和分类有帮助。

（四）诊断标准

癫痫诊断首先确定是否有癫痫的两个特征，即癫痫的临床发作和脑电图上的痫样放电。病史是诊断癫痫的主要依据，完整和详尽的病史和发作时目击者的描述，如有发作性、短暂性和间歇性特点，发作时伴有舌咬伤、跌伤和尿失禁等，脑电图检查有异常发现即可诊断。

（五）治疗原则及要点

癫痫治疗的原则为：控制或减少发作次数，长期治疗无明显不良反应，尽可能不影响病人生活质量。以药物治疗为主。

1. **病因治疗** 有明确病因者首先进行病因治疗，如手术切除颅内肿瘤、药物治疗寄生虫感染，纠正低血糖、低血钙等。

2. **发作时治疗** 立即让病人就地平卧；保持呼吸道通畅，吸氧；防止外伤及其他并发症；应用地西泮或苯妥英钠预防再次发作。

3. **发作间歇期治疗** 服用抗癫痫药。

（1）药物治疗原则

1）确定是否用药：半年内发作2次以上者，一经诊断即应用药。首次发作或间隔半年以上发作1次者，告知药物的不良反应和不经治疗可能发生的后果，根据病人和家属的意愿，酌情选用或不用药。

2）正确选择药物：根据癫痫发作类型和药物不良反应情况选择药物。

3）尽可能单药治疗，且从小剂量开始，缓慢增量至能最大限度控制癫痫发作而无不良反应或不良反应很轻的最低有效剂量。

4）合理联合用药：对于在两种单药治疗后仍不能控制发作的病人，需要考虑合理的联合用药，但应尽可能减少不良反应的发生。

5）长期规律用药：控制发作后必须坚持长期服药，不应随意减量或停药。一般全面强直阵挛发作、强直性发作、阵挛性发作完全控制4~5年后，失神发作停止半年后可考虑停药，且停药前应有缓慢的减量过程，1~1.5年以上无发作者方可停药。

（2）常用抗癫痫药：有卡马西平、苯妥英钠、托吡酯、拉莫三嗪、加巴喷丁等。强直性发作、部分性发作和部分性发作继发全面性发作首选卡马西平；全面强直阵挛发作、典型失神发作、肌阵挛发作、阵挛性发作首选丙戊酸，拉莫三嗪、非尔氨酯、托吡酯和加巴喷丁等，可单一剂量用于难治性癫痫，或与传统抗癫痫药联合应用等。

4. 癫痫持续状态的治疗　治疗目标为保持稳定的生命体征和进行心肺功能支持，终止持续状态的癫痫发作，减少发作对脑部的损害，寻找并尽可能去除病因和诱因。处理并发症、迅速控制发作是治疗的关键，否则可危及生命。

（1）控制发作

1）首选地西泮10~20 mg，以不超过2 mg/min的速度静注，复发者可在3 min内重复应用，或予地西泮60~100 mg溶于5%葡萄糖盐水中，于12 h内缓慢静滴。地西泮偶尔会抑制呼吸，需停止注射，必要时应用呼吸兴奋药。

2）10%水合氯醛成人25~30 mL/d，儿童0.5~0.8 mL/kg，加等量植物油保留灌肠。

3）苯妥英钠10~20 mg/kg，溶于生理盐水20~40 mL静注，速度不超过50 mg/min，特别注意葡萄糖溶液能使某些抗癫痫药沉淀，尤其是苯妥英钠。

4）异戊巴比妥钠0.5 g溶于注射用水10 mL静注，速度不超过0.1 g/min。

（2）对症治疗：保持呼吸道通畅，吸氧，必要时行气管插管或气管切开，对病人进行心电、血压、呼吸、脑电的监测，定时进行血液生化、动脉血气分析等项目的检查；查找诱发癫痫持续状态的原因并进行治疗。

（3）防治并发症：脑水肿者用20%甘露醇125 mL快速静滴，应用抗生素控制感染，高热病人予以物理降温，纠正代谢紊乱（如低血糖、低血钠、低血钙、高渗状态等）和酸中毒，加强营养支持治疗。

（六）护理评估

1. 病史评估　既往史、家族史、用药史、婚育史、既往就医情况。
2. 身体评估　发病情况，包括发作的诱因、临床表现、频率、持续时间，有无受伤等。
3. 实验室及其他检查　进行全面的体格检查、实验室及其他检查，了解有无神志、瞳孔、生命体征、肌力、肌张力等改变，有无影像学器质性病变，有无感染、免疫等疾病。
4. 心理社会状况　了解有无自卑、焦虑抑郁、依赖等不良情绪，了解病人疾病认知水平及社会支持情况。

(七)常见护理诊断/问题

1. 有窒息的危险　与癫痫发作时意识丧失、喉头痉挛、口腔或呼吸道分泌物增多有关。
2. 有受伤的危险　癫痫病人常常发生跌倒、舌咬伤，或跌倒于危险的环境中，发生继发伤害。与癫痫发作意识、肌张力障碍、精神失常、判断障碍等有关。
3. 知识缺乏　缺乏长期、正确服药的知识。
4. 潜在并发症　脑水肿、脑损伤、酸中毒、水电解质紊乱。
5. 自尊低下　与癫痫反复发作、发作时大小便失禁、存在病耻感和社会歧视等有关。

(八)护理目标

有效控制癫痫发作，减轻或避免受伤和并发症。病人能够掌握疾病相关知识，学会避免癫痫发作的诱因。以良好心态应对疾病，坚持规范用药和定期复查，科学婚育。

(九)护理措施

1. 病情观察　密切观察病人发作时的临床表现，特别是最早期出现的突出临床特征，及时评估发作的动态变化，为发作类型的判断及治疗提供依据，并记录发作时间和频率；严密观察发作时病人的神志、瞳孔、生命体征的变化；发作时有无跌伤、咬伤及其他继发性伤害；发作后病人意识是否完全恢复；发作后有无头痛、疲乏、行为异常等。

2. 安全护理

（1）环境：保持环境安静、宽敞，光线柔和无刺激；远离危险物品，如热源、火源等；限制探视人数。

（2）发作期安全防护：告知病人有先兆症状时应停止一切活动，立即平卧头偏向一侧或侧卧于安全地点，防止跌倒等意外伤害；勿用力按压抽搐肢体，用棉垫或软垫保护肢体，以防骨折、脱臼和擦伤；有条件的在病人张口间隙快速垫上特制牙垫，置于一侧上下白齿之间，防止舌、口唇和颊部咬伤，没有条件勿将任何物品置于病人口腔，以防影响病人呼吸或导致窒息；癫痫发作停止后，如有短时躁动，由专人守护，加保护性床档，必要时适当约束；病人未完全恢复意识前禁止强行经口喂食、水、药，避免误吸、窒息。

3. 用药护理

（1）告知病人长期甚至终身规律服药的重要意义。

（2）按时按量用药，勿自行减药、停药、换药。

（3）观察药物疗效和不良反应，无明显不良反应可不作处理，严重不良反应则需停药或换药。

（4）定期检测血药浓度和肝肾功能、血常规等。

4. 生活护理

（1）饮食：清淡、无刺激的食物，食物多样、营养均衡，避免过饥过饱。戒烟、酒、浓茶、咖啡等刺激兴奋性物质或饮料。

（2）休息与活动：保证充足睡眠，避免过度劳累，发作间歇期可适当参加体力和脑力劳动，适当锻炼身体。避免过度玩乐，不看过度兴奋的影片，不去游戏厅等强声光刺激场所。

5. 心理护理　由于癫痫反复发作，发作时特殊表现，治疗周期长、定期复查等使得学习、工作、生活受到影响，易产生病耻感、焦虑、抑郁、孤独、易激惹及不合群、过度保护等心理行为问题。护士应仔细观察，耐心倾听，鼓励病人表达内心感受，给予正确引导，科学积极应对疾病，必要时转诊专业心理咨询。

6. 癫痫持续状态护理措施

（1）快速建立静脉通道，遵医嘱静脉应用抗癫痫药或（和）联合其他方式给药，如直肠内给药、肌内注射。

（2）维护呼吸功能，及时吸痰，保持呼吸道通畅，吸氧维持氧代谢。用药前、后加强病人意识、瞳孔、呼吸评估，如出现意识障碍加深、瞳孔缩小、呼吸减慢，评估是否与药物相关，及时发现中枢性呼吸抑制，必要时停药/减药、应用呼吸兴奋剂或呼吸机辅助呼吸。

（3）给予心电、血压、呼吸、血氧饱和度、脑电监测，及时发现生命体征危急状态，做好急救准备。

（4）保护病人安全，查找诱因，避免诱因，高热、感染者给予对症护理

（5）并发症护理：遵医嘱用药，降低颅内压，纠正酸碱平衡失调、电解质紊乱、低血糖、低血钙；加强营养支持，及时给予肠内或肠外营养支持。

（十）护理评价

1. 病人积极主动配合治疗，癫痫发作时得到及时治疗。
2. 主动采取合理措施预防受伤和并发症的发生，如有发生及时发现并配合处理。
3. 病人能够主动学习，避免疾病发作诱因。
4. 病人不良情绪好转，接受疾病状态，并学会生活与疾病相适应。

（十一）健康指导

1. 预防疾病

（1）疾病知识指导：向病人和家属介绍疾病及其治疗的相关知识和自我护理的方法，减轻因疾病知识缺乏而导致的一些不良心理和不恰当的行为反应。

（2）避免诱发因素

1）自行减药、停药、换药。

2）饮食不规律、营养不均衡所致的维生素缺乏或血糖水平低。

3）酒精滥用，酒精不仅可引起大脑内离子通道和递质失衡，还存在肝酶诱导作用，影响抗癫痫药代谢，从而易诱发癫痫。

4）睡眠不足，过度疲劳，精神过度紧张。

5）其他可能触发发作的噪声、闪光、异味、过度换气等。

6）感染性疾病。

2. 管理疾病

（1）安全：鼓励参加力所能及的事情和社会活动，但应避免从事驾驶、游泳、高空作业、电焊、锅炉工等癫痫发作会产生严重危害的工作。随身携带疾病信息卡，以便抢救时参考。

（2）婚育：特发性癫痫且有家族史的女性病人，婚后不宜生育；双方均有癫痫或一方有癫痫，另一方有家族史的，不宜婚配；癫痫症状未得到有效控制前不宜孕产，应在科学指导下孕产。

(十二)预后

多数癫痫病人规律治疗后预后较好,但亦可能转变为难治性癫痫。

拓展阅读 9-7-2
癫痫持续状态护理流程

第八节 神经系统常见诊疗技术及护理

一、腰椎穿刺术及护理

> **情景导入**
>
> 厉某,男性,25岁,主因发热伴头痛、呕吐2天入院。查体:T 38.3℃,P 81次/min,R 22次/min,神志清楚,痛苦面容,颈抵抗,四肢肌力、肌张力正常,轮椅推入病房。头颅CT未见异常,拟行腰椎穿刺术以明确诊断。
>
> 请思考:
> 1. 该病人主要的护理问题有哪些?
> 2. 如何做好腰椎穿刺后护理?

拓展阅读 9-8-1
腰椎穿刺术及护理的重要知识点

腰椎穿刺术(lumbar puncture)是神经系统疾病常用检查方法之一,通过穿刺第3~4或第4~5腰椎间隙进入蛛网膜下腔抽取脑脊液(cerebrospinal fluid,CSF)或注射药物的一种临床诊疗技术,对神经系统疾病的诊断、鉴别诊断、治疗和预后判断有重要意义。成人CSF总量为110~200 mL,平均130 mL。

(一)适应证和禁忌证

1. 适应证

(1)神经系统疾病(如中枢神经系统炎性病变、脑肿瘤、脑血管疾病、脊髓病变、脱髓鞘疾病等)的诊断和鉴别诊断。

(2)脊髓造影和鞘内药物治疗。

(3)怀疑颅内压异常。

(4)动态观察脑脊液变化,以助判断病情、预后及指导治疗。

2. 禁忌证

(1)颅内压升高伴有明显的视盘水肿和怀疑后颅窝肿瘤者。

(2)穿刺部位有化脓性感染灶、脊柱结核者。

(3)脊髓压迫症的脊髓功能处于即将丧失的临界状态。

(4)开放性颅脑损伤或有脑脊液漏者。

(5)有明显出血倾向或病情危重不宜搬动者。

(二)目的

1. 诊断性穿刺

(1)检查脑脊液的成分,了解脑脊液常规、生化变化及病原学证据。

（2）测定脑脊液压力。

（3）了解椎管有无梗阻。

2. 治疗性穿刺 主要为注入药物或放出炎性、血性脑脊液。

（三）操作前准备

1. 评估并解释

（1）评估：评估病人的文化水平、合作程度及是否做过腰椎穿刺检查等。完善术前各项常规检查。

（2）解释：说明腰椎穿刺的目的、过程及注意事项，消除其紧张、恐惧心理。征得病人和家属的签字同意。

2. 病人准备 练习穿刺体位摆放，排空大小便，静卧15~30 min。

3. 护士准备 着装整齐、洗手、戴口罩。

4. 环境准备 整洁、安静、光线充足。

5. 用物准备 治疗盘1套、腰穿包1个、测压表包、无菌手套、2%利多卡因及治疗性穿刺所用药物，必要时备氧气、急救物品。

（四）操作中配合

1. 体位 协助病人去枕侧卧，背齐床沿，屈颈抱膝，腰椎后突，身体呈弓形以增宽椎间隙（图9-8-1）。

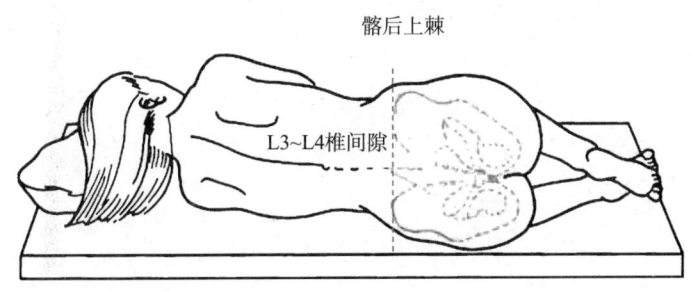

图9-8-1 腰椎穿刺体位（左侧卧位）

2. 确定穿刺点 双侧髂棘最高点连线与后正中线交汇处为第4腰椎棘突，一般选择第3、4腰椎间隙（L2~S1间隙均可）进针。婴儿和儿童的脊髓延伸至L3~L4椎间隙平面，所以腰穿时要选择较低的椎间隙。

3. 术中病情观察 穿刺过程中应密切观察病人意识、瞳孔、呼吸、脉搏、血压及面色变化，询问有无不适感。如穿刺过程中出现脑疝征象，应立即停止放液，并向椎管内注入生理盐水10~20 mL，或静脉快速滴注20%甘露醇250 mL。如脑疝不能复位，或疑有颅后窝血肿者，可行脑室穿刺减压，或采取急救措施。

4. 协助测压、留取脑脊液 协助医生接测压管测量压力，正常为80~180 mmH$_2$O。>200 mmH$_2$O提示颅内压增高，<80 mmH$_2$O提示颅内压降低。若需了解椎管内有无梗死，可协助医生做压颈试验。最后，撤去测压管，留取脑脊液2~5 mL送检，如需培养，可用无菌试管留取标本。

拓展阅读9-8-2 腰椎穿刺压颈实验

（五）操作后护理

1. **体位** 协助病人去枕平卧4~6 h，禁止抬高头部，以防颅内压过低导致头痛，疲劳时可适当转动身体。

2. **穿刺部位护理** 保持穿刺部位的敷料干燥，如有渗液、渗血应及时更换。24 h内禁止淋浴。若穿刺处出现红、肿、热、痛时，可用2%碘酊或0.5%碘伏消毒处理。

3. **病情观察** 观察病人意识、瞳孔、生命体征，有无头痛、腰背痛、脑疝及感染等穿刺后并发症。

4. **腰椎穿刺并发症护理**

（1）低颅压综合征：是腰椎穿刺术最常见的并发症。以穿刺后24 h出现的头痛症状为主要临床特征，前额和后枕部头痛较为明显。多因穿刺针过粗、穿刺技术不熟练、术后过早活动、脑脊液放出过多造成颅内压减低，牵拉三叉神经感觉支支配的脑膜及血管组织所致。出现低颅压综合征时，鼓励病人多饮水，延长卧床时间至24 h，必要时遵医嘱静脉滴注生理盐水。

（2）脑疝：可在穿刺当时或穿刺后数小时内发生，造成意识障碍、呼吸骤停甚至死亡，是腰椎穿刺最危险的并发症。多发生于颅内高压且放出脑脊液过多过快者，应严密观察有无脑疝发生的前驱症状，一旦出现立即通知医生并协助抢救，如快速静脉滴注20%甘露醇或静脉推注高渗利尿脱水剂等。

（3）神经根痛：如针尖刺伤马尾神经，会引起暂时性神经根痛，一般不需要特殊处理。

（4）其他：少见的并发症，如感染、出血等，予对症处理。

> 拓展阅读9-8-3
> 腰椎穿刺护理流程

二、数字减影脑血管造影术及护理

> **情景导入**
>
> 薛某，女性，65岁，主因"突发头晕伴恶心呕吐1天"入院。诊断为"小脑脑梗死"，既往身体健康，无明确的脑血管病相关危险因素，今日入院第5天准备行"数字减影脑血管造影术"。
>
> **请思考：**
> 1. 该病人进行此项检查的目的是什么？
> 2. 术前、术后该给予怎样的护理措施？

> 拓展阅读9-8-4
> 数字减影脑血管造影术及护理的重要知识点

数字减影脑血管造影（digital subtraction angiography，DSA）是将血管造影和电子计算机相结合派生出的一项影像技术，其原理是将人体的X线影像进行增强视频扫描和数模转换等处理，骨骼、脑组织等影像被减影去除，保留充盈造影剂的脑血管图像。具体做法是：经股动脉或肱动脉插管，在颈总动脉或椎动脉注入含碘造影剂，分别在动脉期、毛细血管期和静脉期摄片，动态观察颅内血管的位置、分布和形态。

（一）适应证

1. 颅内外血管性病变的诊断及疗效随访，如动脉狭窄或闭塞、侧支循环评估、动脉痉挛、颅内动脉瘤、动静脉畸形、动脉夹层、动静脉瘘、烟雾病、颅内静脉系统血栓形成、颅内血管出血、静脉窦狭窄或阻塞等。

2. 蛛网膜下腔出血及自发性颅内血肿的病因检查。

3. 观察颅内占位性病变的血供与邻近血管的关系及某些肿瘤的定性，如脑膜瘤、血管母细胞瘤、颈静脉球瘤等。

4. 实施颅内血管介入或其他手术前，了解血管病变及与其他组织的关系。

5. 头面部血流丰富的肿瘤，术前了解血供情况。

6. 颈、面、眼部和颅骨、头皮及脊髓的血管性病变。

（二）禁忌证

1. 有严重出血倾向或出血性疾病。
2. 造影剂和麻醉剂过敏。
3. 全身感染未控制或穿刺部位局部皮肤感染。
4. 严重心、肺、肝、肾功能不全。
5. 病情危重不能耐受手术者，如脑疝、脑干功能衰竭。
6. 未能控制的严重高血压。

（三）护理

1. 术前护理

（1）用物准备：备好造影剂、麻醉剂、生理盐水、肝素、股动脉穿刺包、无菌手套、沙袋及抢救药物、仪器等。适当备血管解痉药物、尿激酶，术中出现血管痉挛、栓塞时能够及时处理。

（2）病人准备

1）评估病人疾病认知程度，指导病人及家属了解造影检查的相关知识，征得病人和家属的签字同意，取得病人配合。

2）完善各项检查，如肝肾功能、出凝血时间及血小板计数等，遵医嘱做普鲁卡因和碘过敏试验，无碘造影剂者不做过敏试验。

3）皮肤准备，按外科术前要求备皮，清洁腹股沟和会阴部皮肤并剃去毛发。

4）术前4~6h禁食水，术前30min排空大小便，建立非术侧的静脉通道，术前用药（镇静药、血管扩张药等）。

5）术前1天训练卧床排尿，必要时术前给予留置导尿。

6）心理准备，术前评估病人心理，根据评估结果实施个性化心理护理，消除紧张、恐惧心理。烦躁不安者遵医嘱使用镇静药或在麻醉下进行。

7）术前了解足背动脉搏动情况，以备与术后对比。

2. 术中护理

（1）碘过敏反应、神经功能的观察，密切观察神志、瞳孔及生命体征变化，观察有无心慌、胸闷、呼吸急促、头痛、呕吐、失语、打鼾、抽搐及肢体活动障碍等，发现异常及时报告医生处理。

（2）协助术中用药，观察对比双侧足背动脉搏动情况。

3. 术后护理

（1）严密观察神志、瞳孔、生命体征及神经功能变化，同时注意观察对比双侧足背动脉搏动、远端皮肤颜色、温度，以及局部穿刺点有无血肿、渗血、出血等，及时发现异常并处理、记录。

（2）术后平卧，穿刺侧肢体制动、外展，穿刺点撤出动脉鞘管后先局部按压10~30 min，此后沙袋（1 kg）局部加压制动6~8 h，穿刺侧制动（取伸展位，不可屈曲）2~4 h，24 h内卧床休息，24 h后如无异常情况可下床活动，1周内避免剧烈活动。

（3）卧床期间协助完成生活护理，指导病人如有咳嗽或呕吐，按压穿刺部位，避免因腹压增加而致伤口出血。24 h内鼓励病人多饮水，以促进造影剂排泄。

拓展阅读9-8-5 数字减影脑血管造影术常见并发症及处理
拓展阅读9-8-6 数字减影脑血管造影护理流程

三、脑血管介入治疗术及护理

> **情景导入**
>
> 木某，男性，54岁，高血压病史12年，主因突发右侧肢体无力2 h急诊入院。查体：神志清楚，右侧肢体肌力2级。
>
> 请思考：
> 1. 该病人的最佳治疗措施是什么？
> 2. 针对该病人的最佳治疗措施，应如何护理？

拓展阅读9-8-7 脑血管介入治疗术及护理重要知识点

脑血管介入治疗（cerebral intravascular interventional therapy）是在X线影像指导下，经血管路径，借助导引器械（针、导管、导丝）递送特殊材料至脑血管病变部位，治疗各种颅内外血管病变。该治疗技术分为血管栓塞术、血管成形术、血管内药物灌注术（如动脉溶栓）、血管内取栓等，与常规开颅手术相比，具有微创、安全、有效、恢复快的特点。

（一）适应证

1. 颅内动脉瘤。
2. 手术切除困难或风险大的颅内动静脉畸形。
3. 颅内外动脉狭窄，颈动脉狭窄＞70%，病人存在与狭窄相关神经系统症状；双侧椎动脉开口狭窄＞50%或一侧椎动脉开口狭窄＞70%，另一侧发育不良或完全闭塞等；积极二级预防仍未能控制的症状性颅内大动脉狭窄病人。
4. 颈动脉海绵窦瘘。
5. 急性脑梗死动脉溶栓、机械取栓及血管成形术。
6. 颅内血管侧支循环不良。

（二）禁忌证

1. 有严重凝血障碍或肝素有不良反应。
2. 造影剂过敏。
3. 严重心、肝、肾功能不全，病情危重不能耐受手术。
4. 双侧颈动脉或椎动脉闭塞、严重血管迂曲、严重神经功能障碍、3周内有严重的卒中发作等。
5. 难以控制的高血压。
6. 妊娠。
7. 6个月内有颅脑、脊柱手术史。

拓展阅读9-8-8 急性缺血性脑卒中脑血管介入治疗流程

(三)护理

1. 术前护理

(1) 评估病人并解释

1) 评估:评估病人疾病认知程度、文化水平、基础状况、心理状态、病变血管状况及脑血管储备力。

2) 解释:向病人及家属解释造影检查的相关知识,消除紧张、恐惧心理。征得病人和家属的签字同意,取得病人配合。

(2) 病人准备

1) 局麻者术前 4~6 h、全麻者术前 9~12 h 禁食、水,根据手术要求决定是否禁药。

2) 术前 30 min 排空大小便,必要时保留导尿,术前应用镇静药、血管扩张药等。

(3) 护士准备

1) 完善各项检查,如肝肾功能、出凝血时间及血小板计数等,遵医嘱做普鲁卡因和碘过敏试验,无碘造影剂者不做过敏试验。

2) 皮肤准备,按外科术前要求备皮,清洁腹股沟和会阴部皮肤并剃去毛发。

3) 建立非术侧的静脉通道,术前用药(镇静药、血管扩张药等),测生命体征。

4) 术前 1 天训练卧床排尿,必要时术前给予留置导尿。

(4) 环境准备:环境整洁、安静、光线明亮。

(5) 用物准备:备齐相关用物,如心电监护、吸氧装置、微量泵、局部加压袋等。根据治疗目的准备栓塞剂、弹簧圈、导管、支架等,以及控制血压、缓解血管痉挛、预防心率缓慢等相关药物。

(6) 术前药物管理

1) 抗血小板药,缺血性脑血管病病人术前给予双联抗血小板治疗 5~7 天,阿司匹林 100 mg/d,氯吡格雷 75 mg/d,或者术前给予负荷量氯吡格雷、阿司匹林各 300 mg。

2) 长期使用华法林者,术前 5 天停药,根据血栓风险,决定是否采用肝素或低分子肝素"桥接"治疗。

2. 术中护理

(1) 术中遵医嘱给药并及时补充手术所需材料。

(2) 严密观察病人神志、瞳孔、生命体征、神经功能变化及是否有碘过敏反应,如有异常,配合处理。

(3) 保持各种管道通畅。

(4) 遵医嘱给予输氧和心电监测。

3. 术后护理

(1) 术侧肢体局部护理:术后穿刺点渗血、出血、皮下血肿是手术的常见局部并发症,术后拔除动脉鞘管后,股动脉加压包扎、术侧肢体制动 6~8 h,24 h 卧床休息,尽量减少术侧肢体活动,可有效避免局部并发症的发生,根据有无局部并发症,决定是否延长加压包扎时间。

(2) 病情观察

1) 术侧肢体局部观察:除局部并发症外,注意观察病人远端皮肤颜色、温度及足背动脉搏动等情况,如出现局部动脉搏动严重减弱或消失,局部肢体皮温降低,警惕下肢动脉栓塞;如出现下肢肿胀、皮温升高，警惕下肢静脉血栓形成。

2）脑血管并发症的观察：介入治疗常见脑血管并发症有：①颈动脉窦反应，主要表现为心动过缓和血压下降，需迅速静脉推注阿托品，以提升心率，伴随血压下降者静脉泵入多巴胺等药物，同时适当增加病人床上活动量，以尽快恢复心率和血压。②脑过度灌注，主要表现为高颅压表现，术后血压控制在低于基础血压 20~30 mmHg 水平，可降低脑过度灌注的发生。③脑栓塞、血管再狭窄/闭塞、脑血管痉挛、脑出血，临床均表现为不同程度的神经功能缺损症状的加重，一旦发现应及时报告医生。

（3）休息：术后休息 2~3 天，避免情绪激动和剧烈运动，防止球囊、支架或弹簧圈等脱落、移位。

（4）生活护理：术后 48 h 增加饮水量，以促进造影剂的排出，必要时增加静脉补液量；术后由于卧床、强迫性体位，注意预防压力性损伤、全身酸痛不适感，每 2 h 保持髋关节制动状态悬空臀部 30 min 左右，适当局部按摩，以预防压力性损伤，缓解不适感。

（5）用药护理：使用抗凝药者，观察有无皮肤、黏膜、消化道等部位的出血，监测凝血功能。48 h 内减少或停用大部分经肾代谢排出的药物，以免增加肾的负担。血管成形术者，术后阿司匹林 100 mg/d、氯吡格雷 75 mg/d 双联抗治疗，持续 1~3 个月，之后根据复查结果改为单抗长期治疗。

（杨世梅　计海霞　王　霞　龚桂平　王晓霞　程秀梅）

数字课程学习

教学 PPT　　自测题

第十章
传染病病人的护理

【学习目标】

知识：

1. 掌握传染病的概念及其表现、传染病的流行过程和影响因素。
2. 掌握传染病预防、标准预防和传染病的隔离、消毒措施。
3. 掌握传染病常见疾病的定义、流行病学、基本特征、临床特点。
4. 掌握传染病病人的常见症状、体征和护理要点。
5. 熟悉传染病常见疾病的病原学、诊断要点、治疗原则和护理评估。
6. 熟悉传染病专科药物的作用、副作用、不良反应及注意事项。
7. 熟悉非生物型人工肝治疗的护理。
8. 了解传染病常见疾病的发病机制。
9. 了解传染病常见疾病的主要辅助检查内容和意义。

技能：

1. 护士能应用护理程序对传染病病人进行正确评估、提出护理诊断、实施有效护理措施及评价效果。
2. 护士具备正确的沟通技巧，针对传染病病人进行个性化健康指导。
3. 掌握专科疾病的护理操作技术，如人工肝治疗等。
4. 学习过程中培养警觉意识、个人防护意识、批判性思维、创新性思维。
5. 具备应对突发性公共卫生事件的应变能力。
6. 护士能够正确进行传染病病人医疗废物处置，掌握消毒隔离措施。

素质：

1. 护士要具备扎实的专业理论基础、丰富的临床经验及人文知识和沟通技巧，具有发现问题、分析问题和解决问题的能力。
2. 护士在实施临床护理过程中要有慎独精神、判断和预见性护理能力。
3. 护士要有主动服务意识、高度的责任感、同情心和团队协作精神。

情景导入

患儿，男，7岁，因头痛、乏力、恶心、呕吐、全身不适1天伴发热2h就诊急诊科。既往体健，查体：T 38.5℃，P 115次/min，R 22次/min，BP 102/60 mmHg，急性面容，头皮、胸背部可见数个散在细小的红色斑丘疹。血常规未见明显异常，询问病史，2周前与带状疱疹病毒感染的邻居患儿有密切接触史。门诊考虑水痘，医生嘱休息，居家隔离，清淡饮食，做好皮肤护理。

由病原体感染人体后发生的疾病称为感染性疾病（infectious disease），常见的病原体有病毒、细菌、真菌、衣原体、立克次体、支原体、螺旋体、原虫、蠕虫等。但并非所有感染性疾病都具有传染性，有传染性的感染性疾病才是传染病。

传染病曾经在人类历史上引起极大的灾难，随着医学水平的提高，虽然某些传染病已被消灭，如天花等，有的已被控制，如脊髓灰质炎等，许多传染病的发病率明显下降，目前，传染病已不再是引起死亡的首位原因，但是，部分传染病如病毒性肝炎、结核病、肾综合征出血热等仍广泛存在。也有一些新的传染病在不断出现，2012年以来中东国家中东呼吸综合征流行，2014年西非埃博拉疫情爆发，2016年巴西出现寨卡病毒感染疫情，2019年全球新型冠状病毒感染暴发。因此防治工作不断面临挑战，仍十分艰巨。随着医学科学的进步和新的诊疗护理技术的应用，如分子生物学、抗病毒药、人工肝支持疗法、消毒隔离技术等，使传染病的防治取得新的巨大成效。

第一节 概 述

情境一：
患儿所在班级2周内陆续出现多名幼儿发热、咳嗽、恶心、呕吐不适，症状与该患儿的表现类似。
请思考：
1. 传染病流行过程的基本条件是什么？
2. 如何做好传染病的预防和隔离消毒工作？如何执行标准预防？
3. 传染病人使用的医疗废弃物如何处理？

拓展阅读10-1-1
传染病概述重要知识点

传染主要指病原体通过一定的方式从一个宿主个体到另一个宿主个体的感染，认识和了解传染病的传播方式和隔离措施有助于减少传染病的发生及流行，根据各种传染病的特点、传播的主导环节采取相应的措施可以终止其继续传播。

一、感染与免疫

（一）感染的概念及其表现

感染是病原体侵入人体后，与人体相互作用、相互斗争的过程，即病原体在人体的寄生过程。临床上症状明显的传染病，只是感染过程的表现形式之一，并非全部。感染过程的表现如下：

1. 病原体被清除　病原体侵入人体后，人体通过非特异性免疫或特异性免疫将病原体消灭或排出体外，人体不产生病理变化，也不引起任何临床表现。

2. 隐性感染（inapparent infection）　又称亚临床感染（subclinical infection），指病原体侵入人体后，仅引起机体发生特异性免疫应答，临床上无任何症状、体征甚至生化变化，只有通过免疫学检查才可发现。大多数传染病以隐性感染最常见。隐性感染后可获得对该传染病的特异性免疫力，病原体被清除。少数转变为病原携带状态，病原体持续存在体内，成为无症状携带者。

3. 显性感染（apparent infection）　又称临床感染（clinical infection），指病原体侵入人体后，不但引起免疫应答和变态反应，还使机体发生免疫损伤，出现临床特有的症状、体征。在大多数传染病中，显性感染只占全部受感染者的少部分，少数传染病（如麻疹、水痘）以显性感染多见。显性感染后的结局各异，多数感染者机体内病原体可被完全清除，获得对该传染病的特异性免疫力，不易再受感染，如麻疹、甲肝、伤寒等；也有部分感染者由于病后免疫不牢固，可再次发生感染，如细菌性痢疾、阿米巴痢疾等；还有小部分感染者可成为病原携带者。

4. 病原携带状态　病原体侵入人体后，在人体内生长繁殖并不断排出体外，而人体不出现任何疾病表现的状态，成为重要的传染源。按携带的病原体不同，可分为带病毒者、带菌者与带虫者。按其发生在显性感染临床症状出现之前或之后，分别称为潜伏期病原携带者和恢复期病原携带者；若发生于隐性感染之后，称为无症状病原携带者。携带病原体短于3个月的称为急性病原携带者，超过3个月者称为慢性病原携带者。对乙型肝炎病毒感染，超过6个月才算慢性病原携带者。

5. 潜伏性感染　病原体感染人体后，寄生在机体中某些部位，机体免疫功能使病原体局限化而不引起显性感染，但又不能将病原体清除，病原体便可长期潜伏下来，待机体免疫功能下降时，则可引起显性感染，常见于水痘、结核病、疟疾等。潜伏性感染期间，病原体一般不排出体外，故不会成为传染源，这是与病原携带状态不同之处。

上述5种感染的表现在一定条件下可相互转化，在不同的传染病中各有侧重。一般来说，隐性感染最常见，病原携带状态次之，显性感染比例最少，一旦出现，容易识别。

（二）感染性疾病发生的条件

感染性疾病的发生取决于病原体的致病能力和机体的免疫功能这两个条件。

1. 感染过程中病原体的致病作用

（1）侵袭力（invasiveness）：病原体侵入机体并在体内扩散的能力。

（2）毒力（virulence）：包括外毒素和内毒素及毒力因子。外毒素通过与靶细胞的受体结合，从而进入细胞内起作用；内毒素通过激活单核-吞噬细胞释放细胞因子而起作用。毒力因子包括侵袭能力和溶组织能力等。许多细菌可分泌抑制其他细菌生长的细菌素以利自身的生长繁殖。

（3）数量：就同一种病原体而言，病原体的数量和致病能力成正比，但不同病原体引起机体出现显性感染的最少数量差别较大。

（4）变异性：病原体可因环境或遗传等因素而产生变异，通过抗原变异而逃避机体的特异性免疫，从而不断引起疾病发生或使疾病慢性化。

2. 机体的免疫功能　免疫应答包括非特异性免疫应答和特异性免疫应答。免疫应答可以是保护机体免受病原体入侵、破坏的保护性免疫应答，也可以是促进病理生理过程及组织损伤的变态反应。病原体入侵机体后是否发病，取决于病原体的致病能力和机体免疫应答的综合作用。

（1）非特异性免疫（non-specific immunity）：是机体对进入人体内异物的一种清除机制，通过遗传获得，无抗原特异性，不牵涉对抗原的识别和二次免疫应答的增强，又称为先天性免疫。包括天然屏障、吞噬作用、体液因子。

（2）特异性免疫（specific immunity）：通过对抗原识别后产生的针对该抗原的特异性免疫应答，是通过后天获得的一种主动免疫，包括由 B 淋巴细胞介导的体液免疫和由 T 淋巴细胞介导的细胞免疫。

二、传染病的基本特征和临床特点

（一）传染病的基本特征

传染病区别于其他疾病的 4 个基本特征如下。

1. 病原体（pathogen）　每个传染病都是由特异性病原体引起的，临床上检出病原体对明确诊断有重要意义。

2. 传染性（infectivity）　是传染病与其他感染性疾病的主要区别。病原体由宿主体内排出，经一定途径传染给另一个宿主，这种特性称为传染性。传染病病人具有传染性的时期称为传染期，传染期是决定隔离病人期限的重要依据。

3. 流行病学特征（epidemiologic feature）　传染病的流行过程在自然因素和社会因素的影响下，表现出各种特征。

（1）流行性（epidemicity）：在一定条件下，传染病能在人群中广泛传播蔓延的特征称为流行性。按其强度可分为以下几种：

1）散发（sporadic）：指在一定地区内某传染病的发病率呈历年一般水平，各病例间在发病时间和地点方面无明显联系地散在发生。

2）流行（epidemic）：指某种传染病的发病率显著高于当地常年发病率数倍（一般 3~10 倍）。

3）大流行（pandemic）：指某传染病在一定时间内迅速蔓延，波及范围广泛，超出国界或洲界。

4）暴发（outbreak）：指传染病病例的发病时间分布高度集中于一个短时间之内（通常为该病的潜伏期内），这些病例多由同一传染源或同一传播途径所引起，如流行性感冒、食物中毒。

（2）季节性（seasonal）：某些传染病的发生和流行受季节的影响，在每年一定季节出现发病率升高的现象称为季节性。如冬春季，呼吸道传染病发病率升高；夏秋季，消化道传染病发病率升高等。

（3）地方性（localization）：由于受地理、气候等自然因素或人们生活习惯等社会因素的影响，某些传染病仅局限在一定地区内发生，这种传染病称地方性传染病。以野生动物为主要传染源的疾病，称为自然疫源性传染病，如鼠疫、钩端螺旋体病，存在这种疾病的地区称自然疫源地。自然疫源性传染病也属于地方性传染病。

（4）外来性：指国内或地区内原来不存在，而从国外或外地通过外来人口或物品传入的传染病，如霍乱。

4. 感染后免疫（postinfection immunity） 人体感染病原体后，无论显性或隐性感染，均能产生针对该病原体及其产物（如毒素）的特异性免疫。感染后免疫和疫苗接种一样均属于主动免疫，通过抗体转移而获得的免疫属于被动免疫。不同病原体的感染后免疫持续时间和强弱不同。如麻疹、脊髓灰质炎的感染后免疫时间最长，往往可以保持终身。在临床上，感染后的免疫如果持续时间较短，可出现下列现象：

（1）再感染：指同一传染病在痊愈后，经过长短不等间隙再度感染。

（2）重复感染：指疾病尚在进行过程中，同一种病原体再度侵袭而又感染。

（二）临床特点

1. 病程发展的阶段性 传染病的病程从发生、发展至恢复具有一定的阶段性，一般分为四期，尤以急性传染病最明显。

（1）潜伏期（incubation period）：从病原体侵入人体起，到开始出现临床症状为止的时期，称为潜伏期。各种传染病的潜伏期长短不一，同一种传染病的潜伏期可有一个相对不变的限定时间（最短时间至最长时间），并呈常态分布。

（2）前驱期（prodromal period）：从起病到该病出现明显症状为止的时期称为前驱期。此期的临床表现通常是非特异性的，传染性强。

（3）症状明显期（period of apparent manifestation）：出现各自特有的症状、体征，最易出现并发症，传染性极强。

（4）恢复期（convalescent period）：机体的免疫力增加到一定程度，体内的病理生理过程基本终止，病人的症状、体征基本消失。

某些传染病进入恢复期后，已稳定退热一段时间，由于潜伏于组织内的病原体再度繁殖到一定程度，使初发病的症状再度出现，称为复发（relapse）。当病情进入恢复期时，体温未稳定下降至正常，又再发热，称为再燃（recrudescence），可能是由于病原体暂时得到抑制未被杀灭而再度生长繁殖所致。当传染病病人在恢复期结束后，机体功能仍长期未能复常者称为后遗症。

2. 临床类型 根据传染病临床过程的长短可分为急性、亚急性、慢性；根据病情轻重可分为轻型、中型、重型和极重型，发病急骤而病情严重者称暴发型；根据临床特征可分为典型与非典型，典型相当于中型或普通型，非典型则可轻可重。临床分型对治疗、隔离、护理等具有指导意义。

3. 常见症状与体征 许多传染病都可引起发热，发热的同时伴有皮疹和各种毒血症状，如全身不适、头痛、关节痛等中毒症状，严重者可有意识障碍、呼吸、循环衰竭等表现，单核吞噬细胞系统可出现充血、增生等反应，表现为肝、脾、淋巴结肿大。

三、传染病的流行过程和影响因素

（一）流行过程的基本条件

1. 传染源（source of infection） 指病原体已在体内生长繁殖并能将其排出体外的人和动物。

（1）病人：是重要的传染源，病人体内存在大量病原体，其某些症状又有利于病原体排出，如呼吸道传染病的咳嗽等，增加了易感者受感染的机会。

（2）隐性感染者：由于没有任何临床症状、体征而不易被发现。在某些传染病，是重要的传染源，如脊髓灰质炎等。

（3）病原携带者：指没有任何临床症状而能排出病原体的人。带菌者、带毒者和带虫者统称为病原携带者。

（4）受感染的动物：由动物体内排出病原体导致人类发病，称为动物源性传染病。动物作为传染源的意义，主要取决于人与受感染动物接触的机会和密切程度、受感染动物的种类和数量，以及环境中是否有适宜该病传播的条件等。此外，与人们的生活习惯和卫生知识水平等因素也有很大关系。

2. 传播途径（route of transmission） 指病原体离开传染源后，到达另一易感者的途径。分水平传播和垂直传播。

（1）水平传播：指个体之间的传播，包括：①呼吸道传播，包括空气、飞沫、尘埃传播，常引起呼吸道传染病，如流感、猩红热等；②消化道传播，包括经水传播和经食物传播，常引起消化道传染病，如伤寒、霍乱等；③接触传播，包括直接接触传播（如性病、狂犬病等）和间接接触传播（如伤寒、细菌性痢疾等）；④虫媒传播，是以节肢动物作为传播媒介而造成的感染，包括机械性传播和生物性传播两种方式，作为传染病传播媒介的节肢动物有很多，包括昆虫纲的蚊、蝇、蚤、虱等，蜘蛛纲的蜱和螨等；⑤血液、体液、血制品传播：见于乙型肝炎、丙型肝炎、艾滋病等；⑥土壤传播：当易感者接触被病原体的芽孢（如破伤风）、幼虫（如钩虫）、虫卵（如蛔虫）污染的土壤时，土壤就成为这些传染病的传播途径。

（2）垂直传播：又称母婴传播，为病原体通过产前、产时、产后等传给后代的过程，如乙型肝炎、艾滋病等。

3. 人群易感性（susceptibility of the crowd） 对某一传染病缺乏特异性免疫力的人称为易感者（susceptible person）。人群易感性以人群中非免疫人口占全部人口的百分比表示。如果该人群中，有免疫力的人数多，则人群易感性低，反之则高。在普遍推行人工自动免疫后，可将易感者比例降至最低，从而控制或阻止传染病的流行。

（二）影响流行过程的因素

1. 自然因素　包括地理因素、气候因素和生态因素。通过作用于流行过程的三个环节对传染病的发生、发展起重要作用。

2. 社会因素　包括社会制度、社会卫生保健事业的发展、人民的经济和生活水平、文化水平、风俗习惯、宗教信仰等，都与传染病的流行息息相关。

四、传染病的预防

做好传染病的预防工作，对减少传染病的发生与流行，最终达到控制和消灭传染病具有重要意义。传染病的预防应根据各传染病的特点，针对传染病流行过程的3个环节，采取相应的预防措施。

（一）管理传染源

1. 对病人的管理　早发现、早诊断、早报告、早隔离、早治疗在预防传染病传播的过程中很重要。一旦发现传染病或疑似病人，应立即隔离治疗。

目前,《中华人民共和国传染病防治法》(以下简称《传染病防治法》)规定管理的传染病分为甲、乙、丙3类。甲类:鼠疫、霍乱两种。乙类:传染性非典型肺炎、艾滋病、病毒性肝炎、脊髓灰质炎、人感染高致病性禽流感、麻疹、流行性出血热、狂犬病、流行性乙型脑炎、登革热、炭疽、细菌性和阿米巴性痢疾、肺结核、伤寒和副伤寒、流行性脑脊髓膜炎、百日咳、白喉、新生儿破伤风、猩红热、布鲁菌病、淋病、梅毒、钩端螺旋体病、血吸虫病、疟疾、新冠病毒感染、猴痘。丙类:流行性感冒、流行性腮腺炎、风疹、急性出血性结膜炎、麻风病、流行性和地方性斑疹伤寒、黑热病、包虫病、丝虫病、除霍乱、细菌性和阿米巴性痢疾、伤寒和副伤寒以外的感染性腹泻病、手足口病。

《中华人民共和国传染病防治法实施办法》规定:一旦发现甲类传染病和乙类传染病中的传染性非典型肺炎、脊髓灰质炎、人感染高致病性禽流感、肺炭疽的病人或疑似病人时,或发现其他传染病和不明原因疾病暴发时,城镇在2 h内,农村于6 h内,以最快的方式向发病当地卫生防疫机构报告,并同时送出传染病报告卡。当发现其他乙类传染病病人、疑似病人时,城镇应于6 h内、农村应于12 h内,以最快的方式向发病当地卫生防疫机构报告,并同时送出传染病报告卡。当发现丙类传染病病人时,应当在24 h内,以最快的方式向发病当地卫生防疫机构报告,并同时送出传染病报告卡。

2. 对接触者的管理　接触者是指曾经和传染源发生过接触的人,可能受到感染而处于疾病的潜伏期,有可能是传染源,对接触者应采取医学检疫、免疫接种或药物预防,检疫期为最后接触之日至该病最长潜伏期。

3. 对病原携带者的管理　对检出的病原携带者应做好登记、加强管理,指导督促其养成良好卫生、生活习惯,并随访观察,必要时应调整工作岗位或隔离治疗,所以早期发现尤为重要。

4. 对动物传染源的管理　应根据动物的病种和经济价值,予以隔离、治疗或杀灭。对无经济价值且危害性大的动物,如鼠类、狂犬,应予杀灭,焚烧或深埋,并尽可能减少污染。对有经济价值而又非烈性传染病的动物,应给予隔离治疗。此外,还应做好预防接种和检疫。

(二)切断传播途径

根据各种传染病的传播途径采取措施。对于消化道传染病,提倡"三管一灭"(管理好饮食卫生、饮水卫生、粪便卫生和消灭苍蝇)。对于呼吸道传染病,应加强空气消毒,提倡外出戴口罩。消毒是切断传播途径的重要措施。加强血源和血制品的管理,防止医源性传播是预防血源性传染病的有效手段。

(三)保护易感人群

保护易感人群可通过提高非特异性免疫力(如加强体育锻炼、养成良好的饮食和卫生习惯、改善居住条件、保持良好的心情等)和特异性免疫力(包括人工主动免疫、人工被动免疫)和药物预防来实施。

拓展阅读10-1-2
血源性病原体职业暴露后的应急处理

五、标准预防

标准预防(standard precautions)认定所有的病人均视为具有潜在感染性的病人,其血液、体液、分泌物(不包括汗液)、排泄物、非完整的皮肤与黏膜皆可能含有感染性因子,接触上述物质者,必须采取防护措施。预防时,应根据疾病的主要传播途径,采取相应的隔离措施。既要防止血源性疾病的传播,又要防止非血源性疾病的传播。此外,还应强调双向防护,既要防止疾病从病人传至医护人员，又要防止疾病从医护人员传至病人。标准预防的措施包括以下方面：

1. 洗手 是预防感染传播最经济、最有效的措施。医疗、护理活动前后，应按照洗手法的要求洗净双手。

2. 戴手套 当接触病人的血液、体液、分泌物、排泄物及破损的皮肤黏膜时，应戴手套。但是，戴手套不能代替洗手。

3. 戴面罩、护目镜和口罩 可以减少病人的血液、体液、分泌物、排泄物等有传染性的物质飞溅到医护人员的眼睛、口腔及鼻腔黏膜。

4. 穿隔离衣 用于避免被传染性的血液、分泌物、渗出物等污染。

5. 隔离室 将可能污染环境的病人安置在专用的病房。负压隔离室能够最大限度地控制污染的范围，尤其适用于严重的呼吸道传染病。空气在排出室外或流向其他传染领域之前，应经高效过滤处理，有病人在房间时，房门保持关闭。

6. 其他 医院的日常设施、环境的清洁、重复使用设备的清洁消毒和卫生处理程序的认真落实，医护人员的职业健康安全措施，如用后的针头及尖锐物品应弃于锐器盒，防止针刺伤等。

六、隔离和消毒

（一）传染病的隔离

隔离（isolation）指采用各种方法、技术，防止病原体从病人及携带者传播给他人的措施。

1. 隔离的种类 2009 年卫生部发布的《医院隔离技术规范》规定了不同传播途径疾病的隔离和预防，在标准预防的基础上，将疾病分类隔离系统改为 3 种类型，即接触隔离、飞沫隔离、空气隔离，更新了某些按疾病隔离的内容，增加了耐甲氧西林金黄色葡萄球菌、耐万古霉素肠球菌等新出现的耐药性病原菌的隔离措施。

2. 隔离方法与措施

（1）接触隔离：使用蓝色隔离标志，适用于经接触传播的疾病，如肠道感染、多重耐药菌感染、皮肤感染等，在标准预防的基础上，还应采用接触传播的隔离与预防。

病人的隔离措施：①限制活动范围；②减少转运，如需转运时，应采取有效措施，减少对其他病人、医务人员和环境表面的污染。

医务人员的防护措施：①接触隔离病人的血液、体液、分泌物、排泄物等物质时，应戴手套；离开隔离病室前和接触污染物品后，应摘除手套、洗手和（或）手消毒，手上有伤口时应戴双层手套。②进入隔离病室，从事可能污染工作服的操作时，应穿隔离衣；离开病室前，脱下隔离衣，按要求悬挂，每天更换清洗与消毒；若使用一次性隔离衣，用后按医疗废物管理要求进行处置。接触甲类传染病应按要求穿脱防护服，离开病室前，脱去防护服，防护服按医疗废物管理要求进行处置。

（2）飞沫隔离：使用粉色隔离标志，适用于经飞沫传播的疾病，如百日咳、白喉、流行性感冒、病毒性腮腺炎、流行性脑脊髓膜炎等，在标准预防的基础上，还应采用飞沫传播的隔离与预防。

病人的隔离措施：①在遵循隔离原则的基础上，应限制病人的活动范围，减少转运；当必须转运时，医务人员应注意加强防护。②病情允许时，应戴外科口罩，并定期更换。③病人之间、病人与探视者之间相隔距离应在 1 m 以上，探视者应戴外科口罩。④病房加强通风或进行空气消毒。

医务人员的防护措施：①应严格按照区域流程，在不同的区域穿戴不同的防护用品，离开时按要求摘脱，并正确处理使用后物品，规范执行医务人员防护用品穿脱程序。②与病人近距离（1 m以内）接触，应戴帽子、医用防护口罩；进行可能产生喷溅的诊疗操作时，应戴护目镜或防护面罩，穿防护服；当接触病人及其血液、体液、分泌物、排泄物等物质时应戴手套。

（3）空气隔离：使用黄色隔离标志，适用于经空气传播的疾病，如肺结核、水痘等，在标准预防的基础上，还应采用空气传播的隔离与预防。

病人的隔离措施：①无条件收治时，应尽快转送至有条件收治呼吸道传染病的医疗机构，并注意转运过程中医务人员的防护；②当病情允许时，应戴外科口罩，定期更换，并限制其活动范围；③应严格进行空气消毒。

医务人员的防护措施：①应严格按照区域流程，在不同的区域穿戴不同的防护用品，离开时按要求摘脱，并正确处理使用后物品。②进入确诊或可疑传染病病房时，应戴帽子、医用防护口罩；进行可能产生喷溅的诊疗操作时，应戴防护目镜或防护面罩，穿防护服，当接触病人及其血液、体液、分泌物、排泄物等物质时应戴手套。

> 拓展阅读 10-1-3
> 接触不同传播途径传染病时医务人员防护用品的使用

（二）消毒

消毒（disinfection）指通过物理、化学或生物等方式，消除或杀灭环境中的病原微生物的一系列方法，是切断传播途径，阻止病原体传播，控制传染病发生、蔓延的重要措施。消毒的种类包括疫源地消毒（对目前存在或曾经存在传染源的地方进行的消毒措施）和预防性消毒（未发现传染源，对可能受病原体污染的场所、物品和人体所进行的消毒措施）。根据消毒杀灭微生物种类的作用强弱，消毒方法分为4种，即灭菌法（可杀灭外界环境中的一切微生物的消毒方法）、高效消毒法（杀灭一切致病微生物的消毒方法）、中效消毒法（可杀灭除细菌芽孢以外的各种微生物的消毒方法）、低效消毒法（只能杀灭细菌繁殖体和亲脂病毒的消毒方法）。常用物品的消毒方法见表10-1-1。

表10-1-1 常用物品消毒方法

消毒对象	消毒方法	备注
粪便、尿液	20%含氯石灰搅拌后静置2 h	肝炎病人粪便需消毒6 h
脓液、痰液	焚烧法；1%~2%含氯石灰澄清液浸泡30~60 min	
痰盂、痰杯	0.5%过氧乙酸浸泡2 h	
剩饭、剩菜等残余食物	煮沸20 min	肝炎病人的剩余物需煮沸30 min
食具	高压蒸汽消毒或煮沸10 min，0.5%过氧乙酸完全淹没浸泡30~60 min	
污水、浴水	加等量20%含氯石灰澄清液搅匀，静置2 h	容器加盖
生吃瓜果	1∶5 000高锰酸钾浸泡15~20 min	
医疗器械	0.5%过氧乙酸、2%戊二醛、0.1%~0.2%氯己定、70%乙醇浸泡10~20 min，煮沸10~20 min或高压蒸汽消毒	器械必须擦去黏液、血渍并清洁后方可消毒。金属类器械不用过氧乙酸消毒，氯己定对炭疽、结核菌、真菌消毒应2~10 h

续表

消毒对象	消毒方法	备注
病室地面、墙壁、生活用具、运输家具	选择其中一种消毒液擦洗或喷雾 30~60 min：10% 含氯石灰上清液、2% 甲酚皂、0.5% 苯扎溴铵、0.5%~1% 过氧乙酸、1%~3% 甲醛熏蒸	病毒性肝炎用 0.5% 过氧乙酸，炭疽、结核病用 1% 过氧乙酸
书籍、文件	1.5 g/L 环氧乙烷熏蒸 3 h（20℃），125 mg/m³ 甲醛熏蒸 2 h（80℃），无保存价值者可焚烧	书籍文件要分散堆放，不能捆绑扎紧
衣服、被单	1%~3% 甲酚皂浸泡 30~60 min，1%~3% 过氧乙酸熏蒸（1 g/m³）1 h	
皮肤（手及其他污染部位）	2% 甲酚皂或 0.1% 苯扎溴铵浸泡 1~20 min	消毒后用流动水冲洗干净
垃圾	焚烧；1%~3% 含氯石灰或 3%~5% 甲酚皂喷雾	
便器、化粪池	3% 含氯石灰澄清液浸泡（便器 30~60 min，化粪池 2 h）	化粪池沉底粪便出粪时用 20% 含氯石灰充分搅拌 2 h 后再排放

第二节 传染病常见症状体征的护理

> **情境二：**
> 患儿发热第 2 天，面部、躯干、腰部皮疹增多，呈米粒样圆形紧张水泡，周围有明显红晕，痛痒明显。
> **请思考：**
> 1. 传染性疾病常见临床症状和体征有哪些？
> 2. 如何针对常见症状体征进行护理？

感染因素和非感染因素均可引起发热，感染性发热是传染病最常见、最突出的症状，在急性传染病中有特别重要的临床意义。许多传染病在发热的同时还伴有发疹，皮疹出现的时间、分布、出诊的先后顺序、形态等对发疹性传染病的诊断和鉴别有重要意义。

一、发热

发热指机体在致热源作用下或各种原因引起体温调节中枢功能障碍时，体温升高超过正常范围，通常认为口温高于 37.3℃，肛温超过 37.6℃，或一日体温变动超过 1.2℃时即成为发热。临床上可在口腔舌下、腋下或直肠探测体温。腋下测温需 10 min，口腔、直肠需探测 3 min。以口腔温度为标准，可将发热程度分为：①低热，37.5~38℃；②中度发热，38.1~39℃；③高热，39.1~41℃；④超高热，＞41℃。传染病的发病过程可分为体温上升期、极期和体温下降期 3 个阶段。不同的传染病发热程度及持续时间各不相同。

（一）护理评估

1. 病史　询问发热的原因或诱因、起病的时间、起病的急缓、近期有无与传染病病人的接触史等。

2. 身体评估　评估病人发热前有无畏寒、寒战、咳嗽、胸痛、食欲减退、恶心、呕吐、腹痛、腹泻等症状，体温的高低及变化、发热持续时间及热型，退热过程中有无大量出汗等，检查病人的生命体征、意识状态、皮肤黏膜与色泽、皮肤是否完整、有无发疹，肝、脾、淋巴结有无肿大，其他重要脏器有无异常体征等。

3. 实验室及其他检查　血、尿、便常规，血液生化检查，病原学检查最重要，必要时进行活体组织病理检查、X线及B超、CT检查等。

4. 心理社会状况　评估有无紧张、焦虑、恐惧等不良心理反应，家庭社会支持情况等。

（二）护理诊断

体温过高　与病原体感染后释放的各种内、外源性致热原作用于体温调节中枢，导致体温中枢功能紊乱有关。

（三）护理目标

体温得到有效的控制，并逐渐恢复正常。

（四）护理措施

1. 休息与环境　发热时由于代谢增加，消耗多、进食少，故体质虚弱。应保持病室环境干净整洁，温湿度适宜，使病人有舒适感；病人应卧床休息，取舒适卧位。

2. 饮食护理　进食高热量、高蛋白、高维生素，易消化的流质或半流质饮食；鼓励病人多饮水，必要时遵医嘱给予静脉输液，以维持水和电解质平衡。

3. 病情观察　了解发热的早期征象，如皮肤潮红、头痛、疲劳、食欲缺乏等，监测生命体征，定时测体温，一般每日4次，高热时每4 h测体温一次，行降温处理，0.5 h后再测体温一次，直至退热后3天。同时，注意血压、脉搏、呼吸的变化。测量病人的出入量，了解体液平衡的情况。监测病人血、尿检验报告值，如白细胞计数、电解质等。

4. 用药护理　遵医嘱使用退热药，注意观察疗效及药物不良反应。

5. 对症护理　注意皮肤和口腔护理，病人退热大汗时，及时温水擦浴，更换衣服，保持皮肤清洁、干燥，使病人有舒适感；物理降温冷敷头部或大动脉处，要避免持续长时间冰敷同一部位，以防局部冻伤。注意观察微循环状态，有脉搏细数、面色苍白、四肢厥冷者，禁用冷敷和乙醇擦浴，全身发疹者禁用乙醇擦浴。此外，应协助病人进行口腔护理，防止感染。病情严重及昏迷病人定时协助翻身，防止压疮。

（五）健康指导

指导病人平时要加强体育锻炼，养成良好的卫生习惯；出现发热症状时，去医院及时就诊，不要自行使用退热药，以免延误病情。在传染病流行期间，应做好预防，尽量不去公共场所，防止感染。

拓展阅读 10-2-2
发热待查

（六）护理评价

病人体温逐渐恢复正常，未发生并发症。

二、发疹

许多传染病在发热的同时可伴有发疹（eruption），称为发疹性传染病，发疹时可出现皮疹，分为外疹和内疹（黏膜疹）两大类。不同传染病的皮疹形态、出疹时间、分布部位、出疹顺序、皮疹的消退及伴发症状等方面各有其特点，对诊断和鉴别诊断有重要参考价值。常见的皮疹有以下几种形态：①充血疹，斑疹是不凸出于皮肤的红色皮疹，多见于斑疹伤寒、猩红热；丘疹为凸出于皮肤的红色皮疹，见于麻疹、恙虫病等。斑疹和丘疹均压之褪色，两者同时存在称为斑丘疹，见于麻疹、风疹、伤寒等疾病。②出血疹，为点状或片状的皮下出血，压之不褪色，见于流行性脑脊髓膜炎、流行性出血热等。③疱疹或脓疱疹，多见于水痘、带状疱疹等病毒性传染病。④荨麻疹，多见于急性血吸虫病、病毒性肝炎。发生皮疹时，皮肤常伴有瘙痒，引起搔抓，使皮肤损伤，进一步造成感染。

（一）护理评估

1. **病史** 询问皮疹出现的时间、形态、部位、出疹顺序及分布，伴随症状，可能的原因和诱因，出疹后的处理情况等。
2. **身体评估** 评估病人的生命体征及全身情况。注意病人皮疹的形态、大小有无变化，皮疹部位有无瘙痒、疼痛等。重点检查目前皮疹的状况，有无红肿、破溃或感染、皮疹消退后的色素沉着，以及浅表淋巴结等情况。
3. **实验室及其他检查** 进行血、尿、便常规检查，必要时进行血清学、抗原、抗体等检查。
4. **心理社会状况** 有无紧张、焦虑等心理反应及家庭社会支持情况。

（二）护理诊断

组织完整性受损 与病原体和（或）其代谢产物引起皮肤、黏膜发疹有关。

（三）护理目标

1. 病人的皮疹消退，受损组织恢复正常，未发生继发感染。
2. 病人或者家属可实施有效的皮肤护理。

（四）护理措施

1. **休息与环境** 保持病室环境干净整洁，每天通风，避免强光刺激；病人尽量卧床休息，取舒适卧位。
2. **饮食护理** 避免进食过冷、过热及刺激性食物。
3. **病情观察** 观察生命体征、意识状态，皮疹的进展、消退情况，以及退疹时是否伴有脱屑、脱皮、结痂、色素沉着等变化。
4. **对症护理**

（1）皮肤护理：保持皮肤的清洁干燥，每日用温水洗浴，禁用肥皂水、乙醇。床铺要清洁、平整，应穿着宽松、柔软的棉质内衣，翻身时应避免皮损处受压、碰撞。剪短病人的指甲，避免直接用手搔抓皮损处，瘙痒重时给以炉甘石洗剂涂擦患处。病人出现皮肤大面积淤斑、坏死时，局部用海绵垫、气垫加以保护，避免受压；若发生破溃，小面积者可涂抗生素软膏，大面积时用消毒纱布包扎，防止继发感染。

（2）口腔护理：每日常规餐后漱口，以保持口腔清洁，黏膜湿润。当合并溃疡时，局部用3%过氧化氢溶液清洗后，涂以冰硼散。

（3）眼部护理：观察眼结膜有无充血、水肿，对有症状的病人，可用4%硼酸水或0.9%氯化钠溶液清洁眼睛，滴0.25%氯霉素眼药水或抗生素眼膏，以防止继发感染和破溃后黏膜粘连。

（五）健康指导

指导病人保持皮肤清洁，皮肤瘙痒时不能用手搔抓，可用手背或手掌轻擦或轻拍痒处，或遵医嘱用药物止痒；皮疹消退出现脱屑、脱皮时，不能用手撕扯，以防导致出血或继发感染。

（六）护理评价

1. 病人的皮疹完全消退，受损组织恢复正常，未发生感染。
2. 病人或者家属能正确实施皮肤护理。

三、中毒症状

病原体的各种代谢产物、内外毒素等可引起毒血症状，除发热外，还可引起全身不适、疲乏、厌食、头痛，全身骨骼、关节、肌肉酸痛等中毒症状。重症病人出现意识障碍、谵妄、脑膜刺激征、中毒性脑病、呼吸衰竭和循环衰竭及休克等表现，有时还可引起肝肾功能损害。毒血症状均为非特异性的。

第三节　病毒性肝炎病人的护理

> **情景导入**
>
> 丰某，女性，26岁，近1周来出现发热、自觉乏力、食欲下降、厌油、恶心、呕吐、尿色深黄、皮肤巩膜黄染。化验：丙氨酸转氨酶（ALT）1 150 U/L，血清总胆红素（TBil）79 μmol/L，甲型肝炎抗HAV-IgM（+），乙型肝炎HBsAg（-），抗HBc-IgG（-）。
>
> **请思考：**
> 1. 该病人的诊断可能是什么？
> 2. 该病人主要的护理诊断是什么？

病毒性肝炎（viral hepatitis）是由多种不同肝炎病毒引起的一组以肝损害为主的传染病。目前按病原学明确分类的有甲型、乙型、丙型、丁型、戊型病毒性肝炎。各型病毒性肝炎所引起的临床表现相似，以疲乏、食欲减退、厌油、肝大、肝功能异常为主，部分病例出现黄疸。甲型和戊型病毒性肝炎主要表现为急性感染，经粪—口途径传播；乙型、丙型、丁型病毒性肝炎

拓展阅读 10-3-1
病毒性肝炎重要知识点

多呈慢性感染，少数病例可发展为肝硬化或肝细胞癌，主要经血液、体液传播。

（一）病原学

按病原分类，目前已证实甲、乙、丙、丁、戊五型肝炎病毒是病毒性肝炎的致病因子。庚型肝炎病毒、输血传播病毒和 Sen 病毒是否引起肝炎尚未有定论。

1. 甲型肝炎病毒（hepatitis A virus，HAV） 为单股正链 RNA 病毒，属于微小 RNA 病毒科中的嗜肝病毒属。HAV 对外界抵抗力较强，耐酸碱，室温下可生存 1 周，低温下可长期存活。对紫外线、氯、甲醛等敏感。
2. 乙型肝炎病毒（hepatitis B virus，HBV） 是一种 DNA 病毒，属于嗜肝 DNA 病毒科。HBV 的抵抗力很强，对热、低温、干燥、紫外线及一般浓度的消毒剂均能耐受。对煮沸、高压、过氧乙酸敏感。
3. 丙型肝炎病毒（hepatitis C virus，HCV） 为单股正链 RNA 病毒，属于黄病毒科丙型肝炎病毒属。HCV 对有机溶剂敏感，10% 氯仿可杀灭 HCV。煮沸、紫外线等亦可使 HCV 灭活。
4. 丁型肝炎病毒（hepatitis D virus，HDV） 是一种缺陷病毒，必须依赖 HBV 的辅助才能复制，因此 HDV 与 HBV 同时或重叠感染。
5. 戊型肝炎病毒（hepatitis E virus，HEV） 为单股正链 RNA 病毒，属于萼状病毒科。HEV 在碱性环境下较稳定，对高热、氯仿敏感。

（二）流行病学

1. 传染源　甲型、戊型肝炎主要为急性期病人和隐性感染者，乙型、丙型、丁型肝炎主要为急、慢性病人和病毒携带者。
2. 传播途径　甲型、戊型肝炎主要经粪—口传播，乙型、丁型肝炎传播方式有血液/体液、性传播、母婴传播、性传播等，丙型肝炎传播方式有输血/血制品、注射、性传播。
3. 人群易感性　甲型肝炎抗 HAV 阴性者均易感。6 个月以下婴儿从母体中获得了抗 HAV 抗体而不易感染。在我国，学龄前儿童发病率最高，其次为青年人。乙型肝炎抗 HBs 阴性者均易感，婴幼儿期是获得 HBV 感染的最危险时期。丙型、丁型肝炎人类普遍易感；戊型肝炎人类普遍易感，显性感染主要发生于成人。

（三）发病机制

各型病毒性肝炎的发病机制目前尚未完全明了。HAV 经口感染后，由肠道进入血流，引起短暂的病毒血症，约 1 周后进入肝细胞复制，2 周后由胆汁排出体外，随后细胞免疫起了重要作用，抗 HAV 产生后可能通过免疫复合物机制使肝细胞破坏。HBV 侵入人体后，迅速通过血液到达肝和其他器官，在部分组织中复制，引起一系列免疫反应，造成组织损伤。HCV 引起肝细胞损伤的机制与 HCV 直接致病作用及免疫损伤有关。HDV 发病机制类似于 HBV，但一般认为 HDV 对肝细胞有直接致病性。对于戊型肝炎，细胞免疫是引起肝细胞损伤的主要原因。

（四）临床表现

不同类型病毒引起肝炎的潜伏期不同，甲型肝炎 2~6 周，平均 4 周；乙型肝炎 1~6 个月，平均 3 个月；丙型肝炎 2 周~6 个月，平均 40 天；丁型肝炎 4~20 周；戊型肝炎 2~9 周，平均 6 周。

1. **急性肝炎** 包括急性黄疸型肝炎和急性无黄疸型肝炎，各型病毒均可引起，甲型、戊型肝炎不转为慢性。成人急性乙型肝炎约10%转为慢性，丙型超过50%、丁型约70%转为慢性。

（1）急性黄疸型肝炎：典型的临床表现分为3期，病程2~4个月。

1）黄疸前期：平均5~7天。甲型、戊型肝炎起病较急，约80%病人有畏寒、发热。乙、丙、丁型肝炎起病相对较缓，仅少数有发热。此期主要症状有全身乏力、食欲减退、厌油、恶心、呕吐、腹胀、肝区疼痛、尿色加深等，肝功能改变主要为丙氨酸转氨酶（ALT）升高。

2）黄疸期：持续2~6周。自觉症状好转，发热消退，但尿色继续加深，巩膜和皮肤出现黄疸，1~3周内黄疸达高峰。部分病人可有一过性粪色变浅、皮肤瘙痒、心动过缓等梗阻性黄疸表现，肝区有压痛及叩痛，部分病例有轻度脾大。血清胆红素及ALT升高，尿胆红素阳性。

3）恢复期：平均持续1~2个月。黄疸消退，症状减轻逐渐消失，肝、脾回缩，肝功能逐渐恢复正常。

（2）急性无黄疸型肝炎：除无黄疸外，其他临床表现与黄疸型相似。无黄疸型发病率高于黄疸型。主要表现为消化道症状，症状较轻，恢复较快。

2. **慢性肝炎** 急性肝炎病程超过半年，或原有乙、丙、丁型肝炎急性发作再次出现肝炎症状、体征及肝功能异常者。依据病情轻重可分为轻度、中度、重度。

（1）轻度：病情较轻，可反复出现乏力、头晕、食欲减退、厌油、尿黄、肝区不适、肝稍大伴轻触痛，可有轻度脾大，部分病例症状、体征缺如，肝功能指标仅1或2项轻度异常。

（2）中度：症状、体征、实验室检查居于轻度和重度之间。

（3）重度：有明显或持续的肝炎症状、体征，如乏力、食欲缺乏、腹胀、尿黄、便溏等，伴肝病面容、肝掌、蜘蛛痣、脾大，ALT反复或持续升高，球蛋白持续升高，白蛋白降低。

3. **重型肝炎（肝衰竭）** 是最严重的临床类型，病死率极高，病因及诱因复杂，表现一系列肝衰竭表现：极度乏力，严重消化道症状；神经、精神症状，如嗜睡、性格改变、烦躁不安、昏迷等；有明显出血倾向，凝血酶原时间显著延长［国际标准化比值（INR）≥1.5］及凝血酶原活动度≤40%。黄疸进行性加深，胆红素上升，大于正常值10倍。可出现中毒性鼓肠、肝臭，可见扑翼样震颤，肝浊音界进行性缩小，胆酶分离，血氨升高等。根据病理组织学特征和病情发展速度，重型肝炎（肝衰竭）可分为四类。

（1）急性重型肝炎（急性肝衰竭）：急性起病，2周内出现Ⅱ度及以上肝性脑病为特征的肝衰竭症状。

（2）亚急性重型肝炎（亚急性肝衰竭）：起病较急，15天~26周出现肝衰竭症候群。

（3）慢加急性（亚急性）重型肝炎［慢加急性（亚急性）肝衰竭］：在慢性肝病基础上出现急性或亚急性肝功能失代偿。

（4）慢性重型肝炎（慢性肝衰竭）：在肝硬化基础上，缓慢出现肝功能进行性减退和失代偿。

4. **淤胆型肝炎** 以肝内胆汁淤积为主要表现的一种特殊临床类型，又称毛细胆管炎型肝炎。临床表现类似于急性黄疸型肝炎，但是症状较轻，黄疸重。在黄疸加深同时伴有皮肤瘙痒，粪便颜色变浅。

5. **肝炎肝硬化** 根据肝的炎症情况分为活动性与静止性两型。

（1）活动性肝硬化：有慢性肝炎活动的表现，乏力及消化道症状明显。ALT升高、黄疸及白蛋白下降，伴有腹壁、食管静脉曲张，腹水，肝缩小、质地变硬，脾进行性增大，门静脉、脾静脉增宽等门静脉高压表现。

（2）静止性肝硬化：无肝炎症活动的表现，症状轻或无特异性，可有上述体征。

(五) 实验室及其他检查

1. **血常规** 急性肝炎初期白细胞总数正常或略高，黄疸期白细胞总数正常或稍低，淋巴细胞相对增多。重型肝炎时白细胞可增高，红细胞和血红蛋白可下降。肝炎后肝硬化伴脾功能亢进者可有血小板、红细胞、白细胞减少的"三少"现象。

2. **肝功能检查**

(1) 血清酶测定

1) 丙氨酸转氨酶（ALT）：急性肝炎时 ALT 明显升高，慢性肝炎和肝硬化时 ALT 轻度至中度升高或反复异常。重型肝炎病人可出现 ALT 快速下降，胆红素不断升高的"胆酶分离"现象。

2) 天冬氨酸转氨酶（AST）：主要存在于肝细胞线粒体内。因此，如果 AST 明显升高，提示肝细胞损伤较严重。

3) 乳酸脱氢酶（LDH）：升高在重型肝炎（肝衰竭）也提示肝细胞缺血、缺氧。

(2) 血清蛋白：白蛋白水平有助于判断肝储备功能。慢性肝炎中度以上、肝硬化、重型肝炎时白蛋白下降，γ 球蛋白升高，白蛋白/球蛋白比值（A/G）下降甚至倒置。

(3) 胆红素：①血清胆红素水平，可反映肝细胞损伤程度，结合胆红素的比例对判断黄疸性质有一定参考价值。②尿胆红素和尿胆原。黄疸型肝炎时，尿胆红素可阳性；急性黄疸型肝炎高峰期或淤胆型肝炎及胆道梗阻时，尿胆原可阴性。

(4) 凝血酶时间（PT）、凝血酶原活动度（PTA）：PT 延长和 PTA 下降与肝损伤严重程度密切相关。PTA≤40% 是诊断重型肝炎或肝衰竭的重要依据。

(5) 血氨：肝衰竭时清除氨的能力减退或丧失，导致血氨升高，提示肝性脑病存在。

3. **病原学检查**

(1) 甲型肝炎

1) 抗 HAV-IgM：阳性是近期感染的证据，是早期诊断的指标。

2) 抗 HAV-IgG：为保护性抗体，见于甲型肝炎疫苗接种后或既往感染 HAV 的病人。

(2) 乙型肝炎

1) 表面抗原（HBsAg）与表面抗体（抗 HBs）：HBsAg 阳性反映现症 HBV 感染，抗 HBs 阳性主要见于预防接种乙型肝炎疫苗后或过去感染 HBV 并产生免疫力者。

2) e 抗原（HBeAg）与 e 抗体（抗 HBe）：HBeAg 阳性提示 HBV 复制活跃，传染性较强。抗 HBe 阳性在临床上有两种可能性：一是 HBV 病毒复制多处于静止状态，传染性降低；二是 HBV 前 C 区基因变异，此时 HBV 复制活跃，有较强的传染性。

3) 核心抗原（HBcAg）与核心抗体（抗 HBc）：血清中 HBcAg 主要存在于 HBV 完整颗粒的核心，游离的极少，常规方法不能检出。抗 HBc 抗体出现于 HBsAg 出现后 3~5 周，当 HBsAg 消失，抗 HBs 抗体尚未出现，只检出抗 HBc 抗体时，此阶段称为窗口期。抗 HBc-IgM 存在于急性期或慢性乙型肝炎急性发作期；抗 HBc-IgG 是既往感染的标志，可保存多年。

4) 乙型肝炎病毒脱氧核糖核酸（HBV DNA）：是病毒复制和传染性的直接指标。阳性提示 HBV 的存在、复制、传染性强。

(3) 丙型肝炎

1) 丙型肝炎病毒抗体（抗 HCV）：HCV 抗体不是保护性抗体，是 HCV 感染的标志。

2) 丙型肝炎病毒核糖核酸（HCV RNA）：常用 PCR 方法检测，HCV RNA 阳性是病毒感染和有传染性的直接证据。

（4）丁型肝炎：HDAg 和 HDV RNA 均是 HDV 感染的直接证据。

（5）戊型肝炎：抗 HEV-IgM 可用于急性戊肝的早期诊断，抗 HEV-IgG 可用于回顾性诊断及流行病学调查。

4. 影像学检查　B 超、CT、MRI 等。

5. 肝组织病理检查　对明确诊断、衡量炎症活动度和纤维化程度及评估疗效具有重要价值。

拓展阅读 10-3-2
肝穿刺术的意义

（六）诊断要点

1. 流行病学　甲型肝炎：病前是否在甲肝流行区，有无进食未煮熟海产品，如毛蚶、蛤蜊，以及饮用污染水。乙型肝炎：输血、不洁注射史，家庭成员有无 HBV 感染者，特别是婴儿母亲是否 HBsAg 阳性等，有助于乙型肝炎的诊断。丙型肝炎：输血及血制品、静脉吸毒、多个性伴侣、血液透析、不洁注射及文身等病史。丁型肝炎同乙型肝炎，戊型肝炎同甲型肝炎。

2. 临床表现　急性肝炎起病急，常伴有畏寒、发热、乏力、食欲缺乏、恶心、呕吐等急性感染症状。慢性肝炎同时伴有肝病面容、肝掌、蜘蛛痣、脾大等体征。重型肝炎主要有肝衰竭综合征的表现。

3. 病原学检查　确诊诊断依据。

（七）治疗要点

应根据不同病原、不同临床类型及组织学损害区别对待。各型肝炎的治疗原则均以充足的休息、合理饮食，辅以适当药物，避免饮酒、过劳和损害肝的药物。

1. 急性肝炎　一般为自限性，多可完全康复。以一般治疗及对症支持治疗为主，急性期应进行隔离，症状明显及有黄疸者应卧床休息。热量不足者静脉补充葡萄糖。

2. 慢性肝炎　根据病人具体情况采用综合性治疗方案，包括合理的休息和营养，心理平衡，改善和恢复肝功能，调节机体免疫，抗病毒，抗纤维化等治疗。

3. 重型肝炎（肝衰竭）　因病情发展快、病死率高（50%~70%），应积极抢救。

重型肝炎（肝衰竭）治疗原则：依据病情发展的不同时期予以支持、对症、抗病毒等内科综合治疗为基础，早期免疫控制，中、后期预防并发症及免疫调节为主，辅以人工肝支持系统疗法，争取适当时期进行肝移植治疗。

拓展阅读 10-3-3
抗病毒治疗药物选择
拓展阅读 10-3-4
病毒性肝炎治疗及目标

（八）护理评估

1. 病史　询问当地有无肝炎流行，是否与肝炎病人有密切接触史，有无肝炎家族史，有无不洁注射史，有无输血及使用血液制品，是否进行过肝炎疫苗接种。

2. 身体评估　评估病人有无乏力、食欲下降、恶心呕吐、黄疸、皮肤瘙痒、肝区不适、腹胀等症状及体征。

3. 实验室及其他检查　了解病人血常规、肝功能、肝炎病原学、影像学等检查结果。

4. 心理社会状况　了解病人对肝炎知识的了解情况、对预后的认识、对知晓患有肝炎的心理反应及社会支持情况等。

（九）常见护理诊断/问题

1. 活动无耐力　与肝功能受损、能量代谢障碍有关。

2. 营养失调：低于机体需要量　与食欲下降、呕吐、腹泻、消化和吸收功能障碍有关。

3. 有感染的危险　与免疫功能下降有关。
4. 潜在并发症　出血、肝性脑病、肾衰竭等。
5. 焦虑　与隔离治疗、对疾病有关知识缺乏有关。

（十）护理目标

病人及家属知晓肝炎防治知识；改变不良生活习惯，休息、活动适宜；病人及家属能进行身体监测；通过规范的药物治疗，降低并发症发生率。

（十一）护理措施

1. 生活护理

（1）休息与活动：急性期、慢性肝炎活动期、肝衰竭者应卧床休息，降低机体代谢率，增加肝血流量，有利于肝细胞恢复。待症状好转、黄疸减轻、肝功能改善后，逐渐增加活动量，以不觉疲劳为度。肝功能正常1~3个月后可恢复日常生活及工作，仍应避免过度劳累和重体力劳动。

（2）饮食护理：急性期病人宜进食清淡、易消化、含维生素丰富的饮食，多吃蔬菜、水果。慢性肝炎的病人宜进食高维生素、优质蛋白、易消化饮食。重症肝炎病人应适当限制蛋白质摄入，避免诱发肝性脑病。有腹水、少尿者，应低盐或无盐饮食。腹胀者减少产气食物（牛奶、豆制品）的摄入。各型肝炎病人均应戒烟戒酒，不宜长期摄入高热量、高糖饮食。

2. 病情观察　密切观察病人生命体征，观察病人乏力是否减轻，皮肤、巩膜黄染的消退情况，消化道症状及尿、便颜色的变化。体液过多者，注意观察腹水的消长情况，水肿的消退情况。观察病人有无出血倾向、肝性脑病及急性肾衰竭的表现等。

3. 对症护理

（1）黄疸：因黄疸病人可有皮肤瘙痒，给剪短指甲，勤换内衣，穿布制纯棉宽松内衣，每日用温水擦洗皮肤2次，不用肥皂和化妆品，瘙痒重者可局部涂擦止痒剂。

（2）体液过多：给高蛋白低盐饮食，记24 h尿量，按医嘱给利尿药，大量腹水影响呼吸时给半卧位吸氧，放腹水后观察有无不良反应。

（3）有出血倾向：嘱病人用软毛牙刷刷牙，避免碰撞和损伤，鼻出血时用0.1%肾上腺素棉球压迫止血或局部冷敷，穿刺、注射后延长局部压迫时间。

（4）肝性脑病：详见第四章第七节肝性脑病病人的护理。

4. 用药护理　遵医嘱用药，注意药物剂量、疗程及不良反应。尤其是应用抗病毒药物者做好用药前宣教，掌握抗病毒药物的常见不良反应。

（十二）健康指导

1. 疾病知识指导　向病人及家属介绍病毒性肝炎有关知识，如本病的病因、诱因及自我护理常规等。指导病人合理饮食，适当休息，避免劳累和剧烈运动，保障充足睡眠。保持情绪稳定，生活要有规律，戒烟酒，养成良好的卫生习惯，如病人的食具、用具和洗漱用品应专用，定期消毒，避免各种感染，定期复查。

2. 用药指导　指导病人按医嘱用药，尽量不用或少用对肝有损害的药物，以免加重肝损害。抗病毒药物治疗期间，病人一定要按时、按量应用，不得擅自加减量或停药，定期复查各项指标，停药后应随访观察1年。

3. 自我监测 急性肝炎病人出院后遵医嘱定期复查1~2年。慢性肝炎病人定期复查肝功能、病毒血清学指标、肝影像等相关指标，以及时调整治疗方案。要教会病人及家属注意观察有无低血糖症状，常备糖果、饼干；重症病人应注意观察有无肝性脑病症状。

4. 预防指导

1）隔离：甲型和戊型肝炎病人应按消化道隔离，隔离期为发病后21天。预防重点在于加强食品卫生和餐具消毒，保护水源，严格饮用水的消毒，加强粪便管理。乙、丙、丁型肝炎应按血液、体液隔离，避免不必要或不恰当的输血、血制品，严格筛查献血员，使用一次性注射用具，医疗器械及用具须严格消毒灭菌，生活用具应专用，接触病人后用肥皂和流动水洗手。

2）疫苗接种：甲型肝炎流行期间，对易感者可接种甲肝疫苗，对接触者可接种人血清免疫球蛋白以防止发病。预防乙肝最关键的措施是对易感者接种乙型肝炎疫苗；HBV慢性感染母亲的新生儿出生后立即注射高滴度乙型肝炎免疫球蛋白（HBIG），同时注射乙型肝炎疫苗，在1个月、6个月时分别注射第2、第3针乙型肝炎疫苗，提高阻断母婴传播的效果。HBIG也适用暴露于HBV的易感者。

拓展阅读10-3-5
病毒性肝炎预防及防控现状

（十三）护理评价

病人经过正规的治疗和责任制整体优质护理，病情得到控制，无护理并发症发生；病人能够知晓病毒性肝炎的发病相关因素、并发症的诱发因素及疾病治疗和预防的相关知识。

（十四）预后

不同类型的病毒性肝炎预后不同，甲型肝炎以急性肝炎为主，一般预后好；多数戊型肝炎预后良好；成年急性乙型肝炎多可以完全治愈，少数可转为慢性，婴幼儿时期感染乙型肝炎易转成慢性；急性丙型肝炎易转为慢性；慢性乙型肝炎及未治疗可发展成肝硬化或肝癌，需积极治疗；慢性丙型肝炎经抗病毒治疗可痊愈。

视频10-3-1
急性肝炎

第四节 肾综合征出血热病人的护理

情景导入

雷某，男性，52岁，农民，主因发热、头痛、腰痛、牙龈出血1周入院。半月前参加秋收（当地鼠害比较严重），1周前突发高热、寒战、头痛、全身酸痛。入院时测T 39.5℃，BP 80/50 mmHg，面色潮红，呈醉酒貌，眼结膜及咽部、颊黏膜充血、水肿并有点状出血。全身皮肤散在瘀斑、瘀点，肾叩击痛（+），24 h无尿。实验室检查：白细胞升高，血小板减少，肝肾功能异常，尿蛋白（+++）。

请思考：

1. 病人可能的诊断是什么？
2. 诊断依据是什么？需进一步完善哪些检查？
3. 该病人的护理重点是什么？入院后的主要护理措施有哪些？

拓展阅读 10-4-1 肾综合征出血热重要知识点

肾综合征出血热（hemorrhagic fever with renal syndrome，HFRS）又称流行性出血热，1982年WHO建议统称为肾综合征出血热。本病是由汉坦病毒属的各型病毒引起的，以鼠类为主要传染源的一种自然疫源性传染病。临床主要表现为发热、充血、出血、低血压休克和急性肾衰竭。典型病例病程呈五期经过。广泛流行于亚欧等国，我国为高发区。

（一）病原学及流行病学

1. 病原学　汉坦病毒属于布尼亚病毒科，为负性单链RNA病毒。根据抗原结构的差异，汉坦病毒分为20个以上的血清型。不同鼠类携带不同血清型，临床表现及轻重程度不一致。我国所流行的主要是Ⅰ型和Ⅱ型病毒。

汉坦病毒不耐热、不耐酸，高于37℃或pH<5.0易灭活，56℃ 30 min或100℃ 1 min可被灭活，对紫外线及一般消毒剂如乙醇和碘酊均敏感。

2. 流行病学

（1）传染源：据国内外不完全统计，有170多种脊椎动物能自然感染汉坦病毒，我国发现53种动物携带本病毒，主要宿主是啮齿类，其他动物包括家兔、猫、犬等。不同地区主要宿主动物和传染源不同，我国山西、河南及城市疫区以褐家鼠为主，农村疫区以黑线姬鼠为主，林区则为大林姬鼠为主。病人早期的血液和尿液中携带病毒，因此病人不是主要传染源。

（2）传播途径：可有多种途径传播。

1）呼吸道传播：含病毒的鼠类排泄物如尿、粪、唾液等污染尘埃后形成的气溶胶颗粒通过呼吸道而感染人体。

2）消化道传播：进食被含病毒鼠类排泄物污染的食物，可经口腔或胃肠黏膜而感染。

3）接触传播：被鼠咬伤或经皮肤伤口接触带病毒的鼠类血液或排泄物可致感染。

4）垂直传播：孕妇感染本病后，病毒可经胎盘感染胎儿。

5）虫媒传播：从恙螨和柏次禽刺螨中曾分离到汉坦病毒，但其传播作用尚不确切。

（3）易感性：人普遍易感，在流行区隐性感染率可达3.5%~4.3%。

（4）流行特征

1）地区性：主要分布在亚洲，其次为欧洲和非洲。我国疫情最重，除青海和新疆外，均有病例报告。目前的流行趋势是由北向南，由农村向城市扩展；老疫区病例逐渐减少，新疫区不断增加。

2）季节性与周期性：全年均可发病，但有明显高峰季节，主要与传染源的密度和带毒率改变有关。黑线姬鼠传播者以11—1月为跨年度流行高峰，褐家鼠传播者以3—5月份为流行高峰，林区姬鼠传播者以夏季为流行高峰。本病发病率有一定周期性波动，以姬鼠为主要传染源的疫区，可相隔数年有一次较大流行。

3）人群分布：以男性青壮年农民和工人发病较多（约占80%），不同人群发病率高低与接触传染源的机会多少有关。

（二）发病机制与病理改变

1. 发病机制　至今仍未完全清楚，多数研究认为是病毒直接破坏感染细胞功能和结构，病毒感染诱发人体的免疫应答和各种细胞因子的释放，导致机体组织损伤，由于汉坦病毒对人体呈泛嗜性感染，因此能引起多器官损害。

2. 发生出血、休克和急性肾衰竭的机制

（1）休克：本病病程的3~7天常出现的低血压休克称为原发性休克，少尿期以后发生的休克称为继发性休克。原发性休克与全身小血管广泛受损，血管壁通透性增加，血浆大量外渗使有效血容量下降有关，由于血浆外渗、血液浓缩，血液黏稠度增加，促进DIC的发生，导致血液淤滞，有效循环血容量进一步下降；继发性休克则主要与大出血、继发感染和多尿期水、电解质补充不足有关。

（2）出血：与血管壁的损伤、血小板减少和功能异常、肝素类物质增加和DIC导致的凝血机制异常有关。

（3）急性肾衰竭：与组织灌注不足及肾实质受损有关。其原因包括肾血流障碍，肾小球和肾小管基底膜的免疫损伤，肾间质水肿和出血，肾小球微血栓形成和缺血坏死，血管紧张素Ⅱ激活，肾小管被蛋白、管型阻塞。

3. 病理改变　以小血管和肾病变最明显。基本病变是全身小血管（包括小动脉、小静脉和毛细血管）内皮肿胀、变性和坏死，引起多器官病变。

（三）临床表现

潜伏期4~46天，一般为1~2周。典型病例起病急骤，表现为发热、出血和肾损害3类症状和5期经过。近年来非典型病例明显增加。

1. 发热期

（1）发热：起病急，畏寒、高热，24 h内体温可迅速升至39~40℃，以稽留热或弛张热多见，多数持续3~7天。轻型病例热退后症状缓解，重症病例热退后病情反而加重。

（2）全身中毒症状

1）疼痛：头痛、腰痛、眼眶痛（"三痛"）及关节肌肉酸痛，疼痛原因与相应部位充血和水肿有关。

2）消化道症状：多数病人出现食欲减退、恶心、呕吐、腹痛、腹泻等消化道症状，腹痛剧烈时腹部有压痛、反跳痛，易误诊为急腹症。

3）精神症状：部分病人出现嗜睡、烦躁不安、谵妄、神志恍惚等神经症状，此类病人多发展为重型。

（3）毛细血管损害征

1）皮肤充血：多有颜面、颈部、胸部潮红（皮肤"三红"），重者呈醉酒貌，黏膜充血见于眼结膜、软腭与咽部充血（黏膜"三红"）。

2）渗出与水肿：球结膜水肿，眼睑和脸部水肿，一般渗出性水肿越重，病情越重。

3）出血：皮肤出血多在腋下和胸背部，呈点状、搔抓样条索状瘀点。黏膜出血可见于软腭及眼结膜。少数病人内脏出血，表现为呕血、黑便、咯血等。如在病程4~6天，腰、臀或注射部位出现大片瘀斑和腔道大出血可能为DIC所致，是重症表现。

（4）肾损害：发热期的肾损害可于起病后的2~4天出现，主要表现为蛋白尿、镜检可见管型等。

2. 低血压休克期　常发生于病程4~6天，一般持续1~3天，主要表现为低血压及休克。多数病人在发热末期或与退热同时出现或少数在热退后发生血压下降，其持续时间长短与病情轻重、治疗措施是否及时、正确有关。轻型病人可不发生低血压或休克；少数顽固性休克病人，由于长期组织灌注不足，易并发DIC、ARDS、急性肾衰竭、脑水肿等。

3. **少尿期** 是本病具有特征性的一期，多发生于起病后第 5~8 天，持续 2~5 天，持续时间长短与病情成正比。本期以少尿或无尿、尿毒症，水和电解质、酸碱平衡紊乱为特征。严重病人可出现高血容量综合征和肺水肿，其临床表现为面部胀满、静脉充盈、心率增快、脉搏洪大、血压升高。电解质紊乱可出现高钾、高镁、低钠等。酸中毒表现为呼吸增快或深大呼吸。

4. **多尿期** 多发生于病程的第 9~14 天，持续 7~14 天甚至更长。尿量 400~2 000 mL/d 为移行期，血尿素氮、肌酐仍可上升；尿量超过 2 000 mL/d 为多尿早期；多尿后期尿量可达 3 000 mL/d 以上。若水和电解质补充不足或继发感染，仍可出现继发性休克、急性肾衰竭及电解质紊乱。

5. **恢复期** 多尿期后，一般情况逐渐好转，尿量逐渐恢复至 2 000 mL/d 或以下。精神、食欲基本恢复，一般尚需 1~3 个月体力才完全恢复。少数病人可遗留高血压、肾功能障碍、心肌损害和垂体功能减退等症状。

临床根据发热程度、中毒症状的轻重和出血、休克、肾损害的程度，分为轻型、中型、重型、危重型及非典型 5 种类型。轻型病例多有越期现象，重症病人发热、休克和少尿期可互相重叠。

拓展阅读 10-4-2
肾综合征出血热的多器官损害与临床表现的多样性

（四）并发症

1. **内脏出血** 如消化道大出血、咯血、腹腔出血等。
2. **肺部并发症** 如肺水肿、ARDS。
3. **中枢神经系统并发症** 如脑水肿、颅内出血、脑炎和脑膜炎。
4. **其他** 继发感染、自发性肾破裂、心肌损害和肝损害等。

（五）实验室及其他检查

1. **血常规检查** 白细胞计数增多，分类计数早期以中性粒细胞为主，病后 4~5 天淋巴细胞增多。血红蛋白和红细胞可因血液浓缩而明显升高。血小板从病后第 2 天起即有不同程度下降，若出现 DIC 则可减至 50×10^9/L 以下。

2. **尿常规检查** 显著蛋白尿为本病主要特征之一。病程第 2 天即可出现。少数病例尿中出现膜状物。镜检可见红细胞、白细胞和管型。

3. **血液生化检查** 血尿素氮、血肌酐多在低血压休克期开始上升。多合并有水、电解质及酸碱平衡紊乱。

4. **免疫学检查** 病程第 2 日即可检出特异性 IgM 抗体，1∶20 为阳性，IgG 抗体 1∶40 为阳性，相隔 1 周双份血清效价 4 倍以上升高有诊断价值。

5. **病原学检测** 血清、血细胞和尿液可行病毒分离及用 RT-PCR 方法检出汉坦病毒的 RNA。

（六）诊断要点

根据流行病学资料，如流行季节，有疫区野外作业及留宿史，或有与鼠类及其排泄物接触史；临床出现 3 大症状（发热、充血出血、肾损害）及 5 期经过（发热期、低血压休克期、少尿期、多尿期和恢复期）；实验室检查包括血液浓缩、血红蛋白和红细胞增高、血白细胞计数增加血小板减少及大量尿蛋白等可初步诊断。血清特异性抗体阳性可进一步明确诊断。

（七）治疗要点

本病尚无特效治疗，以综合治疗为主。"三早一就"仍为本病的治疗原则，即早期发现、早期休息、早期治疗和就近治疗。依据各个时期进行对症治疗。治疗中要注意防治休克、肾衰竭和出血。

1. 发热期治疗　以抗病毒、减轻外渗、对症治疗和防治 DIC 为主。

（1）抗病毒治疗：利巴韦林，应在发病后第 1 周内尽早使用。

（2）减轻外渗：卧床休息，静脉输液以补充血容量，高热、多汗或呕吐、腹泻者适当增加。

（3）对症治疗：高热以物理降温为主，中毒症状重者可短程予以激素。

（4）防治 DIC：可用丹参注射液、低分子右旋糖酐，以降低血液黏滞性。有 DIC 时应尽早使用肝素。

2. 低血压休克期治疗　以补充血容量、纠正酸中毒、改善微循环为原则。

（1）补充血容量：输液以早期、快速、适量为原则，先晶体后胶体，晶体液以平衡盐液为主，胶体可选用 10% 低分子右旋糖酐、20% 甘露醇、血浆和白蛋白。补充血容量期间应密切观察血压变化，血压正常后，输液仍应维持 24 h 以上。

（2）纠正酸中毒：多用 5% 碳酸氢钠纠正酸中毒，并以动态血气分析检测结果作为依据。

（3）强心药的应用：如血容量已补足，心率仍在 140 次/min 以上，可给予毛花苷 C 或毒毛花苷 K。

（4）血管活性药与糖皮质激素的应用：经上述处理血压仍不稳定时，可选用血管活性药，如间羟胺、多巴胺等。亦可同时使用地塞米松 10～20 mg 静滴。

3. 少尿期治疗　原则为稳定内环境、促进利尿、导泻和透析疗法。

（1）稳定内环境

1）控制氮质血症：供给充分热量，减少蛋白质分解。

2）严格限制液体入量：如确定为肾实质损害所致少尿，入液量应为前一天尿量和呕吐量加上 500～700 mL。

3）维持电解质和酸碱平衡：根据血生化结果，纠正酸中毒及高钾或低钾血症。

（2）促进利尿：可用呋塞米、利尿酸钠等利尿药，亦可用血管扩张药如酚妥拉明或山莨菪碱静脉滴注。

（3）导泻疗法：为预防高血容量综合征和高血钾，在无消化道出血的情况下，可用甘露醇、硫酸镁、中药大黄、番泻叶等口服导泻。

（4）透析疗法：可应用血液透析或腹膜透析。透析疗法的适应证：无尿 24 h 以上或少尿持续 4 天以上，或出现下列情况者：①明显氮质血症，血尿素氮＞28.56 mmol/L；②高分解状态，每天尿素氮升高＞7.14 mmol/L；③血钾＞6.0 mmol/L，心电图有高耸 T 波的高血钾表现；④高血容量综合征者。由于本病水肿主要由于血管损伤、血浆外渗所致，与慢性肾功能不全所致的水肿不同。若在透析治疗中进行超滤，应注意超滤总量与超滤速度不宜过大过快，以免透析过程中发生低血压。

4. 多尿期治疗　移行阶段多尿早期治疗原则与少尿期相同。此期注意维持水、电解质及酸碱平衡，应随尿量增加注意水分的补充。由于病人免疫力下降，注意防止继发感染。

5. 恢复期治疗　治疗原则为补充营养，逐步恢复活动与工作，出院后应休息 1～3 个月。定期复查肾功能和垂体功能，如有异常及时治疗。

6. 并发症治疗

（1）消化道大出血：应注意病因治疗。如为血小板减少引起，应补充血小板。

（2）心力衰竭、肺水肿：严格控制输液量及输液速度，给予强心、镇静、扩血管和利尿治疗，还可进行导泻或透析治疗。

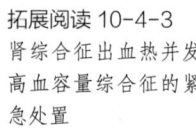
拓展阅读 10-4-3
肾综合征出血热并发
高血容量综合征的紧
急处置

（3）ARDS：可给予地塞米松，必要时使用机械通气，可采用呼气末正压通气方式辅助呼吸。

（4）中枢神经系统并发症：抽搐者给镇静药，脑水肿或颅内高压者可用甘露醇静滴。

（5）自发性肾破裂：进行手术缝合。

（八）护理评估

1. **病史**　询问病人有无疫区野外作业及留宿史，或有与鼠类及其排泄物接触史；有无头晕、头痛、畏寒、发热、腰痛、尿少等症状；有无食欲减退、恶心、呕吐、腹痛、腹泻等消化道症状；有无视物模糊、精神异常、烦躁不安、谵妄等神经精神症状。

2. **身体评估**　评估病人生命体征及全身情况，有无"三红""三痛"临床表现；有无面部胀满、球结膜水肿、静脉充盈、心率增快、脉搏洪大、血压下降，有无蛋白尿、血尿、呕血、黑便等。

3. **实验室及其他检查**　血常规、血生化、肾功能、尿常规、粪便常规、隐血试验、血气分析、特异性抗体检测等是否符合疾病的改变。

4. **心理社会状况**　了解病人个性特征、生活习惯和卫生知识水平，居住条件；对疾病的认知程度；家庭社会的支持情况等。

（九）常见护理诊断/问题

1. **组织灌注无效**　与全身广泛小血管损害、血浆外渗，出血，后期并发 DIC 有关。
2. **体温过高**　与病毒血症有关。
3. **体液过多**　与肾损害有关。
4. **焦虑** 与突发疾病，担心疾病预后有关。
5. **潜在并发症**　心力衰竭、肺水肿、出血。

（十）护理目标

1. 通过综合的护理及治疗，病人的有效循环恢复，体温恢复正常，症状缓解。
2. 病人的焦虑情绪得到缓解，情绪平稳。

（十一）护理措施

1. **休息**　早期绝对卧床休息，避免不必要的搬动，过多活动可加重血浆外渗和组织脏器的出血。

2. **高热的护理**　以物理降温为主，应用温水擦浴及冰袋冷敷，禁用酒精擦浴，以免血管扩张诱发皮下出血。按医嘱予抗病毒药静滴，中毒症状重者可短程予以激素应用。

3. **病情观察**

（1）密切观察生命体征及意识状态的变化，注意体温及血压的变化，有无呼吸频率及节律的改变、脉搏细速、嗜睡或昏迷。

（2）观察充血、渗出及出血的表现：有无"三红""三痛"的表现，皮肤瘀斑的分布、范围及有无破溃出血等；有无咯血、呕血、便血；有无剧烈头痛、突发视力模糊、血压进行性下降、脉搏细数、冷汗、唇周和指（趾）发绀及尿少等休克的表现。

（3）了解化验结果，若有血小板进行性减少，凝血酶原时间延长，常预示病人出现DIC，多预后不良。

（4）记录24 h出入量。

4. 配合抢救，防治并发症　血压明显下降，有效循环血容量不足者，应迅速建立静脉通道，快速补充血容量，遵医嘱补碱，纠正酸中毒并使用血管活性药，给予吸氧，注意保暖，以迅速纠正休克。输入液体量是否合适可用以下指标衡量：收缩压达90~100 mmHg，脉压＞30 mmHg，心率≤100次/min，周围循环障碍解除，红细胞、血红蛋白及血细胞比容接近正常。快速扩容时，应注意观察心功能，有无突发的呼吸困难、咳嗽、咳粉红色泡沫样痰等急性肺水肿的临床表现。

5. 出血的护理　重点观察生命体征的变化，注意意识、面色、表情、脉压、脉搏的强弱、周围末梢循环变化、尿量及有无缺氧等。为避免出血的发生，操作中减少不必要的穿刺治疗，注射部位按压时间不少于5 min。

6. 急性肾衰竭的护理　少尿期是本病具有特征性的一期，亦是本病的极期。饮食给予高热量、低盐、高生物效价的优质蛋白，蛋白质的摄入量应限制为0.8 g/(kg·d)，并适当补充必需氨基酸。及时抽取血电解质肾功能标本送检，严格记录24 h出入液量，坚持量出为人的原则。高钾血症是急性肾衰竭少尿期的重要死因，密切监测血清电解质，并观察有无脉率不齐、肌无力、心电图改变，限制钾的摄入，并予降血钾处理。病人进入多尿期后，每日尿量3 000~5 000 mL或以上应注意维持水、电解质、酸碱平衡。

7. 加强心理疏导　由于对疾病知识的缺乏，多数病人出现紧张、恐惧心理，为帮助病人减轻心理负担，安全度过病程，应加强病人的心灵关怀，鼓励家属参与心理支持，让病人处于最佳的心理状态，避免情绪波动带来的不利影响。

（十二）健康指导

1. 疾病预防指导　加强卫生宣传教育，使群众意识到灭鼠和防鼠是预防本病的关键。野外作业、疫区工作时应加强个人防护。改善卫生条件，防止传染源污染食物和水。动物实验时要防止被鼠咬伤。

2. 保护易感人群　做好疫情监测，对于重点人群，应指导其接受沙鼠肾细胞灭活疫苗（Ⅰ型汉坦病毒）和地鼠肾细胞灭活疫苗（Ⅱ型汉坦病毒）注射，每次1 mL，经0天、7天、28天或0个月、1个月、2个月，共注射3次，能产生中和抗体，保护率达88%~94%，但持续3~6个月后明显下降，故1年后应加强注射1针。

3. 疾病知识指导　肾功能恢复需较长时间，故病人出院后仍应休息1~3个月。生活要有规律，保证足够睡眠，情绪稳定，安排力所能及的体力活动，以不感疲劳为度。

（十三）护理评价

病人病情控制，各项指标正常，无护理并发症发生；病人情绪稳定，知晓疾病相关危险因素和疾病的预防知识。

拓展阅读 10-4-4
肾综合征出血热低血压休克病人急救护理流程

（十四）预后

与感染病毒的型别、病情轻重、治疗迟早及措施得当与否有关。近年来由于早期诊断和治疗措施改进，病死率已由 10% 降为 3%~5%。

第五节　艾滋病病人的护理

> **情景导入**
>
> 赵某，男性，38 岁，主因不明原因发热、消瘦、乏力 3 个月，腹泻 20 余天急诊入院。病人既往有不洁性生活史，查体：T 38.3℃，P 125 次/min，R 23 次/min，BP 110/70 mmHg。
>
> 住院期间，护士查体发现病人手指、足趾有甲癣，颈部及双侧腹股沟可扪及多个淋巴结，直径 1.3 cm 左右，无压痛，HIV-1 抗体阳性。
>
> **请思考：**
> 1. 该病人的临床诊断是什么？
> 2. 该病晚期可累及哪些器官？分别有什么临床表现？
> 3. 本病护理的要点有哪些？

艾滋病是获得性免疫缺陷综合征（AIDS）的简称，系由人免疫缺陷病毒（HIV）引起的慢性传染病。本病主要经性接触、血液及母婴传播。HIV 主要侵犯、破坏 $CD4^+$ T 淋巴细胞，导致机体免疫功能受损乃至缺陷，最终并发各种机会性感染和恶性肿瘤。本病具有传播迅速、发病缓慢、病死率高的特点。目前，艾滋病已成为严重威胁我国公众健康的重要公共卫生问题。

拓展阅读 10-5-1
艾滋病重要知识点

（一）病原学

HIV 为单链 RNA 病毒，属于反转录病毒科，慢病毒属中的人类慢病毒组。HIV 为直径 100~120 nm 的球形颗粒，由核心和包膜两部分组成（图 10-5-1）。HIV 对外界抵抗力低，对热敏感，56℃ 30 min 能使 HIV 在体外对人的 T 淋巴细胞失去感染性，但不能完全灭活血清中的 HIV；

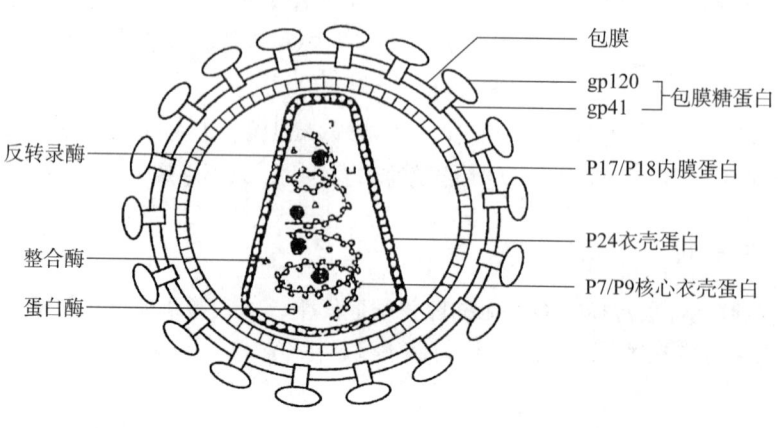

图 10-5-1　HIV 结构示意图

100℃ 20 min 可将 HIV 完全灭活。能被 75% 乙醇、0.2% 次氯酸及含氯石灰灭活，紫外线不能灭活 HIV。

（二）流行病学

1. 传染源　HIV 感染者和艾滋病病人是本病唯一的传染源。
2. 传播途径　目前公认的传染途径主要是性接触、血液接触和母婴传播。

（1）接触传播：HIV 存在于血液、精液和阴道分泌物中，唾液、眼泪和乳汁等体液也含 HIV。性接触传播是主要的传播途径（包括同性、异性和双性性接触）。

（2）血液接触传播：共用针具静脉吸毒，输入被 HIV 污染的血液或血制品，以及介入性医疗操作等均可受感染。

（3）母婴传播：感染 HIV 的孕妇可经胎盘将病毒传给胎儿，也可经产道及产后血性分泌物、哺乳等传给婴儿。

（4）其他：接受 HIV 感染者的器官移植、人工授精或污染的器械等，医务人员被 HIV 污染的针头刺伤或破损皮肤受污染也可受染。

3. 易感人群　人群普遍易感，15~49 岁发病者占 80%。儿童和妇女感染率逐年上升。高危人群为男性同性恋、静脉药物依赖者、性乱者。

4. 流行状况　联合国艾滋病规划署报告中指出，在全球 3 990 万 HIV 感染者中，仍有 930 万人未能获得挽救生命的治疗。2023 年，在 63 万人死于艾滋病相关疾病，有 130 万人新发 HIV 感染。在至少 28 个国家，新发 HIV 感染数量仍在上升。在继续推行综合、强化的干预措施基础上，提出"90-90-90 策略"。

（三）发病机制与病理解剖

1. 发病机制　HIV 主要侵犯人体免疫系统，包括 $CD4^+$ T 淋巴细胞、巨噬细胞和树突状细胞，主要表现 $CD4^+$ T 淋巴细胞数量不断减少，导致免疫功能缺陷，引起各种机会性感染和肿瘤的发生。

2. 病理解剖　艾滋病的病理特点是组织炎症反应少，机会性感染病原体多。

（四）临床表现

本病的潜伏期较长，可由数月至数年，一般 2~10 年。根据中华医学会制定的艾滋病临床标准，HIV 感染分为 3 期。

1. Ⅰ期（急性感染期）　通常发生在初次感染 HIV 的 2~4 周，部分感染者出现 HIV 病毒血症和免疫系统急性损伤所产生的临床症状。大多数病人临床症状轻微，持续 1~3 周后缓解。临床表现以发热最为常见，可伴有全身不适、头痛、盗汗、恶心、呕吐、腹泻、咽痛、肌痛、关节痛、皮疹、淋巴结肿大及神经系统症状等。此期血清可检出 HIV RNA 及 P24 抗原。

2. Ⅱ期（无症状期）　可从急性期进入此期，或无明显的急性期症状而直接进入此期。此期持续时间一般为 6~8 年，具有传染性。

3. Ⅲ期（艾滋病期）　为感染 HIV 后的最终阶段。病人 $CD4^+$ T 淋巴细胞计数明显下降，多低于 $200/mm^3$，HIV 血浆病毒载量明显升高。此期主要的临床表现为 HIV 相关症状、各种机会性感染及肿瘤。

（1）HIV 相关症状：主要表现为持续一个月以上的发热、盗汗、腹泻，体重减轻 10% 以上。

(2) 机会性感染及肿瘤：①肺部，以肺孢子菌肺炎最为常见；②中枢神经系统，新隐球菌脑膜炎等；③消化系统，念珠菌、疱疹和巨细胞病毒引起口腔和食管炎症或溃疡最为常见；④口腔，鹅口疮等；⑤皮肤，带状疱疹等；⑥眼部，巨细胞病毒、弓形虫可引起视网膜炎等；⑦肿瘤，恶性淋巴瘤、卡波西肉瘤等。

（五）实验室检查

1. 血、尿常规　白细胞、血红蛋白、红细胞及血小板均可有不同程度减少。尿蛋白常阳性。
2. 免疫学检查

（1）$CD4^+$ T 淋巴细胞检测：HIV 特异性侵犯 $CD4^+$ T 淋巴细胞，$CD4^+$ T 淋巴细胞进行性减少，$CD4^+/CD8^+$ 比例倒置。

（2）其他：链激酶、植物血凝素等皮试常阴性。

3. 血清学检查　HIV-1、HIV-2 抗体检查和 HIV 抗原检测。
4. 病毒分离　从病人的淋巴细胞、血液、精液等体液中均可分离出病毒，反复多次阳性率高达 100%。
5. 各种机会性感染和继发性肿瘤的确诊　可通过活检、内镜、组织学、细胞学检查或相关病原体感染的指标和免疫反应的检查而进行诊断。

（六）诊断

1. 诊断原则　HIV/AIDS 的诊断应注意如下原则：需结合流行病学史（包括不安全性生活史、静脉注射毒品史、输入未经抗 HIV 抗体检测的血液或血液制品、HIV 抗体阳性者所生子女或职业暴露史等）、临床表现和实验室检查等进行综合分析，慎重作出诊断。

2. 诊断标准

（1）急性期：病人近期内有流行病学史和临床表现，结合实验室 HIV 抗体由阴性转为阳性即可诊断。

（2）无症状期：有流行病学史，结合 HIV 抗体阳性即可诊断，或仅实验室检查 HIV 抗体阳性即可诊断。

（3）艾滋病期：有流行病学史，实验室检查 HIV 抗体阳性，加之以下各项中的任何一项，即可诊断为艾滋病：原因不明的持续不规则发热 1 个月以上，体温高于 38℃；慢性腹泻 1 个月以上，次数 > 3 次 / 天；6 个月内体重下降 10% 以上；反复发作的口腔真菌感染；反复发作的单纯疱疹病毒感染或带状疱疹病毒感染；肺孢子菌肺炎；反复发生的细菌性肺炎；活动性结核或非结核分枝杆菌病；深部真菌感染；中枢神经系统占位性病变；中青年人出现痴呆；活动性巨细胞病毒感染；弓形虫脑病；青霉菌感染；反复发生的败血症；皮肤黏膜或内脏的卡波西肉瘤、淋巴瘤。

HIV 抗体阳性，虽无上述表现或症状，但 $CD4^+$ T 淋巴细胞数 < 200/mm³，也可诊断为艾滋病。

（七）鉴别诊断

1. 特发性 $CD4^+$ T 淋巴细胞减少症　少数 $CD4^+$ T 淋巴细胞明显减少并有严重机会性感染，但 HIV-1 或 HIV-2 病原学检查阴性。

2. 继发性 $CD4^+$ T 淋巴细胞减少　主要见于肿瘤和自身免疫病，在放疗和化疗后。

（八）治疗

目前认为高病毒载量或 CD4$^+$ T 淋巴细胞低于 0.5×10^9/L 均应抗病毒治疗。

1. **高效抗反转录病毒治疗** 抗反转录病毒治疗是针对病原体的特异治疗，目标是最大限度地抑制病毒复制，重建或维持免疫功能。目前国际上抗反转录病毒药（ARV）有六类 30 余种（包括复合制剂），分为核苷类反转录酶抑制剂、非核苷类反转录酶抑制剂、蛋白酶抑制剂、融合抑制剂、整合酶抑制剂和 CCR5 抑制剂。

2. **免疫重建** 通过抗病毒治疗及其他医疗手段使 HIV 感染者受损的免疫功能恢复或接近正常称为免疫重建，这是 HIV/AIDS 治疗的重要目标之一。

3. **治疗机会性感染及肿瘤** 卡氏肺孢子菌肺炎可用复方磺胺甲噁唑，隐孢子虫感染可用螺旋霉素，巨细胞病毒感染可用阿昔洛韦，卡波西肉瘤用 AZT 与 α 干扰素联合治疗或应用多柔比星、长春新碱、博莱霉素联合化疗，隐球菌脑膜炎应用氟康唑或者两性霉素 B。

4. **对症支持治疗** 加强营养支持治疗，有条件可辅以心理治疗。

5. **预防性治疗** HIV 感染而结核菌素试验阳性者服异烟肼 4 周。医务人员发生职业暴露，在 2 h 内开始抗病毒治疗，疗程 4～6 周。

> 拓展阅读 10-5-2
> HIV 单阳家庭的生育如何选择

（九）预防

1. **管理传染源** 本病是《传染病防治法》管理的乙类传染病。发现 HIV 感染者应尽快（城镇于 6 h 内、农村于 12 h 内）向当地疾病预防控制中心（CDC）报告。高危人群普查 HIV 感染有助于发现传染源。隔离治疗病人，监控无症状 HIV 感染者。加强国境检疫。

2. **切断传播途径** 加强艾滋病防治知识宣传教育。高危人群用避孕套，规范治疗性病。严格筛查血液及血制品，用一次性注射器。严格消毒病人用过的医疗器械，对职业暴露采取及时干预。

3. **保护易感人群** 重组 HIV-1 gp120 亚单疫苗或重组痘苗病毒表达的 HIV 包膜作为疫苗等均尚在研制中，包括核酸疫苗在内部分进入 II/III 期试验研究阶段。

> 拓展阅读 10-5-3
> HIV 暴露后的紧急处理及暴露后的监测

（十）护理评估

1. **病史** 了解病人的职业、婚姻状况、性生活史，有无使用血制品、输血、器官或骨髓移植等。

2. **身体评估** 评估病人有无发热、盗汗、无力、持续腹泻、多处淋巴结肿大，有无机会性感染等。

3. **实验室及其他检查** 了解病人的血常规、HIV 抗体等检查结果。

4. **心理社会情况** 了解病人对疾病的认知和心理状态及社会支持等。

（十一）常见护理诊断/问题

1. **有感染的危险** 与免疫功能受损有关。
2. **营养失调：低于机体需要量** 与食欲减退、慢性腹泻及艾滋病期并发各种机会性感染和肿瘤消耗有关。
3. **恐惧** 与疾病预后不良、疾病严重、担心受到歧视、缺乏社会支持有关。
4. **活动无耐力** 与 HIV 感染、并发各种机会性感染和肿瘤有关。

5. 腹泻　与并发胃肠道机会性感染和肿瘤有关。

6. 社交孤立　与艾滋病病人实施强制性管理，采取严格血液和体液隔离，被他人歧视有关。

7. 皮肤完整性受损　与机体免疫功能低下，继发皮肤黏膜感染或肿瘤有关。

（十二）预期目标

1. 通过诊疗、护理，病人机会性感染症状减轻，全身不适有所缓解。

2. 病情平稳，存活期延长。

3. 通过心理护理，减轻病人焦虑。

（十三）护理措施及依据

1. 隔离　如病人出现明显的腹泻，医务工作者接触病人有可能污染皮肤或工作服时应戴手套和穿隔离衣。

2. 病情观察　密切观察有无肺部、胃肠道、中枢神经系统、皮肤黏膜等机会性感染的发生，并对症护理。

3. 休息与活动　在急性感染期和艾滋病期应卧床休息，以减轻症状；无症状感染期可以正常工作，但应避免劳累。

4. 加强个人卫生　加强口腔护理和皮肤清洁，防止继发感染。

5. 用药护理　对使用抗病毒治疗的病人应进行用药依从性的教育，抗病毒治疗需终生服药，并应按时、足量、按医嘱服用，否则会降低疗效及产生耐药性。

6. 营养监测　评估病人的营养状况，包括皮下脂肪、体重及血红蛋白等。

7. 饮食护理　应给予高热量、高蛋白、高维生素、易消化饮食。

8. 心理护理　多与病人沟通，运用倾听技巧，了解病人的心理状态。

9. 社会支持　了解病人的社会支持，解除病人孤独、恐惧感。

（十四）健康指导

拓展阅读 10-5-4
HIV产妇产后母乳喂养指导

1. 疾病预防指导　应通过传媒、社区教育等多种途径使群众了解艾滋病的病因和感染途径，采取自我防护措施进行预防，尤其应加强性道德的教育。

2. 疾病知识指导　教育病人，使之充分认识本病的基本知识、传播方式、预防措施及保护他人和自我健康监控的方法。

（十五）护理评价

经过正规的治疗和责任制整体优质护理，病人病情得到控制，无护理并发症发生；病人能够了解疾病预防相关知识。

拓展阅读 10-5-5
艾滋病护理流程

（十六）预后

AIDS病死率很高。平均存活期12~18个月。

第六节 细菌性痢疾病人的护理

> **情景导入**
>
> 吉某，女性，42岁。主因反复腹痛、腹泻1年，再发1周入院。病人自述1年前因进食生冷食物后出现间断性腹泻，初为稀便，后为脓血便，伴阵发性腹痛，便后可缓解。查体：T 39.1℃，P 100次/min，R 20次/min，BP 90/60 mmHg。
>
> 住院期间，护士查体发现病人肠鸣音亢进，反复多次解脓血便，量多，病人主诉腹痛明显，胃部不适。
>
> **请思考：**
> 1. 该病人的临床诊断是什么？
> 2. 该病的临床表现有哪些？
> 3. 本病护理的要点有哪些？

细菌性痢疾（bacillary dysentery）简称菌痢，是由志贺菌属（也称痢疾杆菌）引起的肠道传染病。该病可反复感染，一般为急性，少数迁延成慢性。菌痢目前仍是我国的多发病之一。

拓展阅读 10-6-1
细菌性痢疾重要知识点

（一）病原学

痢疾杆菌属肠杆菌科志贺菌属，为革兰染色阴性的无鞭毛杆菌（图10-6-1），在普通培养基上生长良好。适宜于低温潮湿的环境，对阳光直射、加热及一般消毒剂抵抗力差。痢疾杆菌按其抗原结构和生化反应的不同可分为4群（A群痢疾志贺菌、B群福氏志贺菌、C群鲍氏志贺菌、D群宋内志贺菌）和47个血清型。痢疾杆菌主要致病力是其侵袭力，各血清型均可产生内毒素，是引起全身毒血症的主要因素。痢疾志贺菌还产生外毒素，具有神经毒、细胞毒和肠毒素样作用。

（二）流行病学

菌痢全年均有发病，但以夏秋季最多见。各年龄组均可发病，但以儿童最常见。

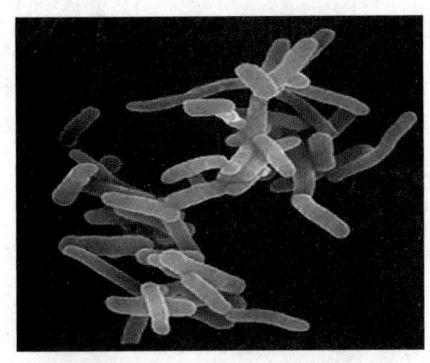
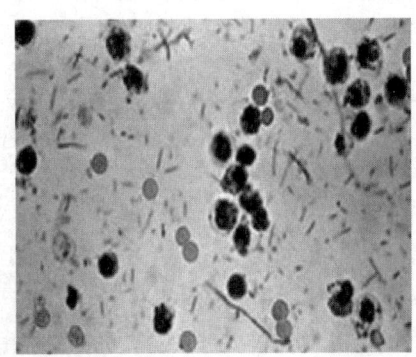

图 10-6-1 痢疾杆菌图片

1. 传染源　传染源主要为急性、慢性病人及带菌者。急性菌痢病人早期排菌量大、传染性强，而非典型病人、慢性病人及带菌者易被忽略，流行病学意义更大。
2. 传播途径　经消化道传播。志贺菌主要通过污染食物、水、生活用品经口传播，亦可通过苍蝇污染食物而传播。
3. 易感人群　人群普遍易感。但有两个发病高峰年龄段，即学龄前儿童和青壮年。
4. 流行特征　菌痢主要集中在温带和亚热带地区，多见于卫生条件差的区域。在我国各地区全年均有发生，但以夏秋季多发，与苍蝇活动、夏季饮食习惯、机体抵抗力等因素有关。

（三）发病机制

痢疾杆菌主要致病力是其侵袭力，其侵入人体后是否发病，主要取决于细菌数量、致病力和抵抗力。痢疾杆菌有较强的致病性，但只有黏附并侵入结肠黏膜上皮细胞，在细胞内繁殖才能引起发病。由于病变部位有大量的吞噬细胞，而痢疾杆菌易被吞噬细胞所吞噬，因而细菌很少侵入黏膜下层，故本菌一般不侵入血流，引起菌血症或败血症。痢疾杆菌可释放内、外毒素，内毒素引起发热和毒血症状，外毒素引起肠黏膜细胞坏死、病初的水样腹泻及神经系统症状。

（四）病理变化

菌痢的病变部位主要在结肠，以乙状结肠和直肠病变最显著，严重病例可累及整个结肠、回盲部及回肠末端。

（五）临床表现

潜伏期为数小时至7天，多数为1~2天。

1. 急性菌痢　根据毒血症状及肠道症状轻重分为4型。

（1）普通型（典型）：起病急，高热伴畏寒、寒战，体温可高达39℃，伴头痛、乏力、食欲减退等全身不适；早期有恶心、呕吐，继而出现阵发性腹痛、腹泻和里急后重。

（2）轻型（非典型）：一般无全身毒血症状，不发热或低热。肠道症状较轻，排便次数较少，每天3~5次，粪便糊状或稀便，病程短，3~7天可痊愈，亦可转为慢性。

（3）重型：多见于老年、体弱、营养不良的病人，急起发热，腹泻每天30次以上，为稀水脓血便，偶尔排出片状假膜，甚至大便失禁，腹痛、里急后重明显。

（4）中毒性菌痢：多见于2~7岁体质较好的儿童。起病急骤，突然高热，病势凶险，有严重的全身毒血症状，精神萎靡、频发惊厥，迅速发生循环和（或）呼吸衰竭，而肠道症状较轻，常需生理盐水灌肠或直肠拭子取标本镜检，可发现大量脓细胞和红细胞。

2. 慢性菌痢　病程反复发作或迁延不愈达2个月以上，即为慢性菌痢。根据临床表现可以分为3型。

（1）急性发作型：有菌痢病史，常因进食生冷食物或受凉、过度劳累等因素诱发急性发作，可出现腹痛、腹泻、脓血便，发热常不明显。

（2）慢性迁延型：最为多见。急性菌痢发作后，迁延不愈，长期有腹痛、腹泻或腹泻与便秘交替、稀黏液便或脓血便的表现。

（3）慢性隐匿型：较少见。1年内有痢疾史，而无临床症状。粪便培养可检出志贺菌，乙状结肠镜检查可有异常发现。

（六）并发症

1. 志贺菌败血症　是志贺菌感染的重要并发症，比较少见，多发生于儿童。
2. 关节炎　急性期或恢复期偶可并发大关节的渗出性关节炎，与变态反应有关。
3. 赖特（Reiter）综合征　表现为眼炎、尿道炎、关节炎，关节炎可长达数年。

（七）实验室检查

1. 一般检查　急性期外周血白细胞数可轻度至中度增高，多在$(10\sim20)\times10^9/L$，以中性粒细胞升高为主。慢性菌痢可有贫血。粪便外观为黏液脓血便，镜检有大量脓细胞、白细胞及少量红细胞和巨噬细胞。
2. 病原学检查
（1）细菌培养：确诊依据为粪便培养出痢疾杆菌。
（2）特异性核酸检测：采用核酸杂交或PCR可直接检测出粪便中的痢疾杆菌核酸，具有灵敏度高、特异性强、简便、快速、对标本要求低等特点。
3. 免疫学检查　与细菌培养比较具有早期快速诊断的优点。

（八）诊断要点

1. 流行病学资料　当地流行情况、夏秋季、有进食不洁食物史、与菌痢病人接触史等。
2. 临床表现　典型病例急性期有发热、腹痛、腹泻、黏液脓血便、里急后重等症状。中毒性菌痢以儿童多见，急性高热、惊厥、意识障碍及循环衰竭或呼吸衰竭，而胃肠道症状轻微。
3. 粪便检查　肉眼见黏液脓血便，镜检有大量脓细胞、白细胞及红细胞即可临床诊断，确诊依赖于粪便培养发现痢疾杆菌。

拓展阅读10-6-2
急性菌痢与急性阿米巴痢疾的鉴别

（九）治疗

1. 急性菌痢
（1）一般治疗：执行接触隔离措施，防止经消化道和生活接触途径的传播，至临床症状消失、粪便培养连续2次阴性，方可解除隔离。
（2）病原治疗：自抗生素广泛应用以来，痢疾杆菌耐药不断增加，且呈多重耐药。抗生素治疗的疗程一般为3～5天。
1）喹诺酮类：抗菌谱广，有强大的杀菌作用，对耐药菌株亦有较好的疗效，是目前成人菌痢首选用药。
2）小檗碱（黄连素）：因其有减少肠道分泌的作用，在使用抗生素时可同时使用，每次0.1～0.3g，每天3次，7天为一疗程。
（3）对症治疗：高热可用退热药及物理降温，腹痛剧烈可用解痉药如阿托品、颠茄合剂。毒血症状严重者，可酌情小剂量应用糖皮质激素。
2. 慢性菌痢
（1）病原治疗：合理选择有效的抗菌药，菌群失调可给予微生态制剂。
（2）对症治疗：肠功能紊乱者可用镇静、解痉药。
3. 中毒性菌痢　病势凶险，应早期诊断，及时采用综合抢救措施。

(1)病原治疗：应用有效的抗菌药物静滴，如选用环丙沙星或氧氟沙星，或选用第三代头孢菌素如头孢噻肟。

(2)对症治疗

1)降温、镇静：高热给予药物降温及物理降温，如高热伴躁动不安及反复惊厥者，可用亚冬眠疗法，争取短时间内使体温降至36~37℃。

2)休克型：应积极抗休克治疗：①扩充血容量；②在扩充血容量的基础上，应用山莨菪碱（654-2）或阿托品解除微血管痉挛；③注意保护重要器官功能；④短期应用糖皮质激素。

3)脑型：①脑水肿可用20%甘露醇脱水；②防治呼吸衰竭，吸氧，如出现呼吸衰竭则可用呼吸兴奋药，必要时气管插管或切开。

(十)预防

1. 管理传染源　早期发现病人和带菌者，及时隔离和彻底治疗。
2. 切断传播途径　做好"三管一灭"，即管水、管粪、管理饮食及消灭苍蝇。
3. 保护易感人群　可采用口服多价减毒活疫苗，免疫期可维持6~12个月。

拓展阅读 10-6-3
如何做好细菌性痢疾
的预防与调护

(十一)护理评估

1. 病史　了解病人的饮食、卫生、生活等习惯。
2. 身体评估　评估病人现有的症状和体征。
3. 实验室及其他检查　了解实验室及其他检查的结果。
4. 心理社会情况　评估病人对疾病的认识、应对方式和心理状态，以及病人的社会支持等。

(十二)常见护理诊断/问题

1. 体温过高　与痢疾杆菌内毒素激活细胞释放内源性致热原，作用于体温中枢导致体温升高有关。
2. 腹泻　与肠道炎症、广泛浅表性溃疡形成导致肠蠕动增强、肠痉挛有关。
3. 组织灌注无效　与中毒性菌痢导致周围循环障碍有关。
4. 潜在并发症　中枢性呼吸衰竭。
5. 疼痛：腹痛　与细菌毒素作用于肠壁自主神经，引起肠痉挛有关。
6. 潜在并发症　惊厥、脑疝。
7. 有体液不足的危险　与高热、腹泻、摄入不足有关。

(十三)预期目标

1. 通过诊疗、护理，发热、腹泻等临床症状明显改善。
2. 病人的营养状况有所改善。

(十四)护理措施

1. 隔离措施　严格执行接触隔离措施，注意粪便、便器和尿布的消毒处理。解除隔离要求：急性期症状消失，粪检阴性，粪便培养连续2次阴性。
2. 腹泻的观察　密切观察病人腹泻情况，如排便频次、量、颜色、性状及伴随症状。
3. 休息　急性期病人腹泻频繁、全身症状明显者应卧床休息。

4. 皮肤护理　每次排便后清洗肛周，并涂润滑剂以减少对肛周皮肤的刺激。

5. 饮食护理　严重腹泻伴呕吐者可暂禁食，静脉补充所需营养，使肠道得到充分休息。能进食者，以进食高热量、高蛋白、高维生素、少渣、少纤维素、易消化清淡流质或半流饮食为原则，避免生冷、多渣、油腻或刺激性食物。

6. 保持水、电解质平衡　准确评估腹泻液量，详细记录 24 h 出入量，避免发生脱水及电解质紊乱。

7. 用药护理　遵医嘱使用有效抗菌药物，注意观察胃肠道、肾毒性、过敏、粒细胞减少等不良反应。早期禁用止泻药，便于毒素排出。

8. 病情观察　对休克型病人应严密监测生命体征、神志、尿量，观察有无面色苍白、四肢湿冷、血压下降、脉搏细速、尿少、烦躁等休克征象，通知医生，配合抢救。

9. 保暖　由于循环衰竭病人末梢循环不好，应注意保暖。

10. 氧疗　可经鼻导管给氧，氧流量为 2~4 L/min，必要时 4~6 L/min。

11. 抗休克治疗的护理　迅速建立静脉通路，记录 24 h 出入量有利于判断病情和调整补液速度。

（十五）健康指导

1. 疾病预防指导　做好饮水、食品、粪便的卫生管理及防蝇灭蝇工作，改善环境卫生条件。养成良好的个人卫生习惯，把住"病从口入"关。

2. 保护易感人群　在痢疾流行期间，易感者可口服多价痢疾减毒活菌苗，提高机体免疫力。

3. 疾病知识指导　菌痢病人应及时隔离、治疗，粪便消毒对于传染源的控制极为重要，应向病人及家属说明。

（十六）护理评价

经过正规的治疗和责任制整体优质护理，病人病情得到控制，无护理并发症发生；病人能够了解疾病预防相关知识。

（十七）预后

本病预后与全身免疫状态、感染菌型、临床类型及病后治疗是否及时、合理密切相关。大部分急性菌痢病人 1~2 周内可痊愈，仅少数病人转为慢性或成为带菌者。中毒性菌痢预后差，病死率高，死亡的主要原因是呼吸、循环衰竭。

拓展阅读 10-6-4 成人急性细菌性痢疾的临床路径
拓展阅读 10-6-5 细菌性痢疾护理流程

第七节　非生物型人工肝治疗及护理

情景导入

徐某，男性，22 岁，主因乏力、食欲减退、黄疸进行性加深 1 个月，腹胀、尿少 1 周入院。查体：神志清楚，精神差，皮肤巩膜深度黄染，肝脾未满意触及，腹部移动性浊音（+），实验室检查：ALT 120 U，血清白蛋白 28 g/L，TSB 257 μmol/L，凝血酶原活动度 36%。

> **请思考：**
> 1. 该病人主要的护理问题有哪些？主要治疗方法有哪些？
> 2. 如何做好非生物型人工肝治疗护理？

拓展阅读 10-7-1
非生物型人工肝重要知识点
拓展阅读 10-7-2
人工肝分型

人工肝支持系统（artificial liver support system，ALSS）简称人工肝，是借助一个体外的机械、理化或生物装置清除因肝衰竭产生的各种有害物质，补充需肝合成的蛋白质等必需物质，改善病人水、电解质、酸碱平衡等内环境，暂时辅助或替代肝相应的主要功能，为肝细胞再生、肝功能恢复创造条件或等待机会进行肝移植。人工肝支持系统分为非生物型、生物型和混合型三种。目前临床上非生物型人工肝（non-bioartificial liver，NBAL）应用广泛。

（一）治疗模式

非生物型人工肝治疗模式有血浆置换（PE）、血液透析（HD）、血液滤过（HF）、血液/血浆灌流（PP/HP）、分子吸附循环系统（MARS）、血浆透析滤过（PDF）、双重血浆分子吸附系统（DPMAS）、连续性血液净化治疗（CBP）等。

（二）原理及特点

肝衰竭病人体内的有害物质既有蛋白结合毒素，又有水溶性的中小分子毒素，其中白蛋白结合毒素是主要的有害物质。传统的非生物型人工肝技术以血液净化为基础，主要有4种手段：血液透析、血液灌流/血浆吸附、血液滤过、血浆置换。血液透析对分布容积大、弥散性强的小分子（如氨）清除能力最强；而相对分子质量在 5 000~50 000 的物质，血液滤过效果最好；内毒素及与白蛋白结合物质只有血浆置换能清除，还能补充白蛋白、凝血因子及其他生物活性物质；血浆灌流是利用药用炭或树脂等吸附剂特殊的孔隙结构将血液中的有害物质吸附并清除。

为了最大限度地清除肝衰竭相关有害物质，提高治疗效果，可将不同的血液净化技术有机结合，临床医生根据病人病情选择单个或多个模式联合应用（表 10-7-1）。

表 10-7-1　各种非生物型人工肝技术的原理及优劣

NBAL 技术	原理	优势	不足
PE	血浆交换，清除中小分子物质及免疫复合物等大分子	清除毒素同时补充凝血因子	需要大量血浆/增加感染性疾病传播概率
PDF	选择性血浆置换+血浆滤过+透析	可同时完成血浆置换、透析和滤过，节省血浆约20%	仍然需要使用大量血浆，治疗时间长
DPMAS	血浆分离+血浆灌流+胆红素吸附	不需要血浆，高效清除毒素	对白蛋白、凝血因子等有一定消耗，费用相对高
PBA	血浆分离+胆红素吸附	不需要补充血浆或置换液	对白蛋白、凝血因子有一定消耗
DFPP	基于分子量二级膜选择性地去除致病物质	选择性清除，不需要外源性血浆	操作相对复杂
MARS	白蛋白吸附+血液透析+吸附	有效清除蛋白结合毒素和水溶性毒素，不需要外源性血浆	白蛋白来源短缺、治疗价格昂贵、治疗时间长、出现风险大

续表

NBAL 技术	原理	优势	不足
Prometheus	FPSA+ 高通量透析	能有效清除蛋白结合毒素和水溶性毒素	不能补充凝血因子，费用高
组合 NBAL	集成 PE、PP、HF、HD 等血液净化手段	优势相互补充，可高效清除毒素，维持水电解质平衡	操作相对复杂

> 拓展阅读 10-7-3
> 非生物型人工肝的个体化治疗策略

（三）适应证和禁忌证

1. 适应证　①各种原因引起的肝衰竭前、早、中期，PTA 介于 20%～40% 的病人为宜；②终末期肝病肝移植术前等待肝源、肝移植术后排异反应、移植肝无功能期的病人；③严重胆汁淤积性肝病经内科治疗效果欠佳者，各种原因引起的严重高胆红素血症者。

2. 相对禁忌证　①严重活动性出血或弥散性血管内凝血者；②对治疗过程中所用血制品或药品如血浆、肝素和鱼精蛋白等高度过敏者；③循环功能衰竭者；④心肌梗死和（或）脑梗死非稳定期者；⑤妊娠晚期。

（四）疗效判断

临床上一般用近期疗效和远期疗效来进行判断。

1. 近期疗效

（1）治疗后有效率：①肝性脑病级别降低；②消化道症状改善；③血清胆红素降低；④PTA 或国际标准化比值（INR）改善；⑤终末期肝病模型（MELD）评分下降；⑥其他实验室指标，如血氨、内毒素下降等。

（2）治疗后 4 周好转率：①肝性脑病减轻。②消化道症状改善。③PTA 稳定在 30% 以上。④血清胆红素降低。

> 拓展阅读 10-7-4
> 非生物型人工肝治疗时机的选择

2. 远期疗效　用生存率来评价，包括治疗后 12、24、48 周生存率。

（五）操作基本步骤

人工肝是肝衰竭治疗的重要方法之一。目前临床上应用的非生物型人工肝方法有多种，每一种的原理不尽相同，适应证也有很大差异，同时病人的病情也有差别。血浆置换是临床最常应用的人工肝治疗模式，可清除肝衰竭毒素和某些致病因子（如病毒、蛋白结合性药物或毒物等），补充肝衰竭所缺乏的凝血因子等必需物质，针对性地纠正肝衰竭导致的代谢紊乱；特异性胆红素吸附主要是所应用的灌注器对胆红素有特异性的吸附作用，对胆汁酸有少量的吸附作用；DPMAS 不仅能够吸附胆红素，还能清除炎症介质，不耗费血浆，联合血浆置换治疗可运用于合并肝性脑病病人；血浆透析滤过、血液透析和血液滤过适用于各种肝衰竭伴急性肾损伤，包括肝肾综合征、肝性脑病、水电解质紊乱及酸碱平衡失调等。

人工肝治疗是在评估病人肝损伤疾病自身特点的基础上，采用个体化的人工肝治疗模式，基本流程见图 10-7-1。

（六）护理

在整个治疗过程中，提供安全有效的专业护理是非常重要的。

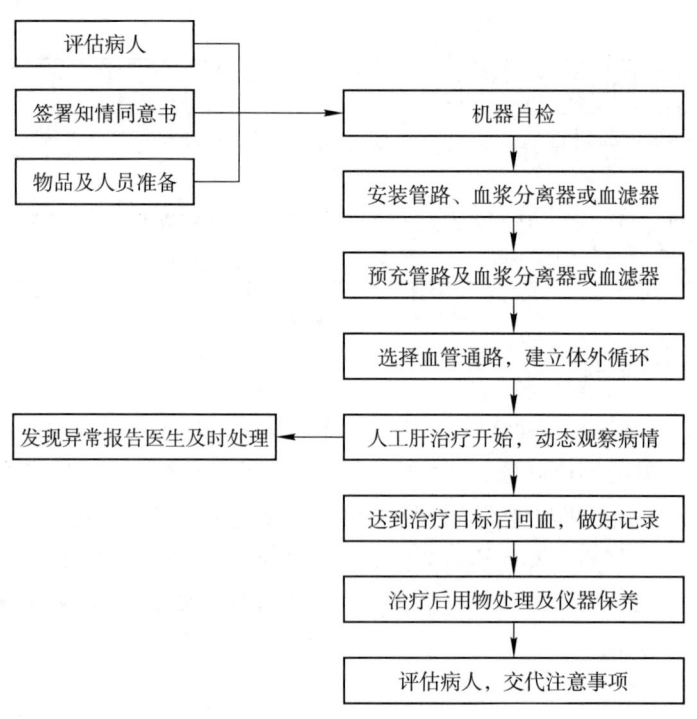

图 10-7-1 非生物型人工肝技术操作基本流程

1. 治疗前的护理

（1）心理护理：有效的心理护理能消除或减轻病人紧张、焦虑等负性情绪，提高病人的主观能动性及医护患互动性。心理护理及知识的宣教应自始至终贯穿整个治疗过程。

（2）查对和评估指导：①查对病人的基本信息、既往史、过敏史、拟定的个体化治疗模式；②评估病情，包括主诉、症状与体征、实验室检查项目等，跌倒坠床风险评估、日常生活活动能力（ADL）评估、穿刺部位评估、心理状态评估；③饮食指导；④床上大、小便锻炼和指导。

（3）治疗前的准备：治疗室环境和仪器消毒，治疗药物和物品（包括抢救用品）的准备。

2. 治疗操作过程中的护理

（1）医护人员自身准备及要求：进入治疗室应着工作服，按需选择防护隔离装备。操作治疗时，注重无菌操作，避免交叉感染。

（2）体外循环管路的准备：按治疗模式选择治疗仪器及耗材，进行正确的安装和冲洗，确保冲洗结束时，体外循环管路无空气且被肝素化。

（3）人工肝操作流程：主要流程有：①上机前再次查对和评估；②心电监护，监测血糖，开辟至少一条外周静脉通路，按需吸氧；③对人工肝留置管路进行常规消毒和冲洗，确保血管通路通畅；④按治疗模式要求设置各项参数并建立体外循环，密切观察，确保体外循环的正常运行；⑤密切观察病人生命体征和治疗并发症的发生情况，及时汇报和处理；⑥严格执行三查七对，尤其是血制品的输注；⑦治疗结束后，按院感要求处理一次性耗材及污水污物，对治疗室及治疗仪器进行清洁和消毒；⑧及时完成人工肝治疗的护理记录。

3. 治疗后病人的监测及护理　包括：①迟发型并发症的观察和处理；②饮食指导；③活动指导；④留置血管通路的维护及并发症的防治，包括留置血管通路的有效固定；⑤拔管后护理。

（七）并发症的护理

1. 治疗并发症护理

（1）低血容量及低血压护理：减少体外循环血量，将预冲液的部分和全部返回体内。控制血泵速度，从 50 mL/min 起步，根据血压及病人的反应逐步增加。可给予林格液、白蛋白等，以维持血浆渗透压的稳定。

（2）过敏反应护理：过敏反应轻者可给予抗过敏药治疗，重者应紧急对症治疗。为预防过敏反应还应做到以下几点：正确保存和融化血浆白蛋白，冷冻血浆应在 3℃ 水浴中摇动融化，水温不宜过高，否则会引起蛋白凝固，备好的血浆应在 6 h 内输用，天气炎热时为 4 h；严格执行三查七对，应以同种血型为原则，并查对血浆标签上的时间，血袋包装有无破损。

（3）出血倾向的护理：人工肝治疗因经过血液肝素化及重型肝炎本身凝血机制障碍，使一些病人出血或原有出血症状加重。故治疗后应使用鱼精蛋白中和肝素，剂量常为肝素剂量的 1/2；若血小板严重下降，可输入血小板 10 U（每单位相当 200 mL 全血中血小板数），以改善病人出血症状。

（4）凝血护理：接受人工肝治疗的病人，若抗凝药物用量不足，易出现凝血，导致跨膜压过高，对血细胞造成机械性破坏，致人工肝治疗后血细胞明显下降，尤其以血小板为甚，或由于跨膜压超过警戒值而无法继续进行人工肝治疗。治疗中应严密观察跨膜压变化，及时调整肝素用量，如凝血严重应立即更换管路或终止治疗。

（5）枸橼酸盐反应护理：由于抗凝剂（anticoagulation drugs，ACD）中含枸橼酸，可出现枸橼酸过量，表现为肌肉抽搐、口唇发麻，重者呼吸困难，此时可用钙剂缓解症状。

（6）空气栓塞护理：空气栓塞是人工肝治疗中致命的并发症之一，若不及时处理，会导致病人死亡。因治疗极为困难，其预防就尤为重要。预防方法包括：预冲置换器及回路时必须认真排除所有空气，接动静脉回路前应认真检查血路管内所有空气是否排尽。管道连接要牢固，治疗中要随时检查泵前穿刺针及血管通路有无漏气，检查空气监测报警器，空气捕捉器液面至少在 3/4 处，最好不在泵前动脉血管路补液，如有必要时，一定要严密观察，以防空气掺入，治疗结束回血时必须集中精力，以防空气误入。

（7）失衡综合征护理：失衡综合征是指在透析过程中或透析结束后不久出现的以神经、精神系统为主症的症候群，常持续数小时至 24 h 后逐渐消失。轻度失衡时，病人仅有头痛、焦虑不安或恶心、呕吐，严重时可有意识障碍、癫痫样发作、昏迷甚至死亡。轻度失衡者不需终止透析，适当对症处理及改进透析方式即可缓解症状。有严重失衡症状时，应停止透析并及时抢救。

（8）留置管深静脉血栓形成（DVT）：多见于股静脉置管，表现为病人置管侧下肢直径增粗，有时可伴有下肢肿胀疼痛。应及时行下肢深静脉 B 超检查，确定有无血栓形成。如 B 超提示有少量附壁血栓形成，病人需要卧床休息和抬高患肢，忌久站久坐。如病人患腿肿胀进行性加重，并出现胀痛，或 B 超提示置管处血流不畅，建议拔除深静脉留置管，对于有较大血栓脱落导致肺栓塞风险的病人，在拔管前建议血管外科协助处理。

（9）继发感染：静脉留置管处出现感染应进行血培养和局部分泌物培养，并及时拔除留置管。在获得培养结果报告前可选用覆盖革兰阳性球菌的药物或根据所在医疗机构的细菌流行情况给予经验性抗菌治疗。

2. 治疗时常见的报警原因及处理

（1）停电报警：治疗时碰到突然停电，用人工转动血泵，维持血流量 100~130 mL/min，尽

拓展阅读 10-7-5
人工肝治疗中的低血压急救护理流程

快恢复供电,如半小时内不能供电,应终止治疗。

(2)气泡报警:应检查除泡器以上静脉管路有无气泡或除泡器血液平面是否太低,然后做相应处理。

(3)静脉压观察:静脉压增高的原因有回血不畅,肝素量不足,管道受压、成角、扭曲和阻塞等;静脉压下降的原因有管道脱落和血压下降等。在查明原因后做相应处理。

(4)动脉压观察:动脉压增高多为动脉管道血流不畅。应减少血泵流量、调整穿刺位置和方向或检查是否有血浆分离器阻塞及不必要的钳子夹在回路上。

(5)温度调节:大量较冷血浆置换入病人体内时,可产生畏寒、寒战。预防方法:血浆袋外加热至37℃,治疗时管路适当加温到38~39℃。

(6)跨膜压观察:跨膜压增高多为肝素剂量不足或血流速度太快所致。处理方法:加大肝素量,减慢血流速度,用等渗盐水冲洗加以调节。

(八)健康指导

1. 人工肝治疗相关知识指导　告知病人人工肝治疗的目的和意义,增强治疗依从性,指导床上排便,放松训练等。

2. 留置血管通路护理指导　主要是预防置管并发症,如管道凝血、出血、滑脱、感染、置管后深静脉血栓形成。

(1)一般指导:保持置管穿刺处皮肤清洁,指导病人置管期间不淋浴。保持导管外敷料清洁、干燥,防止大、小便污染。避免下肢屈曲,减少下床活动。下床时手捂穿刺处,以免管道曲折和移动。

(2)肢体功能锻炼指导:对于股静脉置管病人指导床上进行被动(肢体按摩)或主动肢体运动(踝部运动、腿部运动及臀部运动),促进康复、预防血栓形成。

1)被动肢体按摩:从肢体远端向近端按摩病人术肢,力度适中;活动各关节,由近及远、由大到小,活动幅度尽可能保持在最大活动范围,以病人能耐受为宜。每天3次,每次15~30 min,分早、中、晚进行。

2)踝部运动:取平卧位,放松大腿肌肉。①做踝关节背伸和跖屈运动,嘱病人缓慢匀速地将术侧脚尖尽量向上勾起,保持足跖屈10 s,放松5 s,再将脚尖向下绷紧,保持足背伸10 s后,再放松;②踝关节环绕动作,即踝关节内旋和外旋运动,以踝关节为中心,脚趾作360°环绕动作,尽量保持动作幅度最大化,确保每次训练都能使术侧肢体外展中立位。以上运动每日5~8次,每次10 min。

3)腿部运动:每日还须做术侧直腿抬高20~30次,病人平卧并外展双腿,膝关节伸直进行上下抬腿运动,大腿与创面夹角不能超过30°。

4)臀部运动:缩紧肛门,保持3~5 s,然后放松3~5 s,重复此动作3~5次,作此动作时,可以明显感觉到臀部肌肉的收缩与放松。

(3)拔管:股静脉置管拔管后置管侧肢体制动4~6 h,24 h后逐步下床活动,观察拔管处有无出血。

3. 饮食指导　给予清淡易消化饮食为主,少食多餐,尽量补充足够的热量,摄入蔬菜、水果等富含维生素的食物,维持内环境稳定。同时保证大便通畅,戒酒戒烟。

(唐　芳　赵　斌　邱艳琴)

数字课程学习

⬇ 教学 PPT   ✎ 自测题

参考文献

[1] 吴晓兵,张巍,刘霞.大健康人文理念融入医学生思想政治教育研究[J].山西高等学校社会科学学报,2019,31(8):90-93.

[2] 尤黎明,吴瑛.内科护理学[M].6版.北京:人民卫生出版社,2017.

[3] 毕清泉.内科护理学[M].北京:中国协和医科大学出版社,2013.

[4] 葛均波,徐永健,王辰.内科学[M].9版.北京:人民卫生出版社,2020.

[5] 林果为,王吉耀,葛均波.实用内科学[M].15版下册.北京:人民卫生出版社,2017.

[6] 中华医学会呼吸病学分会.中国成人社区获得性肺炎诊断和治疗指南(2016年版)[J].中华结核和呼吸杂志,2016,39(4):253-279.

[7] 中国国家卫生健康委员会.新型冠状病毒肺炎诊疗方案(试行第九版)[J].国际流行病学传染病学杂志,2022,49(2):73-80.

[8] 胡少华,刘卫华.新型冠状病毒肺炎重症护理手册[M].合肥:安徽大学出版社,2020.

[9] 吴永贵,王爱玲.当代内科学进展[M].合肥:安徽科学技术出版社,2016.

[10] 中华医学会呼吸病学分会慢性阻塞性肺疾病学组,中国医师协会呼吸医师分会慢性阻塞性肺疾病工作委员会.慢性阻塞性肺疾病诊治指南(2021年修订版)[J].中华结核和呼吸杂志,2021,44(3):170-205.

[11] 支气管扩张症专家共识撰写协作组,中华医学会呼吸病学分会感染学组.中国成人支气管扩张症诊断与治疗专家共识[J].中华结核和呼吸杂志,2021,44(4):311-321.

[12] 中华医学会呼吸病学分会哮喘学组.支气管哮喘防治指南(2020年版)[J].中华结核和呼吸杂志,2020,43(12):1023-1048.

[13] 中华医学会呼吸病学分会呼吸危重症医学学组,中国医师协会呼吸医师分会危重症医学工作委员会.成人经鼻高流量湿化氧疗临床规范应用专家共识[J].中华结核和呼吸杂志,2019,42(2):83-91.

[14] 中华医学会,中华医学会肿瘤学分会,中华医学会杂志社.中华医学会肺癌临床诊疗指南(2019版)[J].中华肿瘤杂志,2020,42(4):257-287.

[15] 中国医师协会肿瘤医师分会,中国医疗保健国际交流促进会肿瘤内科分会.Ⅳ期原发性肺癌中国治疗指南(2021年版)[J].中华肿瘤杂志,2021,43(1):39-59.

[16] 中华人民共和国国家卫生和计划生育委员会.中华人民共和国卫生行业标准-肺结核诊断(WS 288—2017)[J].中国感染控制杂志,2018,17(7):642-652.

[17] HODGLDN J E,CELLI B R,CONNRS G L.肺康复:成功指南[M].袁月华,解立新,葛

慧青，等译．4 版．北京：人民卫生出版社，2019.

[18] 中华医学会老年医学分会．老年患者 6 分钟步行试验临床应用中国专家共识［J］．中华老年医学杂志，2020，39（11）：1241-1250.

[19] 万学红，卢雪峰．诊断学［M］．9 版．北京：人民卫生出版社，2019.

[20] 姚景鹏，吴瑛，陈垦．内科护理学［M］．2 版．北京：北京大学医学出版社，2015.

[21] 张洪，魏秀红．内科护理学（案例版）［M］．北京：科学技术出版社，2019.

[22] 中国医师协会急诊医师分会，中华医学会急诊医学分会，全军急救医学专业委员会，等．急性上消化道出血急诊诊治流程专家共识［J］．中国急救医学，2021，41（1）：1-10.

[23] 中国医师协会内镜医师分会消化内镜专业委员会．急性非静脉曲张性上消化道出血诊治指南（2018 年，杭州）［J］．中华医学杂志，2019，99（8）：571-578.

[24] 中华医学会血液学分会红细胞疾病（贫血）学组．铁缺乏症和缺铁性贫血诊治和预防多学科专家共识［J］．中华医学杂志，2018，98（28）：2233-2237.

[25] 付蓉．再生障碍性贫血诊断与治疗中国专家共识（2017 年版）［J］．中华血液学杂志，2017，38（1）：1-5.

[26] 中华医学会血液学分会血栓与止血学组．成人原发免疫性血小板减少症诊断与治疗中国指南（2020 年版）［J］．中华血液学杂志，2020，41（8）：617-623.

[27] 温成平，谢志军．激素不同使用阶段的中医证候诊断和治疗指南［J］．中华中医药杂志，2020，35（9）：4536-4540.

[28] 邹德慧．《中国成人急性淋巴细胞白血病诊断与治疗的指南（2016 版）》解读［J］．临床血液学杂志，2017，30（9）：680-682.

[29] 中国临床肿瘤学会（CSCO）中国抗淋巴瘤联盟，中国医师学会血液科医师分会．中国淋巴瘤患者全程管理模式专家共识（2021 年版）［J］．中华血液学杂志，2021，42（5）：364-368.

[30] 王选年，史烨萍，岳锋．PD-1/PD-L1 抗体阻断药物的研究进展与临床应用［J］．河南师范大学学报（自然科学版），2021，49（2）：87-92.

[31] SWERDLOW S H，CAMPO E，PILERI S A，et al. The 2016 revision of the world health organization classification of lymphoid neoplasms［J］．Blood，2016，127（20）：2375-2390.

[32] 多发性骨髓瘤肾损伤诊治专家共识协作组．多发性骨髓瘤肾损伤诊治专家共识［J］．中华内科杂志，2017，56（11）：871-875.

[33] 魏丽丽，吴欣娟．多发性骨髓瘤护理实践指南［J］．中华护理杂志，2020，55（5）：721.

[34] 傅琤琤，金松，吴德沛．《中国多发性骨髓瘤诊治指南（2017 年修订）》初始治疗部分的解读［J］．中华内科杂志，2017，56（11）：798-799.

[35] 刘俊茹，李娟．《中国多发性骨髓瘤诊治指南（2017 年修订）》疗效标准部分的解读［J］．中华内科杂志，2017，56（11）：800-803.

[36] 黄晓军．实用造血干细胞移植［M］．2 版．北京：人民卫生出版社，2019.

[37] 储彬林，王敏．内科护理学［M］．4 版．北京：高等教育出版社，2021.

[38] 陈香美．腹膜透析标准操作规程［M］．北京：人民军医出版社，2012.

[39] 中华医学会糖尿病学分会．中国 2 型糖尿病防治指南（2020 年版）［J］．中华内分泌代谢杂志，2021，37（4）：311-398.

[40] 么莉，简伟研，张海燕，等．护理敏感质量指标监测基本数据集实施指南（2018 版）［M］.

北京：人民卫生出版社，2018.

［41］国家卫生计生委医院管理研究所护理中心护理质量指标研发小组.护理敏感质量指标实用手册（2016版）［M］.北京：人民卫生出版社，2016.

［42］蒋宁一.2016版美国甲状腺协会《甲状腺功能亢进症和其他原因所致甲状腺毒症诊治指南》解读：核医学部分［J］.中华核医学与分子影像杂志，2018，38（5）：305-310.

［43］中华医学会内分泌学分会.库欣综合征专家共识（2011年）［J］.中华内分泌代谢杂志，2012，28（2）：96-102.

［44］中华医学会内分泌学分会.成人甲状腺功能减退症诊治指南［J］.中华内分泌代谢杂志，2017，33（2）：167-180.

［45］《妊娠和产后甲状腺疾病诊治指南》（第2版）编撰委员会，中华医学会内分泌学分会，中华医学会围产医学分会.妊娠和产后甲状腺疾病诊治指南（第2版）［J］.中华围产医学杂志，2019，22（8）：505-506.

［46］尹相林，姚嵩坡，李兴洲，等.痛风和高尿酸血症发病的危险因素［J］.中国老年学杂志，2020，40（10）：2041-2044.

［47］张小来，李君，马淑贤.内科护理学［M］.北京：科学出版社，2011.

［48］郭晓蕙.中国胰岛素泵治疗护理管理规范（2017版）［M］.武汉：湖北科学技术出版社，2018.

［49］Gary S. Firestein.凯利风湿病学［M］.栗占国，唐福林，译.10版.北京：北京大学医学出版社，2020.

［50］梁燕，陈妍伶，王英，等.英夫利西单抗输注护理专家共识（2014版）［J］.中华风湿病学杂志，2016，20（3）：193-196.

［51］张春燕.风湿免疫科护理工作指南［M］.北京：人民卫生出版社，2016.

［52］柏树令，应大君.系统解剖学［M］.9版.北京：人民卫生出版社，2018.

［53］刘明生，崔丽英.中国吉兰-巴雷综合征诊治指南2019解读［J］.中华神经科杂志，2019（11）：873-876.

［54］贾建平.神经病学［M］.8版.北京：人民卫生出版社，2018.

［55］陈燕，沈翠珍.内科护理学［M］.2版.北京：中国中医药出版社，2016.

［56］马秀芬.内科护理学［M］.2版.北京：人民卫生出版社，2020.

［57］中华医学会神经病学分会，中华医学会神经病学分会脑血管病学组，中华医学会神经病学分会神经血管介入协作组.中国蛛网膜下腔出血诊治指南2019［J］.中华神经科杂志，2019，52（12）：1006-1021.

［58］中华医学会神经病学分会帕金森病及运动障碍学组，中国医师协会神经内科医师分会帕金森病及运动障碍学组.中国帕金森病治疗指南（第四版）［J］.中华神经科杂志，2020，53（12）：973-986.

［59］中国医师协会神经内科分会癫痫专委会.成人全面性惊厥性癫痫持续状态治疗中国专家共识［J］.国际神经病学神经外科学杂志，2018，45（1）：1-4.

［60］刘新峰.脑血管病介入治疗学［M］.2版.北京：人民卫生出版社，2012.

［61］《中华传染病杂志》编辑委员会.发热待查诊治专家共识［J］.中华传染病杂志，2017，35（11）：641-655.

［62］杨绍基，李兰娟，任红.传染病学［M］.8版.北京：人民卫生出版社，2020.

[63] 中华医学会感染病学分会艾滋病丙型肝炎学组，中国疾病预防控制中心. 中国艾滋病诊疗指南（2018版）[J]. 新发传染病电子杂志，2019，4（2）：65-84.

[64] 徐光勋. 细菌性痢疾中医内科临床诊疗指南[J]. 北京中医药，2020，39（6）：521-525.

[65] 中华医学会感染病学分会肝衰竭与人工肝学组，中华医学会肝病学分会重型肝病与人工肝学组. 肝衰竭诊治指南（2018年版）[J]. 中华传染病杂志，2019，37（1）：1-9.

[66] 谢能文，熊墨龙. 非生物型人工肝基础与临床[M]. 北京：化学工业出版社，2021.

[67] 中国慢性肾脏病营养治疗临床实践指南（2021版）[J]. 中华医学杂志，2021，101（8）：539-559.

郑重声明

高等教育出版社依法对本书享有专有出版权。任何未经许可的复制、销售行为均违反《中华人民共和国著作权法》，其行为人将承担相应的民事责任和行政责任；构成犯罪的，将被依法追究刑事责任。为了维护市场秩序，保护读者的合法权益，避免读者误用盗版书造成不良后果，我社将配合行政执法部门和司法机关对违法犯罪的单位和个人进行严厉打击。社会各界人士如发现上述侵权行为，希望及时举报，我社将奖励举报有功人员。

反盗版举报电话　　（010）58581999　58582371

反盗版举报邮箱　　dd@hep.com.cn

通信地址　　北京市西城区德外大街4号　高等教育出版社知识产权与法律事务部

邮政编码　　100120

读者意见反馈

为收集对教材的意见建议，进一步完善教材编写并做好服务工作，读者可将对本教材的意见建议通过如下渠道反馈至我社。

咨询电话　　400-810-0598

反馈邮箱　　gjdzfwb@pub.hep.cn

通信地址　　北京市朝阳区惠新东街4号富盛大厦1座　高等教育出版社总编辑办公室

邮政编码　　100029

防伪查询说明

用户购书后刮开封底防伪涂层，使用手机微信等软件扫描二维码，会跳转至防伪查询网页，获得所购图书详细信息。

防伪客服电话　　（010）58582300